böhlau

Helga Embacher | Bernadette Edtmaier | Alexandra Preitschopf

Antisemitismus in Europa
Fallbeispiele eines globalen Phänomens im 21. Jahrhundert

BÖHLAU VERLAG WIEN KÖLN WEIMAR

Veröffentlicht mit freundlicher Unterstützung durch
den Nationalfonds der Republik Österreich
das Magistrat der Stadt Wien – MA 7
den Zukunftsfonds der Republik Österreich
Fachbereich Geschichte Universität Salzburg
Stiftungs- und Förderungsgesellschaft der Paris Lodron-Universität Salzburg

Bibliografische Information der Deutschen Nationalbibliothek:
Die Deutsche Nationalbibliothek verzeichnet diese Publikation in der
Deutschen Nationalbibliografie; detaillierte bibliografische Daten sind
im Internet über http://dnb.de abrufbar.

© 2019 by Böhlau Verlag GmbH & Co. KG, Kölblgasse 8–10, 1030 Wien
Alle Rechte vorbehalten. Das Werk und seine Teile sind urheberrechtlich
geschützt. Jede Verwertung in anderen als den gesetzlich zugelassenen Fällen
bedarf der vorherigen schriftlichen Einwilligung des Verlages.

Umschlagabbildung: Pro-Palästina-Proteste während des Gaza-Krieges
in Paris im Juli 2014, Photo: Helga Embacher

Korrektorat: Jörg Eipper-Kaiser, Graz
Umschlaggestaltung: Michael Haderer, Wien
Druck und Bindung: Hubert & Co., Göttingen
Printed in the EU

Vandenhoeck & Ruprecht Verlage | www.vandenhoeck-ruprecht-verlage.com

ISBN 978-3-205-20774-0

INHALT

EINLEITUNG. 9

1. ANTISEMITISMUS IM 21. JAHRHUNDERT

1.1 Die Boykottbewegung: Ein globales Phänomen mit
    spezifisch nationalen Ausprägungen. 19
1.2 Ein „neuer Antisemitismus"?. 22
1.3 Antisemitismus in muslimischen Communities 24
1.4 Antisemitismus unter Geflüchteten 29
1.5 Holocaustgedenken und Kolonialismus-Debatten. 32
1.6 Antisemitismus versus Islamophobie 35
1.7 Antisemitismus definieren 38
1.8 Antisemitismus messen. 44
1.9 Instrumentalisierung von Antisemitismus 49

2. FRANKREICH

2.1 Ausgangssituation – der „neue" Antisemitismus seit 2000 55
    Vergangenheitsdiskurse 57
    Antisemitismus als Angriff auf die Republik? 61
2.2 Kontroversen und Erklärungsansätze – Schlussfolgerungen
    aus der wissenschaftlichen Debatte 63
    Soziologische Ansätze und Gegenpositionen 63
    Eine der „am besten akzeptierten Minderheiten"? 66
    Die wesentlichen Träger des „neuen" Antisemitismus laut Fondapol. 68
2.3 Die „neue" antizionistische Rechte 69
    Alain Soral und Dieudonné als Gegenentwurf zum Front National/
    Rassemblement National? 69
    Die französische „Tradition" der Holocaustrelativierung. 74
2.4 2006–2018: elf Morde an französischen Juden
    und Jüdinnen. 76

Die Morde an Mireille Knoll (2018), Sarah Halimi (2017)
und Ilan Halimi (2006)..76
Die islamistischen Mordanschläge von Mohamed Merah (2012)
und Amedy Coulibaly (2015)..79
2.5 Die Rolle des Nahostkonflikts und der Solidarisierung
mit Palästina..84
Fallbeispiel – die Pro-Palästina-Proteste im Sommer 2014............84
Propalästinensische Tradition und das
muslimisch-jüdische Verhältnis seit 1967............................88
2.6 Zwischenbilanz..120

3. GROSSBRITANNIEN

3.1 Rahmenbedingungen..127
3.2 „Salon-Antisemitismus"...131
„Aus der Sünde geboren": Rekurse auf die israelische
Gründungsgeschichte und das Jahr 1948..............................133
„A kosher conspiracy": Anklänge an Weltverschwörungstheorien
in linken Medien..136
„Sharon is eating a baby" – Ritualmordlegenden?....................142
Verteidigungsstrategien..145
Exkurs: Ken Livingstone (der „rote Ken").........................147
3.3 Die Stop the War Coalition (StWC): Antizionismus als
gemeinsame Schnittmenge von radikalen Linken und Islamisten . 152
„We are all Hisbollah, we are all Hamas" und „Long live Palestine" –
Libanonkrieg 2006 und die Gaza Kriege von 2008/09 und 2014.........157
3.4 „Boycott Apartheid Israel":
Die britische Boykottbewegung...................................164
Universitäten als hot spots?.......................................165
Kultureller Boykott im Kontext des BDS, des Libanonkriegs 2006
sowie der Gaza-Kriege von 2008/09 und 2014.........................172
BDS: Eine Erfolgsgeschichte?.......................................175
3.5 Terrorismus und Holocaustgedenken: Antisemitismus
in muslimischen Communities.....................................177
„Hassprediger" im medialen Fokus...................................179
„Terrorstaat Israel": Reaktionen muslimischer Organisationen
auf 9/11 und 7/7...180

Homemade terrorism und britische Nahostpolitik 182
Der Holocaust Memorial Day als Lackmustest für das Muslim
Council of Britain (MCB) 186
Antisemitismus unter MuslimInnen 191
3.6 „Solidarity with Israel": Jüdische Reaktionen auf die
Zweite Intifada und Konflikte zwischen Israel und
den PalästinenserInnen 194
3.7 Labour-Antisemitismus 200
„Zio", NS-Vergleiche und Verschwörungstheorien:
Antisemitische Vorfälle in der Labour Party 202
The Chakrabarti Inquiry: Ein gescheiterter Versuch zur Deeskalation 205
(Unlösbare?) Debatten über einen neuen „Labour code" 210
3.8 Zwischenbilanz. 216

4. ÖSTERREICH

4.1 Einleitung. 219
4.2 „Opferthese", Jörg Haider und die Spaltung der Linken –
Schlaglichter der Geschichte des Antisemitismus in Österreich . . . 224
Die ersten Nachkriegsjahre 224
Die österreichische Linke und ihr Verhältnis zu Israel 228
Waldheim-Affäre, Rechtspopulismus und Erstarkung einer
kritischen Zivilgesellschaft 231
4.3 Antisemitismus in Österreich während
der Zweiten Intifada 234
Antisemitismus im rechtsextremen und rechtspopulistischen Lager 235
Teile der österreichischen Linken unter „Antisemitismus-Verdacht" 240
Antisemitismus unter MuslimInnen in Österreich? 242
4.4 Antisemitismus, Muslimfeindlichkeit und das Verhältnis zu
Israel im rechtsextremen und rechtspopulistischen Spektrum
von 2004 bis 2018 244
Kontinuität des Antisemitismus im rechtsextremen Milieu 244
Antisemitismus im Kontext beginnender Muslimfeindlichkeit in der FPÖ . . . 248
„Wendejahr 2010" – Der Beginn einer proisraelischen Haltung der FPÖ 251
Antisemitismus im Kontext der „Flüchtlingskrise", die *Neue Rechte*
und ein neues Image der FPÖ. 256

Exkurs: Die zweite FPÖ-Regierungsbeteiligung und Debatten unter
österreichischen Juden und Jüdinnen seit 2017/18 262
4.5 Propalästinensisches Engagement unter MuslimInnen und in der
antizionistisch-antiimperialistischen Linken seit 2010 267
Fehlende Mobilisierungskraft linker Splittergruppen am Beispiel
propalästinensischer Demonstrationen 2012 272
Warnungen vor antisemitischen Demonstrationen 2014 und
die Rolle der UETD 274
Charakteristika der propalästinensischen Demonstrationen
2014 in Österreich 278
4.6 Zwischenbilanz. 285

5. SCHLUSSBEMERKUNG UND AUSBLICK –
ANTISEMITISMUS IN EUROPA 291

GLOSSAR. 295

LITERATUR. 301
Monographien, Beiträge in Sammelbänden und Zeitschriften,
Forschungsberichte 301
Weitere Quellen (Meinungsumfragen, Berichte etc.). 326
Sonstige Internetbeiträge 328
Schriftliche, bildliche und (audio-)visuelle (Internet-)Quellen 330

NAMENSREGISTER. 333

EINLEITUNG

> In short, to make antisemitism an object of study is to enter an academic,
> political, social and emotional minefield[1]
> Evelien Gans

In den 1990er-Jahren ließen sich zunehmend Stimmen vernehmen, die von einer „neuen Blüte" des europäischen Judentums und sogar von einer „neuen Renaissance" sprachen.[2] In Großbritannien war vom „Goldenen Zeitalter" der britischen Juden und Jüdinnen die Rede, obwohl assimilationsbedingt ein Rückgang der jüdischen Bevölkerung von geschätzten 400.000 bis 500.000 in den 1950er-Jahren auf derzeit etwa 270.000 erfolgte.[3] Frankreich verzeichnete mit der Entkolonialisierung eine Zuwanderung von 300.000 Juden und Jüdinnen aus den Maghrebstaaten, womit es heute mit etwa 600.000 die weltweit zweitgrößte Diaspora aufweist.[4] Für viele völlig unerwartet hatten sich mit Ende des Kalten Krieges und dem Zerfall der Sowjetunion 240.000 Juden und Jüdinnen in Deutschland angesiedelt, etwa 100.000 gehören jüdischen Gemeinden an.[5] Gleichzeitig konnte eine Entemotionalisierung der deutsch-israelischen Beziehungen beobachtet werden, Deutschland galt zunehmend als einer der verlässlichsten Partner Israels.[6] Selbst kleine jüdische Gemeinden, wie die etwa 10.000 Mitglieder zählende Wiener jüdische Community, vermittelten einen sehr lebendigen Eindruck und erhielten durch ein neues Holocaustbewusstsein Präsenz in der Öffentlichkeit. In den 1990er-Jahren hatte auch der →Friedensprozess zwischen Israel und den PalästinenserInnen eine positive Ausstrahlung auf die Diaspora.

Der völlig unerwartete Ausbruch einer Welle an antisemitischer Gewalt zu Beginn des 21. Jahrhunderts war ein Schock für europäische Juden und Jüdinnen. Mittler-

---

1 Gans 2017, 26.
2 Vgl. exemplarisch Pinto 1999, 15–34.
3 Vgl. Kahn/Harris 2010, 1.
4 Von den 330.000 Juden und Jüdinnen wurden über 75.000 im Holocaust ermordet, nach 1945 setzte eine starke Assimilation ein. Vgl. Benbassa 2000.
5 Vgl. Weiss/Gorelik 2012.
6 Vgl. Adam Primor, Israel's best friend, in: Haaretz, 03.12.1998; vgl. auch Die Zeit, 29.01.2004.

weile ist Antisemitismus zur Begleiterscheinung des 21. Jahrhunderts geworden
und wirft eine Reihe an Fragen auf: Worin unterscheidet sich dieser von traditionellen
Formen des Antisemitismus? Wie kann Antisemitismus definiert und gemessen
werden? Wer sind dessen Träger und worin liegen deren unterschiedliche Motive?
Und lässt sich ein Zusammenhang zwischen Antisemitismus und der ebenfalls
stark angestiegenen Feindlichkeit gegenüber Muslimen und insbesondere auch
Musliminnen feststellen?

Die vorliegende Publikation geht auf die komplexen Fragen ein. Am Beispiel[7]
von Frankreich, Großbritannien und Österreich wird gezeigt, dass Antisemitismus
im 21. Jahrhundert einerseits zu einem globalen Phänomen geworden ist (d.h. weltweit
– vor allem in sozialen Medien – ähnliche antisemitische Stereotype und Bilder
von Juden und Jüdinnen und Israel verbreitet werden) und andererseits nach
wie vor nationalen Besonderheiten und dem Nachwirken der jeweils spezifischen
Geschichte Bedeutung zukommen bzw. diese berücksichtigt werden müssen, um
Antisemitismus interpretieren und dessen Motive herausarbeiten zu können. Die
Auswahl der Länder erfolgte aufgrund unseres Ansatzes, dass gegenwärtiger Antisemitismus
im Kontext der Nachwirkungen des Holocaust sowie des Kolonialismus
analysiert werden muss. Die drei ausgewählten Länder sind von Interesse, da
sie eine jeweils unterschiedliche Involvierung in den Nationalsozialismus und
Kolonialismus und damit eine jeweils spezifische Erinnerungskultur aufweisen,
was sich wiederum auf den unterschiedlichen Umgang mit Antisemitismus, Rassismus
und Antizionismus auswirkt. Zudem verfolgen sie historisch bedingt unterschiedliche
Integrationskonzepte.

Von Interesse ist zudem der Einfluss von rechtspopulistischen Parteien wie der
Freiheitlichen Partei Österreichs (FPÖ) und dem *Front National* (jetzt: *Rassemblement
National*), deren Aufstieg sich durch ausländerfeindliche Wahlkämpfe in den
1990er-Jahren auszeichnete, die als Träger eines traditionellen Antisemitismus gelten
und mittlerweile um eine Nähe zu Israel bemüht sind. Während der *Front National*
bisher immer nur aus der Opposition heraus agierte, stellte die FPÖ bereits
mehrmals eine Regierungspartei. In Großbritannien konnte hingegen bis heute
keine vergleichsweise rechte Partei längerfristige Erfolge verbuchen. Daraus erklärt
sich für Großbritannien u.a. auch der starke Fokus auf Antisemitismus im linken
und muslimischen Spektrum. Zusammenfassend lässt sich festhalten, dass unterschiedliche
Bezüge zum Holocaust und Kolonialismus zu unterschiedlichen Konzepten
von Antisemitismus und Rassismus beigetragen haben. Dies führte zu unterschiedlichen
Tabus bzw. zu unterschiedlichen Auffassungen, was öffentlich gesagt
werden darf. Die Fokussierung auf diese drei Länder sehen wir als vielversprechen-

---

7   Die Länderstudie zu Frankreich wurde von Alexandra Preitschopf verfasst, die Länderstudie
zu Österreich verfasste Bernadette Edtmaier und für Großbritannien sowie für das
Kapiel Antisemitismus im 21. Jahrhundert ist Helga Embacher verantwortlich.

den Beginn und Inspiration für weitere Arbeiten, in denen Antisemitismus im länderspezifischen Kontext vergleichend analysiert wird. Ein besonderes Anliegen ist uns eine differenzierte Herangehensweise an dieses sehr emotionalisierte und von unterschiedlichsten Seiten instrumentalisierte Thema.[8]

Am Ende des Buches befindet sich ein Glossar, in dem zentrale Ereignisse rund um den äußerst komplexen Israel-Palästina-Konflikt skizzenhaft erklärt werden. Dieses erhebt keineswegs den Anspruch auf Vollständigkeit, sondern soll als erste Orientierungshilfe verstanden werden. Im Fließtext sind Begriffe und Ereignisse, die im Glossar angeführt sind, mit einem Pfeil → gekennzeichnet.

Unser Dank ergeht an den Jubiläumsfonds der Österreichischen Nationalbank, den Zukunftsfonds der Republik Österreich, die Stadt Wien, den Fachbereich Geschichte der Universität Salzburg sowie an die Stiftungs- und Förderungsgesellschaft der Paris Lodron-Universität Salzburg. Bedanken möchten wir uns auch beim Böhlau Verlag, insbesondere bei Ursula Huber, Bettina Waringer und Lena Krämer-Eis.

---

8   Der britische Antisemitismusforscher David Feldman verwies beispielsweise auf die schwierige Situation, in der sich Wissenschaftler aufgrund der Emotionalität dieses Themas befinden, wenn sie versuchen, nuancierte Sichtweisen in diese komplexe Thematik einzubringen. Vgl. Matthew Reisz, Labour anti-Semitism inquiry academic on being caught in a storm, in: Guardian, 13.07.2006.

1. ANTISEMITISMUS IM 21. JAHRHUNDERT[1]

Ende September 2000 löste der damalige israelische Oppositionsführer Ariel Sharon mit einem Besuch am Tempelberg, den er trotz aller Warnungen absolviert hatte, die →*Zweite Intifada* aus. Die Ursachen für diesen Aufstand sind allerdings wesentlich komplexer und insbesondere im gescheiterten Friedensprozess zu suchen.[2]

In europäischen Städten schlossen sich kurz nach Ausbruch der Unruhen in Jerusalem tausende Menschen Pro-Palästina-Demonstrationen an, organisiert von diversen linken Gruppierungen, Palästina-Solidaritätsgruppen und muslimischen/arabischen Organisationen. Plakate wie „Sieg der Intifada", „Apartheidstaat Israel", „We are all Palestinians", „We are all Kamikaze" oder „Sharon=Hitler" tauchten auf. Vereinzelt war „Tod den Juden" oder „Juden ins Gas" zu hören.[3] In Paris und einigen weiteren französischen Städten brannten Synagogen und einige Juden und Jüdinnen wurden tätlich angegriffen.[4] In einem geringen Ausmaß kam es in Belgien, den Niederlanden und auch Großbritannien zu Angriffen auf jüdische Einrichtungen und zu einzelnen Gewaltakten. In Frankreich, wo Juden und Muslime teilweise noch in denselben Vierteln leben, waren vor allem junge, deklassierte Männer mit maghrebinischem Migrationshintergrund daran beteiligt, in den Niederlanden[5] und Belgien[6] hatten die Täter vorwiegend marokkanischen Hintergrund. In Großbritannien zählten Anhänger rechter Ideologien, Pro-Palästina-Aktivisten sowie zu einem kleineren Prozentsatz auch Muslime zu den Tätern.[7]

In Deutschland sowie auch in Österreich blieb es insgesamt ruhig und vergleichsweise wenige Menschen, vor allem Linke und Muslime aus arabischen Ländern,

---

1   Das Kapitel wurde von Helga Embacher verfasst und basiert teilweise auf Embacher 2015 und Embacher 2017.
2   Zu den unterschiedlichen Interpretationen der *Zweiten Intifada* vgl. Margalit 2001, 20–23.
3   Leiken 2012; Laurence 2012; Kepel 2005, 301–303. Siehe auch die von der EU in Auftrag gegebene Studie Bergmann/Wetzel 2003 sowie Whine 2003, 23–37.
4   Vgl. exemplarisch Wieviorka 2005; Leder 2001.
5   Ensel/Gans 2017.
6   Abgesehen von Frankreich leben in Europa Juden und Muslime selten in denselben bzw. in angrenzenden Vierteln. In Antwerpen, wo es ebenfalls zu Übergriffen gekommen ist, grenzt das jüdische Viertel, in dem die Hälfte der 40.000 belgischen Juden und Jüdinnen lebt, an den Stadtteil Borgerhout mit über 30.000 vorwiegend aus Marokko stammenden Einwanderern und deren Nachkommen. Zum Antisemtismus in Belgien vgl. Martiniello/Sacco 2018.
7   Kushner 2013, 446.

beteiligten sich an Demonstrationen. In Düsseldorf verübten allerdings zwei junge Männer mit palästinensischem und marokkanischem Hintergrund einen Brandanschlag auf die dortige Synagoge. Die Tat rechtfertigten sie als Rache für den Mord am palästinensischen Jungen Mohammed al-Durah, der vor laufender Kamera in den Armen seines Vaters auf nach wie vor ungeklärte Weise starb und weltweit zur Ikone der Intifada wurde.[8] Während einer Demonstration wurde auch die alte Synagoge in Essen von libanesischen Palästinensern mit Steinen beworfen.[9] Die türkische Community, sowohl in Deutschland als auch in Österreich die größte Gruppe innerhalb der muslimischen Minderheit, ließ sich für Palästina noch kaum mobilisieren. In beiden Ländern ging (und geht) der Großteil der antisemitischen Übergriffe auf das Konto von Rechten, und nach wie vor war sekundärer Antisemitismus das zentrale Problem.[10] Grob gesprochen sind damit Holocaustrelativierungen und Holocaustleugnungen aus Schuldgefühlen heraus gemeint. In Deutschland wurde zunehmend auch vom Antisemitismus in der Mitte der Gesellschaft gesprochen.[11]

Die Intifada war noch kein Jahr im Gange, als es mit den Terroranschlägen der *Al-Kaida* in den USA (= 9/11) zu einem erneuten Anstieg an antisemitischen Tathandlungen kam. Schnell überlagerte sich die Wahrnehmung von 9/11 mit der Wahrnehmung der Intifada. Antisemitismus vermischte sich mit Antiamerikanismus, Weltverschwörungstheorien (der *Mossad* als Initiator von 9/11 etc.) lebten auf.[12] Mit dem →Irak-Krieg mehrten sich Anspielungen auf eine „jüdische Lobby",

---

8   Michael Kiefer, Mein Feind, der Jude, in: *Jüdische Allgemeine*, 23.06.2011.
9   186 Randalierer wurden festgenommen, gegen drei der insgesamt 186 Randalierer wurde ein Haftbefehl erlassen. Ein vorbestrafter Haupttäter wurde zu 30 Monaten Haft verurteilt. Vgl. Anschlag auf Essener Synagoge: Libanesen in U-Haft, in: SpiegelOnline, 08.10.2000.
10 Vgl. Bergmann/Wetzel 2003. Zu den meist diskutierten Beispielen zählen die „Möllemann Affäre" und die „Hohmann-Affäre". Jürgen Möllemann, Vorsitzender der FPD und Vorsitzender der Nordrhein-Westfälischen FDP, verteidigte die Aussage des früheren Grünen-Politikers Jamal Karsli, der von einer „zionistischen Lobby" sprach, die die Medien beherrschen würde. Karsli hatte sich um die Aufnahme in die FDP beworben. Zudem verglich er Israels Vorgehen gegenüber den Palästinensern mit „Nazi-Methoden". Möllemann zeigte Verständnis für die palästinensischen Selbstmordattentäter und warf Michel Friedmann, dem damaligen Vizepräsidenten des *Zentralrats der Juden in Deutschland*, vor, genauso wie Ariel Sharon am Antisemitismus Mitschuld zu tragen. Im Juni 2003 verunglückte Möllemann bei einem Fallschirmabsprung, Indizien weisen auf einen Selbstmord hin. Der CDU-Abgeordnete Martin Hohmann warf in einer Rede anlässlich des deutschen Nationalfeiertages die Frage auf, ob von Juden ausschließlich als Opfer gesprochen werden könne, womit erstmals in der Geschichte der Bundesrepublik ein Politiker einer Partei auf eine geschlossene judenfeindliche Argumentation zurückgegriffen hat. Hohmann ist mittlerweile AfD-Mitglied.
11 Vgl. exemplarisch Schwarz-Friesel 2010, 27–50.
12 Reiter/Embacher 2011; Embacher/Reiter 2010.

die dafür verantwortlich gemacht wurde, und der (durchaus berechtigt kritisierte) Krieg wurde auf einen „Krieg für Öl und Israel" reduziert.[13]

Das Ende der *Zweiten Intifada*, das mit 2005 angenommen wird, bedeutete keineswegs einen Rückgang des Antisemitismus. Insbesondere der Krieg gegen die *Hisbollah* im →Libanon 2006, dem nach der Entführung des israelischen Soldaten Gilad Shalit der Einmarsch der israelischen Armee in Gaza vorangegangen war, die →Gaza-Kriege von 2008/09, 2012 und insbesondere von 2014 führten erneut zu einem Anstieg an Antisemitismus. In Belgien fanden im Jänner 2009 beispielsweise gegen Israel gerichtete Großdemonstrationen statt; 50.000 bis 60.000 Menschen, darunter auch führende PolitikerInnen, schlossen sich den Pro-Gaza-Demonstrationen an, auf Transparenten wurde der Holocaust geleugnet und Slogans wie „death to the Jews" waren zu hören.[14]

2010 löste die Auseinandersetzung um die →*Mavi Marmara*, auch als *Ship-to-Gaza-Zwischenfall* bezeichnet, weltweit propalästinensische Demonstrationen aus. Das Schiff gehörte zum internationalen Schiffskonvoi, der vom internationalen Free Gaza Movement sowie der islamistischen IHH[15] organisiert und von israelischen Streitkräften an der Durchbrechung der Gaza-Blockade[16] gehindert wurde. Nach heftigen Kämpfen auf dem Schiff wurden von der israelischen Marine neun türkische Aktivisten getötet. Der Vorfall verschlechterte die bereits seit dem Gaza-Krieg von 2008/09 angeschlagenen türkisch-israelischen Beziehungen.[17] Auf der *Mavi Marmara* sowie auf einigen der Begleitschiffe befanden sich AktivistInnen aus unterschiedlichen Ländern, darunter auch EuropäerInnen, die zumeist linken Organisationen angehörten.[18]

Die Demonstrationen gegen den →Gaza-Krieg von 2014, der vor allem auf der palästinensischen Seite schnell zahlreiche zivile Opfer[19] gefordert hatte, trugen

---

13   Siehe insbesondere das Kapitel Großbritannien.
14   Yossie Lempkowicz/Marcus Dysch/Orlando Radice, Museum bloodbath puts Belgians on terror alert, in: Jewish Chronicle, 29.05.2014.
15   IHH = *İnsan Hak ve Hürriyetleri ve İnsani Yardım Vakfı* (= Stiftung für Menschenrechte, Freiheiten und Humanitäre Hilfe).
16   Israel hatte sich 2005 aus dem Gazastreifen zurückgezogen und nach der Machtübernahme der Hamas nach bürgerkriegsähnlichen Auseinandersetzungen 2007 den Gazastreifen abgeriegelt. Mit der Blockade sollte außerdem die Freilassung des in den Gazastreifen entführten israelischen Soldaten Gilad Schalit erzwungen werden.
17   Shindler 2013, 388–392.
18   Zu ihnen zählten beispielsweise drei Bundestagsabgeordnete der Die LINKE, Annette Groth, Inge Höger und Norman Paech, worin manche eine Bestätigung für eine unkritische Nähe der LINKEN per se zu terroristischen islamistischen Organisationen sahen. Zur Diskussion zum Antisemitismus in der Die LINKE vgl. die unterschiedlichen Positionen von Salzborn/Voigt 2011 und Ullrich/Werner 2011.
19   Insgesamt kamen 2100 PalästinenserInnen (die Zahl der Zivilisten wird auf 50 bis 76 Prozent geschätzt), fünf israelische zivile Opfer und ein Thailänder („Gastarbeiter" in Israel) ums Leben.

wesentlich zum Eindruck eines massiv angestiegenen Antisemitismus bei. Weltweit gingen erneut tausende für die PalästinenserInnen auf die Straße.[20] In Frankreich wurden mehrere Synagogen angegriffen, koschere Geschäfte zerstört und Juden und Jüdinnen in einer Synagoge bedroht.[21] Auch in Deutschland waren auf einigen Demonstrationen Parolen wie „Jude, Jude, feiges Schwein! Komm heraus und kämpf allein!" oder „Hamas, Hamas, Juden ins Gas!" zu hören. Drei Palästinenser verübten einen Brandanschlag auf die Synagoge in Wuppertal.[22] In Rom, wo die jüdische Gemeinde rd. 23.000 Mitglieder zählt, rief die extrem rechte Gruppe *Vita Est Militia* mit Plakaten zum Boykott von 40 Geschäften, Bars, Restaurants und Hotels, die sich in jüdischem Besitz befanden, auf.[23] Internationale Beachtung fand auch ein in Bischofshofen (Österreich) ausgetragenes Freundschaftsspiel zwischen *Maccabi Haifa* und dem französischen *OSC Lille*, nachdem einige Jugendliche mit palästinensischen und türkischen Fahnen das Fußballfeld gestürmt und israelische Spieler angegriffen hatten.[24] In Großbritannien, wo mit bis zu 150.000 TeilnehmerInnen die europaweit größten Demonstrationen verzeichnet wurden, blieben nennenswerte Konflikte aus. Allerdings tauchten Transparente mit Slogans wie „Stop the Genocide" oder „Boycott Apartheid Israel" auf. Die Menge skandierte „From the river to the sea, Palestine will be free",[25] ein Slogan, der bereits von der PLO verwendet wurde und nunmehr der *Hamas* zugeschrieben wird. Aufgrund der mittlerweile starken Nutzung von Facebook, Twitter und Smartphones wurde insgesamt eine alarmierende Zunahme von Antisemitismus verzeichnet. Der Gaza-Krieg war zudem von Berichten über den „Islamischen Staat" (IS) überlagert. Etwa 3.000 junge EuropäerInnen (darunter zehn bis 15 Prozent Frauen) hatten sich diesem bereits angeschlossen, ihre Rückkehr wurde mittlerweile schon erwartet und befürchtet.[26] Da muslimische Männer mit nordafrikanischen oder türkischen Wurzeln vor allem auch an jenen Demonstrationen beteiligt waren, auf denen es zu

---

20 Vgl. exemplarisch Melissa Eddy, Anti-Semitism rises in Europe amid Israel-Gaza conflict, in: New York Times, 01.08.2014; Shirli Sitbon, Hate explodes in cities from Paris to Sydney, in: Jewish Chronicle, 24.07.2014.
21 Vgl. exemplarisch Preitschopf 2015 sowie das Kapitel Frankreich.
22 Im Februar 2015 verurteilte das Amtsgericht Wuppertal die beiden volljährigen Täter zu jeweils einem Jahr und drei Monaten Bewährungshaft sowie 200 Stunden gemeinnütziger Arbeit. Im Berufungsverfahren verurteilte das Landgericht Wuppertal die beiden im Januar 2016 zu zwei Jahren bzw. einem Jahr und elf Monaten Haft auf Bewährung. Vgl. Anschlag auf Synagoge in Wuppertal: Gericht erhöht Bewährungsstrafen für zwei Täter, in: SpiegelOnline, 18. 01.2016.
23 Micol Debash, Report, Anti-Semitic incidents in Italy tripled during Israel's Gaza op, in: Haaretz, 18.11.2014.
24 Zum Gaza-Krieg von 2014 in Österreich vgl. Edthofer 2016; Edtmaier/Trautwein 2015 sowie das Kapitel Österreich.
25 Vgl. dazu Embacher 2015 sowie das Kapitel Großbritannien.
26 Vgl. Henry Tuck, Der Sommer der Jihadisten, in: Züricher Zeitung, 09.09.2015.

Ausschreitungen kam und die Grenzen zwischen Israelkritik und Antisemitismus eindeutig überschritten wurden, mehrten sich die Warnungen und damit auch Ängste vor einem „neuen Antisemitismus". In Deutschland und Österreich sprach man häufig von einem „importierten Antisemitismus".

Zudem hatte der europäische Antisemitismus mit den gezielten Tötungen von Juden und Jüdinnen vor einer jüdischen Schule in Toulouse (2012) und im jüdischen Museum in Brüssel (2014) eine neue – dschihadistische – Dimension erreicht. Beide Anschläge verübten in Frankreich aufgewachsene junge Männer mit nordafrikanischen Wurzeln, islamisiert im Gefängnis bzw. in Ausbildungslagern in Syrien, Pakistan und Afghanistan. Die Ermordung von Juden und Jüdinnen, darunter auch Kinder, rechtfertigten sie damit, dass Israel PalästinenserInnen umbringen würde. Eine besondere Bedeutung kam dem im Jänner 2015 erfolgten Anschlag auf die Satirezeitschrift *Charlie Hebdo* mit zwölf Toten sowie auf einen koscheren Pariser Supermarkt mit vier jüdischen Opfern zu. Der für den Anschlag auf den Supermarkt verantwortliche Amedy Coulibaly, ein polizeibekannter Kleinkrimineller, erklärte vor der Polizei, er habe Juden bewusst als Ziel gewählt, um die „unterdrückten Palästinenser" zu verteidigen.[27] Im selben Jahr erschoss der ebenfalls polizeibekannte, in Dänemark geborene Omar Abdel Hamid El-Hussein vor der Kopenhagener Synagoge den jüdische Wachmann Dan Uzan. Unmittelbar zuvor hatte er auf einer Veranstaltung zum Thema „Kunst, Gotteslästerung und Meinungsfreiheit" den dänischen Dokumentarfilmer Finn Nørgaard getötet und zwei Polizeibeamte verletzt, wobei der Anschlag eigentlich dem schwedischen Karikaturisten Lars Vilks gegolten hätte. In der öffentlichen Diskussion um den islamistischen Terrorismus gingen jüdische Opfer und damit die antisemitische Komponente allerdings häufig unter.[28] Für die jüdische Perspektive auf Antisemitismus sind diese Attentate hingegen von zentraler Bedeutung, auch in Bezug auf die Wahrnehmung von Antisemitismus im eigenen Land.

In einem wesentlich geringeren Ausmaß kam es auf Demonstrationen gegen die →Verlegung der US-amerikanischen Botschaft von Tel Aviv nach Jerusalem zu antisemitischen Manifestationen. In Berlin und Stockholm wurden beispielsweise auf Demonstrationen israelische Fahnen verbrannt, in der schwedischen Kleinstadt Gothenburg Molotov Cocktails auf die dortige Synagoge geworfen und in Malmö skandierten Demonstranten auf Arabisch „Wir erschießen die Juden".[29]

---

27 Vgl. dazu Preitschopf 2015, 86.
28 Vgl. exemplarisch Doron Rabinovici, Je suis Herr Karl. Zur falschen Zeit am falschen Ort? Von wegen, in: Der Standard, 12.01.2015.
29 Vgl. Nathalia Rothschild, „Shoot the Jews": How Sweden's Jews just became key targets for violent Muslim anger over Trumps' Jerusalem move, in: Haaretz, 10.12.2017.

Auch wenn seit Beginn der *Zweiten Intifada* Manifestationen von Antisemitismus stark mit Eskalationen zwischen Israel und den PalästinenserInnen korrelieren, zeigte sich Antisemitismus auch unabhängig davon. Zu nennen wären die internationale Finanzkrise 2008 oder Debatten über ein Beschneidungs- oder Schächtverbot, die sich oft in erster Linie gegen die muslimische Community richten, ein „Kollateralschaden" an Juden und Jüdinnen allerdings in Kauf genommen wird. Auch in Zusammenhang mit dem Holocaustgedenken bzw. Gedenken an den Zweiten Weltkrieg kam es in verschiedenen Ländern immer wieder zu antisemitischen Vorfällen bzw. lösten das Holocaustgedenken sowie die Holocausterziehung Debatten über Antisemitismus aus.[30] In Deutschland hatte die Verleihung des Echo-Preises, der wichtigste deutsche Musikpreis, an die Rapper *Kollegah* und *Farid Bang* eine Diskussion über das keineswegs neue Phänomen des Antisemitismus in der Rap-Musik zur Folge.[31]

Mit dem Anwachsen rechter und rechtspopulistischer Parteien wie der *Freiheitlichen Partei Österreichs* (FPÖ), der *Alternative für Deutschland* (AfD), dem *Front National* (FN) oder den Schwedendemokraten kommt mittlerweile auch Antisemitismus im rechten Spektrum mehr Augenmerk zu.[32] In Deutschland lösten beispielsweise geschichtsrevisionistische sowie antisemitische Aussagen von AfD-Politikern[33] Debatten über Antisemitismus in der AfD aus, die sich gleichzeitig um jüdische WählerInnen und eine Annäherung an Israel bemüht zeigte.[34] In diesem Zusammenhang ist interessant, dass diese rechtspopulistischen Parteien einerseits eine stark proisraelische Position verfolgen und andererseits in diesen Parteien

---

30 Zu den Niederlanden vgl. Ensel/Gans 2017, 377–413, zu Frankreich siehe das Kapitel Frankreich und Preitschopf 2016.
31 Im Zentrum der Kritik stand die Textzeile „Mein Körper definierter als von Auschwitzinsassen" aus dem Song 0815. Der Preis wurde den Musikern wieder aberkannt. Zum Antisemitismus im Rap vgl. auch den Beitrag Großbritannien.
32 In Chemnitz wurde beispielsweise 2018 während rassistischer Ausschreitungen das koschere Restaurant Schalom von Rechtsradikalen angegriffen.
33 Zu nennen sind vor allem der thüringische Fraktionsvorsitzende Björn Höcke, den der Historiker Wolfgang Benz als „einen bekennenden völkischen Rassisten" bezeichnet; Wolfgang Michael Gedeon, Abgeordneter im Landtag von Baden-Württemberg, dessen antisemitischen Schriften zu seinem Austritt aus der Fraktion und deren zeitweiliger Spaltung führte; Alexander Gauland, einer von zwei Bundessprechern der AfD, bezeichnete in seiner Rede vor dem Bundeskongress der AfD-Nachwuchsorganisation *Junge Alternative* den Nationalsozialismus als „Vogelschiss" in der deutschen Geschichte. Zum Antisemitismus und Geschichtsrevisionismus der AfD vgl. exemplarisch Grigat 2017; Marcus Funck, Wolfgang Gedeon: Wie antisemitisch ist dieser AfD-Politiker?, in: Zeit Online, 06.09.2016.
34 Vgl. Tilman Stefen, Juden und die AfD, geht das zusammen?, in: ZeitOnline, 07.10.2018; Marcus Funck, Strategisch benutzt, in: Neue Tageszeitung, 03.10.2018; Marco Fieber, Alternative für Israel? Das gespaltene Verhältnis israelischer Konservativer zur AfD, in: huffingtonpost.de vom 13.10.2018.

nach wie vor stark verbreiteter traditioneller Antisemitismus[35] zu beobachten ist. Die Bemühungen dieser Parteien um eine Annäherung an Israel tragen offensichtlich nur wenig zur „Immunisierung" der Basis sowie vieler FunktionärInnen bei.[36] Es sollte allerdings auch nicht übersehen werden, dass rechte Parteien wie die ungarische *Jobbik* oder die griechische *Goldene Morgenröte* sowie neuere antizionistische Rechte in Frankreich an einer israelfeindlichen Haltung festhalten. Zunehmend werden – allerdings auf eine wenig produktive Art und Weise – auch „rechter Antisemitismus" und „muslimischer Antisemitismus" gegeneinander ausgespielt.

1.1 DIE BOYKOTTBEWEGUNG: EIN GLOBALES PHÄNOMEN MIT SPEZIFISCH NATIONALEN AUSPRÄGUNGEN

Kriegerische Auseinandersetzungen zwischen Israel und den PalästinenserInnen bildeten auch einen Nährboden für die Boykottbewegung. 2005 – im selben Jahr, in dem die →*Zweite Intifada* ihrem Ende zuging, die Hoffnungen für Friedensverhandlungen allerdings in weite Ferne gerückt waren – wurde der BDS *(Boycott, Divestment and Sanctions)* gegründet.[37] Von insgesamt 171 palästinensischen Nichtregierungsorganisationen ins Leben gerufen, strebt dieser die internationale Isolierung Israels an, wobei drei zentrale Ziele genannt werden: 1) Das Ende der Besetzung und Kolonialisation allen arabischen Landes und ein Abriss der Mauer, 2) die Anerkennung des Grundrechts der arabisch-palästinensischen BürgerInnen Israels auf völlige Gleichheit und 3) die Rückkehr der palästinensischen Flüchtlinge in ihre Heimat und zu ihrem Eigentum, wie es in der VN-Resolution 194 vereinbart wurde,[38] Das Zentralkomitee der PLO bekannte sich erst 2018 verbal zur Unterstützung des BDS.[39] Als Vorbild dient die Anti-Apartheid-Bewegung in Südafrika, womit Israel ebenfalls als Apartheidstaat betrachtet wird. Neben den USA[40] (vor allem auf manchen Universitäten und in der Musikszene) ist der BDS in Großbri-

---

35 In einer Umfrage des Instituts für Demoskopie Allensbach vom Sommer 2018 gaben 17 Prozent der AfD-AnhängerInnen an, dass sie nicht gerne neben Juden wohnen würden. Im Bevölkerungsschnitt waren es nur drei Prozent. Mehr als die Hälfte der befragten AfD-AnhängerInnen waren der Meinung, Juden hätten „weltweit zu viel Einfluss".
36 Vgl. dazu vor allem das Kapitel Österreich.
37 2001 hatte bereits das NGO-Forum der UNO-Weltkonferenz gegen Rassismus in Durban (Südafrika) einen Achtpunkte-Plan auf Grundlage der Antiapartheid-Kampagne der 1980er-Jahre verabschiedet.
38 Zitiert nach Timm 2017, 628.
39 PLO Endorses BDS, Makes unprecedented call for sanctions. Http://bdsmovement.net [zuletzt abgerufen am 01.01.2019].
40 Vgl. exemplarisch Nelson/Brahm 2015.

tannien relativ stark ausgeprägt,[41] während in Deutschland und Österreich[42] bislang wenige damit vertraut sind. In diesen Ländern wird ein gegen Israel gerichteter Boykott auch stark mit dem Boykott der Nationalsozialisten von 1933 gegenüber jüdischen Geschäften assoziiert, manche sehen im BDS sogar eine Steigerung von „Kauft nicht bei Juden".[43] Frankreich ist neben Israel das einzige Land, in dem der Aufruf zum Boykott Israels strafrechtlich verfolgt wird, allerdings nicht von der Bildfläche verschwunden ist.[44] Insbesondere in den USA und in einem geringen Ausmaß in Großbritannien zählen viele Juden und Jüdinnen sowie jüdische Organisationen zu den AkteurInnen, was innerjüdische Debatten ausgelöst hat.[45] Während viele BDS-AnhängerInnen tatsächlich das Ende des israelischen Staates und eine Einstaatenlösung anstreben, teilweise antidemokratische und auch aggressive Methoden verwenden und dahinter oft antisemitische Intentionen und eine Dämonisierung Israels auszumachen sind, erhoffen sich manche von einem Boykott nach wie vor eine Zweistaatenlösung und weisen jeden Vorwurf des Antisemitismus von sich. Nicht alle BoykottbefürworterInnen treten für einen allgemeinen Boykott ein, manche, darunter beispielsweise einige britische Gewerkschaften, boykottieren nur Produkte aus den Siedlungen in den besetzten Gebieten. Im September 2016 befürworteten beispielsweise in den USA über 70 Intellektuelle in einem offenen Brief, der in der *New York Review of Books* abgedruckt wurde, einen auf Siedlungen begrenzten Boykott sowie deren Ausschluss von Handelsvorteilen und Steuerbefreiung in den USA.[46] Mittlerweile wurden auch israelkritische Stimmen laut, die die Effektivität des BDS hinterfragen. Selbst der für seine kritische Position zu Israel bekannte Noam Chomsky warnte davor, dass BDS dem Anliegen der PalästinenserInnen schaden könne. Vor allem die Forderung nach dem Rückkehrrecht für die vertriebenen PalästinenserInnen (der BDS macht keine Angaben, wie viele Generationen damit gemeint sind) findet er illusorisch und den Vergleich mit dem südafrikanischen Apartheidsystem betrachtet er als zu undifferenziert.[47] Auch das Argument von BDS-BefürworterInnen, dass der BDS *den* Interessen der palästinensischen Zivilgesellschaft entgegenkommen würde, ist zu hinterfragen, da diese

---

41 Siehe dazu das Kapitel Großbritannien.
42 Siehe dazu das Kapitel Österreich.
43 Vgl. Thomas Eppinger, in: mena-watch. Der unabhängige Nahost-Thinktank vom August 2018; Salzborn 2017, 367–372.
44 Siehe das Kapitel Frankreich.
45 Vgl. exemplarisch Peter Beinart, For Jewish BDS supporters, personal morality trumps Jewish solidarity, in: Haaretz, 27.04.2018; Michael Walzer, Israel 70/Diaspora 70: Reflections of an Old Zionist, in: Fathom, April/2018; Kenneth Waltzer, We oppose BDS. That doesn't make us apologists for Israel, in: Haaretz, 19.09.2018. Vgl. auch Lipstadt 2018, 208.
46 Over 70 American intellectuals call for „targeted Boycott" of Israeli settlements, in: Haaretz, 25.09.2016.
47 Israel boycott could harm Palestinian cause, says Noam Chomsky, in: Haaretz, 03.07.2014.

in der Boykottfrage keine einheitliche Meinung vertritt. Die *Haaretz*-Journalistin Amira Hass berichtete beispielsweise darüber, dass in „feinen" Geschäften in Ramallah Produkte aus der Siedlung Tekoa zu finden sind und eine Gruppe der dortigen Siedler eine Zweitstaatenlösung vertreten würde.[48]

Die israelische Regierung reagierte 2017 auf den BDS mit einem Gesetz[49], mit dem Boykott-AktivistInnen die Einreise verwehrt werden kann. Selbst Juden und Jüdinnen sind davon nicht ausgenommen. Die Sinnhaftigkeit dieses Gesetzes wird allerdings von vielen hinterfragt, zumal es sich bei Boykott-UnterstützerInnen um eine heterogene Gruppe handelt und keine eindeutigen Kriterien für eine Einreiseverweigerung vorliegen. Manche sehen darin eine Gefahr für die Meinungsfreiheit. Ein restriktives Vorgehen kann zudem dem BDS als Werbung dienen, wie einige Vorfälle im Sommer 2018 demonstrierten.[50] In den Worten der renommierten US-amerikanischen Historikerin Deborah Lipstadt ausgedrückt, hat sich der israelische Staat damit ein „Eigentor" geschossen.[51]

Wie noch gezeigt wird, handelt es sich beim BDS um ein globales Phänomen, das in europäischen Ländern höchst unterschiedliche Ausprägungen und Debatten aufweist, worauf nach wie vor unterschiedliche Nachwirkungen des Holocaust und Kolonialismus Einfluss ausüben.

---

48 Amira Hass, Politically incorrect in Palestine, in: Guardian, 20.11.2018.
49 Amendment No. 27 to the Entry Into Israel Law.
50 Im September 2018 wurde beispielsweise international über die US-amerikanische Studentin Lara Alqasem berichtet, der am Flughafen in Tel Aviv aufgrund ihrer Unterstützung des BDS (konkret war sie am Boykott einer israelischen Hummusmarke beteiligt sowie Vorsitzende der 8 Personen zählenden Gruppierung *Justice for Palestine*) die Einreise verweigert wurde, obwohl ihr das israelische Konsulat in Miami ein Visum ausgestellt hatte. Letztendlich durfte sie einreisen und ihr Studium beginnen. Die Hebrew University, die die Studentin akzeptiert hatte, befürchtete von derartigen Maßnahmen eine Gefährdung ihres internationalen Rufes. Unter vielen, vor allem jungen US-amerikanischen Juden und Jüdinnen gab es vor allem deshalb einen Aufschrei, da Israel sich bei den Einreiseverboten u.a. auf die Website der *Canary Mission,* die wiederum von der *Jewish Community Federation of San Francisco* mitfinanziert wurde, stützt. Auf dieser Liste befinden sich neben AktivistInnen auch junge Menschen, die sich nur an einzelnen Aktionen des BDS beteiligt haben. Manche stoßen sich insgesamt an dieser Form von Überwachung. Vgl. exemplarisch Josh Nathan-Kazis, Reveal: Canary Mission blacklist is secretly bankrolled by major Jewish Federation, in: Forward, 03.10.2018; David Schraub, This is the real game Israel is playing with the BDS movement. It's terrifying, in: Haaretz, 10.10.2018.
51 Lipstadt 2018, 223–238.

1.2 EIN „NEUER ANTISEMITISMUS"?

Die Debatte um einen „neuen Antisemitismus" setzte (erneut)[52] bereits mit den Ausschreitungen im Kontext der *Zweiten Intifada* ein.[53] War Deutschland seit der Wiedervereinigung und dem Anwachsen des Rechtsextremismus und Österreich seit der *Waldheim-Affäre* in den späten 1980er-Jahren besonderer Beobachtung ausgesetzt, so richtete sich jetzt der Blick vorerst auf Frankreich. Bis heute gibt es keinen Konsens über den Charakter und das Ausmaß des Antisemitismus, es liegt auch nach wie vor keine allgemein anerkannte wissenschaftliche Definition vor. Während „Alarmisten" von einem Antisemitismus wie in den 1930er-Jahren sprachen, die „Reichskristallnacht" und Pogrome in Erinnerung riefen und von einem Ende des europäischen Judentums warnten,[54] bezweifelten andere, dass es sich tatsächlich um ein neues Ausmaß oder neues Phänomen des Antisemitismus handle. Letztere verwiesen auf das hohe Ausmaß des europäischen Antisemitismus in den 1960er-Jahren (als Nachwirkung des Eichmann-Prozesses) sowie auf den stark angestiegenen Antisemitismus in den frühen 1990er-Jahren, wo vorwiegend Rechtsradikale zu den Tätern zählten. In Frankreich brannte bereits 1978 in Drancy erstmals nach der Shoah eine Synagoge.[55] KritikerInnen bzw. SkeptikerInnen der Auffassung, es handle sich um einen „neuen Antisemitismus", konnten im gegenwärtigen Antisemitismus auch keine neue Qualität erkennen. Andere hingegen machten das Neue darin aus, dass zum einen neben Linken zunehmend Muslime als Täter auftraten und zum anderen nun Israel als primärer Bezugsrahmen und Projektionsfläche dienen würde. Israel als Verkörperung des Judentums sei somit zum „kollektiven Juden" oder zum „Juden unter den Staaten" geworden. Habe der „alte Antisemitismus" eine Welt ohne Juden angestrebt, so wolle der „neue Antisemitismus" die Welt „judenstaatrein" machen. Durch eine Dämonisierung des jüdischen Staates werde nicht nur Israels Existenz, sondern die Existenz des gesamten Judentums hinterfragt.[56] In Deutschland sprechen manche auch von einem Anti-Israe-

---

52 Über einen „neuen Antisemitismus" wurde auch bereits in den 1970er-Jahren diskutiert. Vgl. American Historical Review 2018.
53 Zu den unterschiedlichen Positionen vgl. Rabinovici et al. 2004; Zimmermann 2004; Holz 2006; Fine 2009; Iganski/Kosmin 2003; Tel Aviver Jahrbuch für deutsche Geschichte 2005.
54 Exemplarisch Foxman 2003; Chesler 2003; Adam LeBor, Exodus: Why Europe's Jews are fleeing once again, in: Newsweek, 29.07.2001; Explosion von Antisemitismus, in: Jüdische Allgemeine, 24.07.2014.
55 Vgl. Epstein 2003, 54–58; Lerman 2002, 105.
56 Vgl. beispielsweise die Rede vom britischen Oberrabbiner Jonathan Sacks auf einer proisraelischen Kundgebung im Londoner *Theatre Royal*, abgedruckt in: Jewish Chronicle, 21.09.2001. Zu Frankreich vgl. Muckenhumer 2011.

lismus[57] oder einem israelbezogenen Antisemitismus.[58] In Frankreich prägte Pierre-André Taguieff den Begriff der „neuen Judeophobie",[59] worunter er eine irrationale Angst vor oder Hass auf Juden versteht, die sich aus antiisraelischen, antiamerikanischen und antikapitalistischen Vorurteilen speist[60] und im Wesentlichen von linken, globalisierungskritischen Zirkeln und islamistischen Kreisen getragen wird.[61] Gleichzeitig waren – vor allem im linken Spektrum – Stimmen zu vernehmen, die im Begriff eines „neuen Antisemitismus" ein Instrument zionistischer Organisationen und israelischer PolitikerInnen, die damit jegliche Kritik an Israel verhindern möchten, sahen.[62] Weitgehende Einigkeit bestand darüber, dass von keiner amtlich propagierten Weltanschauung der betroffenen Regierungen gesprochen werden könne.[63]

Aus einer geschichtswissenschaftlichen Perspektive, die einen längeren Zeitraum in den Blick nimmt und von uns präferiert wird, war Antisemitismus nach dem Holocaust keineswegs verschwunden und im 21. Jahrhundert nicht so neu, wie vielfach angenommen wird. Innerhalb der Linken gab es bereits seit 1967 („Sechstagekrieg") und insbesondere während der →Libanon-Invasion 1982 immer wieder heftige Debatten über Israel, Antisemitismus und Antizionismus, auch Boykottforderungen wurden laut. Bereits Ende der 1960er-Jahre hatte Jean Améry die deutsche Linke vor einem „ehrbaren Antisemitismus" gewarnt. Sowohl die Wahrnehmungen und Bewertungen Israels als auch die Argumentationsmuster und nicht zuletzt viele der daran beteiligten Akteure sind über die Jahre hinweg gleichgeblieben.[64] In Deutschland und Österreich haben innerhalb der Linken allerdings tiefgehende Reflexionen hinsichtlich eines linken Antisemitismus stattgefunden und zu Spaltungen geführt.[65] Wie die in den letzten Jahren geführte Debatte über Antisemitismus in der *Labour Party* gezeigt hat, dürfte dies (wie im Kapitel *Großbritannien* im Detail ausgeführt wird) in Großbritannien weniger der Fall gewesen sein.

---

57 Vgl. exemplarisch Schwarz-Friesel/Reinharz 2013, 98–105.
58 Vgl. exemplarisch Salzborn 2018.
59 Dieser Begriff stammt vom zionistischen Journalisten und Theoretiker Leo Pinsker, der darunter eine seit 2000 Jahren unheilbar vererbte Psychose versteht. Der Begriff wird von anderen Forschern allerdings auch anders definiert. Vgl. AHR-Roundtable: Rethinking Antisemitism, in: American Historical Review 2018.
60 Vgl. Taguieff 2010.
61 Vgl. Le Figaro, 08.10.2001. Ähnliche Positionen finden sich im französischen Diskurs bei Finkielkraut 2003; Trigano 2003.
62 Vgl. exemplarisch Melzer 2017.
63 Vgl. exemplarisch Deborah E. Lipstadt, Why Jews are worried, in: New York Times, 20.08.2014; Anshel Pfeffer, Heat is on, in: Jewish Chronicle, 14.08.2014.
64 Embacher/Reiter 2010.
65 Ullrich 2008; Reiter 2000.

Während linker Antisemitismus somit wenig Erstaunen hervorrief, war Antisemitismus unter MuslimInnen in Europa etwas Neues und irritierte. Vielen Linken und Liberalen fällt bzw. fiel es lange schwer, Antisemitismus unter MuslimInnen als solchen zu benennen und zu akzeptieren, dass auch Opfer von Rassismus antisemitisch sein können.[66] Nicht zu Unrecht wurde befürchtet, dass ein Fokus auf den „muslimischen Antisemitismus" vom Antisemitismus in der Mehrheitsbevölkerung bzw. vom „Antisemitismus der Mitte" ablenken würde.[67] Darüber, was einen „muslimischen Antisemitismus" ausmacht, wird nach wie vor diskutiert.

1.3 ANTISEMITISMUS IN MUSLIMISCHEN COMMUNITIES

Mittlerweile liegen für einige europäische Länder Studien vor, die darauf schließen lassen, dass Antisemitismus in muslimischen Communities wesentlich stärker ausgeprägt ist als in der jeweiligen Gesamtgesellschaft und dabei dem Faktor Religion eine gewisse Bedeutung zukommt. Zudem wird ein Zusammenhang mit dem Konflikt zwischen Israel und Palästina konstatiert, der teilweise, aber keineswegs immer als religiöser Konflikt gedeutet wird.[68] Allerdings gibt es kaum Analysen darüber, was unter Religion konkret verstanden, wie diese gedeutet, interpretiert und auch instrumentalisiert wird. Der von der ersten Generation von muslimischen EinwanderInnen mitgebrachte „Volksislam" (in seinen verschiedenen Varianten, ob bosnisch, maghrebinisch, pakistanisch etc.) hat beispielsweise wenig mit islamistischen Versionen des Islam zu tun, die vorwiegend politischen Interessen dienen.[69] Vielfach wird auch darauf verwiesen, dass junge Menschen, die sich islamistischen Organisationen angeschlossen haben, ein äußerst geringes Wissen über den Koran aufweisen und oft erst im Gefängnis islamisiert wurden. Auch die steigende Zahl an KonvertitInnen ist zu berücksichtigen.

Darüber, was Antisemitismus unter MuslimInnen ausmacht und worin dessen Ursachen liegen, finden sich höchst unterschiedliche Erklärungsansätze. Während

---

66 Vgl. exemplarisch Michael Walzer, Islamism and the Left, in: Dissent (Winter 2015); Pulzer 2003.
67 Vgl. Wetzel 2007, 173–184.
68 Vgl. Jikeli 2012 und 2015; Für eine Zusammenfassung der für Deutschland vorliegenden Studien siehe den Bericht des Unabhängigen Expertenkreises Antisemitismus 2017 (im Folgenden UEA-Bericht genannt); Feldman 2018; zu Großbritannien siehe Staetzky 2017, zu den Niederlanden vgl. Ensel/Gans 2017; Stremmelaar/Lucassen 2018, zu Belgien Martiniello/Sacco 2018; Zu Frankreich Preitschopf 2016; Druez/Mayer 2018 sowie das Kapitel Frankreich. Für Österreich, wo bisher erst wenig dazu geforscht wurde, vgl. Edthofer 2016, Edtmaier/Trautwein 2015, Stadlbauer 2017.
69 Husain 2007; Nawaz 2012.

– grob gesprochen – manche den Antisemitismus auf eine religiöse Komponente und damit die Auslegung des Korans zurückführen und dabei oft wenig auf den historischen Kontext Wert legen, sehen andere die Ursache in einem antizionistisch begründeten arabischen Nationalismus, der sich einiger Versatzstücke des modernen europäischen Antisemitismus bedient. Letzterer wurde demnach durch europäische Missionare und Kolonialmächte in die muslimische Welt getragen und mit Migration nach Europa „re-importiert".[70] Teilweise ist mit diesen Erklärungsansätzen eine Abwehrhaltung gegenüber einer muslimischen Einwanderung und liberalen Asylpolitik an sich verbunden.[71]

Zum Antisemitismus in arabischen Ländern liegen mittlerweile einige Arbeiten vor, die einerseits auf deren Kollaboration mit dem Nationalsozialismus verweisen und andererseits ihre Anfälligkeit für nationalsozialistisches Gedankengut auf den Islam bzw. Koran zurückführen.[72] Darauf basierend wird der gegenwärtige Nahostkonflikt nicht als politischer Konflikt um ein Territorium, sondern als „antisemitischer Krieg" mit keinem „anderen Grund als Hass" auf Israel[73] oder als ideologischer Kampf um Werte, den richtigen Glauben und um den Umgang mit der Moderne generell interpretiert.[74] Hierbei wird außer Acht gelassen, dass sich arabischer Nationalismus zwar antisemitischer Argumente aus Europa bedient, sich jedoch vor allem durch eine Konfrontation mit dem jüdischen Nationalismus im Nahen Osten und nach 1948 an realen Konflikten mit Israel entfaltet hat, was zudem im Kontext des Kolonialismus zu sehen ist.[75] Arabische Länder sahen im nationalsozialistischen Deutschland, das sich aus strategischen Gründen um arabische Staaten bemühte und dabei eine sehr ambivalente Politik verfolgte,[76] vor

---

70 Vgl. exemplarisch Kiefer 2009, 20–23.
71 Vgl. exemplarisch Laqueur 2008.
72 Vgl. exemplarisch Herf 2006 und 2009; Küntzel 2002, 2008 sowie Matthias Küntzel, Islamischer Antisemitismus – Kennzeichen, Entstehung und Folgen, in: mena-watch. Der unabhängige Nahost-Thinktank, 07.06.2018; zur Kritik an dieser Position siehe Freitag/Gershoni 2011 und Wien 2012.
73 Vgl. exemplarisch Fred Maroun, Ein antisemitischer Krieg steht bevor – und die Welt sieht wieder weg, in: mena-watch. Der unabhängige Nahost-Thinktank, 11.07.2017.
74 Stein 2017. Zur Kritik an dieser Position vgl. Schroeter 2018, 1172–1189.
75 Zum Antisemitismus im arabischen/muslimischen Kontext vergleiche die teilweise unterschiedlichen Ansichten von Webman 2010; Kiefer 2007, 71–84; Achcar 2012.
76 Wie David Motadel zeigt, vereinnahmte der NS-Staat (wie auch andere Großmächte) den Islam für politische Zwecke, indem er sich MuslimInnen als Schutzherr präsentierte und deren Glauben instrumentalisierte und für geopolitische wie militärische Zwecke ausnutzte. Er zeigt aber auch, wie unterschiedlich islamische Herrscher mit den Bündnissen umgingen: Während der Mufti von Jerusalem muslimische SS-Divisionen segnete, rettete Sultan Mohammed V. Juden und Jüdinnen in Marokko vor der Verfolgung Vichy-Frankreichs. Unterbelichtet bleibt allerdings der tatsächliche Einfluss der NS-Politik auf die Bevölkerung. Vgl. Motadel 2017.

allem einen gemeinsamen Feind gegen den britischen und französischen Kolonialismus. Diese Erklärungsversuche lassen sich auch insofern schwer auf muslimische Communities in Europa übertragen, als dass nur ein Teil der europäischen muslimischen Communities Wurzeln in arabischen Ländern aufweist.

Vor allem im politisch linken Spektrum finden sich Positionen, die viel zu kurz greifen und insbesondere den Opferstatus von MuslimInnen betonen. Insbesondere in Frankreich gehen mache unter Betonung der sozialen Komponente (der fraglos eine wichtige Rolle zukommt) so weit, dass sie Antisemitismus unter MuslimInnen an sich in Abrede stellen. Demnach würden MuslimInnen aufgrund ihres schwierigen ökonomischen Überlebenskampfes die erfolgreich integrierte jüdische Community sowohl verachten als auch beneiden. Diese Spannungen würden durch den Nahostkonflikt zugespitzt werden.[77] Angriffe auf jüdische Einrichtungen und einzelne Juden und Jüdinnen werden damit erklärt, dass Israel als Fürsprecher aller Juden und Jüdinnen fungiere und jüdische Organisationen sich stark mit Israel identifizierten, was MuslimInnen den Eindruck vermittle, dass zwischen Juden und Israel kein Unterschied bestehe.[78] Auch wenn viele jüdische Organisationen sich solidarisch mit Israel zeigen und mit israelischen Fahnen gegen Antisemitismus in Deutschland oder Frankreich auf die Straße gehen, greifen derartige Ansätze zu kurz, allein schon deshalb, da Antisemitismus unter MuslimInnen keineswegs auf bildungsferne, deklassierte Schichten beschränkt ist. Zieht man einzelne Studien aus europäischen Ländern heran, wird deutlich, dass Bildung keineswegs immer gegen Antisemitismus „immunisiert". Interessant sind dazu die Ergebnisse einer 2011 veröffentlichten Untersuchung, die an drei belgischen Universitäten[79] durchgeführt wurde und zeigt, dass klassische antisemitische Vorurteile unter muslimischen Studierenden unabhängig vom sozialen Status, der politischen Einstellung und dem Herkunftsland der Eltern weit verbreitet sind.[80] Auch in Großbritannien gehören muslimische Studierende und beruflich erfolgreiche, akademisch gebildete Funktionäre von muslimischen Vereinen zu zentralen Akteuren des Antisemitismus.[81] In Österreich stand während des Gaza-Kriegs der

---

77 Vgl. exemplarisch Alain Badiou/Eric Hazan 2014; Weill-Raynal 2005.
78 Für den Historiker Steven Beller beispielsweise sind die Israel-Feindschaft in der arabischen Welt sowie die Angriffe von „arabisch-stämmigen Zugewanderten" auf Juden in Europa „ganz klar nicht auf den Antisemitismus als solchen zurückzuführen, sondern auf den Widerstand (…) von Arabern und Muslimen gegenüber der zionistischen Errungenschaft eines jüdischen Staates in Israel." Vgl. Beller 2009, 168. Auch Ranan (2018) betont die besondere Rolle des Nahostkonflikts hinsichtlich des Antisemitismus bei Muslimen mit Wurzeln im arabischen Raum.
79 Vettenburg u.a. 2011.
80 Jikeli verweist zudem auf Studien, die an Universitäten in Dänemark und den Niederlanden durchgeführt wurden. Vgl. Jikeli 2015.
81 Vgl. exemplarisch Husain 2007 sowie das Kapitel Großbritannien.

Österreich-Ableger der *Union Europäisch-Türkischer Demokraten* (UETD Austria) unter Antisemitismus-Verdacht. Die UETD steht der AKP nahe und definiert sich als Sprachrohr gebildeter und erfolgreich integrierter Menschen mit türkischem Migrationshintergrund.[82] Diese Beispiele sind allerdings kein Beleg dafür, dass Bildung von geringer Relevanz ist,[83] sondern als Aufruf zu verstehen, in der Forschung auf Bildungseffekte einen verstärkten Fokus zu legen.

Das komplexe Phänomen des Antisemitismus unter MuslimInnen kann somit nur unter Berücksichtigung vieler Faktoren und multipler Erklärungsansätze erfasst werden. Wird Antisemitismus auf Religion und einen durch Migration und Konsum von Medien aus den Herkunftsländern bedingten „Import" reduziert, wird damit das Problem aus der jeweiligen Gesellschaft ausgelagert. Bei vielen Akteuren handelt es sich allerdings bereits um die zweite und dritte Einwanderungsgeneration, die im jeweiligen Land vorhandene, historisch gewachsene antisemitische Stereotype aufgenommen hat, entweder unbewusst, oder um zu provozieren und Aufmerksamkeit zu erhalten.[84] Neben den unterschiedlichen Generationen kommt auch der Herkunft bzw. den höchst unterschiedlichen Migrationsgeschichten von MuslimInnen Bedeutung zu. Erste Ergebnisse einer noch nicht abgeschlossenen Arbeit zur bosnischen Community in Österreich verweisen hinsichtlich des Antisemitismus sowohl auf Unterschiede zwischen den Generationen (ältere Bosnier „importierten" beispielsweise in „Tito-Jugoslawien" übernommene antizionistische Stereotype) als auch auf teilweise problematische Vergleiche zwischen dem Genozid in Srebrenica und dem Holocaust, wobei Juden unterstellt wird, diesen für ihre Interessen zu instrumentalisieren, während der Genozid an den bosnischen MuslimInnen weitgehend ignoriert werde.[85]

Mit der „Importtheorie" ist zudem die Gefahr einer Entlastung der Mehrheitsgesellschaft verbunden. Diese Entlastungsstrategie zeigte sich während des Gaza-Krieges von 2014 insbesondere in Deutschland[86] und Österreich[87], wo, ausgelöst durch die Dominanz von jungen TeilnehmerInnen mit türkischer Migrationsgeschichte auf Pro-Gaza-Demonstrationen mit antisemitischen Eskalationen, antisemitischen Parolen und Allahu-Akbar-Rufen, häufig die Rede von einem „importierten Antisemitismus" war. Bei genauerer Betrachtung wird offenkundig, dass zwar religiöse Argumentationen an Bedeutung gewannen, die Proteste sich aller-

---

82 Edtmaier/Trautwein 2015, 212–222; Özkan 2018 sowie das Kapitel Österreich.
83 Eine vom Kriminologischen Institut Niedersachsen verfasste Untersuchung weist darauf hin, dass der Besuch des Gymnasiums bei türkischstämmigen Jugendlichen dazu beigetragen habe, das Ausmaß des Antisemitismus zu reduzieren.
84 Ensel/Gans 2017; Zur Kritik an der „Importtheorie" siehe auch Ozyurek 2016.
85 Vgl. Hasan Softic, Antisemitismus in der bosnischen Community in Österreich, Vortrag, gehalten am Österreichischen Zeitgeschichtetag im Mai 2017 in Wien.
86 Vgl. Rybak 2015, 187–193.
87 Vgl. Edtmaier/Trautwein 2015 sowie das Kapitel Österreich.

dings auch gegen die eigene Regierung und deren als islamfeindlich empfundene Politik richteten. Der niederländische Historiker Remco Ensel führt ähnliche Vorfälle in den Niederlanden auf folgendes Konflikt-Modell zurück: „The street versus the state, us against the Israelis, Muslims against the rest of the world and finally the Muslim genocide vs. Jews."[88] Ensel sieht allerdings auch einen Zusammenhang zwischen antisemitischen Ausschreitungen und einer verfehlten postkolonialen Regierungspolitik sowie einer männlichen Identitätskrise in der zweiten Einwanderungsgeneration, die versucht, sich in der Gesellschaft zu behaupten.

Weitgehend Einigkeit besteht zumindest darüber, dass Antisemitismus unter MuslimInnen nicht nur in Zusammenhang mit dem Nahostkonflikt auftritt, dieser jedoch eine zentrale Projektionsfläche darstellt.[89] Die Identifikation mit den PalästinenserInnen basiert allerdings stark auf Emotionen, während oft wenig konkretes Wissen über den komplexen Konflikt besteht.[90]

Aber wie ist die Ablehnung von oder der Hass auf Israel und die damit verbundene Solidarisierung bzw. teilweise Überidentifikation mit den PalästinenserInnen zu erklären? Hierbei ist von Interesse, wann und warum muslimische Communities sich in einem größeren Ausmaß für Palästina mobilisieren ließen. Lassen sich in Frankreich Spannungen zwischen aus nordafrikanischen Ländern zugewanderten Muslimen und Juden bis zum „Sechstagekrieg" von 1967 zurückverfolgen, so konnten in Großbritannien MuslimInnen erst mit dem Irak-Krieg in einem größeren Ausmaß für Palästina mobilisiert werden. In Deutschland und Österreich, wo die türkischen Communities den Großteil der muslimischen Bevölkerung ausmachen, zeigten sich erstmals 2010 mit den Demonstrationen um die *Mavi Marmara* Anzeichen (viele türkische Fahnen) einer Bereitschaft für eine größere Mobilisierung für Palästina. Während des Gaza-Krieges von 2014 waren MuslimInnen mit türkischen Wurzeln in einem großen Ausmaß an Pro-Palästina-Demonstrationen und einzelne auch an Ausschreitungen beteiligt. Den Demonstrationen wurde teilweise ein religiöser Charakter verliehen und Religion vermischte sich mit türkischem Nationalismus.[91] Wie hier im Kapitel über Antisemitismus in Österreich im Detail nachzulesen ist, kam Erdoğan dabei (so wie auch in Deutschland oder den Niederlanden) eine zentrale Rolle zu. Hierbei ist allerdings zu erwähnen, dass bereits seit dem Gaza-Krieg von 2008/09 nicht nur die türkisch-israelischen

---

88 Ensel 2017, 391.
89 Für Deutschland vgl. dazu UEB 2017, 202–220.
90 Laut der 2007 durchgeführten Umfrage des Policy Exchange Report (= Munira Mirza, Abi Senthilkumaran und Zein Ja'far: Living Apart Together: British Muslims and the paradox of multiculturalism, London 2007) konnten nur 18 Prozent der befragten Muslime den Namen des Vorsitzenden der Palestinian Authority nennen, 14 Prozent kannten den Namen des israelischen Premierministers. Zitiert nach Julius 2010, 540. Vgl. auch Arnold 2007.
91 Zu Österreich vgl. Edthofer 2014 und das Kapitel Österreich.

Beziehungen äußerst angespannt waren,⁹² sondern in der Türkei Antisemitismus insgesamt stark verwurzelt ist und von der AKP politisch massiv instrumentalisiert wird.⁹³ Der Einfluss Erdoğans (der sich nicht nur bezüglich Israels und Palästinas zeigte) auf Pro-Gaza-Demonstrationen in Österreich oder Deutschland wirft vor allem die Frage auf, was der türkische Präsident für die mittlerweile zweite und dritte Einwanderungsgeneration symbolisiert und inwieweit dabei ein Zusammenhang mit Diskriminierungserfahrungen in Österreich und Deutschland sowie einem gleichzeitigen Fremdheitsgefühl in der Türkei besteht.⁹⁴

Zusammenfassend lässt sich festhalten, dass es sich beim Antisemitismus unter MuslimInnen um ein höchst komplexes Phänomen handelt, für dessen Erklärung viele unterschiedliche Faktoren herangezogen werden müssen: Die geographische Herkunft, eine unterschiedlich gelebte und im Wandel befindliche Religion, der Unterschied zwischen den Generationen und Geschlechtern, Bildung, unterschiedliche Integrationskonzepte, aber auch Erfahrung von Exklusion und Muslimfeindlichkeit und, wie noch näher ausgeführt wird, der länderspezifische Umgang mit dem Holocaust. Um der Heterogenität der muslimischen Communities und den unterschiedlichen Ausprägungen und Interpretationen des Islam gerecht zu werden, sprechen wir nicht von einem „muslimischen Antisemitismus", sondern von Antisemitismus unter MuslimInnen.

1.4 ANTISEMITISMUS UNTER GEFLÜCHTETEN

In den Jahren 2015 bis 2017 kamen über drei Millionen Schutzsuchende nach Europa. Von den Fluchtbewegungen waren Deutschland und Österreich vergleichsweise stark betroffen. So stellten in diesem Zeitraum in Österreich – das gleichzeitig auch wichtiges Transitland war – über 100.000 Geflüchtete einen Asylantrag, in Deutschland waren es ca. 1,5 Millionen. In vielen europäischen Ländern dominiert die „Flüchtlingsfrage" seither innenpolitische Debatten, die nicht nur rechtspopulistischen bzw. rechtsradikalen Parteien wie der FPÖ, der AfD oder den Schwedendemokraten zu einem Aufschwung verholfen haben, sondern auch von kon-

---

92 Beim 2009 abgehaltenen Weltwirtschaftsforum in Davos kam es vor großem Publikum und laufenden Kameras zwischen dem türkischen Präsidenten Recep Tayyip Erdoğan und dem israelischen Präsident Schimon Peres zu einem heftigen Disput über den Krieg; Erdoğan warf Israel den Mord an Kindern vor und verließ demonstrativ den Raum. Der Historiker Rifat Bali sprach von einer Vertrauenskrise zwischen den beiden Staaten und konstatierte für die Türkei einen weit verbreiteten Antisemitismus. Vgl. Krach zwischen Türken und Israel – „Der moderne Antisemitismus ist ein Import aus dem Westen", in: SpiegelOnline, 25.10.2009.
93 Aviv 2017; Bali 2013.
94 Dazu vgl. auch Özkan 2018.

servativen Parteien instrumentalisiert wurden und die europäische Gesellschaft insgesamt weiter nach rechts rücken ließ. Seit Sommer 2015 intensivierte sich mit der „Flüchtlingskrise" auch die Debatte um einen „importierten Antisemitismus". Da ein Großteil der Geflüchteten aus muslimischen/arabischen Ländern (Syrien, Afghanistan, Irak) stammt, in denen Antisemitismus und die Ablehnung von Israel besonders stark ausgeprägt sind, kam vor allem in jüdischen Communities – auch angesichts der bereits seit 2012 gezielt gegen Juden und Jüdinnen gerichteten Terroranschläge und Ausschreitungen während des Gaza-Kriege von 2014 – Angst vor einem „importierten" Antisemitismus auf. Der Präsident des *Zentralrats der Juden in Deutschland,* Josef Schuster, gab beispielsweise zu bedenken, dass ein unkontrollierter Zuzug von Flüchtlingen jüdisches Leben in Deutschland gefährden könne. Auch Oskar Deutsch, der Präsident der *Israelitischen Kultusgemeinde Wien* (IKG), forderte von der österreichischen Regierung eine Obergrenze für Flüchtlinge. Sowohl in Deutschland als auch in Österreich blieben diese Aussagen nicht unwidersprochen, vor allem auch von Juden und Jüdinnen, die sich in der Flüchtlingshilfe engagieren.[95] Da viele Geflüchtete den jüdischen Staat ablehnen, ging es vor allem in Deutschland neben der Angst vieler Juden und Jüdinnen auch darum, wie und ob Flüchtlinge dazu gebracht werden können, den Holocaust als deutsches Kernnarrativ und somit die spezifisch deutsch-israelische Beziehung anzuerkennen.[96]

Mittlerweile liegen einige Studien[97] zum Antisemitismus unter Geflüchteten vor, die ein vergleichsweise hohes Ausmaß an antisemitischen Einstellungen unter letzteren im Allgemeinen und große Wissenslücken zum Judentum, Holocaust und Israel-Palästina-Konflikt unter Geflüchteten aus arabischen und nordafrikanischen Ländern bzw. Ländern des Nahen und Mittleren Ostens feststellen. Betont werden allerdings auch große Unterschiede zwischen den Herkunftsländern. Hinsichtlich der Einstellung zu Israel zeigt sich eine weit verbreitete Ablehnung des jüdischen Staates, wobei viele Interviewte allerdings Wert auf eine Differenzierung zwischen Juden, Israeli und dem Staat Israel legten. Die Ursachen für den Konflikt zwischen Israel und den PalästenserInnen werden weniger mit religiösen Argumenten, sondern primär mit einer ungleichen Ressourcenverteilung erklärt.[98]

---

95 Vgl. exemplarisch Jens Rosbach, Flüchtlingssituation spaltet jüdische Gemeinde, in: Deutschlandfunk, 01.11.2015; Doron Rabinovici, Obergrenze für Stumpfsinn und Vorurteile, Kommentar der Anderen, in: Der Standard, 27.01.2016; Berek 2017.
96 Mirjam Fischer, Muslime und Antisemitismus – Gemischte Gefühle, in: Cicero, 06.11.2015.
97 Vgl. Arnold/König 2016; Berek 2017; Haug 2017; Unter der Leitung von David Feldman wurden am *Pears Institute for the Study of Antisemitism* an der University of London Einzelstudien zu Großbritannien, Frankreich, Belgien, den Niederlanden und Deutschland durchgeführt. Die Einzelstudien sowie der von Feldman verfasste Gesamtbericht erschienen Anfang 2018.
98 Arnold/König 2017.

Eine noch nicht abgeschlossene Studie zu Österreich mit bisher 50 durchgeführten Interviews mit männlichen Syrern, Sudanesen und Afghanen kommt zu einem ähnlichen Ergebnis: wenig bis kein Wissen über den Holocaust (der Begriff sowie auch jener der Shoah oder Auschwitz sind zumeist völlig unbekannt), eine weitgehend negative Haltung zu Israel, die stark von Emotionen geprägt ist, aber eine oftmalige Betonung der Befragten, dass sie zwischen Israel und Juden unterscheiden würden.[99] Günther Jikeli, dessen Studie auf 16 Gruppeninterviews mit 68 Geflüchteten basiert, betont neben anderen Faktoren hingegen den Einfluss islamistischer Ideologien und judenfeindlicher Auslegungen des Korans.[100]

Die „Flüchtlingskrise" wurde vor allem (aber nicht nur) von rechten Parteien instrumentalisiert, die sich, wie die FPÖ und mittlerweile auch die AfD, als Beschützerinnen der jüdischen Community gegen die Islamisierung gerieren. Über rechte Parteien hinausgehend werden bereits seit Jahrzehnten hier lebende und sozialisierte MuslimInnen trotz geringer Gemeinsamkeiten mit den Geflüchteten „in einen Topf geworfen". Zudem war schnell ein Gegeneinander-Ausspielen von Juden und Geflüchteten zu beobachten, wobei die Wahrnehmung der Flüchtlinge oft durch die „Brille der Shoah" erfolgte. Der Modeschöpfer Karl Lagerfeld ging dazu mit einer besonders drastischen Meinung an die Öffentlichkeit: „Selbst wenn Jahrzehnte dazwischen liegen, kann man nicht Millionen Juden töten und später dann Millionen ihrer schlimmsten Feinde holen."[101]

Weitere umfassende und die Heterogenität der Geflüchteten berücksichtigende Studien über Antisemitismus und die Haltung zu Israel unter diesen sind somit dringend notwendig. Inwiefern verordnete Besuche von KZ-Gedenkstätten[102] oder ein wie beispielsweise von der CDU zur Diskussion gestelltes Bekenntnis von Geflüchteten zur Anerkennung von Israel eine schnelle Haltungsänderung bewirken,[103] ist fraglich, zumal Empathie mit jüdischen Opfern nicht unbedingt ein positives Israel-Bild zur Folge haben muss.

---

99 Vgl. Alma Mannsberger, Diskurse zum Holocaustgedenken, Juden und Israel unter Muslimen im Kontext von Islamfeindlichkeit, Vortrag, gehalten am Österreichischen Zeitgeschichte 2017 in Wien.
100 Jikeli 2017.
101 Karl Lagerfeld nennt Flüchtlinge „Feinde" der Juden, in: SpiegelOnline, 13.11.2017. Vgl. dazu auch den Beitrag Österreich.
102 Vgl. exemplarisch Zentralrat der Juden. KZ-Besuch als Integrationsmaßnahme? in: tagesschau.de, 23.04.2017.
103 Zitiert nach Jan Fleischhauer, Importierter Judenhass, in: SpiegelOnline, 01.12.2015.

1.5 HOLOCAUSTGEDENKEN UND KOLONIALISMUS-DEBATTEN

Antisemitismus steht im 21. Jahrhundert oft nach wie vor in einem engen Zusammenhang mit dem Holocaust bzw. dem Holocaustgedenken, wobei allerdings eine seit den 1990er-Jahren zu beobachtende Enthistorisierung und damit einhergehende Globalisierung des Holocausts zu berücksichtigen ist. Gemeint ist damit, dass es in der Holocaustgedenkkultur zunehmend weniger um das konkrete historische Ereignis der Judenvernichtung, sondern um die aus dem Holocaust zu ziehenden Lehren für Gegenwart und Zukunft geht, woraus wiederum der verpflichtende Kampf gegen Rassismus, Islamophobie, Antisemitismus und andere Vorurteile abgeleitet wird.[104] Dem historischen Kontext enthoben, wird der Holocaust so zu einem universellen Bezugspunkt für das „absolut Böse",[105] während konkretes Wissen um die Shoah und den Zweiten Weltkrieg verlorenzugehen droht.[106]

Diese Enthistorisierung widerspiegelt sich auch in der Politik der EU, die 2005 im Kontext der EU-Erweiterung durch den Beitritt von zwölf neuen Mitgliedstaaten mit vorwiegend kommunistischer Vergangenheit und der sich mittlerweile zugespitzten Debatte um einen „neuen Antisemitismus" den *Holocaust Memorial Day* als offiziellen Gedenktag einführte. Damit sollte allerdings nicht nur an Holocaustopfer, sondern an den Kampf gegen sämtliche Verbrechen gegen die Menschlichkeit erinnert und daraus die Lehren für die Zukunft gezogen werden. Vorangegangen war diesem Schritt die Stockholmer Holocaustkonferenz, bei der sich 40 Staaten aus allen Kontinenten zum „Kampf gegen Völkermord, Rassenhass und

---

104 Vgl. Levy/Sznaider 2002, 87–106; Goldberg/Hazan 2015.
105 Tony Judt, The „Problem of Evil" in post war Europe, in: The New York Review of Books, 14.02.2008.
106 Vgl. dazu exemplarisch Nina Siegal, Anne Frank who? Museums combat ignorance about the Holocaust, in: New York Times, 21.03.2017. Laut einer vom US-amerikanischen Fernsehsender CNN im November 2018 publizierten Umfrage gaben beispielsweise in Deutschland 40 Prozent der Altersklasse zwischen 18 und 34 Jahren an, „gar nichts" oder „wenig" über den Holocaust zu wissen. Jede/r 20. EuropäerIn hat der Studie nach noch nie etwas über die Vernichtung des europäischen Judentums gehört. Die Studie wurde im Auftrag von CNN vom Marktforschungsinstitut ComRes mit 7.000 Befragten durchgeführt, darunter mehr als 1.000 in Deutschland, Österreich, Frankreich, Polen, Ungarn, Großbritannien und Schweden. Vgl. https://edition .cnn/interactive/2017/11/Europe/anti-Semitism-poll-2018-intl/[zuletzt abgerufen am 01.01.2019]. Laut einer in den USA 2018 von der *Claims Conference* an 1350 Befragten durchgeführten Studie (=Claims Conference, Holocaust and Awareness Study, 2018) hatten 41 Prozent der 18- bis 34-Jährigen keine Ahnung von Auschwitz und 22 Prozent noch nie vom Holocaust gehört bzw. waren sich nicht sicher. Selbst in Israel ist das Wissen um den Holocaust bei jüngeren Menschen teilweise sehr gering. Vgl. Judy Maltz, Young Israelis actually know very little about the Holocaust. Here's why, in: Haaretz, 24.04.2017.

Fremdenfeindlichkeit" bekannten. Da der Holocausterziehung dabei eine besondere Rolle zukommen sollte, wurde ein alljährlich abgehaltener Holocaustgedenktag empfohlen. Im Jahr 2005 erklärten dann sowohl das Europäische Parlament als auch die UNO den 27. Jänner zum offiziellen *Holocaust Memorial Day* (HMD), womit der Holocaust – betrachtet als gemeinsames europäisches Erbe – als negativer Gründungsmythos die Erfolgsgeschichte EU untermauern sollte.[107] Wie Matti Bunzl betont, wurde die jüdische Minderheit damit als Teil eines mittlerweile stark strapazierten „christlich-jüdischen" Europas akzeptiert, wohingegen MuslimInnen davon ausgeschlossen blieben.[108]

Gleichzeitig erlaubte die Enthistorisierung des Holocaust und dessen Reduzierung auf eine moralische Instanz Nationalstaaten, politischen Bewegungen und unterschiedlichen ethnischen Minderheiten den Rückgriff auf das Holocaustgedenken, um eigene Erinnerungsforderungen zu artikulieren. Animiert von zeitgleich vor allem in Frankreich[109] und Großbritannien[110] intensiv geführten Kolonialdebatten und der in Frankreich und auch anderen europäischen Ländern wie Deutschland und Österreich erfolgten Anerkennung des armenischen Völkermordes als „historische Tatsache", forderten vor allem Linke und Liberale sowie ethnische Minderheiten die Anerkennung ihrer Leidens- und Kolonialgeschichte ein. Damit ist allerdings die Gefahr von konkurrierenden Leidensgeschichten verbunden, wobei sich das muslimische „Konzept des Leidens" stark an der jüdischen Minderheit orientiert und dabei teilweise auch den Holocaust instrumentalisiert. Juden, so eine verbreitete muslimische Sichtweise, hätten durch die Anerkennung des Holocaust als wesentlichen Teil der europäischen Geschichte eine Wertschätzung erfahren, wohingegen MuslimInnen nach wie vor eine Anerkennung ihrer Leidensgeschichte verwehrt bliebe. Während, wie es auch hieß, Antisemitismus mittlerweile geächtet sei, würde die Gesellschaft wenig Sensibilität gegenüber Islamophobie aufbringen.[111] Diese „Opferkonkurrenz" stellt aus unserer Sicht einen zentralen Erklärungsansatz für Antisemitismus in muslimischen Communities dar.

Die muslimische Opferidentität muss vor allem im Kontext einer in Teilen der zumeist jungen muslimischen Bevölkerung seit dem ersten Golfkrieg (1990/91) zu beobachtenden Reislamisierung gesehen werden.[112] Diese zeichnet sich durch die Formierung einer transnationalen religiösen Identität (= Rückkehr zum „reinen Islam" und zur *Umma* als Gemeinschaft aller MuslimInnen) aus und speist sich aus

---

107 Vgl. Embacher 2011a, 619–630.
108 Vgl. Bunzl 2006, 53–74.
109 Vgl. exemplarisch Hüser 2010, 189–216.
110 Zum Nachwirken des Kolonialismus vgl. Gilroy 2004; 2006 entschuldigte sich beispielsweise Tony Blair für den Sklavenhandel.
111 Vgl. Benbassa 2007; Bunzl 2008.
112 Bunt 2009: Shavit 2009.

der Identifikation mit sämtlichen muslimischen Opfern des Westens (Bosnien, Kaschmir, Tschetschenien, Afghanistan, Iran, Palästina), während Konflikte innerhalb arabischer/muslimischer Länder weitgehend ausgeklammert bleiben. Dies führte zur dichotomen Wahrnehmung von „den Muslimen" (= *Umma*) als Opfer versus „dem Westen" (mit Israel als wesentlichem Repräsentanten) als Täter. Zu den TrägerInnen der Reislamisierung zählten gut ausgebildete VertreterInnen der zweiten und dritten Einwanderungsgeneration, die sich einerseits vom Herkunftsland der Eltern entfremdet haben und sich andererseits in Europa nicht wirklich akzeptiert fühlen.[113]

Mit der damit erfolgten Bedeutungszunahme von bzw. einer bestimmten Auslegung von Religion wurde die Holocausterinnerung nach und nach mit der Frage des Sagbaren verbunden. Viele muslimische Organisationen kritisierten zunehmend, dass man gegen den Islam alles sagen und somit MuslimInnen beleidigen dürfe, wohingegen Juden *wegen* des Holocaust einen Schutzstatus genießen und zum Establishment gehören würden. Unter Berufung auf Gesetze, die die Leugnung des Holocaust unter Strafe stellen, wurden Gesetze zum Schutz des Islam gefordert. Diese Debatte lässt sich in Großbritannien bis zur *Salman-Rushdie-Affäre* 1989 zurückverfolgen und lebte durch Ereignisse wie die Ermordung Theo van Goghs[114], den „Karikaturenstreit" durch die 2006 erfolgte Veröffentlichung der Mohammed-Karikaturen in der dänischen Zeitung *Jyllands-Posten* und insbesondere mit dem Anschlag auf die Satirezeitung *Charlie Hebdo* im Jänner 2015 auf. Als problematisch erwies sich, dass damit häufig traditionelle antisemitische Stereotype wie jenes von der Allmacht der Juden (zumeist als Zionisten bezeichnet) strapaziert wurden, auf deren Einfluss die zunehmende Bedeutung des Holocaust und somit der „Schonraum", der Juden (und damit auch Israel) zugestanden werde, zurückgeführt wurde.[115] Die jüdische Opferrolle richtete sich damit, so die Historikerin Gans, paradoxerweise gegen die Juden selbst.[116]

Die Enthistorisierung des Holocaust sowie Kolonialdebatten und Reislamisierung bildeten letztendlich auch die Hintergrundfolie für die Wahrnehmung des Israel-Palästina-Konflikts: Basierend auf der eigenen Opferrolle, werden PalästinenserInnen als Opfer eines nunmehr von Israel durchgeführten „Holocaust" oder „Genozid" wahrgenommen. Während oft akzeptiert wird, dass Juden zu den „direkten Opfern des Holocaust" zählen, wird gleichzeitig eingefordert, dass die Palästi-

---

113 Roy 2006; Vgl. dazu Ensel 2017, 415–443.
114 Der umstrittene Filmemacher und Journalist Theo van Gogh wurde am 02.11.2004 auf offener Straße von Mohammed Bouyerie auf grausame Weise ermordet. Bouyerie hatte marokkanische Wurzeln und galt als gut integriert. In einem Drohbrief kündigte er auch die Ermordung von Hirsi Ali an. Vgl. Ensel 2017, 415–444.
115 Im Detail dazu siehe die Beiträge Frankreich und Großbritannien.
116 Gans 2017, 61–82.

nenserInnen als „indirekte Opfer" des Holocaust zu gelten haben. Somit handelt es sich weniger um eine Leugnung des Holocaust als um dessen Relativierung.[117] Durch dessen Instrumentalisierung sollte der eigenen Leidensgeschichte in Europa zur Anerkennung verholfen werden.[118]

Das Ausloten der Grenzen zwischen der legitimen Einforderung der Anerkennung einer muslimischen Opferrolle, deren Instrumentalisierung, wie sie mittlerweile auch von muslimischen Intellektuellen zunehmend kritisiert wird, und die Überschreitung hin zum Antisemitismus stellen für die Antisemitismusforschung eine neue große Herausforderung dar.

1.6 ANTISEMITISMUS VERSUS ISLAMOPHOBIE

Machte sich seit der *Zweiten Intifada* in jüdischen Communities Angst vor dem wachsenden Antisemitismus breit, so befürchteten MuslimInnen nach 9/11 Racheakte und fühlten sich unter Generalverdacht gestellt.[119] Der auf 9/11 folgende „War on terror" (G. W. Bush) und vor allem der →Irak-Krieg wurden als „Krieg gegen den Islam" interpretiert und verfestigten in Teilen der muslimischen Communities die Anschauung, *die* MuslimInnen seien Opfer *des* Westens. Nach 9/11 und mit den islamistisch geprägten Anschlägen auf europäischem Boden[120] stieg die Islamfeindlichkeit in Europa zusehends an, wobei deren Ausmaß unterschiedlich eingeschätzt wird was u.a. damit zusammenhängt, wie Islamfeindlichkeit definiert und gemessen wird. Die intensiv geführten Debatten um den Bau von Moscheen und Minaretten, Kopftuchdebatten, Diskussionen über „Ehrenmorde", Beschneidung oder das rituelle Schächten sowie Warnungen vor einer Islamisierung Europas[121] und Diskussionen um eine „christlich-jüdische Leitkultur" trugen ebenfalls dazu bei, dass *der* Islam zunehmend als Gefahrenherd und mit europäischen Werten unvereinbar gesehen wird. Mittlerweile sind Islam- und Muslimfeindlichkeit schon längst nicht mehr auf ein rechtes Spektrum beschränkt und haben Eingang in die Mitte der Gesellschaft gefunden. Angesichts der vielen europäischen IS-Kämpfer werden Begriffe wie „Islamist" oder „Dschihad" im allgemeinen Sprachgebrauch vielfach mit *dem* Islam konnotiert und lösen Gefühle von Unbehagen und Angst

---

117 Krämer 2011, 194 und 177.
118 Vgl. dazu Jikeli 2012.
119 Vgl. exemplarisch Reiter/Embacher 2011.
120 Zu den bekanntesten Anschlägen mit teilweise zahlreichen Opfern zählen Istanbul 2003, Madrid 2004, London 2005, Brüssel 2014, Paris 2015, Brüssel 2016, Nizza 2016, Berlin 2016, Istanbul 2016, Barcelona 2017, Manchester 2017, London 2017, wobei die Täter eine sehr heterogene Zusammensetzung aufweisen.
121 Vgl. exemplarisch Ye'or 2005; Israeli 2009.

aus.[122] Die Frage, ob dem Islam (bzw. bestimmten Interpretationen des Islam) hinsichtlich der Radikalisierung von europäischen MuslimInnen neben anderen Faktoren eine gewisse Bedeutung zukommt, wird auch in muslimischen Communities nach wie vor höchst kontrovers diskutiert. Viele muslimische Organisationen hörten nicht auf zu betonen, dass die Terroranschläge von *Al-Kaida* oder die Gräueltaten des IS mit dem Islam nichts zu tun hätten.[123] Wie es allerdings – oft nicht ganz zu Unrecht – auch hieß, würden Muslime gegen Israel demonstrieren, jedoch aufgrund von Verbrechen, die im Namen des Islam geschehen, nicht auf die Straße gehen.[124] Zu Recht beklagen muslimische Organisationen allerdings, dass die Zivilgesellschaft gegenüber Antisemitismus eine wesentlich höhere Sensibilität aufweise als gegenüber Islamophobie.

Über den Begriff Islamophobie liegt nach wie vor keine allgemein anerkannte Definition vor, aus unterschiedlichen Gründen lehnen manche dessen Verwendung an sich ab. Eingeführt, aber nicht erfunden[125] wurde er vom *Runnymede Trust* mit dem 1997 veröffentlichten Bericht *Islamophobia: A Challenge for Us All*. Im Kontext der nach 9/11 angestiegenen Islam- bzw. Muslimfeindlichkeit fand der Begriff „Islamophobie" schnell Eingang in den allgemeinen Sprachgebrauch und wird mittlerweile sowohl im politischen als auch im wissenschaftlichen Diskurs verwendet.[126] Weitgehend wird darunter die komplexe Verflechtung von Fremdenfeindlichkeit mit Islamfeindlichkeit verstanden, die sich nicht nur gegen den Islam als Religion, sondern gegen Muslime an sich richtet, sowie eine monolithische Deutung des Islam und das Empfinden von dessen „Anders- und Fremdsein".[127]

Allerdings wurde von Beginn an die Tauglichkeit und Trennschärfe des Begriffs hinterfragt. Als Kritik wurde auch vorgebracht, dass damit keine klare Trennlinie zwischen einer der Aufklärung verpflichteten Kritik am Islam als Religion und einer Feindschaft gegenüber allen MuslimInnen zugelassen werde.[128] Vor allem (aber nicht nur) rechtspopulistische „Islamkritiker" missbrauchen das eingeforderte Recht auf Religionskritik allerdings oft zu einer generellen Kritik am Islam. Der

---

122 Vgl. exemplarisch Benz 2009; Pew Research Center, Islamophobia Watch 2014.
123 Exemplarisch dafür ist Tariq Ramadan, The Paris attackers hijacked Islam but there is no war between Islam and the west, in: Guardian, 10.01.2015. Zu den Reaktionen britischer muslimischer Organisationen siehe das Kapitel Großbritannien.
124 Exemplarisch dazu: Rau, Ein Dialog-Thema. in: Der Standard, 10.10.2014.
125 Verwendet wurde der Begriff als politischer Kampfbegriff bereits 1979 von Ayatollah Chomeini während der Revolution im Iran.
126 Ein vom EUMC 2006 herausgegebener Bericht trägt beispielsweise den Titel: Muslims in the European Union. Discrimination and Islamophobia.
127 Vgl. exemplarisch Hafez 2013, 175–179; Allen 2010; Siehe dazu auch die Definition des Bielefelder Instituts für Konflikt-und Gewaltforschung, das im Projekt „Gruppenbezogene Menschenfeindlichkeit" (GMF) 2003 den Begriff Islamophobie verwendet.
128 Vgl. exemplarisch Heinisch 2017.

Fokus auf die Religionskritik kann zudem zu einer Islamisierung der Debatte beitragen, indem höchst unterschiedliche muslimische Communities auf eine einheitliche religiöse Gruppe reduziert werden.[129] Manche verweisen auch darauf, dass mit „Phobie" ein besonders ausgeprägtes Gefühl von Angst gemeint sei und damit individuelle Ängste betont werden, das Problem an der Islamophobie allerdings reale Diskriminierungen von MuslimInnen betreffen würde. Um den Fokus auf die Betroffenen, die durch dieses Phänomen diskriminiert werden, zu lenken, wurden als Alternativen Begriffe wie „Muslim-Feindlichkeit", „Antimuslimismus" oder „antimuslimischer Rassismus" vorgeschlagen. Da unserer Ansicht nach nicht immer eine klare Trennung zwischen Religion und vielfältigen kulturellen Traditionen möglich ist, bevorzugen wir den Begriff Muslimfeindlichkeit, den wir allerdings nicht als exakte wissenschaftliche Definition, sondern als Hilfe für eine Annäherung an das Phänomen betrachten.

Die zentrale politische Debatte um den Begriff der Islamophobie entzündete sich daran, dass manche (auch im linken Spektrum) darin einen politischen Kampfbegriff sehen, womit muslimische Organisationen und islamistische Regierungen jede Kritik am Islam abwehren und vom Antisemitismus unter Muslimen ablenken würden.[130] In diesem Zusammenhang wird auch über die Frage der Vergleichbarkeit von Antisemitismus und Islamophobie diskutiert, zumal manche muslimische Organisationen und auch Linke Muslime als die „neuen Juden" betrachten. Vergleiche sind durchaus sinnvoll, allerdings nur dann, wenn Parallelen, die vorhanden sind, als auch Unterschiede der beiden Phänomene betont werden.[131] Als problematisch erweisen sich insbesondere oft allzu schnell gezogene Vergleiche zwischen gegenwärtiger Muslimenfeindlichkeit und Verfolgungsmaßnahmen gegenüber der jüdischen Bevölkerung im Nationalsozialismus.[132]

Zusammenfassend kann festgehalten werden, dass bis heute keine fundierte

---

129 Zur Kritik an der „Religionskritik" vgl. exemplarisch Yasemin Shooman, Rassismus unter dem Deckmantel der Religionskritik, in: Quantara.de, 20.06.2018.
130 Vgl. exemplarisch Wistrich 2010, 579; Laqueur 2008; Heinisch 2017; Salzborn 2018.
131 Vgl. exemplarisch Gidley/Renton 2017 sowie James Renton, Does Europe's far right hate Muslims the same way they hate Jews?, in: Haaretz, 01.12.2017; Benz 2009; Müller 2010. Eine in Berlin am Zentrum für Antisemitismusforschung abgehaltene Konferenz zum Vergleich von Antisemitismus und Islamophobie wurde beispielsweise heftig kritisiert. In der *Jerusalem Post* verteidigte der renommierte israelische Historiker Yehuda Bauer die Konferenz. Vgl. Yehuda Bauer: Berlin Conference didn't lump Islamophobia with anti-Semitism, in: Jerusalem Post, 04.03.2009.
132 Der Politologe Farid Hafez sieht beispielsweise in Kampagnen gegen *halal*-Lebensmittel seitens extrem rechter europäischer Parteien bzw. „white supremacists" eine Verbindung („a line between") zum 1933 erfolgten nationalsozialistischen Boykott jüdischer Geschäfte, ohne dabei zentrale Unterschiede zwischen gegenwärtigen politischen Systemen und der NS-Diktatur zu betonen. Vgl. Farid Hafez, How the far right accused a chocolate bar of "Islamizing" Europe, in: Haaretz, 14.01.2019.

Definition von Islamophobie oder Muslimfeindlichkeit vorliegt, die Verwendung des jeweiligen Begriffs häufig vom jeweiligen politischen Standpunkt abhängt und zudem auch für unterschiedliche Interessen instrumentalisiert wird. Eine vor allem seit 9/11 in ganz Europa weit verbreitete und politisch instrumentalisierte Feindlichkeit gegenüber MulimInnen und *dem* Islam kann allerdings nicht in Abrede gestellt werden.

1.7 ANTISEMITISMUS DEFINIEREN[133]

Als Reaktion auf den steigenden Antisemitismus zu Beginn des 21. Jahrhunderts veröffentlichte das *European Monitoring Center against Racism and Xenophobia* 2005 eine Arbeitsdefinition von Antisemitismus, die primär als praktische Hilfestellung für eine erste Einschätzung und für die politisch-pädagogische Praxis gedacht war. Basierend auf dem „3-D-Test" des ehemaligen israelischen Ministers Natan Sharansky wurde auch Kritik an Israel in die Definition mit einbezogen. Vor allem Pro-Palästina-AktivistInnen sahen darin eine Einschränkung jeglicher kritischer Äußerungen an der israelischen Politik. Aufgrund anhaltender Kritik verschwand die Definition nach einiger Zeit wieder von der Homepage der *Fundamental Rights Agency* (FRA), der Nachfolgorganisation des *European Monitoring Center*. Nach den dschihadistischen Anschlägen in Frankreich und Dänemark verhalf die *International Holocaust Remembrance Alliance* (IHRA) der Definition zu einem neuen Durchbruch. 2016 nahmen 31 Mitgliedsländer die überarbeitete Definition an, u.a. die britische Regierung. 2017 folgten die deutsche Bundesregierung und das österreichische Parlament.[134] Die französische Regierung sieht aufgrund bereits bestehender Gesetze keine Notwendigkeit in einer Übernahme der IHRA-Definition.[135]

Die IHRA versteht unter Antisemitismus

> eine bestimmte Wahrnehmung von Juden, die sich als Hass gegenüber Juden ausdrücken kann. Der Antisemitismus richtet sich in Wort oder Tat gegen jüdische oder nicht-jüdische Einzelpersonen und/oder deren Eigentum, sowie gegen jüdische Gemeindeinstitutionen oder religiöse Einrichtungen.

---

133 Die folgenden Ausführungen basieren zum Teil auf Embacher 2017.
134 Zu den unterschiedlichen Versionen zur Geschichte der IHRA-Definition vergleiche exeplarisch Porat 2018 und Antony Lerman, Why turning to Jewish exceptionalism to fight antisemitism is a failing project, in: openDemocracy, 16.07.2018.
135 Shirli Sitbon, Despite a call from French Jews, Macron and Le Pen have not adopted the IHRA antisemitism definition. Jewish community leaders say it is needed to win lawsuits against activists who incite hatred, in: Jewish Chronicle, 27.09.2018.

Dieser Kerndefinition folgt eine Art Leitfaden antisemitischer Manifestationen, der mittels elf Beispielen eine Hilfe zur Identifizierung von Antisemitismus darstellen soll. Vier dieser Beispiele beziehen sich auf die Kritik an Israel bzw. die israelische Regierung. Diesen zufolge kann Antisemitismus auch dann gegeben sein, wenn eine Dämonisierung des Staates Israel vorliegt, ein Doppelstandard angelegt oder Israel delegitimiert wird. Wie zu erwarten, blieb die vor allem von Linken und MuslimInnen vorgebrachte Kritik nicht aus. Man befürchtete das Verbot jeder Parteinahme für die PalästinenserInnen und sogar eine Einschränkung der Redefreiheit. In Großbritannien drohte der Streit um die „richtige" Antisemitismusdefinition die *Labour Party* zu spalten. Doch nicht nur auf politischer Ebene, auch innerhalb der Wissenschaft bestehen darüber unterschiedliche Auffassungen. Manchen ist die IHRA-Definition vor allem zu vage formuliert, andere kritisieren, dass damit institutioneller Antisemitismus ausgeklammert bleiben würde.[136] Mittlerweile wird in einigen akademischen Kreisen sogar darüber diskutiert, ob aufgrund der Heterogenität der Akteure und der unterschiedlichen Ausdrucksformen des gegenwärtigen Antisemitismus sich der Begriff für die Forschung überhaupt noch als geeignet erweist.[137] Andere wiederum sehen in der Ablehnung der IHRA-Definition eindeutige antisemitische Motive.[138]

Auch wenn man, wie wir, die Definition als wertvolle Orientierungshilfe betrachtet, ist zu bedenken, dass es sich bei einer Definition des Begriffs Antisemitismus – bzw. vor allem bei der Frage, wann Antisemitismus vorliegt – immer nur um eine Annäherung an ein Phänomen handeln kann, das sich als extrem flexibel und historisch anpassungsfähig erweist. Vor allem fällt es nicht immer leicht, zwischen kritischen und antisemitischen Äußerungen in Bezug auf die Politik Israels zu unterscheiden. In Anlehnung an den 2017 im Auftrag des deutschen Bundestages publizierten *Bericht des Unabhängigen Expertenkreises Antisemitismus* scheint uns daher die Einführung des Konstrukts der „Grauzone" als sehr sinnvoll. Damit soll zum Ausdruck gebracht werden, dass sich die Übergänge von einer harten oder ungerechten Kritik an Israel zum Antisemitismus theoretisch durchaus definieren lassen, im Einzelfall aber Einstufungen schwerfallen können. Zudem kommt es auf den Kontext an, wer was wann sagt und ob die Kritik ohne Zuschreibungen an ein unterstelltes jüdisches Kollektiv erfolgt, mit stereotypen Merkmalen gearbeitet wird oder im Sinn einer „Umwegkommunikation" Israel nur an die Stelle „der Juden" tritt. Eine Aussage kann unter Umständen auch als antisemitisch bewertet werden, ohne dass dahinter antisemitische Motive stehen

---

136 Yair Wallach, How to properly protect British Jews from Laobur's institutional anti-Semitism, in: Haaretz, 26.07.2018.
137 Vgl. dazu AMR Roundtable: Rethinking Antisemitsm, in: American Historical Review 2018; Judaken 2018, 1122–1138.
138 Vgl. exemplarisch Hirsh 2018 und Porat 2018.

müssen.[139] Ein gutes Beispiel dafür, dass Antisemitismus bzw. Haltungen zu Israel oder israelischen Politikern auch von WissenschaftlerInnen höchst unterschiedlich interpretiert werden können, ist eine am 15. Mai 2018 in der *Süddeutschen Zeitung* veröffentlichte Karikatur von Netanyahu in der Gestalt der *Eurovision Song Contest*-Siegerin Netta Barzilai, womit Netanyahus Instrumentalisierung der erfolgreichen Sängerin kritisiert werden sollte. Den politischen Kontext bildeten Konflikte an der Grenze zu Gaza. Während beispielsweise der Politologe Samuel Salzborn[140] die Karikatur als israelfeindlich und antisemitisch bezeichnet, sieht der Historiker Wolfgang Benz darin keinen Antisemitismus.[141] Die *Süddeutsche Zeitung* entschuldigte sich für die Karikatur und trennte sich vom Zeichner Dieter Hanitzsch. Die Debatte bringt jedenfalls eine große Unsicherheit im Umgang mit gegenwärtigem Antisemitismus bzw. mit israelischer Politik zum Ausdruck, u.a. bedingt durch geringes Wissen über den Holocaust, die jüdische Geschichte und den Nahostkonflikt.

Als weiteres Problem erweist sich, dass Zionismus in der Alltagskommunikation, aber auch in politischen Debatten seit der Gründung Israels unterschiedlich definiert bzw. verstanden und teilweise aus dem historischen Kontext losgelöst interpretiert wird und mit der jeweils favorisierten Definition unterschiedliche Geschichtsnarrative verbunden sind. Das Spektrum reicht dabei von der Betonung des Rechts aller Juden und Jüdinnen auf die Rückkehr nach Israel und einen eigenen jüdischen Staat bis hin zu Positionen, die Zionismus als Verkörperung von Rassismus und Kolonialismus betrachten. Erinnert sei in diesem Zusammenhang an die 1975 beschlossene und 1991 zurückgenommene UN-Resolution, wonach Zionismus als Rassismus betrachtet wurde.[142] Mitunter wird unter Zionismus auch

---

139 UEB, 27–29.
140 Als Argument führt Salzborn an, dass Netanyahu physiognomisch derartig überzeichnet sei und damit aggressiv und abwertend-weiblich erscheine. Es sei ein zentrales antisemitisches Motiv, Juden zugleich extreme Macht und Machtlosigkeit zu unterstellen. Zudem kritisiert er die große Nase und überdimensionalen Ohren sowie, dass Netanyahu eine Rakete mit einem Davidstern und den Spruch „Nächstes Jahr in Jerusalem" in der Hand hält. Damit würde im gegenwärtigen Konflikt Israel als Aggressor dargestellt, obwohl es sich nur gegen terroristische Angriffe wehren würde. Vgl. Politikerwissenschaftler: Netanjahu-Karikatur ist antisemitisch, in: Süddeutsche Zeitung, 18.05.2018.
141 Benz sieht in der Karikatur eine Kritik an Israels Politik, vermisst aber die üblichen Klischees, große Ohren seien per se nicht antisemitisch und bei der Nase handle es sich um keine „Haken-Nase". Den Davidstern betrachtet er sowohl als religiöses als auch ein politisches Symbol. Vgl. Historiker: Netanjahu-Karikatur ist nicht antisemitisch, in: Süddeutsche Zeitung, 18.05.2018.
142 Am 10. November 1975 beschloss die UN-Generalversammlung mit 72 zu 35 Stimmen bei 32 Enthaltungen die Resolution 3379, die Zionismus als eine Form des Rassismus und der Rassendiskriminierung bezeichnet. Die Ja-Stimmen stammten im Wesentlichen von den arabischen Ländern, von Staaten der „Dritten Welt" sowie von kommunistische Staa-

die Unterstützung eines israelischen Staats ohne die nach 1967 besetzten Gebiete verstanden. Manche sprechen von einem „liberalen Zionismus",[143] worüber mittlerweile Kontroversen ausgetragen werden.[144] Dazu kommen Definitionen, die auf der jüdischen Religion basieren und die Problematik der israelischen Besatzung unerwähnt lassen. Der britische Oberrabbiner Ephraim Mirvis betrachtet beispielsweise Zionismus als einen von Beginn an integralen Teil der jüdischen Religion, wofür Israel das Zentrum jüdischer Spiritualität bildet. Seit dem 19. Jahrhundert habe Zionismus dann das Recht der Juden in sicheren Grenzen zu leben bedeutet. Und er folgt: Ist man gegen den Zionismus, dann ist man gegen das alles.[145]

Als weiteres Problem erweist sich, dass im internationalen wissenschaftlichen Diskurs nach wie vor kein Konsens darüber besteht, ob Antizionismus per se als Antisemitismus zu bewerten ist und nach welchen Kriterien exakt beurteilt werden kann, wann Antizionismus zu Antisemitismus mutiert.[146] Während manche „Antizionismus als Ideologie, die Feindschaft zu Israel als zentrales Thema hat",[147] oder als Ablehnung eines souveränen jüdischen Staates und somit als inhärenten Teil von Judenhass betrachten, sprechen andere erst dann von Antisemitismus, wenn antisemitische Stereotype in die Argumentation gegen den Zionismus mit einfließen. Die Ablehnung einer Zweistaatenlösung (über deren konkrete Umsetzung mittlerweile mehr Zweifel als klare Vorstellungen bestehen)[148] wäre demnach nicht per se als antisemitisch einzustufen.[149]

VertreterInnen eines Antizionismus verweisen auch oft darauf, dass die Mehrheit des europäischen Judentums bis zum Holocaust den Antizionismus abgelehnt habe und einige ultraorthodoxe Gruppierungen nach wie vor zu den vehementesten GegnerInnen des Zionismus zählten. Dieses Argument ist mittlerweile wenig relevant, da die überwiegende Mehrheit der Juden und Jüdinnen in der Diaspora seit den 1960er-Jahren eine enge – und oft sehr emotionale – Beziehung zu Israel aufweist. Dies heißt allerdings nicht, dass sie sich immer mit der israelischen Poli-

---

ten (unter anderem der Sowjetunion und der DDR, dagegen stimmte Rumänien). Die meisten westlichen Länder (unter anderen die USA und die BRD) stimmten gegen die Resolution. Bei der Rücknahme 1991 stimmte kein arabischer Staat dafür. Der damalige UN-Generalsekretär war Kurt Waldheim.
143 Vgl. Omri Boehm, Der liberale Zionismus der Zukunft, in: Die Zeit, 17.05.2018.
144 Vgl. exemplarisch Gadi Taub, In defense of Zionism, in: Fathom, Autumn/2014.
145 House of Commons, Home Affairs Committee, Anitsemitism in the UK, 2016.
146 Eine gute Zusammenfassung zur Problematik findet sich bei Arnold 2016, 34–41.
147 Ullrich 2008, 42.
148 Selbst Ronald Lauder, Präsident des *World Jewish Congress* und Republikaner, brachte in einem Gastkommentar in der *New York Times* seine Ängste über das Ende einer Zweistaatenlösung zum Ausdruck. Vgl. Ronald S. Lauder, Israel's Self-Inflicted Wounds, in: New York Times, 18.03.2018.
149 Zimmermann 2004; Klug 2003; Lerman 2002.

tik einverstanden erklären, viele treten öffentlich gegen die israelische Besatzungspolitik auf. Auf weitgehende Ablehnung stoßen allerdings Aussagen wie jene des international anerkannten Historikers Tony Judt, der 2002 mit einem angedachten Konzept für einen binationalen Staat mit gleichen Rechten für Juden und Jüdinnen und PalästinenserInnen eine heftige innerjüdische Diskussion ausgelöst hat.[150] In Großbritannien wurde Antony Lerman, der langjährige Leiter des *Jewish Policy Research Institutes* mit dem Vorwurf des „jüdischen Selbsthasses" konfrontiert, nachdem er vertreten hatte, dass er sich einen gemeinsamen föderalistischen Staat für Israel und Palästina vorstellen könne.[151] Von derartigen jüdischen Positionen wird befürchtet, dass damit Antisemiten und Antizionisten Munition geliefert werde. Dies ist tatsächlich nicht ganz abwegig. Denn, wie hier noch näher ausgeführt, werden „jüdische Antizionisten" immer wieder zur Rechtfertigung von Antizionismus instrumentalisiert. Gleichzeitig erweist sich der Vorwurf eines „jüdischen Selbsthasses" als problematisch, zumal es sich dabei um kein politisches Argument handelt und berechtigte Kritik an Israels Politik damit „abgewürgt" werden kann.

Ein weiterer Ausdruck der terminologischen Unsicherheit besteht in unterschiedlichen Auffassungen hinsichtlich der Vergleichbarkeit von Antisemitismus mit anderen Phänomenen und deren Subsumierbarkeit unter den Begriff des Rassismus. Nicht nur im politischen, sondern auch im internationalen akademischen Diskurs finden sich unterschiedliche Positionen darüber, inwieweit Antisemitismus als selbständige Kategorie oder als eine Art untergeordnete Kategorie von Rassismus zu betrachten ist. Dabei zeigen sich länderspezifische Ausprägungen. Der Begriff „Rassismus" wird beispielsweise in Deutschland und Österreich von der Allgemeinheit grundsätzlich anders verstanden als in vielen anderen europäischen Ländern. In diesen beiden Ländern wird Antisemitismus wiederum nach wie vor weitgehend als ein im 19. Jahrhundert in Deutschland entstandener Begriff zur pejorativen Bezeichnung nur von Juden und Jüdinnen gesehen. Auch wenn dieser als ausgrenzende Ideologie Elemente von Xenophobie und Rassismus enthält, wird er damit nicht gleichgesetzt, da er als übergreifende Weltanschauung und Protesthaltung eigene Charakteristika aufweist, die der Welterklärung dienen und vielfältig instrumentalisiert werden.[152] In beiden Ländern haben wir es vor dem Hintergrund des Holocaust mit einem sekundären Antisemitismus oder Schuldabwehr-Antisemitismus zu tun, der in anderen europäischen Ländern lange unbekannt war bzw. als Terminus abgelehnt wird. In den Niederlanden führte die Historikerin Gans,[153] animiert von deutschen Forschungsarbeiten, 2010 den Begriff ein, in der britischen Debatte kommt er bislang nicht vor.

---

150 Vgl. Judt 2003, 1472–1479.
151 Siehe dazu das Kapitel Großbritannien.
152 Vgl. Benz 2010, 22–23.
153 Ensel/Gans 2017.

In ehemaligen Kolonialländern, insbesondere in Großbritannien, fällt wiederum auf, dass sowohl im öffentlichen als auch akademischen Diskurs und selbst unter jüdischen Organisationen Positionen dominieren, die Antisemitismus als eine Art untergeordnete Kategorie von Rassismus betrachten. Zurückzuführen ist dies auf den Einfluss der Rassismusforschung der 1960er-Jahre, das Nachwirken des Kolonialismus sowie auf neomarxistische und kulturwissenschaftliche Ansätze der 1980er-Jahre.[154] Da Rassismus als Folge von Kolonialismus betrachtet wird und Antisemitismus in Europa im Vergleich zum Rassismus und zur Islamfeindlichkeit als gering ausgeprägt gilt, wird dieser oft marginalisiert. Wie im Kapitel *Großbritannien* am Beispiel der *Labour Party* ausgeführt, kann diese Sichtweise das Erkennen der Wurzeln von Antisemitismus erschweren, da Juden und Jüdinnen als weiß und erfolgreich gelten und somit nicht in den antirassistischen Diskurs einbezogen werden.[155]

In der Kolonialismus-Debatte kommt dem Zionismus insofern eine besondere Rolle zu, als dieser teilweise als eine Form von Rassismus gesehen wird und folglich Antizionismus, wie es beispielsweise viele britische Linke (sowie auch der derzeitige Labour-Vorsitzende Jeremy Corbyn) vertreten, als legitime Form von Antirassismus zu gelten habe.[156] Frankreich wiederum nimmt hier eine Art Zwischenposition ein: Zum einen wird Antisemitismus als Form von Rassismus gedeutet (Rassismus, Xenophobie, Antisemitismus und Holocaustleugnung fallen auch unter dieselbe gesetzliche Definition). Zum anderen findet man aufgrund von Vichy und der Beteiligung an den Deportationen von Juden und Jüdinnen während des Zweiten Weltkriegs sekundären Antisemitismus (bis hin zu Holocaustleugnungen, die bis in die Wissenschaft hineinreichen, wie etwa immer wieder an der Haltung von Robert Faurisson deutlich wird), der dem deutschen oder österreichischen nicht unähnlich ist.[157]

Mit dem zeitlichen Abstand zum Nationalsozialismus und einer zunehmenden Säkularisierung stellt sich zudem die Frage, inwieweit antisemitische Codes wie „Ostküste" sowie auch klassische antisemitische Vorurteile wie Ritualmordlegenden insbesondere von einer jüngeren Generation oder nicht christlichen Minderheiten noch als solche erkannt werden können bzw. was ansonsten dahinter gesehen wird.

---

154 Vgl. exemplarisch Ullrich 2013.
155 David Feldman/Brendan McGeever, British left's anti-Semitism problem didn't start with Corbyn. It's being festering for a century, in: Haaretz, 09.04.2018. Die Sicht von US-amerikanischen Progressiven und einzelner Minderheiten (z.B. *Black Lives Matter*) auf Juden und Jüdinnen als „weiß und eine privilegierte, erfolgreiche Minderheit" verbunden mit einer Abwertung der Problematik des Antisemitismus erschwert auch die Zusammenarbeit beim „Women's March" in den USA. Vgl. exemplarisch Sara Yael Hirschhorn, How Jews became „too white, too powerful" for U.S. progressive activism, in: Haaretz, 17.01.2019.
156 Vgl. Letzmann 2012, 162–173.
157 Vgl. Preitschopf 2016.

Ähnlich gelagert ist das Problem des sekundären Antisemitismus, der wiederum die Frage aufwirft, inwieweit dieser von MigrantInnen und deren Nachkommen entschlüsselt bzw. als Entlastungsstrategie gedeutet werden kann. Umso wichtiger erweist sich unserer Ansicht nach eine Kontextualisierung und Konzentration auf die unterschiedlichen Motive hinter einer Parteinahme für Israel bzw. Palästina und die damit verbundenen Bilder von Juden und Jüdinnen, Israel und den PalästinenserInnen.

1.8 ANTISEMITISMUS MESSEN

Seit Beginn der *Zweiten Intifada* wird in vielen europäischen Ländern ein Anstieg antisemitischer Äußerungen und Handlungen (die wiederum eine Bandbreite von Schmieraktionen bis hin zu Angriffen auf jüdische Einrichtungen sowie tätliche Übergriffe auf einzelne Juden und Jüdinnen umfassen) verzeichnet.[158] Von unterschiedlichen Institutionen durchgeführte Meinungsumfragen zeigen aber auch einen Rückgang des traditionellen Antisemitismus sowie eine positive Haltung zur jüdischen Minderheit. Sowohl Meinungsumfragen als auch Statistiken müssen mit Vorsicht und unter Berücksichtigung des jeweiligen historischen und gesellschaftlichen Kontexts interpretiert werden, liefern aber dennoch gewisse Anhaltspunkte. Aufgrund einer zu geringen Quellenbasis kann hier nur auf einzelne Trends und Ergebnisse eingegangen werden.

Als auffallend erweist sich eine starke Korrelation zwischen dem Anstieg von antisemitischen Handlungen und dem Israel-Palästina-Konflikt,[159] wobei Frankreich ein besonders hohes Ausmaß an tätlichen Übergriffen aufweist. Diese sind seit 2014 zwar stark rückgängig, bewegen sich allerdings nach wie vor über den Werten der 1990er-Jahre.[160] Niedrigere Zahlen werden beispielsweise für Großbritannien und Schweden verzeichnet, wobei es in der Kleinstadt Malmö, wo kaum Juden und Jüdinnen aber viele Zuwanderer aus dem Nahen Osten leben, in den letzten Jahren vermehrt zu antisemitischen Übergriffen gekommen ist.[161] In Deutschland wird vor allem in Berlin ein Anstieg an tätlichen Übergriffen auf zumeist

---

158 Vgl. Pew Research Center 2015 sowie die jährlichen Berichte des an der Tel Aviv University angesiedelten *Kantor Centre for the Study of Contemporary European Jewry*. In einzelnen Ländern werden auch von jüdischen Organisationen und NGOs Daten gesammelt.
159 Besonders hohe Werte wurden mit der *Zweiten Intifada*, insbesondere 2000 und 2002, sowie mit den Gaza-Kriegen von 2008/2009 und 2014 verzeichnet.
160 Vgl. Druez/Mayer 2018, 9.
161 Dencik/Marosi 2017. Vgl. auch Nathalie Rothschild, „Shoot the Jews": How Sweden's Jews just became key targets for violent Muslim anger over Trump's Jerusalem move, in: Jewish Chronicle, 10.12.2017.

orthodoxe Juden festgehalten.[162] Als auffallend erweist sich insgesamt, dass junge Männer mit arabischen und in letzter Zeit auch türkischen Wurzeln überproportional an tätlichen Übergriffen beteiligt sind.[163]

Das Ausmaß des Antisemitismus zwischen den Ländern auf Basis antisemitischer Äußerungen und Handlungen zu vergleichen ist allerdings schwierig, da unterschiedliche Aufzeichnungsverfahren bestehen, keine einheitlichen Konzepte von Antisemitismus vorliegen und somit von unterschiedlichen Sensibilisierungen auszugehen ist. Ein Anstieg in der Statistik kann u.a. von einer größeren Kapazität der Polizei oder dem Ausbau von jüdischen Selbstschutzeinrichtungen abhängig sein. Nach dem Ausbau der polizeilichen Schutzmaßnahmen nahm beispielsweise in Frankreich die Zahl der nach Israel ausgewanderten Juden und Jüdinnen deutlich ab.[164] Der Rückgang antisemitischer Übergriffe wurde auch darauf zurückgeführt, dass jüdische Kinder mittlerweile häufig öffentliche Schulen besuchen und viele Juden und Jüdinnen aus Vororten wie Creteil oder Sarcelles in Viertel gezogen sind, in denen es seltener zu Begegnungen mit MuslimInnen kommt.[165] Im Umgang mit statistischen Daten ist zudem zu bedenken, dass keineswegs alle antisemitischen Vorfälle gemeldet werden. Vor allem orthodoxe Juden, die häufig von Übergriffen betroffen sind, erweisen sich diesbezüglich als zurückhaltend. Behörden wiederum stufen Fälle, die von den Betroffenen als antisemitisch empfunden werden, oft nicht als solche ein.[166]

Eine Zunahme bzw. Abnahme der von Behörden und NGOs erfassten antisemitischen Vorfälle und Übergriffe lässt auch nur bedingt Schlüsse über das Ausmaß von Antisemitismus in der jeweiligen Gesamtgesellschaft zu. Zieht man Ergebnisse von Meinungsumfragen heran, so bewegt sich Antisemitismus in Westeuropa seit 2000 auf einem relativ konstanten Niveau bzw. kann in manchen Ländern ein Rückgang des klassischen Antisemitismus beobachtet werden. Nach einer 2015 von der ADL (=*American Jewish Anti-Defamation League*) veröffentlichten Studie[167] zum

---

162 Wurden in Berlin für das erste Halbjahr 2018 80 Straftaten gezählt, so waren es in Bayern, das bundesweit an zweiter Stelle steht, „nur" 43. Vgl. Frank Hansen, Jede fünfte antisemitische Straftat geschieht in Berlin, in: Der Tagesspiegel, 07.08.2018.
163 Vgl. Due Enstad 2017.
164 Verließen 2014 und 2015 jeweils über 7.000 Juden und Jüdinnen das Land, so waren es 2016 „nur" 5.000. Vgl. Druez/Mayer 2018.
165 Vgl. exemplarisch Dov Alfon, What's behind the drop in anti-Semitic incidents in France?, in: Haaretz, 16.11.2017.
166 Zu Berlin vgl. Kohlstruck/Ullrich 2015, 43; zu Großbritannien Staetsky 2017.
167 ADL, The ADL GLOBAL 100: An index of Anti-Semitism. Die Studie wurde in 101 Ländern zwischen Juli 2013 und Februar 2014 durchgeführt. Den jeweils 500 Befragten wurden elf Fragen vorgelegt, für die nur zwei Antwortkategorien – „probably true" und „probably false" – vorgesehen waren. Als antisemitisch gilt nach dieser Studie jemand, wenn er oder sie sechs von elf Items mit „probably true" beantwortete. Damit wählte die ADL ein Vorgehen, das in wissenschaftlichen Studien unüblich ist und daher auch kritisiert wird. Kritisiert wird vor allem auch die willkürlich erscheinende Grenzziehung hinsichtlich der Beantwortung der Fragen.

Antisemitismus weltweit weisen in Schweden, Großbritannien,[168] den Niederlanden und auch in Dänemark zwischen fünf und zehn Prozent der Befragten eine antisemitische Haltung auf. In Deutschland sind es nach wie vor 27 Prozent, in Österreich 28 Prozent und in Frankreich 37 Prozent. Zeigt sich in Österreich im Vergleich zu früheren ADL-Umfragen ein Anstieg, so kann in Deutschland von einem Rückgang gesprochen werden.[169] Ein Absinken des klassischen Antisemitismus von 15 auf sechs Prozent geht für Deutschland auch aus der „Mitte-Studie" 2016 hervor, wobei allerdings sekundärer Antisemitismus nach wie vor bei 26 Prozent liegt.[170] Werfen wir einen Blick nach (Süd-)Osteuropa, so bewegen sich laut ADL-Studie von 2015 in Polen, Bulgarien, Serbien und Ungarn die Werte zwischen 30 und 45 Prozent, wobei – wie auch in bereits vorhergehenden ADL-Studien – vor allem das antijüdische Vorurteil von der „Macht der Juden" (Beherrschung des Finanzmarktes und des globalen Handels) stark ausgeprägt ist. Einen besonders hohen Anteil an antisemitischen Einstellungen weisen Griechenland mit 69 Prozent und die Türkei mit 71 Prozent auf.[171]

Wird die Haltung zu Israel bzw. dem Konflikt zwischen Israel und den PalästinenserInnen in Umfragen mit einbezogen, so ändert sich das Bild auch in jenen Ländern mit einem gering ausgeprägten klassischen Antisemitismus. In den Niederlanden, wo laut ADL Studie das Ausmaß antisemitischer Haltungen elf Prozent (der westeuropäische Mittelwert betrug 24 Prozent) betragen hat, stimmten 22 Prozent dem Item „Jews are more loyal to Israel than to the Netherlands" und 33 Prozent dem Item „Jews still talk too much about the Holocaust" zu. Laut einer von Daniel Staetzky durchgeführten und 2017 vom *Jewish Policy Research Institute* (JPRI) veröffentlichten repräsentativen Studie sind 24 Prozent der befragten BritInnen der Meinung, dass Israel an den Palästinensern einen Massenmord durchführen würde.[172] In Deutschland äußerten angesichts der israelischen Politik je nach Umfrage zwischen 26 und 40 Prozent der 2016 Befragten Verständnis für Antisemitismus.[173]

Eine detaillierte Analyse von Umfrageergebnissen erweist sich insgesamt als äußert ertragreich, wozu Daniel Staetzky das Konzept des „elastischen Antisemitismus" vorschlägt. Wie er am Beispiel von Großbritannien zeigt, sind nur zwei bis fünf Prozent der Bevölkerung als AntisemitInnen einzustufen, allerdings weisen

---

168 Die in Großbritannien von YouGov 2015 durchgeführte Studie ergab, dass sieben Prozent der Befragten eine „ziemlich negative" oder „sehr negative" Einstellung gegenüber Juden und Jüdinnen haben. Die von Staetzky 2017 veröffentlichte Studie geht von fünf Prozent Antisemiten aus.
169 ADL 2004 sowie ADL 2006.
170 Vgl. dazu UEB 2017, Mitte-Studie 2016.
171 ADL, The ADL GLOBAL 100: An index of Anti-Semitism.
172 Staetsky 2017, 34.
173 UEB 2017; Berek 338–339.

zwischen 25 und 30 Prozent zu einem gewissen Grad Vorurteile gegenüber Juden und Jüdinnen auf bzw. vertreten ein bis zwei Einstellungen, die als antisemitisch wahrgenommen werden können.[174]

Mittlerweile liegen auch vom *Pew Research Center* für die Jahre 2011, 2014, 2015 und 2016 durchgeführte Studien zur Haltung der Bevölkerung gegenüber der jüdischen Minderheit vor, die insgesamt eine positive Tendenz aufzeigen. In Frankreich[175], Großbritannien[176], den Niederlanden und Deutschland zeigten 2016 beispielsweise zwischen 85 und 90 Prozent der jeweils Befragten eine positive Einstellung gegenüber Juden und Jüdinnen.[177] Weniger positiv eingestellt gegenüber der jüdischen Minderheit äußerten sich die befragten GriechInnen (47 Prozent), PolInnen (59 Prozent) oder ItalienerInnen (65 Prozent). MuslimInnen und vor allem Roma und Romnija kommt insgesamt wenig Sympathie und teilweise große Ablehnung zu.[178]

Seit einigen Jahren liegen auch Meinungsumfragen vor, die jüdische Perspektiven auf Antisemitismus mit einbeziehen bzw. sich auf diese konzentrieren. Nach den von der *Europäischen Agentur für Grundrechte* (FRA) 2013 und 2018 publizierten Umfragen schätzten in Frankreich 85 bzw. 95 Prozent, in Belgien 77 bzw. 86 Prozent, in Deutschland 61 bzw. 85 Prozent[179], in Schweden 60 bzw. 82 Prozent und in Großbritannien 48 bzw. 75 Prozent der befragten Juden und Jüdinnen Antisemitismus als ein „großes oder sehr großes Problem" ein.[180] Der offensichtliche Anstieg jüdischer Ängste vor einer Zunahme von Antisemitismus muss sowohl mit nationalen Besonderheiten (in Großbritannien beeinflussten beispielsweise intensive Debatten über Antisemitismus in der *Labour Party* und der Brexit die Wahrnehmung), aber auch mit globalen bzw. europäischen Entwicklungen erklärt werden. Dazu zählen die seit 2012 erfolgten dschihadistischen Anschläge auf einzelne Juden und Jüdinnen in Frankreich, Brüssel und Kopenhagen, Ausschreitungen und

---

174 Staetsky 2017.
175 Für Frankreich kommen die alljährlichen CNCDH-Berichte zu einem ähnlichen Ergebnis. Vgl. Druez/Mayer 2018, 39.
176 Für Großbritannien kam Staetsky (2017) zu einem ähnlichen Ergebnis.
177 Vgl. Pew Research Centre, Global Attitudes and Trends (2011, 2014, 2015, 2016); Vgl. auch Feldman 2018, 17–18.
178 Vgl. Pew Research Centre, Global Attitudes and Trends (2014), 32.
179 In einer 2016 durchgeführten Online-Befragung hielten in Deutschland 76 Prozent Antisemitismus für ein „eher großes/sehr großes" Problem und 83 Prozent befürchteten eine „etwas oder starke Zunahme" in den kommenden Jahren. Die Stichprobe umfasste 533 Befragte, die mindestens 16 Jahre alt waren und überwiegend in Deutschland lebten. Sie weisen im Vergleich zur Gesamtbevölkerung einen hohen Bildungsgrad auf, leben überwiegend in Großstädten, 52 Prozent sind in Deutschland geboren, 43 Prozent kommen ursprünglich nicht aus Deutschland, wobei der Anteil an ZuwanderInnen aus der ehemaligen Sowjetunion unterrepräsentiert ist. Vgl. UEA-Bericht 2017, 104. Zu Berlin vgl. dazu Kohlstruck/Ullrich 2015, 43.
180 FRA 2013 und 2018.

antisemitische Parolen auf Pro-Gaza-Demonstrationen 2014, Debatten über den „Islamischen Staat" und der Zuzug von Flüchtlingen aus arabischen/muslimischen Ländern. Einschätzungen über das Ausmaß von Antisemitismus müssen sich zudem nicht nur auf den Antisemitismus im eigenen Land beziehen, sondern können die Befürchtung zum Ausdruck bringen, dass beispielsweise „französische Zustände" in das eigene Land überschwappen können. In der *Jewish Chronicle* hieß es beispielsweise, dass Juden und Jüdinnen statistisch gesehen in Großbritannien wesentlich sicherer wären als in Frankreich, dies aber nur ein kleiner Trost sei, denn: „The fact is that trained jihadists with the same mindset and murderous intent as Amedy Coulibaly wander our country's streets; the security services are clear that it is a matter of when, not if, they strike".[181]

Wirft man einen detaillierten Blick auf die FRA-Umfrage von 2018, so wird zudem deutlich, dass ein sehr hoher Prozentsatz der befragten Juden und Jüdinnen nicht nur Antisemitismus als Gefahr für die gesellschaftliche und politische Entwicklung des jeweiligen Landes sieht, sondern – was in Medien weitgehend ignoriert wird – auch Rassismus (hier liegt die Bandbreite zwischen 56 und 91 Prozent) und die Intoleranz gegenüber MuslimInnen (abgesehen von Spanien bewegen sich die Werte zwischen 50 und 69 Prozent). Interessant ist ein Blick auf Italien und Ungarn, wo die staatliche Korruption mit 91 bzw. 96 Prozent als wesentlich größere Gefahr als Antisemitismus (= 73 bzw. 77 Prozent) betrachtet wird; in Italien wird auch die Arbeitslosigkeit mit 98 Prozent bewertet.[182] In diesem Zusammenhang sind auch Ergebnisse einer 2018 vom *American Jewish Joint Distribution Committee* veröffentlichten Studie zur Einstellung von „European Jewish Community Leaders and Professionals" interessant. Diese betrachten den Antisemitismus (= 56 Prozent) zwar als großes Problem, allerdings werden die Entfremdung von der jüdischen Community (66 Prozent), ein demographischer Rückgang (65 Prozent) oder zu geringes Engagement für die Community und fehlendes Wissen über das Judentum (56 Prozent) als noch größere Gefahr für das jüdische Leben in Europa genannt.[183]

Die Einbeziehung von jüdischen Perspektiven und von Juden und Jüdinnen thematisierten Ängsten in die Analyse des Antisemitismus ist fraglos von Bedeutung, stellt allerdings auch eine Herausforderung für die Interpretation dar. Als Zielscheibe von Antisemitismus haben Juden und Jüdinnen eine besondere „Antenne" für die unterschiedlichen Nuancen von Antisemitismus und „Israelkritik" entwickelt. Der wissenschaftliche Umgang damit wirft allerdings eine Reihe von Fragen auf: Welche Konzepte von Antisemitismus werden von Juden und Jüdinnen vertreten und mit welchen – häufig auch emotionalen – Bildern von Israel, Palästina und

---

181 Jewish Chronicle, 14.01.2015.
182 FRA 2018, 16.
183 Fourth Survey of European Jewish Community Leaders and Professionals (2018), 9.

MuslimInnen sind diese verbunden? Welche Kontextualisierung ist notwendig, um jüdische Perspektiven richtig deuten zu können, und welche nationalen und internationalen Kontexte wirken sich auf jüdische Wahrnehmungen und Interpretationen von Antisemitismus aus? Welche Rolle kommt jüdischen Lebensgeschichten und dem Nachwirken des Holocaust zu? Eine Analyse jüdischer Perspektiven auf einen israelbezogenen Antisemitismus muss somit die komplexe und immer wieder neu erfolgende Konstruktion jüdischer Identitäten mit einbeziehen, wobei Israel nach wie vor ein besonderer Stellenwert zukommt. Wichtig scheint zudem eine Differenzierung zwischen organisiertem Judentum und individuellen Erfahrungen, die sich oft decken, aber auch voneinander abweichen können. Die Einbeziehung von israelkritischen Minderheitenpositionen in der jüdischen Community und somit ein Fokus auf den innerjüdischen Diskurs kann wiederum dazu beitragen, dass das Judentum in seiner Heterogenität abgebildet wird.[184] Wenig Wissen besteht derzeit auch über die Einschätzung von Antisemitismus von Seiten säkularer Juden und Jüdinnen. Selbstkritisch vermerkte dazu der UEA-Bericht, dass Personen, die sich selbst nicht so sehr als jüdisch identifizieren, weniger Bereitschaft zur Teilnahme an der Studie zeigten.[185]

1.9 INSTRUMENTALISIERUNG VON ANTISEMITISMUS

Sowohl Antisemitismus als auch Islamfeindlichkeit werden zudem von höchst unterschiedlichen Seiten instrumentalisiert. Rechtspopulistische und rechtsradikale Parteien wie Geert Wilders *Partij voor de Vrijheid*,[186] der belgische *Vlaams Belang*,[187] Marine Le Pens *Front National*,[188] mittlerweile (wieder) *Rassemblement National*, die *British National Party* sowie die *English Defense League*, die *Kent Ekerotz* (= Schwedendemokraten) oder die FPÖ gerierten sich in den letzten zehn Jahren zunehmend als „Schutzschild der Juden" gegen den Islam und nehmen – zumeist aus strategischen Überlegungen – eine demonstrativ proisraelische Position ein. Der Nahostkonflikt wird von diesen Parteien als Konflikt zwischen dem Westen (repräsen-

---

184 Vgl. exemplarisch Stremmelaar/Lucassen 2018.
185 Diese Feststellung ist auch zutreffend für die FRA Studie von 2013 und 2018.
186 Gans 2014.
187 Vgl. Rightest British party, in: The Jerusalem Report, 14.05.2005.
188 Vgl. Marine Le Pen erklärte in einem Interview mit der rechtsgerichteten Wochenzeitung *Valeurs actuelles*: „Ich höre nicht auf vor den jüdischen Franzosen, die sich mehr und mehr uns zuwenden, zu wiederholen: Nicht nur ist der *Front National* nicht euer Feind, sondern vielmehr ist er zweifelsohne in der Zukunft das beste Schild, um euch zu schützen, er befindet sich an eurer Seite zur Verteidigung unserer Gedanken- und Religionsfreiheit angesichts des einzig wahren Feinds, des islamistischen Fundamentalismus." Vgl. Le FN, „meilleur bouclier" des juifs (M. Le Pen), in: Le Figaro, 18.06.2014.

tiert von Israel) und einer „barbarischen, islamistischen Ideologie" gedeutet, weshalb Israel das Recht auf Selbstverteidigung gegenüber dem islamistischen Terrorismus als neue totalitäre Bedrohung sowie auch der Bau von Siedlungen zugestanden werden müsse. Politiker vom rechten Rand der israelischen Gesellschaft[189] fungieren als Verbündete.[190] Diese rechtspopulistischen/rechtsradikalen Parteien haben mittlerweile auch einige jüdische Mitglieder, die jüdische Wähler ansprechen, aber vor allem deren Demokratiefähigkeit untermauern sollen.[191] Die zentralen jüdischen Organisationen distanzieren sich allerdings von diesen Parteien.

Es ist anzunehmen, dass die Islamfeindlichkeit dieser Parteien über deren Anhängerschaft hinaus Anklang findet, wohingegen deren philosemitisches Israelbild bei vielen AnhängerInnen auf weniger Akzeptanz stoßen dürfte, zumal sich seit der *Zweiten Intifada* das Meinungsklima gegenüber Israel in ganz Europa stark verschlechtert hat und in diesen Parteien traditioneller Antisemitismus stark ausgeprägt ist.[192] Für die israelische Regierung stellen diese Annäherungsversuche eine gewisse Herausforderung dar, zumal zu erwarten ist, dass manche dieser Parteien früher oder später an die Macht gelangen können. Hinsichtlich der FPÖ, die seit 2017 in der österreichischen Regierung vertreten ist, verhält sich die israelische Regierung trotz intensivster Bemühungen seitens der österreichischen Regierung noch distanziert und erlaubte bisher keine offiziellen Kontakte mit FPÖ-MinisterInnen.

Problematisch ist zudem, dass europäischer Antisemitismus, islamistischer Terrorismus und Islamfeindlichkeit auch von israelischen Politikern und jüdischen Organisationen instrumentalisiert werden, um Kritik an Israels Politik abzuwehren und – häufig damit verbunden – ein allzu alarmierendes Bild von der musli-

---

189 Zum Beispiel der Vorsitzende von *Jisra'el Beitenu* Avigdor Lieberman, von 2009 bis 2012 und von 2013 bis 2015 Außenminister und von Mai 2016 bis November 2018 Verteidigungsminister unter Benjamin Netanjahu.
190 Vgl. exemplarisch Benz 2011; Lorenz Jäger, Reise nach Jerusalem, in: FAZ, 13.12.2010; Leon Symons, UK fascists to wave Israeli flag at rally, in: The Jewish Chronicle, 10.09.2009.
191 Zur Haltung jüdischer Organisationen zum *Front National* vgl. French Jewish leader backs National Front's Marine Le Pen, in: The Jewish Chronicle, 26. 2.2015; Miriam Lau, Ausgerechnet die AfD wirbt um jüdische Mitglieder: Sogar mit Erfolg, in: Die Zeit, 06.04.2017; Haaretz berichtete am 25.09.2018 von der Gründung einer sehr kleinen jüdischen Gruppe innerhalb der AfD, wogegen der *Zentralrat der Juden* demonstrierte. Der *Vlaams Belang* bemüht sich seit Jahren um jüdische Mitglieder. Vgl. Nick Ryan, Far-right wooing Flemish Jews, in: Jewish Chronicle, 20.2.2007; The ignorant Jewish face of the far-right, in: Jerusalem Report, 26.07.2004.
192 Laut einer von der EU-Kommission in Auftrag gegebenen Umfrage hielten 59 Prozent der EuropäerInnen nach der *Zweiten Intifada* und 9/11 Israel für die größte Bedrohung des Weltfriedens; Nordkorea, der Iran oder Afghanistan wurden seltener genannt. Nach der Rolle der Palästinenserbehörde wurde allerdings in der Umfrage nicht gefragt. Vgl. exemplarisch Gisela Dachs, Der koloniale Blick, in: Die Zeit, 06.11.2003.

mischen Einwanderung in Europa zu zeichnen.[193] Abraham Foxman, der Vorsitzende der *American Jewish Anti-Defamation League* (ADL), warf während der *Zweiten Intifada* Europa einen Antisemitismus wie in den 1930er-Jahren vor.[194] Für viele unverständlich, zeichnete die ADL im September 2003 den umstrittenen italienischen Ministerpräsident Silvio Berlusconi für seine Loyalität gegenüber Israel mit dem *Distinguished Statesman Award* aus, obwohl dieser die islamische Kultur als eine dem Westen unterlegene bezeichnet und Benito Mussolini mit der Aussage, dass dieser niemanden ermordet habe, entlastet hatte.[195]

Auch der israelische Premierminister Ariel Sharon warf Europa 2003 pauschal Antisemitismus vor und sah durch die wachsende muslimische Bevölkerung das Leben der Juden und Jüdinnen in der EU gefährdet.[196] Im Sommer 2004 forderte er die französische Diaspora zum Exodus nach Israel auf, womit er diplomatische Irritationen mit Frankreich auslöste und auch Kritik von französisch-jüdischen Organisationen erntete.[197] Ähnliche Reaktionen waren von Premierminister Netanyahu und dem damaligen Außenminister Lieberman nach den Anschlägen auf das jüdische Museum in Brüssel zu hören.[198] Als Netanyahu nach den Anschlägen von Paris und Kopenhagen die europäischen Juden erneut zum Exodus aufforderte, sahen viele darin eine Instrumentalisierung des Antisemitismus für den eigenen, zu diesem Zeitpunkt stattfindenden Wahlkampf.[199] Der britische Journalist Jonathan Freedland konstatierte dazu im *Guardian:* „It came too soon, before the dead had even been buried. It smacked of exploitation, turning a tragedy into a talking point for his own re-election campaign".[200]

Die Reaktionen israelischer Politiker widerspiegeln ein in Israel weit verbreitetes

---

193 Vgl. exemplarisch Tony Judt, Goodbye to All That?, in: The Nation, 03.01.2005; Adam Sutcliff, Old Europe and American Jewry, in: Tikkun, July/August 2004; Meron Benvenisti, Defensive walls of self-righteousness, in: Haaretz, 06.11.2003; Avi Primor, The Israeli Image of European Antisemitism, in: IP- Journal, 01.08.2004.
194 Vgl. exemplarisch Foxman 2003.
195 Vgl. New York Times, 23.09.2003.
196 Scharon beschuldigt EU des „kollektiven Antisemitismus", in: Financial Times Deutschland, 24.11.2003; Jan Feddersen/Philipp Gessler, Wenn die Kippa wem nicht passt, in: taz, 02.12.2003.
197 Ben Simon, The new Jewish Problem, in: Haaretz, 14.02.2004; Amira Hass, Breaking an iron rule, in: Haaretz, 21.04.2015; Werner Bergmann/Juliane Wetzel, Wie islamistische Gruppen Globalisierungsgegner befördern, in: Die Welt, 28.11.2003.
198 Barak Ravid, Netanyahu blasts European „hypocrisy" in not condemning Brussels attack, in: Haaretz, 25.05.2014.
199 Vgl. Barak Ravid, Danish chief rabbi responds to Netanyahu: Terror is not a reason to move to Israel, in: Haaretz, 15.02.2015; Roy Isacowitz, Bibi's vulgarity: Using the Paris shooting to justify Israeli colonialism, in: Haaretz, 08.01.2015.
200 Jonathan Freedland, Leaders should calm fears, in: Jewish Chronicle, 19.02.2015; vgl. auch Miriam Shaviv, Show some respect, Israel, in: The Jewish Chronicle, 02.05.2015.

negatives Europa-Bild und ein großes Misstrauen gegenüber der EU[201]. Daraus erklärt sich u.a., dass nicht nur extrem rechte israelische Parteien wenige Berührungsängste gegenüber rechten europäischen PolitikerInnen zeigen, sondern auch die derzeitige israelische Regierung aus realpolitischen Überlegungen wenig Distanz zu Letzteren zeigt, selbst wenn diese Antisemitismus instrumentalisieren. Wenig Beistand kam beispielsweise der ungarischen Community vom israelischen Ministerpräsidenten Benjamin Netanyahu zu, als Viktor Orbán im Wahlkampf 2017 auf klassische jüdische „Weltverschwörungstheorien" zurückgriff.[202] Dem bekannten Investor George Soros, ein ursprünglich aus Ungarn stammender Holocaustüberlebender, wurde aufgrund seiner Unterstützung regierungskritischer NGOs und Demokratiebewegungen vorgeworfen, die Flüchtlingskrise bewusst gesteuert zu haben und damit auf die Islamisierung Europas abzuzielen. Vor allem realpolitische Interessen sowie das gemeinsame Feindbild Soros, der auch regierungskritische NGOs in Israel finanziert und in Teilen der israelischen Gesellschaft offensichtlich auf Ablehnung stößt,[203] ließen die Kritik des israelischen Premierministers Netanyahu an antisemitischen Vorfällen in Ungarn und an der rechtsextremen Rhetorik der Orbán-Regierung immer leiser werden.[204] Orbán, der auch mit Lob für Miklós Horthy[205] für Irritationen gesorgt

---

201 Zur Irritationen zwischen Israel und der EU trug u.a. die 2015 von der EU-Kommission herausgegebene (und seit 2003 diskutierte) Leitlinie zur Kennzeichnung von Waren aus israelischen Siedlungen in den seit 1967 besetzten Gebieten bei, die in Israel von Regierungs- als auch Oppositionspolitikern als „Kapitulation vor der Boykottbewegung" kritisiert wurde. Einzelne Länder wie Großbritannien, Belgien und Dänemark hatten bereits entsprechende Kennzeichnungen eingeführt. Der Handel mit Waren aus diesen Gebieten zwischen Israel und der EU beträgt nur 1,3 Prozent. Vgl. Ben Segenreich, Israel kritisiert den „stillen Boykott" der EU, in: Der Standard, 12.11.2015. Von israelischer Seite wird der EU auch häufig vorgeworfen, palästinensische NGOs mit Verbindung zu terroristischen Organisationen zu fördern. Vgl. exemplarisch Noa Landau, EU blasts Israeli minister: You feed disinformation and mix BDS, terror, in: Haaretz, 17.07.2018.
202 Basierend auf den Aussagen des US-amerikanischen PR-Beraters George Eli Birnbaum berichteten unterschiedliche Medien, dass der bekannte und mittlerweile verstorbene US-Republikaner Arthur Finkelstein, der u.a. für Ronald Reagan, George Bush senior und Benjamin Netanyahu gearbeitet hat, die „Anti-Soros-Kampagne" für den ungarischen Wahlkampf 2010 „erfunden" habe. Birnbaum habe mit seinem Team die Kampagne ausgeführt. Das Finkelstein-Team soll Orbán von Netanyahu empfohlen worden sein. Laut Birnbaum habe sein Team allerdings nie daran gedacht, dass Soros Jude ist. Vgl. exemplarisch Wie George Soros Viktor Orbáns Feindbild wurde. Kampagnenberater George Birnbaum: Ungarns Premier brauchte einen Gegner, in: Der Standard, 15.01.2019.
203 Die ADL kritisierte beispielsweise Netanyahus Sohn Yair für ein Facebook Meme, das Georg Soros als Kopf einer Weltverschwörung darstellt. Vgl. Air Tibon/Barak Ravid, ADL denounces anti-Semitic meme posting by Netanyahu's son, in: Haaretz, 10.09.2018.
204 Vgl. exemplarisch Anshel Pfeffer, Netanyahu's speedy absolution for Austria's neo-Nazis, in: Haaretz, 19.12.2017.
205 Horthy regierte in Ungarn von 1920 bis 1944 und kollaborierte im Zweiten Weltkrieg mit

hatte,[206] versicherte bei seinem ersten Israel-Besuch im Juli 2018, dass es in seinem Land „null Toleranz" für Antisemitismus gäbe. Netanyahu dankte Orbán dafür, dass er Israel in internationalen Einrichtungen in Schutz nehme und betonte: „Wir beide verstehen, dass die Bedrohung durch den radikalen Islam echt ist."[207] Netanyahus Kritik an Orban dient mittlerweile führenden FPÖ-Politikern zur Abwehr des Antisemitismusvorwurfs gemäß der Logik, wenn Netanyahu in Orban eine Gefahr sieht so ist diese Aussage auch für uns legitim.[208]

Auch Netanyahus Haltung zur Novellierung des polnischen „Erinnerungsgesetzes" stieß auf Kritik, da damit unter Strafe gestellt wurde, der polnischen Nation oder dem polnischen Staat die Verantwortung oder Mitverantwortung an nationalsozialistischen Verbrechen zuzuschreiben. Nach heftigen internationalen und auch israelischen Protesten, die wiederum in Polen eine Welle von Antisemitismus ausgelöst haben, ist man von einer strafrechtlichen Verfolgung abgegangen[209] Netanyahu gab daraufhin mit dem polnischen Ministerpräsidenten Mateusz Morawiecki von der rechtsgerichteten Partei für Recht und Gerechtigkeit (PiS) eine gemeinsame Erklärung ab. Israelische Intellektuelle und führende Historiker sahen darin nach wie vor den Versuch einer Entlastung vieler PolInnen, deren Mitbeteiligung am Holocaust durch z.B. Denunziation oder Erpressung mittlerweile wissenschaftlich gut belegt ist.[210] Netanyahu wiederum betrachtet Polen (sowie die weiteren „Visegrád Staaten" Ungarn, Tschechien und die Slowakei) als wichtigen Bündnispartner innerhalb der EU.[211]

Weitere Debatten um eine aus politischen Interessen heraus erfolgten Instrumentalisierung des Holocaust zur Weißwaschung rechter Politiker lösten der Besuch des rechtsgerichteten italienischen Innenministers und stellvertretenden Minister-

---

dem NS-Regime. Er war für zahlreiche antisemitische Gesetze verantwortlich und Ungarn kollaborierte 1944 bei der Deportation von etwa 400.000 Juden in Konzentrations- und Vernichtungslager.
206 Orbán bezeichnete beispielsweise 2017 Horthy als „Ausnahmestaatsmann", wovon er sich trotz heftiger in- und ausländischer Kritik nicht abbringen lassen wollte.
207 Israelbesuch: Netanjahu sieht in Orbán einen „wahren Freund Israels", in: ZeitOnline, 19.07.2018.
208 Siehe dazu das Kapitel Österreich.
209 Zum „Erinnerungsgesetz" vgl. Pankowski 2019.
210 Vgl. exemplarisch Eva Illouz, The State of Israel vs. the Jewish people, in: Haaretz, 19.09.2018; Vgl. auch den Haaretz-Beitrag vom 04.06.2018 des bekannten israelischen Historikers Yehuda Bauer.
211 Im Februar 2019 sprach Netanyahu im Rahmen von „Irak-Gesprächen" in Warschau selbst – ungewollt – von einer Kollaboration der „polnischen Nation" mit den Nationalsozialisten. Nachdem der interimistisch ernannte Außenminister Katz, Sohn eines Holocaustüberlebenden, in einem Interview in Israel i24 gemeint hatte, er werden den Polen, von denen viele mit den Nazis kollaboriert hätten, nie vergeben, sagte Morawiecki das Visegrad Treffen in Tel Aviv ab. Vgl. Noa Landau, Visegrad summit in Israel canceled after Poland pulls out over Holocaust row, in: Haaretz, 18.02.2019.

präsidenten Matteo Salvini aus, der Israel als Festung für den Schutz Europas gegen die Islamisierung betrachtet und gleichzeitig wenig Distanz zu Mussolini zeigt.[212] Kritik gab es zudem am Besuch des philippinischen Präsidenten Rodrigo Duterte, der sich selbst auf positive Art und Weise mit Hitler verglich.[213] Beide besuchten die Holocaust-Gedenkstätte Yad Vashem.[214]

Nicht zuletzt aufgrund dieser Vorfälle reagierten 35 israelische WissenschaftlerInnen und HistorikerInnen in einem offenen Brief skeptisch auf eine vom österreichischen Bundeskanzler Sebastian Kurz im Rahmen der österreichischen EU-Ratspräsidentschaft in Wien organisierten „Antisemitismuskonferenz" zum Thema „Europa jenseits von Antisemitismus und Antizionismus – Sicherung des jüdischen Lebens in Europa", zu der vorwiegend Vertreter jüdischer Organisationen und Politiker geladen waren und Netanyahus Botschaft (er war wegen einer Regierungskrise an der persönlichen Teilnahme verhindert) per Video übertragen wurde. Neben dem Kampf gegen Antisemitismus wurde vor allem auch eine Verbesserung der Beziehungen zu Israel gefordert. Ohne Antisemitismus innerhalb der EU zu verharmlosen, warnten die israelischen Intellektuellen vor einer Gleichsetzung von Antizionismus mit Antisemitismus sowie davor, dass auch disproportionale Kritik an der israelischen Politik als antisemitisch betrachtet werde. Dies könne, wie es hieß, zur Abwehr jeder Kritik an Israels Politik instrumentalisiert werden. Bundeskanzler Kurz, der Österreichs besondere Verantwortung für Israel betonte, sich allerdings hinsichtlich antisemitischer Vorfälle bei seinem Koalitionspartner FPÖ recht zurückhaltend verhält, wurde am Vorabend der Konferenz von Moshe Kantor, dem Vorsitzenden des *European Jewish Congress*, der Ehrenpreis „Jerusalem Navigator" überreicht.[215]

Eine Analyse des gegenwärtigen Antisemitismus muss somit auch realpolitische Interessen, die höchst komplexen Beziehungen zwischen der israelischen Regierung und Opposition und zwischen Israel und der in sich gespaltenen Diaspora berücksichtigen. Die Verantwortung für den Antisemitismus in Europa tragen allerding nicht Israel bzw. einzelne israelische Politiker.

---

212 David Lerner, Italien far-right leader Salvini calls Western Wall "place that belongs to everyone", in: Haaretz, 11.12.2018.

213 Duterte verglich seinen Kampf gegen Drogenabhängige mit der von Hitler angeordneten Ermordung der jüdischen Bevölkerung. Wörtlich meinte er: „Hitler massacred 3 Million of Jews, there are three million drug addicts. I'd be happy to slaughter them. Vgl. Noa Landau, The hidden parts of Philippines' Duterte's Isarel visit – a major oil deal and an arms display, in: Haaretz, 01.09.2018.

214 Matti Friedman, What happens when a Holocaust Memorial plays host to autocrats. Yad Vashem is both a memorial of a genocide, and a tool of Israeli realpolitik, in: New York Times, 03.12.2018.

215 Antisemitismus-Konferenz: „Besondere Verantwortung", in: Oberösterreichische Nachrichten, 21.11.2018; Zur Kritik an der Antisemitismus-Konferenz siehe auch John Bunzl, Das seltsame Verhältnis der Kurz-Regierung zu Israel, in: Der Standard, 21.11.2018.

2. FRANKREICH[1]

2.1 AUSGANGSSITUATION – DER „NEUE" ANTISEMITISMUS SEIT 2000

Am 21. April 2018 erschien in der französischen Tageszeitung *Le Parisien* ein so genanntes *Manifeste contre le nouvel antisémitisme* („Manifest gegen den neuen Antisemitismus"). Unterschrieben wurde der vom ehemaligen Leiter der Satirezeitschrift *Charlie Hebdo*[2], Philippe Val, verfasste Appell von über 250 PolitikerInnen, Religionsvertretern, Intellektuellen und KünstlerInnen, darunter auch international bekannte Persönlichkeiten wie der ehemalige Staatspräsident Nicolas Sarkozy, der Sänger Charles Aznavour oder der Schauspieler Gérard Depardieu.[3] Dies deutet auf den gesellschaftlichen Stellenwert des Manifests hin, das zu einem Zeitpunkt veröffentlicht wurde, an dem Frankreich das seit 2006 elfte auf einen islamistisch-antisemitischen Hintergrund zurückführende jüdische Mordopfer zu beklagen hatte.

Vorausgegangen war ihm eine jahrelange, kontrovers geführte Debatte in den Medien, der Politik und Wissenschaft um die Existenz bzw. das Ausmaß, die Ursachen und Folgen einer neuen Antisemitismus-Problematik. Dies vermittelt auch einen ersten Eindruck davon, welchen innergesellschaftlichen Spannungen das Land heute gegenübersteht – Spannungen, die sich zum einen im Schatten des Israel-Palästina-Konflikts entladen, Frankreich zum anderen mit Nachwirkungen der eigenen Vergangenheit und seiner Integrationspolitik konfrontieren. Belastend wirkt sich dies insbesondere auch auf das muslimisch-jüdische Verhältnis aus: So hat Frankreich heute sowohl eine der größten muslimischen Bevölkerungsgruppen

---

1 Die folgenden Ausführungen beziehen sich im Wesentlichen auf die Dissertation der Verfasserin – siehe Preitschopf 2016.

2 Der Name *Charlie Hebdo* wird heute vielfach mit einem blutigen Anschlag im Jahr 2015 assoziiert: Am 7. Jänner drangen die beiden mutmaßlichen Jihadisten, die Brüder Chérif und Saïd Kouachi, in die Redaktion der Satirezeitschrift in Paris ein und töteten durch gezielte Schüsse insgesamt zwölf Personen, darunter mehrere Karikaturisten von *Charlie Hebdo* sowie einen Polizisten, elf weitere Personen wurden verletzt. Die französischen Attentäter, die sich zu *Al-Qaida* im Jemen bekannten, wurden zwei Tage später im Zuge eines Polizeieinsatzes in Dammartin-en-Goële im Norden von Paris, wo sie sich in einem Druckereiunternehmen verschanzt und eine Geisel genommen hatten, getötet.

3 Siehe Manifeste „contre le nouvel antisémitisme", in: Le Parisien.fr, 21.04.2018.

(fünf bis sechs Millionen MuslimInnen bzw. acht bis zehn Prozent der Bevölkerung) als auch die größte jüdische Bevölkerungsgruppe (etwa 500.000 Jüdinnen und Juden bzw. um die 0,8 Prozent) in Europa. Die französische Situation ist hierbei auch insofern spezifisch, als dass seit den 1950er-Jahren nicht nur viele MusliminInnen, sondern auch zahlreiche Juden und Jüdinnen aus dem Maghreb eingewandert waren. Zum Teil lebten diese Tür an Tür in französischen Vorstädten bzw. leben in manchen Vororten wie beispielsweise Sarcelles bis heute nebeneinander. Frankreich war zudem eines der ersten Länder Europas, in dem bereits seit dem Jahr 2000 bzw. seit dem Ausbruch der →*Zweiten Intifada* vielfach die Rede von einem neuen, verstärkt unter MuslimInnen zu beobachtenden Antisemitismus war.[4] Manifest wurde dieser anhand einer deutlichen Zunahme und nach wie vor sehr hohen Zahl an antisemitischen Vorfällen. Diese reichen von Beschimpfungen, Belästigungen, Schmierereien, Sachbeschädigungen, Brandanschlägen auf Synagogen und andere jüdische Einrichtungen, tätlichen Übergriffen bis hin zu fünf islamistisch motivierten Mordanschlägen, auf die weiter unten noch näher eingegangen wird. Obwohl die jüdische Bevölkerung weniger als ein Prozent der französischen Bevölkerung ausmacht, sind seit 2000 durchschnittlich 50 Prozent aller gemeldeten rassistischen Vorfälle (inklusive xenophobe und antimuslimische Handlungen) gegen Juden und Jüdinnen gerichtet.[5]

Neben anderen geht dieser Antisemitismus vielfach von (muslimischen) Jugendlichen mit maghrebinischem oder subsaharisch-afrikanischem Migrationshintergrund in sozial prekären Vororten französischer Großstädte, den so genannten *Banlieues,* aus.[6] Andere sprechen in diesem Zusammenhang auch von einem „Import des Nahostkonflikts", welcher sich in Frankreich in „interkommunitäre Spannungen" zwischen der muslimischen und jüdischen Bevölkerung übersetze. D.h. der Solidarität einiger französischer Juden und Jüdinnen mit Israel stehe die Solidarität bzw. Identifikation arabisch-muslimischer Jugendlicher mit den Paläs-

---

4   Hierzu erschien ab dem Jahr 2001 eine Reihe an Publikationen – vgl. exemplarisch Draï 2001; Taguieff 2002; Allali 2002; Finkielkraut 2003; Trigano 2003; Gerstenfeld/Trigano 2004; Weill 2004; Giniewski 2005; Lacroix 2005; Attal 2005; Wieviorka 2005; ders., 2008; Lapeyronnie 2008; Lévy/Ménard 2009, Boniface 2014 und als eine der jüngsten Publikationen Druez/Mayer 2018.

5   Die genaue Zahl an (gemeldeten und als antisemitisch klassifizierten) Vorfällen variiert zwischen 744 im Jahr 2000 – im Vergleich zu 89 Vorfällen 1999 – den Höhepunkten mit 936 und 974 Vorfällen in den Jahren 2002 und 2004 und 851 Vorfällen im Jahr 2014 bzw. 808 im Jahr 2015 (wohingegen sie 2016 und 2017 wieder auf ca. 300 gezählte Vorfälle zurückging). (Vgl. SPCJ 2015 sowie zum statistischen Überblick seit 1993: Commission nationale consultative des droits de l'homme 2018, 17 und ferner generell die Berichte der Commission nationale consultative des droits de l'homme (CNCDH) zu den Jahren 2000–2016. Vgl. zudem Rosenbaum 2014, 8 f.

6   Vgl. hierzu etwa Stender 2010, 27 und Leder 2006, 135–145.

tinenserInnen gegenüber und berge dementsprechend Konfliktpotential.[7] Konkret meint dies, dass die PalästinenserInnen von einigen französischen MuslimInnen – im Zuge transnationaler Solidarisierungsprozesse – als „muslimische Brüder und Schwestern" wahrgenommen werden. Französische Juden und Jüdinnen werden hingegen oftmals mit Israel identifiziert und daher mitunter auch als unmittelbare „Feinde" betrachtet.[8]

Vergangenheitsdiskurse

Allerdings sind Solidarisierungs- und Identifikationsprozesse und mitunter damit einhergehende antisemitische Manifestationen unter MuslimInnen in Frankreich nicht nur im Kontext des Israel-Palästina-Konflikts zu betrachten, sondern stehen auch in Zusammenhang mit innerfranzösischen gesellschaftlichen Entwicklungen. Dies betrifft im Besonderen die französische Erinnerungspolitik bzw. den Umgang des französischen Staates mit der eigenen Vergangenheit: Herrschte in Frankreich nach 1945 zunächst weitgehendes Schweigen über die Shoah und die Mitverantwortung des Regimes von Vichy, wurde diese „Phase der Verdrängung" (H. Rousso)[9] erst nach und nach von einer allmählichen Aufarbeitung abgelöst. So bemühte sich die offizielle Erinnerungspolitik zunächst umso mehr, einen nationalen, „einigenden" *Résistance*-Mythos hochzuhalten. Im Zuge dessen wurde das französische Volk kollektiv entlastet und die einstigen *Résistance*-KämpferInnen, welche letztlich nur etwa ein Prozent der Bevölkerung ausgemacht hatten, zu nationalen „Märtyrern" stilisiert. Das Vichy-Regime und seine (zahlreichen) AnhängerInnen hingegen wurden gewissermaßen aus dem nationalen Gedächtnis getilgt.[10] Allmählich begann dieses Geschichtsbild jedoch aufzubrechen und die „Phase der Verdrängung" sich bis Mitte der 1970er-Jahre in eine *„phase obsessionnelle"* (Rousso) zu wandeln. In dieser widmete man sich nun verstärkt der Rolle bzw. Mitverantwortung Frankreichs bei der Verfolgung und Ermordung der jüdischen Bevölkerung und es kam zu einem *„réveil de la mémoire juive"*[11], einem „Erwachen der jüdischen Erinnerung". Pieter Lagrou spricht so zusammenfassend von einer *„inversion des mémoires"*, einer „Umkehrung der Erinnerungen", welche das bis dahin vorherrschende Augenmerk von der „Hegemonie" der deportierten *Résistance*-KämpferInnen auf die jüdischen Opfer lenkte.[12] Auf diese Weise trat das spezifisch jüdische

---

7   Vgl. Attal 2005, 57 f. sowie Keslassy 2005, 30.
8   Vgl. etwa Wieviorka 2005 sowie Benbassa 2005. Thematisiert wird dies zudem immer wieder in den Berichten der CNCDH.
9   Siehe Rousso 1987.
10 Vgl. Dreyfus 2002, 176.
11 Coutau-Bégarie 1988, 784.
12 Vgl. Lagrou 2003, 240.

Schicksal zunehmend in das kollektive Bewusstsein und hatte zugleich Auswirkung auf das Selbstverständnis vieler französischer Juden und Jüdinnen, für die der Bezugspunkt der Shoah immer mehr an Bedeutung erlangte.[13]

Zu dieser generellen Bewusstseinsänderung trugen zunehmend auch Filme, Bücher, Reportagen und Zeitungsartikel bei, die sich mit der Zeit der deutschen Okkupation, dem Vichy-Regime oder der Shoah auseinandersetzten.[14] Neben Film und Fernsehen hatte ab den späten 1970er-Jahren in Frankreich überdies das Engagement von Serge und Beate Klarsfeld Einfluss auf die Auseinandersetzung mit der Vichy-Vergangenheit: 1978 veröffentlichten die beiden *Le mémorial de la déportation des Juifs de France*, welches eine Liste mit Namen und Herkunft der aus Frankreich deportierten Jüdinnen und Juden enthielt.[15] Zudem kam es Ende der 1980er- und im Laufe der 1990er-Jahre zu einigen Gerichtsverfahren, die wesentlich aufgrund der Initiative jüdischer wie nichtjüdischer Vereine – insbesondere *Fils et Filles de Déportés Juifs de France* („Söhne und Töchter deportierter Juden Frankreichs") von Serge Klarsfeld – eingeleitet wurden. Einige ehemalige Mitglieder der Vichy-Regierung oder -Verwaltung wurden im Zuge dessen für ihre Beteiligung an Verbrechen gegen die Menschlichkeit angeklagt und verurteilt.[16]

In den 1990er-Jahren kam es schließlich auch zu einem Wandel im politischen Diskurs – so übernahm das damalige Staatsoberhaupt Jacques Chirac als erster französischer Präsident anlässlich einer Gedenkfeier am 16. Juli 1995[17] die Verantwortung des gesamten französischen Staates für die Verhaftung, Deportation und Ermordung von 76.000 Jüdinnen und Juden in Frankreich.[18] Dieser Wandel in der offiziellen Erinnerungspolitik drückte sich auch in einer verstärkten Errich-

---

13 Vgl. Schlachter 2006, 111.
14 Vgl. Schmoller 2010, 99. Zu nennen sind hier vor allem die Romane von Patrick Modiano, beginnend mit *La Place de l'Étoile* von 1968, oder der Film *Le Chagrin et la Pitié* (1971) von Marcel Ophüls, welcher, im Gegensatz zum offiziellen zeitgenössischen Geschichtsbild, Französinnen und Franzosen als begeisterte AnhängerInnen Pétains und Kollaborateure darstellte und daraufhin heftige Kontroversen auslöste. (Vgl. Dreyfus 2002 176). 1973 erschien zudem *La France de Vichy* des amerikanischen Historikers Robert O. Paxton, welches die französische Beteiligung und Verantwortung für die antijüdischen Maßnahmen und Deportationen im Zeitraum von 1940 und 1944 thematisierte und eine breite Debatte in Frankreich entfachte (vgl. Schlachter 2006, 112).
15 Vgl. Lalieu 2001, 90 f.
16 Vgl. Schlachter, 2006, 112.
17 Die jährliche begangene Gedenkfeier am 16. Juli nimmt Bezug auf eine Razzia, der so genannten *Rafle du Vel d'Hiv*, im Zuge derer allein vom 16. auf den 17. Juli 1942 in Paris 13.000 Jüdinnen und Juden verhaftet wurden. *Vel d'Hiv* steht als Abkürzung für *Vélodrome d'Hiver*, ein ehemaliges Winter-Radrennbahnstadion, in welchem die verhaftete jüdische Bevölkerung anschließend unter miserabelsten Bedingungen festgehalten wurde (vgl. Loewe 2006, 542).
18 Vgl. Dreyfus 2002, 169.

tung von Denkmälern und Gedenkstätten aus, weshalb man seit den 1990er-Jahren auch von einer gewissen „Institutionalisierung" des Shoah-Gedächtnisses spricht.[19]

Zugleich waren in Frankreich bereits bald nach dem Zweiten Weltkrieg und vermehrt ab den 1980er-Jahren auch holocaustrelativierende und -leugnende Stimmen zu vernehmen (als eine der bekanntesten unter ihnen der ehemalige Vorsitzende des *Front National* Jean-Marie Le Pen). Einhergehend mit dem „institutionalisierten" Gedenken ist in den letzten Jahren zudem – im Zuge einer stärkeren Differenzierung und „Ethnisierung" der französischen Gesellschaft – das Phänomen einer so genannten *concurrence mémorielle*, einer „Erinnerungskonkurrenz" bzw. „Opferkonkurrenz" zu beobachten: So orientierten und orientieren sich in Frankreich zunehmend auch Angehörige anderer Minderheiten wie Menschen mit maghrebinischem oder subsaharisch-afrikanischem bzw. mit muslimischem Hintergrund am nationalen Shoah-Gedächtnis. Dieses dient gewissermaßen als Modell dafür, eine öffentliche Anerkennung von „eigenen", vom offiziellen Frankreich lange verschwiegenen historischen Traumata (insbesondere im Kontext des Algerienkrieges, des französischen Kolonialismus oder der Sklaverei[20]) einzufordern.[21] Einfluss hat dies wiederum auch auf die Wahrnehmung der jüdischen Bevölkerung Frankreichs, deren (als solcher empfundene) „vorrangige Opferstatus" z. T. mit einem gewissen Argwohn betrachtet wird. Mitunter äußern sich solche Tendenzen in einer Art konkurrierendem „Gegeneinander-Abwägen" von heutigem Antisemitismus und der Feindlichkeit gegenüber anderen Bevölkerungsgruppen, insbesondere gegenüber MuslimInnen.[22] Zum Ausdruck kommen kann dies zudem insofern, als dass die Shoah – zur Abschwächung – ins Lächerliche gezogen oder relativiert wird, es zu Gleichsetzungen von nationalsozialistischer und israelischer Politik kommt oder auch, dass Israel als „neue (rassistische) Kolonialmacht" wahrgenommen wird.[23] Werden die PalästinenserInnen auf diese Weise zu „den neuen

---

19 Vgl. Schmoller 2010, 179. Beispielsweise wurde in Paris am Ort des ehemaligen *Vélodrome d'Hiver* 1994 ein nationales Denkmal errichtet und 2005 das Shoah-Denkmal und Dokumentationszentrum *Mémorial de la Shoah* eröffnet. Im Süden Frankreichs wurde u.a. in einem der bekanntesten ehemaligen Internierungslager während des Vichy-Regimes, *Les Milles* bei Aix-en-Provence im Jahr 2000 eine nationale Gedenkstätte eingerichtet (vgl. François 2007 189 und Gilzmer 2008, 188).
20 Vgl. zu Letzterem Korzilius 2010, 217–252.
21 Vgl. hierzu etwa die Publikationen von Blanchard/Veyrat-Masson 2008 und Grandjean/Jamin 2011 sowie Ebert 2010, 190; Silverstein 2009, 92 und Schmoller 2010, 18 f.
22 Seinen Ausdruck findet dies beispielsweise in den in diesbezüglichen Online-Kommentaren u. ä. sehr oft zu lesenden Schlagworten „*deux poids – deux mesures*" („mit zweierlei Maß messen"), in welchen stets ein gewisser Vorwurf an die französische Politik mitschwingt, der jüdischen Bevölkerung um einiges mehr an Achtung und Aufmerksamkeit zukommen zu lassen – sei es nun in Bezug auf die Vergangenheit oder auch auf die gegenwärtige Situation.
23 Vgl. exemplarisch Rosenbaum 2014, 60 f.

Kolonisierten" stilisiert, bietet dies wiederum für französische MuslimInnen mit maghrebinischem oder subsaharisch-afrikanischem Hintergrund auch insofern eine Identifikationsmöglichkeit, als dass ihre eigenen Vorfahren oftmals *tatsächlich* (von Frankreich) kolonisiert wurden. Hierbei vermischen sich teilweise antiisraelische und generell antiwestliche oder antifranzösische Ressentiments bzw. werden Israel, Frankreich oder „der Westen" pauschal zu „Feinden der Muslime" deklariert. Oftmals überlappt sich dies wiederum unmittelbar mit antirassistischen und antikolonialistischen Positionierungen – so argumentiert etwa der Politologe Jean-Yves Camus:

> Eines der zentralen Probleme innerhalb der muslimischen Gemeinschaft ist gegenwärtig, dass sich zusätzlich zu den Realitäten von institutionellem Rassismus und alltäglicher Diskriminierung viele Menschen mit einem Migrationshintergrund selbst zu Opfern stilisieren, um ihren Hass auf die Gesellschaft, die Gesetze und Rechtsordnung und den Staat zu zeigen. Gruppen wie die linken *Indigènes de la République*[24], das *Mouvement de l'Immigration et des Banlieues* (MIB) und das *Collectif des Musulmans de France* (…), nutzten diese Opferdiskurse, um der muslimischen Jugend zu erklären, dass Frankreich aufgrund seiner kolonialen Vergangenheit zutiefst rassistisch sei und dass die „Banlieus" (Vororte) von heute, wo viele Immigranten leben, vom Staat genauso verwaltet werden wie die „Kolonien" in der Vergangenheit. Solche Einstellungen können zu Antisemitismus führen in einem Kontext, in dem diese Menschen die Juden als Angehörige der „Eliten" betrachten, von denen sie glauben, dass sie das Land beherrschen, und in dem viele Immigranten aus dem *Maghreb* von den

---

24 Die Organisation *Indigènes de la République* („Die Indigenen der Republik") besteht als offizielle Vereinigung seit 2005, 2010 erhielt sie den Status einer Partei und führt seither den Namen *Parti des Indigènes de la République* (PIR). Ideologisch ging sie aus sehr links geprägten ImmigrantInnen-Bewegungen, wie insbesondere dem *Mouvement de l'immigration et des banlieues* (MIB; „Bewegung der Immigration und der *Banlieues*") hervor, welche wiederum schrittweise eine Zusammenarbeit mit den *Jeunes Musulmans* („Junge Muslime"), eine dem *Collectif des musulmans de France* (CMF; „Kollektiv der Muslime Frankreichs") zugehörigen Organisation, einging. Die genaue Mitgliederzahl der PIR ist nicht bekannt, scheint allerdings nicht mehr als wenige Hundert AktivistInnen zu betragen. Nichtsdestotrotz hat die Vereinigung in Frankreich einige Bekanntheit erlangt, vor allem aufgrund ihres für ihre Belange sehr vehementen Auftretens in der Öffentlichkeit. So versteht sie sich als antirassistische, antiimperialistische und antikoloniale Protestbewegung im Kampf gegen Diskriminierungen, vor allem aufgrund von Herkunft und Religion, sowie als deklariert antizionistisch. Neben ihrer Forderung nach einer „Dekolonisierung" Frankreichs im Inneren, welche ihrer Meinung nach immer noch ausständig sei, zeichnet sich die PIR dementsprechend auch durch eine prononciert propalästinensische Diktion aus. Dies geht so weit, dass sie sich auch mit islamistischen Organisationen wie der *Hamas* oder der libanesischen *Hisbollah* solidarisch erklärt (vgl. etwa Kepel 2012, 250–255; Noiriel 2007, 664 sowie Corcuff 2015).

Juden ähnlich denken, wie sie es von den Juden in ihren Heimatländern taten: als Verbündete der Kolonialmächte gegen sie.[25]

Antisemitismus als Angriff auf die Republik?

Zugleich und im Gegensatz hierzu wird Antisemitismus im öffentlichen Diskurs in Frankreich vielfach verbunden mit einem drohenden Scheitern der Republik bzw. mit der Betrachtungsweise, er sei ein Ausdruck von Desintegration und der Abwendung von den republikanischen Werten und somit ein Angriff auf Frankreich selbst. Hierbei ist vorauszuschicken, dass das Land – seiner Staatstheorie nach – lange von dem in der Französischen Revolution wurzelnden Ideal einer „einen und unteilbaren Republik" geprägt war und nach wie vor ist. Dies impliziert auch ein rigides und tief im Staatsverständnis verankertes Konzept von Assimilation von EinwanderInnen an die französische Gesellschaft und Kultur.[26] Auch wenn heute ein gewisses Aufweichen dieses Unteilbarkeits- und Assimilationsprinzips zu beobachten ist,[27] galt es noch bis in die 1980er-Jahre als die „unangefochtene politische Option der Vergesellschaftung von Einwanderern und Angehörigen von Minderheiten".[28] (Angewendet wurde dies zuvor auch auf die französischen Kolonialgebiete, verbunden mit der Vorstellung einer französischen bzw. „westlichen Überlegenheit" gegenüber der einheimischen Bevölkerung in den jeweiligen Kolonien.[29]) Zudem erkennt das strikt laizistische Frankreich bis heute offiziell keine ethnischen, sprachlichen oder religiösen Gruppen an, sondern allein *citoyens libres et égaux en droit et en dignité* („freie Bürger, die gleich an Rechten und Würde sind").[30]

Bezeichnenderweise beginnt so auch das erwähnte Manifest gegen den neuen Antisemitismus mit folgenden Worten:

> Der Antisemitismus ist keine Angelegenheit der Juden, es ist die Angelegenheit von allen. (…) Wenn ein Premierminister vor die Nationalversammlung tritt und unter dem Applaus des ganzen Landes erklärt, dass Frankreich ohne Juden nicht mehr Frankreich ist, handelt es sich nicht um leere tröstende Worte, sondern um eine feierliche Warnung.

---

25 Camus 2008, 46.
26 Vgl. Sturm-Martin 2001, 125.
27 So wurde, vor allem seit den späten 1960er-Jahren, das Prinzip der „Unteilbarkeit" vermehrt abgelöst durch das Einfordern eines „Rechts auf Differenz", welches gerade die soziokulturelle, ethnische und religiöse Pluralität innerhalb der französischen Nation betonen soll.
28 Aumüller 2009, 136.
29 Vgl. hierzu auch Schnapper 1994, 66 f.
30 Vgl. Brunn 2012, 141.

Daraufhin folgt ein längerer Verweis auf die Problematik des so genannten muslimischen Antisemitismus:

(...) der muslimische Antisemitismus [ist] die größte Bedrohung, die auf dem Islam des 21. Jahrhunderts und auf der friedlichen und freien Welt (...) lastet. (...) Entsprechend fordern wir, dass die Verse im Koran, die zum Töten oder zur Bestrafung von Juden, Christen und Ungläubigen aufrufen, von den theologischen Autoritäten als veraltet erklärt werden, so wie die Inkohärenzen in der Bibel und der katholische Antisemitismus vom Zweiten Vatikanum aufgehoben wurden, damit kein Gläubiger sich mehr auf einen heiligen Text stützen kann, um ein Verbrechen zu begehen.

Wir erwarten vom Islam Frankreichs, dass er die Stimme erhebt. Wir verlangen, dass der Kampf gegen dieses demokratische Scheitern, dass der Antisemitismus darstellt, eine nationale Angelegenheit wird, bevor es zu spät ist. Bevor Frankreich nicht mehr Frankreich ist.[31]

An der Rhetorik dieses „Anti-Antisemitismus-Appells" werden somit zwei Aspekte augenscheinlich: Zum einen das Beschwören der Republik und ihrer Werte bzw. das Betonen, Frankreich sei ohne seine jüdische Bevölkerung nicht mehr Frankreich. Entsprechend wird die Bekämpfung des Antisemitismus zur *cause nationale*, zur Aufgabe und moralischen Verpflichtung aller französischen StaatsbürgerInnen erklärt. Derartige Deklarationen sind spätestens seit der Präsidentschaft von Nicolas Sarkozy auch seitens der französischen Politik sowie im wissenschaftlichen Diskurs immer wieder zu beobachten.[32] Deutlich wird dies auch anhand der mittlerweile zum politischen Schlagwort gewordenen Wendung: „Wer einen Juden angreift, greift ganz Frankreich an". Implizit wird hiermit überdies kommuniziert, das Ablehnen von Antisemitismus stelle eine Grundbedingung dar, Teil der nationalen Gemeinschaft Frankreichs sein zu können – eine Botschaft, die in diesem Fall eindeutig an die MuslimInnen des Landes gerichtet wird. So fokussiert das Manifest zum anderen auf die islamische Religion und auf die Problematik eines religiös bedingten, muslimischen Antisemitismus bzw. auf antisemitischen Hass als Folge islamistischer Weltanschauungen und deren propagandistischer Verbreitung.[33] Zwar ist der

---

31 Manifeste „contre le nouvel antisémitisme", in: Le Parisien.fr, 21.04.2018, Übersetzung A. P.
32 Vgl. etwa Brauman/Finkielkraut 2008, v. a. 195 und 216.
33 Wenige Tage später veröffentlichte die Tageszeitung *Le Monde* als Reaktion hierauf ein Gegenmanifest von etwa 30 Imamen, in welchem diese zwar ebenfalls betonten, dass es fehlgeleitete Koranlektüren gäbe, die eine die „gesamte Gesellschaft korrumpierende, religiöse Anarchie" hervorriefen, zugleich aber an „die Intellektuellen und Politiker" appellierten, in ihrer Kritik am Islam „mehr Umsicht an den Tag zu legen". Siehe Nous, imams indignés, sommes prêts à nous mettre au service de notre pays, in: Le Monde.fr, 24.04.2018.

Umstand nicht zu leugnen, dass islamistisches Gedankengut für Ersteren ein wesentliches Fundament darstellt, allerdings greift es viel zu kurz, führt man den so genannten neuen Antisemitismus lediglich auf religiösen Fanatismus und problematische, diesen rechtfertigende Koranverse zurück. Weder wird in dem Manifest jedoch auf die Frage des Israel-Palästina-Konflikts und seine Auswirkungen auf das Verhältnis zwischen der muslimischen und jüdischen Bevölkerung Frankreichs verwiesen, noch wird der vehemente Antizionismus der radikalen Linken oder der „klassische" Antisemitismus der extremen Rechten angesprochen.

In jedem Fall jedoch spiegelt der Appell das angespannte gesamtgesellschaftliche Verhältnis in Bezug auf Fragen von Integration, Islam und religiösem Radikalismus und daraus entstehende Polemiken wider. Allerdings vermag ein derartiges Manifest wohl kaum zu deren Verminderung beizutragen, vielmehr ist es als Teil des öffentlichen Diskurses nicht nur meinungsabbildend, sondern auch meinungsbildend.

2.2 KONTROVERSEN UND ERKLÄRUNGSANSÄTZE – SCHLUSS-FOLGERUNGEN AUS DER WISSENSCHAFTLICHEN DEBATTE

Soziologische Ansätze und Gegenpositionen

Angesichts der Komplexität und Vielschichtigkeit der aktuellen Antisemitismus-Problematik besteht allerdings nicht nur in der französischen Öffentlichkeit, sondern auch in den Sozialwissenschaften bisher kein Konsens über deren Gründe und Ausmaß. Vielmehr sind die politischen und wissenschaftlichen Debatten hierzu sehr kontrovers und emotional aufgeladen. Zum einen finden sich (vor allem seitens der Soziologie) Positionen, welche die Problematik hauptsächlich in Zusammenhang mit der schwierigen sozialen Situation vieler MuslimInnen, gerade in von hoher Arbeitslosigkeit, Rassismus, Kriminalität und städtischer Gewalt gekennzeichneten *Banlieues*[34] sehen. Als Gründe für antisemitische Aggressionen mancher französischer MuslimInnen werden insbesondere soziale Desintegration, Perspektiv- und Orientierungslosigkeit, Gefühle von empfundener Ungerechtigkeit und Exklusion angenommen.[35] In weiterer Folge werden hierbei gerade auch „die Juden" zu Sündenböcken für die soziale Lage von MuslimInnen stilisiert (etwa dergestalt, dass einer vermeintlichen „jüdischen Lobby" die Schuld an der Arbeitsmarktsituation, am Rassismus oder an der Islamfeindlichkeit in Frankreich gegeben wird).[36]

---

34 Vgl. Hüser 2007, 17 sowie zur „*Banlieue*-Problematik" an sich etwa auch Jandl 2006, 80–88.
35 Vgl. etwa Rufin 2004, 16.
36 Vgl. Wieviorka 2005, 87 f. sowie Laurence/Justin Vaïsse 2007, 283–290. Zudem wies auch

So betrachtet etwa der Soziologe Didier Lapeyronnie antisemitische Manifestationen unter der muslimischen Bevölkerung, insbesondere in den *Banlieues,* vor allem als eine Ausdrucksform des städtischen „Ghettos" an sich bzw. deutet diese generell als eine Auswirkung verstärkter innergesellschaftlicher Rückzugs- und Abgrenzungstendenzen.[37] So lässt sich in Frankreich – gerade in multiethnisch geprägten Vororten – seit einigen Jahren grundsätzlich eine Entwicklung hin zu einem so genannten *communautarisme* bzw. *repli communautaire,*[38] d.h. eines stärkeren Rückzugs ethnischer oder religiöser Gemeinschaften auf sich selbst beobachten,[39] der auch für den muslimisch-jüdischen Dialog mitunter ein Hindernis darstellt.[40] Eine z. T. ähnliche Argumentation verfolgt auch die französische Historikerin und Politikerin Esther Benbassa, die in diesen Tendenzen zu einer gewissen „Ethnisierung" und „Re-Religiösierung" innerhalb der Gesellschaft einen Ausdruck des Scheiterns des französischen Integrationsmodells an sich sowie eine generelle Desillusionierung hinsichtlich des französischen Staates und seiner Politik sieht. So sei insbesondere unter einigen muslimischen Jugendlichen die „nationale Identität" inzwischen eine Art „Diaspora-Identität" entgegengetreten bzw. ein Gefühl der globalen Verbundenheit im Sinne einer transnationalen Religionsgemeinschaft. Für diese werde gerade auch die ideelle Solidarisierung mit „muslimischen Brüdern und Schwestern", wie insbesondere den PalästinenserInnen, zu einem wesentlichen identitätsstiftenden Faktor.[41] In diesem Prozess der Distanzierung und gleichzeitigen „Opferidentifikation" ist es mitunter wiederum die Figur „des Juden", welche zu einem absoluten Gegenbild „der Muslime" stilisiert wird.[42] Begleitet wird dies oft von einer generell binären und „ethnisierten" Weltsicht bzw. von grundsätzlichen Ressentiments gegenüber „den (weißen) Franzosen" oder allgemein „dem Westen".[43]

Zugleich ist anzunehmen, dass propalästinensische Haltungen und Argumentationslinien sowie ein damit verbundener stark antiisraelischer und mitunter anti-

---

Gilles Kepel auf dieses Phänomen sowie in *Banlieues* kursierende Vorstellungen von „jüdischer Macht" und einer „jüdischen Lobby" hin (vgl. Kepel 2011, 6 f.).

37 Vgl. Lapeyronnie 2008, 395 sowie ders. 2005, 31.
38 Diese Begriffe sind wiederum symptomatisch für die anhaltende Debatte um die „nationale Identität" Frankreichs bzw. um die „traditionellen Werte" der Republik, um Laizismus sowie um die Integration(sfähigkeit) des Islam (vgl. hierzu exemplarisch auch Schnapper/Bordes-Benayoun/Raphaël 2009, 91 f.).
39 Vgl. hierzu etwa Khellil 2004, 101 ff.; Hüser 2007, 23; Geisser/Zemouri 1994, 167 f.
40 Vgl. Kepel 2012, 95 f. sowie Bensoussan-Bursztein 2011, 1–23.
41 Vgl. Benbassa 2005, 60 sowie auch ihre Stellungnahme im *Nouvel Observateur:* Nathalie Funès/Isabelle Monnin, La parole s'est libérée, in: Le Nouvel Observateur, 05.07.2012, 79.
42 Vgl. Lapeyronnie 2008, 395.
43 Aufgezeigt wurden die genannten Aspekte auch in verschiedenen Studien zu Antisemitismus an französischen Schulen, insbesondere in sozial problematischen Vororten. Siehe etwa Brenner 2004; Ministère de l'éducation nationale, de l'enseignement supérieur et de la recherche 2004 sowie Haut Conseil à l'intégration 2010. Vgl. zudem Wieviorka 2005, 381–434.

semitischer Diskurs nicht a priori von muslimischen Jugendlichen (in *Banlieues*) ausgehen, sondern sich aus den unterschiedlichsten Quellen speisen und unterschiedlichsten Einflüssen unterliegen. Hierbei spielen zum einen auch verschiedene propalästinensische und antizionistische Manifestationen, die sowohl von linksradikalen sowie von antikolonialistisch, antirassistisch oder von muslimisch geprägten Organisationen ohne eindeutige politische Zuordenbarkeit ausgehen können, eine Rolle.[44] Hinzu kommt heute eine schier unüberschaubare Menge an propalästinensischen, antizionistischen oder dezidiert antisemitischen Artikeln, Kommentaren, (Musik-)Videos, Karikaturen u. ä. auf unzähligen Internetseiten mit den unterschiedlichsten Ausrichtungen sowie im Bereich der sozialen Medien.[45] Zum anderen bieten gerade antiwestliche, antiisraelische und letztlich antisemitische Argumentationsstrukturen insbesondere auch islamistischen Gruppierungen Anknüpfungspunkte bzw. gehen umgekehrt verstärkt *von* diesen aus. Nicht nur agieren Letztere heute ebenfalls stark über das Medium des Internets, sondern verschiedene islamistische (vor allem salafistische) Gruppierungen konnten in den letzten Jahren vermehrt auch konkreten Einfluss in französischen *Banlieues* gewinnen (vor allem im Umfeld von Moscheen oder islamischen Wohltätigkeitsorganisationen).[46]

Entsprechend sind im wissenschaftlichen Diskurs auch relativ islamkritische und kulturpessimistische Argumentationen zu vernehmen, welche antisemitische Ressentiments unter Teilen der muslimischen Bevölkerung weniger als Folge sozialer Problematiken sehen. Vielmehr betrachtet man sie als Ausdruck eines radikalen Antizionismus und Antiokzidentalismus sowie einer globalen islamistischen Einflussnahme, die auch zahlreiche MuslimInnen in Frankreich ansprechen würde. Diese Debatte begann vor allem mit den Publikationen des Soziologen und Politologen Pierre-André Taguieff, welcher – anstatt von einem „neuen" Antisemitismus – von einer *nouvelle judéophobie,* einer „neuen Judophobie" spricht.[47] Verstanden wird diese als irrationale Angst vor und irrationaler Hass auf Juden und Jüdinnen, gespeist aus einem Amalgam aus linksradikalem Antiimperialismus, Antikolonialismus, Antikapitalismus und zugleich antijüdischen islamistischen Ideologien.[48]

---

44 Vgl. etwa Wieviorka 205, 527–532.
45 Vgl. hierzu für Frankreich insbesondere die Arbeiten Marc Knobels: Knobel 2012; ders. 2011, 141–159. Weiterreichende Studien oder Analysen stehen für Frankreich allerdings weiterhin aus.
46 Vgl. Kepel 2012, 122 f; Muckenhumer 2011, 115; Geisser/Zemouri 2007, 116 f. Seit einigen Jahren bemühen sich derartige Organisationen in den *Banlieues* neben der religiösen Praxis an sich auch um zahlreiche weitere Aktivitäten (wie Hausaufgabenhilfe, Arabisch- und Korankurse, Hilfestellung bei der Arbeitssuche usw.).
47 Vgl. Taguieff 2002.
48 Siehe ebd. sowie Taguieff 2008; ders. 2010 und ders. 2013. Teilweise ähnliche Positionen finden sich im französischen Diskurs auch bei Philosophen und Intellektuellen wie u.a.

Im Gegensatz hierzu finden sich im französischen Diskurs schließlich auch mehrere Intellektuelle, die sich vehement gegen die These (sowie gegen den Begriff) eines muslimischen Antisemitismus in Frankreich aussprechen. Im Gegenteil sehen sie hierin eine (weitere) Stigmatisierung der „*Banlieue*-Jugend" bzw. des Islam und der MuslimInnen an sich und argumentieren, der „Antisemitismus-Vorwurf" würde in Frankreich heute oftmals dazu instrumentalisiert werden, andere – insbesondere MuslimInnen – zu diskreditieren. Juden und Jüdinnen seien hingegen keinem wirklichen Hass mehr ausgesetzt.[49]

Eine der „am besten akzeptierten Minderheiten"?

In wissenschaftlicher Hinsicht interessant sind in diesem Zusammenhang die jährlichen, im Auftrag des Premierministers verfassten Berichte der *Commission nationale consultative des droits de l'homme* zu Antisemitismus, Rassismus und Xenophobie in Frankreich.[50] In diesen wird die jüdische Bevölkerung Frankreichs immer wieder als eine der seit 2000 „in der öffentlichen Meinung am besten akzeptierten Minderheiten" beschrieben.[51] Nichtsdestotrotz halten sich im öffentlichen Meinungsbild nach wie vor bestimmte pauschal „den Juden" zugeschriebene Klischees. Erstens betrifft dies, so die CNCDH, die Vorstellung, „die Juden" wären reich und hätten ein „besonderes Händchen" für Geld. Allerdings muss dies nicht per se negativ gewertet werden, sondern kann durchaus auch mit (einer mitunter philosemitisch motivierten) Bewunderung und Anerkennung verbunden sein. Zweitens und in engem Zusammenhang mit dem Stereotyp vom „jüdischen Geld" werden Juden oft mit Macht assoziiert. Dem CNCDH-Bericht von 2013 zufolge gingen etwa einige Befragte von einer hohen Zahl an (vermeintlichen) Juden in der französischen Regierung aus. Dies war aber wiederum auch mit dem positiv besetzten Klischee verbunden, ihre Macht und ihr Einfluss seien auf „ihre Intelligenz und exzellenten Studienerfolge" zurückzuführen.[52] Drittens findet die Vorstellung, „die Juden" seien in den Medien „sehr präsent", vermehrt Verbreitung, wohingegen viertens das Stereotyp, Juden würden kontinuierlich auf ihren „Opferstatus" hinweisen bzw. diesen ausnutzen, um einiges schwächer ausgeprägt sei. Verstärkt vorhanden sei dieses jedoch unter der muslimischen Bevölkerung, wobei oft geäußert werde, man dürfe „nichts gegen die jüdische Bevölkerung sagen", im Gegensatz zu Feindselig-

---

    Shmuel Trigano, Alain Finkielkraut, Gilles-William Goldnadel, Nicolas Weill oder Bernard-Henri Lévy (siehe etwa Goldnadel 2001; ders. 2004; Trigano 2003, v.a. 37–43; Finkielkraut 2003; Weill 2004).
49 Vgl. etwa die Positionen von Etienne Balibar et al. 2003; Boniface 2003; Geisser 2003; Attali/Houziaux 2005; Weill-Raynal 2005; Segré 2009; Badiou/Hazan 2011.
50 Vgl. CNCDH 2003–2018.
51 Vgl. zuletzt CNCDH 2018, 18.
52 Vgl. CNCDH 2014, 61.

keiten gegenüber MuslimInnen. Fünftens wird Juden teilweise zugeschrieben, sie würden Frankreich „nur" als „Gastland" empfinden, wohingegen sie Israel als ihre „wahre Heimat" betrachteten. Allerdings ist dies kaum mit der Idee verbunden, Juden begingen deshalb „Verrat" an Frankreich.[53]

Dementsprechend stellen die CNCDH-Berichte zwar fest, dass einige der „klassischen" über „die Juden" existenten Klischees sehr festgesetzt seien und von vielen Menschen geteilt werden, heute aber oftmals eher positiv besetzt seien (obgleich auch dies als pauschalierende Zuschreibung zu werten ist). Hingegen ist den Berichten zufolge ein deutlicher Unterschied zwischen der kollektiven Wahrnehmung der jüdischen und der muslimischen Bevölkerung auszumachen. So fällt auf, dass Aspekte, die in Bezug auf Juden und Jüdinnen als positiv gewertet, in Hinblick auf MuslimInnen negativ gedeutet wurden: Beispielsweise wurde mit „Juden" von vielen Befragten auch Arbeitsamkeit, ökonomische Integration, Diskretion, das Nichtstellen von Forderungen und Respekt gegenüber dem Laizismus assoziiert. Hingegen wurde „den Muslimen" oft zugeschrieben, sie seien auf staatliche Unterstützung angewiesen, ihre Immigration hätte den Staat viel Geld gekostet, sie würden an die Öffentlichkeit Forderungen, die an Provokation grenzen, stellen, den Laizismus nicht respektieren und hätten die Absicht, ihre religiösen Vorschriften (z. B. *Halal*-Speisen in Schulkantinen) in den öffentlichen Schulen durchzusetzen.[54] Die Ursachen hierfür werden vor allem auf die unsichere ökonomische Lage Frankreichs, die zunehmend auch den Mittelstand trifft, zurückgeführt. Dementsprechend wird im Bericht für 2013 betont, einige der Befragten hätten einen gewissen Neid auf MuslimInnen gezeigt, die (vermeintlich) finanzielle Unterstützung vom Staat bekämen, wohingegen sie selbst härter und härter arbeiten müssten.[55]

Zugleich gaben viele MuslimInnen, die für den genannten CNCDH-Bericht befragt wurden, an, das Gefühl zu haben, die Hauptopfer von Rassismus in Frankreich zu sein und zu Sündenböcken für gesellschaftliche und ökonomische Probleme gemacht zu werden. Diese Situation, die sich in den letzten zehn Jahren verschlimmert habe, sei – so viele der Befragten – auch auf eine große Unkenntnis bezüglich der islamischen Religion und ihrer Praktiken zurückzuführen sowie darauf, dass man alle MuslimInnen pauschal mit Fundamentalismus und islamistischem Terrorismus in Verbindung bringe. Manche äußerten zudem, wie auch

---

53 Vgl. ebd., 62. Bestätigt wurden diese Ergebnisse auch durch den CNCDH-Bericht für das Jahr 2016 – siehe CNCDH 2017, 115 f. Zu erhöhten Werten in dieser Hinsicht kam es jedoch im Zuge einer Befragung im Jahr 2014, kurz nach der israelischen Militäroperation *Protective Edge* im Sommer desselben Jahres. (Vgl. ebd., 116.) So hatten Ende 2014 55 Prozent der Befragten der Aussage zugestimmt, „für die französischen Juden zählt Israel mehr als Frankreich", im Gegensatz zu 31 Prozent vor der Operation *Protective Edge* (im Zuge der Befragung im Jahr 2013). 2016 ist der Wert wieder auf 39 Prozent gesunken.
54 Vgl. CNCDH 2014, 63 und 2017, 142.
55 Vgl. ebd. 2014, 63.

oben angedeutet, dass islamfeindliche Handlungen weder dieselbe Aufmerksamkeit von Seiten des Staates noch dieselbe Sichtbarkeit in den Medien erhielten wie Handlungen gegen andere Bevölkerungsgruppen, in erster Linie gegen die jüdische Bevölkerungsgruppe gerichtete.[56]

Im Gesamten plädieren die CNCDH-Berichte (inklusive der jüngsten Veröffentlichung von 2018) dafür, die These von einem „neuen" Antisemitismus bzw. von einer mit dem Israel-Palästina-Konflikt korrelierenden Judenfeindlichkeit nuanciert zu betrachten und kommen zu dem Schluss, das Phänomen sei letztlich „minoritär".[57] Allerdings ist hierbei zu bedenken, dass der Fokus der Erhebungen stets auf der französischen Gesamtbevölkerung liegt und spezifische Befragungen etwa unter der muslimischen Bevölkerung (wie für den Bericht für 2013) eher eine Ausnahme als die Regel darstellen.

Die wesentlichen Träger des „neuen" Antisemitismus laut Fondapol

Diesbezüglich interessant sind jedoch die Ergebnisse einer weiteren Studie zu antisemitischen Einstellungen in der französischen Gesellschaft, die im November 2014 veröffentlicht wurde. Im Zuge der von der französischen Einrichtung *Fondapol (Fondation pour l'innovation politique)* durchgeführten Untersuchung wurden zum einen 1.500 Personen als repräsentative Stichprobe für die französische Bevölkerung über 16 Jahre befragt, zum anderen als Vergleichsgruppe 575 Personen mit muslimischem Hintergrund (d.h. Personen, die angegeben hatten, in einer muslimischen Familie geboren worden zu sein). Bei den Befragungen wurde zudem ermittelt, welchem politischen Lager die jeweiligen Personen sich selbst zuordneten. Hierbei bestätigten die Ergebnisse der Studie einen Eindruck, der sich in Frankreich wie ausgeführt vor allem seit dem Jahr 2000 verhärtet hat: So war die Zustimmungsrate zu Items mit antizionistischen und antisemitischen Aussagen sowohl unter mit dem *Front National* sympathisierenden und Marine Le Pen wählenden Befragten erhöht, als auch unter solchen, die sich der *Front de gauche* (einer Koalition verschiedener linksradikal, kommunistisch und antikapitalistisch geprägter Parteien) zuordneten sowie unter den befragten muslimischen Personen. Im Falle Letzterer war zwischen Personen „muslimischer Herkunft", „gläubigen MuslimInnen" und „gläubigen und praktizierenden MuslimInnen" unterschieden worden. Hierbei stimmten wiederum unter Letzteren durchschnittlich mehr der befragten Personen antisemitischen Items zu als unter Ersteren.[58]

---

56 Vgl. ebd., 46 f.
57 Vgl. ebd 2018, 18.
58 Vgl. Reynié 2014, 22. So hielten etwa 74 Prozent der MuslimInnen, die sich selbst als „gläubig und praktizierend" definierten, die Aussage, „die Juden" hätten zu viel Macht und Einfluss im Wirtschafts- und Finanzbereich, für zutreffend, im Gegensatz zu 52 Prozent

In Hinblick auf Einstellungen zu Zionismus und Israel fanden etwa zwei Drittel der befragten MuslimInnen – im Vergleich zu drei Vierteln der „gläubigen und praktizierenden" MuslimInnen und über einem Drittel der Befragten aus der Gesamtbevölkerung – die Aussage zutreffend, der Zionismus sei „eine Ideologie, die Israel dient, um seine Besatzungs- und Kolonisierungspolitik der palästinensischen Gebiete zu rechtfertigen". Etwas mehr als die Hälfte der befragten MuslimInnen – im Vergleich zu einem Viertel der Gesamtbevölkerung – sahen im Zionismus eine „internationale Organisation, die versucht, die Welt und die Gesellschaft zum Profit der Juden zu beeinflussen". Ähnlich viele der Befragten betrachteten den Zionismus als „rassistische Ideologie" (46 Prozent der befragten MuslimInnen, 23 Prozent der Gesamtbevölkerung).[59] Neben den befragten MuslimInnen fanden sich ähnlich hohe Zustimmungsraten auch unter den befragten SympathisantInnen der *Front de gauche*. Hier stimmten in etwa zwei Drittel der ersten Aussage zu, beinahe ein Drittel dem zweiten Item und etwas weniger als die Hälfte dem dritten.[60] Wirft man abschließend noch einen Blick auf die Gruppe der *Front National*-SympathisantInnen, ergeben sich teilweise Ähnlichkeiten im Antwortverhalten: Während diese der ersten und dritten Aussage mit 36 Prozent und 23 Prozent etwas seltener zustimmten, konnte im Antwortverhalten auf das zweite Item kein gravierender Unterschied festgestellt werden. Die Hälfte unter ihnen fand zudem zutreffend, dass „die Juden" zu viel Einfluss in der Wirtschafts- und Finanzwelt hätten.[61]

2.3 DIE „NEUE" ANTIZIONISTISCHE RECHTE

Alain Soral und Dieudonné als Gegenentwurf zum Front National/Rassemblement National?

In Bezug auf Letzteres ist allerdings zu bedenken, dass es in Frankreich neben dem *Front National* – bzw. seit Juni 2018 *Rassemblement National* – andere rechtsextreme Kräfte gibt, die heute wesentlich vehementer antizionistisch auftreten. Dies betrifft insbesondere die 2007 gegründete, rechtsextreme und proklamiert antizionistische außerparlamentarische Bewegung *Égalité et Réconciliation* („Gleichheit und Versöhnung"). Deren Gründer Alain Soral pflegt wiederum enge Beziehungen zu dem aufgrund seiner antisemitischen Aussagen umstrittenen und dafür bereits

---

der befragten Personen „muslimischer Herkunft" und 25 Prozent der befragten RepräsentantInnen der französischen Mehrheitsbevölkerung.
59 Vgl. ebd., 24.
60 Vgl. ebd., 30.
61 Vgl. ebd., 16.

mehrmals verurteilten Komiker Dieudonné M'Bala M'Bala bzw. wird von diesem offen unterstützt.[62] Unter anderem betreibt Soral auch ein eigenes Verlagshaus – *Kontre-Kulture* – für revisionistische Schriften sowie eine vehement antizionistische und antisemitische Website *(egaliteetreconciliation.fr)*.[63] Soral und Dieudonné stehen zudem in Kontakt mit dem Karikaturisten Joe Le Corbeau (mit bürgerlichem Namen Gérard Noël), der sowohl auf seiner Website *croah.fr*[64] (als Anspielung an den Begriff Shoah) als auch auf der Website von Dieudonné, *dieudosphere.com* holocaustrelativierende und antisemitische Karikaturen publizierte. Diese konnten dort auch als Poster und in Buchform erstanden werden.[65] Laut eigenen Aussagen betrachtet Le Corbeau „die westliche Welt als vom Zionismus infiltriert" bzw. sieht die „christliche Welt durch die Handelsideologie von skrupellosen Wucherern pervertiert" und wirft den französischen Medien vor, „den Befehlen Israels" zu gehorchen.[66]

Vertreten werden derartige Positionen naturgemäß auch von Alain Soral und Dieudonné selbst. Letzterer veranstaltete beispielsweise anlässlich der israelischen →Gaza-Offensive im Juli 2014 in seinem „Stammtheater" *Théâtre de la Main d'Or* in Paris eine „Konferenz über Gaza".[67] Hierbei waren Aussagen zu hören, wie in Frankreich habe „der Zionismus alles unter Kontrolle, die Politik, die Wirtschaft"[68] oder die Frage, warum es keine militärische Invasion gegen Israel, „das kriminellste Land der Welt", gäbe – betreibe es doch „keine nationalsozialistische Politik", sondern eine „noch schlimmere", denn „nicht einmal Hitler hätte Krankenhäuser bombardiert".[69]

---

62   Vgl. etwa Haziza 2014 sowie Azzeddine Ahmed-Chaouch, Comment Dieudonné s'est rapproché de Le Pen, in: Le Parisien.fr, 08.01.2009, und Marie-France Etchegoin, Antisémite, ‚national-socialiste': comment devient-on Alain Soral?, in: Le Nouvel Observateur.com, 26.01.2014.
63   Vgl. Willy Le Devin/Dominique Albertini, Mathias Cardet, au centre de la bande de Gaza Firm, in: Libération.fr, 06.08.2014.
64   Aus juristischen Gründen ist mittlerweile nur noch die neu geschaffene Website *Le Libre Penseur* („Der freie Denker") verfügbar – siehe http://www.lelibrepenseur.org/mot-clef/joe-lecorbeau/ [zuletzt abgerufen am 08.08.2018].
65   Vgl. vor allem die „Boutique"-Kategorie der beiden Websites (die Artikel sind mittlerweile allerdings nicht mehr verfügbar) sowie Dominique Albertini, „Joe le Corbeau", dessinateur dieudonniste mis en examen, in: Libération.fr, 29.01.2014.
66   Zit. nach Jean-Paul Fhima, Ultras antifeujs et Muslim Pride, in: Tribune juive.info, 17.10.2014; Übersetzung A. P.
67   Vgl. Irène Inchauspé, La nouvelle provocation de Dieudonné, in: L'Opinion, 24.07.2014.
68   „*Ici, le sionisme a tous les contrôles, politique, économique*" (zit. nach Salomé Legrand, A la conférence de Dieudonné sur Gaza, ‚même Hitler il ne bombardait pas les hôpitaux', in: francetvinfo.fr, 27.07.2014).
69   Zit. nach ebd.; Übersetzung A. P.

Alain Soral wiederum bezeichnet sich selbst als „judophob" und sieht die französische Regierung „gänzlich dem Einfluss der zionistischen Lobby unterworfen".[70] Anlässlich einer Rede im Jänner 2014 in Vence warnte er zudem in Bezug auf die ihm zufolge „rassistische" jüdische Religion, aus Frankreich würde bald Gaza werden, würden die Franzosen sich nicht gegen die Juden, die sie nur als Untermenschen sehen, zur Wehr setzen.[71] Weit über gängige antizionistische Äußerungen hinausgehend, spiegelt sich in der Rhetorik Sorals ein klassischer Antisemitismus wider, der von kruden Weltverschwörungstheorien bis hin zu rassistischen und holocaustrelativierenden Äußerungen reicht. Von dem rechtsextremen Politiker wird dies bewusst zum politischen Programm gemacht bzw. zur Mobilisierung von AnhängerInnen genutzt.[72] So resümiert etwa der französische Romancier Pierre Jourde:

> Die gesamte Soralien'sche Weltsicht, sein ganzes System fußt auf einem einzigen Fundament: Israel ist der wahre Beherrscher der Welt, die Finanzmacht, die uns beherrscht und ausnimmt, ist in den Händen der Juden, Auschwitz ist die zentrale Lüge, die die jüdische Verschwörung zusammenhält.[73]

Im Gegensatz zur offiziellen Parteilinie des *Front National/Rassemblement National* unter Marine Le Pen, welche 2011 (zur besseren „Mehrheitstauglichkeit") einen Kurs der „Dediabolisierung" einläutete und sich seither öffentlich von Antizionismus und Antisemitismus distanziert bzw. vordergründig vielmehr „projüdisch" argumentiert und sich als „Schutzschild der Juden" präsentiert,[74] verfolgt Sorals *Égalité et Réconciliation* somit einen bewusst gegenteiligen Kurs. Dementsprechend – und in Abgrenzung zur dezidierten Islam- und Einwanderungskritik Le Pens – versucht Soral (bis 2009 selbst Mitglied des *Front National*) über seine vehement antizionistischen und konspirationistischen Parolen gerade auch junge Menschen aus den *Banlieues* bzw. v. a. junge muslimische Männer anzusprechen. Ähnlich wie Dieudonné im populärkulturellen Bereich[75] propagiert er somit eine Ideologie, die sowohl Personen aus rechtsextremen oder nationalistischen Kreisen als auch aus dem antikapitalistischen oder antizionistischen Lager sowie aus muslimisch gepräg-

---

70 Zit. nach Denis Tugdual, Alain Soral, ennemi public n° 2, in: L'Express.fr, 16.01.2014; Übersetzung A. P.
71 Zit. nach Marie-France Etchegoin, Antisémite, ‚national-socialiste': comment devient-on Alain Soral?, in: Le Nouvel Observateur.com, 26.01.2014; Übersetzung A. P.
72 Vgl. zu Alain Soral allgemein auch Taguieff 2013.
73 Pierre Jourde, Naulleau vs Soral, in: Le Nouvel Observateur.com, 01.11.2013; Übersetzung A. P.
74 Vgl. Mișcoiu 2012, 196 ff.
75 Vgl. hierzu näher Briganti/Déchot/Gautier 2011, v. a. 55 ff.

ten Milieus Identifikationsangebote bietet.[76] Soral und mehr noch Dieudonné scheinen es somit gekonnt zu verstehen, gewisse in der Gesellschaft vorhandene israelfeindliche und antisemitische Ressentiments für sich zu nutzen, gezielt Minderheiten gegeneinander auszuspielen und gerade damit AnhängerInnen, SympathisantInnen und Fans zu gewinnen.

In Bezug auf Dieudonné wird dies einmal mehr auch augenscheinlich, bedenkt man, dass der Komiker seine Karriere in den 1980er-Jahren mit einer deutlich anderen Ausrichtung begann. So trat er bis zum Jahr 1997 zumeist gemeinsam mit seinem jüdischen Kollegen Elie Semoun auf, wobei sich ihre Stücke – auf humorvolle Weise – gleichermaßen gegen Rassismus und Antisemitismus aussprachen. Seit den 2000er-Jahren allerdings scheint Dieudonné sich mehr und mehr radikalisiert bzw. neu „adaptiert" zu haben. 2006 schließlich wurde er das erste Mal aufgrund antisemitischer Äußerungen auch gerichtlich verurteilt.[77] Neben Beziehungen, die er zu rechtsextremen französischen Politikern wie Alain Soral oder Jean-Marie Le Pen knüpfte, näherte sich Dieudonné ab 2004 verschiedenen islamistischen (sunnitischen wie schiitischen) Kreisen an – beispielsweise dem *Hamas*-nahen *Collectif Cheikh Yassine*[78] sowie Gruppierungen mit Nähe zum iranischen Regime.[79] Hatte er sich zunächst selbst als atheistisch bezeichnet und den französischen Laizismus verteidigt,[80] wechselte er seine Selbstbezeichnung Mitte der 2000er-Jahre in *islamo-chrétien* („islamisch-christlich").[81] So finden sich neben Verschwörungstheorien und Holocaustrelativierung bei Dieudonné mittlerweile auch religiöse Bezüge, wofür insbesondere seine Forderungen nach einer anzustrebenden Allianz von Islam und Christentum gegen den gemeinsamen „zionistischen Feind" bezeichnend sind.[82]

---

76 Vgl. auch Eltchaninoff 2014, 1–46; Erwan Manach, Quand Soral drague les musulmans, in: Politis.fr, 09.01.2014 sowie Jean-Yves Camus, Alain Soral rassemble Le Pen, Dieudonné et des islamistes, in: Actualité juive.com, 03.10.2007.
77 Vgl. Taguieff 2008, 434 sowie Briganti/Déchot/Gautier 2011, 7.
78 Die islamistische Vereinigung ist benannt nach Scheich Ahmad Yasin, dem 2004 durch das israelische Militär getöteten Mitbegründer und Führer der *Hamas*.
79 Zudem reiste Dieudonné auch mehrmals in den Iran. 2009 wurde er zum ersten Mal vom damaligen iranischen Präsidenten Ahmadinedschad empfangen. (Vgl. etwa Vincent Hugeux, Dieudonné-Ahmadinejad, nouveau tandem tragi-comique, in: L'Express.fr, 24.11.2009 sowie Marion Joseph, Les étranges liens de Dieudonné avec l'Iran in: Le Figaro.fr, 08.01.2014.) Im Februar 2015 überreichte Dieudonné Ahmadinedschad zudem als Ehrung eine „*Quenelle d'or*" (vgl. Dieudonné à Téhéran pour remettre une Quenelle d'or à „l'antisioniste" Ahmadinejad, in: Le Monde.fr, 25.02.2015).
80 Vgl. etwa Françoise-Marie Santucci, Là où la blague blesse, in: Libération.fr, 20.02.2004.
81 Vgl. Henrik Lindell, Comment Dieudonné joue avec les religions, in: La vie.fr, 07.01.2014.
82 Beispielgebend hierfür ist etwa eine Stellungnahme Dieudonnés im Zuge eines Interviews der islamistischen Zeitung *Islam&Info* von Juni 2012. Siehe hierzu Marc Knobel, Dieudonné est-il antisémite? Réponse sur Islam&Info, in: Crif.org, http://crif.org/fr/tribune/

Derartige Argumentationen und sein genereller Richtungswechsel machen umso mehr Sinn, führt man sich die sehr heterogene Zusammensetzung des Publikums von Dieudonné vor Augen: So richtet der Komiker sich zum einen gezielt an (muslimische) „*Banlieue*-Jugendliche", zumeist mit maghrebinischem oder subsaharisch-afrikanischem Migrationshintergrund. Hinzu kommen zum anderen Personen aus islamisch-fundamentalistischen Kreisen, SympathisantInnen der extremen Rechten, aber auch der radikalen Linken sowie Personen aus dem propalästinensischen Milieu. Hierbei sind insbesondere Antizionismus und Antisemitismus eine zentrale vereinende ideologische Klammer für die verschiedenen Gruppen.[83] Darüber hinaus ist nicht zu vergessen, dass Dieudonné seinem Publikum hierdurch letztlich eine regelrechte „Gegenkultur" anbietet, die sich geschickt gegen Mainstream-Diskurse und das vermeintlich herrschende „System" wendet. Auf diese Weise reizt der Komiker gezielt die Grenzen des „Sagbaren" aus bzw. überschreitet diese bewusst und öffentlichkeitswirksam, was ihm letztlich sogar ein weiteres Maß an Bekanntheit einbringt.

Dementsprechend ist es in diesem Kontext nur bezeichnend, dass Dieudonné auch offen die Ende Oktober 2018 entstandene, frankreichweite Protestbewegung der so genannten *Gilets jaunes* bzw. „Gelbwesten" unterstützt und selbst bereits an mehreren ihrer Proteste teilnahm. Zugleich zeigten einzelne TeilnehmerInnen bei verschiedenen „Gelbwesten"-Demonstrationen den von ihm kreierten *quenelle*-Gruß.[84] Bleibt es auch im Unklaren, inwiefern dieser hier als Geste gegen „das System" bzw. gegen die französische Regierung oder in manchen Fällen auch als explizit antisemitisch intendiert ist, so zeugt es in jedem Fall von der Verbreitung des Grußes über die engere „Dieudonné'sche" Fangemeinde hinweg. Dies ist umso mehr von Relevanz bedenkt man, dass die Proteste der *Gilets jaunes* sich in erster Linie gegen die Regierung von Staatspräsident Macron richten, Steuersenkungen, die Anhebung des Mindestlohns und von Pensionen sowie einen Ausbau der politischen Mitsprachemöglichkeiten französischer BürgerInnen fordern. Damit ist auf den ersten Blick kein Zusammenhang mit Dieudonnés antisemitischen Positionen erkennbar und auch die Bewegung an sich kann in diesem Sinn keineswegs als antisemitisch eingestuft werden. Allerdings kam es an ihren „Rändern" u.a. immer wieder zu antisemitischen Manifestationen – auf einzelnen Transparenten war in Bezug auf Macron etwa zu lesen „pute à juif" („Judenhure"), „Macron =

---

    dieudonn%C3%A9-est-il-antis%C3%A9mite-r%C3%A9ponse-sur-islaminfo/31692 [veröffentlicht am 21.6.2012; zuletzt abgerufen am 28.02.2013]. Das betreffende Interview siehe zudem unter Quand le CRIF fait la promotion d'Islam&Info et Dieudonné, in: Islam&Info.fr, 21.06.2012.

83 Vgl. Michel Wieviorka, Derrière l'affaire Dieudonné, l'essor d'un public „antisystème", in: Le Monde.fr, 31.12.2013.

84 Vgl. etwa Pascal Riché, La « quenelle » antisémite de Dieudonné au menu des gilets jaunes, in: Tribunejuivie.info, 23.12.2018.

Sion" oder variiert „Banques [„Banken"] = médias [„Medien"] = Sion".[85] Verschwörungstheoretische Vorstellungen von einer angeblichen Verstrickung „der Banken", „der Medien", „der Juden" und der Regierung, die zusammen „das System" bilden würden, wiederum sind natürlich keineswegs ein Novum der „Gelbwesten"-Bewegung. Jedoch findet sich genau hierin der Überschneidungspunkt mancher antikapitalistisch-antiliberaler Argumentationsmuster mit jenem antisemitischen Weltbild, das von Agitatoren wie Dieudonné oder Alain Soral (der sich wenig verwunderlich ebenfalls als ein Unterstützer der *Gilets jaunes* geriert) propagiert wird und somit gerade auch für eine Bewegung wie jene der „Gelbwesten" Anschlussfähigkeit bieten kann.

Die französische „Tradition" der Holocaustrelativierung

Zugleich sollte im Fall Dieudonnés und Sorals nicht außer Acht gelassen werden, dass Holocaustrelativierung und provokante Aussagen in Bezug auf Israel in Frankreich – wie in anderen europäischen Ländern – eine gewisse Tradition aufweisen, vor allem ausgehend von Seiten der extremen Rechten. So erschienen in Frankreich bereits bald nach Ende des Zweiten Weltkriegs erste Publikationen, welche den Holocaust in Zweifel zogen oder leugneten.[86] Als wesentliche Schrift des so genannten *négationnisme* ist hierbei zunächst das 1948 erschienene *Nuremberg ou la Terre promise* („Nürnberg oder das gelobte Land") des Schriftstellers, Literaturwissenschaftlers und selbst deklarierten „Faschisten" Maurice Bardèche zu nennen. Zwei Jahre später publizierte der ehemalige Kommunist und spätere Sozialist und *Résistance*-Kämpfer Paul Rassinier die revisionistische Schrift *Le mensonge d'Ulysee* („Die Lüge von Odysseus"), in welcher er anmerkte, es hätte nicht „so viele" Gaskammern gegeben wie behauptet und nicht „so viele" wie behauptet wären auf diese Weise ermordet worden.[87] Schriften wie jene von Bardèche und Rassinier bildeten zudem eine Basis für die Thesen des der extremen Rechten nahestehenden ehemaligen Universitätsprofessors und Literaturwissenschaftlers Robert Faurisson. Dieser erreichte in den 1970er-Jahren Bekanntheit, insbesondere nachdem er 1978 in *Le Monde* einen revisionistischen Artikel mit dem Titel „Le problème des chambres à gaz ou la rumeur d'Auschwitz" („Das Problem der Gaskammern oder das Gerücht von Auschwitz") publiziert hatte.[88] Seine Thesen brachte er schließlich

---

85 Vgl. etwa Marc Knobel, Quand antisémitisme et racisme s'infiltrent chez les «gilets jaunes», in: Le Nouvel Observateur.com, 07.01.2019. Vgl. ferner Alexander Hurst, The Ugly, Illiberal, Anti-Semitic Heart of the Yellow Vest Movement, in: The New Republic.com, 07.01.2019.
86 Vgl. Dhoquois 2006, 28 sowie Camus 2011, 247.
87 Vgl. Fresco 1999, 62 sowie Judaken 2004, 323.
88 Vgl. Dhoquois 2006, 28.

auch medienwirksam in Verbindung zu Israel. So merkte er im Dezember 1980 in einem Interview mit dem Radiosender *Europe 1* an, die vermeintlichen „Gaskammern" Hitlers und der vermeintliche „Genozid" an den Juden würden eine einzige Geschichtslüge[89] darstellen, die eine gigantische politisch-finanzielle Betrügerei ermöglicht hätte, deren vorrangige Nutznießer der Staat Israel und der internationale Zionismus seien, und deren primäre Opfer das deutsche und das gesamte palästinensische Volk.[90] In diesen Worten Faurissons spiegelt sich deutlich die nach wie vor bestehende argumentative Verschränkung von Holocaustleugnung und vehementem antisemitischen Antizionismus wider, welche neben Diskursen auf Seiten der extremen Rechten heute vielfach auch in islamistischer Propaganda vorzufinden ist. Sehr bezeichnend ist in diesem Zusammenhang zudem, dass auch Dieudonné sich immer wieder auf Faurisson bezieht.[91]

Vertreten wurden derartige, holocaustrelativierende Ansichten zudem von dem ehemaligen Kommunisten und zu Beginn der 1980er-Jahre zum Islam konvertierten Roger Garaudy. In seiner antisemitischen Publikation *Les mythes fondateurs de la politique israélienne* („Die Gründungsmythen der israelischen Politik") aus dem Jahr 1995 spricht er vom „Mythos von sechs Millionen ermordeten Juden" und argumentiert, dieser Mythos diene dem Staat Israel zur Rechtfertigung seiner Politik gegenüber den PalästinenserInnen, welche wiederum mit der Expansionspoli-

---

89 Eines der prominentesten französischen Beispiele für derartigen Geschichtsrevisionismus ist zudem der ehemalige Vorsitzende des rechtsextremen *Front National,* Jean-Marie Le Pen. Seit den 1980er-Jahren fiel dieser immer wieder durch kontroverse Aussagen auf, wie jene, die Gaskammern wären nur ein „Detail der Geschichte des Zweiten Weltkriegs" oder die deutsche Okkupation Frankreichs sei nicht „besonders unmenschlich" gewesen (vgl. Judaken 2004, 323 sowie Le Pen: Deutsche Besetzung war „nicht besonders unmenschlich", in: Der Standard.at, 13.01.2005). Betont werden muss in diesem Kontext aber auch, dass Le Pen sowie revisionistische Autoren wie Faurisson, Garaudy und andere für ihre Äußerungen immer wieder von der französischen Justiz belangt und aufgrund von Diffamierung, Verherrlichung von Kriegsverbrechen oder Banalisierung und Leugnung von Verbrechen gegen die Menschlichkeit rechtskräftig (zu Geldstrafen) verurteilt wurden (vgl. exemplarisch Igounet 2012, 472–483; Armelle Héliot, L'écrivain reconnu coupable de contestation de crimes contre l'humanité – Garaudy: les *Mythes* sans excuses, in: Le Figaro, 28.02.1998; L'affaire du „point de détail" – La cour d'appel de Versailles aggrave les peines prononcées contre M. Le Pen, in: Le Monde, 20.03.1991; Le procès de Le Pen pour négationnisme renvoyé, in: Le Nouvel Observateur.com, 08.06.2007).
90 Zit. nach Dhoquois 2006, 28 f.; Übersetzung A. P.
91 So lud Dieudonné Faurisson etwa im Dezember 2008 zu einer seiner Vorstellungen im Pariser *Zénith* ein, um ihm für sein „Werk" einen Ehrenpreis zu überreichen. Bezeichnenderweise befanden sich unter den ca. 5000 ZuseherInnen auch Jean-Marie Le Pen sowie die propalästinensische Aktivistin Ginette Skandrani und Kémi Seba, ein radikaler Aktivist für die „Rechte der Schwarzen", dessen Bewegung Tribu Ka 2006 vom französischen Innenminister aufgelöst worden war (vgl. Knobel 2013, 61 f.).

tik der Nationalsozialisten zu vergleichen sei.[92] Mehr noch charakterisiert Garaudy „das jüdische Volk" in seiner Schrift als „mörderisch" und „kolonialistisch" und vertritt die Ansicht, „die Juden" seien die „Erfinder" des Rassismus, wären sie doch stets darauf bedacht gewesen, das „reine jüdische Blut" nicht mit dem „unreinen Blut" anderer zu vermischen und anstatt dessen „alle anderen" zu dominieren.[93] Ähnlich wie die „Thesen" Faurissons ist auch die Argumentation von Garaudy jedoch keineswegs ein Alleinstellungsmerkmal des Autors oder des französischen Diskurses. Vielmehr ist die Vorstellung von Israel bzw. „den Juden" als „rassistisches", „imperialistisches" und „kolonialistisches" Volk, welches gegenüber den PalästinenserInnen eine genozidäre Politik der „ethnischen Säuberung" betreibe, eine bis heute global verbreitete.

2.4 2006–2018: ELF MORDE AN FRANZÖSISCHEN JUDEN UND JÜDINNEN

Beschäftigt man sich mit der Frage des „neuen" Antisemitismus in Frankreich und versucht die emotional aufgeladenen politischen, medialen und wissenschaftlichen Debatten nachzuvollziehen, so ist es unumgänglich, sich auch näher mit den erwähnten Mordanschlägen auf französische Juden und Jüdinnen auseinanderzusetzen. In ihrer Brutalität und Tragik stellen sie bisher ein Spezifikum Frankreichs dar und sind in ihrer diskursiven Folgewirkung, die weit über Frankreich hinausreicht, umso heikler, als dass sie allesamt von Männern mit muslimischem Hintergrund begangen wurden.

Die Morde an Mireille Knoll (2018), Sarah Halimi (2017) und Ilan Halimi (2006)

Am 23. März 2018 wurde in Paris die 85-jährige Jüdin und Holocaustüberlebende Mireille Knoll brutal in ihrer Wohnung getötet. Mutmaßlicher Täter war einer ihrer Nachbarn, der 28-jährige Yacine Mihoub, der sein Opfer seit Jahren gekannt hatte. Die Ermittlungen gegen ihn und einen weiteren Komplizen, Alex Carrimbacus, sind aktuell (Stand: Jänner 2019) noch nicht abgeschlossen. Wie allerdings bald nach der Tat bekannt wurde, soll Mihoub stark von antisemitischen Ressentiments angetrieben gewesen sein. So habe er „den Juden" etwa vorgeworfen, reich und privilegiert zu sein. Zudem soll er *Allahu akbar* gerufen haben, bevor er begonnen hatte, mit einem Messer auf Mireille Knoll einzustechen und sie dadurch tödlich zu verletzen.[94] Von vielen französischen sowie internationalen Medien wurde der

---

92 Vgl. Dhoquois 2006, 29.
93 Vgl. Taguieff 2008, 364.
94 Vgl. Meurtre de Mireille Knoll: l'affaire Sarah Halimi a peut-être pu inciter la justice à

Mord daher in direkten Zusammenhang mit einem vermeintlich zunehmenden muslimischen Antisemitismus in Frankreich gebracht.[95]

Der Fall wies überdies Parallelen zur Ermordung der 65-jährigen Pariser Jüdin Sarah Halimi auf: Diese wurde ein Jahr zuvor, am 04. April 2017, ebenfalls in ihrer Wohnung von einem muslimischen Nachbarn, dem 27-jährigen Kobili Traoré, unter *Allahu-akbar*-Rufen und der Rezitation von Koranversen körperlich misshandelt und anschließend aus dem Fenster geworfen. Im Zuge seiner Festnahme durch die Polizei soll Traoré erklärt haben, er habe den *Sheitan* (arabisch für Satan) getötet. Er wurde im Anschluss in eine psychiatrische Klinik eingewiesen.[96] Nachdem antisemitische Motive von den französischen Behörden in diesem Fall anfänglich negiert worden waren und sich auch die französischen Medien darüber bedeckt gehalten hatten, erklärten die Pariser Staatsanwaltschaft und der zuständige Untersuchungsrichter zehn Monate später Antisemitismus als erschwerenden Umstand von Traorés Tat.[97]

Die Morde an Mireille Knoll und Sarah Halimi reihen sich damit in eine tragische Liste an Opfern antisemitischer Gewalt ein, die 2006 mit der Ermordung des jungen Pariser Juden Ilan Halimi ihren Anfang genommen hatte: Am 21. Jänner 2006 wurde der damals 23-jährige Verkäufer entführt, drei Wochen lang im Keller einer Wohnanlage im Pariser Vorort Bagneux gefangen gehalten und dort zu Tode gefoltert. Verantwortlich hierfür war die so genannte *Gang des Barbares* („Barbarengang"), eine Bande von etwa 20 jungen Männern und Frauen, angeführt von dem damals 25-jährigen Youssouf Fofana, der später auch als Hauptschuldiger für den Mord an Halimi ausgemacht wurde. Als Entführungsopfer hatte man Letzteren gewählt, da man ihn aufgrund seiner jüdischen Herkunft für reich gehalten

---

retenir le caractère antisémite, selon l'avocat d'un des deux suspects, in: francetvinfo.fr, 04.04.2018.

95 Vgl. etwa Mireille Knoll: rescapée de la Shoah et victime d'un crime antisémite à Paris, in: La Dépêche.fr, 28.03.2018; Police treat killing of elderly woman in Paris as antisemitic attack, in: The Guardian.com, 26.03.2018; Holocaust survivor killed in Paris during anti-Semitic attack, in: The Washington Times.com, 26.03.2018; Sebastian Gubernator, Holocaust-Überlebende ermordet: Frankreichs enormes Antisemitismus-Problem, in: Die Welt.de, 27.03.2018; Georg Blume, Mord an Holocaust-Überlebender in Paris: „Antisemitismus ist eine nationale Krankheit", in: SpiegelOnline.de, 27.03.2018.

96 Vgl. etwa Juliette Mickiewicz, Affaire Sarah Halimi: le suspect mis en examen pour meurtre, in: Le Figaro.fr, 12.07.2017.

97 Vgl. etwa Meurtre de Sarah Halimi: le caractère antisémite retenu par la juge d'instruction, in: Le Monde.fr, 27.02.2018. Neben dem antisemitischen Hintergrund ist an beiden Fällen zudem auffällig, dass sowohl Mihoub als auch Traoré vor ihren Mordtaten jeweils kürzere Gefängnisstrafen aufgrund von sexueller Belästigung (Mihoub), Kleinkriminalität und Gewalttätigkeit (Traoré) verbüßt hatten (vgl. Rozenn Morgat, Meurtre sauvage à Paris: démence ou antisémitisme?, in: Libération.fr, 06.06.2017, und Ce que l'on sait du meurtre de l'octogénaire juive Mireille Knoll, in: Le Monde.fr, 27.03.2018).

und sich eine große Summe an Lösegeld erhofft hatte. Nachdem die Eltern Halimis den geforderten Betrag, der zwischen 450.000 und 500.000 Euro variierte, nicht hatten aufbringen können und es auch staatlicherseits zu keiner Lösegeldzahlung gekommen war, forderten die Entführer schließlich (erfolglos) von einem Pariser Rabbiner, der per Zufall aus einem Online-Telefonbuch ausgewählt worden war, das Geld in „seiner Gemeinde" einzusammeln.[98]

Von der französischen Polizei konnte Ilan Halimi nicht mehr rechtzeitig gefunden werden. Er verstarb am 13. Februar an den Folgen seiner schweren Verletzungen, nachdem er am selben Tag in Sainte-Geniève-des-Bois in der Nähe von Paris neben Zuggleisen liegend aufgefunden worden war. Zwei Tage später gestand Audrey Lorleach, ein Mitglied der *Gang des Barbares,* das Verbrechen der Polizei. Youssouf Fofana floh daraufhin an die Elfenbeinküste, wo er eine Woche später verhaftet und nach Frankreich ausgeliefert wurde.[99] Zwar bestritten sowohl Fofana als auch mehrere Mitglieder der *Gang des Barbares* im Zuge der polizeilichen Befragung, aus antisemitischen Motiven gehandelt zu haben bzw. antisemitisch zu sein. Von den zuständigen UntersuchungsrichterInnen wurden antisemitische Beweggründe allerdings als erschwerender Umstand der Tat angeführt. So hatte Fofana im Zuge der polizeilichen Befragung etwa angegeben, man habe – nach mehreren gescheiterten Entführungsversuchen von Personen nichtjüdischer Herkunft – „einen Juden" ausgewählt, da man davon ausging, dieser müsse reich sein oder zumindest eine reiche Gemeinde (bzw. „Lobby") hinter sich haben, die sich dann solidarisch zeige und bezahle. Zudem soll Fofana gegenüber einer der Angeklagten gemeint haben, „die Juden" wären in Frankreich heute „die Könige", die das Geld des Staates „verschlingen" würden, wohingegen er selbst vom Staat als „Sklave" betrachtet werden würde.[100]

Profunde antisemitische Ressentiments sowie islamistisch gefärbte Aussagen Fofanas traten schließlich im Zuge der Gerichtsverhandlung gegen die *Gang des Barbares,* welche von April bis Juli 2009 stattfand, zutage: So gab sich Fofana überzeugt, „Allah" würde „siegen" und bezeichnete sich selbst als „Arabe, Africain, isla-

---

98 Vgl. Knobel 2013, 171 f.; Wieviorka 2008, 52 f. sowie 24 jours, la vérité sur la mort d'Ilan Halimi, in: Jerusalem Post.com, édition française, 03.05.2009.
99 Vgl. Knobel 2013, 172.
100 Vgl. Taguieff 2008, 459. Neben dem Stereotyp der „reichen" und „untereinander verbündeten Juden", brachte ein anderer Angeklagter auch seine Angst vor dem israelischen Geheimdienst zur Sprache: „Ich bin ausgeflippt, als ich erfuhr, dass Ilan Jude war, weil ich Angst hatte, dass der Mossad kommen würde, um mich umzulegen." (Zit. nach ebd.; Übersetzung A. P.) In der Wohnung eines Bandenmitglieds wurden überdies Dokumente der propalästinensischen Organisation *Comité de bienfaisance et de secours aux Palestiniens* CBSP („Komitee zur Unterstützung der Palästinenser") sowie salafistisches Propaganda-Material gefunden. Während mehrerer Telefonanrufe der Entführer an die Eltern Halimis wurden zur Untermalung zudem Verse aus dem Koran rezitiert (vgl. ebd., 460).

miste et salafiste".[101] Jede an ihn gerichtete Befragung beendete er mit einem „A mort Israël" („Israel soll sterben"), überdies erklärte er, jedes Mal glücklich zu sein, wenn ein Jude sterbe.[102] Ähnlich hatte er bereits in einem Brief an einen seiner Anwälte von April 2007 ohne Umschweife seine Meinung über „die Juden" bekannt gegeben: So seien sie ihm zufolge

> eine terroristische Zelle, die die Völker auseinanderbringt, Reichtümer ansammelt (...). Eine Gefahr für die Menschheit. Betrachten sich als eine bessere Rasse. Mörder der Muslime weltweit. Indoktrinierer, Manipulatoren, Feinde, die für das Wohl der Menschheit zu bekämpfen sind. *Allahu Akbar*...[103]

Inwiefern derartige Aussagen auch beabsichtigte Provokation waren (so verhielt sich der Angeklagte vor Gericht generell sehr provokativ und gab etwa auch an, er wäre am 13. Februar 2006, dem Todestag Ilan Halimis, geboren[104]) und inwiefern Fofana wirklich dem salafistisch-islamischen Milieu zuzuordnen ist, bleibt letztlich umstritten. Einer islamistischen Organisation schien er nicht angehört zu haben.

Die islamistischen Mordanschläge von Mohamed Merah (2012) und Amedy Coulibaly (2015)

Sechs Jahre später wurde Frankreich von einer (ersten) islamistisch motivierten Mordserie erschüttert, in der u.a. auch vehementer Antisemitismus ein treibendes Motiv darstellte: Am 19. März 2012 drang der damals 23-jährige islamistische Attentäter Mohamed Merah, der in den Tagen zuvor schon drei französische Armee-Angehörige ermordet hatte, in die jüdische Privatschule *Ozar Hatorah* in Toulouse ein. Dort erschoss er den Lehrer und Rabbiner Jonathan Sandler, dessen beiden Söhne – den vierjährigen Gabriel und den fünfjährigen Arieh – sowie die Tochter des Schuldirektors, die achtjährige Myriam Monsonego. Nachdem er nach seiner Flucht von der Polizei aufgegriffen bzw. seine Wohnung umstellt worden war, versuchte er in der Nacht zum 22. März erneut zu fliehen, wurde dabei jedoch von Polizeischützen tödlich getroffen und verstarb noch vor Ort.[105] Zuvor hatte Merah

---

101 Vgl. Knobel 2013, 178.
102 Zit. nach Elsa Vigoureux, Dans la tête de Youssouf Fofana, in: Le Nouvel Observateur.com, 28.05.2009; Übersetzung A. P.
103 Zit. nach ebd.; Übersetzung A. P.
104 Vgl. Knobel 2013, 178.
105 Vgl. zur Chronologie der Anschläge Knobel 2013, 267–270 sowie zu dem Attentat in Toulouse exemplarisch Jean-Wilfrid Forquès, Toulouse: Jonathan est mort aux côtés de ses deux fils, in: Le Figaro.fr, 19.03.2012, und Yves Bordenave, Comment la police est remontée jusqu'à Mohamed Merah, in: Le Monde.fr, 21.03.2012.

im Zuge seiner Verhandlungen mit der Polizei alle Anschläge gestanden, sowohl auf die Soldaten als auch auf die Kinder und den Lehrer der Schule *Ozar Hatorah*. Den Angaben des damaligen französischen Innenministers Claude Guéant zufolge bezeichnete der Attentäter sich als *Mudschahid*, als islamischer „Gotteskrieger", sowie als Mitglied der *Al-Qaida* und rühmte sich dafür, „Frankreich in die Knie gezwungen zu haben".[106] Reue für seine Taten soll er hingegen keine gezeigt haben.[107] Hinsichtlich seiner Motive erklärte er gegenüber der Polizei, er habe Frankreich für seinen Militäreinsatz in Afghanistan bestrafen wollen und daher den Mord an den Soldaten begangen. Zudem nannte er das seit 2011 in Frankreich bestehende Verbot der Gesichtsverschleierung als weiteren Beweggrund seines „Racheaktes". Mit seinem Anschlag auf die Schule *Ozar Hatorah* wiederum habe er im Zuge des Israel-Palästina-Konflikts getötete palästinensische Kinder rächen wollen.[108]

Betrachtet man die Biographie Merahs näher, so werden hieran mehrere Aspekte augenscheinlich, die im Fall von radikalisierten jungen Männern immer wieder zutage treten – soziales Scheitern, Abdriften in die Kleinkriminalität, Hinwendung zum Islamismus im Gefängnis und weitere Fanatisierung im Ausland: 1988 in Toulouse als fünftes Kind einer algerischen Familie geboren, wuchs Merah im Vorortviertel Les Izards auf.[109] Der Polizei wegen kleinkrimineller Delikte bekannt war er bereits seit seiner frühen Jugend, bis 2012 war er einige Male angeklagt worden und hatte infolge dessen mehrere Gefängnisstrafen abgebüßt.[110] Im Gefängnis soll Merah auch begonnen haben, sich religiös zu radikalisieren.[111] Nach Beendigung seiner letzten Strafe im September 2009, mit fast 21 Jahren, ohne fertige Berufsausbildung und große Zukunftsaussichten (Merah hatte sich zwei Mal auch erfolglos um einen Eintritt in die französische Armee bemüht),[112] schien sich der junge Mann umso mehr der Religion bzw. dem Islamismus zugewandt zu haben. Allerdings stand er zu diesem Zeitpunkt bereits seit einigen Jahren unter Beobachtung des französischen Inlandsgeheimdienstes DCRI *(Direction centrale du renseignement intérieur)*. Laut diesem soll er Beziehungen zu sich zum Salafismus und Jihadismus

---

106 Vgl. Knobel 2013, 269 und 279.
107 Vgl. ebd., 280.
108 Vgl. etwa Maxime Ricard, Mohamed Merah: De petit délinquant à moudjahid terroriste, in: FranceSoir.fr, 21.03.2012; Caroline Politi/Thomas Bronnec, Toulouse: Mohamed Merah et le Raid, 32 heures de face à face, in: L'Express.fr, 22.03.2012 sowie Matthieu Mégevand, Mohamed Merah: maladie de l'islam ou malaise social profond?, in: Le Monde.fr, 27.03.2012.
109 Isabelle Monnin, Mohamed Merah: vie et mort d'un fanatique, in: Le Nouvel Observateur. com, 03.04.2012.
110 Vgl. Gilbert Laval, Mohamed Merah, „un type taciturne", in: Libération.fr, 22.03.2012.
111 Vgl. Ses proches entre suspicion et stupéfaction, in: Le Parisien.fr, 13.05.2012.
112 Vgl. Mohamed Merah a tenté deux fois de s'engager dans l'armée, in: Libération.fr, 21.03.2012.

bekennenden Personen gepflegt und auch Reisen nach Afghanistan (2010) und Pakistan (2011) unternommen bzw. dort an Ausbildungslagern der Taliban teilgenommen haben.[113] Aufgehalten hatte er sich 2010 des Weiteren in der Türkei, in Tadschikistan, in Syrien, im Libanon, in Jordanien, Israel, im Irak und in Ägypten.[114] Insbesondere seit seiner Rückkehr aus Pakistan im Herbst 2011 bis zum Frühjahr 2012 soll Merah zudem seine Kontakte zu als islamistisch-extremistisch eingestuften Personen in Frankreich intensiviert haben.[115]

Bleiben viele Umstände um Mohamed Merah, um seine Radikalisierung und letztlichen Beweggründe auch unklar, so scheint er doch deutlich von islamistisch-jihadistischem Gedankengut geprägt und mit jihadistischen Bewegungen nicht nur in Frankreich, sondern weltweit in Verbindung gestanden zu sein. Als weiterer wesentlicher Einflussfaktor – sowohl hinsichtlich seiner religiösen Radikalisierung als auch seines Antisemitismus – ist zudem das familiäre Umfeld Merahs zu nennen. So stand nicht nur Mohamed Merah unter Beobachtung des DCRI, auch seine ältere Schwester Souad Merah sowie sein älterer Bruder Abdelkader Merah waren als Mitglieder der salafistischen Bewegung vom Inlandsgeheimdienst karteimäßig erfasst und als gefährlicher eingestuft worden als ihr jüngerer Bruder Mohamed.[116] Im November 2012 veröffentlichte wiederum der zweite Bruder Merahs, Abdelghani Merah, ein Buch mit dem Titel *Mon frère, ce terroriste* („Mein Bruder, der Terrorist")[117], in welchem er nicht nur über die islamistische Radikalisierung seines jüngeren Bruders Mohamed Merah, sondern auch über den offenen Antisemitismus seiner Familie spricht. So hätten ihm zufolge insbesondere seine Schwester Souad sowie sein Bruder Abdelkader radikalislamistische Einstellungen bzw. wären stark von einem Hass gegenüber allen, die sie als „Ungläubige" empfänden, und insbesondere gegenüber Jüdinnen und Juden geprägt. Hinzu komme die islamistische Prägung der eigenen Eltern – „ungebildet" und „unwissend" wären Letztere, A. Merah zufolge, noch in Algerien „für die rückständigen Ideen" algerischer Islamisten empfänglich geworden und hätten diese mit nach Frankreich (wohin

---

113 Vgl. Philippe Chapleau, Suspect de Toulouse. Mohamed, 23 ans, djihadiste, in: Ouest-France.fr, vm 21.03.2012 sowie Eric de Lavarène, Comment Mohamed Merah a pu s'entraîner au Pakistan, in: L'Express.fr, 23.03.2012, und Knobel 2013, 269.
114 Vgl. Yves Bordenave/Jacques Follorou, Mohamed Merah, un membre actif de la mouvance djihadiste internationale, in: Le Monde.fr, 22.03.2012.
115 Dies betrifft insbesondere Olivier Corel, den so genannten *émir blanc* („weißer Emir"), der als ehemaliger Anführer der syrischen Muslimbrüder in Frankreich unter Beobachtung des französischen Geheimdienstes steht und von diesem als islamistischer bzw. salafistischer Extremist eingestuft wird (vgl. Morice 2013).
116 Vgl. Souad Merah se dit „fière" de son frère in: Le Monde.fr, 10.11.2012. Vgl. ferner, Knobel, Haine et violences, 283.
117 Siehe Merah 2012.

sie in den 1980er-Jahren emigrierten) getragen.[118] Dementsprechend sei Mohamed Merah in familiären Verhältnissen aufgewachsen, die seine Radikalisierung deutlich begünstigt hätten.[119]

Der Fall Mohamed Merah weist zudem mehrere Parallelen zu einem Anschlag am 9. Jänner 2015 auf, als der sich zum *Islamischen Staat* bekennende Franzose Amedy Coulibaly im Zuge einer Geiselnahme vier jüdische Kunden eines koscheren Supermarkts in Paris erschoss – den 20-jährigen Yohan Cohen, den 21-jährigen Yoav Hattab, den 45-jährigen Philippe Braham und den 64-jährigen François-Michel Saada. Die Tat stand im Zusammenhang mit dem islamistischen Mordanschlag der Brüder Kouachi auf die Redaktion der Satirezeitschrift *Charlie Hebdo* in Paris. Coulibaly wurde schließlich im Zuge der Stürmung des Supermarktes durch die französische Polizei tödlich getroffen.[120] Zuvor hatte er – ähnlich wie damals Merah – argumentiert, er hätte bewusst einen koscheren Supermarkt bzw. in weiterer Folge „Juden als Ziel" gewählt, um damit „die unterdrückten Muslime in der Welt", v. a. in Palästina, zu rächen.[121]

Aufgewachsen war der 1982 geborene Coulibaly, dessen Eltern aus Mali stammten, im Pariser Vorort La Grande-Borne und glitt dort als Jugendlicher ebenfalls in die Kleinkriminalität ab.[122] Im Dezember 2004 wurde er wegen Drogenhandels, Hehlerei und der Involvierung in einen Bankraub zu einer mehrjährigen Gefängnisstrafe verurteilt. Nicht nur traf er im Zuge seiner Haft auf den späteren *Charlie-Hebdo*-Attentäter Chérif Kouchai, auch soll er sich in dieser Zeit religiös radikalisiert haben. Hierbei gerieten beide unter den Einfluss des Islamisten Djamel Beghal, der aufgrund terroristischer Aktivitäten und eines geplanten Anschlags auf die amerikanische Botschaft in Paris (im Jahr 2001) im selben Gefängnis (Fleury-Mérogis) inhaftiert war. Nach seiner Entlassung distanzierte sich Coulibaly Medienberichten zufolge von den Mitgliedern seiner Familie, die er als *kouffar* („Ungläubige") bezeichnet haben soll. In Verbindung stand er hingegen weiterhin mit Beghal, der 2010 aus dem Gefängnis entlassen wurde, sowie mit Chérif Kouachi, mit welchem er gemeinsam Schießübungen durchgeführt haben soll. 2010 wurde Coulibaly erneut inhaftiert, nachdem er an der Planung eines Gefängnisausbruchs von Smaïn Aït Ali Belkacem, einem der Attentäter der Bombenanschläge in der Pariser *Métro* 1995, mitbeteiligt gewesen war. Aufgrund guter Führung und keiner weite-

---

118 Vgl. La dérive de Merah liée à sa famille antisémite, selon son frère aîné, in: Le Nouvel Observateur.com, 09.11.2012.
119 Zit. nach ebd.
120 Vgl. etwa Le bilan d'une journée de traque, in: Libération.fr, 09.01.2015.
121 Vgl. etwa Caroline Politi/Eric Pelletier, Merah, Kouachi, Coulibaly… D'incroyables similitudes, in: L'Express.fr, 14.01.2015 sowie Eric Hazan, Massacre antijuif de Vincennes: le terroriste a agi pour venger les Palestiniens, in: Le Monde juif.info, 09.01.2015.
122 Vgl. Sonya Faure/Patricia Tourancheau/Willy Le Devin, Amedy Coulibaly, une personnalité „immature et psychopathique", in: Libération.fr, 09.01.2015.

ren Anzeichen für radikalislamistische Tendenzen wurde er im März 2014 wieder aus der Haft entlassen und fiel bis zum Jänner 2015 nicht mehr durch radikalislamistische oder terroristische Aktivitäten auf.[123]

Generell wird an Fällen wie jenem von Merah, Coulibaly und anderen augenscheinlich, dass hinter diesen oftmals eine Geschichte des Scheiterns steht: Scheitern einer erfolgreichen Berufslaufbahn, Scheitern einer wirklichen Integration in die französische Gesellschaft, Scheitern beim Erlangen gesellschaftlicher Anerkennung. Oft geht dies wiederum einher mit erschwerten Lebensumständen sowie mit der Erfahrung von Ungleichbehandlung und Benachteiligung aufgrund der sozialen oder ethnischen Herkunft. Beobachten lässt sich dieses Phänomen nicht nur in Frankreich, sondern es ist letztlich für ganz Europa kennzeichnend: So sind, wie etwa Olivier Roy bereits 2004 betonte, die Lebensläufe vieler (wenn auch, wie am Beispiel von Großbritannien gezeigt wird, nicht aller) radikaler IslamistInnen vom Aufwachsen in einer eher schwierigen sozialen Situation, von schulischen oder beruflichen Misserfolgen und mitunter von einem der Radikalisierung vorausgehenden Abgleiten in die (Klein-)Kriminalität und Gefängnisaufenthalten geprägt.[124] Insbesondere an einem Tiefpunkt, wie ihn eine längere Haft zwangsweise darstellt, vermag Religion für manche wieder Orientierung, Halt, neuen Sinn zu geben. Sehr problematisch ist hieran allerdings, dass dieses „Religionsangebot" heute oftmals von radikalen Islamisten bzw. Salafisten ausgeht, inner- und außerhalb von Gefängnissen.[125]

Führt man sich an dieser Stelle zudem noch einmal vor Augen, dass Mohamed Merah und Amedy Coulibaly jeweils Palästina als „Rechtfertigung" für ihre Morde heranzogen, so ist auch dies auf ihre islamistische Indoktrinierung zurückzuführen. Generell werden Juden und Jüdinnen im heutigen Frankreich immer wieder auch tätlich angegriffen, da man sie unmittelbar mit Israel assoziiert. Umso notwendiger erscheint es daher, sich in einem weiteren Schritt näher mit den Auswirkungen des Israel-Palästina-Konflikts auf die innerfranzösische Situation auseinanderzusetzen. Neben der sukzessive zunehmenden Bedeutung Palästinas für MuslimInnen ist hierbei auch die französische Nahostpolitik und das Verhältnis französischer Jüdinnen und Juden zu Israel in den Blick zu nehmen.

---

123 Les dates-clés de la radicalisation d'Amedy Coulibaly, in: Le Monde.fr, 15.01.2015.
124 Vgl. Roy 2004, 78.
125 Vgl. hierzu etwa auch Christophe Cornevin, Prisons: „le piège de l'islam radical", in: Le Figaro.fr, 08.06.2014.

2.5 DIE ROLLE DES NAHOSTKONFLIKTS UND DER SOLIDARISIERUNG MIT PALÄSTINA

Fallbeispiel – die Pro-Palästina-Proteste im Sommer 2014

Anfang Juli 2014 begann Israel aufgrund von Raketenbeschuss durch die *Hamas* mit der folgenschweren Militäroffensive *Protective Edge* im Gaza-Streifen. Dieser fielen auch viele palästinensische ZivilistInnen, darunter zahlreiche Kinder, zum Opfer. In Reaktion hierauf fanden auch in Frankreich vehemente Proteste gegen das israelische Vorgehen statt, die in einigen Städten tausende Menschen mobilisieren konnten. Zugleich richteten sich die Demonstrationen gegen die damalige französische Regierung, insbesondere gegen die als zu „proisraelisch" empfundene Politik von Staatspräsident François Hollande und Premierminister Manuel Valls.[126] Zwar verliefen die Proteste weitgehend friedlich, allerdings kam es immer wieder auch zu antisemitischen Manifestationen. Insbesondere in Paris war man mit gewalttätigen Ausschreitungen, bei denen mehrere Synagogen angegriffen und jüdische Geschäfte beschädigt wurden, konfrontiert.[127] Am 13. Juli 2014 etwa blockierten mehrere Dutzend Demonstrierende eine Synagoge und hinderten die TeilnehmerInnen einer dort stattfindenden Zusammenkunft zur Unterstützung Israels bis zum Einschreiten der Polizei am Verlassen des Gebäudes. Mehrere Protestierende sollen hierbei laut Medienberichten skandiert haben: „Tod den Juden! Hitler hatte Recht – wir werden euch abfackeln (...) Jihad! Jihad! Jihad! – Palästina muss die Arbeit [Hitlers] zu Ende bringen."[128] Im Pariser Vorort Sarcelles wiederum, wo eine der größten jüdischen Gemeinden Frankreichs lebt, wurden im Zuge einer nicht autorisierten Demonstration am 20. Juli u.a. eine jüdische Apotheke und ein koscherer Supermarkt ausgebrannt;[129] zuvor hatten Demonstrierende Jüdinnen und Juden vor einer Synagoge mit den Worten „Wir werden euch in Schutt und Asche legen" bedroht.[130] Jenseits der Demonstrationen wurden – allein im Monat Juli – in Frankreich insgesamt 201 antisemitische Vorfälle gemeldet, davon 61 Gewalttaten.[131]

---

126 Vgl. etwa Geoffroy Clavel, Manifestation pro-Palestine: un succès pour les organisateurs, malgré quelques dérapages isolés, in: Le Huffington Post.fr, 24.07.2014.
127 Vgl. Sylvie Corbet, Anti-Israel protesters clash with police outside Paris synagogue, in: Haaretz.com, 13.07.2014.
128 Zit. nach Frédéric Haziza, ISRAEL – PALESTINE. Violences devant une synagogue à Paris: l'étrange réaction des médias, in: Le Nouvel Observateur.com, 15.07.2014; Übersetzung A. P.
129 A Sarcelles, des dégradations après des manifestations interdites, in: Le Monde.fr, 21.07.2014.
130 Zit. nach Anne Jouan, À Sarcelles: „Tu leur montres une carte, ils ne savent même pas où est la Palestine!", in: Le Figaro.fr, 21.07.2014; Übersetzung A. P.
131 Insgesamt registrierte das *Service de protection de la Communauté Juive*, welches in Zusammenarbeit mit dem französischen Innenministerium antisemitische Vorfälle in Frank-

Allerdings muss an dieser Stelle bedacht werden, dass die Gewaltausschreitungen im Zuge mancher Proteste nur die Taten Einzelner blieben und keineswegs als repräsentativ für das Verhalten des Großteils der Demonstrierenden angesehen werden können. Hingegen wurde von Seiten der Protest-Organisatoren sowie von zahlreichen Demonstrierenden immer wieder betont, *nicht* antisemitisch zu sein, sondern nur für die Rechte der PalästinenserInnen und die Beendigung der israelischen Militäroffensive eintreten zu wollen.[132] Nichtsdestotrotz waren auch die auf den Demonstrationen selbst zu hörenden Parolen nicht immer unproblematisch. Neben der Solidaritätsparole „Nous sommes tous des Palestiniens" („Wir sind alle Palästinenser") wurde vielfach „Israël assassin, Hollande complice!" („Mörder Israel, Komplize Hollande") oder „Sionistes, fascistes, c'est vous les terroristes" („Zionisten, Faschisten, ihr seid die Terroristen") skandiert, bis hin zu „Mort aux juifs" („Tod den Juden"). Hinzu kamen Slogans wie „Nous sommes là pour lutter contre le nouveau nazisme" („Wir sind hier, um gegen den neuen Nazismus zu kämpfen"). Auf manchen Schildern war dementsprechend auch „Sionisme = nazisme" zu lesen oder es wurden ein Hakenkreuz und ein Davidstern nebeneinandergestellt und durch ein Gleichheitszeichen verbunden.[133] Manche Demonstrierenden zeigten zudem den so genannten *„quenelle"*-Gruß, welcher wiederum auf den erwähnten Komiker Dieudonné M'Bala M'Bala zurückgeht und u.a. von manchen französischen SozialwissenschaftlerInnen als „umgekehrter Nazi-Gruß" gedeutet wird.[134]

Die Bandbreite an Parolen, Anspielungen auf Dieudonné bis hin zu antisemitischen Übergriffen gibt zudem einen Hinweis auf die heterogene Zusammensetzung der Demonstrierenden bzw. der Organisatoren und der an den Demonstrationen teilnehmenden Gruppierungen: So waren zum einen linke bis linksradikale Organisationen und dezidiert propalästinensische Vereinigungen beteiligt. Zum anderen nahmen zahlreiche Einzelpersonen ohne Zugehörigkeit zu einer bestimmten Organisation teil, darunter auch viele Demonstrierende mit muslimischem Hintergrund.[135] Im Laufe der Protestzüge kam es immer wieder auch zu gemeinsamen Gebeten, manche Frauen demonstrierten im *Niqab*, auch Parolen wie *Allahu akbar* und vereinzelt *Djihad résistance* waren zu hören. Dies weist auch auf die Anwesenheit mancher radikalislamistischer und z.T. *Hamas*-naher Gruppierungen, wie das

---

reich erfasst, für das erste Halbjahr 2014 326 Vorfälle (doppelt so viele wie im Zeitraum des Vorjahres) (vgl. Hohenberg/Eissens/Bronkhorst 2014, 10).

132 Vgl. etwa Mehdi Thomas Allal, Manif pro-Palestine: oui, on peut soutenir Gaza et critiquer Israël sans être antisémite, in: Le Nouvel Observateur.com, 26.07.2014.

133 Vgl. etwa Nicolas Guégan, Manifestation pro-palestinienne: Nous sommes tous des Palestiniens, in: Le Point.fr, 03.08.2014.

134 Vgl. etwa Nicolas Guégan, Affaire Dieudonné – Meyer Habib: La quenelle est le nouveau salut nazi, in: Le Point.fr, 02.01.2014.

135 Vgl. etwa Bernard Edinger, A worried community, in: The Jerusalem Report, 25.08.2014, 29.

Abb. 1: Paris, Pro-Gaza-Demonstration Juli 2014: Gleichsetzung Israels mit Nazi-Deutschland (Foto: Helga Embacher).

Collectif Cheikh Yassine, hin – insgesamt waren diese zahlenmäßig allerdings in einer deutlichen Minderheit.[136]

Warum aber solidarisieren sich heute insbesondere auch MuslimInnen in Frankreich für Palästina und bringen über das Schicksal der PalästinenserInnen vehement ihren Protest zum Ausdruck? Wie bereits erwähnt, hängt dies zum einen unweigerlich mit ihrer eigenen Situation zusammen, die oft gekennzeichnet ist von erschwerten sozialen Bedingungen, Integrationsbarrieren, Diskriminierungserfahrungen einerseits, dem Streben nach Selbstbehauptung und Anerkennung innerhalb der Mehrheitsgesellschaft andererseits. Die Solidarisierung mit der stark mediatisierten und dadurch auch im Bewusstsein präsenten „muslimischen Opfergruppe" der PalästinenserInnen scheint somit auch eine (Protest-)Reaktion auf „Opfererfahrungen" als MuslimIn im eigenen Land zu sein. Zum anderen hat die Solida-

---

136 Vgl. Clément Parrot, Qui sont les participants aux manifestations pro-palestiniennes interdites?, in: francetvinfo.fr, 31.07.2014. Beobachten lässt sich die Präsenz radikaler islamistischer Vereinigungen auf Pro-Palästina-Demonstrationen, dem französischen Politologen und Islamismus-Experten Jean-Yves Camus zufolge in Frankreich vor allem seit 2009, als es im Zuge der israelischen Militäroperation „Gegossenes Blei" im Gaza-Streifen ebenfalls zu lautstarken Protesten gekommen war (vgl. Camus 2012, 182).

Abb. 2: Paris, Pro-Gaza-Demonstration Juli 2014: Verkauf von „Palästinensertüchern". (Foto: Helga Embacher).

Abb. 3: Paris, Pro-Gaza-Demonstration Juli 2014: Ultraorthodoxer Jude der *Naturei Karta* mit Anhängern der BDS-Bewegung. (Foto: Helga Embacher).

Abb. 4: Paris, Pro-Gaza-Demonstration Juli 2014: Transparent auf dem Frankreich der „Komplizenschaft" mit Israel bezichtigt wird. (Foto: Helga Embacher).

risierung mit Palästina insbesondere in Frankreich eine relativ lange Tradition, die vor allem auf den linken Antizionismus der ausgehenden 1960er- und 1970er-Jahre zurückzuführen ist. Wurden die Auswirkungen des Israel-Palästina-Konflikts auf das Verhältnis zwischen der muslimischen und jüdischen Bevölkerungsgruppe auch erst mit dem Jahr 2000 bzw. dem Ausbruch der *Zweiten Intifada* umfassend deutlich, so wurzelt die Problematik an sich viel tiefer und muss dementsprechend auch im Kontext der französischen Zeitgeschichte, vor allem der Entwicklungen seit den späten 1950er- und 1960er-Jahren, betrachtet werden.

Propalästinensische Tradition und das muslimisch-jüdische Verhältnis seit 1967

Anfänge der Palästina-Solidarität und ihr soziopolitischer Kontext

Waren sie in ihrem Ausmaß auch weit geringer, so kam es in Frankreich bereits im Jahr der Staatsgründung Israels 1948 vereinzelt zu ersten Spannungen zwischen aus dem Maghreb immigrierten MuslimInnen (damals hauptsächlich Männer) und der jüdischen Bevölkerung.[137] Allerdings erfolgte die erste große Einwanderungs-

---

137 Vgl. Mandel 2014, 16.

welle aus Nordafrika sowohl von maghrebinischen MuslimInnen als auch von maghrebinischen Juden und Jüdinnen[138] erst Ende der 1950er- und Anfang der 1960er-Jahre[139] – allein dadurch bedingt kam der Israel-Palästina-Frage nach der Staatsgründung zunächst nur eine geringe Rolle zu.[140] Vielmehr erleichterte der Umstand, dass jüdische und muslimische MigrantInnen aus Nordafrika denselben geografischen, sprachlichen sowie z. T. kulturellen Hintergrund teilten, in den 1950er- und 1960er-Jahren das Knüpfen sozialer Beziehungen zwischen den beiden Einwanderergruppen in der neuen Heimat Frankreich. Verstärkt wurde dies insbesondere dadurch, dass maghrebinische AraberInnen und Juden und Jüdinnen sich z. T. in denselben (Einwanderer-)Vierteln oder *Banlieues* am Rand großer Städte wie Paris, Marseille, Strasbourg oder Lyon ansiedelten bzw. angesiedelt wurden. Sie frequentierten dort vielfach dieselben Cafés, Lebensmittelläden, Fleischhauereien, Restaurants, ihre Kinder besuchten dieselben Schulen. Auf diese Weise entstanden beispielsweise in Paris gerade in Vierteln wie Belleville, dem Marais oder dem Vorort Sarcelles muslimisch-jüdische *„shared city spaces"* (Mandel).[141]

Waren die Beziehungen zwischen der damaligen muslimischen und jüdischen Bevölkerung somit generell durchaus freundschaftlich und wenig konfliktgeladen,[142] lagen ihnen von Anfang an auch gewisse Problematiken zugrunde: So kommt man nicht umhin, das Verhältnis von MuslimInnen und aus dem Maghreb immigrierten Juden und Jüdinnen auch im Kontext des Kolonialismus bzw. der Dekolonialisierung zu betrachten. Hierbei enthielt insbesondere der Algerienkrieg Konfliktpotential, da viele in Frankreich lebende MuslimInnen ideell der algerischen Befreiungsfront FLN *(Front de libération nationale)* nahestanden, wohingegen die große Mehrheit der maghrebinisch-jüdischen Bevölkerung weitgehend profranzösisch eingestellt war.[143] Generell trennte maghrebinische Juden und Jüdinnen und MuslimInnen in Frankreich der Umstand, dass Erstere ihre Heimatländer Tunesien, Marokko und Algerien jeweils nach der Unabhängigkeit des Landes von Frankreich

---

138 Nach 1956, dem Jahr der Unabhängigkeit von Marokko und Tunesien, immigrierten zehntausende Juden und Jüdinnen nach Frankreich, als Folge des Algerienkriegs bzw. der Unabhängigkeit Algeriens 1962 wanderten bis 1967 zudem etwa 100.000 algerische Juden und Jüdinnen ein. Insgesamt ließen sich zwischen 1956 und 1967 ungefähr 235.000 Juden und Jüdinnen aus dem Maghreb in Frankreich nieder (ein Großteil unter ihnen in Paris und in den Pariser Vorstädten, zudem auch in Städten wie Marseille, Lyon, Toulouse, Nizza oder Straßburg) (vgl. Benbassa 2001, 416 sowie Loewe 2006, 543).
139 Vgl. exemplarisch Bailey 2008, 71 f. sowie Weil 2005.
140 Vgl. Katz 2013, 505.
141 Vgl. Mandel 2014, 71 sowie zudem (insbesondere auch für die Frage muslimisch-jüdischer Beziehungen zwischen dem Ersten Weltkrieg und den 1950er-Jahren in Frankreich) Katz 2013, 503–505.
142 Vgl. Mandel 2014, 79.
143 Vgl. Katz 2013, 506.

(bzw. ägyptische Juden und Jüdinnen nach der Suezkrise) verließen bzw. verlassen mussten und im Vorfeld teilweise auch antisemitischen Anfeindungen seitens der muslimischen Bevölkerung ausgesetzt gewesen waren. Maghrebinische MuslimInnen hingegen immigrierten zumeist nicht unter unmittelbaren Zwang, politischem Druck und der Angst vor Repressionen, sondern vorrangig auf der Suche nach Arbeit.[144]

Umgekehrt wurden soziale und rechtliche Ungleichheiten zwischen der jüdischen und muslimischen Bevölkerung im kolonialen Maghreb nach der Dekolonisierung vielfach zugunsten der jüdischen EinwanderInnen nach Frankreich (mit) transferiert.[145] Einerseits gelang vielen Juden und Jüdinnen rasch ein sozialer Aufstieg innerhalb der französischen Gesellschaft, von Anstellungen im handwerklichen, industriellen und kaufmännischen Bereich zu besser bezahlten Beamtenberufen und freien Berufen als AnwältInnen oder ÄrztInnen sowie im Kultur-, Wissenschafts- und Politikbereich.[146] Andererseits waren muslimische MigrantInnen, die in ihrer Heimat zumeist eine weit weniger gute Schulbildung als die jüdische Bevölkerung erhalten hatten, oftmals in den „untersten", schlecht bezahlten und zugleich wenig angesehenen Sektoren der französischen Wirtschaft (wie in der Bauwirtschaft, in Fabriken, im Bergbau oder als Reinigungskräfte) beschäftigt. Dies hängt auch damit zusammen, dass maghrebinische Jüdinnen und Juden aufgrund ihrer Schulbildung generell über bessere Kenntnisse der französischen Sprache und Kultur verfügten[147] und auch im Maghreb bereits vermehrt der urbanen Mittelschicht angehört hatten,[148] wohingegen zahlreiche muslimische MigrantInnen aus armen Agrarregionen stammten.[149] Zudem besaßen jüdische EinwandererInnen

---

144 Vgl. Benbassa 2007, 199 f. Eine Ausnahme hiervon stellen die so genannten *Harkis* – algerisch-muslimische Hilfssoldaten in der französischen Armee, die während des Algerienkriegs auf der Seite Frankreichs gekämpft hatten – und ihre Familien dar, welche nach Kriegsende vielfach aus Algerien nach Frankreich flohen.
145 Vgl. Mandel 2014, 59 und 71. Zur bewussten Abgrenzung der jüdischen von der muslimischen Bevölkerung im Maghrebraum, insbesondere in Algerien, siehe auch Abitbol 2008, 443 f.
146 Vgl. Winock 2004, 322 sowie Leder 2001, 197.
147 Vgl. Benbassa 2001, 417. Zurückzuführen ist dies auch auf den Aufbau eines Netzes an französischen sowie französisch-jüdischen Schulen (in Bezug auf Letztere kam der so genannten *Alliance israélite universelle* eine Schlüsselrolle zu). (Vgl. Chevalier 1973, 273.) Hinzu kommt, dass, wie Martine Cohen betont, vor allem jene maghrebinischen (insbesondere algerischen) Juden und Jüdinnen Frankreich als Einwanderungsland (anstelle von Israel, Kanada, den USA oder südamerikanischen Ländern) wählten, die bereits in ihrem Heimatland unter den „französisiertesten" gewesen waren bzw. sich am ehesten mit der französischen Nation identifizieren konnten (vgl. Cohen 2000, 99 sowie vertiefend auch Allouche-Benayoun/Bensimon 1998, 353 f.).
148 Vgl. auch Abitbol 2008, 459.
149 Vgl. hierzu auch Kateb 2001, 269 f.

aus Algerien bei ihrer Ankunft in Frankreich die französische Staatsbürgerschaft, welche ihnen 1870/71 durch das so genannte *Décret Crémieux* zuerkannt worden war,[150] und hatten dadurch auch Zugang zu nationalen Wohlfahrtsprogrammen.[151]

Insbesondere dieses *Décret* hatte, dem französischen Historiker Benjamin Stora zufolge, bereits im kolonialen Algerien unter der muslimischen Bevölkerung vorhandene Ressentiments und Misstrauen gegen Juden und Jüdinnen geschürt und befördert. So verkehrte es den jahrhundertelang bestehenden *Dhimmi*-Status von Juden und Jüdinnen im islamischen Raum gewissermaßen in sein Gegenteil. Bzw. verschaffte es der jüdischen Bevölkerung durch ihre proklamierte Zugehörigkeit zur Kolonialmacht Frankreich vielmehr einen (juristischen) Überlegenheitsstatus gegenüber der muslimischen Bevölkerung.[152] Dementsprechend markiert das *Décret Crémieux* zweifelsohne eine wichtige Zäsur in der Geschichte der muslimisch-jüdischen Beziehungen in Algerien. Dies ist umso mehr von Relevanz, bedenkt man, dass die dortige muslimische Bevölkerung die französische Staatsbürgerschaft, trotz des Status Algeriens als „integraler Bestandteil Frankreichs", erst im Jahr 1946 zugesprochen bekam.[153]

Auswirkungen auf die soziale Situation der jüdischen und muslimischen ImmigrantInnen in Frankreich selbst hatten letztlich jedoch weniger die Frage der Staatsbürgerschaft, sondern mehr die unterschiedlichen Voraussetzungen der beiden Einwanderergruppen: So galten zum Zeitpunkt der ersten großen Einwanderungswellen bzw. bis 1962 (bis zur Unabhängigkeit des Landes von Frankreich) muslimische ArbeitsmigrantInnen aus Algerien gleichermaßen als französische StaatsbürgerInnen.[154] Allerdings konnten neu angekommene jüdische ImmigrantInnen generell auch auf die Unterstützung von Wohlfahrtsprogrammen französisch-jüdischer Organisationen zurückgreifen, wohingegen muslimische ImmigrantInnen noch über keine bereits in Frankreich etablierten Gemeindestrukturen als Rückhalt verfügten. Vielmehr handelte es sich bei diesen oftmals um junge, alleinstehende Männer, die als Arbeitskräfte nach Frankreich gekommen waren, zu diesem Zeitpunkt großteils jedoch noch ohne die Absicht, sich dauerhaft im Land niederzulassen.[155] Als Spätfolge dessen waren arabische EinwandererInnen und deren Kin-

---

150 Vgl. hierzu näher etwa Allouche 1987, 290 sowie Stora 2006, 232. Aufgehoben wurde das *Décret Crémieux* allerdings zwischen Oktober 1940 und Oktober 1943 (unter dem Vichy-Regime), was zur Folge hatte, dass die jüdische Bevölkerung Algeriens ihre französische Staatsbürgerschaft in diesem Zeitraum verlor (vgl. Weil 2004, 9 f.).
151 Vgl. Mandel 2014, 72 f.
152 Vgl. Stora 2013, 292.
153 Dies wurde durch das *Loi Lamine Guèye* vom 07.05.1946 ermöglicht, welches allen EinwohnerInnen der französischen Überseegebiete (inklusive Algerien) die französische Staatsbürgerschaft zuerkannte (vgl. Cherchari 2004, 765 f.).
154 Vgl. Noiriel 2007, 517.
155 Vgl. Mandel 2014, 72 f.

der – auch nach den Programmen zur Familienzusammenführung – oft noch in den 1980er-Jahren weniger gut in das französische Wirtschafts- und Sozialgefüge integriert als maghrebinisch-jüdische Familien.[156] Es ist dementsprechend anzunehmen, dass diese ungleichen sozialen und ökonomischen „Startbedingungen" bzw. ihre Wurzeln im französischen Kolonialismus die weitere Entwicklung muslimisch-jüdischer Beziehungen in Frankreich nicht unwesentlich beeinflussten bzw. zwangsweise auch Grundlagen für das Empfinden von Ungerechtigkeit und mitunter Neid seitens mancher MuslimInnen legten.

Unweigerlich verknüpft ist dieses vorbelastete Verhältnis zudem, wie eingangs erwähnt, mit der Israel-Palästina-Frage bzw. dem Widerhall des Israel-Palästina-Konflikts in Frankreich. Nachdem dieser anfänglich eine nur geringe Rolle gespielt hatte, markierte das Jahr 1967 bzw. der Ausbruch und Ausgang des →Sechstagekriegs einen eindeutigen Wendepunkt: Während Israel für französische Jüdinnen und Juden ab diesem Zeitpunkt zunehmend an Bedeutung gewann,[157] begann im Gegensatz auch Palästina für verschiedene Gruppen eine zentrale Position in ihrer politischen Agitation einzunehmen. Dies betrifft zum einen die algerische Regierung selbst sowie die FLN-nahe Vereinigung *Amicale des Algériens en France* („Verein der Algerier in Frankreich"), welche die AlgerierInnen in Frankeich dazu aufriefen, sich für ihre „palästinensischen Glaubensbrüder" einzusetzen.[158] Zum anderen versuchten insbesondere auch linksradikale (v. a. marxistische und trotzkistische) Gruppierungen an französischen Universitäten für die Solidarität mit Palästina zu mobilisieren.[159] Zugleich war es deren deklariertes Ziel, nicht nur Studierende, sondern auch nordafrikanische muslimische Arbeitsimmigranten für Palästina zu gewinnen bzw. „die unterdrückten Palästinenser" für sie zu Identifikationsfiguren zu machen.[160] Anfang der 1970er nahm dies noch weiter an Intensität zu, als von der maoistischen *Gauche prolétarienne* („Arbeiterlinke") so genannte *Comités de soutien à la révolution palestinienne* (CSRP; „Unterstützungskomitees für die palästinensische Revolution") gegründet wurden, die nicht nur für die Rechte der

---

156 Vgl. ebd.
157 Vgl. Benbassa 200, 415.
158 Vgl. Katz 2013, 507.
159 Dies geschah etwa durch die Verteilung von antizionistischen Broschüren oder die Organisation eines Tages der „internationalen Solidarität gegen den zionistischen Imperialismus". Wie Maud S. Mandel formuliert, wurden manche Universitäten so zu Schlüsselorten für den Kampf gegen die so genannte „amerikanisch-zionistische imperialistische Achse". Allerdings führte dies zu keinem grundsätzlichen Bruch zwischen jüdischen oder muslimischen Studierenden – unterstützten Erstere auch oft offen Israel, so gab es unter ihnen gleichermaßen propalästinensische Stimmen (insbesondere im Kontext der „Mai 68"-Bewegung) (vgl. Mandel 2014, 101 sowie zu französisch-jüdischen AktivistInnen des Mai 68 auch Hanloser 2005, 199 f.).
160 Vgl. Mandel 2014, 98.

PalästinenserInnen eintraten, sondern auch für jene der maghrebinischen Arbeiter in Frankreich selbst.[161] Dementsprechend sprachen sich die aus französischen, maoistisch eingestellten Studierenden und arabischen Arbeitern zusammengesetzten Komitees nicht nur für Palästina und gegen Israel, sondern generell gegen Rassismus sowie für eine Verbesserung der Lebens- und Arbeitsbedingungen der maghrebinischen Arbeitsimmigranten aus.[162] Geprägt von vehementem Antizionismus, gepaart mit der prononcierten Ablehnung von Imperialismus und der „Unterdrückung der nordafrikanischen Arbeiter" stilisierten sie „die palästinensischen Widerstandskämpfer" zur Modell- und Identifikationsfigur für ihren eigenen proarabischen politischen Aktivismus in Frankreich.[163] Die konkrete Unterstützung dieses Widerstandes erfolgte zum einen in Form der Bereitstellung von materieller Hilfe (vor allem von Geld), medizinischer Hilfe (wie Spenden von Blut) und politischer Unterstützung (durch die Abhaltung von Konferenzen, Publikation von Zeitschriften u. ä.).[164] Zum anderen orientierten sich die „Unterstützungskomitees" in ideeller Hinsicht eng an den Forderungen der 1964 gegründeten, säkular ausgerichteten palästinensischen Befreiungsorganisation PLO: So hatten die Komitees zum Ziel, „den revolutionären Kampf des palästinensischen Volkes gegen den Zionismus und Imperialismus, mit dem amerikanischen Imperialismus an der Spitze, zu unterstützen und der palästinensischen Befreiungsbewegung aktiv beizustehen".[165] Dementsprechend unterstützten sie die PLO auch „in ihrer Absicht, den israelischen Staat als Staat mit theokratischen, rassistischen, kolonialistischen, kapitalistischen und faschistischen Strukturen zu zerstören und ein laizistisches demokratisches und sozialistisches Palästina zu errichten".[166]

Allerdings blieb die Agitation der maoistischen *Gauche prolétarienne* nicht nur auf vehement antizionistische, antiamerikanische und antiimperialistische Diskurse beschränkt, mitunter wurden von ihr auch eindeutig antisemitische Aktionen durchgeführt: In der Nacht vom 25. auf 26. September 1969 etwa schrieben mao-

---

161 Vgl. Harrison 2014, 45 f. Zwar wurden diese Komitees 1972 aufgelöst, allerdings von der Nachfolgeorganisation *Mouvement des travailleurs arabes* (MTA; „Bewegung der arabischen Arbeiter") abgelöst, welche gleichermaßen für die Rechte sowohl von PalästinenserInnen als auch von maghrebinischen Arbeitsmigranten eintrat.
162 Vgl. Hajjat 2005, 10.
163 Vgl. Katz 2013, 509. Sehr treffend zum Ausdruck kam dies etwa in einem CSRP-Kommuniqué von 1970, in welchem es bezeichnenderweise hieß: „Die Unterstützung des palästinensischen Widerstandes ist eine Form des Kampfes, der zur Etablierung einer autonomen politischen Kraft durch die immigrierten Arbeiter in den Vorstädten, den Barackensiedlungen und den Fabriken beiträgt." (Zit. nach Hajjat 2005, 19; Übersetzung A. P.).
164 Vgl. ebd.
165 *Plate-forme politique* des *Comité Palestine* am 10.02.1969; zit. nach ebd., 27; Übersetzung A. P.
166 Zit. nach ebd., 15; Übersetzung A. P.

istische Aktivisten an die Außenmauer des *Hôtel particulier*[167] der Familie Rothschild in Paris – welche von diesen „zugleich [als] Unterdrücker des palästinensischen Volkes, Schatzmeister Israels und Unterdrücker des französischen Volkes"[168] betrachtet wurde – Slogans wie die folgenden: „die *Al Fatah* wird siegen", „Rothschild, das französische Volk und das palästinensische Volk werden dich besiegen" und „Ben Gurion [du] Faschist".[169] Am 26. September versammelten sich überdies um die 300 Demonstrierende französischer und arabischer Herkunft an einer *Métro*-Station in der Nähe des Rothschild-Bankhauses und versuchten dieses anzuzünden.[170] Letztlich muss allerdings auch bedacht werden, dass das tatsächliche Ausmaß und die Reichweite der Agitation der Pro-Palästina-Komitees und der *Gauche prolétarienne* eher gering blieben. Vielmehr bestand in den maghrebinischen bzw. muslimischen Immigranten-*Communities* in den späten 1960er- und 1970er-Jahren zunächst nur wenig Interesse für die palästinensische Sache, trotz der Aufrufe und Mobilisierungsversuche, die von linksradikaler Seite an sie herangetragen wurden.[171]

Generell ist somit zu beachten, dass Solidarität mit Palästina und Antizionismus im Frankreich der späten 1960er- und frühen 1970er-Jahre (noch) weniger als Manifestation muslimisch-jüdischer Divergenzen, sondern vor allem im Kontext eines linken bzw. linksradikalen Antizionismus (und in manchen Fällen Antisemitismus) zu sehen ist. So war die Solidarität mit Palästina – im Zuge des Kampfes der radikalen Linken gegen Imperialismus, Kolonialismus, Rassismus und für „Dritte-Welt-Aktivismus" – bekanntermaßen nicht nur für die bis 1967 proisraelisch eingestellte französische Linke maßgeblich.[172]

Interkommunitäre Spannungen, Krawalle und terroristische Anschläge

Nichtsdestotrotz ist anzumerken, dass auch zu diesem Zeitpunkt bereits erste interkommunitäre Spannungen zwischen der muslimischen und jüdischen Bevölkerung zu beobachten waren.[173] Dies betrifft im Besonderen den Pariser Stadtteil Bellevil-

---

167 Französische Bezeichnung für ein luxuriöses Privathaus bzw. ein Stadtpalais.
168 Zit. nach ebd.; Übersetzung A. P.
169 Zit. nach ebd.; Übersetzung A. P.
170 Vgl. ebd., 16.
171 Vgl. Mandel 2014, 111 sowie Hajjat 2005, 10.
172 Siehe etwa auch Kalter/Rempe 2011, 174.
173 Vgl. etwa Mandel 2014, 122 f. Einzelne Anhaltspunkte hierfür liefert auch die zeitgenössische französische Literatur: So thematisiert etwa der Autor Romain Gary (unter dem Pseudonym Émile Ajar) in dem 1975 erschienenen Roman *La vie devant soi* (dt. *Du hast das Leben noch vor dir*) u.a. die Frage religiöser und ethnischer Zuschreibungen und angespannter muslimisch-jüdischer Beziehungen in Paris (vgl. die deutsche Übersetzung Ajar 1980).

le, der im Juni 1968 zum Schauplatz gewalttätiger Auseinandersetzungen zwischen muslimischen und jüdischen Jugendlichen wurde.[174] Belleville war seit Beginn des 20. Jahrhunderts ein traditionelles Immigrantenviertel, wo sich in den 1960er-Jahren sowohl maghrebinische (vor allem algerische) Arbeiter und deren Familien niederließen, als auch viele tunesische Juden und Jüdinnen, die nach der Unabhängigkeit ihres Heimatlandes 1956 nach Frankreich emigriert waren.[175] Lange galt das Viertel als kosmopolitisches Vorzeigebeispiel,[176] in welchem die jüdische und muslimische Bevölkerung friedlich koexistierte und etwa auch viele MuslimInnen in jüdischen (koscheren) Geschäften einkauften, koschere Restaurants besuchten oder in jüdischen Unternehmen beschäftigt waren.[177] Anfang Juni 1968 jedoch artete ein Streit zwischen jüdischen und muslimischen Kartenspielern in einem Café in Belleville in regelrechte tagelange Krawalle aus, im Zuge derer junge tunesische Juden mit algerischen, tunesischen und marokkanischen Muslimen aneinander gerieten. Insgesamt wurden in nur wenigen Tagen um die fünfzig jüdische und muslimische Geschäfte in Brand gesteckt oder verwüstet und ein Molotow-Cocktail in eine Synagoge geworfen.[178] Unterstützt wurden die arabisch-muslimischen Jugendlichen zudem von manchen linksradikalen Studierenden, in deren „Klassenkampf-Ideologie" maghrebinische Arbeitsmigranten, wie oben erwähnt, einen wichtigen ideellen Platz einnahmen.[179]

Interessant an den Krawallen in Belleville sind jedoch weniger die Vorfälle selbst (das Viertel kam bereits nach wenigen Tagen wieder zur Ruhe), sondern die verschiedenen zeitgenössischen Erklärungen für diese: Während etwa die rechtskonservative Tageszeitung *Le Figaro* die Auseinandersetzungen schlicht und einfach auf die „immerwährende Feindschaft zwischen Arabern und Juden" zurückführte,[180] war in algerischen Medien von einer Provokation durch „die Zionisten", die den ersten Jahrestag des israelischen Sieges im Sechstagekrieg von 1967 hätten feiern wollen, die Rede. So sprach man etwa in der FLN-Zeitung *El Moudjahid* von „bewaffneten Zionisten" in Belleville, die den Aufruhr bewusst verursacht hätten. Diese Theorie wurde z. T. auch auf französischen Universitäten von maghrebinischen Studierenden sowie von der erwähnten *Amicale des Algériens en France* geteilt.[181] Manche jüdische Repräsentanten aus Belleville machten hingegen die palästinensische *Al Fatah* (welche sich wiederum für die Niederlage von 1967 hätte rächen

---

174 Vgl. Gordon 2003, 287–298; zit. nach der Online-Version unter http://cdlm.revues.org/135, 2–9 [zuletzt abgerufen am 30.11.2018].
175 Vgl. ebd., 2.
176 Vgl. etwa Simon 1995, 180–183; Simon/Tapia 1998, 167.
177 Vgl. Gordon 2003, 3; Tapia 1974, 14 und 18 sowie Simon 1995, 178.
178 Vgl. Gordon 2003, 3 sowie Simon/Tapia 1998, 168–171, und Mandel 2014, 102.
179 Vgl. Hajjat 2005, 18.
180 Vgl. Gordon 2003, 3.
181 Vgl. ebd., 4 sowie Schnapp/Vidal-Naquet 1969, 640 und Mandel 2014, 103.

wollen) sowie ein vermeintliches arabisches Flugblatt, das zum „heiligen Krieg" gegen „die Juden" aufgerufen hätte, für die Auseinandersetzungen verantwortlich.[182]

Zwei Jahre später, im Jahr 1970, kam es in Belleville erneut zu Unruhen, bei welchen zahlreiche, hauptsächlich jüdische Geschäfte beschädigt und einige Personen verhaftet wurden, nachdem sie eine Synagoge angegriffen hatten. Im Zuge der Auseinandersetzungen wurde sowohl „Es lebe Palästina" als auch „Es lebe Israel" skandiert. Die *Amicale des Algériens en France* beschuldigte daraufhin „jüdische Bewohner" von Belleville und „zionistische Provokateure" für den Aufruhr verantwortlich zu sein. Zudem war die Rede von „zionistischer Propaganda", welche diesen ausgelöst hätte. Jüdische Organisationen hingegen betonten wiederum die vermeintliche Rolle der *Al Fatah* und warfen „gewissen arabischen Elementen" in Belleville vor, mit dieser zusammenzuarbeiten.[183]

Deutlich wird an diesen Vorfällen und den darauffolgenden Debatten einmal mehr, inwiefern der Israel-Palästina-Konflikt bereits Ende der 1960er- und Anfang der 1970er-Jahre lokal Einfluss auf die muslimische und jüdische Bevölkerung in Frankreich nehmen konnte bzw. inwiefern Spannungen zwischen den beiden Bevölkerungsgruppen (zumindest latent) vorhanden waren. Allerdings sollte auch bedacht werden, dass gewalttätige Auseinandersetzungen wie jene in Belleville Einzelfälle blieben und nicht als repräsentativ für die damalige Situation in Frankreich angesehen werden können.

Allerdings wurde die Ende der 1960er-Jahre von manchen jüdischen Repräsentanten in Belleville geäußerte Befürchtung einer palästinensischen Agitation gegen die jüdische Bevölkerung in Frankreich zehn Jahre später traurige Realität. So kam es am 3. Oktober 1980 zu einem Bombenanschlag auf die Synagoge der *Union libérale israélite de France* in der *Rue Copernic* in Paris, bei welchem vier Menschen getötet und 46 verletzt wurden.[184] Begangen wurde das Attentat von einem fünfköpfigen Terrorkommando aus dem Libanon, dessen Mitglieder allerdings nicht aufgegriffen werden konnten.[185] Erst 2008 wurde schließlich der mutmaßliche Bombenleger Hassan Diab, inzwischen Soziologieprofessor an der Universität von Ottawa, in Kanada verhaftet und im November 2014 für ein Gerichtsverfahren nach Frankreich ausgeliefert.[186] Den polizeilichen Ermittlungen zufolge gehörte Diab zum Zeitpunkt des Anschlags der palästinensischen, marxistisch-leninistischen und terroristischen „Volksfront zur Befreiung Palästinas" (*Popular Front for the Liberation of Palestine*, PFLP) an. In deren Auftrag war das Bombenattentat

---

182 Vgl. Gordon 2003, 4.
183 Vgl. Mandel 2014, 104.
184 Vgl. Chichizola/Deguine 2009, 21.
185 Vgl. ebd., 30 f.
186 Vgl. Annette Lévy-Willard, La rue Copernic attend l'extradition, in: Libération.fr, 30.09.2013.

vermutlich durchgeführt worden.[187] Im August 1982 wiederum kam es in Paris zu einem Anschlag auf das jüdische Restaurant Goldenberg in der *Rue des Rosiers*, welcher sechs Todesopfer und 22 Verletzte forderte. 2011 konnte die französische Justiz hierfür die palästinensische *Abu-Nidal*-Organisation (auch bekannt unter dem Namen *Fatah-Revolutionsrat*) als Tatverantwortliche ausmachen. (Die von der PLO abgespaltene Organisation führte in den 1980er-Jahren mehrere blutige Anschläge in Europa durch, etwa auf die Flughäfen von Rom und Wien oder den Wiener Stadttempel.)[188]

Zwar sind auch diese von ausländischen Terroristen durchgeführten Anschläge als Auswirkungen des Israel-Palästina-Konflikts auf Europa zu betrachten, zu umfassenden Eskalationen und von *in* Frankreich sozialisierten muslimischen Jugendlichen ausgehenden antisemitischen Manifestationen kam es, wie erwähnt, allerdings erst mit Ausbruch der *Zweiten Intifada* im Herbst 2000.

Die zunehmende Bedeutung Palästinas für MuslimInnen in Frankreich

So bestand, wie erwähnt, in der maghrebinischen bzw. muslimischen Immigranten-*Community* in den späten 1960er- und 1970er-Jahren zunächst nur geringes Interesse für Palästina. Hierbei sollte jedoch bedacht werden, dass von MuslimInnen ausgehende politische Aktivitäten bis in die 1970er-Jahre generell eher ein Randphänomen darstellten, allein dadurch bedingt, dass die strukturellen Voraussetzungen hierfür noch weitgehend fehlten. Dies änderte sich zu Beginn der 1980er-Jahre, als eine neue Generation an bereits in Frankreich geborenen jungen MuslimInnen hör- und sichtbarer wurde.[189] Diese so genannte *Beur*[190]-Bewegung entstand im Kontext eines soziopolitischen Klimas, in welchem das republikanische Staatsprinzip der „einen und unteilbaren" französischen Nation aufgeweicht wurde und verschiedene gesellschaftliche Gruppen nach und nach ihr *droit à la différence* („Recht auf Differenz") einzufordern begannen.

Dementsprechend lässt sich in Frankreich seit den 1970er- und 1980er-Jahren auch unter Teilen der jüdischen und muslimischen Bevölkerung eine stärkere Betonung des eigenen ethnisch-religiösen Hintergrunds beobachten. In „*shared city spaces*" wie Belleville oder Sarcelles führte dies unweigerlich zu einer stärkeren

---

187 Vgl. Martin Perez, Hassan Diab, le principal suspect de l'attentat de la rue Copernic, en détention provisoire, in: Actualité juive.com, 16.11.2014.
188 Vgl. Pascal Ceaux/Jean-Marie Pontaut, Attentat de la rue des Rosiers: deux auteurs identifiés, in: L'Express.fr, 09.11.2011 sowie Hoekmann 1999, 63 f.
189 Vgl. Mandel 2014, 128.
190 *Beur* ist ein umgangssprachlicher Ausdruck (des *Verlan*) für das französische *Arabe* („Araber").

gegenseitigen Abgrenzung (etwa durch nun explizit jüdische oder muslimische Geschäfte und Lokale).[191] Begünstigt wurde diese Entwicklung zudem ab 1981 durch eine offenere Kulturpolitik unter dem sozialistischen Staatspräsidenten François Mitterrand.[192] In dieser Phase begann der Islam in Frankreich sich mehr zu institutionalisieren, es entstanden zunehmend muslimische Vereine, Gebetsräume und Moscheen. Befördert wurde Letzteres staatlicherseits auch insofern, als dass versucht wurde, maghrebinisch-muslimische ArbeiterInnen auf diese Weise gerade davon abzuhalten, sich zu „politisieren" bzw. sich gewerkschaftlichen oder kommunistischen Bewegungen, insbesondere der mächtigen, marxistisch inspirierten Gewerkschaft CGT *(Confédération générale du travail)* anzuschließen. Angesichts einer steigenden Arbeitslosigkeit, welche vor allem ungelernte HilfsarbeiterInnen betraf, versuchten diese Bewegungen wiederum verstärkt auch unter MigrantInnen zu mobilisieren.[193]

Gleichzeitig kam es in den 1980er-Jahren zu einem Aufstieg der französischen Rechten, vor allem des rechtsextremen *Front National* sowie zu einem zahlenmäßigen Anstieg an xenophoben, rassistischen und antisemitischen Straftaten.[194] Erstmals spürbar wurde parallel hierzu eine aufkommende Angst vor islamistischem Fundamentalismus. So war in französischen Medien bereits damals von „drohenden Gefahren" zu lesen, wie jener, die „*Banlieue*-Jugend" könne sich globalen jihadistischen Bewegungen anschließen.[195] Ähnliches gilt auch für Diskussionen zur Frage eines muslimischen Antisemitismus, welche ebenfalls nicht erst mit dem Jahr 2000 einsetzten. 1987 etwa veröffentlichte der heute als Islamkritiker bekannte und dementsprechend umstrittene Publizist Michel Gurfinkiel mit Unterstützung der proisraelischen Organisation *Comité d'initiative pour Israël* seine Schrift *L'Islam contemporain et les juifs* („Der zeitgenössische Islam und die Juden"). Hierin gab er zu bedenken, dass Antisemitismus im Westen zwar zurückgegangen wäre, muslimische ImmigrantInnen allerdings eine koranbasierte antijüdische Propaganda nach Frankreich bringen würden. Antisemitismus bzw. die Vorstellung eines „von Juden regierten" Landes hindere MuslimInnen zudem daran, sich in die französische Nation zu integrieren.[196]

---

191 Vgl. Katz 2013, 509.
192 Vgl. hierzu auch Zalfen 2012, 111.
193 Vgl. Edmiston/Duméniel 2009, 218.
194 Vgl. Noiriel 2007, 625–627 sowie Gastaut 2000, 133–138. So wurden Maud S. Mandel zufolge zwischen 1980 und 1994 26 Menschen mit muslimischem Hintergrund getötet und 351 in rassistisch motivierten Zwischenfällen verletzt, daneben waren vermehrt rassistische, antimuslimische und antisemitische Flugblätter und Schmierereien zu finden (vgl. Mandel 2014, 128).
195 Vgl. ebd., 127 f.
196 Vgl. Gurfinkiel 1987. Zudem berichtete beispielsweise die Organisation LICRA im Februar 1987 auch über den Verkauf des verschwörungstheoretischen, antisemitischen Pam-

In Reaktion auf diese gesellschaftlichen Tendenzen wurden in Frankreich verschiedene Antirassismus-Organisationen wie allen voran *SOS Racisme* gegründet (1984). Diese verschrieb sich – wie auch die bereits 1928 entstandene LICA *(Ligue internationale contre l'antisémitisme)*, 1979 unbenannt in LICRA *(Ligue internationale contre le racisme et l'antisémitisme;* „internationale Liga gegen Rassismus und Antisemitismus") – dem *gemeinsamen* Kampf gegen Rassismus und Antisemitismus.[197] Hervorgegangen war *SOS Racisme* interessanterweise aus einem Zusammenschluss der *Union des étudiants juifs de France* (UEJF; „Union der jüdischen Studierenden Frankreichs"), maghrebinisch-muslimischen Studierenden und Links-Intellektuellen mit jüdischem Hintergrund.[198] Um etwaigen internen Konflikten vorzubeugen, sprach sich *SOS Racisme* entsprechend auch für eine „arabisch-jüdische Solidarität" in Frankreich und gegen einen „Transfer des israelisch-palästinensischen Konfliktes" aus. Dies spiegelte sich auch in bezeichnenden Slogans wie „Wir können das Israel/Palästina-Problem nicht am Ufer der Seine lösen" wider.[199]

Nichtsdestotrotz gelang die Umsetzung dieses Ansatzes nicht einmal innerhalb der Antirassismus-Organisation vollständig.[200] Jenseits derartiger Initiativen wiederum führte der Umstand, dass sowohl die muslimische als auch die jüdische Minderheit in den späten 1980er-Jahren bzw. zu Beginn der 1990er-Jahre immer wieder rassistischen, islamfeindlichen oder antisemitischen Anfeindungen ausgesetzt war, nicht zwangsweise dazu, dass dies von den Betroffenen als *gemeinsames* Schicksal wahrgenommen wurde. Vielmehr wurde es mitunter zu einem weiteren Marker von Differenz:[201] Als es etwa 1990 im südfranzösischen Carpentras zur Schändung eines jüdischen Friedhofs durch vier rechtsextreme Jugendliche kam, löste dies in ganz Frankreich starke Empörung aus. Allein in Paris gingen über 200.000 Menschen auf die Straße, um ihren Unmut sowie ihre Solidarität mit der jüdischen Gemeinde zum Ausdruck zu bringen.[202] Auf Seiten mancher MuslimInnen hingegen erweckte diese breite gesellschaftliche Unterstützung den Eindruck,

---

phlets *Die Protokolle der Weisen von Zion* in einer islamischen Buchhandlung in Belleville. Im selben Jahr warnte zudem die proisraelische Vereinigung *Décider agir avec vigilance pour Israel et la diaspora* (DAVID) vor antisemitischen Hetzreden auf islamischen Radiosendern, welche versuchen würden, französische „*Beurs*" gegen Juden aufzuwiegeln (vgl. Mandel 2014, 138).
197 Vgl. ebd., 136.
198 Vgl. Katz 2013, 510.
199 Zit. nach Mandel 2014, 136.
200 Vgl. Katz 2013, 510.
201 Vgl. Mandel 2014, 147.
202 Am 08.05.1990 verwüsteten die vier Jugendlichen mehrere Gräber auf dem jüdischen Friedhof in Carpentras und schändeten den Leichnam des Teppichhändlers Felix Germon, indem sie ihn ausgruben, ihn mit einer Schaufel misshandelten und ihn schließlich am Stiel eines Sonnenschirms aufhängten (vgl. Gudrun Lingner, Die grausige Mutprobe der Skinheads, in: Berliner Zeitung, 19.03.1997 sowie Silverman 2003, 68).

selbst keine derartigen Solidaritätsbekundungen von Seiten der französischen Bevölkerung erwarten zu können.[203] Eher verhärtete sich der Eindruck, „die Juden" seien „privilegierte", von Politik und Medien weitaus mehr beachtete Opfer – eine Tendenz, die sich, wie bereits ausgeführt, insbesondere in den Jahren nach 2000 verstärkte.

Im Gegensatz hierzu wurde die Solidarisierung und Identifizierung mit dem Schicksal der PalästinenserInnen gerade für junge französische MuslimInnen zu einer Ausdrucksmöglichkeit eigener Unzufriedenheit, führte jedoch zugleich zu einer stärkeren Abgrenzung gegenüber der jüdischen Bevölkerung.[204] Dies verstärkte sich insbesondere mit dem →Libanonkrieg 1982 und hierbei vor allem mit dem Massaker von Sabra und Shatila in einem palästinensischen Flüchtlingslager im Libanon. Mehr als der Sechstagekrieg von 1967 machte dies politische Bruchlinien zwischen Juden, Jüdinnen und MuslimInnen in Frankreich erstmals umfassender deutlich.[205] Junge „Beur-AktivistInnen" brachten ihre Unterstützung für Palästina nun oft vehement zum Ausdruck;[206] gleichzeitig kam es während abgehaltener Proteste zu gewalttätigen Auseinandersetzungen zwischen propalästinensischen und proisraelischen jüdischen AktivistInnen.[207] Erneute Proteste von Seiten verschiedener Pro-Palästina- und „Beur-Organisationen" zog in weiterer Folge auch der Ausbruch der →Ersten Intifada im Dezember 1987 nach sich. Wie im Ansatz schon 1967 zu vernehmen gewesen war, führten manche Demonstrierende ihre Solidarität mit Palästina hierbei auch auf ethnische Gründe zurück und argumentierten, „Algerier, Tunesier, Marokkaner und Palästinenser" hätten alle „dasselbe Blut" und wären dementsprechend als „Brüder und Schwestern" zu betrachten.[208]

Beschränkt blieb die Solidarisierung mit MuslimInnen allerdings nicht ausschließlich auf Palästina. Anfang der 1990er-Jahre zeigten sich MuslimInnen in Frankreich etwa auch mit (muslimischen) Opfern des „Bosnienkriegs" oder des Zweiten Golfkriegs solidarisch.[209] Zugleich sollte in Hinblick auf die bisher dargelegte Entwicklung noch einmal mitbedacht werden, dass wiederum nach 2000 nicht nur von jungen MuslimInnen ausgehende propalästinensische und mitunter antisemitische Manifestationen zunahmen. Vielmehr war parallel hierzu, vor allem seit dem 11. September 2001, auch ein Anstieg an Islamfeindlichkeit zu verzeich-

---

203 Vgl. Mandel 2014, 147.
204 Zur Sprache brachte diese Spannungen als einer der ersten auch der französisch-jüdische Intellektuelle Alain Finkielkraut (vgl. Finkielkraut 1980).
205 Vgl. Winter, 2014, 15.
206 Vgl. Mandel 2014, 130 und 135.
207 Vgl. Katz 2013, 510.
208 Vgl. Mandel 2014, 139 f.
209 Vgl. Boyer 1998, 161.

nen.²¹⁰ Dies weist einmal mehr hin auf eine unweigerliche Wechselwirkung zwischen der Erfahrung – oder Empfindung – von MuslimInnen in Frankreich, Opfer (von sozialer Ungleichheit, gesellschaftlicher Ausgrenzung, kollektiven Verdächtigungen o. ä.) zu sein und ihrer Solidarisierung mit muslimischen Opfern weltweit.²¹¹ Mit *wem* genau sich MuslimInnen – bei weitem nicht nur in Frankreich – allerdings solidarisieren bzw. für wen sie sich mobilisieren lassen, wird nicht unwesentlich von verschiedenen politischen und religiösen Agitatoren mitbestimmt, wobei insbesondere Palästina eine Schlüsselfunktion zukommt.

Beispiele konkreter Solidaritätsaktionen

Nimmt man in diesem Kontext die wesentlichen französischen Pro-Palästina-Organisationen näher in den Blick, so fällt auf, dass einige unter ihnen überhaupt erst in den Jahren nach 2000 gegründet wurden.²¹² Zu den Hauptaktivitäten dieser Vereinigungen zählen neben der Organisation von Demonstrationen auch die Publikation propalästinensischer Artikel, Kommuniqués und anderer Protestschriften sowie die Organisation von Konferenzen, Benefiz-Konzerten oder Reisen in die palästinensischen Gebiete.²¹³ Hiermit stehen sie zum Teil in der Tradition der erwähnten Palästina-Komitees der frühen 1970er-Jahre bzw. knüpfen an deren politische Agitation an. Hinzu kommen konkrete ganzjährige oder saisonale Hilfsaktionen vor Ort, insbesondere im Gaza-Streifen sowie im Westjordanland: Das

---

210 Vgl. auch Benbassa 2007, 212 sowie Katz 2013, 510.
211 So merkt bezeichnenderweise auch der propalästinensische Sozialwissenschaftler Nasser Zammit in einer Publikation von 2014 an: „Gewiss kann jeder seiner Seele und seinem Gewissen nach Palästina unterstützen. Die Solidarität mit Palästina ist eine Angelegenheit menschlicher Solidarität, ganz wie die Solidarität mit dem kongolesischen, birmanischen, syrischen, irakischen, lybischen oder anderen Völkern (…)" (Zammit 2014, 137 f.; Übersetzung A. P.).
212 Als wichtigste propalästinensische Organisationen führt der Sozialwissenschaftler Marc Hecker die folgenden an: *Association France Palestine Solidarité* (AFPS; „Frankreich Palästina Solidaritäts-Vereinigung", in dieser Form bestehend seit 2001), *Campagne Civile Internationale pour la Protection du Peuple Palestinien* (CCIPPP; „Internationale zivile Kampagne zum Schutz des palästinensischen Volkes", seit 2001), *Comité de Bienfaisance et de Secours aux Palestiniens* (CPSP; „Komitee zur Fürsorge und Hilfe für die Palästinenser", seit 1990), *Coordination des Appels pour une Paix Juste au Proche-Orient* (CAPJPO; „Koordinierung der Appelle für einen gerechten Frieden im Nahen Osten", seit 2002), *Génération Palestine* (seit 2006), *Mouvement de Soutien à la Résistance du Peuple Palestinien* (MSRPP; „Unterstützungsbewegung des Widerstands des palästinensischen Volkes", seit 2006), *Union Générale des Etudiants de Palestine* (Gups; „Allgemeine Union der Studenten aus Palästina", seit 1959), *Union Juive Française pour la Paix* (UJFP; „Jüdisch Französische Union für den Frieden", seit 1994) (vgl. Hecker 2012, 206–210).
213 Vgl. ebd., 206–210.

seit 1990 bestehende *Comité de Bienfaisance et de Secours aux Palestiniens* (CBSP; „Komitee zur Fürsorge und Hilfe für die Palästinenser") etwa gibt auf seiner Homepage an, in palästinensischen Gebieten Aktionen gegen Obdachlosigkeit und Kälte im Winter, für sauberes Trinkwasser oder zum Pflanzen von Olivenbäumen durchzuführen, und macht hierzu in Frankreich regelmäßig Spendenaufrufe.[214] Eine der federführenden französischen Pro-Palästina-Organisationen, die in ihrer jetzigen Form seit 2001 existente *Association France Palestine Solidarité* (AFPS; „Frankreich Palästina Solidaritäts-Vereinigung") wiederum bietet die (Spenden-)Möglichkeit einer *parrainage,* einer „Patenschaft" an. Dies bezieht sich sowohl auf palästinensische Kinder (im Westjordanland, in Gaza und im Libanon)[215] als auch auf palästinensische Gefangene in israelischen Gefängnissen. Im Fall von Letzterem handelt es sich jedoch nicht um Geldspenden, sondern darum, an die Gefangenen Briefe zu schreiben und ihnen auf diese Weise ein Zeichen der Solidarität zukommen zu lassen.[216] AFPS organisiert zudem regelmäßig Reisen für Franzosen und Französinnen in palästinensische Gebiete (etwa in Form von Sommercamps oder zur Hilfe bei der Olivenernte palästinensischer Bauern).[217]

Während es sich bei AFPS um eine säkular ausgerichtete Organisation handelt, finden sich auch propalästinensische Vereinigungen, die ihre Solidarisierung mit den PalästinenserInnen dezidiert auf den religiösen Bereich ausweiten.[218] Dies betrifft etwa die Organisation CBSP, die in Frankreich von der muslimbrüdernahen UOIF unterstützt wird und selbst wiederum unter Verdacht steht, auch die *Hamas* finanziell zu unterstützen.[219] Anlässlich des Fastenmonats Ramadan appelliert sie jährlich an MuslimInnen in Frankreich, Geld für palästinensische Familien zu spenden. Gedacht sind die Spenden vor allem für Essenspakete für den *Iftar* (Fastenbrechen) oder Geschenke für palästinensische Kinder zum *Īd al-Fitr* (Fest zum Ende des Ramadans). Zudem ruft CBSP dazu auf, den vorgeschriebenen *Zakāt al-Fitr* (Almosenabgabe am Ende des Ramadans) den PalästinenserInnen zu widmen.[220] Neben der Homepage der Organisation und Werbeeinschaltungen auf den

---

214 Vgl. etwa die Spendenaufrufe unter http://cbsp.fr/ [zuletzt abgerufen am 20.06.2015].
215 Vgl. http://www.france-palestine.org/-Parrainages- [zuletzt abgerufen am 20.06.2015].
216 Vgl. http://www.france-palestine.org/Parrainer-un-e-prisonnier-e-politique-palestinienne [zuletzt abgerufen am 20.06.2015].
217 Vgl. http://www.france-palestine.org/-Missions-en-Palestine- [zuletzt abgerufen am 20.06.2015].
218 Vgl. hierzu auch Alaoui 2015, 10–11. So merkte etwa Youcef Benderbal, Verantwortlicher für die Öffentlichkeitsarbeit von CBSP, gegenüber der muslimischen Monatszeitschrift *Salamnews* bezeichnenderweise an: „Palästina ist auch aus religiösen Gründen in den Herzen der Muslime." Zit. nach ebd., 11; Übersetzung A. P.
219 Vgl. etwa Peter 2010, 148.
220 Gemäß der Homepage von CBSP gab es für den Ramadan 2015 folgende Spendenmöglichkeiten: 100 Euro, um eine Familie während des Ramadan zu unterstützen, 40 Euro

muslimischen Online-Nachrichtenseiten *SaphirNews* und *Oumma.com* sowie einer Printwerbung in der muslimischen Monatszeitschrift *Salamnews*²²¹ werden die Spendenaufrufe heute auch über Facebook verbreitet. Im Ramadan 2015 beispielsweise – ein Jahr nach dem Gaza-Krieg im Sommer 2014 – war der Fokus hierbei vor allem auf Gaza gerichtet.²²²

In diese Aktionen einzuordnen ist letztlich auch die französische Marke *Mecca Cola*. Das Softdrink-Label, das in seinem Werbeslogan dazu aufruft, „engagiert zu trinken", wurde während des Ramadan 2002 und in Reaktion auf die *Zweite Intifada* von dem französisch-tunesischen Geschäftsmann Tawfik Mathlouthi im Pariser Vorort Saint Denis gegründet, nach dem Vorbild der iranischen Marke *ZamZam Cola*.²²³ Initiiert wurde das heute weit über die Grenzen Frankreichs hinaus erhältliche Getränk (so wird *Mecca Cola* u.a. auch in den Benelux-Staaten, in Deutschland, der Türkei und in einigen arabischen Staaten vertrieben) vor allem als Gegenprodukt zu *Coca-Cola* und zum „amerikanischen Hegemonismus". In Frankreich gewann es interessanterweise insbesondere während des Irak-Krieges an Popularität. Ein wesentliches Prinzip von *Mecca Cola* ist es, zehn Prozent des Profits humanitären Projekten in den palästinensischen Gebieten und weitere zehn Prozent karitativen Organisationen in anderen Ländern zu widmen.²²⁴ Geprägt zu sein scheint das Firmenoberhaupt Mathlouthi hierbei jedoch nicht nur von antiamerikanischen, sondern auch von antiisraelischen Ressentiments – so ist auf der englischsprachigen Website von *Mecca Cola* in Bezug auf die Initiierung der Marke zu lesen:

---

für ein Essenspaket, 20 Euro für ein Geschenk an ein palästinensisches Kind und 5 Euro für den persönlichen *Zakāt al-Fitr* (vgl. http://www.cbsp.fr/dons/index.php?lang=fr [zuletzt abgerufen am 20.06.2015]). Eine wichtige Bedeutung kommt Palästina zudem in den Hilfsaktionen der 1991 gegründeten NGO *Secours Islamique France* (SIF; „Islamische Hilfe Frankreich") zu, welche auf ihrer Website ebenfalls zu Spenden aufruft (vgl. http://www.secours-islamique.org/component/content/article.html?id=429 [abgerufen am 22.6.2015]).

221 Siehe Salamnews 53 (2015), 5. Die Werbeinschaltungen für CPSP unter ww.saphirnews.com und www.oumma.com sind jeweils nur temporär verfügbar, verstärkt jährlich im Monat des Ramadan.

222 Vgl. etwa die *Facebook*-Postings von CBSP am 22.06.2015 unter https://www.facebook.com/CBSP.FRANCE/posts/874321999350435 und https://www.facebook.com/CBSP.FRANCE/posts/873504376098864. Für die 2009 gegründete konservativ- islamische Hilfsorganisation *Ligue islamique française pour l'éducation* (LIFE; „islamische französische Liga für Bildung") wiederum fanden sich im Ramadan 2015 ebenfalls Werbeinschaltungen sowohl auf *SaphirNews* als auch auf den Nachrichtenseiten *Oumma.com* und *Islam&Info*.

223 Vgl. Pras/Vaudour-Lagrâce 2007, 214 sowie Boubekeur 2005, 45–65.

224 Vgl. Emrich 2014, 16 sowie auch Frédéric Pons, „Mecca Cola à l'assaut du Golfe", in: Libération.fr, 15.08.2003. *Mecca Cola* geriet jedoch in Frankreich auch unter die Kritik salafistischer Vereinigungen, welche es ablehnten, dass der Name des Pilgerortes Mekka für kommerzielle Zwecke „missbraucht" werde (vgl. ebd.).

My main Goal also was at that time to point the unfair and unacceptable blind support of America to the Zionist Entity. I couldn't and still can't accept The Policy of Double Standards followed and continuing to be followed by the USA Administration. I Claim for Justice and Human treatment for Palestinians. I do Believe that wars, military threats will never solve the Palestinian conflict. Freedom Right and Human rights are not negotiable. Only peaceful co-existence between Jews and Arabs will grant peace, based on 1967 Borders. Its [sic] possible, it is feasible, we only seek for real political will from both sides.

My Unique reason of strong opposition to these policies is my total rejection of INJUSTICE. I am not driven by hate or rejection of others or any racist feelings.[225]

Zum einen fällt an der Stellungnahme Mathlouthis auf, dass dieser nicht von Israel, sondern (und wie in vehementen antizionistischen Schriften oft zu lesen) lediglich von einer „Zionist Entity" spricht. Zum anderen ist die Betonung einer rein humanitären und antirassistischen Intention hinter dem Unternehmen – wohl auch in Abgrenzung zu möglichen Antisemitismusvorwürfen – bezeichnend für propalästinensische Initiativen dieser Art. Ähnlich betonte Mathlouthi auch in einem Interview mit der Zeitung *Le Parisien* im Jahr 2004, er sei „zutiefst antizionistisch" und gegen den Staat Israel, jedoch „nicht antijüdisch".[226]

Wie die verschiedenen Solidaritätskampagnen und Spendenaktionen generell verdeutlichen, ist die Solidarisierung mit Palästina oftmals auch unmittelbar mit humanitären Aspekten verknüpft, deren Bedeutsamkeit hier nicht in Frage gestellt werden soll. Allerdings hat dies wohl auch zur Folge, dass die Israel-Palästina-Frage – u.a. über gezielte Werbemaßnahmen, das Zahlen von Spenden oder die bewusste Unterstützung von Marken wie *Mecca Cola* – zusätzlich emotional aufgeladen und „personalisiert" wird. Verbunden ist dies zudem oftmals mit einer religiösen Komponente, insbesondere wenn Palästina-Solidarität in essentielle Bereiche des Islam wie die Almosenabgabe *Zakāt* oder den Ramadan und somit konkret in die religiöse Praxis eingebunden wird. Deutlich wird hieran letztlich auch die zentrale, „globalisierte" Rolle Palästinas für die muslimische *Umma* an sich.

Das französisch-israelische Verhältnis seit 1967

Ist Palästina-Solidarität und Antizionismus auch verstärkt unter der (radikalen) Linken und unter MuslimInnen vorzufinden, sollte bedacht werden, dass die fran-

---
225 Mathlouthi o. D.
226 Zit. nach Vincent Mongaillard, La saga Mecca-Cola, in: Le Parisien.fr, 16.04.2004; Übersetzung A. P.

Die Rolle des Nahostkonflikts und der Solidarisierung mit Palästina 105

zösische Außenpolitik seit Staatspräsident Charles de Gaulle ebenfalls weitgehend proarabisch geprägt war.[227] Zwar war Israel seit seiner Gründung von Frankreich unterstützt worden (etwa durch Waffenlieferungen[228] oder militärische Zusammenarbeit auf verschiedenen Ebenen). Allerdings war de Gaulle gleichermaßen darum bemüht, die französische Außenpolitik, nach der Dekolonialisierung und dem Algerienkrieg, im Nahen und Mittleren Osten wieder mehr in ein Gleichgewicht zu bringen (oft als „arabische Politik" de Gaulles bezeichnet). So hatte zwischen der Suezkrise 1956, als Frankreich gemeinsam mit Großbritannien an der Seite Israels militärisch gegen Ägypten interveniert hatte, und der algerischen Unabhängigkeit 1962 von allen arabischen Staaten allein der Libanon seine diplomatischen Beziehungen mit Frankreich aufrechterhalten.[229] Dementsprechend war de Gaulle nach den Verträgen von Evian die Wiederherstellung eines guten Verhältnisses zu sämtlichen arabischen Staaten ein wesentliches Anliegen:[230] Im September 1962 wurden die diplomatischen Beziehungen mit Saudi-Arabien, Jordanien und Syrien wieder aufgenommen, 1963 mit dem Irak und Ägypten.[231] Gleichzeitig war das Verhältnis zu Israel zu diesem Zeitpunkt ein noch durchaus positives, welches sich jedoch durch den Ausbruch des Sechstagekrieges schlagartig verschlechterte.[232] Nach Beendigung des Krieges beteiligte sich Frankreich in der UNO am Votum der Resolution 242, welche den „Rückzug der bewaffneten israelischen Streitkräfte aus den besetzten Gebieten" forderte. Fünf Tage nach Verabschiedung der Resolution im UN-Sicherheitsrat, am 27. November 1967, tätigte de Gaulle im Zuge einer Pressekonferenz zudem folgende, vielfach kritisierte Aussage:[233]

Die Errichtung einer zionistischen Heimstätte zwischen den beiden Weltkriegen in Palästina (…) und die Schaffung eines israelischen Staates nach dem Zweiten Weltkrieg weckten gewisse Befürchtungen. Man konnte sich fragen – und selbst viele Juden taten es –, ob die Verpflanzung dieser Gemeinschaft auf einen unter mehr oder weniger gerechtfertigten Bedingungen erworbenen Boden und inmitten ihr zutiefst feindlich gesinnter arabischer Völker nicht zu unablässigen und endlosen Reibungen und Konflikten Anläße gäbe. Manche befürchten sogar, daß die Juden, die bis dahin verstreut gelebt haben und geblieben sind, was sie jederzeit waren, ein selbstbewußtes

---

227 Vgl. Winock 2003, 708.
228 In den 1950er- und 1960er-Jahren war Frankreich der wichtigste Waffenlieferant für Israel. Dies erreichte seinen Höhepunkt im Mai 1967, kurz vor Ausbruch des Sechstagekrieges, mit der Lieferung französischer *Mirage*-Kampfflugzeuge, welche kurz darauf im Krieg eingesetzt wurden (vgl. ebd., 307).
229 Vgl. Hecker 2012, 18.
230 Vgl. Winock 2004, 310 f. sowie Schäfer/Schmid 2005, 413.
231 Vgl. Cohen 1974, 97 sowie Amson 1991, 80.
232 Vgl. ebd., 312.
233 Vgl. Hecker 2012, 21.

und herrschbegieriges Elitevolk, nach ihrem Zusammenschluß an der Stätte ihrer ehemaligen Größe dazu übergehen könnten ihre ergreifenden, neunzehn Jahrhunderte lang gehegten Wünsche in leidenschaftlichen und erobernden Ehrgeiz zu verwandeln. (...)[234]

Zur Rechtfertigung seiner Nahostpolitik auf dermaßen pauschale Weise von „den Juden" als einem elitären und herrschbegierigen Volk zu sprechen,[235] bedeutete nicht nur eine Provokation gegenüber Israel, auch brach de Gaulle hiermit ein innerfranzösisches Tabu: So löste allein der Umstand, dass dieser in einem Land, in dem zum damaligen Zeitpunkt die Bezeichnung „Franzosen israelitischer Konfession" vorrangig und insbesondere seit 1945 kaum von „Juden" die Rede war, *das* „jüdische Volk" als Kollektiv benannte, bei vielen Unbehagen aus.[236] Hinzu kam die Frage nach dem antisemitischen Gehalt der Aussage. Der bekannte Philosoph Raymond Aron präge hierfür das Schlagwort „Zeit des Argwohns", die mit de Gaulles Worten in Frankreich (wieder) begonnen hätte:

Mit ihnen gab der Staatschef den Antisemiten die feierliche Erlaubnis, von neuem ihre Stimme zu erheben. (...) Mit einem Schlage wurde der Staats-Antisemitismus wieder *salonfähig*. (...) Ich werde die Antisemiten des Jahres 1967 nicht Hitler und seinen Anhängern gleichsetzen um sie ungehört abzuwerten. Als freier Schriftsteller in einem freien Lande möchte ich dennoch sagen, daß de Gaulle bewusst einen neuen Abschnitt der jüdischen Geschichte und vielleicht des Antisemitismus eröffnet hat. Alles wird wieder möglich, alles beginnt wieder von neuem. Gewiß ist die Rede nicht von Verfolgung, nur von ‚feindseliger Gesinnung'. Es ist nicht die Zeit der Verachtung, sondern des Argwohns.[237]

Inwiefern bzw. ob der französische Antisemitismus im Speziellen auch durch die Aussage de Gaulles einen neuen Aufschwung gewann, bleibt nichtsdestotrotz fraglich. Zweifelsohne aber stellt das Jahr 1967 bzw. insbesondere der Sechstagekrieg

---

234 Zit. nach Aron 1968, 183.
235 Vgl. Poliakov 1992 (frz. Originalausgabe 1969), 105.
236 Vgl. Winock 2004, 315. 2003 schrieb der französisch-algerische Schriftsteller und Journalist Jean Daniel in *La Prison juive* („Das jüdische Gefängnis") bezüglich de Gaulle: „Was damals zahlreiche Juden, die sich, wie ich, an seiner Seite engagierten, erschütterte, ist der Gebrauch des Begriffs ‚Volk' im Singular. (...) Dass de Gaulle zwischen seinen Gefährten differenziert, das ist es, was sie schockierte und was mich schockierte. Ich fand, dass de Gaulle nicht das Recht hatte, er, der in der *Résistance* von Juden umgeben gewesen war, die französischen Juden in eine bedingungslose Zugehörigkeit zum Staat Israel einzuschließen." (Zit. nach ebd., 325; Übersetzung A. P.).
237 Aron 1968, 17 ff.

ein Schlüsselmoment hinsichtlich der französisch-israelischen Beziehungen dar,[238] welcher auch in den Folgejahren die französische Außenpolitik wesentlich prägte. So wurde die proarabische Politik de Gaulles von seinem Nachfolger Georges Pompidou fortgesetzt,[239] der am 10. Juli 1969 im Zuge einer Pressekonferenz betonte:

> Frankreich hat die Pflicht seine eigenen moralischen und materiellen Interessen zu verteidigen, die beträchtlich, aber im ganzen mediterranen Becken sehr verschieden sind und die im Besonderen von den guten alten oder erneuerten Beziehungen, die wir mit den arabischen Nationen unterhalten, abhängen. Unter diesen Umständen ist und war es unsere Politik vor allem Besonnenheit zu empfehlen, und dann zu versuchen ein Reglement zu befördern oder beizutragen es zu befördern, das dem Staat Israel erlaubt in Frieden im Inneren seiner anerkannten und garantierten Grenzen zu leben, und das gleichzeitig eine Lösung der menschlichen und politischen Probleme, welche sich aus der Existenz und den Rechten der palästinensischen Bevölkerungen ergeben, gewährleisten sollte.[240]

Insbesondere der Verweis auf die „anerkannten und garantierten Grenzen" Israels ist hier wohl als Signum an die arabischen Staaten zu verstehen, welches suggeriert, Frankreich erkenne Israel zwar in seinen Grenzen *vor* dem Sechstagekrieg an, sei jedoch gleichermaßen auf die Rechte der palästinensischen Bevölkerung bedacht. In Bezug auf Letzteres betonte fünf Jahre später, am 31. Mai 1974, auch der Nachfolger Pompidous, Valéry Giscard d'Estaing, „jede Regelung für Frieden wird, um gerecht und dauerhaft zu sein, den Bestrebungen der Palästinenser in angemessenem Umfang entgegenkommen müssen".[241] Im selben Jahr fand ein erstes Treffen zwischen dem damaligen französischen Außenminister Jean Sauvagnargues und dem PLO-Vorsitzenden Jassir Arafat in Beirut statt. Ein Jahr später erhielt die PLO die Erlaubnis, in Paris ein *bureau de liaison et d'information* („Verbindungs- und Informationsbüro") zu eröffnen. Im Jänner 1976 brachte Frankreich im Sicherheitsrat der UNO zudem eine Resolution ein, die die Errichtung eines palästinensischen Staates vorsah.[242] Das Recht der PalästinenserInnen auf Selbstbestimmung betonte Frankreich zudem erneut 1980 im *Conseil européen* von Venedig.[243] Angesichts des zunehmenden Engagements Frankreichs unter Giscard d'Estaing für die palästinensische Sache blieb das französisch-israelische Verhältnis ein entsprechend angespanntes. Zwar bereiste dessen sozialistischer Nachfolger François Mitterrand

---

238 Vgl. Hecker 2012, 13.
239 Vgl. ebd., 30 f.
240 Zit. Nach Rondot 1989, 82.
241 Zit. nach ebd., 84; Übersetzung A. P.
242 Vgl. Hecker 2012, 31; zu Letzterem vgl. zudem Becker 1998, 202.
243 Vgl. Hecker 2012, 32.

(ab 1981) als erster französischer Staatspräsident im März 1982 offiziell Israel, allerdings betonte auch er bei dieser Gelegenheit, er wolle keine proisraelische, sondern eine „ausgeglichene Politik" im Nahen Osten führen.[244] In einer Rede vor der *Knesset* am 4. März 1982 verteidigte er dementsprechend das „unbeugsame Existenzecht des Staates Israel", allerdings auch jenes der palästinensischen Bevölkerung von Gaza und dem Westjordanland.[245] Von manchen als regelrechtes Zeichen des Verrats an Israel empfunden wurde schließlich, dass Mitterrand im Mai 1989 Jassir Arafat offiziell als Staatsgast in Paris empfing.[246]

Außenpolitisch eher proarabisch orientiert, blieb letztlich auch Mitterrands Nachfolger Jacques Chirac (ab 1995).[247] Allerdings ist hierbei auch zu erwähnen, dass dessen historische Rede vom 16. Juli 1995, in welcher er die Mitverantwortung Frankreichs für die Deportation und Ermordung von während der Zeit der nationalsozialistischen Besatzung in Frankreich lebenden Juden und Jüdinnen offiziell eingestand,[248] in Israel generell sehr positiv aufgenommen wurde.[249] Im Gegensatz hierzu löste jedoch unter der zweiten Präsidentschaft Chiracs der stark angestiegene Antisemitismus seit 2000 auf israelischer Seite große Beunruhigung aus. Dies bewog den damaligen israelischen Regierungschef Ariel Sharon im Juli 2004 (zum Missfallen der französischen Regierung) dazu, die jüdische Bevölkerung Frankreichs aufzufordern, umgehend nach Israel zu emigrieren. Zwar gestand Sharon ein, dass die französische Regierung durchaus Maßnahmen gegen die antisemitischen Gewalttaten ergriffen habe, sah jedoch die *Aliyah* als einzige Antwort auf einen „entfesselten Antisemitismus, der sich in Frankreich ausbreitet".[250]

2006, nach dem Wahlsieg der *Hamas* im Gazastreifen, näherte sich die französische Außenpolitik unter Chirac schließlich mehr der israelischen Position an – mit der Begründung, es sei nicht möglich mit der *Hamas* zu verhandeln, solange diese das Existenzrecht Israels nicht anerkenne.[251] Staatspräsident Nicolas Sarkozy vertrat ab 2007 eine grundsätzlich israelfreundlichere Haltung bzw. wurde er im Vergleich zu seinen Vorgängern als wesentlich proisraelischer wahrgenommen und von einigen Seiten auch dementsprechend kritisiert.[252] Als sehr beliebt galt der ehemalige Präsident hingegen – wie sich aus den dortigen Wahlergebnissen ableiten lässt – bei in Israel lebenden französischen Juden und Jüdinnen, vor allem auch

---

244 Vgl. ebd., 53.
245 Vgl. die Rede Mitterands unter Mitterand 1982.
246 Vgl. Hecker 2012, 53.
247 Vgl. ebd., 56.
248 Siehe Allocution de M. Jacques CHIRAC 1995.
249 Vgl. Barnavi/Rosenzweig 2002, 28.
250 Zit. nach und vgl. Yonatan Daniel, Juifs français: l'appel de Sharon, in: Le Parisien.fr, 19.07.2004; Übersetzung A. P.
251 Vgl. Boniface 2014, 194.
252 Vgl. Winter 2014, 18.

aufgrund seines entschlossenen Auftretens hinsichtlich des Kampfes gegen Antisemitismus in Frankreich.[253] Sarkozy selbst hatte im Hinblick auf die französische Nahostpolitik bereits im Präsidentschaftswahlkampf betont, bezüglich der Israel-Palästina-Frage eine abgewogenere Position einnehmen zu wollen als seine Vorgänger.[254] Dies zeigte sich auch in einer im Juni 2008 im Zuge einer offiziellen Israelreise vor der *Knesset* gehaltenen Rede, in welcher er eine „tiefe Freundschaft zwischen Israel und Frankreich, die seit 60 Jahren allen Turbulenzen der Geschichte standgehalten hat",[255] beschwor, Israel angesichts von Terrorismus die volle Solidarität Frankreichs zusicherte und überdies vehement das iranische Atomprogramm verurteilte. Zugleich sprach er sich in diesem Kontext jedoch auch für die Schaffung eines „unabhängigen, modernen, demokratischen und lebensfähigen palästinensischen Staates"[256] aus, wies auf die Freundschaft Frankreichs mit dem palästinensischen Volk hin und bekundete seine Hoffnung auf eine baldige und friedliche Lösung des Israel-Palästina-Konflikts.[257] Wenig verwunderlich scheint es dementsprechend auch, dass die französische (Außen-)Politik unter Sarkozy angesichts viel kritisierter israelischer Militäroffensiven wie der →Gaza-Offensive „Gegossenes Blei" im Winter 2008/09 und der generellen Politik gegenüber den PalästinenserInnen unter Benjamin Netanyahu immer wieder auch Kritik an Israel übte.[258]

Netanyahu wiederum rief schließlich unter der Präsidentschaft von Sarkozys Nachfolger François Hollande (2012–2017), wie bereits Sharon 2004, Juden und Jüdinnen in Frankreich dazu auf, angesichts des stark angestiegenen Antisemitismus nach Israel zu emigrieren. Dies geschah zunächst im Herbst 2012 bei einem Staatsbesuch in Frankreich,[259] dann wiederholt nach den Terroranschlägen von Paris im Jänner 2015.[260] (Hierbei sollte bedacht werden, dass Netanyahu dies wohl

---

253 Vgl. Hecker 2012, 60 f. sowie Winter 2014, 15. Analog hierzu sprach ihm auch der CRIF seine Unterstützung aus.
254 Vgl. Hecker 2012, 60 f.
255 Zit. nach Le discours de Nicolas Sarkozy à la Knesset, in: Le Monde.fr, 23.06.2008; Übersetzung A. P.
256 Zit. nach ebd.; Übersetzung A. P.
257 Vgl. ebd.
258 Im Juni 2008 forderte Frankreich etwa die Einfrierung des jüdischen Siedlungsbaus, inklusive von Siedlungen in Ost-Jerusalem (vgl. Camus 2010, 154). 2010 sprach man bezüglich des israelischen Militäreinsatzes gegen die damalige Gaza-Flottille von einem „unverhältnismäßigen Gebrauch" („usage disproportionné") der Macht der israelischen Armee (vgl. Hecker 2012, 417). Vgl. ferner Hershco/Schupak 2009, 63–73 sowie Eytan 2009, 324–333.
259 Vgl. exemplarisch Netanyahou aux juifs de France: „Venez en Israël!", in: Le Nouvel Observateur.com, 31.10.2012.
260 Vgl. Nétanyahou aux juifs de France: „Vous avez le droit de vivre en sécurité où vous choisirez", in: Le Monde.fr, 11.01.2015 sowie L'appel de Netanyahou aux juifs de France, in: Le Figaro.fr, 8.2.2015.

auch in Hinblick auf die israelische Innenpolitik bzw. in der Hoffnung, durch neu einwandernde Franzosen und Französinnen zusätzliche Wählerstimmen gewinnen zu können, tat.)[261] Dementsprechend verdeutlicht die Reaktion Netanyahus, inwiefern die Problematik des Antisemitismus im zeitgenössischen Frankreich zwangsweise einen heiklen Punkt auch für die Wahrnehmung des Landes durch Israel darstellt. Zugleich fällt auf, dass sich die französische (Außen-)Politik in den letzten Jahren hin zu einer eindeutig israelfreundlicheren entwickelt hat. Zudem wird auf innenpolitischer Ebene auf demonstrativ restriktive Weise gegen antiisraelische Aktionen wie insbesondere die Boykottkampagne BDS vorgegangen. Auch die Politik des aktuellen Staatspräsidenten Emmanuel Macron folgt – soweit dies bereits zu beurteilen ist – weitgehend dieser Richtung.

In Bezug auf den BDS bleibt zu erwähnen, dass es sich im Fall von Frankreich neben Israel um das einzige Land handelt, in welchem BDS-AktivistInnen aufgrund von öffentlichen Boykottaufrufen von der Justiz belangt werden können und gegen sie prozessiert wird.[262] Untermauert wird dieses Vorgehen durch einen Paragraphen im französischen Strafgesetz, welcher das „Hindern an der normalen Ausübung einer jedweden wirtschaftlichen Tätigkeit" als Diskriminierung definiert.[263] Zudem kann das im Jahr 2003 verabschiedete Gesetz *Loi Lellouche,* das ein erhöhtes Strafmaß infolge von „Vergehen rassistischer, antisemitischer oder xenophober Natur" vorsieht, herangezogen werden.[264] Verfestigt wurde diese juristische Situation zudem im Februar 2010 durch einen – von einigen Seiten kritisierten[265] – Erlass

---

261 Generell gilt die Mehrheit der französischen EinwanderInnen als Wähler rechtsgerichteter israelischer Parteien, vor allem des rechtskonservativen *Likud* – um zu verhindern, manche unter ihnen an rechtere Parteien zu verlieren, startete die Partei Netanjahus im Wahlkampf 2015 daher auch eine bewusst an französische WählerInnen gerichtete *Social-Media*-Kampagne, inklusive eines französischsprachigen *Facebook*-Auftritts der Partei (vgl. Who Will the New French Immigrants Vote For?, in: Arutz Sheva. Israelnationalnews.com vom 10.03.2015).

262 Hierbei kam es bisher in manchen Fällen zur Verhängung von Geldstrafen im dreistelligen Euro-Bereich. Allein zwischen 2009 und Sommer 2014 fanden beispielsweise über vierzig gerichtliche Verfahren gegen BDS-AktivistInnen statt. Ankläger waren nicht von Boykottaktionen betroffene Supermarkt- oder Handelsketten selbst, sondern die meisten Prozesse wurden auf Initiative der jeweiligen Staatsanwaltschaft oder in Folge von Klagen französisch-jüdischer Organisationen – vor allem von Seiten des *Bureau national de vigilance contre l'antisémitisme* („nationales Büro der Wachsamkeit gegen Antisemitismus") oder der Handelskammer *France-Israël* – geführt, in vielen Fällen kam es allerdings zu keiner Verurteilung (vgl. etwa Vincent Boyajean, Peut-on boycotter les produits israéliens?, in: L'Express.fr, 14.08.2013; Sonya Faure, L'appel au boycott est-il illégal?, in: Libération.fr, 29.08.2014).

263 Siehe Code pénal – Article 225–2.

264 Siehe LOI n° 2003–88 du 3 février 2003 visant à aggraver les peines punissant les infractions à caractère raciste, antisémite ou xénophobe.

265 Vgl. etwa Israël-Palestine: l'impossible boycott, in: Le Point.fr, 05.08.2014.

der damaligen Justizministerin Michèle Alliot-Marie: Dieser legt der Staatsanwaltschaft nahe, Boykottaufrufe nach dem französischen Gesetz über die Pressefreiheit zu behandeln und dementsprechend als „öffentliche Provozierung der Diskriminierung einer Nation" mit einem Jahr Haft und 45.000 Euro Strafe zu belangen.[266]

Allerdings befördern derartig strenge juristische Maßnahmen in den Augen mancher Palästina-AktivistInnen wiederum das Bild von Frankreich als bedingungslosen Unterstützer Israels. Hinzu kommt, dass sich auch in der französischen Öffentlichkeit – gegengleich zur Außenpolitik – das Israelbild sukzessive verschlechtert zu haben scheint. So fand die proarabische Agitation de Gaulles, trotz dessen großer Popularität, im Juni 1967 zunächst noch kaum Bejahung. Vielmehr kam es im Frühsommer in Paris zu einer großen proisraelischen Demonstration mit etwa 30.000 Teilnehmenden, auf welcher Parolen zu hören waren wie „Frankreich mit uns!" oder „Israel wird leben!"[267] Im Rahmen einer im Juni 1967 durchgeführten Meinungsumfrage unter der französischen Bevölkerung sprachen sich zudem 58 Prozent der Befragten für den Staat Israel aus, lediglich zwei Prozent für die arabischen Staaten.[268]

Ein Wandel in der öffentlichen Meinung gegenüber Israel begann sich erst mit dem Libanonkrieg 1982 und der *Ersten Intifada* von 1987 abzuzeichnen. Letztere verlieh den PalästinenserInnen nun vielfach das Gesicht von mit Steinen werfenden und vom israelischen Militär unterdrückten Jugendlichen und somit auch ein Mehr an Sympathie. Parallel hierzu mag die weitere Entwicklung – der gescheiterte Friedensprozess von Oslo, die *Zweite Intifada* ab 2000, der →Libanonkrieg von 2006 sowie die Gaza-Offensiven von 2008/09, 2012 und 2014 u. ä. – für das allgemeine Israelbild wenig förderlich gewesen sein.[269] Wie auch die erwähnten Berichte der *Commission nationale consultative des droits de l'homme* aufzeigen, scheinen in der französischen Gesellschaft negative Meinungen über Israel mittlerweile ein-

---

266 Vgl. Benoit Hurel, Il est désormais interdit de boycotter, in: Libération.fr, 19.11.2010.
267 Vgl. Winock 2004, 316 f.
268 Vgl. ebd. 2003, 709. Esther Benbassa führt dies auch auf eine wenige Jahre nach dem Algerienkrieg noch zu spürende kollektive antiarabische Stimmung zurück (vgl. Benbassa 2007, 200).
269 Vgl. Boniface 2014, 36 f. sowie Harrison 2014, 46. Zu einem derartigen Ergebnis kam u.a. auch eine Meinungserhebung des IFOP-Instituts von 2012 für die israelische Botschaft: Im Zuge dieser gaben 60 Prozent der befragten Franzosen und Französinnen an, sie hätten ein „eher schlechtes" oder „schlechtes" Bild von Israel (letztere machten hierbei 13 Prozent aus), 52 Prozent der Befragten stimmten dem Item zu, die Israelis seien aggressiv, 53 Prozent jenem, sie würden die Menschenrechte nicht respektieren. Der Anteil an Jugendlichen (Personen bis zum Alter von 35) mit einem negativen Bild von Israel machte hierbei um 23 Prozent mehr aus als jener der befragten Personen über 35, bei SympathisantInnen der Linksparteien lag der Anteil um 19 Prozent über jenem der UMP-SympathisantInnen (vgl. „Sondage Ifop" 2013).

deutig über positive zu überwiegen.[270] Allerdings ist dies klarerweise ein Phänomen, welches sich keineswegs auf Frankreich beschränkt.[271]

Jüdische Organisationen, Solidarisierung mit und Kritik an Israel

Welche Rolle aber spielt Israel für französische Juden und Jüdinnen selbst? Von besonderem Interesse ist in diesem Zusammenhang die Studie *Intifada française. De l'importation du conflit israélo-palestinien* („Französische Intifada. Vom Import des israelisch-arabischen Konflikts") des französischen Sozialwissenschaftlers Marc Hecker. Wie darin verdeutlicht wird, findet der Israel-Palästina-Konflikt auch insofern starken Widerhall in Frankreich, als dass hier den verschiedenen prononciert propalästinensischen Gruppierungen im öffentlichen Diskurs mehrere dezidiert proisraelische Organisationen und Stimmen entgegenstehen. Folglich werden die hinsichtlich der Israel-Palästina-Frage generell bestehenden Animositäten und Ressentiments von den jeweiligen Vereinigungen und ihren TrägerInnen keineswegs entschärft, sondern vielfach verfestigt.

Neben laizistischen oder religiös geprägten (etwa protestantischen) nichtjüdischen Vereinigungen handelt es sich bei den proisraelischen Gruppierungen vor allem um Organisationen innerhalb der jüdischen Community.[272] Vorausgeschickt werden sollte hierbei jedoch, dass in etwa die Hälfte der 500.000 bis 600.000 Jüdinnen und Juden Frankreichs *keiner* jüdischen Gemeinde angehört und höchstens

---

270 Vgl. exemplarisch CNCDH 2014, 187 sowie dies., 2017, 116.
271 Vgl. ebd. Darüber hinaus siehe zum Beispiel eine vom britischen Institut *GlobeScan* für die BBC durchgeführte Studie, welche zwischen Dezember 2012 und April 2013 insgesamt 26.299 Menschen in 25 Ländern u.a. zu ihrer Einschätzung des Einflusses von Israel in der Welt befragte. Hierbei schätzten 63 Prozent der in Frankreich befragten Personen den Einfluss Israels als negativ ein (im Gegensatz zu 21 Prozent, die ihn als positiv befanden – im europäischen Raum lagen hierbei allein Großbritannien mit 72 Prozent, Spanien mit 70 Prozent und Deutschland mit 67 Prozent noch höher) (vgl. GlobeScan, 2013, 29).
272 Marc Hecker nennt als die wesentlichsten unter ihnen den CRIF (seit 1944) und die folgenden Mitgliedsorganisationen *B'nai B'rith* (1843 in New York gegründet, Ende des 19. Jahrhunderts entstanden erste Logen auch in Europa), *Union des étudiants juifs de France* (UEJF; „Union der jüdischen Studenten Frankreichs", seit 1944), *Siona* (seit 1967), *Association pour le bien-être du soldat israélien* („Vereinigung für das Wohlergehen des israelischen Soldaten", seit Anfang der 1990er-Jahre in Frankreich existent) sowie außerhalb des CRIF den französischen Arm des *American Jewish Committee* (AJC, gegründet 1906 in New York, seit 2004 wieder in Frankreich existent), die *Union des Patrons et Professionnels Juifs de France* (UPJF; „Union der jüdischen Arbeitgeber und Fachleute Frankreichs", seit 1997) und die *Association France-Israël* (seit 1926, gegründet unter dem Namen France –Palestine) (vgl. Hecker 2012, 3 f. und 134–138).

ein Viertel Mitglied einer der insgesamt ca. 3.000 in Frankreich existenten jüdischen Organisationen und Vereine ist.[273] Die bekannteste und öffentlichkeitswirksamste unter ihnen ist die Dachorganisation jüdischer Organisationen in Frankreich, der CRIF. Dieser *Conseil représentatif des institutions juives de France* versteht sich als repräsentativ für „die jüdischen Institutionen Frankreichs" bzw., wie auf seiner Homepage zu lesen ist, als „Sprecher der jüdischen Gemeinde Frankreichs gegenüber der öffentlichen Hand".[274] Seit seiner Gründung 1944 ist der heute etwa sechzig Mitgliederorganisationen umfassende Dachverband, wie Marc Hecker schreibt, nach und nach auch zu einem der „wesentlichen Verteidiger Israels in Frankreich"[275] geworden. An Sichtbarkeit in der französischen Öffentlichkeit gewann er vor allem seit den 1970er-Jahren und verstärkt ab den 1980er-Jahren.[276] Bis heute betrachtet der CRIF als eines seiner Hauptanliegen die „Bekräftigung seiner Solidarität gegenüber Israel und seine Unterstützung einer pazifistischen Lösung im Israel-Palästina-Konflikt".[277] Kritik an der israelischen Politik wird von Seiten des CRIF hingegen so gut wie nicht geäußert.[278]

Ist der CRIF auch keineswegs als Repräsentant der *gesamten* französisch-jüdischen Bevölkerung zu betrachten, stellt er doch ein öffentlich sicht- und hörbares proisraelisches Sprachrohr „der Juden" Frankreichs dar, wofür er immer wieder auch im innerjüdischen Diskurs unter Kritik gerät.[279] So hieß es 2003 etwa in einem in der Tageszeitung *Libération* erschienenen Artikel der Intellektuellen Olivier Gebuhrer und Pascal Lederer, Gründer der Initiative *Une autre voix juive* („Eine andere jüdische Stimme"):[280]

> Die öffentliche Meinung dieses Landes ist seit zu langer Zeit einer jüdischen Stimme ausgesetzt, die als Teil des organisierten Judentums dieses Landes ein Monopol innehält. (…) Die Anzahl der Bürger, die an diesen jüdischen Institutionen, die wiederum selbst Teil des Crif sind, teilhaben, repräsentiert nicht mehr als 20 % der jüdischen Bevölkerung Frankreichs!

In einem ähnlichen Artikel in *Le Monde* wiederum riefen 2002 16 Intellektuelle (darunter die Anwältin Gisèle Halimi, der Krebsforscher Léon Schwartzenberg, der Historiker Pierre Vidal-Naquet und der ehemalige Präsident der *Médecins sans*

---

273 Vgl. ebd., 67 f.
274 Présentation du CRIF, in: Crif.org.
275 Hecker 2012, 69; Übersetzung A. P.
276 Vgl. Ghiles-Meilhac 2009, 15.
277 Présentation du Crif; Übersetzung A. P.
278 Vgl. Klein 2006, 756 sowie Liehr 2007, 99.
279 Vgl. Hecker 2012, 68.
280 Olivier Gebuhrer/Pascal Lederer, Il existe une autre voix juive, in: Libération, 05.05.2003; zit. nach Hecker 2012, 68.

frontières Rony Brauman) den CRIF dazu auf, damit aufzuhören „sich das Recht anzumaßen, im Namen all jener zu sprechen, die nicht denken, dass Jude sein dazu führt, sein Gewissen im Namen der ‚Verteidigung der Interessen Israels' zum Schweigen zu bringen".[281] Jedoch beschränkt sich die Kritik an der von manchen als unangemessen empfundenen Solidarisierung mit Israel nicht allein auf den CRIF, sondern bezieht sich vielfach auch auf als „zu proisraelisch" wahrgenommene Intellektuelle. So richtet etwa der Historiker Michel Dreyfus in einer seiner Publikationen den Vorwurf an Intellektuelle wie Alain Finkielkraut oder Pierre-André Taguieff sowie an „zahlreiche Verantwortungsträger der jüdischen Gemeinde",[282] sie würden jedes Infragestellen, jede Kritik an der Politik Israels unweigerlich als Antisemitismus brandmarken, und geht so weit, einen Vergleich mit sowjettreuen Kommunisten anzustellen:

> In dem leidenschaftlichen Verhältnis dieser Intellektuellen und dieser Juden gegenüber dem hebräischen Staat liegt eine Verhaltensweise, die an die Treuepflicht der Kommunisten gegenüber der UDSSR erinnert.[283]

Ein regelrechtes Lob spricht er hingegen den oben genannten (jüdischen) Intellektuellen wie u.a. Rony Brauman, Gisèle Halimi und Pierre Vidal-Naquet aus, da sie eine solche „identitäre Einkapselung"[284] verweigern würden.

Derartige, großteils innerjüdische Debatten verdeutlichen, inwiefern die Israel-Palästina-Frage sich nicht nur auf eine Auseinandersetzung zwischen verschiedenen Bevölkerungs- und Religionsgruppen oder auf die Frage des Antisemitismus beschränken lässt. Zugleich lässt sich hieran erkennen, inwiefern – parallel zur Solidarisierung mit Palästina – auch jene mit Israel eine wichtige Rolle spielt. Begrenzt bleibt dies nicht auf Organisationen wie den CRIF oder bestimmte proisraelische Intellektuelle, vielfach ist sie auch auf individueller Ebene zu finden.[285] Zwar hatte die Bewegung des Zionismus Ende des 19. Jahrhunderts und unmittelbar auch die Gründung Israels im französischen Judentum (das stark auf die Identifikation mit der französischen Republik ausgerichtet war) keine umfassende Bedeutung erlangt. Allerdings wurde der Staat, wie etwa Esther Benbassa ausführt, in der zweiten Hälfte des 20. Jahrhunderts allmählich doch „zu einem wesentlichen Bestandteil der jüdischen Identität in Frankreich".[286] Wie eingangs erwähnt, trugen

---

281 Lettre ouverte au Crif, in: Le Monde, 18.09.2002; zit. nach Hecker 2012, 68; Übersetzung A. P.
282 Dreyfus 2009, 265; Übersetzung A. P.
283 Ebd.; Übersetzung A. P.
284 Ebd.; Übersetzung A. P.
285 Vgl. z. B. Klein 2006, 756.
286 Benbassa 2001, 415.

zu diesem Wandel insbesondere der Sechstagekrieg 1967 und eine bis dahin in diesem Ausmaß unbekannte und öffentlich bekundete Solidarisierung von Teilen der französisch-jüdischen Bevölkerung mit Israel bei.[287] Manifest wurde diese auch wenige Jahre später, als die CRIF-nahe Bewegung *Renouveau juif* („jüdische Erneuerung") 1976 die Massenveranstaltung *Douze heures pour Israël* („Zwölf Stunden für Israel") – seit 2003 *Douze heures pour l'amitié entre la France et Israël* („Zwölf Stunden für die Freundschaft zwischen Frankreich und Israel") – als festliche Solidaritätsbekundung mit Israel ins Leben rief.[288] Bezeichnend ist zudem, dass es in Reaktion auf kriegerische Auseinandersetzungen im Zuge des Israel-Palästina-Konflikts in Frankreich immer wieder zu größeren proisraelischen Unterstützungskundgebungen seitens jüdischer Organisationen kommt.[289]

Darüber hinaus ist Verbundenheit mit Israel auch insofern gegeben, als dass einige französische Juden und Jüdinnen Verwandte[290] und Freunde im Land haben, dort regelmäßig ihre Ferien verbringen, mitunter Zweitwohnungen in Netanya, Tel Aviv und anderswo unterhalten, im Besitz einer doppelten Staatsbürgerschaft sind oder freiwillig in der israelischen Armee dienen.[291] In Bezug auf Letzteres ist zu erwähnen, dass in Frankreich drei verschiedene jüdische Organisationen *(Libi, Migdal* sowie die *Association pour le Bien-être du Soldat Israélien)* Geldspenden zur

---

287 Siehe hierzu etwa auch die Ausführungen in Finkielkraut1984 (frz. Originalsaugabe1980), 124. Einen (wenn auch sehr verallgemeinernden) Einblick in die damalige Stimmung unter französischen Juden und Jüdinnen gibt zudem Claude Lanzmann in seiner Autobiographie *Der patagonische Hase*: „Als der Sieg sicher war und sein Ausmaß bekannt wurde, verwandelte sich bei den französischen Juden die Sorge in den Herzen, die angesichts der strengen Geheimhaltung, mit denen Israel seine Operationen umgab, bis zum letzten Tag anhielt, in einen Ausbruch der Erleichterung, der Freude, des Stolzes, die man sich heute nur schwer vorstellen kann. All jene, die Israel bisher eher gleichgültig gegenüberstanden oder gar nichts von diesem Land wissen wollten, wurden auf einmal sehr neugierig darauf und dachten daran, sich dort niederzulassen, ihm zu dienen, an israelischen Universitäten zu studieren oder zu lehren." (Lanzmann 2009, 505.) Allerdings sollte bedacht werden, dass diese Solidarität nicht von allen geteilt wurde. Vielmehr ergriffen manche, wie der marxistische Historiker Maxime Rodinson, auch für die Araber und gegen Israel Partei (vgl. Winock 2003, 716).
288 Vgl. Hecker 2005, 405 sowie Ghiles-Meilhac 2009, 15.
289 Vgl. auch Hecker 2005, 404. Nach Ausbruch der *Zweiten Intifada* im Oktober 2000 etwa demonstrierten ca. 8000 Personen in Paris vor der israelischen Botschaft und um die 1500 Personen in Marseille vor dem israelischen Konsulat, um sich für „Frieden im Nahen Osten" auszusprechen und ihre Solidarität mit Israel zum Ausdruck zu bringen (vgl. Manifestations de soutien à Israël, in: Le Nouvel Observateur, 11.10.2000 sowie Daniel Licht, La communauté juive entre peur et sang-froid, in: Libération.fr, 12.10.2000).
290 Dies betrifft im Besonderen Juden und Jüdinnen mit maghrebinischem Hintergrund, von deren Familien – nach der Unabhängigkeit Tunesiens, Marokkos und Algeriens – ein Teil nach Frankreich, ein anderer nach Israel emigriert war (vgl. etwa Benbassa 2001, 416 f.).
291 Vgl. Cohen 2000, 101.

Unterstützung der israelischen Armee und der Grenzschutzpolizei *Magav* sammeln, u.a. im Rahmen einer jährlich in Paris veranstalteten Spendengala.[292] Zudem besteht seit 1982 die von der israelischen Organisation *Sar-El* initiierte Möglichkeit des so genannten *volontoriat civil* – dieses bringt jährlich etwa vier- bis fünftausend Freiwillige aus über dreißig Ländern nach Israel, wobei durchschnittlich ein Viertel aus Frankreich kommt.[293] Wie das Attribut *civil* impliziert, handelt es sich hierbei nicht um die Beteiligung an Militäreinsätzen, allerdings werden die Freiwilligen zwei bis drei Wochen auf einer israelischen Militärbasis stationiert, um dort Hilfsdienste zu verrichten.[294]

Was wiederum die politische Ausrichtung vieler jüdischer proisraelischer Organisationen in Frankreich betrifft, so haben sich, wie Jean-Yves Camus darlegt, vor allem seit dem Jahr 2000 hinsichtlich der israelischen Politik viele dem rechtskonservativen oder zionistisch-nationalistischen Lager zugewandt. Entsprechend stehen sie ideell Benjamin Netanyahu und der *Likud*-Partei, der *Nationalreligiösen Partei* oder der Partei *Ihoud Leumi* („nationale Einheit") nahe.[295] Hinzu kommen zwei marginale, sehr rechtsgerichtete zionistische Bewegungen, die *Likud*-nahe *Betar* und die *Ligue de Défense Juive* (LDJ, „Jüdische Verteidigungsliga"). Beide erlangten in den Jahren nach 2000 vor allem durch gewalttätige Aktionen Bekanntheit. Erstere wurde 1923 in Riga gegründet und ist heute unter anderem in Israel, den USA und Frankreich aktiv. Der französische Ableger von *Betar* hat sich vor allem der „Verteidigung der jüdischen Gemeinde" und der Unterstützung Israels und der „zionistischen Werte" verschrieben und fiel insbesondere in den ersten beiden Jahren nach 2000 durch mehrere fragwürdige Aktionen gegen Pro-Palästina-AktivistInnen auf.[296] Die etwa 300 bis 500 Mitglieder starke Organisation ist

---

292 Vgl. Hecker 2012, 359.
293 Vgl. ebd., 365. So nahmen zwischen 1983 und 2006 ca. 110.000 Personen, darunter 30.000 Franzosen und Französinnen, teil.
294 Vgl. ebd.
295 Vgl. Camus 2005, 80 f.
296 Vgl. Hecker 2012, 350 f. So wurde etwa am 19. Februar 2002 ein Student mit *Keffieh* von *Betar*-Aktivisten mit Eisenstangen zusammengeschlagen. Am Rande einer Konferenz über den Israel-Palästina-Konflikt an der *Université Paris IV* am 22.03.2002 wurde ein für seine Nähe zur propalästinensischen Bewegung bekanntes Geschäft in Ivry verwüstet und mit Parolen wie „Der Boden Israels dem Volk Israel. Betar" beschmiert. Am 02.04.2002 kam es am Pariser Flughafen in Orly zu gewalttätigen Auseinandersetzungen zwischen *Betar*-Mitgliedern und propalästinensischen AktivistInnen, die gekommen waren, um den Globalisierungskritiker und Umweltaktivisten José Bové, der von den israelischen Behörden aus Ramallah verwiesen worden war, zu empfangen (siehe auch Pascal Ceaux, „Les incidents impliquant les jeunes pro-israéliens du Bétar se multiplient", in: Le Monde, 07.04.2002). Interessant ist überdies, dass *Betar* in den 1960er- und 1970er-Jahren in Frankreich gemeinsam mit rechtsextremen Gruppierungen gegen Linksradikale demonstriert hatte (vgl. Leclercq 2008, 66).

allerdings nicht in gleichem Maße als gewalttätig anzusehen wie die LDJ. Überdies versucht sie sich in Abgrenzung zu Letzterer einen gewissen „intellektuellen Anstrich" zu verleihen. So verfügt sie über eine eigene Zeitschrift *(Altalena,* herausgegeben von Frédéric Nordmann, dem Vorsitzenden von *Likud France),* für welche bezeichnenderweise rechte, proisraelische Autoren wie Michel Gurfinkiel oder Alexandre Del Valle sowie Jacques Tarnero, Gilles-William Goldnadel oder Clément Weill-Raynal Artikel verfassen.[297] Die jüdische rechtsextreme Organisation *Ligue de Défense Juive* wiederum – deren „Mutterorganisation", die US-amerikanische *Jewish Defense League,* sowie deren weiterer Arm, die israelische *Kach* in den jeweiligen Ländern verboten sind – wurde in Frankreich 2001 als Reaktion auf die antisemitischen Ausschreitungen seit 2000 gegründet. Allerdings war sie von Beginn an sehr umstritten.[298] Liegt ihre Mitgliederzahl auch nur bei ca. 300 Personen, fiel sie seit ihrer Gründung immer wieder durch ein sehr aggressives Vorgehen und Gewaltausschreitungen, insbesondere gegen MuslimInnen und Menschen mit arabischem Hintergrund bzw. gegen Pro-Palästina-AktivistInnen, auf.[299] Trotz der starken Kritik und der Distanzierung anderer jüdischer Organisationen ist die LDJ auch auf allen größeren proisraelischen Demonstrationen vertreten und sorgt aufgrund ihrer Radikalität immer wieder für mediale und politische Diskussionen.[300]

Allerdings muss an dieser Stelle auch bedacht werden, dass *Betar* und die LDJ letztlich nur marginale Erscheinungen sind und sich innerhalb der jüdischen *Community* Frankreichs im Gegenzug zu rechtsgerichteten Formierungen auch linke, proisraelische sowie propalästinensische Bewegungen finden.[301] Interessant ist zudem

---

297 Vgl. Hecker 2012, 352 f. sowie Boniface 2014, 142 f.
298 Vgl. etwa Cnaan Liphshiz, French Jewish Defense League on the attack, in: The Times of Israel.com, 28.06.2013.
299 Vgl. Bernard Edinger, A worried community, in: The Jerusalem Report, 25.08.2014, 26–31, hier: 28.
300 Vgl. Hecker 2012, 356. Bezeichnend hierfür sind auch Ausschreitungen, zu welchen es im April 2002 im Zuge einer u.a. vom CRIF organisierten Kundgebung gegen Antisemitismus und zur Unterstützung Israels in Paris kam. Nach Auflösung der offiziellen Demonstration, zu der sich insgesamt um die 100.000 Personen eingefunden hatten, begannen einige LDJ-Mitglieder auf Jugendliche mit arabischem Hintergrund loszugehen und verletzten zudem einen Polizeibeamten, der sich im Demonstrationszug der französischen Sektion der israelischen Friedensbewegung *Shalom Achshav* („Frieden jetzt") befand, schwer (vgl. Hecker 2005, 404 sowie Karl Laske, La communauté juive récuse ses extrémistes, in: Libération.fr, 13.04.2002).
301 Vgl. Camus 2005, 82. Neben der erwähnten antizionistischen, propalästinensischen *Union juive française pour la paix* ist hierbei etwa auch die jüdische Studierendenvereinigung *Union des étudiants juifs de France* zu nennen, welche politisch eher im linken Spektrum anzusiedeln ist und für den Slogan „Sionistes et pro-palestiniens" („Zionistisch und propalästinensisch") bekannt wurde (vgl. Hecker 2012, 137).

die europaweite Formierung *JCall (European Jewish Call for Reason)*,[302] die sich als „non profit group of European Jewish citizens and friends of Israel who call for a negotiated peace between Israelis and Palestinians, based on the two-state solution"[303] versteht. Zwar positioniert sich *JCall* explizit als proisraelisch, spricht sich allerdings gegen die israelische Besatzungspolitik und einen weiteren Siedlungsausbau aus. Der Appell wurde europaweit von über 8000 Personen unterzeichnet – unter den französischen UnterstützerInnen finden sich neben David Chemla, Generalsekretär von *JCall*, bekannte Intellektuelle wie Daniel Cohn-Bendit, Alain Finkielkraut, Patrick Klugman, Jack Lang, Bernard-Henri Lévy, Pierre Nora, Henry Rousso oder Dominique Schnapper.[304] Allerdings traf die Bewegung in Frankreich bald nach ihrer Gründung 2010 sowohl auf innerjüdischen Widerstand als auch auf Ablehnung von propalästinensischer Seite. Neben einem plumpen Versuch der LDJ, das erste Treffen von *JCall* in Paris im Oktober 2010 zu stören, erfuhr die Bewegung etwa auch keine Unterstützung von Seiten des CRIF. Dieser war jedoch grundsätzlich zu einem Dialog mit ihr bereit. Eindeutig abgelehnt wurde sie im Gegensatz hierzu von den Initiatoren des wenige Tage nach dem „Appell der Vernunft" in Frankreich veröffentlichten „Gegenappells" *Raison Garder* („Vernunft bewahren"). Zu dessen Unterzeichnern gehören u.a. rechtsgerichtete, proisraelische Autoren wie Pierre-André Taguieff, Raphaël Draï oder Shmuel Trigano.[305] Keine Unterstützung erhielt sie zudem von der jüdischen, linksgerichteten Pro-Palästina-Organisation *Union juive française pour la paix* und dem ähnlich gelagerten *Cercle Juif pour une Paix Juste* (CJPJ; „Jüdischer Kreis für einen gerechten Frieden")[306] sowie von der *Plateforme des ONG pour la Palestine* („Plattform der NGOs für Palästina"), welche insgesamt 41 französische Pro-Palästina-Organisationen umfasst.[307]

Am Beispiel *JCall* (und ihrer rechts- wie linksgerichteten Gegnerschaft) wird erneut deutlich, dass die jüdische *Community* in Frankreich in Bezug auf ihre Haltung gegenüber Israel keineswegs als homogener Block betrachtet werden kann. Zugleich verdeutlicht die Bewegung, dass eine grundsätzlich proisraelische Position durchaus kompatibel ist mit Kritik an der Politik des Landes. Generell löste die israelische Politik – jenseits und bereits lange vor der Gründung von *JCall* – seit 1967 und verstärkt in Reaktion auf den Libanonkrieg von 1982 immer wieder auch

---

302 Entstanden ist *JCall* in Anlehnung an die US-amerikanische Initiative *JStreet*, die 2008 von Jeremy Ben-Ami initiiert wurde (siehe hierzu ferner auch Ben-Ami 2011).
303 Siehe den Einführungstext auf der offiziellen Website der Bewegung.
304 Vgl. ebd.
305 Vgl. Winter 2014, 11.
306 Begründet wurde dies von Seiten der UJFP damit, dass *JCall* zu wenig auf die Rechte der PalästinenserInnen eingehe und weder deren Rückkehrrecht noch deren Recht auf eine vollkommen gleichwertige israelische Staatsbürgerschaft berücksichtige (vgl. Le Bureau national de l'Union Juive Française pour la Paix 2010).
307 Vgl. Winter 2014, 13.

auf Seiten der jüdischen Bevölkerung in Frankreich Kritik aus.[308] Hierbei mehren sich insbesondere seit der umstrittenen „Gaza-Offensive" vom Dezember 2008/ Jänner 2009 kritische Stimmen. Zum Ausdruck kommt dies u.a. auch in der Einleitung der 2009 erschienenen Publikation *Jude sein nach Gaza* von Esther Benbassa, in welcher diese – im Namen jüdischer Ethik und Moral – argumentiert:

> In diesem Werk spricht eine jüdische Stimme. Eine unter vielen. Die Stimme einer Intellektuellen, der an der Existenz Israels liegt, die sich aber auch für die Sache der Palästinenser einsetzt. Juden tragen die schmerzliche Erfahrung der Verfolgung und die noch entsetzlichere des Holocaust in sich. Ihnen müsste es ein besonderes Anliegen sein, unermüdlich dafür zu kämpfen, dass den Palästinensern nicht das angetan wird, was Juden nicht wollen würden, dass man es ihnen antut. Dies ist der Grundstein einer Ethik, der jeder verpflichtet ist, der die Bezeichnung ‚Jude' verdient.[309]

Allerdings betont Benbassa weiter, dass „die Verbundenheit mit Israel, auch wenn sie hier und da als problematisch empfunden wird, doch zentral für die Art und Weise, in der Juden ihr Jüdisch-Sein heute leben"[310] bleibe. Dies hängt auch mit einer durch antisemitische Vorfälle bedingten ungewissen Situation in Frankreich zusammen:

> Verbundenheit mit einem Israel, das ebenso sehr als Zufluchtsstätte für schlechte Tage betrachtet wird wie als jener zentrale Ort, der eine Rückkehr zu den Quellen erlaubt. In ersterem Zusammenhang denke man nur an all die während des größten Teils des Jahres leer stehenden Wohnungen, die französische Juden erworben haben, „um im Fall des Falles", nämlich „im Fall, dass sich die Lage in Frankreich wieder verschlechtert, etwas in Israel zu haben."[311]

Benbassa selbst spricht sich jedoch deutlich gegen die Emigration nach Israel aus und kritisiert diesbezüglich auch die Aufrufe Benjamin Netanyahus scharf. So merkte sie in einem im Februar 2015 in *Libération* erschienenen Artikel an, die jüdische Bevölkerung Frankreichs sei heute in zweifacher Hinsicht eine „Geisel": nicht nur von radikalen Islamisten, für welche „die Juden" ein zentrales Feindbild darstellen, sondern auch von der israelischen Regierung, die nicht nur jeden Friedensprozess blockiere, sondern obendrein die Juden und Jüdinnen Frankreichs und Europas aufrufe, nach Israel zu emigrieren.[312]

---

308 Vgl. z. B. Hecker 2005, 406 sowie Liehr 2007, 99.
309 Benbassa 2010, 7.
310 Ebd., 28.
311 Ebd.
312 Vgl. Esther Benbassa, Les Juifs doublement otages, in: Libération.fr, 16.02.2015.

An dieser Stelle bleibt zu erwähnen, dass die Auswanderung von französischen Juden und Jüdinnen (insbesondere jene nach Israel, die *Aliyah*) seit 2000 tatsächlich stark zugenommen hat. Zwischen 2000 und 2009 verließen über 13.000 das Land (wobei allerdings zwischen 20 und 30 Prozent zurückkehrten).[313] Unter der Präsidentschaft Nicolas Sarkozys ging die hohe Auswanderungszahl ab 2010 zwar temporär zurück, stieg nach 2012 allerdings wieder signifikant an. Allein 2013 emigrierten über 3200 Personen nach Israel (gegenüber dem Vorjahr eine Steigerung um 73 Prozent),[314] 2014 waren es über 7000 Personen,[315] im Jahr 2015 an die 7900.[316] In den Jahren 2016 (über 5000 Auswanderungen)[317] und 2017 (ca. 3300)[318] war im Vergleich hierzu zwar wieder ein Rückgang zu beobachten, allerdings bleiben die Zahlen hoch. Neben ökonomischen wie religiösen Motiven ist hierfür wohl insbesondere die anhaltende Problematik des Antisemitismus ausschlaggebend.[319]

2.6 ZWISCHENBILANZ

Betrachtet man die jeweiligen Solidarisierungsbewegungen mit Palästina und Israel, so lässt sich generell festhalten, dass der französische Diskurs in dieser Hinsicht von deutlichen Divergenzen und vielfach zu beobachtender gegenseitiger Abgrenzung geprägt ist. Zum einen stehen sich propalästinensische und proisraelische AutorInnen diametral gegenüber und üben in ihren jeweiligen Schriften vehemente Kritik aneinander. Zum anderen finden sich verschiedene propalästinensisch

---

313 Vgl. etwa Dan Bilefsky, Number of French Jews Emigrating to Israel Rises, in: The New York Times.com, 20.06.2014. Siehe auch Wolffsohn 2007, 379.
314 Vgl. Kovacs, „La communauté juive sidérée".
315 Vgl. etwa Jean-Marc Dreyfus/Marc Hecker, Paris – Jérusalem: les raisons de l'alya, in: Libération.fr, 25.12.2014 sowie En 2014, l'émigration des juifs de France vers Israël a doublé, in: Le Point.fr, 01.01.2015.
316 Vgl. Juifs de France: „En 2015, le nombre d'Alyah de Français a encore progressé de 10 %", in: 20 minutes.fr, 12.01.2016.
317 Vgl. Plus de 5000 Français juifs ont quitté l'Hexagone pour Israël en 2016, in: Le Parisien.fr, 09.01.2017.
318 Vgl. Alyah: Plus de 28000 Juifs ont immigré en Israël en 2017, in : Le Monde Juif.info, 01.01.2018.
319 Vgl. 74 % of French Jews Consider Leaving Country, in: Forward. The Jewish Daily, 19.05.2014. Einer Umfrage der französisch-jüdischen Organisation *Siona* von April und Mai 2014 zufolge, betrachteten zu diesem Zeitpunkt 74 Prozent der befragten Juden und Jüdinnen (insgesamt 3833 Personen) die Emigration nach Israel als eine Option, wobei von diesen ca. 30 Prozent Antisemitismus als Hauptgrund anführten. 24 Prozent gaben an, „ihr Judentum bewahren" zu wollen, 7,5 Prozent nannten „wirtschaftliche Überlegungen" als Motiv. 57,5 Prozent stimmten zudem dem Item „Juden haben keine Zukunft in Frankreich" zu, 93 Prozent der Aussage, der französische Staat habe keine effizienten Mittel, um „islamistische und propalästinensische Propaganda" zu bekämpfen.

oder proisraelisch ausgerichtete Interessensgruppen (wie etwa die *Association France Palestine Solidarité,* BDS, der CRIF oder die *Union des étudiants juifs de France*), welche zwar keine zwei in sich homogene Blöcke darstellen, allerdings auch in so gut wie keinem Dialog zueinander stehen.[320]

Allerdings schafft diese Abgrenzung nach außen, wie etwa Marc Hecker betont, einen Zusammenhalt im Inneren unter jeweils sehr heterogenen Gruppen:

> Links- und rechtsgerichtete proisraelische Aktivisten würden sich zweifelsohne auf virulentere Weise gegenüberstehen, würde die propalästinensische „Bedrohung" nicht existieren. Dieselbe Feststellung kann auf die propalästinensische Bewegung angewandt werden.[321]

Hinzu kommt als weiterer „Stifter" von Zusammenhalt mitunter der Faktor Religion: So wird zum einen immer wieder in Synagogen zu proisraelischen Demonstrationen aufgerufen und Rabbiner sprechen im Zuge von Letzteren Gebete oder halten Reden. Zum anderen finden sich, wie aufgezeigt, verschiedene religiös geprägte Spendenaktionen für Palästina, insbesondere während des Ramadan, darüber hinaus kommt es immer wieder auch zu Demonstrationsaufrufen durch Imame in Moscheen und zu öffentlichen Gebeten während propalästinensischer Proteste. In Bezug auf Letztere ist zwar anzumerken, dass es sich bei deren zentralen Organisatoren wie der *Association France Palestine Solidarité* nach wie vor um nichtreligiöse Organisationen handelt, muslimische Gruppen in den letzten Jahren allerdings immer sichtbarer in propalästinensischen Protestzügen wurden.[322]

Bedacht werden muss zudem, dass die propalästinensischen und proisraelischen Narrative, die sich in der französischen Öffentlichkeit gegenüberstehen und jeweils von (auch medial präsenten) Intellektuellen und verschiedenen Organisationen getragen bzw. weitertradiert werden, dementsprechend auch von Individuen aufgegriffen werden.[323] So gehören etwa viele französische MuslimInnen, die sich propalästinensisch äußern bzw. mit den PalästinenserInnen solidarisieren und identifizieren, nicht unbedingt auch einer propalästinensischen Organisation an. Umso mehr mögen wohl eine gemeinsame Solidarisierung mit Palästina oder die Bezugnahme auf die gemeinsame Religion Islam Zusammenhalt stiften und das Gemeinschaftsgefühl stärken. Hierzu trägt zwangsweise auch die Abgrenzung nach außen

---

320 Vgl. hierzu auch Hecker 2012, 394 f.
321 Ebd., 397 f.; Übersetzung A. P.
322 Vgl. ebd., 398.
323 Esther Benbassa subsumiert diese Entwicklung unter dem Schlagwort „*nationalisme diasporique*", welches sie sowohl auf französische MuslimInnen als auch auf französische Juden und Jüdinnen bezieht und das eine transnationale, ideelle Solidarisierung mit Palästina bzw. Israel zum Ausdruck bringen soll (vgl. Benbassa, La souffrance comme identité, 210 f.).

bzw. gegenüber proisraelischen (oder als proisraelisch empfundenen) Stimmen in Frankreich bei, die mitunter bis hin zu Feindseligkeit gegenüber der jüdischen Bevölkerung und antisemitischen Manifestationen reichen kann. Umgekehrt lässt sich mitunter auch eine geringschätzende Einstellung mancher Juden und Jüdinnen gegenüber MuslimInnen bzw. Franzosen und Französinnen mit arabischem Hintergrund beobachten.[324] Zwar finden sich vereinzelt auch Initiativen zur Annäherung von MuslimInnen und Juden und Jüdinnen wie die *Amitié judéo-musulmane de France* („jüdisch-muslimische Freundschaft Frankreichs"),[325] letztlich scheinen diese jedoch marginal zu bleiben und das Trennende oftmals über dem Verbindenden und der Suche nach Dialog zu stehen.

Zugleich und „dialogerschwerend" hinzu kommt, dass Pro-Palästina-AktivistInnen heute oftmals schnell unter einen pauschalen Antisemitismusverdacht geraten, obgleich die propalästinensische Bewegung an sich keineswegs als offen antisemitisch charakterisiert werden kann. Allerdings positionieren sich viele propalästinensische und linksradikale Organisationen als offen antizionistisch. Hierbei handelt es sich wiederum um einen Antizionismus, der seit den späten 1960er-Jahren vielfach begleitet ist von Antirassismus, Antikolonialismus, Antiimperialismus und Menschenrechts-Aktivismus, wodurch er nun gerade die paradoxe Qualität erhält, im Namen der „guten Sache" geäußert zu werden.[326] So sprach etwa Jean Améry bereits Ende der 1960er-Jahre vom damaligen Antizionismus der deutschen Linken als einem, der zeitweise die Note eines „ehrbaren Antisemitismus" erhalte.[327] In Anlehnung hieran lässt sich mitunter auch die aktuell zu beobachtende Palästina-Solidarität bzw. in manchen Fällen regelrechte „Palästina-Obsession" als eine Art „ehrbarer" Antizionismus bezeichnen – im Sinne eines aktivistischen, antirassistischen Antizionismus, hinter welchem sich, nichtsdestotrotz, zeitweise auch ein mehr oder weniger subtiler Antisemitismus verbergen kann.

Welche Funktion aber kann – abgesehen von einer etwaigen Kanalisierung israelfeindlicher oder antisemitischer Ressentiments – ein derartiger Antizionismus erfüllen? Einen Ansatzpunkt hierfür liefert die israelische Historikerin Shulamit Volkov, die – ebenfalls in Bezug auf die Palästina-Solidarität der (radikalen) Lin-

---

324 Vgl. hierzu und zur Frage des mangelnden Dialogs zwischen der jüdischen und muslimischen Bevölkerung auch folgendes Kommentar des französischen Soziologen Farhad Khosrokhavar in *Le Monde*: „Réinventer le dialogue intercommunautaire entre juifs et musulmans", in: Le Monde.fr, 24.07.2014.
325 Siehe die Website der Organisation unter http://www.ajmf.org [zuletzt abgerufen am 17.05.2015]. Die Organisation bemüht sich darum, ein gegenseitiges Kennenlernen von MuslimInnen und Juden und Jüdinnen in Frankreich zu befördern und organisiert in diesem Kontext u.a. kulturelle und sportliche Veranstaltungen (vgl. auch Katz 2013, 512).
326 Vgl. Kloke 2010, 193 f.
327 Vgl. ebd. sowie Améry 1969.

ken der 1960er- und 1970er-Jahre – von „Antizionismus als kulturellem Code"[328] spricht: d.h. von Antizionismus als einem Signum kultureller Zugehörigkeit, mit welchem sich gegenüber dem eigenen Umfeld bezeugen lasse, dass man auf der „richtigen Seite" (der Antiimperialisten, Antikolonialisten, Antirassisten …) stehe.[329] Die Vermittlung von Zugehörigkeitsgefühlen über eine gemeinsam zum Ausdruck gebrachte, „globalisierte" Palästina-Solidarität scheint heute wiederum insbesondere für muslimische Jugendliche in Frankreich und anderen europäischen Ländern von Relevanz zu sein. Dies mag mitunter identitätsstiftend wirken, den Betreffenden das Gefühl verleihen – gemeinsam mit Gleichgesinnten im eigenen Land und weltweit –, auf der „richtigen", „guten" Seite zu stehen, dem „Bösen" – sei es in Gestalt Israels, „der Zionisten" oder auch der französischen Regierung – entgegen. Auf Pro-Palästina-Demonstrationen oft kollektiv skandierte Solidaritätsparolen wie „Wir sind alle Palästinenser" sind hierfür letztlich symptomatisch. Zugleich ermöglicht die Identifikation mit den „palästinensischen Brüdern und Schwestern", das lautstarke Eintreten für deren Rechte auf Demonstrationen und anderswo auch Unzufriedenheit, Enttäuschung, Wut angesichts der eigenen sozialen Situation (als sich diskriminiert fühlende MuslimInnen in Frankreich) bzw. eigener Erfahrungen von Rassismus und Islamfeindlichkeit zum Ausdruck zu bringen.

Befördert wurde diese Entwicklung in Frankreich, wie aufgezeigt, durch eine seit Jahrzehnten bestehende propalästinensische Tradition, die neben der radikalen Linken auch lange durch die französische Außenpolitik gestützt wurde. Zugleich und in weiterer Folge lässt sich diese heute von verschiedensten Seiten und aus verschiedensten Motiven instrumentalisieren – sei es von der radikalen Linken, manchen Antirassismus- oder Antikolonialismusbewegungen zur Mobilisierung von AktivistInnen. Sei es von einem Komiker wie Dieudonné zum „Gewinnen" oder Überzeugen von Fans oder einem Rechtspolitiker wie Alain Soral zur Rekrutierung von AnhängerInnen oder von islamistischen Gruppierungen zur Propagierung des Kampfes „der Muslime" gegen „die Zionisten". Die Grundlage hierfür ist eine sehr einseitige Betrachtungsweise des Israel-Palästina-Konflikts, die durch eine „Über-Solidarisierung" mit den PalästinenserInnen einerseits und durch eine „Enthumanisierung" und Dämonisierung Israels andererseits zwangsweise weiter befördert wird und in Extremfällen in Fanatismus und der Ermordung Unschuldiger gipfeln kann. Tragischerweise hatte Frankreich in dieser Hinsicht im Jahr 2018 sein bereits elftes Mordopfer zu beklagen.

Die Situation ist in Frankreich aber auch insofern spezifisch, als dass hier nicht nur eine der größten jüdischen Gemeinde Europas lebt, sondern sowohl viele Juden und Jüdinnen als auch MuslimInnen Migrationshintergrund aus dem Maghreb

---

328 In Anlehnung an ihre These von „Antisemitismus als kultureller Code" (siehe Volkov 2000).
329 Vgl. Volkov 2006, 60.

haben. Ungleiche soziale und ökonomische „Startbedingungen", die teilweise bereits im französischen Kolonialismus wurzeln, und ein unterschiedlicher „Erfolgsgrad" in Hinblick auf die Integration und den Aufstieg innerhalb der französischen Gesellschaft beeinflussten das muslimisch-jüdische Verhältnis im Ankunftsland zwangsweise negativ. So ist anzunehmen, dass dies auch erste Grundlagen für das Empfinden von Ungerechtigkeit und mitunter Neid seitens mancher MuslimInnen legte. Zudem ist zu bedenken, dass sich einerseits klassisch antisemitische Stereotype vom „jüdischen Reichtum und Einfluss" nach wie vor auf gesamtgesellschaftlicher Ebene halten. Allerdings können sie mitunter auch mit einer Art verdeckten Bewunderung für den (vermeintlichen) „jüdischen Erfolg" verbunden sein. Andererseits gilt die jüdische Minderheit heute als die am meisten akzeptierte – umso mehr im Vergleich und Gegensatz zur muslimischen Bevölkerung.

Hinzu kommen in öffentlichen Ansprachen von einigen PolitikerInnen deutlich betonte Solidaritätsbekundungen mit den französischen Jüdinnen und Juden. Vielfach wird Antisemitismus als Angriff auf Frankreich und seine republikanischen Werte selbst gedeutet. Haben derartige Äußerungen auch zweifellos ihre Berechtigung, so stellt sich dennoch die Frage, inwiefern sie nicht mitunter eine gegenteilige Wirkung entfalten bzw. sich als „Katalysatoreffekt" hinsichtlich antisemitischer Einstellungen erweisen können. Nicht nur leisten sie mitunter dem Phänomen der „Opferkonkurrenz" Vorschub oder geben Verschwörungstheorien vom „zionistischen" oder „jüdischen Einfluss" auf die französische Regierung neuen Auftrieb. Auch verfestigen sie letztlich identitäre Zuschreibungen und Abgrenzungen: Wird die jüdische Gemeinde Frankreichs von PolitikerInnen explizit als solche betitelt und als zu schützende *Einheit* wahrgenommen und werden zugleich „*die* Muslime Frankreichs", im Sinne des Konzepts eines *Islam de France*, dazu aufgefordert, die „Werte der Republik" zu respektieren und islamistische oder antisemitische Auswüchse in den eigenen Reihen klar zu verurteilen, verstärkt dies unweigerlich den Eindruck zweier sich gegenüberstehender Minderheitengruppen. Bestärken kann dies wiederum ein Rückbesinnen auf die eigene (ethnisch-)religiöse Zugehörigkeit bzw. eine Abgrenzung gegenüber der nicht-muslimischen Umwelt oder eine zunehmende Desidentifikation mit der eigenen Nation.

Dies ist umso mehr von Relevanz, führt man sich vor Augen, dass das französische Nationalkonzept der „einen und unteilbaren Nation" seit den 1960er-Jahren immer mehr zu bröckeln begann. So ist das heutige Frankreich einerseits ein stark von ethnischer, religiöser und kultureller Vielfalt geprägtes Land, andererseits ziehen sich jedoch deutliche Spannungen und Bruchlinien durch die Gesellschaft. Bedenklich ist hierbei insbesondere, dass gerade manche Jugendliche mit Migrationshintergrund aufgrund alltäglicher Erfahrung von Rassismus oder Islamfeindlichkeit, Diskriminierungen, sozialer Exklusion über Schulversagen und Arbeitslosigkeit u. ä. eine immer stärkere Frustration und dezidierte Ressentiments gegenüber dem eigenen Land entwickelt zu haben scheinen. Umgekehrt lieferte und liefert dies nicht nur Vorurteilen, Hass und mitunter Antisemitismus, sondern auch radikalen Strömungen wie u.a. dem Islamismus oder phantasmatischen Gegenkulturen *à la Dieudonné* einen idealen Nährboden. Der hieraus entstandene Teufelskreis legt die Befürchtung nahe, dass Frankreich auch in der näheren Zukunft mit diesen sozialen Problematiken zu kämpfen haben wird und der aktuelle Antisemitismus einen Gradmesser unter vielen für eine generell ungewisse Entwicklung darstellt.

3. GROSSBRITANNIEN

3.1 RAHMENBEDINGUNGEN

Nach Ausbruch der *Zweiten Intifada* verzeichnete Großbritannien über 50 Übergriffe auf Synagogen, auf propalästinensischen Demonstrationen wurden israelische Fahnen verbrannt und Flugblätter mit „Kill the Jews wherever you find them" tauchten auf.[1] In Stamford Hill verübte ein Algerier einen Mordanschlag auf einen orthodoxen Studenten, die Tat rechtfertigte er mit: „Israel are the murderers. They kill women and children, so I stabbed him."[2] Bei den Tätern handelte es sich überwiegend um Anhänger rechter Gruppierungen und linke Sympathisanten der PalästinenserInnen, Muslime waren nur zu einem geringen Prozentsatz vertreten.[3]

Im Unterschied zu Frankreich fokussierte die Debatte weniger auf junge, sozial deklassierte Männer mit muslimischem Hintergrund, sondern auf das linke Spektrum und insbesondere auf linke und linksliberale Medien. Als links werden in Großbritannien im allgemeinen Gruppierungen links von der *Labour Party* subsumiert, wobei der trotzkistisch orientierten *Socialist Workers Party* und der *Communist Party of Britain*, die auf Gewerkschaften einen gewissen Einfluss ausübt, die größte Bedeutung zukommen. Dazu gerechnet werden auch linke Strömungen innerhalb von Labour, die seit den 1980er-Jahren und vor allem mit Tony Blair marginalisiert wurden.[4] Die im September 2015 erfolgte Wahl von Jeremy Corbyn zum Labour-Vorsitzenden verhalf der Labour-Linken zu einem Machtgewinn, allerdings wird seither äußerst emotional und kontrovers über Antisemitismus in der Partei diskutiert.

Der Problematik eines Antisemitismus unter MuslimInnen kam erst mit dem →Irak-Krieg und insbesondere mit den Anschlägen auf das Londoner Verkehrssystem im Juli 2005 (7/7) verstärkte Aufmerksamkeit zu. Durch die Fokussierung auf die Linke und MuslimInnen ist das Problem eines Antisemitismus im rechten Spektrum allerdings in den Hintergrund gerückt. Aus den alljährlich vom *Com-*

---

1 Whine 2003, 23–37.
2 Muslim who stabbed Jew to be detained in hospital, in: Guardian, 19.09.2002.
3 Kushner 2013, 434–449.
4 Vgl. Ullrich 2008, 194–197.

munity Security Trust (CST)[5] veröffentlichten Berichten über gemeldete antisemitische Vorfälle[6] geht allerdings hervor, dass diese – seit 2000 stetig ansteigend – nach wie vor überwiegend von Rechten begangen werden. Einige Antisemitismus-Berichte zeigen, dass negative Ansichten über Juden am stärksten in der oberen Mittelschicht, in der Wählerschaft der rechtspopulistisch bzw. auch rechtsradikal eingestuften *UK-Independent Party* (UKIP) sowie in muslimischen Communities ausgeprägt sind.[7] Die EU-skeptische und ausländer- und insbesondere islamfeindliche UKIP erhielt 2014 bei den Europawahlen unter Nigel Farage 28 Prozent der Stimmen und wurde mit 24 Sitzen die stärkste britische Partei im EU-Parlament.[8] Nach dem Brexit-Referendum verlor sie an Bedeutung, bei den Unterhauswahlen 2017 erhielt sie nur mehr 1,8 Prozent der Stimmen; 2015 waren es 12,6 Prozent.

Im Unterschied zur UKIP konnte die extrem rechte *British National Party* (BNP) bei nationalen Wahlen bisher keine Wahlerfolge in einem größeren Ausmaß aufweisen.[9] Die BNP ist eine Abspaltung der rechtsextremen *National Front* (NF), die in den 1960er-Jahren und in den frühen 1980er-Jahren für antisemitische Ausschreitungen und einen gewalttätigen Rassismus gegen Zuwanderer verantwortlich war. Wie andere westeuropäische rechte Parteien versuchte sie unter Nick Griffin[10] (1999 bis 2014) offenen Antisemitismus zu vermeiden und bemühte sich um eine Annäherung an Israel. Auf gegen den Islam gerichteten Demonstrationen wurden israelische Fahnen geschwenkt,[11] was allerdings keineswegs gegen Antisemitismus „immunisierte". 2014 stellte beispielsweise die Jugendorganisation der BNP das Video *Fight Back* auf Youtube, das neben Bankern, Marxisten, Kapitalisten und

---

5 Der CST ist eine NGO, die seit 1984 im Auftrag der jüdischen Community antisemitische Vorfälle registriert und mithilft, Juden und Jüdinnen vor Übergriffen zu schützen.
6 Dabei handelt es sich überwiegend um verbale Beleidigungen, teilweise um einen politisch motivierten Antisemitismus und selten um physische Angriffe.
7 Staetsky 2017, 42; House of Commons, Home Affairs Committee, Antisemitism in the UK, 2016. Laut einer an der Queen Mary Universität in London durchgeführten Umfrage würden 52 Prozent der befragten UKIP-Wähler keinen Juden zum Premierminister wählen; 73 Prozent der Gesamtbevölkerung gaben an, damit kein Problem zu haben.
8 Als Feindbild der UKIP fungierten weniger Muslime, sondern Migranten aus Osteuropa, die nach der EU-Osterweiterung von 2004 in Großbritannien sofort eine Arbeitserlaubnis erhalten haben.
9 Während Griffin bei nationalen Wahlen weitgehend erfolglos blieb, wurde er 2004 in das EU-Parlament gewählt, wo er fraktionslos blieb.
10 Zur BNP vgl. Copsey/Macklin 2013.
11 Nick Griffin unterstützte beispielsweise 2009 in *Question Time* den israelischen Minister Eli Yishai, der vertrat, dass ausländische Arbeiter in Israel Krankheiten einschleppen würden. Er distanzierte sich auch von Holocaustrevisionisten und zeigte Verständnis für Israels Forderung nach einem explizit jüdischen Staat, da die BNP ebenfalls einen mehrheitlich britischen Staat anstrebe. Vgl. Martin Bright/Anshel Pfeffer, BNP praiscs Israel minister on foreigners, in: Jewish Chronicle, 05.11.2009.

Homosexuellen auch Zionisten für sämtliche Probleme der Gesellschaft, rassistische Verbrechen an Weißen und die Zerstörung der britischen Identität durch den Islam verantwortlich machte.[12] Im Unterschied zu Frankreich, Österreich, den Niederlanden und nunmehr auch Deutschland mit der AfD gilt in Großbritannien die extreme bzw. rechtspopulistische Rechte – vom kurzzeitigen Erfolg der UKIP abgesehen – als Randerscheinung.

Lassen sich neben globalen antisemitischen Stereotypen nationale Besonderheiten feststellen? Was macht einen „britischen Antisemitismus" aus? Um diesen Fragen nachgehen zu können, müssen zentrale politische und historische Rahmenbedingungen abgesteckt werden. Dazu zählen der →Irak-Krieg sowie islamistische Terroranschläge in London, die Erinnerungen an den Zweiten Weltkrieg und damit verbunden der Umgang mit dem Holocaust, die Nachwirkungen des Kolonialismus (insbesondere Großbritanniens Rolle als Mandatsmacht über Palästina) und damit zusammenhängend der Multikulturalismus, der mittlerweile von unterschiedlichen Seiten in Frage gestellt wird.[13]

Der Zweite Weltkrieg ist in der britischen Erinnerung als heroischer Kampf gegen Hitlerdeutschland („Britain's Finest Hour") an der Seite der USA („Special Relationship") sowie mit der Befreiung von Bergen-Belsen durch die britische Armee verankert.[14] Da Großbritannien weder von Nazi-Deutschland besetzt war noch damit kollaborierte, hatte es auch keine Mitschuld an der Judendeportation zu tragen. Die britische Regierung machte zwar die Grenzen dicht und limitierte die Einreise von jüdischen Flüchtlingen in Palästina, doch fanden auch zwischen 50.000 und 60.000 jüdische Flüchtlinge Aufnahme im Land.[15] Dem britischen Judentum gelang nach dem Krieg ein schneller sozialer Aufstieg. Die derzeit nach jüngsten Berechnungen der *Jewish Agency* etwa 290.000 Juden und Jüdinnen zählende Community (die Mehrheit lebt in London, etwa 25.000 in Manchester) gilt als die erfolgreichste und am meisten geschätzte Minderheit im Land. Die jüdische Community ist nicht nur hinsichtlich ihrer politischen Einstellung und Haltung zu Israel, sondern auch in ihrer religiösen Ausprägung gespalten.[16] Unter säkula-

---

12   BNP Youth – Fight Back – YouTube, https://www.youtube.com/watch?v=oczj6thd4CY [zuletzt abgerufen am 14.09.2018].
13   Chin 2017; Zu den unterschiedlichen Ansichten über die Bedeutung des Multikulturalismus vgl. Malik 2017 und Modood 2017.
14   Ash 2004.
15   Das zentrale Kriterium für die Aufnahme eines jüdischen Flüchtlings war der „Wert oder Unwert" für die britische Gesellschaft. Mit der Kriegserklärung an Deutschland galten auch Juden und Jüdinnen als feindliche Ausländer und mussten vor einem Ausländergericht beweisen, dass sie keine Gefahr darstellten. Aus Kriegsangst wurden Flüchtlinge auch interniert und nach Kanada und Australien verschifft. Insgesamt überlebten etwa 80.000 europäische NS-Flüchtlinge in Großbritannien.
16   Endelman 2002; Staetsky 2017.

ren Juden und Jüdinnen sorgt beispielsweise das starke Anwachsen des orthodoxen Judentums für gewisse Irritationen; 2015 wurden 47 Prozent der jüdischen Kinder in streng orthodoxen Haushalten geboren. Seit der *Zweiten Intifada* siedelten sich in London tausende Israelis – manche nur temporär – an.[17]

Während das Holocaustbewusstsein in der britischen Gesellschaft nach wie vor schwach ausgebildet ist, werden seit den 1990er-Jahren heftige Debatten über den Kolonialismus und die Dekolonialisierung sowie über Rassismus im eigenen Land geführt. Diese Debatten beeinflussten über das linke Spektrum hinaus das Verständnis von Zionismus, Antisemitismus sowie die Wahrnehmung des Holocaust und des britischen Judentums nachhaltig. Eng verbunden mit dem britischen Kolonialismus ist die muslimische Zuwanderung, die in einem größeren Ausmaß mit der Dekolonialisierung nach 1945 einsetzte. Zwischen 2001 und 2011 stieg laut Volkszählung die muslimische Bevölkerung auf 2,8 Millionen (= 72 Prozent) an.[18] Die größte Gruppe bilden MuslimInnen mit Wurzeln in Pakistan und Bangladesch, dazu kommen MuslimInnen aus dem Nahen Osten, aus arabischen Ländern, Afrika, Afghanistan, dem ehemaligen Jugoslawien und zahlreichen weiteren Ländern.[19] Nach wie vor sind über 50 Prozent der britischen MuslimInnen im Ausland geboren und weisen von allen ethnischen Gruppierungen die höchste Arbeitslosigkeit auf, mehr als die Hälfte lebt unter der Armutsgrenze. Die muslimische Community erweist sich allerdings in vielerlei Hinsicht (Herkunft, Kultur, Sprache, religiöse Ausrichtung,...) als äußerst heterogen, zusätzlich kommt Konflikten zwischen den unterschiedlichen Generationen Bedeutung zu.[20]

Einen nachhaltigen Einfluss auf die Wahrnehmung des Islam bzw. der britischen MuslimInnen hatte die *Salman-Rushdie-Affäre*. In Bradford verbrannten 1989 fundamentalistische Muslime Rushdies Roman *Satanische Verse* (erschienen bei Penguin), in dem sie (obwohl das Buch nur von wenigen gelesen wurde) eine Beleidigung des Propheten Mohammed und somit einen Angriff auf ihren Glauben sahen. Der iranische Präsident Ayatollah Khomeini forderte in einer Fatwa (Rechtsgutachten einer muslimischen Autorität) zur Ermordung Rushdies auf, woraufhin dieser fast ein Jahrzehnt lang untertauchen musste. Der japanische Übersetzer der *Satanische Verse* wurde ermordet, der italienische und norwegische bei einem Angriff schwer verletzt. Da der Besitzer des Verlages jüdisch war, kamen auch antisemitische Vermutungen über eine jüdische Verschwörung auf.[21] Mit der *Salman-Rushdie-Affäre* wurden die nach wie vor aktuellen Fragen nach der Beziehung des

---

17   Simon Rocker, Jewish birth rate rose three times higher than the British population, new report finds, in: Jewish Chronicle, 21.06.2018.
18   Feldman/Gidley 2018, 11 und 26.
19   Ansari 2004.
20   Feldman/Gidley 2016, 26; Khan 16–17; Ferguson 2017.
21   Vgl. Malik 2009; Ruthven 1990; Rushdie 2012.

Islams zum „Westen", des Multikulturalismus sowie die Grenzen von Toleranz und Meinungsfreiheit aufgeworfen. Vor allem wurde das Image der muslimischen Community nachhaltig beschädigt. In den 1990er-Jahren hatten der Erste Golfkrieg von 1990/91[22], der „Bosnienkrieg" sowie eine global zu verfolgende Reislamisierung Einfluss auf die Herausbildung einer muslimischen Opferidentität. In den 1990er-Jahren kam es auch zu einer Institutionalisierung des britischen Islam. Orientiert am *Board of Deputies of British Jews* entstand 1997 das *Muslim Council of Britain* als offizielle Vertretung der britischen MuslimInnen. Im selben Jahr veröffentlichte der *Runnymede Trust* den Bericht *Islamophobia: A Challenge for Us All,* der sich am bereits 1994 veröffentlichten Bericht *A Very Light Sleeper – The Persistence & Dangers Of Antisemitism* orientiert hatte.

Für die Analyse des gegenwärtigen Antisemitismus ist nicht zuletzt von Relevanz, dass Großbritannien zu den europäischen Ländern mit einem gering ausgeprägten traditionellen Antisemitismus zählt und dass der nach 1945 sehr erfolgreichen jüdischen Minderheit in den letzten Jahrzehnten eine große Wertschätzung zugekommen ist.

3.2 „SALON-ANTISEMITISMUS"

Im Frühjahr 2002 eskalierte in den britischen Medien die Debatte um einen „neuen Antisemitismus". Der Fokus lag auf der Frage, ob Antizionismus als Antisemitismus bewertet werden könne und dieser mittlerweile zum gefährlichsten Feind *aller* Juden geworden sei.[23] Im Unterschied zu Frankreich richtete sich das Augenmerk noch weniger auf einen Antisemitismus unter MuslimInnen, sondern auf das linksliberale Spektrum, manche sprachen vom „Salon-Antisemitismus". Unter Antisemitismus-Verdacht standen linke und liberale Medien, allen voran der *Guardian*, mit einer Auflage von über 350.000 Exemplaren Leitmedium links-liberaler Debatten.[24] Auch Beiträge in der Wochenzeitung *New Statesman* sowie im *Independent,* der in einer sehr kleinen Auflage erscheint, lösten Diskussionen über einen „linken Antisemitismus" aus.

Bereits im März 2001 brachte Conrad Black – bis 2004 Eigentümer der erfolgreichen konservativen Tageszeitung *Daily Telegraph*, des *Sunday Telegraph*, der

---

22 Ausgelöst durch den Einmarsch von Saddam Hussein in Kuwait, stellte der Golfkrieg viele Muslime vor einen Loyalitätskonflikt. Während viele muslimische Organisationen die Stationierung von alliierten Truppen auf arabischem Boden und die Lösung des Konfliktes mit Waffengewalt vehement ablehnten, stimmte die britische Regierung der militärischen Intervention der USA zu.
23 Vgl. exemplarisch Iganski/Kosmin 2003; Kahn-Harris/Gidley 2010.
24 Pulzer 2003, 79–10; Baram 2008.

Wochenzeitung *Spectator* sowie der *Jerusalem Post* – die Diskussion ins Laufen. Im *Spectator* unterstellte er dem *Guardian, Independent, Evening Standard,* den relevanten Abteilungen der BBC sowie dem *Foreign and Commonwealth Office* antisemitische Tendenzen.[25] Seine Ehefrau Barbara Amiel hatte bereits zuvor im *Daily Telegraph* kritisiert, dass sich seit 9/11 ein respektabler „Salon-Antisemitismus" breitgemacht habe. Als Beispiel dafür nannte sie die Aussage eines Diplomaten, der auf einer ihrer *dinner parties* Israel als „shitty little country" bezeichnet habe.[26] Da es kein Geheimnis war, dass damit der französische Botschafter Daniel Bernard[27] gemeint war, nahmen sich auch internationale Medien dieser Affäre und somit des britischen Antisemitismus an.

Zu bekannten Vertretern eines „neuen Antisemitismus" zählt neben Amiel und Black u.a. Melanie Phillips,[28] viele Jahre Journalistin beim *Guardian* und der Sonntagszeitung *Observer* und nunmehr Kolumnistin bei *Daily Mail*. Zu nennen sind auch Richard Littlejohn, der für die *Sun, Daily Mail* dem *Spectator* und dem *London Evening Standard* schrieb, sowie Michael Gove,[29] *Times*-Journalist, Abgeordneter der Konservativen Partei und ab 2010 in verschiedenen Ministerposten tätig. Kritiker eines „linken Antisemitismus" waren, von einigen Ausnahmen abgesehen, häufig dem konservativen Lager zuzuordnen, unterstützten (aus unterschiedlichen Gründen) den Irak-Krieg und hinterfragten den Multikulturalismus bzw. zeichneten ein sehr alarmierendes Bild vom Islam. Dies verhärtete den Eindruck, dass Kritiker des „neuen Antisemitismus" vor allem dem rechten Lager zuzuordnen seien und Antisemitismus als Waffe gegen die Linke instrumentalisiert werde.[30] Vereinzelt waren allerdings auch im linken und liberalen Spektrum Stimmen zu vernehmen, die den Antisemitismus innerhalb der Linken kritisierten und sich gegenüber dem Multikulturalismus zunehmend skeptisch zeigten.[31]

---

25 Conrad Black, My friend Taki has gone too far, in: Spectator, 03.03.2002.
26 Barbara Amiel, Islamists overplay their hand but London salons don't see it, in: Daily Telegraph, 17.12.2001; Dies, The lesson America has learned, in: Daily Telegraph, 14.01.2002.
27 Bernard lehnte eine öffentliche Entschuldigung ab, entschuldigte sich jedoch beim israelischen Botschafter in London.
28 Vgl. exemplarisch Melanie Phillips, Israel's lost war, in: Jewish Chronicle, 11.07.2003; Dies., Wall Street Journal, 24.12.2001.
29 Aus Goves Sicht war Israel von Beginn an von feindlichen Nachbarn bedroht, die Israel in mindestens drei konventionellen Kriegen mit der Vernichtung gedroht hätten, welche Israel wiederum aufgrund seines tapferen Volkes, das sich alleine verteidigen musste, gewonnen habe. Wie jedes andere Land habe Israel das Recht, das eroberte Land zu behalten. Vgl. Gove 2006.
30 Bunzl 2007, 1–4; Kahn-Harris/Gidley 2010.
31 Zu nennen wären Nick Cohen, Anti-Semitism isn't a local side effect of a dirty war over a patch of land smaller than Wales, in: New Statesman, 10.01.0.2005; Cohen 2007; Mick Hume, The anti-imperialism of fools, in: New Statesman, 17.06.2002; Anthony 2007.

Ausgehend von Debatten, die vom *Guardian, New Statesman* und *Independent* ausgelöst wurden, wird hier dem Diskurs über einen „linken Antisemitismus" nachgegangen. Von Interesse sind zudem die Entlastungsstrategien der unter Antisemitismus-Verdacht stehenden Medien, JournalistInnen und PolitikerInnen.

„Aus der Sünde geboren": Rekurse auf die israelische Gründungsgeschichte und das Jahr 1948

Am 3. Jänner 2001 veröffentlichte der *Guardian* den von Faisal Bodi verfassten Kommentar „Israel simply has no right to exist".[32] Bodi, für manche Hoffnungsträger einer neuen, kritischen muslimischen Generation,[33] setzte sich bereits in den 1990er-Jahren als Student an der Universität Manchester für den Boykott von israelischen Firmen und für eine Einstaatenlösung ein.[34]

Wie Bodi im *Guardian* argumentierte, habe Israel keine moralische Legitimation für seine Existenz, da der Staat diese zum einen aus einem biblischen Versprechen herleite und zum anderen mit der von den Briten 1917 erlassenen *Balfour Deklaration*[35] begründe. Diese basiere nicht nur auf Großbritanniens doppelbödiger Politik, womit gemeint ist, das Großbritannien im Sykes-Picot-Abkommen[36] den Arabern ebenfalls Versprechen gemacht hatte, sondern sei insgesamt null und nichtig, da Palästina damals zum Osmanischen Reich gehört habe. Die eigentliche Geburtsstunde Israels sieht er im Krieg von 1948 und in der Vertreibung von 770.000 PalästinenserInnen[37] durch die paramilitärischen Organisationen *Haganah, Irgun* und *Stern*. Für einen Frieden mit den PalästinenserInnen müsse Israel diese wenig glorreiche Interpretation seiner Gründungsgeschichte anerkennen. Als endgültige Lösung des Konfliktes schlug er eine Einstaatenlösung vor. Bodi distanzierte sich auch von der PLO und erteilte – wie Teile der extremen britischen Linken[38] oder einige britische muslimische Intellektuelle[39] – dem aus seiner Sicht gänzlich geschei-

---

32 Faisal Bodi, Israel simply has no right to exist, in: Guardian, 03.01.2001.
33 Lewis 2007, 68–76.
34 Faisal Body, And still we rise, in: Guardian, 05.03.2002; Siehe auch die Entgegnung von Andrew Pakes, Discarding the dogma, in: Guardian, 12.03.2002.
35 Die *Balfour Deklaration* ist eine Erklärung des britischen Kabinetts, übermittelt dem Präsidenten der Englischen Zionistischen Föderation am 02.11.2017 durch den britischen Außenminister Arthur James Balfour, wonach Großbritannien die Unterstützung für die „Errichtung einer nationalen Heimstätte für das jüdische Volk in Palästina" zusagt. Vgl. Timm 2017, 21–23.
36 Ein 1916 zwischen Frankreich und Großbritannien geschlossener Geheimvertrag über die Aufteilung der arabischen Provinzen des Osmanischen Reiches.
37 In der Forschung wird zumeist von ca. 700.000 Vertriebenen gesprochen.
38 Vgl. Hirsh 2007, 61.
39 Vgl. exemplarisch Ali 2005, 190; Azzam Tamimi, From the ashes of Gaza, in: Guardian, 30.12.2008 sowie Guardian, 10.02.2007; Gerda Karmi, „Ugly reality" of Israel's atrocities,

terten →Osloer Friedensprozess eine Absage. Offen ließ er allerdings die zentrale Frage, wie man zu einem binationalen Staat gelangen könne und dieser aussehen sollte.

Der *Guardian* hatte mit der Veröffentlichung dieses Kommentars für viele die Grenze einer legitimen Kritik an Israels Politik überschritten.[40] *Guardian*-Herausgeber Alan Rusbridger rechtfertigte den Schritt damit, dass seine Zeitung weiterhin am Existenzrecht Israels festhalten werde, allerdings auch marginale Positionen zur Diskussion stellen wolle, wie sie innerhalb der Linken und der muslimischen Community zum Ausdruck kommen und auch in der jüdischen Community zu finden sind.[41] Doch selbst wenn Rusbridger betonte, dass der *Guardian* nach wie vor das Existenzrecht Israels unterstütze, musste den Verantwortlichen bewusst gewesen sein, dass derart provokante Beiträge an prominenter Stelle wesentlich mehr Gewicht haben, als etwa die Linie der Zeitung im oft nicht gelesenen anonymen *leader* (der nach wie vor für das Existenzrecht Israels eintritt) zum Ausdruck kommt. Was sollte, abgesehen von Protesten einer teilweise empörten Leserschaft, mit der keineswegs neuen, historisch wenig fundierten Einschätzung eines komplexen Konfliktes angestrebt werden? Nur eine Debatte der Debatte wegen? Manche fanden eine banale Erklärung dafür: Dem *Guardian* ginge es primär um eine Erhöhung der Auflage.[42] Letztendlich hat Faisal Bodis Kommentar nicht unwesentlich zur Meinung beigetragen, dass der *Guardian* antisemitisch geworden sei.[43]

Alan Rusbridger hat allerdings Recht, wenn er Faisal Bodis Beitrag als typisch für eine bestimmte Denkweise innerhalb von Teilen des linken und muslimischen Spektrums betrachtet. Während der *Zweiten Intifada* finden sich im *Independent*, *New Statesman* und wiederholt auch im *Guardian*[44] viele Rekurse auf den Krieg von 1948, der wie bei Faisal Bodi auf die Vertreibung der PalästinenserInnen und einen Israel angelasteten Genozid reduziert wird.[45] Im *Socialist Worker*, dem Organ

---

in: Times, 24.11.2004; Ahmad Samih Khalidi, A one-state solution, in: Guardian, 29.09.2003.
40 Colin Shindler, Thinking the unthinkable about Israel, in: Guardian, 05.01.2001.
41 Baram 2008, 195.
42 Bryan Cheyette, What became of Zion?, in: Guardian, 24.07.2004.
43 Vgl. exemplarisch Jewish Chronicle, 01.02.2002; Leserbrief im Guardian, 06.10.2000.
44 Vgl. exemplarisch Seumas Milne, This slur of anti-Semitism is used to defend repression, in: Guardian, 09.05.2002; ders., Ending Israel's occupation will benefit Jews and Muslims in Europe, in: Guardian, 09.05.2002; Ahmad Samih Khalidi (pal. Schriftsteller), A one-state solution, in: Guardian, 29.03.2003; vgl. Leserbriefe im Independent, 04.12.2001, 05.12.2001, in der Times, 17.10.2000, 19.10.2000 sowie im Guardian, 16.10.2000.
45 Vgl. exemplarisch John Pilger, Ethnic cleansing attended the birth of Israel, in: New Statesman, 03.06.2002; ders., The unmentionable source of terror, in: Independent, 20.03.2004; A. N.Wilson, Tragic reality of Israel, in: Evening Standard, 22.10.2001; vgl. auch die Beiträge von Robert Fisk im Independent, 19.11.2000, 04.12.2001, 30.03.2002; Seumas Milne, This slur of anti-Semitism is used to defend repression, in: Guardian, 09.05.2002. Die

der trotzkistisch orientierten *Socialist Workers Party,* hat beispielsweise Matthew Cookson die Kriege von 1948 und 1967 äußerst vereinfachend, kontextlos und einseitig zusammengefasst:

> Israel is a terrorist state, conceived in 1948 by the ethnic cleansing of 750.000 Palestinian Arabs. They fled to the West Bank, the Gaza Strip and Arab East Jerusalem. Then Israel invaded these areas in 1967.[46]

Mit den Verweisen auf jüdische Terroranschläge vor der Staatsgründung sollte suggeriert werden, dass nicht nur die PalästinenserInnen Blut an ihren Händen hätten, sondern die zionistischen Gründungsväter den Grausamkeiten der *Hamas* und *Al-Kaida* um nichts nachstehen würden.[47] Dieses kontextlose Narrativ von Israels „sündhafter Geburt" hat, wie noch gezeigt wird, auch Eingang in die *Stop the War Coalition* (StWC) und Boykottbewegung gefunden.[48] Andrew Murray und Lindsay German, führende Aktivisten der StWC, beklagten, dass viele Zionisten und ihre Sympathisanten über die von Menachem Begin und anderen verübten Terroranschläge, die die Gründung Israels forciert hätten, schweigen, jedoch palästinensischen Widerstand schnell als Terrorismus verurteilen würden.[49]

Aus einer europäisch-vergleichenden Perspektive ist interessant, dass in Frankreich, Deutschland oder Österreich während der *Zweiten Intifada* selten Bezüge zur Gründungsgeschichte des jüdischen Staates hergestellt wurden. Ein wesentlicher Grund dafür ist in der Rolle Großbritanniens als Mandatsmacht über Palästina (1922 bis 1947) zu suchen. Im britischen Gedächtnis war offensichtlich der

---

Position findet sich auch in Leserbriefen im Independent, 04.12.2011, 05.12.2001 und in der Times, 17.10.2000; 19.10.2000; Hirsh 2007, 73.

46 Matthew Cookson, US backs Isarel's murderous assault, in: Socialist Worker, 08.12.2001.
47 Der jüdische Labour-Abgeordnete Gerald Kaufman wies beispielsweise im *House of Commons* darauf hin, dass der *Irgun* und die Sterngruppe zur Erreichung eines jüdischen Staates ähnliche terroristische Anschläge verübt hätten wie heute palästinensische Organisationen. Für ihn gab es auch wenig Unterschiede zwischen Deir Yassin und Dschenin. Vgl. Nicola Watt, MP accuses Sharon of „barbarism", in: Guardian, 17.04.2002. Vgl. auch Ken Livingstone, This is about Israel, not anti-Semitism, in: Guardian, 04.03. 2005; Robert Fisk, Guns and bulldozers raze homes in Gaza, in: Independent, 12.04.2001. Vgl. exemplarisch die kontroversen Leserbriefe in der Times, 10.04.2002, 13.04.2002, 20.04.2002 sowie die Leserbriefe im Independent, 25.09.2001. Anlässlich des Gaza-Krieges von 2008/2009 stellte Geoffrey Wheatcroft im Independent, 11.01.2009, eine Verbindung zwischen der Politik von Ehud Olmert und Tzipi Livni und der Tatsache, dass ihre Väter im *Irgun* gekämpft hatten, her.
48 Seumas Milne machte im Guardian, 06.08.2014, die *Balfour Declaration* für den Beginn der Kolonialisierung des Landes durch europäische Siedler unter kolonialer Herrschaft verantwortlich, was 1948 letztendlich zur Gründung des Staates geführt habe.
49 Murray/German 2005, 11.

1946 erfolgte Terroranschlag auf das King David Hotel in Jerusalem, wo einige Abteilungen der britischen Mandatsregierung untergebracht waren, noch verankert. Verantwortlich dafür – der Anschlag forderte über 90 Tote (darunter 28 Briten) – war der rechtsgerichtete, von Menachem Begin angeführte *Irgun*.[50] Bereits kurz nach dem Zweiten Weltkrieg konnte ein Transfer des Konflikts nach Großbritannien beobachtet werden. In Liverpool, Glasgow, Manchester und London wurden 1947 jüdische Geschäfte zerstört und ausgeraubt, nachdem der *Irgun* zwei britische Sergeants als Vergeltung für drei von der britischen Mandatsmacht hingerichtete *Irgun*-Mitglieder erhängt hatte.[51] Noch 2017 veröffentlichte der britische Geheimdienst ein Dossier, woraus hervorging, dass *Lehi* (auch *Stern-Gruppe* genannt) sogar in London Anschläge geplant hatte, die vereitelt werden konnten.[52] Bis heute sind immer wieder Stimmen zu vernehmen, die in einer Parteinahme für die PalästinenserInnen eine verspätete Wiedergutmachung für Großbritanniens Versagen als Mandatsmacht sehen.[53] Mit den Worten „It's about time that the British government made some reparations for the Balfour Declaration" verlieh George Galloway 2005 seiner Forderungen nach einem Boykott Israels auf einer Demonstration Nachdruck.[54]

Bei derartigen Vergleichen oder eigentlich historischen Anspielungen geht es allerdings wenig um eine durchaus legitime Kritik an der israelischen Gründungsgeschichte, wozu die Vertreibung der PalästinenserInnen und von jüdischen Organisationen verübte Terroranschläge gehörten, die von der damaligen jüdischen Gemeinschaft in Palästina (= *Yischuw*) allerdings in einer überwiegenden Mehrheit verurteilt wurden. Vielmehr wurde damit einerseits eine Delegitimierung Israels und andererseits eine Entlastung des gegenwärtigen palästinensischen Terrorismus angestrebt.[55]

„A kosher conspiracy": Anklänge an Weltverschwörungstheorien in linken Medien

Am 14. Jänner 2002 erschien der *New Statesman,* Sprachrohr linker Intellektueller mit einer wöchentlichen Auflage von rd. 25.000 Stück und seit 1996 (bis 2008) in Besitz von Geoffrey Robinson, einem Abgeordneten der *Labour Party,* mit dem Cover „Kosher Conspiracy". Auf dem Bild durchdringt die Spitze eines goldenen Davidsterns den Union Jack, der Text dazu lautet: „The Zionist Lobby: John Pilger

---

50 Vgl. Miller 2003, 51–63.
51 Segev 2000, 493–495; Endelman 2002, 234–234.
52 Calder Walton, Coat bomb and explosive prothesis: British intel files reveal how the Zionist Stern Gang terrorized London, in: Haaretz, 02.12.2017.
53 Vgl. exemplarisch Ed Husain, Britain has a duty to Arabs, in: Guardian, 30.12.2008.
54 Wistrich 2010, 403.
55 Vgl. dazu auch Becker 2018.

und Dennis Sewell on Britain's pro-Israel Lobby". Noch bevor die US-amerikanischen Politologen Steven Walts und John Mearsheimers mit „The Israel Lobby and U.S. Foreign Policy" – erstmals in einer verkürzten Version in der *London Review of Books*[56] publiziert – eine größere Debatte über die Existenz einer jüdischen Lobby ausgelöst hatten, nahmen sich Dennis Sewell und John Pilger im *New Statesman* dieses Themas an.

Der *New Statesman,* der damit offensichtlich seine Auflage erhöhen wollte, provozierte mit dieser Ausgabe einen Aufschrei.[57] Manche erinnerte das Titelblatt sogar an den *Stürmer,*[58] für den Journalisten Jonathan Freedland war es ein Paradebeispiel dafür, wie schnell Antizionismus zu Antisemitismus mutieren könne, sobald er sich eines antisemitischen Jargons bediente.[59] *Labour*-Generalsekretär David Triesman beendete seinen Leserbrief an den *New Statesman* mit: „I have read – agreed and disagreed with – the *New Statesman* for 40 years. I never thought I would come to regard it as anti-Semitic. But I do today."[60] Vier Londoner Juden besetzten als *Action Against Antisemitism* das Büro des *New Statesman*-Herausgebers Peter Wilby und forderten von ihm eine Entschuldigung. Dieser kam der Aufforderung mit folgenden Worten nach: „We (or, more precisely, I) got it wrong. The cover was not intended to be anti-Semitic; the New Statesman is vigorously opposed to racism in all its forms."[61] Dennis Sewell und John Pilger sprach er allerdings von jeder Form des Antisemitismus frei und verbürgte sich dafür, dass der *New Statesman* weiterhin die gegenwärtige israelische Regierung ablehnen werde.[62]

Was wurde konkret in den Beiträgen von Sewell und Pilger angesprochen? Wie Sewell resümierte, könne durchaus von einer zionistischen Lobby gesprochen werden, entgegen linker Vorstellungen sei diese allerdings in Großbritannien wenig einflussreich. Die in sich zersplitterten, teilweise sehr kleinen zionistischen Organisationen[63] zog er durch einen Vergleich mit Woody Allens neurotischer Familienkonstellation ins Lächerliche. Auch wenn sich einzelne Journalisten von einer

---

56 The Israel lobby and US foreign policy, in: London Review of Books, 23.03.2006.
57 Vgl. Pulzer 2003, 79–101; Pickett 2003, 148–168.
58 Leserbrief von Prof. Stefan Reif, St. John's College, Cambridge, im New Statesman, 21.01.2002; Harrison 2006; Emanuele Ottolenghis Beitrag im All Party Parliamentary Inquiry into Anti-Semitism, September 2006; Pickett 2003, 151.
59 Freedland 2003, 119.
60 Leserbrief im New Statesman, 21.01.2002.
61 Jewish Chronicle, 08.02.2002; Peter Wilby, The New Statesman and anti-Semitism, in: New Statesman, 11.02.2002.
62 Jessica Hodgson, Editor apologises for „Kosher Conspiracy", in: Guardian, 07.02.2002.
63 Konkret meinte er damit BICOM *(Britain Israel Communications&Research Centre)*, das 2001 als Pendant zum US-amerikanischen AIPAC *(American Israel Puplic Affairs Committee)* gegründet wurde. Vgl. Stephen Bates, Israel lobby calls in US advisers to boost image, in: Guardian, 12.10.2002.

jüdischen Lobby unter Druck gesetzt fühlten, hätten jüdische Proteste letztendlich wenig Einfluss darauf, was linke und liberale Medien veröffentlichten. Dazu müsse man nur täglich einen Blick in die liberale Presse werfen. Die zionistische Lobby, so Sewell, sei in Wahrheit ein ratloses Pack („clueless bunch"). Die Reaktionen der Leserschaft waren höchst unterschiedlich. Während einige Sewells Beitrag als „Schmierkampagne gegen Linke" und eine „Werbung für zionistische Interessen" betrachteten, kritisierten andere, dass er die Existenz einer jüdischen Lobby nicht grundlegend in Frage stellte.[64]

Die Kritik an John Pilgers Beitrag entzündete sich vor allem an seiner Anspielung auf die jüdische Herkunft Michael Levys,[65] *chief fundraiser* für Labour und von Tony Blair 1998 zum Nahostsondergesandten ernannt. Konkret beschrieb er Levy als „wealthy Jewish businessman who had fundraised for New Labour (…) who has both a business and a house in Israel and had a son working for Israeli justice minister."[66] Pilger war bereits als Kritiker von Blairs Nahostpolitik und harter Kritiker Israels bekannt, der mit dem Vorwurf der ethnischen Säuberungen nicht sparte. Im *New Statesmam* hat er nicht zum ersten (und letzten) Mal seine Ansicht über eine jüdische Lobby zum Ausdruck gebracht.[67] Der BBC warf er beispielsweise während der *Zweiten Intifada* hinsichtlich der Israel-Berichterstattung eine „subtle censorship" durch das jüdische Establishment vor, und „die" Medien in den USA betrachtete er als „jüdisch dominiert". Es kann nicht in Abrede gestellt werden, dass einzelne jüdische Organisationen (wie auch viele nichtjüdische Interessensgruppen) sich um Einfluss auf die US-Politik bemühen. Problematisch ist es allerdings, wenn, wie von Pilger praktiziert, auf diese subtil angespielt wird und somit der Eindruck einer jüdischen Verschwörung erweckt wird.

Blairs Ernennung von Levy wurde nicht nur von Pilger, sondern – auch bereits zuvor – von verschiedenen Seiten,[68] u.a. vom britischen Außenamt,[69] kritisiert.

---

64 Zur Debatte vgl auch Rich 2017, 215–218.
65 Michael Abraham Levy gelangte als Manager für Musiker mit *Magnet Records* zu Reichtum. Er wirkte als Fundraiser für jüdische und israelische Wohltätigkeitsvereine und stand politisch dem israelischen Friedenslager und der Arbeiterpartei nahe. Tony Blair ernannte ihn zum Nahostgesandten. 2007 wurde er von Michael Williams abgelöst.
66 Sein Sohn Daniel Levy arbeitete für Yossi Beilin, den Knesseth-Abgeordneten der Arbeiterpartei. In der jüdischen Community löste sein Vorschlag, mit der *Hamas* direkt zu verhandeln, teilweise heftige Kritik aus. Vgl. die Leserbriefe als Reaktion auf einen Beitrag von Melanie Phillips in der Jewish Chronicle, 17.08.2007.
67 Vgl. exemplarisch John Pilger, Ethnic cleansing attended the birth of Israel but, more than 50 years later, the country is still in denial about its bloody past, in: New Statesman, 03.06.2002; Blair's meeting with Arafat served to disguise his support for Sharon and the Zionist project, New Statesman, 14.01.2002; John Pilger, As fear of terrorism rise, John Pilgers fears for free speech, in: New Statesman, 22.08.2005.
68 Vgl. auch Riddel 2004.
69 Richard Beeston befürchtete, dass Blair mit Levy das von vielen als proarabisch einge-

Nicht alle dazu vertretenen Positionen können als antisemitisch abgetan werden, teilweise überschritten Journalisten allerdings eindeutig die Grenze einer legitimen Kritik, wenn auf „jüdische Werte" und die „Allmacht der Juden" angespielt wird. John Kampfer unterstellte beispielsweise Levy im *New Statesman*, dass er nicht nur das Geld der reichen Nord-Londoner jüdischen Geschäftswelt, sondern auch deren Werte in die Politik einbringen würde.[70] Im *Observer* nahm Richard Ingram die Ernennung Levys zum Anlass für einen Rundumschlag gegen die britische mediale Nahostberichterstattung, die er dem Druck einer jüdischen Lobby ausgesetzt sah.[71] Tam Dalyell, ein bekannter langjähriger schottischer Labour-Abgeordneter, Blair-Kritiker und Gegner des Afghanistan- und Irak-Krieges, bezeichnete Levy als Mitglied einer „cabal of Jewish advisers", die Blair und Bush den Irak-Krieg aufgezwungen habe. Neben Levy zählte er den *Labour*-Abgeordneten Peter Mandelsohn und Außenminister Jack Straw zu dieser jüdischen Verschwörung; beide betrachteten sich selbst allerdings nicht als jüdisch.[72] Der mittlerweile verstorbene Journalist Paul Foot, bekannter Antizionist und führendes Mitglied der trotzkistischen *Socialist Workers Party*, korrigierte Dalyell dahingehend, dass es falsch sei, von „Jewish pressure" zu sprechen, wenn er „Zionist pressure" meine.[73] Neben heftiger Kritik (auch aus Teilen der *Labour Party*)[74] erhielten Dalyell und Foot durchaus auch Zustimmung.[75] Beide wiesen jeden Vorwurf des Antisemitismus von sich, Dalyell u.a. mit dem Verweis darauf, dass er bereits mehrmals Israel besucht

---

    schätzte Foreign Office in der Nahostfrage übergehen würde. Aus seiner Sicht machte es wenig Sinn, prominente britische Juden mit engen wirtschaftlichen und privaten Bindungen zu Israel als britische Delegierte in die arabische Welt zu schicken. Vgl. Richard Beeston, Levy loses his role as peace emissary, in: Times, 11.11.2000.

70 John Kampfer, Who does he think he is?, in: New Statesman, 15.04.2002.
71 Richard Ingrams, Who will dare to damn Israel?, in: Observer, 16.09.2001.
72 Wörtlich meinte Dalyell in Vanity Fair: "There is far too much Jewish influence in the United States." Vgl. Guardian, 06.05.2003; Colin Brown/Chris Hastings, Fury as Dalyell attacks Blair's Jewish Cabal, in: Telegraph, 03.05.2003; Hirsh 2007, 78.
73 Wörtlich schrieb er im Guardian, 14.05.2003: "Obviously, Tam has changed his mind since, and obviously he is wrong to complain about Jewish pressure on Blair and Bush when he means Zionist pressure. But that's a mistake that is constantly encouraged by the Zionists." Wie Foot am 05.03.2002 im Guardian vertrat, sei die israelische Besatzungspolitik die Saat für jeglichen Antisemitismus.
74 Jonathan Freedland, That is a racist slur, in: Guardian, 07.05.2003; Mike Marqusee, No compromise with anti-Semitism, in: Guardian, 05.05.2003; R. Littlejohn, In Britain, slugging off Jews means never having to say you're sorry, in: Sun, 06.05.2003; Fuzzy, nasty and wrong, in: Economist, 08.05.2003; David Aaronovitch, Message to the left: there is no all-powerful Jewish lobby, in: Independent, 27.05.2003.
75 Newsnight, BBC-Transkript, 08.05.2003 (Pro Israel Lobby on Capitol Hill); Andrew Alexander, We are all entitled to be alarmed, in: Daily Mail, 09.05.2003; siehe dazu auch die durchaus kontroversen Leserbriefe im Guardian, 06.05.2003 und 08.05.2003 sowie zahlreiche Beiträge zu Paul Foot im *Socialist Worker*, 16.05.2003 und 15.07.2003.

habe und seine Kinder in einem Kibbuz gelebt hätten.[76] In der jüdischen Community wiederum befürchteten viele, dass gerade weil Antisemitismus in Form von Anspielungen auf die Herkunft prominenter Juden in Großbritannien eine Tradition aufweist,[77] damit nicht nur die Objektivität einzelner prominenter Juden wie Levy, sondern die Loyalität der Juden zum britischen Staat an sich in Frage gestellt werde.

Offen geäußerte Zweifel an der Loyalität jüdischer Diplomaten lebten auch nach dem „Fall Levy" vereinzelt wieder auf. Der *Labour*-Politiker Paul Flynn stellte 2010 die Objektivität von Matthew Gould, dem britischen Botschafter in Tel Aviv, in Zweifel. Seiner Meinung nach sollte diese Position an „someone with roots in the UK" vergeben werden.[78] Auch Pippa Bartolotti, Vorsitzende der *Wales Green Party* und Mitglied der *Stop the War Coalition,* hinterfragte die Loyalität des „Jewish Zionist ambassadors" in Israel, nachdem sie in Zusammenhang mit der → *Mavi Marmara* am Flughafen in Tel Aviv verhaftet wurde. Auf den britischen Vizekonsul bezogen meinte sie: „The vice-consul was called Levi. From the university of life I have learned that Jews have a conflict of interest in matters relating to Palestine."[79]

Im Vorfeld des Irak-Krieges mehrten sich (nicht nur)[80] in linken Printmedien auch Anspielungen auf eine jüdische Lobby, der vorgeworfen wurde, die Medien im Sinne amerikanisch-israelischer Interessen zu beherrschen.[81] Der langjährige Nahostkorrespondent Robert Fisk betrachtete im *Independent* sowohl die US-amerikanischen Medien als auch die BBC als gleichgeschaltet, zumal, wie er schrieb, Bush dem israelischen Premierminister Sharon ohnehin nach dem Mund reden würde.[82] Am 9. Juli 2002 illustrierte seinen Beitrag im *Independent* eine amerikanische Fahne, auf der die weißen Sterne durch goldene (!) Davidsterne ersetzt

---

76 Nicholas Watt, Dalyell may face race hatred inquiry, in: Guardian, 05.05.2003; Jewish Chronicle, 09.05.2003.
77 Vgl. Endelman 2002, 244. Der von jüdischer Seite häufig für seine kritische Haltung zu Israel kritisierte Gerald Kaufman beklagte beispielsweise, dass er während des Yom-Kippur-Krieges 1973 vom Torie-Außenminister Alec Douglas-Home öffentlich beschuldigt wurde, Israel gegenüber loyaler zu sein als gegenüber Großbritannien. Vgl. Jewish Chronicle, 23.08.2002 und 13.09.2002.
78 Martin Bright, „Dual loyalty" row MP is forced to say sorry, in: Jewish Chronicle, 08.12.2011.
79 Martin Bright, Beware the woman who bids to lead the Greens, in Jewish Chronicle, 02.08.2012.
80 Selbst in der proisraelischen und proamerikanischen *Sun* wird mitunter auf die Macht der „jüdischen Lobby" in den USA angespielt. Vgl. Israel's climb down, in: Sun, 06.02.2002.
81 Max Hastings, früherer Herausgeber des *Daily Telegraph* und *London Evening Standard,* warf beispielsweise den britischen Medien vor, dass sie sich dem Druck einer zionistischen Lobby beugen würden. Vgl. A grotesque choice, in: Guardian, 11.03.2004.
82 Vgl. die Beiträge von Robert Fisk im Independent, 16.09.2001, 21.02.2002, 26.06.2002, 04.04.2002, 17.04.2002, 08.04.2002, 09.07.2002, 21.10.2004.

waren.⁸³ Eine ähnliche Position vertrat im *Independent* der langjährige Nahostberichterstatter Philip Reeves.⁸⁴ Als er, nachdem *Human Rights Watch* (HRW) eine Untersuchung über die Kämpfe in Dschenin veröffentlicht hatte, zugeben musste, dass er von einer überhöhten Opferzahl geschrieben und die Kampfhandlungen fälschlicherweise als Massaker bezeichnet hatte,⁸⁵ stilisierte er sämtliche Journalisten zum Opfer einer „pro-Israel lobby" in den USA. Diese hätte, während er seinen Beitrag unter widrigsten Umständen verfasst habe, insbesondere die britische Presse mit Artikeln überschwemmt und zu einer Hysterie beigetragen, der er zum Opfer gefallen sei.⁸⁶

Der *Guardian* war bereits kurz nach Beginn der *Zweiten Intifada* auf das Thema der jüdischen Lobby aufgesprungen: Jemima Khan, die Tochter des bekannten Milliardärs Sir James Goldsmith,⁸⁷ führte in einem Gastkommentar ihre Vorstellungen über die „Herrschaft der reichen amerikanischen Juden" aus. Diese würden aufgrund ihres bemerkenswerten Erfolges in den USA die dortigen Medien und Hollywood weitgehend kontrollieren sowie mehr als die Hälfte der bedeutendsten Funktionen in der Clinton-Administration besetzen. Gegen den Vorwurf des Antisemitismus sicherte sich Khan mit einem Verweis auf ihre vielen jüdischen Freunde und ihre jüdischen Großeltern väterlicherseits ab.⁸⁸ Durch die (2004 geschiedene) Ehe mit dem pakistanischen Krickestieler und mittlerweile pakistanischen Regierungschef Imran Khan konvertierte sie zum Islam und lebte eine Zeitlang in Islamabad. Der Kommentar löste heftige Kontroversen aus⁸⁹ und auch im *Guardian*-Redaktionsteam gab es durchaus unterschiedliche Einschätzungen über Khans Beitrag.⁹⁰ Der bekann-

---

83 Vgl. dazu auch Hirsh 2007, 84; Bogdanor 2013, 71–78.
84 Rees betrachtete nicht nur *die* US-amerikanischen Medien, sondern auch die BBC als gleichgeschaltet, zumal Bush Sharon ohnehin nur alles nachplappern würde. Vgl. Phil Reeves, I wonder, why Bush doesn't let Sharon run his press office, in: Independent, 26.06.2002.
85 Der langjährige Nahostberichterstatter hatte sich dazu verleiten lassen, von einem Kriegsverbrechen mit Schlachtfeldern, Massenerschießungen, Leichenbergen, Massengräbern und verbrannten Leichen zu schreiben. Die Zahl der palästinensischen Toten überschätzte er maßlos, wobei er wie zahlreiche andere Journalisten der Propaganda des palästinensischen Politikers Saeb Erekat erlegen ist; dieser sprach trotz bereits besseren Wissens noch immer von 1600 Vermissten. Vgl. Phil Reeves, Amid the ruins of Jenin, the grisly evidence of a war crime, in: Independent, 16.04.2002; vgl. auch Fresh evidence of Jenin atrocities, in: Independent, 18.04.2002 sowie Israelis try to pin blame for Jenin on suicide bombers, in: Independent, 19.04.2002.
86 Phil Reeves, Even journalists have to admit they're wrong sometimes, in: Independent, 03.08.2002. Zur Kritik an Reeves siehe Lozowick 2003, 279.
87 Der Financier gründete 1996 die europakritische *Referendum Party*. Sein Vater war jüdisch, er selbst wurde aber bereits als Katholik erzogen. Goldsmith starb 1997.
88 Jemima Khan, Tell the truth about Israel, in: Guardian, 01.11.2000.
89 Ian Mayes, Fair comment, in: Guardian, 11.11.2000; The Sunday Telegraph, 12.11.2000.
90 Wenig hilfreich für die Imageverbesserung der Zeitung erwies sich die ambivalente Reak-

te *Guardian*-Journalist Seumas Milne verstärkte den Eindruck des Antisemitismus, indem er meinte, dass Khan die Aussage nur anders formulieren hätte sollen.[91] Milne wurde im Oktober 2015 von Jermy Corbyn zum *Executive Director of Strategy and Communications* der *Labour Party* ernannt und verließ 2017 den *Guardian*.

Darüber, ob von einer jüdischen Lobby an sich gesprochen werden darf, gibt es unterschiedliche Meinungen. Exemplarisch dafür kann die von Channel 4 ausgestrahlte Dokumentation *Dispatches. Inside Britain's Israel Lobby* des Journalisten Osborn angeführt werden, in der Spendengelder von jüdischen Organisationen an die *Tories* thematisiert werden. Während der *Board of Deputies of British Jews* (BoD) von Antisemitismus sprach, verteidigte Antony Lerman Osborn mit dem Argument, dass dieser sachlich berichten und nicht auf eine kultische, im Geheimen tätige Lobby anspielen oder typische antijüdische Stereotype wie jenes von einer einflussreichen Kabbala verwenden würde. Osborn wies den Vorwurf des Antisemitismus von sich, gab aber zu bedenken, dass die Dokumentation viele zu antisemitischen Postings im Netz animiert habe.[92]

„Sharon is eating a baby": Ritualmordlegenden?

Ausgerechnet am 27. Jänner 2003, dem Tag, an dem Großbritannien bereits seit zwei Jahren den internationalen *Holocaust Memorial Day* beging, erschien im *Independent* Dave Browns Cartoon „Sharon is eating a baby". Lediglich mit einem Feigenblatt bedeckt, das die Aufschrift „Vote Likud" trägt, beißt Sharon blutrünstig in den Kopf eines palästinensischen Babys. Im Hintergrund zerstören israelische Panzer und Kampfhubschrauber ein palästinensisches Dorf, der „Bulldozer" Sharon trampelt brutal über dessen Überreste hinweg. Während für viele das Cartoon eindeutig auf das Motiv des Ritualmordes anspielt und damit sogar *Stürmer*-Karikaturen assoziiert wurden,[93] konnten andere darin keinerlei antisemitische Absichten erkennen. Auch Brown selbst wies den Vorwurf des Antisemitismus vehement zurück. Denn nicht Ritualmordlegenden, sondern Goyas „Saturn Devouring One of His Children" habe ihm als Vorlage zur Kritik an Sharons „mörderischer Politik" gedient. Er betonte auch, bewusst jedes jüdische Symbol, wie beispielsweise den Davidstern, vermie-

---

tion des Herausgebers Alan Rusbridger. Obwohl er die Veröffentlichung des Gastkommentars als wenig sinnvoll betrachtete, meinte er, dass die Eigentumsfrage von Medien nicht unwesentlich sei.
91 Baram 2008, 194.
92 Vgl. exemplarisch Martin Bright, Dispatches Israel lobby film: the reaction, in: Jewish Chronicle, 19.11.2009; Antony Lerman, The pro-Israel lobby and antisemitism, in: Guardian, 09.11.2009.
93 Vgl. exemplarisch die Beiträge von Gideon Katz, Ned Temko und Paul Gross im Independent, 31.01.2003; Pickett 2003, 159; Hirsh 2007, 71.

den zu haben.⁹⁴ *Independent*-Herausgeber Simon Kelner wollte im Cartoon ebenfalls nur eine Anti-Sharon-Haltung erkennen.⁹⁵ Eine ähnliche Position nahm der *Labour*-Abgeordnete Gerald Kaufman ein,⁹⁶ der mit seiner Kritik an Israel und Sharon in der jüdischen Community bereits wiederholt auf heftige Kritik gestoßen war. Anderen wiederum fiel es schwer, nachzuvollziehen, dass eine Zeitung mit einem jüdischen Herausgeber eine derartige Karikatur veröffentlicht hatte.

Einmal mehr wurde deutlich, dass die Grenze zwischen Antisemitismus und überzogener Kritik an Israels Politik nicht von allen gleich gezogen wird und die Beurteilung antisemitischer Motive unter Umständen auf Vermutungen basieren kann. Da aufgrund der fortschreitenden Säkularisierung Ritualmordlegenden nicht mehr von allen als solche erkannt werden, kann durchaus angenommen werden, dass Brown weniger von christlichen antijüdischen Vorurteilen, sondern von den seit Beginn der *Zweiten Intifada* medial transportierten und teilweise antisemitischen Sharon- und Israel-Bildern beeinflusst war. Da sehr viele palästinensische Kinder und Jugendliche, aber auch israelische Kinder zu den Opfern der *Zweiten Intifada* zählten, kam Kindern in der medialen Berichterstattung und Politik eine besondere Rolle zu. Ariel Sharon wurde häufig als „Kindermörder" beschimpft und beschuldigt, bewusst palästinensische Kinder zu töten.⁹⁷ Im *Independent* unterstellten beispielsweise Philip Reeves und Robert Fisk der israelischen Regierung, unschuldige Jugendliche und Kinder zu erschießen bzw. vorsätzlich zu töten, was laut Fisk seit dem 1982 erfolgten →Massaker von Sabra und Shatila Tradition habe. Für getötete israelische Kinder konnte kaum Empathie aufgebracht werden. Tom Paulin⁹⁸, Schriftsteller und Lektor für englische Literatur am Hartford College in Oxford, warf in seinem Gedicht „Killer in Crossfire" der „Zionist SS" vor, absichtlich palästinensische Kinder zu erschießen. Als Vorlage diente ihm der bislang ungeklärte Tod des palästinensischen Buben Mohammed al-Dura, der zu Beginn der *Zweiten Intifada* im Gazastreifen mit seinem Vater in das Kreuzfeuer zwischen Palästinensern und Israeli geraten war. Gefilmt von einem französischen Kameramann starb er in den Armen seines Vaters. Die Bilder gingen um die Welt und trugen zum Transfer des Konflikts nach Europa bei. Der *Observer* druckte „Killed in Crossfire" am 18. Februar 2002 ab. Kritiker sahen darin das Aufleben eines vulgären Antisemitismus in der Tradition der Ritualmordlegenden.⁹⁹

---

94 Dave Brown, Satire or Anti-Semitism? The cartoonist writes, in: Independent, 31.01.2003.
95 Ciar Byrne, Independent cartoon cleared of antisemitism, in: Guardian, 22.05.2003.
96 Gerald Kaufman, Satire or Anti-Semitism? in: Independent, 31.01.2003.
97 Zu den in Europa während der *Zweiten Intifada* weitverbreiteten Kindermordvorwürfen an Sharon vgl. Embacher/Reiter 2011.
98 Paulin was a member of the *Labour Party* but resigned after declaring that the government of Blair was „a Zionist government". Vgl. Al-Ahram Weekly Online, 4–10 April 2002, Issue No. 580.
99 Zur Kritik an Paulin siehe exemplarisch Pickett 2003, 155–157; Julius 2010, 410–111.

Ob Dave Browns Cartoon bewusst am *Holocaust Memorial Day* (HMD) veröffentlicht wurde, lässt sich schwer eindeutig beurteilen. Das Cartoon bezog sich tatsächlich auf den israelischen Wahlkampf in Israel, wo am 28. Jänner Parlamentswahlen abgehalten wurden. Es kann zudem nicht ausgeschlossen werden, dass der Gedenktag ein Jahr nach seiner offiziellen Installierung in der britischen Gesellschaft noch wenig verankert war und die Veröffentlichung am HMD tatsächlich aus einer Unwissenheit heraus erfolgte.

Für die israelische Botschaft war das Cartoon jedenfalls eindeutig antisemitisch und sie brachte im März 2003 beim Press *Complaints Committee* eine Klage ein. Diese wurde damit zurückgewiesen, dass weder in Browns Cartoon noch in Goyas „Saturn" Vorurteile gegenüber einer „race or religion" zu finden seien und nicht immer alle möglichen Interpretationen eines Bildes mitgedacht werden könnten.[100] Trotz der heftigen Diskussionen und Vorwürfe zeichnete die *British Political Cartoon Society* Brown mit dem alljährlich verliehenen *Political Cartoon of the Year Award* aus,[101] ein Vorgehen, das mehrere Interpretationen zulässt. Zum einen erweckt es den Eindruck, dass britische Linke sich wenig vom Vorwurf des Antisemitismus beeindrucken lassen. Zum anderen könnte das Vorgehen auch als eine Art von Selbstvergewisserung aufgrund einer gewissen Verunsicherung interpretiert werden.

Als problematisch muss Browns Cartoon allein deshalb gesehen werden, da es Sharon unterstellt, palästinensische Kinder bewusst und auf martialische Art zu töten und somit zur Dämonisierung des jüdischen Staates beiträgt. Die Debatte sollte aber zum Anlass genommen werden, um zu hinterfragen, inwieweit jüngere Menschen und vor allem auch MuslimInnen mit einem christlichen Antisemitismus vertraut sind und somit Ritualmordlegenden als solche erkennen können. Wenn nicht, wäre interessant, was aus dem Bild jeweils herausgelesen wird.

Browns Cartoon war allerdings nicht das einzige, das eine Debatte um einen Ritualmord auslöste.[102]

---

100 Ciar Byrne, Independent cartoon cleared of antisemitism, in: The Guardian, 22.05.2003.
101 Pickett 2003, 157–160.
102 Die *Sunday Times* veröffentliche 2013 ebenfalls am HMD ein Cartoon von Gerald Scarf, das viele als Anspielung auf einen Ritualmord betrachteten. Im Unterschied zum *Independent* gab es von der *Sunday Times,* die für eine insgesamt proisraelische Berichterstattung bekannt ist, schnell eine klare Entschuldigung. Vgl. Martin Bright, The week extremism became main stream, in: Jewish Chronicle, 31.01.2013. Auch Churchills Theaterstück *Seven Jewish Children* wurde 2008 vorgeworfen, auf Ritualmordlegenden anzuspielen. Vgl. Rich 2016, 225–227.

Verteidigungsstrategien

Am 26. Jänner 2002 konstatierte der *Guardian,* dass innerhalb der Linken keineswegs von Antisemitismus gesprochen werden könne. Das Problem sei vielmehr, dass legitime Kritik an Sharon als Antisemitismus ausgelegt werde. Damit wird ein zentrales Problem der Debatte über einen linken Antisemitismus bzw. einen „neuen Antisemitismus" angesprochen, nämlich die Frage, ob Antizionismus per se als Antisemitismus zu betrachten bzw. wann Antizionismus als Antisemitismus einzustufen ist.

Im Folgenden interessiert weniger die Problematik einer oft schwer auszumachenden Grenzziehung zwischen Antizionismus und Antisemitismus. Es soll vielmehr gezeigt werden, dass der Verweis auf den grundlegenden Unterschied zwischen diesen beiden Phänomenen oft allzu schnell der Abwehr des Antisemitismus-Vorwurfes und einer Flucht in die eigene Opferrolle diente.[103] Anstatt sich mit – teilweise auch überzogenen – Antisemitismus-Vorwürfen konkret auseinanderzusetzen, stilisierten sich manche zu Opfern einer „jüdischen Zensur" oder „jüdischen Lobby", von der man sich nicht den Mund verbieten lassen wolle. Israel und jüdischen Organisationen wird vorgeworfen, Antisemitismus bewusst herbeizureden, um Kritiker mundtot zu machen und von Israels Verbrechen abzulenken. Mit den Worten: „But actually, I'm getting fed up with being called an anti-Semite. And the more fed up I get, the more anti-Semitic I sound" brachte Deborah Orr im *Independent* eine im linken Spektrum relativ weit verbreitete Reaktion zum Ausdruck. Für Orr bedeute Antizionismus „lediglich", gegen die Existenz Israels und alle, die den Staat verteidigen, zu sein. Antisemitismus hingegen definiert sie als Hass auf alle Juden. Im Unterschied zu vielen radikalen Linken und vielen muslimischen Organisationen hält sie nach wie vor an einer Zweistaatenlösung, wie sie im →Osloer Friedensprozess festgehalten wurde, fest.[104]

Zur Verteidigung des Antizionismus wurden häufig israelkritische bzw. antizionistische Juden instrumentalisiert. Der „gute Jude" entspricht dem israelkritischen Juden, Holocaustopfern oder linken Israelis[105] und fungiert somit als positives Pedant zur „jüdischen Lobby". Paul Foot lobte beispielsweise Juden, die sich gegen die imperialistische und rassistische israelische Politik stellen, als „most honorable and principled Jews".[106] Als Yasmin Alibhai-Brown im *Independent* zum Boykott

---

103 Vgl. die Leserbriefe im Guardian, 24.02.2002, 30.01.2002 und 31.01.2002; Oberserver, 24.02.2002.
104 Deborah Orr, I'm fed up being called an anti-Semite, in: Independent, 21.12.2001. Eine ähnliche Haltung nahmen Gary Younge (Terms of abuse, in: Guardian, 25.02.2002) oder Lindsey Hilsum (I am not an anti-Semite, in: New Statesman, 13.05.2002) ein.
105 Häufig genannt wurden David Grossman, Amos Oz, Uri Avnery, Ilan Pappe, Yossi Belin sowie israelische Reservisten, die den Dienst in den besetzten Gebieten verweigern.
106 Cesarani 2007, 131–160.

israelischer Produkte aufrief, sicherte sie sich gegen den Vorwurf des Antisemitismus ab, indem sie dem Holocaustüberlebenden Primo Levi in den Mund legte, er würde (wenn er noch am Leben sei) die gegenwärtige israelische Politik verurteilen.[107] Die weltweit nur einige Tausend Mitglieder zählende ultraorthodoxe *Naturei Karta* (Wächter der Mauer) bot sich aufgrund ihrer antizionistischen Haltung zur Instrumentalisierung besonders an. Die jüdische Sekte betrachtet den Holocaust als göttliche Strafe für das zionistische Streben nach einem jüdischen Staat. Im Kampf gegen den säkularen jüdischen Staat sah sie in Arafat, aber auch in der *Hamas* und *Hisbollah* Mitstreiter. Mitglieder der *Naturei Karta* sind auf vielen Pro-Palästina-Demonstrationen vertreten, wo ihnen, da als Juden leicht zu identifizieren, eine gewisse Aufmerksamkeit zukommt. Faisal Bodi bezog sich beispielsweise auf die *Naturei Karta,* als er 2011 im *Guardian* vertrat, dass wenn Juden die Ursache des Nahostkonflikts im Zionismus sehen und das Ende von Israel fordern würden, ihm dasselbe Recht zugestanden werden müsse:

(…) Muslim and Jews, standing shoulder to shoulder to demolish a great myth of our time: that anti-Zionism and anti-semitism are the same thing (…) Thank God for the rabbis. Their new alliance with Muslims exposes the fallacy that Muslims who are anti-Israel are, ipso facto, anti-semitic.[108]

Bodi überschätzt nicht nur die Bedeutung der *Naturei Karta* maßlos, wenn er von Hunderttausenden Mitgliedern spricht, sondern ignoriert auch, dass die Sekte bei den meisten Juden als „Paria" gilt,[109] vor allem auch deshalb, da einige Mitglieder auf der vom iranischen Präsidenten Ahmadinedschad 2005 initiierten „Holocaust-Konferenz" bzw. Holocaust-Leugnungs-Konferenz vertreten waren.[110]

Gelten Juden mit israelkritischen bzw. antizionistischen Positionen als „gute Juden", so werden manchmal jene, die Israel verteidigen und zur „verbrecherischen" israelischen Politik schweigen, für den zunehmenden Antisemitismus mitverantwortlich gemacht.[111] Auch britische Juden blieben von diesen Vorwürfen nicht ver-

---

107 Vgl. Yasmin Alibhai-Brown, Why I'm boycotting anything „made in Israel", in: Independent, 15.04.2002.
108 Faisal Bodi, Linda Grant says anti-Semitism is on the rise. But there's a difference between anti-Semitism and anti-Zionism, in: Guardian, 20.12.2011.
109 Die *Naturei Karta* wurde bereits 2006 nach der Teilnahme am „Holocaust-Tag" in Teheran „exkommuniziert" und wird in der jüdischen Community als „Pariahs of world Jewery" betrachtet. Vgl. Jewish Chronicle, 15.12.2006.
110 Vgl. exemplarisch Anti-Israel rabbi injured in assault, in: Jewish Chronicle, 10.05.2002.
111 Vgl. exemplarisch Leader im Guardian, 26.02.2002; Peter Beaumont, The new anti-semitism? Some say that, beneath criticism of Ariel Sharon's policies, lurks a more sinister agenda, in: Observer, 17.02.2002 sowie Lindsay Hilsum, I am not an anti-Semite, in: New Statesman, 13.5.2002.

schont. So lange Sharon sein Unwesen treibe, müssten sie sich an einen raueren Umgangston gewöhnen, konstatierte der *Guardian*.[112] Im *Independent* forderte Alibhai-Brown nicht nur MuslimInnen zu mehr Sensibilität gegenüber dem Antisemitismus auf, sondern verlangte von liberalen Juden und Jüdinnen darüber nachzudenken, wie viel Hass Israels Politik und insbesondere Premierminister Ehud Barak (der den PalästinenserInnen immerhin einen weitreichenden Friedensplan angeboten hatte) provoziert hätten und selbst weltoffenen MuslimInnen jede Sympathie mit dem Staat unmöglich machen würden.[113] In diese Argumentation flossen teilweise auch Holocaustbezüge ein, wenn von Juden erwartet wurde, daraus gelernt zu haben.[114] Ed Hussein, der sich während des Gaza-Krieges 2008/09 von der *Hamas* und *Hisbollah* distanzierte und sich immer wieder kritisch gegenüber Antisemitismus unter MuslimInnen äußert, schrieb beispielsweise im *Guardian*: „How can the children of Holocaust survivors become such brutal killers? And during the Sabbath?"[115]

In der Debatte, ob Antizionismus mit Antisemitismus gleichzusetzen ist, ging es selten um die komplexe Realität im Nahen Osten, die Parteinahme für Palästina diente vielmehr einer Selbstvergewisserung der eigenen politischen Position.

Exkurs: Ken Livingstone (der „rote Ken")

Der frühere Londoner Bürgermeister Ken Livingstone gilt als Paradebeispiel für die hier beschriebene Rechtfertigungsstrategie, die den Vorwurf des Antisemitismus mit dem Verweis auf die Verbrechen Israels zurückweist und im Antizionismus eine legitime politische Haltung sieht. Kritik am Antizionismus wird demnach als ein Abwürgen jeder Kritik an Israels Politik interpretiert. Der britische Soziologe David Hirsh hat dafür den Begriff *Livingstone Doctrine* geprägt.[116]

Livingstone ist bereits 1968 der *Labour Party* beigetreten, wo er dem linken Flügel zuzuordnen ist. Er wies ein Naheverhältnis zur trotzkistisch ausgerichteten *Socialist Workers Party* auf, die damals die *Labour Party* zu unterwandern versuchte. Als Vorsitzender des *Greater London Councils* (1981–1986) engagierte er sich insbesondere für die Anliegen von Minderheiten, Frauen und sozial Unterprivilegierten, die Katholiken in Nordirland verglich er mit Holocaustopfern.[117] Während der Thatcher-Regierung fungierte er als Sprachrohr der Linken, was ihm den Spitz-

---

112 Guardian (Leader) vom 26.1.2002; Vgl. auch Max Hastings, A crotesque choice, in: Guardian, 11.03.2004.
113 Yashmin Alibhai-Brown, We share our grief. You must share our concerns, in: Independent, 15.09.2001.
114 Vgl. exemplarisch Bryan Cheyette, What became of Zion?, in: Guardian, 24.07.2004.
115 Ed Husain, Britain has a duty to Arabs, in: Guardian, 30.12.2008.
116 Vgl. Hirsh 2007.
117 Bogdanor 2017.

namen „Roter Ken" einbrachte.[118] Unter Premierminister Tony Blair (1997–2007) zählte Livingstone zu den vehementen Gegnern von New Labour. Von Blair als „sozialistisches Relikt" betrachtet, gewann er als unabhängiger Kandidat 2000 die Bürgermeisterwahlen. Dies brachte ihm kurzfristig den Ausschluss aus der Labour Party ein. 2004 wurde er zum zweiten Mal zum Londoner Bürgermeister gewählt, 2008 und 2012 unterlag er dem ebenso exzentrischen konservativen und für rassistische Aussagen bekannten Boris Johnson.

Livingstone gilt als typischer Vertreter der Neuen Linken, die sich in den 1980er-Jahren besonders intensiv mit Südafrika befasste, das 1961 bis zum Ende der Apartheid den Commonwealth verlassen musste. Sie verstand sich auch als Beschützerin der neuen Einwanderer, die im Zuge der Dekolonisierung in den 1950er-Jahren aus vorwiegend ehemaligen britischen Kolonien zuwanderten, worauf weite Teile der Gesellschaft mit starkem Rassismus reagierten. Mit dem massiven Wandel der israelischen Politik – 1977 hatte Menachem Begins Likud-Partei die Arbeiterpartei abgelöst und Israel fungierte seit dem „Sechstagekrieg" bereits als Besatzungsmacht – kam der „Palästinafrage" zunehmend Bedeutung zu. Begin, dem über das linke Spektrum hinaus (und keineswegs nur in Großbritannien) nach wie vor das Image eines Terroristen anhaftete, wurde zur Feindfigur. Insbesondere die Massaker in den palästinensischen Flüchtlingslagern Sabra und Shatila, die von libanesischen Milizen mit Rückendeckung der israelischen Armee mit Sharon als Verteidigungsminister verübt wurden, hatten eine starke Auswirkung auf die antizionistische Positionierung der Neuen Linken. Livingstone stand der Palestine Solidarity Campaign (PSC) nahe und zählte zu den Unterstützern des Labour Committee on Palestine, dem der Trotzkist und überzeugte Antizionist Tony Greenstein vorstand. Angestrebt wurde ein gemeinsamer, demokratischer säkularer Staat in Palästina, wozu innerhalb von Labour ein Kampf gegen den Zionismus geführt werden sollte.[119] Livingstone war 1982 als Mitherausgeber des Labour Herald, der von der PLO finanziell unterstützt wurde,[120] für eine problematische Begin-Karikatur verantwortlich: Unter der provokanten Überschrift „The Final Solution" wurde Begin in SS-Uniform auf einem Leichenberg stehend abgebildet.[121] 1984 hat er in einem Interview mit der israelischen Zeitung Davar dem Board of Deputies of British Jews (BoD) vorgeworfen, seit der Wahl Begins von Juden mit reaktionären und extrem rechten Ansichten dominiert zu werden.[122] Damit begann sich die Krise mit der jüdischen Community abzuzeichnen, die auch im Kontext des sozialen Aufstiegs der britischen Juden und Jüdinnen zu sehen ist. Von Thatcher umworben, begannen sich viele von Labour

---

118 Hirsh 2018, 12–14.
119 Rich 2016, 142–148.
120 Ebd., 143.
121 Labour Herald, 25.06.1982.
122 Rich 2016, 147.

abzuwenden. Thatcher umgab sich mit mehreren jüdischen Beratern; ihre proisraelisch ausgerichtete Regierung zählte bis zu fünf jüdische Minister.[123]

Während der *Zweiten Intifada* erfolgte Livingstones Sicht auf Israel und die PalästinenserInnen nach wie vor durch die Brille des Antizionismus und Antikolonialismus der 1980er-Jahre. Dazu musste das Feindbild Begin lediglich durch Sharon ersetzt werden. Wiederholt beschimpfte Livingstone diesen als Kriegsverbrecher, Massenmörder und Terroristen und setzte die israelische Besatzungspolitik mit der Shoah gleich.[124] Die Sichtweise, dass Ariel Sharon und andere „israelische Kriegsverbrecher" wie Kriegsverbrecher im „Jugoslawienkrieg" vor ein Gericht gestellt werden sollten, ist in Großbritannien (im Unterschied zu anderen europäischen Ländern) weit verbreitet. 2015 unterzeichneten fast 80.000 BritInnen eine Petition, die die Verhaftung von Netanyahu bei seinem geplanten Besuch in London forderte. 2009 gab es eine ähnliche Petition beim Besuch der israelischen Justizministerin Tzipi Livni, die während des Gaza-Krieges 2008/09 Außenministerin war.[125] Auch Jermey Corbyn forderte in einem Beitrag im kommunistischen *Morning Star* die Verhaftung der „Kriegsverbrecherin" Livni.

Livingstone wurde zudem sein Verhalten gegenüber Oliver Finegold, einem Journalisten vom *Evening Standard,* zum Verhängnis. Konkret warf er diesem vor, für eine Zeitung zu arbeiten, in deren Verlag auch die *Daily Mail* erscheine, die wiederum in den 1930er-Jahren Sympathie für den britischen Faschisten Oswald Mosley und den Nationalsozialismus gezeigt habe. Völlig überzogen beschimpfte er Finegold, der selbst Jude ist, als „KZ-Wächter" und verweigerte trotz vieler Aufforderungen eine Entschuldigung. Während sich Livingstone damit – völlig ungeschickt – als Anti-Nazi und Beschützer der von Rechten verfolgten Juden und Jüdinnen gerieren wollte, sahen andere darin die Bestätigung seiner antisemitischen Haltung. Das *Standard Board of England,* eine aus drei Männern bestehende Aufsichtsbehörde der englischen Kommunalverwaltung, leitete aufgrund einer Beschwerde des *Board of Deputies of British Jews* ein Disziplinarverfahren ein. Livingstone wurde für vier Wochen vom Amt suspendiert, was allerdings nach zwei Tagen vom *High Court of Justice* wieder aufgehoben wurde. Manche sahen, trotz aller berechtigten Kritik an Livingstones Verhalten, in diesem Urteil ein demokratiepolitisch bedenkliches Vorgehen, da das *Standard Board of England* keine demokratisch gewählte Institution darstellen würde.[126] Livingstone selbst vermutete hin-

---

123 Endelman 2002.
124 Vgl. exemplarisch Ken Livingstone, This is about Israel, not anti-Semitism, in: Guardian, 04.03.2005; Jewish Chronicle, 04.10.2002 sowie 13.02.2004.
125 Vgl. U.K: petition to arrest Netanyahu for "war crimes" reaches nearly 80,000 signatures, in: Haaretz, 23.08.2015.
126 Vgl. exemplarisch Mark Lawson, Livingstone's loose lip, in: Guardian, 25.02.2006; Amiram Barkat, London Mayor Livingstone suspended from office over Nazi gibe, in: Haaretz, 25.02.2006.

ter seiner Verurteilung einen Komplott des *Board of Jewish Deputies of British Jews* und der *Tories*.[127]

Eine weitere Irritation mit der jüdischen Community löste Livingstones geringe Distanz zum islamistischen Prediger Yusuf al-Quaradawi aus.[128] Als dieser im Juli 2004 anlässlich eines Treffens im Rahmen des *European Council for Fatwa and Research* nach London reiste, wurde er (von der *Muslim Association of Britain* arrangiert) von Livingstone als offizieller Gast empfangen. Juden und Jüdinnen, Hindu, Homosexuelle und Feministinnen demonstrierten.[129] Im Unterschied zu Livingstone betrachteten sie al-Quaradawi keineswegs als „progressive Persönlichkeit" und moderaten Theologen, sondern als Antisemiten, Schwulenhasser und Antifeministen. Al-Quaradawi wurde u.a. vorgeworfen, die Todesstrafe für Homosexualität gefordert und die Genitalbeschneidung von Frauen gerechtfertigt zu haben. Den Holocaust betrachtete er als Strafe Gottes.[130] Jüdische Organisationen kritisierten vor allem, dass al-Quaradawi keine klare Trennlinie zum Terrorismus ziehe.[131]

Laut einer 2004 veröffentlichten Umfrage des Meinungsforschungsinstituts *Populis* identifizierte sich weniger als ein Fünftel der 500 befragten erwachsenen MuslimInnen mit den Lehren al-Qaradawis.[132] Al-Qaradawi übte allerdings Einfluss auf das Denken der *Muslim Association of Britain* (MAB) aus, die der Muslimbruderschaft nahesteht, strikt antizionistisch ausgerichtet ist und, wie noch gezeigt wird, in der StWC zu diesem Zeitpunkt bereits eine wichtige Rolle eingenommen hatte.[133] 2012 unterstützte die MAB Linvingstone im Wahlkampf gegen seinen Kontrahenten Boris Johnson. Der Graben zwischen Livingstone und der jüdischen Community ließ sich hingegen kaum mehr beheben. Nachdem er 2008 die Wahlen verloren hatte, warf er dem *Board of Deputies* vor, durch eine Kollaboration mit dem *Evening Standard* zu seiner Niederlage beigetragen zu haben.[134] Im

---

127 Bernard Josephs, Board plot against Ken a "complete fantasy", in: Jewish Chronicle, 27.10.2006.
128 Zur unterschiedlichen Einschätzung al-Qaradawis vgl. Skovgaard-Petersen/Gräf 2009.
129 Vgl. exemplarisch Rich 2016, 163–164. An embrace that shames London, in: New Statesman, 24.01.2005.
130 Hirsh 2007, 58.
131 Es wurde ihm vorgeworfen, dass er zwar 9/11 und 7/7 verurteile, zur Integration in die westliche Kultur aufrufe und sich dagegen ausspreche, dass britische Jugendliche nach Afghanistan in den Dschihad gehen, jedoch selbst gegen Zivilisten gerichtete Selbstmordanschläge in Israel unterstütze. Livingstone wiederum vermutete hinter der Demonstration eine „Zionist front organisation". Den Vorwürfen gegenüber al-Qaradawi wollte er keinen Glauben schenken, da sie vorwiegend von der rechten Presse vorgebracht worden seien. Vgl. Wistrich 2010, 402; Mayor rejects critics as dupes of „Zionist front", in: Jewish Chronicle, 14.01.2005.
132 Third of Muslims view UK Jews as „legitimate target", in: Jewish Chronicle, 10.02.2006.
133 Gillat-Ray 2010, 75–77.
134 Marcus Dysch, Ken Livingstone: Board of Deputies lost me election, in: Jewish Chronicle, 25.03.2010.

Vorfeld der Wahlen von 2012 soll er bei einem Krisentreffen mit jüdischen Labour-Unterstützern auf den Vorwurf eines in der *Labour Party* grassierenden Antisemitismus entgegnet haben: „Jews won't vote Labour because they are rich."[135]

Zu seiner Verteidigung gegenüber dem Antisemitismus-Vorwurf verwies Livingstone immer wieder auf sein – unbestreitbar – langjähriges Engagement gegen den Rassismus[136] und Faschismus und seinen Einsatz für die Interessen der jüdischen Community im Rahmen des Multikulturalismus. Tatsächlich unterstützte er das Recht auf Schächten, religiöse Schulen, die Errichtung eines Eruv[137] oder die Herausgabe des *Jewish London Guide*. Livingstone unterstützte auch den *Holocaust Memorial Day* und die Holocausterziehung und war schockiert über das geringe Holocaustbewusstsein in der britischen Gesellschaft.[138] Grob gesprochen zeigte er sich tolerant gegenüber dem Judentum als Religion, bewunderte dessen Beitrag zur humanistischen Zivilisation und Kultur und brachte seine Empathie für Juden und Jüdinnen als Opfer von Rassismus und Holocaust zum Ausdruck. Die Annäherung der einst überwiegend der *Labour Party* nahestehenden britischen Juden und Jüdinnen an die Konservative Partei könnte bei ihm das Bild vom Klassenverräter evoziert haben. Dem Stereotyp des „reichen Juden" erlegen, nahm er somit Antisemitismus weniger ernst als Rassismus, als dessen Opfer er primär die in der sozialen Hierarchie ganz unten angesiedelten MuslimInnen betrachtete.

Wie vielen Linken wurden Livingstone seine aus dem Holocaust gezogenen, allgemein humanistischen Lehren zum Verhängnis. Demnach habe dieser zwar als das größte Verbrechen des 20. Jahrhunderts zu gelten, doch wurde daraus auch ein zwingendes Engagement gegen sämtliche gegenwärtige Diktaturen und Menschenrechtsverletzungen und gegen den gegenwärtigen Rassismus abgeleitet. In Verbindung mit einer antiimperialistischen Haltung richtet sich der Fokus damit schnell auf die PalästinenserInnen, die nicht nur als Opfer von Zionismus und Imperialismus, sondern auch des britischen Kolonialismus gelten.[139] Wie anderen Linken fehlen Livingstone klare Vorstellung für eine konkrete Lösung des Konflikts zwi-

---

135 Martin Bright, Ken Livingstone: Jews won't vote Labour because they are rich, in: Jewish Chronicle, 21.03.2012.
136 Im September 2005 setzte er sich beispielsweise für eine Nelson-Mandela-Statue am Trafalgar Square ein, um jede Generation an den Kampf gegen Rassismus zu erinnern. Vgl. BBC News, 22.09.2005 sowie Ken clashes with voters who say they will turn to BNP, in: Evening Standard, 03.05.2006.
137 Unter Eruv versteht man einen durch einen Zaun – real oder symbolisch – gekennzeichneten Bereich, der ein jüdisches Wohngebiet umgibt, innerhalb dessen gewisse Sabbatregeln keine Anwendung finden. In der jüdischen Community ist die Errichtung eines Eruv umstritten und wird vor allem von säkularen Juden und Jüdinnen kritisiert.
138 Vgl. Livingstone shocked at JC poll findings on Shoah, in: Jewish Chronicle, 30.01.2004.
139 Vgl. Ken Livingstone, This is about Israel, not anti-Semitism, in: Guardian, 04.03.2005.

schen Israel und Palästina. Realistisch genug, sieht er für einen von ihm nach wie vor favorisierten gemeinsamen, säkularen, demokratischen Staat derzeit wenige Chancen auf Verwirklichung.[140]

Livingstone kam, wie noch gezeigt wird, in der 2016 ausgelösten Debatte über Antisemitismus in der *Labour Party* eine bedeutende Rolle zu, die letztendlich zu seinem Austritt aus der Partei führte.

3.3 DIE STOP THE WAR COALITION (STWC): ANTIZIONISMUS ALS GEMEINSAME SCHNITTMENGE VON RADIKALEN LINKEN UND ISLAMISTEN

Die *Stop the War Coalition* (StWC) wurde kurz nach dem 11. September 2001 als Protestbewegung gegen einen befürchteten Krieg in Afghanistan ins Leben gerufen. Führend daran beteiligt waren die trotzkistische *Socialist Workers Party*, die *Communist Party of Britain*, einige linke, Blair-kritische Abgeordnete der *Labour Party*[141] sowie die *Campaign for Nuclear Disarmament* (CND)[142]. Eine enge Zusammenarbeit und personelle Überschneidung gab es mit der *Palestine Solidarity Campaign* (PSC) sowie mit einer Reihe von Gewerkschaften. Eine zentrale Rolle, vor allem als Verbindungsglied zur muslimischen Community, kam der als aufgeschlossen geltenden Salma Yaqoob zu. Sie war Vorsitzende der StWC in Birmingham und Sprecherin der Birminghamer Zentralmoschee.[143]

Die StWC verurteilte die Anschläge von 9/11, doch wurden als Ursache schnell Imperialismus, Neoliberalismus und insbesondere der Israel-Palästina-Konflikt, vorranging als imperialistischer Konflikt gedeutet, festgemacht.[144] Tony Blair galt aufgrund seiner großen Nähe zu den USA und Vorreiterrolle für den Afghanistan- und Irak-Krieg sowie seiner Parteinahme für Israel als weiteres zentrales Feindbild.[145]

---

140 Martin Bright, Ken Livingstone: I am right – you are all wrong, in: Jewish Chronicle, 15.03.2012.
141 Der erste Präsident der StWC war Tony Benn, Mitglied im House of Commons von 1950 bis 1960 sowie von 1963 bis 2000, mehrfach Minister, in den 1970er- und 1980er-Jahren führte er den linken Parteiflügel an. Auch den Labour-Rebellen Katy Clark, Jeremy Corbyn, Tam Dalyell sowie Georg Galloway kam eine bedeutende Rolle zu. Der erste Vorsitzende Andrew Murray ist Mitglied des Politbüros der an Moskau orientierten Kommunistischen Partei.
142 Die CND trat seit 1957 für einen einseitigen Abbau von Nuklearwaffen und in den 1980er-Jahren gegen die Stationierung der Pershing Raketen ein und ist keiner Partei zuzuordnen.
143 Murray/German 2005, 52–57.
144 Vgl. dazu Embacher 2011, 85–90.
145 Murray/German 2005, 28–29 und 276.

Im Frühjahr 2002 ging die StWC mit der *Muslim Association of Britain* (MAB), einer an der Muslimbruderschaft orientierten und innerhalb der muslimischen Community bisher weitgehend unbekannten Teilorganisation des *Muslim Council of Britain* (MCB), eine Kooperation ein.[146] Die StWC unterstützte bereits im April 2002 eine von der MAB organisierte Pro-Palästina-Demonstration, wozu sie 80.000 MuslimInnen mobilisieren konnte. Redner der MAB sprachen von einem „eindeutigen Genozid" an den PalästinenserInnen und verlangten Sanktionen gegenüber dem jüdischen Staat. Jeremy Corbyn, Labour-Parlamentsabgeordneter, Mitbegründer und von 2011 bis 2015 Vorsitzender der StWC, forderte an seine eigene Party gerichtet: „We must now say to the rest of the world, no arms, no money, no recognition and no support for Israel."[147] Für Lindsay German, Herausgeberin der trotzkistischen *Socialist Review* und ebenfalls Gründungsmitglied der StWC, stellte nicht der Irak, sondern Israel mit seinem „gigantischen Waffenarsenal" die „derzeit größte Gefahr für die Welt" dar.[148]

Während konservative MuslimInnen vor einer Zusammenarbeit mit radikalen Linken zurückschreckten und islamistische Splittergruppen wie *Al-Muhajiroun* oder *Hizb-ut-Tahrir* jede Zusammenarbeit mit Nicht-Muslimen als verboten betrachteten,[149] stimmte die MAB einer Zusammenarbeit zu, allerdings nur unter gewissen Bedingungen: Dazu zählten die Gewährleistung von nach Geschlechtern getrennten Zusammenkünften und Demonstrationsmöglichkeiten oder die Bereitstellung von *halal* Lebensmitteln. Um religiösen MuslimInnen im Ramadan die Teilnahme an der ersten Großdemonstration im Herbst 2002 zu ermöglichen, wurde in die Abschlusskundgebung das Gebet zum Fastenbrechen *(adhaan)* eingebaut, womit der Islam prominent im öffentlichen Raum platziert wurde. Eine weitere zentrale Bedingung war die Einbeziehung des Kampfes gegen den Rassismus. Auf Flugblättern hieß es: „Stop The War. Defend Civil Liberties. Resist The Racist Backlash."[150]

Trotz einiger Bedenken akzeptierte die StWC diese Bedingungen. Beiden Seiten ging es offensichtlich um Synergieeffekte: Die StWC erwartete sich von einer mus-

---

146 Die MAB wurde 1997 von Kamal Helbway, der als Anhänger der Muslimbruderschaft in London Exil gefunden hatte, gegründet. Vgl. Rich 2016, 160–162; zur Bedeutung der MAB vgl. Pargeter 2012, 156–16.
147 New Agencies, Anti-Israel Protests in London, Germany and Amsterdam, in: Haaretz, 13.02.2002.
148 Vgl. exemplarisch Muslim News, 26.04.2002; Andrew N. Wilson, Demos we can't afford to ignore, in: Evening Standard, 15.04.2002; Joe Ahmed-Dobson and Ajmal Masroor, British Muslims feel betrayed, in: Guardian, 23.04.2002.
149 Vidino 2010, l42–144.
150 Jackie Ashley, Blair secures his flank against the right, in: New Statesman, 24.09.2001, 21; Salma Yaqoob, Anti-war movement, in: Q-News, November 2001; Murray/Lindsey, 2005, 57–63; Ullrich 2008, 206.

limischen Organisation eine starke Mobilisierung der mehrheitlich gegen den Irak-Krieg eingestellten MuslimInnen. Die MAB, deren Anhänger vorwiegend aus arabischen Ländern stammten, wollte sich bei MuslimInnen mit Wurzeln im indischen Subkontinent, die den Großteil der britischen MuslimInnen ausmachen, profilieren. Die strikt antizionistisch eingestellte MAB nützte die StWC wiederum als Plattform für ihr Hauptanliegen, nämlich auf die „blutende Wunde der Palästinenser" aufmerksam zu machen. Der in Hebron geborene MAB-Vorsitzende Azzam Tamimi sprach offen von einer Zweckallianz mit den Linken, deren gemeinsames Interesse er im Wesentlichen in Palästina und im Irak verortete.[151]

Zeigte die MAB zumindest aus taktischen Gründen eine gewisse Toleranz gegenüber linken Gruppierungen, so verweigerte sie jede Zusammenarbeit mit Zionisten und Israelis, jüdische RednerInnen hingegen wurden auf Demonstrationen akzeptiert. Trotzkisten, Kommunisten und AnhängerInnen des linken Flügels der *Labour Party* hatten aufgrund der eigenen antizionistischen Tradition mit dieser Position offensichtlich keine Probleme. Auf Drängen der MAB wurde die ursprüngliche Parole „Stop the War – Feed the Poor" schnell in „Stop the War – Free Palestine" umgewandelt und somit ein Zusammenhang zwischen der israelischen Besatzungspolitik und den Anschlägen vom 11. September 2001 suggeriert. Die StWC distanzierte sich zwar von Aufrufen zur Tötung oder Vertreibung von Juden oder dem Vorwurf, Zionisten würden den Holocaust instrumentalisieren und betonte, dass britische Juden nicht für die Politik Israels verantwortlich gemacht werden können,[152] doch tauchten auf Demonstrationen immer wieder Transparente wie „No Palestine, no Holocaust" oder Hakenkreuze mit Davidsternen auf, einzelne Demonstranten erschienen als Selbstmörder verkleidet.[153]

Die StWC selbst gab hinsichtlich einer Ein- oder Zweistaatenlösung öffentlich keine eindeutige Position vor. Vage hieß es: „We stand for justice for Palestinians, and would support anything the Palestinians themselves recognize as such."[154] Diese flexible Haltung zur Existenz Israels ist, wie schon an Livingstone deutlich wurde, typisch für Teile der Linken. Forderte Corbyn 2002 beispielsweise noch das Ende von Israel, so trat er 2015 auf einer Konferenz in Belfast für eine Zweistaatenlösung ein, wobei er sich allerdings zur Unterstützung der BDS bekannte.[155] Mittlerweile teilte ein Sprecher Corbyns dem *Guardian* mit, dass er den BDS nicht unterstützen, aber Siedlungen boykottieren würde.[156]

---

151 Jeevan Vasagar, Key role for young Muslims in struggle for peace, in: Guardian, 14.02.2003.
152 Murray/Lindsey 2005, 86–87.
153 Rich 2016, 162–163; Jewish Chronicle, 10.05.2002.
154 Murray/Lindsey 2005, 87.
155 Jeremy Corbyn endorses BDS movement in 2015 footage, in: Haaretz, 19.08.2018; Hirsh 2018, 66.
156 Rowena Mason, Jermey Corbyn does not support boycott, in: Guardian, 13.12.2017.

Im Unterschied zu anderen europäischen Protestbewegungen stellte die StWC auffallend schnell einen Bezug zwischen dem Irak-Krieg und dem Israel-Palästina-Konflikt her.[157] Nicht zuletzt animierte Blair dazu mit Versprechungen, wonach mit dem Irak-Krieg auch ein palästinensischer Staat entstehen würde. Auf Demonstrationen tauchten Transparente mit „No war in Iraq – Justice for Palestine", „No war for oil and Israel!" und „Zionism is the cancer of the world" auf. Nicht Saddam Hussein, sondern Israel wurde häufig als die größte Gefahr für den Weltfrieden betrachtet. Im Zuge der Debatte um eine UN-Resolution, auf die ursprünglich auch Blair als Legitimation für einen Einmarsch im Irak bestanden hatte, war zu vernehmen: Nicht der Irak, sondern Israel, das sich an keine UN-Resolutionen halten würde und in Besitz von Nuklearwaffen sei, müsse als der „eigentliche Schurkenstaat" verurteilt werden.[158] Israel wurde zudem unterstellt, mit den USA die gesamte Kontrolle über den Nahen Osten und dessen Ressourcen anzustreben.[159]

In keinem anderen europäischen Land gingen am 15. Feburar 2003 als europaweit gegen den Irak-Krieg demonstriert wurde, so viele Menschen auf die Straße wie in Großbritannien. Dies ist wesentlich auch darauf zurückzuführen, dass die französische und deutsche Regierung im Unterschied zu Blair den Krieg nicht unterstützten und sich die Demonstrationen in Großbritannien in einem starken Ausmaß auch gegen die eigene Regierung richteten. Allein in London wurde eine Million TeilnehmerInnen (die StWC sprach von zwei Millionen) gezählt, tausende demonstrierten in Belfast und Glasgow. Darunter waren bekannte KünstlerInnen, SchriftstellerInnen, GewerkschafterInnen, aber auch viele, die noch nie zuvor an einer Demonstration teilgenommen hatten, und auffallend viele junge MuslimInnen. Auch Vertreter von christlichen Kirchen nahmen teil, und selbst britische Juden und Jüdinnen schlossen sich trotz aller Skepsis gegenüber den Organisatoren und teilweise antisemitischen Transparenten der Protestbewegung an.[160] Sogar die *Sun* schrieb, dass Hunderttausende demonstrierten, da sie davon überzeugt seien, dass Großbritannien mit diesem Krieg den größten Fehler machen würde.[161] Betrachtete die *Socialist Workers Party* die Protestbewegung als Basis für eine breitere linke Bewegung, so erwarteten sich viele MuslimInnen davon einen neuen Aufbruch, getragen von jüngeren, gebildeten MuslimInnen und nicht von Kleri-

---

157 Vgl. dazu die im Independent geführte Debatte zwischen Howard Jacobson (28.02.2003) und Yasmin Alibhai-Brown (06.03.2003) sowie die dazu abgedruckten Leserbriefe vom 01.03.2003, 06.03.2003, 07.03.2003.
158 Vgl. exemplarisch Elham Assad Buaras, Unleasing the real tyrant, in: The Muslim News, 28.03.2003.
159 Murray/Lindsey 2005, 19.
160 Vgl. exemplarisch Anne Karpf, Neither nor protesters nor Jews are uniform, in: Jewish Chronicle, 14.02.2003.
161 Robert Hardman, The usual suspects were joined by thousands of ordinary people who strongly believe Britain is about to make the most terrible mistake, in: Sun, 18.02.2003.

kern koordiniert, wie dies bei der *Salman-Rushdie-Affäre* der Fall gewesen war.[162] Parolen, Transparente und Reden, in denen Israel dämonisiert und dessen Existenz hinterfragt und auf die „Macht der Zionisten" angespielt wurde, stellten die StWC und vor allem die MAB allerdings von Beginn an unter Antisemitismus-Verdacht.

Trotz der erfolgreichen Mobilisierung war es der StWC nicht gelungen, die eigene Regierung vom Krieg abzuhalten. Am 18. März 2003 stimmte das Unterhaus mit 396 zu 217 Stimmen einer britischen Beteiligung auch ohne UN-Mandat zu. Premierminister Blair konnte die Abstimmung allerdings nur mit Hilfe der oppositionellen Konservativen gewinnen; von den 412 Labour-Abgeordneten stimmten nur 139 zu. Die Liberaldemokraten stellten sich als einzige größere Partei geschlossen gegen den Krieg. Am 20. März marschierten 45.000 britische Soldaten mit der U.S. Armee in den Irak ein, unterstützt von kleineren Einheiten aus Italien, Spanien und Polen. Blair erhoffte sich von diesem Krieg an der Seite der Weltmacht USA auch mehr weltpolitischen Einfluss für das eigene Land. Gleichzeitig stieß seine Außenpolitik bei der britischen Bevölkerung auf immer weniger Zustimmung. Im März 2003 stellte sich in einer Umfrage erstmals die Mehrheit der Befragten (=52 Prozent) gegen den Krieg, nur 29 Prozent sprachen sich dafür aus. Am 17. März trat Robin Cook als Fraktionschef zurück und im Mai verkündete Entwicklungsministerin Clare Short aus Protest gegen den Krieg ohne UN-Mandat ihren Rücktritt.[163] Obwohl letztendlich die Mehrheit der Briten den Irak-Krieg ablehnte, gewann Blair 2005 erneut die Parlamentswahlen, wobei die *Labour Party* allerdings Stimmeinbußen hinnehmen musste.

Der Irak-Krieg entfremdete auch viele MuslimInnen von der *Labour Party*. Laut einer Umfrage betrachteten sieben von zehn befragten MuslimInnen den Irak-Krieg als „Kreuzzug gegen den Islam." Gaben 2001 noch 75 Prozent Labour ihre Stimme, so erklärten sich 2003 nur mehr 38 Prozent dazu bereit.[164] Wenig Erfolg war der *Respect Party* beschieden, die der Linkspopulist Georg Galloway (mittlerweile wegen seiner Kritik am Irak-Krieg aus der *Labour Party* ausgeschlossen) 2004 mit der *Socialist Workers Party* und der MAB gegründet hatte. Die MAB konnte zwar ihren Mitgliederstand von 400 auf 1.000 erhöhen und tausende MuslimInnen gegen den Irak-Krieg mobilisieren, allerdings nur wenige davon überzeugen, die *Respect Party* zu wählen. Diese löste sich 2016 auf.[165]

---

162 Jeevan Vasagar, Key role for young Muslims in struggle for peace, in: Guardian, 14.02.2003.
163 Riddell 2004, 263–264; Embacher 2011, 101–102.
164 Cohen 2005.
165 Gilliat-Ray 2010, 75–77.

"We are all Hisbollah, we are all Hamas" und "Long live Palestine" – Libanonkrieg 2006 und die Gaza Kriege von 2008/09 und 2014[166]

Der Irak-Krieg bedeutete keineswegs das Aus für die StWC, die fortan ihren Fokus auf den Israel-Palästina-Konflikt legte. Demonstrationen gegen die Politik Israels gegenüber der *Hamas* in Gaza und *Hisbollah* im Libanon mit jeweils zahlreichen zivilen Toten, darunter viele Kinder, können nicht per se als antisemitisch eingestuft werden, die Grenzen zwischen legitimer Kritik und Antisemitismus waren allerdings oft schwer auszumachen. Im Folgenden liegt der Fokus auf problematischen und teilweise eindeutig antisemitischen Aussagen auf Transparenten, Parolen und Reden auf gegen Israel gerichteten Demonstrationen.

Bereits während des →Libanonkrieges von 2006, dem der Einmarsch von israelischen Truppen in den Gazastreifen als Reaktion auf die durch die *Hamas* erfolgte Entführung des israelischen Soldaten Gildat Shalit vorangegangen war, konnte die StWC erneut tausende Menschen gegen Israel mobilisieren, wobei sich die Proteste auch gegen die eigene Regierung richteten. In Anbetracht der zahlreichen zivilen Toten, wurden ein sofortiger Waffenstillstand und ein Ende der britischen Waffenlieferungen an Israel gefordert. Premierminister Blair, der sich weigerte, einen sofortigen Waffenstillstand zu unterstützen, sah sich auch in der eigenen Partei stark unter Druck gesetzt. Wie manche annehmen, hat der Libanonkrieg seinen Abgang beschleunigt.[167]

Stießen Forderungen nach einem Waffenstillstand und ein Ende der Waffenlieferungen in weiten Teilen der Gesellschaft auf Zustimmung, so trugen Slogans wie "We are all Hisbollah, we are all Hamas" sowie als Selbstmordattentäter verkleidete Demonstrierende zur Einschätzung bei, dass die StWC einen zu geringen Abstand zum radikalen Islam halten und sich des Antisemitismus bedienen würde, zumal nach den Anschlägen in London im Juli 2005 Muslime unter besonderer Beobachtung standen.

Während des Gaza-Krieges von 2008/09 folgten erneut zehntausende dem Demonstrations-Aufruf der StWC. Auch dieses Mal wurde aufgrund der zahlreichen Opfer ein sofortiger Waffenstillstand gefordert. Die Demonstrationen verliefen insgesamt ruhig. Nachdem eine Gruppe von vorwiegend jungen Muslimen vor der israelischen Botschaft in Kensington israelische Fahnen verbrannt und Steine

---

166 Auf den Gaza-Krieg von 2012 wird nicht gesondert eingegangen, da diesem aufgrund dessen Kürze und einer viel geringeren Opferzahl wesentlich weniger Aufmerksamkeit zukam.
167 Daniella Peled/Bernard Josephs, Blair faces storm over Israel, in: Jewish Chronicle, 01.09.2006; Tania Branigan/Alexi Mostrous, Cabinett concern over PM's stance, in: Jewish Chronicle, 29.07.2006; Daniel Finkelstein, Labour's Israel question, in: Jewish Chronicle, 21.05.2009. Blair 2010.

Abb. 1: Demonstration der *Stop the War Coalition* in der Innenstadt von London gegen den „Libanon-Krieg" von 2006. Janine Wiedel Photolibrary/Alamy Stock Foto.

und Brandbomben gegen die Polizei geworfen hatte, löste der Einsatz der berittenen Polizei einen Tumult aus. Eine Gruppe von Demonstrierenden randalierte in einer Starbucks Filiale. Insgesamt 110 Personen wurden verhaftet und an die 20 davon zu Strafen zwischen acht Monaten und zweieinhalb Jahren verurteilt. Der StWC-Vorsitzende Andrew Murray und George Galloway sprachen von einem rassistischen Urteil und einem direkten Angriff auf die muslimische Community.[168] Jeremy Corbyn zeigte volles Verständnis für den Unmut zorniger junger Muslime, die, wie er vermutete, mit diesem hohen Strafausmaß politisch mundtot gemacht und von weiteren Demonstrationen abgehalten werden sollten.[169] Da Starbucks immer wieder vorgeworfen wurde, Israel finanziell zu unterstützen, bewerteten andere den Angriff als gefährliche Auswirkung der Boykottbewegung, die sich mit der 2005 erfolgten Gründung der BDS intensiviert hatte.[170]

Wie bereits bei den Demonstrationen gegen den Irak-Krieg konnten zur Unterstützung erneut *Celebrities* wie Annie Lenox, Brian Eno, der Komiker Alexei Sayle

---

168 Vgl. Marcus Dysch, Gaza activists claim "state racism", in: Jewish Chronicle, 04.03.2010; Tracy McVeigh, Thousands join march to protest against Israeli action, in: Observer, 04.01.2009.
169 Rich 2016, 185–186.
170 Während des Gaza-Krieges publizierte der *Guardian* beispielsweise einen Gastkommentar der bekannten Globalisierungskritikerin Naomi Klein, die darin einen Boykott Israels, vergleichbar mit jenem gegen das südafrikanische Apartheidregime, forderte. Vgl. Enough. It's time for a boycott, in: Guardian, 10.01.2009.

oder Bianca Jagger[171] gewonnen werden.[172] Eine besondere Rolle kam dem britischen Rapper Lowkey zu. Um jüngere AktivistInnen anzusprechen, gaben die StWC und die PSC bei ihm einen *Song* in Auftrag. Das Resultat *Long live Palestine* (auch bekannt als *Tears of Laughter*) wurde zum *Hit* auf Pro-Gaza-Demonstrationen, Pro-Palästina-Organisationen stellten ihn auf ihre Websites, auf Youtube wurde er weit über eine Million Mal angeklickt. Indem Lowkey ohne Instrumente auskommt, fand *Long live Palestine* auch in streng islamischen Kreisen, die Musikinstrumente als *haram* verbieten, Verbreitung.[173] In Lowkeys Musik finden sich allerdings wenig religiöse Momente, vielmehr leitet er seine muslimische Identität von einer Opfererfahrung ab, deren Ursache er vor allem im „Krieg gegen den Terrorismus" und einer zunehmend um sich greifenden Islamophobie verortet.[174]

Long live Palestine ist im Prinzip eine in Raplyrik zum Ausdruck gebrachte Zusammenfassung der zentralen Positionen der StWC. Den PalästinenserInnen, porträtiert als homogene Gruppe und unschuldige Opfer Israels und des gesamten Westens, wird große Empathie entgegengebracht. Gleichzeitig wird ihr Widerstand (was genau darunter verstanden wird, bleibt offen) gegen das terroristische Israel, das keinen Krieg, sondern einen systematischen Genozid durchführen würde, bewundert. Mit „But whatever they try, Palestine will never die!" werden die PalästinenserInnen zum Durchhalten aufgefordert.

Lowkey greift auch auf Verschwörungstheorien zurück, wenn er die „Zionist Lobby" als Ursache allen Übels betrachtet und zum Boykott von Starbucks, Nestlé, Coca Cola und selbst Marks&Spencer, eines der größten britischen Einzelhandelsunternehmen, das von einem jüdischen Einwanderer aus Polen gegründet wurde, aufruft. Gegenüber dem Vorwurf des Antisemitismus sichert er sich ab, indem er den Unterschied zwischen Antisemitismus und Antizionismus hervorhebt. Mit „Nothing is more anti-Semitic than Zionism, I know there's plenty of Rabbis that agree with me" greift er auf das bereits diskutierte Muster vom „guten Juden" (=religiöser, antizionistischer) und „bösen Juden" (=zionistischer) zurück, wobei mit den „vielen Rabbinern" die insgesamt bedeutungslose *Naturei Karta* gemeint ist, deren Repräsentanten in London auf zahlreichen Pro-Palästina-Demonstrationen vertreten sind.

Die StWC und die PSC haben in Lowkey ein effektives Sprachrohr gefunden, Lowkey wiederum konnte mit deren Hilfe Menschen erreichen, die nicht alle unbedingt zu den Rap Fans zählen. Mit *Long Live Palestine* ist ihm jedenfalls der Durchbruch als politischer Rapper gelungen.

---

171 Erste Frau von Mick Jagger, frühere Schauspielerin und Menschenrechtsaktivistin.
172 Owen Bowcott, Protesters to coverage on central London to demand Gaza ceasefire, in: Guardian, 02.01.2009.
173 Marcus Dysch, Palestinian Solidarity Campaign hits youth trail, in: Jewish Chronicle, 01.07.2001.
174 Mitchell 2011.

Die Proteste gegen den Gaza-Krieg von 2014 mit über 2100 toten PalästinenserInnen (die Zahl der ZivilistInnen wird auf 50 bis 76 Prozent geschätzt), fünf israelischen zivilen Opfer und einem getöteten Thailänder, verliefen im Unterschied zu 2009 weitgehend gewaltfrei. Prominent vertreten waren neben PolitikerInnen und GewerkschafterInnen erneut viele aus früheren Demonstrationen sowie aus der Boykottbewegung bekannte KünstlerInnen.[175] Der schottische Musiker Bobby Gillespie[176] führte beispielsweise als Redner aus: „Our hearts and love are with the Palestinian people. We support their continuing fight for human rights and dignity and righteous resistance to Israeli imperialism, occupation and war crimes".[177] Weitere RednerInnen betonten ebenfalls das Recht der PalästinenserInnen auf Widerstand und warfen Israel ein Massaker vor. An die PalästinenserInnen gerichtet vertrat die StWC-Vorsitzende Lindsey German: „If you are occupied, you can resist."[178] Während die Solidarität mit dem palästinensischen Volk hervorgehoben wurde, ging kaum jemand auf die Rolle der *Hamas* ein, die mit den auf israelische Städte abgeschossenen Raketen und Tunnel, die nach Israel hineinreichten, wesentlich zur Eskalation beigetragen hat.

Die Pro-Gaza-Demonstrationen richteten sich auch dieses Mal gegen die britische Außenpolitik sowie gegen die als proisraelisch erachtete Berichterstattung der BBC. Rund 45.000 BritInnen, u.a. der Journalist John Pilger, der Filmemacher Ken Loach oder der Musiker Brian Eno, unterzeichneten einen offenen Brief an BBC-Generaldirektor Tony Hall.[179] Von der britischen Regierung, der vorgeworfen wurde, teilnahmslos dem Schlachten zuzusehen und somit palästinensisches Leben als wertlos zu betrachten, wurde ein sofortiges Waffenembargo und ein umfassender Boykott Israels gefordert. Die PSC übergab Premierminister David Cameron einen offenen Brief, den innerhalb weniger Tage 37.000 AktivistInnen online unterschrieben hatten. Bei der Übergabe forderte Hugh Lanning, Mitglied der *Labour Party* und führender Gewerkschafter[180] und seit 2012 Vorsitzender der PSC: „We need to isolate apartheid Israel now and impose sanctions now".[181]

---

175 Dazu zählten u.a. Brian Eno, Dave Tandall, Kinderbuchautor Michael Rosen, Kabarettist Jeremy Hardy.
176 Lead Singer und Gründungsmitglied der Rockband *Primal Scream* und in den 1980er-Jahren Schlagzeuger bei *The Jesus and Mary Chain*.
177 Vgl. Facebook der PSC, www.palestinecampaign.org/mps-actors-authors-musicians-among-2100 [zuletzt abgerufen am 16.01.2015].
178 Vgl. www.youtube.com/watch?v=jgz2XDDVc2U [zuletzt abgerufen am 03.02.2015]; vgl. auch Seumas Milne, Israel's onslaught on Gaza is a crime that cannot succeed, in: Guardian, 30.01.2008.
179 Vgl. Chomsky, Pilger and Loach call on BBC to reflect reality. www.palestinecampaign.org/chomsky-pilger-loach-call-bbc-reflect-reali[zuletzt abgerufen am 06.01.2019].
180 Lanning war bis 2013 Deputy General Secretary der *Public and Commercial Services* (PCS).
181 Vgl. Facebook der PSC www.palestinecampaign.org/mps-actors-authors-musicians-among-2100 [zuletzt abgerufen am 16.01.2019].

Im Vergleich zu früheren Demonstrationen tauchten allerdings wesentlich weniger Plakate mit NS-Vergleichen wie „Hitler should have finished the job" und „Death to the Jews" auf. Wenn, dann waren sie zumeist selbstgefertigt. Ob daraus auf einen Rückgang des Antisemitismus geschlossen werden kann, ist fraglich. Vielmehr muss angenommen werden, dass die Veranstalter auf den wiederholt gegen die StWC vorgebrachten Antisemitismus-Vorwurf reagierten, u.a. indem sie Transparente kontrollierten und DemonstrantInnen überredeten, auf problematische Parolen oder NS-Vergleiche zu verzichten.[182] Auf der Website der StWC hieß es dazu:

> In these circumstances, we have had an occasion to ask people to change slogans or to take down placards in order to make it crystal clear that our protest is not against Jews and that we do not equate what is happening in Gaza with the Holocaust.[183]

Weit verbreitet waren allerdings Hashtags wie „HitlerWasRight".[184]

Wurden als problematisch erachtete Plakate zensuriert, so traten umstrittene Personen weiterhin als RednerInnen auf. Ein Beispiel dafür ist Baroness Jenny Tonge, die Israel als Verbrecherstaat bezeichnete, der aus der Staatengemeinschaft ausgeschlossen werden müsse. Von 1997 bis 2005 Parlamentsabgeordnete der *Liberal Democrats,* musste sie sich gegenüber ihrer Partei bereits mehrmals für antisemitische Positionen rechtfertigen.[185] Als sie 2010 nach dem Erdbeben in Haiti das israelische Hilfsteam beschuldigte, mit Organen Schwarzmarkthandel zu betreiben, verlor sie das Amt der Gesundheitssprecherin im Unterhaus.[186]

Die StWC sowie das PSC zeigten sich zwar bemüht, Holocaustvergleiche zu verhindern, gegenüber Antizionismus fehlte es allerdings an Sensibilität. Indem immer wieder explizit betont wurde, dass sich die Proteste gegen Israel und nicht gegen britische Juden richten, wollte man sich gegen den Antisemitismus-Vorwurf absichern. Der gegenwärtige Antisemitismus wurde auf das Anwachsen von rechten Parteien in Osteuropa zurückgeführt und insgesamt als ein Phänomen außerhalb des eigenen Landes abgetan.[187] Auf der Website der StWC hieß es, dass sich die Demonstrationen gegen den Zionismus richten würden, worunter eine expansio-

---

182 Daniella Peled, British Jews: pro-Gaza protesters trying harder to avoid anti-Semitism, in: Haaretz, 07.08.2014.
183 www.stopwarorg.uk/.../133-why-gaza-fought-back-aa-iaraelis... [zuletzt abgerufen am 04.01.2019].
184 Gidley 2014, 7–8.
185 Wistrich 2010, 416.
186 Simon Rocker/Martin Bright, Tonge: Investigate IDF stealing organs in Haiti, in: Jewish Chronicle, 11.02.2010.
187 Vgl. Lindsey German, Are the demonstrations against Israel's attack on Gaza anti-Semitic? www.stopwar.org.uk/...1334-why-gaz-fought-back-as-israeli-s. [zuletzt abgerufen am 04.01.2019].

nistische Ideologie zur Legitimierung der Vertreibung der PalästinenserInnen aus ihrem Land verstanden werde. Die StWC verteidigte selbst Georg Galloway, als dieser seinen Wahlkreis Bradford zur „Israel freien Zone" deklarierte, in dem er weder israelische Produkte noch israelische Touristen dulden wollte. Wie die StWC konstatierte, würden der „Zionist lobby" und deren vielen Freunden, die Galloway angegriffen hätten, die Integrität und notwendige Intelligenz fehlen, um zwischen Juden und Israel zu unterscheiden.[188] Selbstbewusst wurde auf Demonstrationen skandiert: „Are we anti-Semitic?" – „No!" und „Are we anti-Zionists?" worauf ein begeistertes „Yes!" folgte. Auch Parolen wie „From the river to the sea, Palestine will be free" galten offensichtlich nicht als verdächtig. Diese sehr vage gehaltenen Parolen lassen sich höchst unterschiedlich deuten. Da damit häufig eine Abgrenzung zum politischen Gegner erfolgt, der alles Übel der Welt symbolisiert, spricht der Soziologe Peter Ullrich vom Zionismus als Kampfbegriff.[189]

Zur Untermauerung des Unterschieds von Antizionismus und Antisemitismus kam israelkritischen bzw. antizionistischen jüdischen TeilnehmerInnen besondere Aufmerksamkeit zu. Lindsey German hielt beispielsweise auf der StWC-Website fest:

> There are many Jews who define themselves as anti-Zionist, many of whom have played brave roles in opposing all forms of racism. At every demonstration they speak, carry banners and fully participate in the action, and they are always well received by the whole crowd.[190]

In Brighton forderte ein Mitglied der PSC die dortige jüdische Community sogar auf, sich wie andere Juden und Jüdinnen von der Politik Israels zu distanzieren, „to show that there is not a divide between Jews and non-Jews."[191] Besondere Aufmerksamkeit kam 2014 Barnaby Raine zu, ein 19-jähriger Oxford Student und Organisator des *Jewish Bloc against Zionism,* der sein Engagement für die PalästinenserInnen mit der eigenen jüdischen Herkunft („I'm proud to stand here today as a Jewish boy from North London") sowie mit der nationalsozialistischen Verfolgung seiner Urgroßeltern begründete (was als relativierende Gleichsetzung interpretiert werden könnte): „I'm here today because my great grandparents knew what it meant to be excluded and to be the victims of racism. They knew what it was like to be

---

188 Vgl. ww.stopwar.org.uk/.../1259-george-galloway-responds-to-the-s. [zuletzt abgerufen am 04.06.2019].
189 Ullrich 2008, 248.
190 Vgl. www.stopwar.org.uk/.../1334-why-gaza-fought-back-as-israelis-s. [zuletzt abgerufen am 06.01.2019].
191 Jenni Frazer, The price of joining a polite society, in: Jewish Chronicle, 21.08.2014.

booted out of their homes and turned into refuge."[192] Als antizionistischer Jude diente Raine der StWC zur Untermauerung der immer wieder betonten Ansicht, dass keineswegs alle Juden Zionisten seien und man sich somit selbst ohne schlechtes Gewissen zum Antizionismus bekennen könne.

Der Gaza-Krieg von 2014 hatte auch innenpolitische Auwirkungen und setzte einmal mehr die britische Regierung unter Druck.[193] Während der konservative Premierminister David Cameron die *Hamas* verurteilte, Israels Recht auf Selbstverteidigung untermauerte und einen Waffenstillstand forderte, verwies sein Koalitionspartner, der Liberaldemokrat Nick Clegg auf die zahlreichen palästinensischen Opfer, verurteilte Israels Vorgehen als „disproportionate" und forderte ein britisches Waffenembargo für Israel.[194] Cameron war auch innerhalb der eigenen Partei mit Kritik konfrontiert. Die stellvertretende Parteivorsitzende Baroness Sayeeda Warsi trat als Staatsministerin im Außenministerium[195] zurück. Als erste muslimische Ministerin in einer Regierung symbolisierte sie den politischen Aufstieg muslimischer Frauen.[196]

Es ist erstaunlich, dass die StWC trotz ihrer problematischen Zusammensetzung von radikalen Linken und Islamisten, deren führenden Akteure großteils noch in den 1970er- und 1980er-Jahren politisch sozialisiert wurden, Hunderttausende für Palästina mobilisieren konnte. Die zentrale Rolle, die radikalen Linken in dieser Protestbewegung zukommt, ist vor allem auf das Fehlen einer demokratischen, unabhängigen Linken und die Schwäche des linken Flügels innerhalb der *Labour Party* zurückzuführen. TrotzkistInnen und KommunistInnen verfügten vor allem über ein organisatorisches Netzwerk. Viele, aber keineswegs alle DemonstrationsteilnehmerInnen teilten sämtliche Parolen oder identifizierten sich mit den Inhalten der Reden. Viele gingen auf die Straße, weil sie sich mit den vielen palästinensischen Opfern, häufig Zivilisten und unter ihnen zahlreiche Kinder, solidarisierten und einen Waffenstillstand einfordern wollten. Auffallend wenig Empathie gab es allerdings mit den zahlenmäßig wesentlich geringeren

---

192 Vgl. www.youtube.com/watch?v=owQNoLiBdEQ, 09.08.2014 [zuletzt abgerufen am 03.02.2015].
193 Vgl. exemplarisch Nicholas Watt, Nick Clegg: Israeli response to Hamas appears deliberately disproportionate, in: Guardian, 17.07.2014.
194 Vgl. exemplarisch Andrew Smith, The UK must end its arms trade with Israel, in: Guardian, 05.05.2009; Rupert Neate, UK Government to block arms exports to Israel if military action resumes, in: Guardian, 12.08.2014.
195 Die exakte Bezeichnung lautet: Senior Minister of State in the Foreign Office and Minister for Faith and Communities; Warsi 2017, 200–201.
196 Nach ihrem Rücktritt bedauerte sie, dass sie trotz ihres Einsatzes für einen muslimisch-jüdischen Dialog und eines 20-jährigen Kampfes gegen Antisemitismus seit ihrem Rücktritt von Juden geschnitten werde. Vgl. Sandy Rashty, Baroness Warsi claims she has been ostracized by Jews, in: Jewish Chronicle, 29.12.2014.

zivilen Opfern auf der israelischen Seite. Zudem stellt sich die Frage, warum teilweise offen antisemitische Parolen und Reden sowie ein teilweise äußerst aggressiver Antizionismus auf so wenig Kritik gestoßen sind. Bei stark links Orientierten ist anzunehmen, dass eine propalästinensische Haltung zum Code oder „acit test"[197] für die Zugehörigkeit zu einer Bewegung geworden ist, die sich durch Schlagworte wie Antirassismus, Antiimperialismus, Antiglobalisierung und letztendlich auch Antizionismus definiert. Bezeichnend dafür meinte ein Mitglied der *Socialist Workers Party* in einem Interview mit Peter Ullrich: „If you are really truely left, Palestine is the cause."[198]

3.4 „BOYCOTT APARTHEID ISRAEL":
DIE BRITISCHE BOYKOTTBEWEGUNG

Forderungen nach einem Boykott Israels sind in Großbritannien kein neues Phänomen, sondern seit den 1980er-Jahren in unterschiedlichen Formen und Ausprägungen relativ häufig zu beobachten. Mit der *Zweiten Intifada* erlebte die Boykottbewegung insbesondere in Großbritannien einen neuen Aufschwung.[199] Eine führende Rolle kam dabei der *Palestine Solidarity Campaign* (PSC) zu, die eine große (vor allem auch personelle) Nähe zur *Stop the War Coalition* (StWC) aufwies. Auch diverse Palästinakomitees, einzelne Attac-Organisationen sowie christliche[200] und muslimische Organisationen wurden aktiv.[201] Vor den Kaufhäusern Selfridge, Marks&Spencer, Sainsbury's, Tesco und Harrods wurde mit Slogans wie „Isoliert den rassistisch-zionistischen Staat" und "Sie unterstützen Kindermörder – verwehrt ihnen die Unterstützung" zum Boykott israelischer Waren aufgerufen.[202] Der Libanonkrieg von 2006 und die →Gaza-Kriege von 2008/09 und vor allem 2014 bildeten einen weiteren Nährboden, wobei den sozialen Medien große Bedeutung zukam. Spontan entstandene Gruppen verbreiteten beispielsweise 2014 auf Facebook, Twitter und YouTube unzählige Fotos, Texte und Videos von Boykottaktionen oder forderten Künstler zur Absage ihrer Auftritte in Israel auf. In Filialen von Supermarktketten wie Tesco, Sainsbury's, Marks&Spencer oder Waitrose, die israelische Produkte verkauften, legten sich AktivistInnen zum „die-in" auf den Boden, um symbolisch auf die Komplizenschaft für die toten PalästinenserInnen in Gaza zu ver-

---

197 Interview mit einem SWP-Funktionär, zit. nach Ullrich 2008, 243.
198 Ullrich 2008.
199 Vgl. exemplarisch Levy 2003; Hirsh 2007.
200 Hirsh 2007, 134 ff.; Philipps 2003; Brearley 2005.
201 Vgl. exemplarisch Hiting were it hurts, in: Q-News, May 2001.
202 Vgl. exemplarisch die Websites von Boycott Israeli Goods (www.bigcampaign.org) oder Palestine Solidarity Campaign (www.palestinecampaign.org). Siehe auch die Zeitschriften *Palestine News, red pepper*.

weisen.²⁰³ Ein Manager der Sainsbury's Filiale im Londoner Stadtteil Holborn ließ aus Angst vor Protesten gleich die gesamte Koscher-Abteilung räumen.²⁰⁴ An einigen dieser spontanen Aktionen waren auch einzelne PolitikerInnen beteiligt. Die *Labour*-Abgeordnete Shabana Mahmood nahm an einem „die-in" in einer Sainsbury's Filiale in Birmingham teil und verkündete den Boykott mit einem Selfie auf sozialen Medien,²⁰⁵ womit sie sich gegen die offiziellen Vorgaben ihrer Partei stellte.²⁰⁶ Internationale Aufmerksamkeit kam den Boykottdebatten auf britischen Universitäten zu, die sich im Frühling 2002 intensivierten. Einen neuerlichen Aufschwung nahm die Boykottbewegung durch den 2005 gegründeten BDS (siehe Kapitel *Antisemitismus im 21. Jahrhundert*), der in Großbritannien wesentlich stärker ausgeprägt ist als in anderen europäischen Ländern.

Universitäten als hot spots?

Am 6. April 2002 veröffentlichte der *Guardian* den Aufruf von 25 AkademikerInnen, die den Boykott all jener kulturellen und wissenschaftlichen Forschungsprojekte forderten, die von der *European Social Science Foundation* der EU finanziert und mit israelischen Einrichtungen durchgeführt werden.²⁰⁷ Der Boykott sollte Israel zur Einhaltung von UN-Resolutionen zwingen und zu Friedensverhandlungen mit den Palästinensern unter Druck setzen.²⁰⁸ Unter den BoykottbefürworterInnen befanden sich einige renommierte Oxford-ProfessorInnen sowie jüdische und israelische WissenschaftlerInnen. Als Initiatoren gelten Steven P. Rose von der Open University London und seine Frau Hilary Rose, Professorin für *Social Policy* in Bradford.²⁰⁹ Im selben Jahr wurde auf den Jahreskonferenzen der Lehrergewerkschaft NATFHE *(National Association of Teachers in Further & Higher Education)* und der britischen Hochschullehrergewerkschaft AUT *(Association of University Teachers)* der Antrag für einen Boykott von britischen Universitäten zur Abstim-

---

203 British demonstrators trash supermarket over Israeli products, in: Haaretz, 17.08.2014; Tran Mark, Man held after Free Gaza protest briefly shuts Tesco store in Birmingham, in: Guardian, 17.08.2014; Tesco store trashed by Gaza protesters, in: Telegraph, 16.08.2014.
204 Vgl. exemplarisch Martin Williams, Sainsbury's removes kosher food from shelves amid fears over protesters, in: Guardian, 17.08.2014.
205 Vgl. MP cirticised over supermarket boycott protest, in: Jewish Chronicle, 20.08.2014.
206 Am Labour-Parteitag im September 2014 konnte ein Boykottantrag abgewehrt werden. Vgl. Marcus Dysch, Stand on Israel was correct, says Miliband, in: Jewish Chronicle, 23.09.2014.
207 Konkret war damit der EU-Assoziationsvertrag (unterzeichnet am 20.11.1995 und seit 01.06.2000 in Kraft) gemeint, der Israel zollfreien Handel garantiert und als einzigem Nicht-EU-Mitglied die Teilnahme am EU-Forschungsrahmenprogramm ermöglicht.
208 Protest against Call for European Boycott of Academic and Cultural Ties with Israel, in: Guardian, 06.04.2002.
209 Steven P. Rose war auch Initiator von BRICUP *(British Campaign for the Universities of Palestine)* sowie von PACBI *(Palestinian Campaign for the Academic and Cultural Boycott of Israel)*. Vgl. Hirsh 2007, 106.

mung gebracht, allerdings noch überstimmt. Größere mediale Aufmerksamkeit kam im Mai 2002 Mona Baker zu, einer in Ägypten geborenen Professorin für *Translation Studies* an der Universität Manchester. Als überzeugte Unterstützerin der Rose-Petition entließ sie die Israeli Miriam Shlesinger (Bar-Ilan Universität) und Gideon Toury (Tel Aviv Universität) vom Board ihrer Journale *The Translator* und *Translation Studies Abstract*. Es war für sie nicht ausschlaggebend genug, dass beide keineswegs mit der israelischen Regierung sympathisierten. Wie sie ihnen mitteilte, müssten sie für einen Verbleib im Board alle Beziehungen zu Israel abbrechen.[210] Israel warf sie Kriegsverbrechen und „eine Art von Holocaust" an den Palästinensern vor.[211] Die Universität Manchester leitete zwar eine Untersuchung gegen Baker ein, setzte aber keine konkreten Maßnahmen, da sich die Journale in ihrem Privatbesitz befanden.[212] Einzelne AkademikerInnen für „Vergehen" ihres Landes einer Kollektivstrafe auszusetzen, stieß selbst bei UnterzeichnerInnen der Rose-Petition auf Ablehnung.[213]

Im Dezember 2002 erneuerte die *European Social Science Foundation* ihr Abkommen mit Israel.[214] Und in Großbritannien ging die Debatte weiter. Auf der AUT-Jahresversammlung 2005 brachte Sue Blackwell, Lektorin am *English Department* der Universität Birmingham,[215] einen „Boykott-Light"-Antrag zur Abstimmung. Aus strategischen Gründen sollte der Boykott auf die Universitäten Haifa und Bar-Ilan beschränkt bleiben und für die Hebrew Universität in Jerusalem nur angedacht werden.[216] Blackwell wurde politisch in der trotzkistisch-antizionistischen *Socialist*

---

210 Levy 2003, 254; Jewish Chronicle, 12.07.2002.
211 Vgl. Charlotte Edwards, Fury as academics are sacked for being Israeli, in: Daily Telegraph, 29.09.2002.
212 Mit strengeren Maßregelungen war Andrew Wilkie, Lektor für Physik in Oxford, konfrontiert. Nachdem er im Juni 2003 einem israelischen Studenten die Betreuung seiner Dissertation verweigert hatte, suspendierte ihn die Universität für zwei Monate ohne Gehalt. Zudem wurde er zum Besuch eines Kurses für „equal-opportunity" verpflichtet. Levy 2003, 254–255.
213 Guardian, 17.07.2002.
214 Levy 2003, 253.
215 Guardian, 10.03.2003.
216 Haifa wurde vorgeworfen, die von Teddy Katz verfasste und von Ilan Pappé betreute Dissertation über Massaker, die 1948 bei Haifa durchgeführt wurden, nicht angenommen und Pappé mit Entlassung gedroht zu haben. Mittlerweile hat sich herausgestellt, dass Quellen manipuliert wurden. Pappé ist mittlerweile an der *University of Exeter*. Bar-Ilan wurde für die „direkte Beteiligung an der Besetzung palästinensischer Gebiete" verantwortlich gemacht. Konkret ging es um die Beziehung (drei Prozent der Lehrtätigkeit) zum *College of Judea und Samaria* in der Siedlung Ariel, an dem auch viele Palästinenser studieren. Der Vertrag endete aber ohnehin im August 2005. Die Hebrew Universität wurde beschuldigt, für den Bau ihrer Studentenwohnheime palästinensische Häuser beschlagnahmt zu haben, ein Vorwurf, der vom Obersten Gerichtshof zurückgewiesen wurde. Vgl. dazu Geoffrey Alderman, Messy and malicious machinations, in: Jewish Chronicle, 29.04.2005.

Workers Party sozialisiert und setzte sich seit 20 Jahren für die PalästinenserInnen ein, ohne selbst jemals die von Israel besetzten Gebiete oder Israel besucht zu haben. Israel war für sie ein „kolonialistischer Apartheidstaat (...) heimtückischer als Südafrika und durch ethnische Säuberung" entstanden. Eingehüllt in eine palästinensische Fahne wartete sie vor dem Kongresssaal das Abstimmungsergebnis ab: Die Mehrheit der 228 anwesenden AUT-Mitglieder (von insgesamt 48.000 Mitgliedern) stimmte der Resolution zu. Einer kleinen Gruppe linker AktivistInnen, die großteils der *Socialist Workers Party* nahe stand, war es offenbar gelungen, ihre AnhängerInnen zu mobilisieren. Da die Abstimmung an einem Freitag vor dem Pessah-Fest erfolgte, blieben viele jüdische Mitglieder der Jahrestagung fern, rund 300 AkademikerInnen, viele jüdischer Herkunft, traten aus der AUT aus.[217] Jon Pike und David Hirsh riefen die Gruppe *Engage* ins Leben, um den Boykottforderungen entgegenzutreten. Letztendlich konnte in einer Sondersitzung, zu der wesentlich mehr Mitglieder als üblich erschienen, der Boykottaufruf mit 1:4 überstimmt werden. Von einigen Ausnahmen abgesehen, lehnten links-liberale Medien und auch bekannte Israel-kritische Intellektuelle den Boykott ab.[218]

Die Diskussion wollte aber kein Ende nehmen. 2007 wurde auf der Jahrestagung der *British University and College Union* (UCU), die jetzt 120.000 Mitglieder umfassende Vereinigung von NAFTHE und AUT, mit 158 zu 99 Stimmen ein Boykottantrag angenommen: Demnach sollten alle Teilorganisationen der UCU ein Jahr lang über den Boykott einer Zusammenarbeit mit israelischen Universitäten diskutieren. Als Absicherung gegen den Antisemitismus-Vorwurf wurde dem Antrag der Passus, dass Kritik an Israel keineswegs mit Antisemitismus gleichzusetzen sei, vorangestellt.[219] Erneut handelte es sich um den Vorstoß einer kleinen linken Gruppe,[220] die damit auch mediale Aufmerksamkeit anstrebte. Und dieser Wunsch ging in Erfüllung: Innerhalb weniger Stunden machte das Abstimmungsergebnis in britischen und internationalen Medien Schlagzeilen und war sogar in der Knesseth Thema. In den USA initiierte Alan Dershowitz,[221] Professor an der *Harvard Law School* und bekannt für sein langjähriges, von vielen auch als einseitig erachtetes Engagement für Israel, eine internationale Antiboykottbewegung: 6.000 Gelehrte, darunter mindestens 20 Nobelpreisträger, riefen zum Boykott aller akademi-

---

217 Jewish Chronicle, 29.04.05.
218 Lynne Segal, Eric Hobsbawm und weitere Mitglieder von *Israeli-Palestinian Peace Internationals* betonten in einem offenen Brief, dass sie trotz ihrer sehr kritischen Haltung gegenüber der Verletzung der Rechte von palästinensischen Akademikern für einen Brückenbau und gegen deren Boykott eintreten würden.
219 Hirsh 2007, 110.
220 Tom Hickey brachte den Antrag im Namen der *Socialist Workers Party* ein. Vgl. Fraser 2008.
221 Alan M. Derschowitz, An academic hijacking, in: Wall Street Journal, 28.06.2007.

schen Veranstaltungen auf, die Israeli ausschließen.[222] Initiiert von *Scholars for Peace in the Middle East*[223] unterzeichneten in Zusammenarbeit mit Dershowitz und dem bekannten britischen Anwalt Anthony Julius rund 10.000 AkademikerInnen und Intellektuelle eine Online-Petition.[224] Die *Academic Friends of Israel* und *Engage* initiierten in Großbritannien eine Antiboykottbewegung. In der *Times* und im *Guardian* verurteilten 250 britische AkademikerInnen und akademische Institutionen den Boykott, der britische Erziehungsminister Bill Rammell, 190 Parlamentsabgeordnete und Tony Blair höchstpersönlich bezogen dagegen Stellung. Letztendlich zog die UCU den Antrag aufgrund gesetzlicher Bedenken, wie es hieß, zurück.[225]

Die zunehmende Enttäuschung linker und auch liberaler AkademikerInnen von der israelischen Politik und die geringe Aussichtslosigkeit auf die Beilegung des Konflikts zwischen Israel und den PalästinenserInnen sowie die Abkehr jüdischer AkademikerInnen von der UCU schwächte den Widerstand gegen die weiteren Boykottresolutionen. Doch selbst wenn Petitionen für den Boykott angenommen wurden, hatte dies wenige unmittelbare Auswirkungen, da dieser nicht in die Praxis umgesetzt wurde. Weitgehend abgegangen ist man in der UCU vom Boykott einzelner israelischer WissenschaftlerInnen. Der Fokus richtete sich fortan auf einen institutionellen Boykott, und zwar mit dem Argument, dass israelische Universitäten als Teil der israelischen Kriegsmaschinerie zu betrachten seien.[226] Auch einzelne AkademikerInnen waren weiterhin aktiv.[227] David Hirsh weist zu Recht darauf hin, dass zwischen einzelnen WissenschaftlerInnen und deren Universitäten kaum eine Trennung möglich ist.[228]

Debatten über einen Israel-Boykott fanden nicht nur in der AUT bzw. UCU statt. Unter den Nachwirkungen des →Libanonkrieges von 2006 beschloss die *General Workers Union* (T&G) 2007 den Boykott israelischer Waren; Mitglieder wurden

---

222 Matthew Taylor, Suzanne Goldenberg und Rory McCarthy: We will isolate them, in: Guardian, 09.06.2007.
223 SPME wurde 2002 von Dr. Edward S. Beck als proisraelische Organisation gegründet und konzentriert sich auf Antisemitismus an Universitäten. Die Organisation ist vor allem in den USA aktiv.
224 Jonny Paul, Boycott opponents hit back with big London meet, in: Jerusalem Post, 12.07.2007.
225 Hirsh 2018, 114–116.
226 Hirsh 2018, 116.
227 Initiiert von Prof. Jonathan Rosenhead von der *London School of Economics* (LSE) forderten beispielsweise 343 ProfessorInnen und LektorInnen 2014 in einem öffentlichen Aufruf den Boykott israelischer Institutionen, die Zusammenarbeit mit einzelnen israelischen AkademikerInnen sollte jedoch fortgesetzt werden Vgl. Peter Walker und Ian Black, UK academics boycott universities in Israel to fight for Palestinians' rights, in: Guardian, 27.10.2015.
228 Hirsh 2018.

dazu aufgerufen, keine israelischen Produkte zu kaufen, der Dialog mit der israelischen Gewerkschaft *Histadruth* wurde allerdings fortgesetzt. Im selben Jahr schloss sich UNISON, die *National Union of Journalists,* dem BDS an. Für UNITE, die größte britische Gewerkschaft und Geldgeber für die *Labour Party*,[229] war offensichtlich der Gaza-Krieg von 2014 Anlass für die Unterstützung des BDS, „solidarity links" mit der *Histadrut* sollten allerdings beibehalten werden.[230] Sämtliche israelische Produkte werden beispielsweise von der *Fire Brigades Union,* der *Public and Commercial Services Union* sowie der *Rail, Maritime und Transport Workers Union* boykottiert. Der *Trade Union Congress* (=TUC), die Schirmorganisation aller britischen Handelsgewerkschaften, boykottiert wiederum nur Produkte aus den besetzen Gebieten. Hinsichtlich der Übernahme von Boykottforderungen darf nicht übersehen werden, dass viele AktivistInnen der StWC sowie der PSC in unterschiedlichen Gewerkschaften sehr aktiv sind und diese wiederum eine propalästinensische Tradition aufweisen.[231]

Auch auf britischen Universitäten mit einem hohen jüdischen und muslimischen Studierendenanteil intensivierten sich Boykott-Debatten. Bereits 2002 beschloss die Studentenunion an der *School of Oriental and African Studies* (SOAS) einen Boykott israelischer Produkte, an der *University of Manchester* demonstrierten muslimische Studierende mit palästinensischen Fahnen für einen Boykott von „companies whose profits are being used to prop up the Israeli apartheid regime". Jüdische Studierende fanden sich mit gelben T-Shirts oder in israelische Fahnen gehüllt zu einer Gegendemonstration ein. Sie befürchteten auch, dass mit diesem Beschluss ihre Organisation von der Universität verbannt werden könnte,[232] was in den 1990er-Jahren mit dem Argument, dass Zionismus Rassismus sei, tatsächlich vollzogen wurde. Einen Boykottbeschluss gab es beispielsweise auch am *Queen Mary and Westfield College* sowie an der *University of East London.* Die *National Union of Students* (NUS) schloss allerdings auch die radikal-islamistische Organisation *al-Muhajiron* aus, nachdem diese Flugblätter mit „Kill the Jews" verteilt hatte.[233] Mit der 2016 erfolgten Wahl von Malia Bouattia zur ersten muslimischen NUS-Präsidentin (wobei die Stimmen der *Federation of Islamic Students,* FOSIS, ausschlaggebend waren)[234] lebten Konflikte mit jüdischen Studentenorganisationen erneut auf. Bouattia hatte bereits vor ihrer Wahl die *Birmingham University*, wo es die

---

229 Geoffrey Alderman, When Unite pulls the strings, in: Jewish Chronicle, 24.07.2014.
230 Ari Soffer, Britain's Largest Trade Union Joins Israel Boycott, UNITE trade union signs up to boycott of the Jewish state, if not entirely. Vgl. www.israelnationalnews.com/News/News.aspx/182556 [zuletzt abgerufen am 09.02.2019].
231 Fraser 2003.
232 Helen Carter, Students clash ove „apartheid", in: Guardian, 27.02.2002.
233 Johann Hari, The „no platform" issue returns to the campuses", in: New Statesman, 09.12.2002.
234 Khan 2016, 106.

größte *Jewish Society* gibt, als „something of a Zionist outpost, whose leadership is dominated by Zionist activist" bezeichnet.[235] Hinsichtlich eines Friedensprozesses zwischen Israel und Palästina vertrat sie, dass eine rein gewaltfreie Lösung nicht die Alternative zum Widerstand der *Hamas* sein könne.[236] 2018 beschloss das *National Executive Committee* der NUS aus Solidarität mit dem palästinensischen Volk den BDS zu unterstützen, allerdings mit dem Zusatz, dass dies auf jüdische und israelische Studierende am Campus keine Auswirkungen haben sollte. Wie die *Jewish News* kritisierten, stimmten lediglich 30 Mitglieder des *Executive Committee* über diesen Antrag ab, die etwa 1.000 Delegierten des *National Congress* wurden übergangen.[237] Über die Haltung der insgesamt sechs Millionen britischen Studierenden zum BDS lassen sich aus dem Boykottbschluss somit wenige Schlüsse ziehen.

Wurde mit den Boykottforderungen tatsächlich die legitime Kritik an Israel überschritten und können BoykottbefürworterInnen als AntisemitInnen bezeichnet werden? KritikerInnen werfen der Boykottbewegung vor, Israel mit besonderen Maßstäben zu beurteilen, während für Länder wie Russland, China, Saudi-Arabien oder dem Iran, deren Menschenrechtsverletzungen außer Zweifel stehen, keine Boykottforderungen in diesem Ausmaß gestellt werden. Juden und Jüdinnen würde mit einem Boykott das allen anderen zugestandene Recht auf eine nationale Selbstbestimmung verwehrt. BoykottbefürworterInnen würde es auch weniger um das Schicksal der PalästinenserInnen gehen, sondern um eine Dämonisierung Israels und letztendlich um eine Auslöschung des einzigen jüdischen Staates, was einer neuerlichen Vernichtung *aller* Juden und Jüdinnen gleichkäme.[238] Im Unterschied zu Deutschland oder Österreich finden sich in Großbritannien selten Vergleiche mit den Boykottaktionen der Nationalsozialisten, was wesentlich auf die unterschiedlichen Nachwirkungen des Holocaust zurückzuführen ist.

Die Boykottbefürworter wiederum wiesen jeden Vorwurf des Antisemitismus von sich, indem sie sich auf ihre antirassistische und antifaschistische Einstellung beriefen. Auf der richtigen Seite stehen hieße dieses Mal, im Kampf gegen den Rassismus und „israelischen Imperialismus" für die Menschenrechte der PalästinenserInnen einzustehen. BoykottbefürworterInnen verwiesen auch immer wieder auf den als erfolgreich erachteten Boykott Südafrikas,[239] was BoykottgegnerInnen wiederum als Gleichsetzung von Israel mit dem südafrikanischen

---
235 House of Commons, Home Affairs Committee, Antisemitism in the UK, 2016, 33–37.
236 Hirsh 2018, 67–68.
237 NUS adopts BDS again, with new clause against „targeting" Israeli and Jewish students, in: Jewish News, 08.06.2018.
238 Vgl. den Kommentar von Anthony Julius in Jewish Chronicle, 22.06.2007.
239 Vgl. exemplarisch den Leserbrief von Steven Rose im Guardian, 12.04.2002 sowie den Kommentar von Gerald Kaufman, Labour MP for Manchester Gorton, im Guardian, 12.07.2004.

Apartheidstaat und somit als dessen Delegitimierung betrachten. Tatsächlich ging es bei den Südafrika-Vergleichen selten um einen ernsthaften Vergleich mit einer Betonung von Parallelen und Unterschieden, sondern um Emotionalisierung.

Von WissenschaftlerInnen wird der Charakter eines Boykotts höchst unterschiedlich eingeschätzt. Für den Historiker Peter Pulzer haben BoykottbefürworterInnen die Grenze einer legitimen Israelkritik überschritten, wenn Sanktionen unter Anspielungen auf einen Genozid an den PalästinenserInnen und den südafrikanischen Apartheidstaat nur für den jüdischen Staat gefordert werden.[240] Für den Soziologen David Hirsh ist ein Boykott antisemitisch, da es sich dabei um einen institutionellen Antisemitismus handelt, wovon Juden und Jüdinnen mehr betroffen sind als andere und Israel von allen anderen Staaten ausgesondert wird.[241] Antony Lerman oder Brian Klug stufen einen Boykott hingegen erst dann als antisemitisch ein, wenn antisemitische Stereotype in die Argumentation mit einfließen. Sie verweisen auch auf die politische Heterogenität der Akteure und deren unterschiedlichen Motive.[242] Eine Gruppe prominenter Intellektueller schlug beispielsweise im Juni 2018 in einem offenen Brief im *Guardian* eine Antisemitismusdefinition vor, in der sämtliche klassische antisemitische Stereotype verurteilt werden, der BDS allerdings nicht per se als antisemitisch bewertet wird:

> Criticism of Israel is not antisemitic unless motivated by anti-Jewish prejudice. Examples of this can include: holding all Jews accountable for the actions of the state of Israel; engaging in conspiracy theories about the state of Israel that draw on antisemitic stereotypes about supposed Jewish power; accusing all Jewish citizens of being more loyal to Israel than to the interests of their own nations. Criticism of Israel, of its displacement of Palestinians and of its denial of their rights, is not antisemitic. Criticising laws and policies of the state of Israel as racist and as falling under the definition of apartheid is not antisemitic. Calling for boycott, divestment and sanctions against Israel to oppose those policies is not antisemitic.[243]

In Großbritannien reichte die Bandbreite der BoykottbefürworterInnen tatsächlich von TrotzkistInnen, GewerkschafterInnen, linken Studierenden bis hin zu Teilen der sehr heterogenen muslimischen Community, darunter vertriebene PalästinenserInnen wie beispielsweise Ghada Karmi. Auch verhältnismäßig viele britische

---

240 Vgl. Pulzer 2003, 79–101.
241 Antisemitism and the Boycott: An Exchange between Martin Shaw and David Hirsh, in: Democratiya 14, Autumn 2008.
242 Brian Klug, Ambassador's own goal, in: Guardian, 13.06.2008; Boycotting Israel: New Pariah on the Block, in: The Economist, 13.09.2007.
243 We must define antisemitism to fight it effectively, offener Brief im Guardian, 15.06.2018.

Juden und Jüdinnen sowie kleinere jüdische Organisationen wie der britische Zweig von *Peace Now*[244] zählten zu den Boykott-Befürwortern.[245] In einen Boykott werden auch unterschiedliche Erwartungen gesetzt. Während viele damit auf Israel Druck für die Durchsetzung einer Zweistaatenlösung ausüben wollen und den Boykott auf Produkte aus den besetzten Gebieten beschränken, schwebt radikalen Linken und vielen muslimischen Organisationen eine Einstaatenlösung und somit das Ende eines jüdischen Nationalstaates vor.[246] Es steht aber außer Zweifel, dass vielen Anhängern der Boykottbewegung und des BDS der Boykott zur Legitimierung von Antisemitismus dient. Andererseits sollte der Heterogenität der Bewegung und den nach wie vor unterschiedlichen Zielen Beachtung geschenkt werden.

Kultureller Boykott im Kontext des BDS, des Libanonkriegs 2006 sowie der Gaza-Kriege von 2008/09 und 2014

Mit der 2005 erfolgten Gründung des BDS, der wiederum den Libanonkrieg, die Gaza-Kriege und den →*Ship-to-Gaza-Zwischenfall* 2010 zu nutzen wusste, intensivierten sich insbesondere Forderungen nach einem kulturellen Boykott. Während des Libanonkrieges von 2006 forderten über 90 britische KünstlerInnen und Intellektuelle in einem Aufruf im *Guardian* einen akademischen und kulturellen Boykott Israels.[247] 2006 schloss sich auch der Filmemacher Ken Loach dem BDS an, wo er mittlerweile zu den zentralen Akteuren zählt.[248] Inzwischen wird ihm vorgeworfen, dass seine eigenen Filme in Israel erfolgreich laufen würden, während er für den Boykott israelischer Filme in Großbritannien eintritt.[249]

2010 hatte der *Ship-to-Gaza-Zwischenfall* eine weitere mobilisierende Wirkung. Mike Leigh, Filmemacher und Dramaturg, sagte die Einladung zu einem Work-

---

244 *Peace Now* forderte 2003 als erste britisch-jüdische Organisation einen Boykott von Waren aus jüdischen Siedlungen in der Westbank und Gaza. Die Golanhöhen wurden davon ausgenommen, da die dortigen Siedler zu einem Abzug bereit waren. Vgl. Peace Now launches boycott, in: Jewish Chronicle, 06.12.2002.
245 Hirsh 2007, 110–112.
246 Guardian (Leader), 09.07.2002; Independent (Leserbrief), 18.04.2002.
247 Dazu zählten John Berger, Brian Eno, Sophie Fiennes, Eduardo Galeano, Reem Kelani, Leon Rosselson, Steven Rose, Arundhati Roy, Ahdaf Soueif, Elia Suleiman sowie 85 weitere bekannte Persönlichkeiten. Vgl. Guardian, 06.05.2006.
248 2012 führte er das von der PSC 2012 ins Netz gestellte Video *The Case for Cultural and Academic Boycott of Israel* ein. Vgl. A Palestine Solidarity Campaign film. The Case For Cultural & Academic Boycott Of Israel with an introduction from Ken Loach Speakers Ben White, Mike Cushma. Vgl. http://www.palestinecampaign.org [zuletzt abgerufen am 06.02.2019].
249 Peter Beaumont and Hannah Ellis-Peterson, Ken Loach accused of exempting himself from cultural boycott of Israel in: Haaretz, 14.07.2017.

shop an der *Sam Spiegel Film und Television School* in Tel Aviv ab.[250] Auch die *Pixies* stornierten ihren Auftritt in Tel Aviv, den sie allerding 2014 nachholten.[251] Dave Randall von der Band *Faithless* lobte beispielsweise die irische Sängerin Sinéad O'Connor (nach ihrer kürzlich erfolgten Konversion zum Islam nennt sie sich Shuhada Davitt) dafür, dass sie wie seine eigene Band ihr Konzert in Israel abgesagt hatte.[252] Roger Waters, Mitbegründer von *Pink Floyd* und mittlerweile in den USA lebend, gab 2011 seine Unterstützung für den BDS bekannt. Neben Loach kommt ihm eine zentrale Rolle im Kulturboykott zu. Beide fordern immer wieder KünstlerInnen dazu auf, ihre Auftritte in Israel abzusagen. Argumentiert wird damit, dass sie damit das israelische Regime weißwaschen würden und KünstlerInnen auch den südafrikanischen Apartheidstaat erfolgreich boykottiert hätten.[253]

Keineswegs alle MusikerInnen ließen sich von diesen Maßnahmen einschüchtern. Die Schauspielerin Scarlett Johansson weigerte sich, ihren Werbevertrag mit der israelischen Firma *SodaStream* zu kündigen, Neil Young, Sir Paul McCartney, Madonna, Rihanna oder Nick Cave traten in Israel auf.[254] Morrissey, der große Exzentriker des Britpop, hüllte sich 2012 bei seinem Konzert in Israel sogar in die israelische Fahne. Auf seinem Album *Low in High School* heißt ein hymnischer Song *Israel*. Mit Anklängen an das „auserwählte Volk" und die christliche Erbsünde begab er sich allerdings auf heikles Terrain.[255]

BDS-AnhängerInnen verfolgen auch die Strategie, Auftritte von israelischen KünstlerInnen in Großbritannien zu verhindern. Im Frühjahr 2012 löste der Versuch, das israelische Nationaltheater *Habima* vom *Globe to Globe Shakespeare Festival* auszuschließen, heftige Diskussionen aus.[256] Während des Gaza-Krieges von 2014 been-

---

250 Stephen Applebaum/Simon Rocker, Zionism? To hell with all that, says film director, in: Jewish Chronicle, 21.10.2010.
251 Italy Stern, Performers are flooding Israel; A sign of the cultural boycott's failure?, in: Haaretz, 19.02.2017; Adrian Hennigan, Lorde knows she's not the first: Eight other musicians who cancelled their Israel Gigs, in: Haaretz, 26.12.2017.
252 Amena Saleem, Palestine solidarity goes mainstream in UK as 100,000 march in London, in: The Electronic Intifada, 28.07.2014. https://electronicintifada.net/…/amena-saleem/palestine-solidarity-… [zuletzt abgerufen am 30.12.2018]. Vgl. dazu auch Sinéad O'Connor tries to pull out of Israel concert (JTA), in: Haaretz, 17.06.2014.
253 Vgl. exemplarisch R.E.M.'s Michael Stipe supports Radiohead's decision to perform in Israel, in Haaretz, 17.07.2017.
254 Roger Waters takes Neil Young and Scarlett Johansson to task on Facebook, in: Haaretz, 02.02.2014; Lee Harpin, Roger Waters in tirade against Nick Cave's anti-boykott stand, in: Jewish Chronicle, 20.11.2017; Marcus Dysch, Massive majority opposes Israel cultural boycott, in: Jewish Chronicle, 28.09.2014.
255 Thomas Kramar, Morriseys Loblied für Israel, in: Die Presse, 11.11.2017, 27.
256 37 SchauspielerInnen und Direktoren, unter ihnen Emma Thompson, Richard Wilson, Miriam Margolyes und Mark Rylance, traten am 30.04.2012 in einem offenen Brief im *Guardian* für den Boykott ein. Untermauert wurde dies mit dem Argument, dass das The-

dete die israelische Gruppe *Incubator Theatre* nach anhaltenden Protesten von rund 150 propalästinensischen AktivistInnen ihre Vorführung beim *Edinburgh Fringe Festival*, dem größten Kunstfestival der Welt. Der Theatergruppe wurde vorgeworfen, von der israelischen Regierung eine finanzielle Unterstützung erhalten zu haben und somit die israelische Regierung zu repräsentieren.[257] Aufgrund zahlreicher Proteste und um die Sicherheit der TänzerInnen besorgt, sagte die *Dance Company* der *Ben Gurion University of the Negev* ihre Teilnahme bereits im Voraus ab.[258]

Der Gaza-Krieg von 2014 verhalf dem Kulturboykott zu einem neuerlichen Aufschwung. Im Februar 2015 forderten über 700 britische KünstlerInnen im offenen Brief *Artists for Palestine* einen Boykott bis zum Ende der „kolonialen Unterdrückung der Palästinenser".[259] Eine heftige Debatte löste das *Jewish Film Festival* (UKJFF) im Kulturzentrum *Tricyle* im Londoner Stadtteil Kilburn aus. *Tricyle* forderte die Organisatoren des Festivals auf, die von der israelischen Botschaft erhaltene Subvention von 1.400 Pfund zurückzuzahlen, da man es als unangemessen betrachtete, von einer in den Krieg involvierten Regierung finanzielle Unterstützung anzunehmen.[260] Jüdische Organisationen kritisierten, dass Israel damit mit anderen Maßstäben gemessen werde als sämtliche andere Länder,[261] zumal *Tricyle* das von der indischen Regierung mitfinanzierte London Asien Film Festival beherbergt habe und Indien die Menschenrechte nicht immer einhalten würde.[262] Über 500 Menschen unterzeichneten einen im *Guardian* veröffentlichten Aufruf, in dem sie die KritikerInnen von *Tricyle* vor einem inflationären Gebrauch des Antisemitismus-Vorwurfs warnten.[263] Unter anderem wurde darauf hingewiesen, dass die künstlerische Direktorin Indhu Rubasingham als Tamilin sehr wohl wüsste, was Rassismus in Theorie und Praxis zu bedeuten habe, und somit keineswegs antisemitisch sein könne. Mit dieser Argumentation werden Menschen aufgrund einer

---

ater auch in besetzten Gebieten gespielt habe. Andere wiederum wandten ein, dass das chinesische Nationaltheater trotz der Besetzung von Tibet eingeladen worden sei. Vgl. Jennnifer Lipman, Theatre ban "like Nazi book burning" say West End stars, in: Jewish Chronicle, 04.04.2012.

257 Israeli theatre group has performances cancelled at Edinburgh Fringe, in: Guardian, 01.08.2014.
258 Gegen das Tanztheater wurde in Edingburgh bereits 2012 demonstriert. Vgl. Anshel Pfeffer, Protesters disrupt Israel's Batsheva dance troupe at Edinburgh festival, but the show goes on, in: Haaretz, 31.08.2012.
259 Letter: Over 100 artists announce a cultural boycott of Israel, in: Guardian, 13.02.2016.
260 Hannah Ellis-Petersen, Tricycle theatre refuses to host UK Jewish Film Festival while it has Israeli embassy funding, in: Guardian, 06.08.2014.
261 The Guardian's view on Gaza and the rise of antisemitism. in: Guardian, 08.08.2014; Nick Cohen, Anti-Semitic double standards: the arts and the Jews, in: The Telegraph, 06.08.2014.
262 Hadley Freeman, Please don't tell me what I should think about Israel, in: Guardian, 08.08.2014.
263 We must stand with the Tricycle Theater, in: Guardian, 21.01.2105.

bestimmten ethnischen Herkunft und ihrer damit (angenommenen) Rolle als Opfer von Rassismus als immun gegen Antisemitismus betrachtet. Der britische Soziologe Ben Gidley stufte den Boykott hingen eindeutig als antisemitisch ein, da er sich nicht gegen eine israelische Institution, sondern gegen ein britisches jüdisches Filmfestival gerichtet habe.[264] Ein Jahr später entschuldigte sich der Vorsitzende des *Tricycle Theatre* für den Boykott.[265]

In Israel waren im Sommer 2018 vor allem die Elektromusik-Szene und die Tel Aviver Clubbing-Szene mit vielen Absagen von vorwiegend US-amerikanischen und britischen MusikerInnen und DJs konfrontiert.[266] Mit dazu beigetragen haben das von der israelischen Regierung beschlossene „Nationalstaatsgesetz"[267], die →Verlegung der US-Botschaft von Tel Aviv nach Jerusalem, Konflikte an der Grenze zu Gaza, bei denen PalästinenserInnen ums Leben gekommen sind, sowie ein Einreiseverbot[268] für BDS-AktivistInnen. Viele MusikerInnen vermitteln allerdings auch den Eindruck, mit der Unterstützung des Boykotts, die häufig mit einem Bekenntnis zum Antirassismus verbunden ist, ihre Verortung in der „richtigen" Szene zum Ausdruck zu bringen. Der komplexe Konflikt wird dabei einerseits auf die Unterdrückung der PalästinenserInnen und deren FreiheitskämpferInnen und andererseits auf die als inhuman und schrecklich bezeichnete zionistische Besatzung reduziert.

BDS: Eine Erfolgsgeschichte?

Über den Erfolg der Boykottbewegung und insbesondere des BDS gehen die Ansichten auseinander. Ende 2014 hielt beispielsweise die *Jewish Chronicle* fest, dass die Handelsbeziehungen zwischen Israel und Großbritannien ein noch nie dagewesenes Ausmaß erreicht hätten. Enge Zusammenarbeit zwischen den beiden Ländern gibt es auf dem Gebiet der Medizin, Biotechnologie und Hightechsoftware sowie in der Bekämpfung des Cyber-Terrorismus; durchschnittlich kommt eines von

---

264 Vgl. Gidley 2014.
265 Sandy Rashty, Exklusive: Tricycle apologises for film festival boycott, in: Jewish Chronicle, 07.05.2015.
266 Idit Frenkel The day the music died: Will BDS bring Tel Aviv's club scene to a stillstand?, in: Haaretz, 07.09.2018.
267 Das Grundgesetz: Israel – Der Nationalstaat des jüdischen Volkes, allgemein als Nationalstaatsgesetz bezeichnet, wurde am 19. Juli 2018 von der Knesset mit 62 Pro- und 55 Gegenstimmen verabschiedet. Es schreibt fest, dass Israel die „nationale Heimstätte des jüdischen Volkes" und das vereinte Jerusalem die Hauptstadt ist. Hebräisch wird zur alleinigen Nationalsprache erklärt, Arabisch, das in Israel bisher ebenfalls offizielle Sprache war, erhält einen nicht näher definierten Sonderstatus.
268 Mit dem 2017 beschlossenen Gesetz *Amendment No. 27 to the Entry Into Israel Law* kann UnterstützerInnen des BDS die Einreise verwehrt werden.

sechs täglich verschriebenen Medikamenten aus Israel.[269] 2017 stellte eine von BICOM *(The Britain Israel Communications and Research Centre)* durchgeführte repräsentative Studie mit elf Prozent die bisher niedrigste Boykottunterstützung fest; 85 Prozent der Befragten „do not support boycotts of Israel and find it difficult to understand how others do given everything else that is going on in the world". Von den 18- bis 25-Jährigen sprachen sich 45 Prozent dagegen aus; 2015 waren es nur 28 Prozent.[270]

Erweist sich der Boykott auf wirtschaftlicher Ebene als wenig erfolgreich, so kann der Kulturboykott mittlerweile einige Erfolge aufweisen. Kulturelle Boykotte sind einfacher zu organisieren und erreichen ein breites Publikum. KünsterInnen können leicht unter Druck gesetzt werden, da sie um ihre Karriere fürchten müssen. Die israelische Regierung reagierte 2017 mit einem Gesetz,[271] womit Boykott-AktivistInnen die Einreise verwehrt werden kann und wovon selbst Juden und Jüdinnen nicht ausgenommen sind. Auch in Israel können damit AktivistInnen, die zum Boykott aufrufen, bestraft werden. Als erster Brite war im März 2017 der linke Gewerkschafter und StWC-Aktivist Hugh Lanning davon betroffen. Auf der Liste mit 20 ausländischen NGOs, denen die Einreise aufgrund der Unterstützung des BDS verweigert wird, befinden sich beispielsweise die humanistische Gruppe *War on Want,* die PSC, als einer deren Schutzherrn der *Labour Party*-Vorsitzende Jeremy Corbyn aufscheint, sowie die *Jewish Voice for Peace*.[272]

Das besondere BDS-Engagement britischer KünstlerInnen zeigt mittlerweile auch Auswirkungen auf Deutschland und Österreich, wo der BDS bisher noch wenig bekannt ist. Als anschauliches Beispiel kann die *Ruhrtriennale* 2018 angeführt werden. Die Intendantin Stefanie Carp hatte die britische Popgruppe *Young Fathers* eingeladen und wieder ausgeladen, nachdem bekannt wurde, dass die für ihre antirassistische Haltung bekannte Band den BDS unterstützt. Bereits 2016 hatten die *Young Fathers* ihren Auftritt beim *Pop-Kultur-Festival* in Berlin abgesagt, da dort israelische MusikerInnen aufgetreten waren, die von der israelischen Botschaft einen Reisekostenzuschuss erhalten hatten. Bei der *Ruhrtriennale* löste deren Ausladung internationale Proteste aus. Ken Loach und Brian Eno riefen zum Boykott der Ruhrtriennale auf, 79 Prominente, darunter Roger Waters, Judith Butler, Patti Smith und Vivienne Westwood, zeigten sich in einem öffentlichen Brief im *Guardian* darüber beunruhigt, dass in Deutschland KünstlerInnen, die sich für die Menschenrechte der PalästinenserInnen einsetzen, politisch reglementiert werden wür-

---

269 Marcus Dysch, Government acts to stop local councils boycotting Israel, in: Jewish Chronicle, 03.10.2015.
270 British public's feelings about Israel revealed by new survey, in: Jewish Chronicle, 26.10.2017.
271 Amendment No. 27 to the Entry Into Israel Law.
272 Peter Beaumont, Israel bans War on Want for supporting boycott group, in: Guardian, 08.01.2018.

den. Aufgrund der nach wie vor sensiblen deutsch-israelischen Beziehungen sahen sich auch Landespolitiker (das Festival wird mit 13 Millionen Euro subventioniert und ist ein wichtiger Standortfaktor) zum Handeln gezwungen. Nordrhein-Westfalens Ministerpräsident Armin Laschet (CDU) ließ die Zukunft von Carp, die den Job gerade erst angetreten hatte, offen.[273] Inzwischen verkündeten auch mehrere deutsche Städte wie Frankfurt am Main oder Berlin, BDS-AktivistInnen keine Räume mehr zu vermieten. In Wien versuchte Ariel Muzicant, Vizepräsident des *Europäischen Jüdischen Kongresses* und des *Jüdischen Weltkongresses,* den Auftritt von Roger Waters in der Wiener Stadthalle, einem Objekt der Stadt Wien, zu verhindern. Dabei wurde auch in Erinnerung gerufen, dass Waters auf seinen Tourneen zwischen 2010 und 2013 ein aufblasbares Schwein mit einem aufgemalten Davidstern (anfangs unmittelbar neben dem Dollarzeichen) in die Luft schweben ließ. Waters Manager Marek Lieberberg antwortete Muzicant, dass er „als Kind von Holocaust-Überlebenden und Jude" die Sensibilität verstehe, allerdings eine sachliche Herangehensweise begrüße. Waters selbst verteidigte sich gegen den Vorwurf des Antisemitismus wenig überzeugend damit, dass er viele Freunde, darunter den Neffen von Simon Wiesenthal, sowie eine jüdische Schwiegertochter habe und sein Vater im Zweiten Weltkrieg für England im Kampf gegen Italien gefallen sei.[274]

Die Unsicherheit im Umgang mit dem BDS ist jedenfalls auch innerhalb der Linken groß, neue Herausforderungen werden nicht lange auf sich warten lassen. Wie zu erwarten, hat der BDS zum Boykott des *European Song Contest* aufgerufen, der im Mai 2019 in Tel Aviv stattfand.

3.5 TERRORISMUS UND HOLOCAUSTGEDENKEN: ANTISEMITISMUS IN MUSLIMISCHEN COMMUNITIES

In Großbritannien war das Jahr 2001 bereits vor 9/11 als „Jahr der riots" abgespeichert: In den krisengeschüttelten, einst erfolgreichen Textilstädten Oldham, Burnley und Bradford kam es – von der rechtsradikalen BNP geschürt – im Sommer zu gewalttätigen Ausschreitungen, an denen vorwiegend Jugendliche mit pakistanischem Hintergrund beteiligt waren.[275] In Erinnerung gerufen sei auch, dass Großbritannien seit den 1990er-Jahren mit einer starken Zunahme von Flüchtlingen und MigrantInnen konfrontiert war. Im Zeitraum von 2001 bis 2011 stieg die mus-

---

273 Vgl. Martin Eimermacher, Über die rote Linie. Antisemitismusvorwürfe und Boykottkampagnien. Was ist lost mit der Ruhrtriennale, in: Die Zeit, 16.08.2018.
274 Thomas Eppinger, Roger Waters in Wien: Das Schwein, die Stadt und der Jude, in: menawatch. Der unabhängige Nahost-Thinktank, 15.12.2017.
275 Rai 2006; Farrukh Dhondy, An Islamic fifth column, in: Wall Street Journal, 27.12.2001.

limische Bevölkerung von etwa 1,6 Millionen auf 2,8 Millionen an.[276] Dies löste bereits um die Jahrtausendwende Debatten über die britische Asyl- und Migrationspolitik aus.

Die Erleichterung war somit groß, als das *Muslim Council of Britain* (MCB) als offiziell anerkannte Schirmorganisation der muslimischen Communities, aber auch Moscheenvereine und einzelne Imame die Terroranschläge in den USA verurteilten und lediglich kleine radikale Gruppen öffentlich den „Sieg über die USA" feierten. In den muslimischen Communities fürchtete man dennoch, für die Verbrechen von Al-Kaida in Kollektivhaft genommen zu werden. Einzelne MuslimInnen wurden auch tätlich angegriffen, einige Moscheen angezündet und muslimische Friedhöfe geschändet.[277] Das tatsächliche Ausmaß der Übergriffe wird allerdings unterschiedlich eingeschätzt.[278]

Premierminister Tony Blair war sich der explosiven Situation bewusst und hob zur Beruhigung der Bevölkerung den „friedensliebenden Charakter" des Islam hervor. Wie er betonte, hätten die Anhänger Osama bin Ladens mit dem „wahren Islam" nichts zu tun und seien Terroristen, „pure and simple".[279] Die große Mehrheit der britischen MuslimInnen ließ sich von ihm jedoch nicht davon überzeugen, dass der Krieg in Afghanistan und im Irak gegen den Terrorismus und nicht gegen den Islam geführt werde.

Wie im Folgenden gezeigt wird, setzte in Großbritannien die Debatte um einen „muslimischen Antisemitismus" in Ansätzen nach 9/11 und in einem größeren Ausmaß mit den Terroranschlägen auf das Londoner Verkehrssystem am 7. Juli 2005 (= 7/7) mit 56 Toten und 784 Verletzten ein. Ein weiterer Schwerpunkt der folgenden Ausführung liegt auf dem *Muslim Council of Britain* (MCB), das sich dem Antisemitismus-Vorwurf stellen musste, da es die Teilnahme am 2001 eingeführten *Holocaust Memorial Day* (HMD) abgelehnt hatte. Wie gezeigt wird, fungierte die „Palästinafrage" als eine Art Kitt für beide Themenfelder, wobei die verstärkte Identifikation von britischen MuslimInnen mit den PalästinenserInnen als Ausdruck einer zunehmend verfestigten muslimischen Opferrolle zu sehen ist.[280] Da im Zentrum der Ausführungen muslimische Organisationen und unterschiedliche Repräsentanten stehen, muss vorausgeschickt werden, dass die muslimische Community in Großbritannien äußerst heterogen ist und nur ein kleiner Prozentsatz Organisationen angehört. Deren Reaktionen und Haltungen zum Terrorismus und Holocaust vermitteln dennoch einen Einblick über Einstellungen zu Israel, den PalästinenserInnen und zum Holocaust.

---

276 Feldman/Gidley 2018, 11 und 26.
277 Vgl. Independent, 19.09.2001; The Guardian, 17.10.2001.
278 Hasan 2010, 123.
279 Embacher 2011, 91.
280 Vgl. Levis 2007, 131.

„Hassprediger" im medialen Fokus

Nach 9/11 berichteten britische Medien nahezu täglich über junge Briten, die sich in Ausbildungslagern in Kaschmir, Bosnien und Afghanistan auf den Dschihad vorbereiten würden.[281] Zunehmend richtete sich der Blick auch auf die britische Asylpolitik und die Gefahren von „Londonistan", worunter vielfach verstanden wird, dass die britische Hauptstadt seit den 1980er-Jahren durch ein liberales Asylgesetz zum Refugium eines weltweit agierenden islamistischen Extremismus geworden ist.[282] Tatsächlich betreiben viele muslimische und islamistische Organisationen, häufig vom Ausland finanziert, von London aus Politik. Nach 9/11 berichteten Medien vermehrt von islamistischen Predigern, denen in den 1990er-Jahren Asyl gewährt wurde und die nunmehr in aller Öffentlichkeit Hassreden gegen die USA, Homosexuelle sowie Israel und Juden führten.[283] Besondere Aufmerksamkeit kam Abbu Hamza zu, einem gebürtigen Ägypter, der in einem BBC-Interview dem „CIA und Zionisten" die Anschläge zugeschrieben hatte. Seine Anhänger in der Finsbury-Park-Moschee feierten mit Parolen wie „Good Bless the Dead Dollar" die Verwundung Amerikas.[284] Anjem Coudary, der Sprecher der seit 2006 verbotenen *Al-Muhajiroun*, betrachtete den Westen als Werkzeug der Zionisten und Israel als Krebsgeschwür im Herzen der muslimischen Welt.[285] Auch der Gründer von *Al-Muhajiroun*, der aus Damaskus stammende Omar Bakri, geriet nach 9/11 in den Fokus der Medien. Als „Tottenham Ayatollah" forderte er die Errichtung eines Scharia-Staates. Da dies auf friedlichem Weg erfolgen sollte, verurteilte er die Anschläge auf das World Trade Center, zeigte jedoch Verständnis für den Anschlag auf das Pentagon, das er als „Teil der amerikanischen Kriegsmaschine für die Tötung tausender Menschen" verantwortlich machte. Palästinensische Selbstmordanschläge in Israel, selbst wenn sich diese gegen Frauen und Kinder richten, betrachtete er als „Akt eines legitimen Widerstandes". Zudem ließ er mit einer Fatwa gegen den pakistanischen Präsidenten General Musharaf, dem Islamisten die Kooperation mit den USA vorwarfen, aufhorchen.[286] Britische Juden und Jüdinnen warnte er davor, Israel zu unterstützen, da sie sonst zum Ziel von Muslimen werden könnten. Omar Bakri und Abbu Hamza wurden auch beschuldigt, junge Briten in ihren Moscheen radikalisiert und für den Dschihad angeworben zu haben. Zwei jungen Briten, die sich 2003 in der beliebten Tel Aviver Bar *Mikes Place* in die Luft gesprengt

---

281 Vgl. exemplarisch Stephen Glover, Are we waking a monster we can't control, in: Daily Mail, 08.10.2001.
282 Phillips 2006; John Kampfner, They call us Londonistan, in: New Statesman, 09.01.2002.
283 Rod Liddle, Hamza's horrid – but we must tolerate him, in: Guardian, 28.08.2002.
284 Vgl. O'Neill/McGrory 2006.
285 Wistrich 2003, 176–177.
286 Klausen 2005, 45.

und drei Menschen mit in den Tod gerissen haben, sollen in der Finsbury-Moschee sozialisiert worden sein.[287] Als Abbu Hamza nach den Londoner Anschlägen abgeschoben wurde, führte Al-Muhajiroun dies auf den Einfluss der „Zionist lobby" und dem als Blair nahestehend erachteten *Muslim Council of Britain* zurück.[288]

Auch wenn Prediger wie Abbu Hamza, Omar Bakri oder Anjem Coudary keineswegs repräsentativ sind für die insgesamt sehr heterogene muslimische Community, so unterscheiden sich ihre Positionen zum palästinensischen Terrorismus im Kern nicht wesentlich von vielen muslimischen Organisationen, die als gemäßigt gelten und dem *Muslim Council of Britain* (MCB) angehören. Hinsichtlich der Haltung zur Gewaltanwendung muss zwischen den muslimischen Organisationen allerdings stark differenziert werden.

„Terrorstaat Israel": Reaktionen muslimischer Organisationen auf 9/11 und 7/7

Das MCB und viele andere muslimische Repräsentanten distanzierten sich zwar schnell von den Anschlägen von 9/11, betonten allerdings, dass diese mit dem Islam nichts zu tun hätten. Häufig war die Rede von einer Doppelmoral und Verlogenheit des Westens: Während großes Aufheben um die Opfer in den USA (und Israel, wie oft gleichzeitig betont wird) gemacht werde, würde der Westen für das Leid der MuslimInnen in Tschetschenien, im Irak, im Nahen Osten oder in Kaschmir keine Empathie empfinden. Die USA seien erstmals zum Opfer geworden, MuslimInnen hingegen würden jeden Tag schweigend leiden.[289] Faisal Bodi entschuldigte beispielsweise die Schadenfreude vieler MuslimInnen über die Angriffe auf die Doppeltürme des World Trade Centers damit, dass diese für sie nicht Macht, Prestige und den Triumph der Demokratie, sondern „Terror und Unterdrückung" symbolisiert hätten. Die muslimische Welt würde, so Bodi, nichts so sehr erzürnen wie die unbeschränkte amerikanische Unterstützung Israels.[290]

Zumal 9/11 auch von der *Zweiten Intifada* überlagert war, kam es, ähnlich wie im linken Spektrum,[291] schnell zu einer Verschränkung der Terroranschläge in den

---

287 Zu ihnen zählten Richard Reid, der im Gefängnis zum Islam konvertierte *shoe bomber* aus Brixton, der nach dem 11. September eine American Airlines Maschine mit dem in seinen Schuhen versteckten Sprengstoff sprengen wollte. Auch Zacarias Moussaoui, Franzose marokkanischer Herkunft und in den USA wegen Mithilfe zur Vorbereitung von 9/11 zu lebenslanger Haft verurteilt, soll in der Finsbury Park Moschee verkehrt haben.
288 Bernard Josephs, Muslim group attacks „lobby", in: Jewish Chronicle, 04.06.2004.
289 Vgl. exemplarisch The Muslim News, 11.09.2001 und 09.10.2001.
290 Faisal Bodi, Symbols of oppresson, in: Guardian, 12.09.2001; zu seiner Haltung zur Hamas vgl. auch Faisal Bodi "Panorama" was a hatched job on Muslims, in: Independent, 23.08.2005.
291 Vgl. Embacher 2011, 85–90.

USA mit dem Israel-Palästina-Konflikt.[292] Häufig finden sich Vergleiche zwischen den Selbstmordanschlägen der *Al-Kaida* und den Opfern von palästinensischen Selbstmordanschlägen in Israel, die sich zunehmend gegen Zivilisten, darunter Kinder und Jugendliche, richteten. Die *Muslim Association of Britain* (MAB) sah in Selbstmordanschlägen ein legitimes Recht zur Selbstverteidigung im „Kampf gegen die Kolonialmacht Israel", die mit Unterstützung der USA einen „palästinensischen Völkermord" begehen würde.[293] MAB-Sprecher Azzam Tamimi vertrat öffentlich: Dürfte er Palästina betreten, würde er selbst zum Selbstmörder werden.[294] Die Lösung des Konflikts sah er in einer Art „United States of the Middle East" unter islamischer Gesetzgebung, wo Juden und Jüdinnen als anerkannte Minderheit leben könnten, allerdings nicht in einem eigenen jüdischen Staat.[295] Salma Yaqoob – Sprecherin der Birminghamer Zentralmoschee und führende Aktivistin in der StWC – reihte die Selbstmordanschläge der PalästinenserInnen in die „Tradition des antikolonialen Krieges" ein, der ihrer Meinung nach 1916 mit Irland begonnen habe und in Algerien und Vietnam fortgesetzt wurde. In jedem dieser Kriege sei, so Yaqoob, ein blutiger Guerilakrieg der erste Schritt zur Selbstbefreiung gewesen.[296] Auch Tariq Ali, ein bekannter linker Intellektueller pakistanischer Herkunft, meinte ausweichend, dass ihm diese Taktik zwar nicht besonders gefalle, man allerdings die Tatsache der Okkupation nicht außer Acht lassen dürfe.[297]

Das MCB selbst zeigte wenig Distanz zur *Hamas* und protestierte, als diese auf die Liste der verbotenen Terrororganisationen gesetzt wurde.[298] Als Israel beispielsweise 2004 den gelähmten *Hamas*-Gründer, Sheikh Ahmed Yassin, ermordete (eine politische Strategie, die durchaus kritisiert werden kann), sprach MCB-Sprecher Iqbal Sacranie von einer „Endlösung"[299]. In einem vom MCB veröffentlichten Statement wurde Israels „murderous leadership", „Zionist brutality" und „ethnic cleansing of Palestine" angeprangert. Als Reaktion zog die jüdische Sternberg-Stiftung die bereits erfolgte Nominierung Sacranies für den alljährlich vergebenen Preis von £ 2.000 für

---

292 Ullrich 2008, 216.
293 David Hirst, The shame of Palestine, in: Guardian, 25.09.2001; Terrorised by the law, in: Q-News vom April 2001; Daily Mail, 25.09.2001; vgl. auch John Lloyd, The beginning of a virtual revolution, in: New Statesman, 17.09.2001.
294 Jewish Chronicle, 05.11.2004.
295 Azzam Tamimi, Let us coexist, in: Guardian, 10.02.2007; Mark Scodie, „No Muslim accepts Israel's right to exist", in: Jewish Chronicle, 19.03.2004; Abdul Taher, Ditch Holocaust day, advisers urge Blair, in: Times, 11.09.2006.
296 Yaqoob 2007, 279–294.
297 Ali/Barsamian 2005, 207.
298 Muslim News, 22.02.2002.
299 Muslim Community reacted angrily – Israel accused of "state terrorism against a disabled man.", in: Jewish Chronicle, 26.03.2004.

das Engagement im interreligiösen Dialog zurück.[300] Das MCB interpretierte diese Reaktion als Schlag ins Gesicht für alle MuslimInnen, ließ sich in seiner Haltung zu Palästina davon aber nicht einschüchtern: Sacranies Nachfolger, Abdul Bari, beschimpfte die israelische Regierung als ein „outlawed regime" von „zionistischen Fanatikern".[301] MAB-Präsident Ahmad Sheikh warf der Sternberg-Stiftung vor, den interreligiösen Dialog zur Unterdrückung jeder Kritik an Israel zu instrumentalisieren. Sacranie selbst betonte hingegen, dass er am religiösen Dialog festhalten werde.[302]

Wie bereits thematisiert, rechtfertigten keineswegs nur MuslimInnen palästinensische Selbstmordattentate als Widerstand gegen das „kolonialistische Israel" oder suchten die Ursache für 9/11 schnell bei der US-amerikanischen und britischen Nahostpolitik. Da die Terroranschläge im Namen des Islam ausgeführt wurden, standen diese allerdings unter besonderer Beobachtung, was wiederum in muslimischen Communities die Einschätzung bestätigte, dass der Krieg nicht gegen den Terrorismus, sondern gegen den Islam geführt werde. In einer 2004 veröffentlichten Umfrage[303] interpretierten zwei Drittel der 500 befragten MuslimInnen die Einführung neuer Antiterrorgesetze wie den *Crime and Security Act* (ATCSA) als „Krieg gegen die Muslime im eigenen Land".[304]

Zusammenfassend kann festgehalten werden, dass die →*Zweite Intifada*, 9/11 und vor allem der Irak-Krieg stark zur Verfestigung einer globalen muslimischen Identität beigetragen haben, wobei der Opposition gegenüber dem „Westen" und der Identifikation mit den PalästinenserInnen eine wichtige Rolle zukam. Damit verbunden war eine erhöhte Anfälligkeit für Verschwörungstheorien.

Homemade terrorism und britische Nahostpolitik

In London hatte man seit 9/11 zwar einen Terroranschlag von *Al-Kaida* befürchtet, allerdings den allzu beängstigenden Gedanken verdrängt, dass als erfolgreich integriert geltende Muslime einen derartigen Anschlag verüben könnten. Am 7. Juli 2005 war es dann so weit. Drei junge britische Muslime mit Wurzeln in Pakistan und ein junger Mann aus Jamaika sprengten sich in der Londoner U-Bahn und in einem roten Doppeldeckerbus in die Luft. 52 Menschen, unter ihnen zahlreiche MuslimInnen, rissen sie mit in den Tod, hunderte wurden zum Teil schwer verletzt. Einer der Attentäter, Mohammad Sidique Khan, machte in seinem Bekennervideo die britische

---

300 Simon Rocker, Award to Muslim withdrawn, in: Jewish Chronicle, 28.05.2004.
301 Concern grows over Muslim Council's agenda, in: Jewish Chronicle, 20.10.2006.
302 Simon Rocker, Senior Muslims boycott reception, in: Jewish Chronicle, 04.06.2004.
303 Die Guardian/ICM-Umfrage basierte auf einem Sampel von 500 MuslimInnen und wurde zwischen 3. und 11. März 2004 telefonisch durchgeführt.
304 Alan Travis, Desire to integrate on the wane as Muslims resent "war on Islam", in: Guardian, 16.03.2004.

Gesellschaft, mit der er sich als selbsternannter Soldat im Krieg befinden würde, und die Blair-Regierung für die Attentate verantwortlich. Die Menschen im Irak bezeichnete er als „my people". Journalisten berichteten von muslimischen Jugendlichen in den Straßen von Beeston, wo die Täter herkamen, die großes Verständnis für deren Motive zeigten und ebenfalls die Schuld bei Blair suchten. Unschuldige würden nicht nur in London sterben, sondern auch im Irak, in Afghanistan und Palästina.[305] In unmittelbar nach 7/7 durchgeführten Umfragen waren allerdings 91 Prozent der muslimischen Befragten nicht der Meinung, dass der Islam Selbstmordanschläge rechtfertige und 86 Prozent fühlten sich der britischen Gesellschaft zugehörig.[306] Die britische Regierung zeigte sich ratlos über die Radikalisierung von als integriert erachteten britischen Muslimen.[307] In einem neu gegründeten Beratungsausschuss, zu dem neben ExpertInnen auch Vertreter des MCB hinzugezogen wurden, sollten Lösungen diskutiert werden. Die Ergebnisse waren allerdings bescheiden.

Wie nach 9/11 machte sich in den muslimischen Communities Angst vor Racheakten breit. Es wurden auch mehrere Moscheen mit Brandsätzen beworfen und in Nottingham prügelte eine Gruppe von Jugendlichen einen 48-jährigen Pakistaner zu Tode. Die meisten muslimischen Organisationen verurteilten die Anschläge von 7/7 fügten dem aber hinzu, dass nicht der Islam, sondern die britische Außenpolitik, konkret deren Unterstützung des Irak-Krieges und die Parteinahme für Israel, dafür verantwortlich sei.[308] MCB-Sprecher Inayat Bunglawala warf Israel sogar vor, aus den Londoner Anschlägen Kapital zu schlagen.[309] Damit erfolgte erneut eine Verschränkung der von *Al-Kaida* initiierten Selbstmordanschläge mit dem Israel-Palästina-Konflikt. Vermehrt fanden sich auch Vergleiche zwischen den zumeist verurteilten Anschlägen in London und den von vielen als Widerstand bewerteten Anschlägen in Israel.[310]

Nachdem im August 2006 zwei Dutzend muslimische Männer (unter ihnen Studenten, Automechaniker, Taxifahrer, Buchhalter, Verwaltungsangestellte und auch einige Konvertiten) verhaftet worden waren, da sie unter Verdacht standen, Bombenattentate auf Transatlantikflüge geplant zu haben, machte das MCB erneut die britische Außenpolitik dafür verantwortlich.[311] Der fast zeitgleich verlaufene Libanonkrieg verhärtete bei manchen MuslimInnen den Eindruck, dass diese Verhaf-

---

305 Rai 2006, 103.
306 Ebd., 80.
307 Tahir Abbas, Aufbruch zu später Stunde. Großbritannien sucht den Dialog mit den Muslimen, in: Neue Züricher Zeitung, 01.11.2005.
308 Vgl. exemplarisch Muslim News, 15.05.2006; Tariq Ali, The price of occupation, in: Guardian, 08.07.2005.
309 Q-News (Editorial), November 2005.
310 So z. B. Dr. Azzam Tamimi, Palästinenser und Sprecher der MAB. Vgl. Jenni Frazer, Dialogue of despair, in: Jewish Chronicle, 20.07.2005.
311 Muslim News, 28.07.2006.

tungen lediglich als Ablenkungsmanöver vom Nahen Osten sowie als Einschüchterungsmaßnahme gegenüber MuslimInnen erfolgt seien.[312]

Die Überlagerung des vereitelten Terroranschlages mit dem Libanonkrieg, wo viele muslimische Organisationen sich vom *Hisbollah*-Führer Nasrallah einen Sieg über das „zionistische Israel" erhofften,[313] animierte zu Entlastungsstrategien. So wurde der britischen Regierung und insbesondere Premierminister Blair vorgeworfen, über den von Israel im Libanon ausgeübten Terrorismus zu schweigen, während großes Aufheben um den vereitelten Anschlag in Großbritannien gemacht werde.[314] Shadid Malik, einer der vier muslimischen *Labour*-Abgeordneten, sah durch derartige Doppelstandards den Kampf muslimischer Organisationen gegen den Terrorismus verunmöglicht.[315]

Während sich in muslimischen Communities die Opferrolle verhärtete, wurde der Islam in Großbritannien zunehmend negativer gesehen. Mit dazu beigetragen hatten bereits Anfang des Jahres 2006 Demonstrationen radikaler MuslimInnen gegen die Mohammed-Karikaturen, wo Kinder als Selbstmörder verkleidet auftauchten und Banner mit „I love al-Kaida" geschwenkt wurden. In Großbritannien wurden übrigens als einzigem europäischem Land die Karikaturen nicht veröffentlicht.[316]

Nach den Anschlägen in London gaben unter britischen MuslimInnen durchgeführte Meinungsumfragen ebenfalls Anlass zur Besorgnis. In einer im August 2006 publizierten Umfrage rechtfertigten fast 25 Prozent der Befragten 7/7 damit, dass die eigene Regierung den „War on Terror" unterstützt habe, 13 Prozent betrachteten die Täter als Märtyrer und ein Drittel wollte nach den Gesetzen der Scharia leben, wobei die meiste Zustimmung dazu von MuslimInnen unter 24 Jahren mit schlechter Schulbildung erfolgte. Gleichzeitig gaben 79 Prozent an, selbst Diskriminierungen erfahren zu haben.[317] Bereits Anfang 2006 war eine von der *Jewish Chronicle* beim Meinungsforschungsinstitut *Populis* in Auftrag gegebene Umfrage zu einem alarmierenden Ergebnis gekommen: 53 Prozent der 500 befragten erwachsenen MuslimInnen schrieben britischen Juden zu viel Einfluss auf die Nahostpolitik zu, 58 Prozent waren der Meinung, dass britische Juden Israel bedinungslos unterstützen würden, und 37 Prozent betrachteten auch britische Juden als legitimes Ziel im Kampf um Gerechtigkeit im Nahen Osten; 52 Prozent anerkannten jedoch das Existenzrecht von Israel.[318]

---

312 Vgl. exemplarisch Times, 12.08.2006; Guardian, 11.08.2006.
313 Vgl. exemplarisch Astounding victory for Hizbullah, in: Muslim News, 16.08.2006 sowie Siraj Wahab, Heroic resistance energizes Arab street, in: Muslim News, 15.08.2006.
314 Security alert in Britain, in: Muslim News, 25.08.2006.
315 Shadid Malik, Leserbrief in der Times, 15.08.2006.
316 Julie Burchill, Straight Talk, in: Guardian, 17.02.2006.
317 The "hearts and minds" battle for British Muslims that failed, in: Times, 13.08.2006.
318 Third of Muslims view UK Jews as "legitimate target", in: Jewish Chronicle, 10.02.2006.

Zunehmend war auch von linker und liberaler Seite Kritik am Multikulturalismus zu vernehmen. Selbst Trevor Phillips, der Vorsitzende der *Commission for Racial Equality,* gab zu bedenken, dass das Konzept des Multikulturalismus, wenn es falsch angewendet werde, zu Separatismus und Indoktrination junger MuslimInnen führen könne. Für ihn war es höchste Zeit, die religiöse und ethnische Segregation zu bekämpfen.[319] Kenan Malik stellte nicht nur den Multikulturalismus in Frage, sondern auch das Ausmaß der Islamophobie, das seiner Ansicht nach vom MCB und anderen muslimischen Organisationen zur Untermauerung der Opferrolle übertrieben werde. Das tatsächliche Problem sah er nicht in der Islamophobie, sondern in der fehlenden Vermittlung von gemeinsamen Werten.[320] Viele MuslimInnen sowie auch Linke empfanden Kritik am Multikulturalismus hingegen als einen weiteren Angriff auf muslimische Rechte und sahen darin eine Bestätigung der muslimischen Opferrolle.

Die Beziehung zwischen dem MCB und der britischen Regierung eskalierte, als 40 muslimische Organisationen und drei der insgesamt vier muslimischen *Labour-*Abgeordneten[321] in einem Brief an Premierminister Blair erneut die Rolle der britischen Außenpolitik für die Radikalisierung britischer MuslimInnen betonten und die Zusammenarbeit im Beratungsausschuss für gescheitert erklärten. Wie es in dem Schreiben hieß, sei vor allem die britische Nahostpolitik als MuslimInnen gegenüber feindlich empfunden worden und habe den Eindruck vermittelt, dass „muslimisches Blut" keine Bedeutung habe.[322] Bei der britischen Regierung löste dies eine Haltungsänderung gegenüber dem MCB aus. Diesem wurde unter anderem vorgeworfen, die Rolle, die dem Islam als Ideologie für die Rekrutierung der 7/7 Bomber zugekommen sei, zu ignorieren.[323] Im September 2006 sprach Ruth Kelly, Ministerin für *Communities and Local Government* von nicht verhandelbaren Werten *(non-negotiable values),* die auch von muslimischen Organisationen und Institutionen eingehalten werden müssen. Kelly machte dem MCB auch deutlich, dass der Holocaust als nicht zu hinterfragende Tatsache zu gelten habe und die Teilnahme am bisher boykottierten *Holocaust Memorial Day* (HMD) für eine weitere finanzielle Unterstützung zwingend sei. Der Versuch der britischen Regie-

---

319 Trevor Philips, Sleepwalking into segregation along racial and religious lines, in: Guardian, 19.09.2005.
320 Kenan Malik, Der Weg in die Stammesgesellschafter, in Handelsblatt, 03.01.2006; ders., What hate?, in: Guardian, 07.01.2005; siehe auch Malik 2009.
321 Unterschrieben haben Shadid Malik, Sadiq Khan und Mohammed Sarwar, nicht unterschrieben hat Khali Mahmood. Unterschrieben haben zudem Lord Patel of Blackburn, Lord Ahmed of Rotherdam und Baroness Uddin, die drei (von vier) muslimischen Mitglieder des *House of Lords.*
322 Muslim News, 03.07.2006; vgl. dazu auch Inayat Bunglawala, Its undeniable: British foreign policy is endangering all of us, in: Times, 12.08.2006.
323 Vidino 2010, 125.

rung, neben dem MCB weitere (oder einen neuen) Ansprechpartner zu finden, scheiterte aufgrund fehlender Alternativen und vor allem an der Heterogenität der muslimischen Community.[324] Beim MCB und bei vielen MuslimInnen verfestigte diese Politik wiederum die Haltung, dass muslimische Organisationen nur dann als gemäßigt gelten, wenn sie bedingungslos der britischen Außenpolitik zustimmen. Der Zwang zur Teilnahme am HMD wurde als ein exklusiv MuslimInnen auferlegter „Israel-Test" interpretiert.

Der Holocaust Memorial Day als Lackmustest für das Muslim Council of Britain (MCB)

Im Vergleich zu vielen anderen Ländern kam dem HMD (im Detail dazu siehe das Kapitel *Antisemitismus in 21. Jahrhundert*) in Großbritannien von Beginn an große Aufmerksamkeit zu. Dies ist insofern interessant, da die britische Gesellschaft bisher ein geringes Holocaustbewusstsein gezeigt hatte und insgesamt wenig historisches Wissen darüber vorhanden war.[325] Hinsichtlich der Installierung eines HMD waren allerdings auch kritische Stimmen zu vernehmen.[326] Bereits die Wahl des Datums wurde hinterfragt, da in Großbritannien die Befreiung der Konzentrationslager weniger mit Auschwitz, sondern mit der durch britische Soldaten erfolgten Befreiung Bergen-Belsens assoziiert wird. Selbst Repräsentanten der jüdischen Community reagierten zuerst skeptisch,[327] wobei hinter dieser Abwehrhaltung auch die Angst vor dem Vorwurf, dass Juden und Jüdinnen erneut ihr Leiden im Holocaust instrumentalisieren würden, zu vermuten ist. Im Kontext der sich intensivierenden Debatte um Großbritanniens Beteiligung am Sklavenhandel – Tony Blair entschuldige sich 2007 für Großbritanniens Rolle – schien manchen ein offizieller Gedenktag an die Sklaverei wichtiger.[328] Andere verwiesen auf die 1994 erfolgten Massaker in Ruanda, an die ebenfalls kein Gedenktag erinnern würde.[329] In einer 2007 von YouGov unter 1.132 BritInnen durchgeführten Umfrage stimmten 31 Prozent einer Umbenennung des HMD in *Genocide Day* zu; 28 Prozent der 18- bis 29-jährigen Befragten waren sich nicht sicher darüber, ob der Holocaust tatsächlich stattgefunden habe und 63 Prozent wollten die Holocaustleugnung nicht

---

324 2006 bemühte sich die britische Regierung beispielsweise um eine Annäherung an die wenig repräsentativen Sufis. Vgl. Isolating the extremists, in: Times, 15.08.2006.
325 David Cesarani, Community and disunity, in: Jewish Chronicle, 08.02.2002.
326 Vgl. Stone 2000, 53–59; Harrison 2006, 117–127; David Cesarani, Myth and memory, in: Guardian, 24.01.20001; Will Hutton, We all have blood on our hands, in: Observer, 21.01.2001.
327 Sacks told Blair: "We do not need Holocaust day", in: Jewish Chronicle, 02.02.2007; vgl. auch Berman 2004, 51–72.
328 Julian Lee, The road to remembrance, in: Times, 27.01.2001; The Economist, 19.10.2006.
329 Geoffrey Robertson, Britain's own Holocaust shame, in: Guardian, 29.01.2001.

als Verbrechen bewerten.[330] Noch 2011 stellten beispielsweise die Labour-Abgeordneten Jeremy Corbyn und John McDonnell (mittlerweile von Corbyn zu dessen *Shadow Chancellor* ernannt) im Unterhaus den Antrag für die Umbenennung des HMD in *Memorial Day*.[331]

Die Kritik, dass es sich beim HMD um einen zu exklusiven Gedenktag handeln würde, war insofern nicht berechtigt, da die britische Regierung dem Gedenken von Beginn an einen multiethnischen Charakter verliehen und andere Genozide mit einbezogen hatte. Die Intention lag zudem auf der Sensibilisierung für sämtliche Diskriminierungen und einer Festigung des Multikulturalismus.[332] Premierminister Tony Blair hob 2006 beispielsweise in einer Rede anlässlich des HMD hervor, dass der nationalsozialistische Völkermord als der „größte Akt einer kollektiven Bosheit" zu gelten habe und der HMD somit als „Triumph über dieses Böse" zu betrachten sei.[333] Mit ähnlichen Worten rechtfertigen Blair sowie britische Medien wie die *Daily Mail* oder das auflagenstarke Boulevardblatt *Sun* den Irak-Krieg: Wie einst im Kampf gegen Hitler sei es erneut Großbritanniens Pflicht, Seite an Seite mit den USA gegen das „neue Böse", verkörpert in Saddam Hussein, vorzugehen.[334]

Indem der Holocaust – auch durch die Betonung der daraus zu ziehenden Lehren für die Gegenwart und Zukunft – eine Enthistorisierung erfahren hat und vielfach auf eine moralische Instanz reduziert wird, war es auch unterschiedlichen Minderheiten möglich, sich diesen anzueignen.[335] Die Debatte spitzte sich vor allem am Verhalten des MCB zu, das den HMD von Beginn an boykottiert und damit den Eindruck eines besonders stark ausgeprägten „muslimischen Antisemitismus" erweckt hatte.[336] Das MCB wiederum wies jeden Vorwurf des Antisemitismus von sich und betonte, den Holocaust als das größte Verbrechen des 20. Jahrhunderts anzuerkennen. Der HMD werde allerdings solange als „too exclusive" boykottiert, bis andere Genozide in das Gedenken mit eingeschlossen sind.[337] Als Alternative wurde die Einführung eines *Genocide Memorial Day* vorgeschlagen, als eindeuti-

---

330 Barry Toberman/Rachel Fletcher, Young in dark about Shoah, in: Jewish Chronicle, 19.01.2007.
331 Labour Leader Corbyn backed call to replace 'Holocaust' with 'Genocide' for official Memorial Day, in: Haaretz, 02.08.2018.
332 Siehe dazu die Pressemitteilung von Innenminister Jack Straw, zit. nach Bogdanor 2013, 83–88.
333 Schmid 2008, 193.
334 Embacher 2011, 81.
335 Vgl. auch Jikeli 2013, 219–223.
336 Are British Muslims notorious anti-Semites? in: Jewish Chronicle, 20.10.2006, 12; The MCB's attitude is exemplary of the anti-Semitism that is prevalent and tolerated in the Muslim community, in: Times, 20.09.2005.
337 The Muslim Weekly, 02.08.2006.

ges Signal dafür, dass das Leben von allen Menschen, gleich welcher „Rasse oder Religion", denselben Wert habe.[338] Wie MCB-Generalsekretär Sir Iqbal Sacranie ausführte, könnten sich MuslimInnen gerade aufgrund der aus dem Holocaust gezogenen Lehre des „Nie mehr wieder" mit einem zu exklusiven Gedenktag nicht identifizieren. MuslimInnen würde damit das Gefühl vermittelt, dass ihr Leben weniger wert sei als jenes der Holocaustopfer.[339]

Sacrani ignorierte damit, dass das britische Holocaustgedenken von Beginn an sämtliche Genozide berücksichtigt hatte. Es wurde auch schnell deutlich, dass es dem MCB primär um die Einbeziehung des Israel-Palästina-Konflikts ging, den, wie es hieß, „täglich in Palästina sich vollziehenden Genozid".[340] In die Argumentation gegen den HMD mischten sich auch antisemitische Stereotype wie jenes von der Allmacht der Juden, wenn dessen Einführung auf den politischen Einfluss auf nie konkret genannte Zionisten zurückgeführt wird. Diesen wurde vorgeworfen, den Gedenktag fortan zur Rechtfertigung sämtlicher israelischer Verbrechen zu instrumentalisieren. „Zionist activists have milked the Holocaust for all it is worth", konstatierten die als moderat geltenden Q-News.[341] Salma Yaqoob warf „den Zionisten" vor, den Holocaust zur Verteidigung von Israels „rassistischer und mörderischer Politik gegenüber den Palästinensern" zu missbrauchen.[342]

Der Vorwurf der Holocaustleugnung, mit dem das MCB wiederholt konfrontiert wurde, geht allerdings an der wesentlich komplexeren Problematik vorbei.[343] Tatsächlich wurde der Holocaust nicht geleugnet, sondern sich zur Untermauerung einer muslimischen Opferrolle angeeignet und somit relativiert. Symptomatisch dafür ist die Position des bekannten linken Intellektuellen Tariq Ali, der den vom „europäischen Antisemitismus" verursachten Holocaust anerkennt, aber gleichzeitig einfordert, dass die PalästinenserInnen als die „sekundären Opfer" des Holocaust zu gelten haben,[344] womit er eine in der arabischen Welt weit verbreitete Sichtweise wiedergibt.[345]

---

338 Iqbal Sacranie, British Muslims are judged by "Israel test", in: Guardian, 21.08.2006.
339 Iqbal Sacranie, Holocaust Memorial Day is too exclusive, in: The Guardian, 20.09.2005.
340 Vgl. exemplarisch Muslim attack Kelly in Holocaust Day row, in: Jewish Chronicle, 10.11.2006; David Leppard, Muslims boycott Holocaust remembrance, in: Times, 23.01.2006.
341 Abidullah Ansari, Postscript: Panning Panorama, in: Q-News, November 2005.
342 The Guardian, 12.12.2006.
343 Wie dazu auch Günther Jikeli auf der Basis von Interviews feststellt, ist die Holocaustleugnung nicht das große Problem, sondern dessen Relativierung, indem dieser zum Referenzpunkt für das Böse und Leiden von Unschuldigen schlechthin und somit zu einer leeren Metapher verkommt. Vgl. Jikeli 2013, 185–226.
344 Ali/Barsamian 2005, 177.
345 Erst kürzlich bezeichnete sich Mahmud Abbas als „legitimate son of Jews who were oppressed in Europe and of all the sufferers of this world". Vgl. Odeh Bishara, Palestinians are today's Jews, in: Haaretz, 07.05.2018.

In Europa erhöhte die weitverbreitete Haltung, wonach MuslimInnen seit 9/11 und 7/7 als Opfer des Westens und im eigenen Land insbesondere als Opfer des Kampfes gegen den Terrorismus sowie einer zunehmenden Islamophobie zu gelten hätten, die Bereitschaft zur Identifikation mit dem Leiden der PalästinenserInnen.[346] Nicht zuletzt spielte dabei die gemeinsame Erfahrung, als „coloured" wahrgenommen zu werden, eine Rolle. Wird diese Opferrolle der PalästinenserInnen auf die eigene Opferrolle übertragen, kommt es fast unausweichlich zu einer „Opferkonkurrenz" zur jüdischen Community, d.h. zu einem Gegeneinander-Abwägen des „jüdischen Leidens" mit dem (vermeintlich nur durch „den" Westen verursachten) „Leiden der Palästinenser" in Vergangenheit und Gegenwart. Nicht nur junge, sozial deklassierte MuslimInnen, auch muslimische Studierende empfanden sich als die PalästinenserInnen der BritInnen.[347] Mit den Worten, „what we have lived with in Bradford and Palestine is not right", brachte der hochrangige Offizier der Royal Navy Amjad Hussaina diese Überlappung zum Ausdruck. Auch die als ungerecht empfundene Behandlung von MuslimInnen im „Kampf gegen den Terrorismus" animierte zu einem Holocaustvergleich, wenn es hieß, dass Juden in Deutschland in den 1930er-Jahren eine ähnliche Behandlung zugekommen sei wie Muslimen nach 9/11.[348] „It's open season on Islam – Muslims are the new Jews", konstatierte India Knight in der *Sunday Times,* nachdem der *Labour*-Abgeordnete Jack Straw das Tragen eines Gesichtsschleiers als „statement of separateness and difference" bezeichnet hatte.[349]

Verstärkt wurde diese Opferrolle durch die Politik vieler muslimischer Organisationen, deren Politik stark auf den „Kampf gegen den Terrorismus", die britische Außenpolitik und insbesondere den Konflikt zwischen Israel und den PalästinenserInnen fokussierte und damit MuslimInnen auf eine recht einseitige Rolle als „Opfer des Westens" reduzierte. Äußerst problematisch wird es, wenn – wie gelegentlich zu beobachten – die Identifikation mit den PalästinenserInnen so weit geht, dass zwischen Israel und den britischen Juden und Jüdinnen nicht mehr unterschieden wird und diese für die Diskriminierung der britischen MuslimInnen verantwortlich gemacht werden. Das MCB und andere muslimische Organisationen weisen allerdings zunehmend darauf hin, dass zwischen Israel sowie britischen Juden und Jüdinnen unterschieden werden müsse und die Sicherheit Letzterer nicht gefährdet werden dürfe.

---

346 Jewish Chronicle, 29.11.2002; vgl. auch Muslim News, 31.07.2002.
347 Joe Ahmed-Dobson, Ajmal Masroor, British Muslims feel betrayed, in: Guardian, 23.04.2002; zur Kritik an dieser Haltung vgl. auch David Cesarani, Muslims the "new Jews"? No by a long way, in: Guardian, 17.01.2008.
348 Zitiert nach David Cesarani, Muslims the "new Jews"? No by a long way, in: Guardian, 17.01.2008.
349 India Knight, Muslims are the new Jews, in: Sunday Times, 15.10.2006.

MuslimInnen orientieren sich auch insofern an der in Großbritannien gut integrierten, erfolgreichen jüdischen Minderheit, als dass deren größere gesellschaftliche Akzeptanz auf die Anerkennung des Holocausts zurückgeführt wird. Während die jüdische Minderheit mittlerweile große Anerkennung erfahren habe, sei der Westen für das Leid der MuslimInnen nicht empfindsam, ist eine häufig vorgebrachte Kritik. Der Kampf gegen die Teilnahme am HMD wird somit über den Umweg Palästina zum Kampf für die Anerkennung der muslimischen Leidensgeschichte. Da, wie bereits erwähnt, muslimische Organisationen von der britischen Regierung zunehmend an ihrer Haltung zum Holocaust gemessen werden, erwies sich diese Strategie des MCB und anderer muslimischer Organisationen und Repräsentanten als wenig zielführend. Nichtsdestotrotz lehnte das MCB bis 2008 die Teilnahme am HMD ab. Wie dazu der damalige MCB-Sekretär Sacrani ausführte, würden Muslime nur dann als moderat angesehen, wenn sie zu den Verbrechen Israels schweigen, hieß es in einer Presseaussendung des MCB.[350]

Nachdem sich das MCB 2008 erstmals am HMD beteiligt hatte, wurde der Boykott 2009 aufgrund des Gaza-Kriegs erneut fortgesetzt, wobei innerhalb des MCB die Meinungen darüber auseinander gingen.[351] 2010 organisierte die dem Iran nahestehende *Islamic Human Rights Commission* erstmals einen *Genocide Memorial Day*, um an den Gaza-Konflikt zu erinnern. Sprecher Ahmed Malik sprach von einem „genocidal act", der zwar hinsichtlich der Opferzahl mit den anderen Genoziden nicht vergleichbar sei, jedoch auf demselben Konzept basiere. Neben einem Vertreter aus Südafrika nahmen u.a. Vertreter der *Muslim Association of Britain* (MAB) und der *Stop the War Coalition* (StWC) daran teil.[352]

Zunehmend begannen MuslimInnen die Politik sowie die Repräsentativität des MCB zu hinterfragen. Asim Siddiqui, der Vorsitzende von *City Circle,* das keiner herkömmlichen Organisation nahesteht, vertrat an das MCB gerichtet, dass nicht die britische Außenpolitik, sondern die radikale islamistische Ideologie, eine „Perversität des heiligen Textes", die Anschläge in London zu verantworten habe.[353] Ziauddin Sardar, Schriftsteller und Produzent, bezeichnete das MCB als überalterte Clique, die Entscheidungen hinter verschlossenen Türen fällen würde.[354] Laut einer 2006 veröffentlichten Umfrage des Meinungsforschungsinstituts *Populis* unter 500 erwachsenen MuslimInnen identifizierten sich nur vier Prozent der Befragten mit der Politik des MCB, 34 Prozent war die Organisation unbekannt.

---

350 Sir Iqbal Sacranie, British Muslims are judged by "Israel Test", in: Guardian, 21.08.2005.
351 Simon Rocker, Board: Muslim Council of Britain must be boycotted until reform, in: Jewish Chronicle, 24.09.2009; Martin Bright, Muslim Council of Britain split over Holocaust Day boycott, in: Jewish Chronicle, 14.01.2010.
352 Pro-Palestinian supporters take part in a rally in London, in: Haaretz, 03.07. 2016. Vgl. dazu auch Spencer/Di Palma 2013, 141.
353 Guardian, 03.07.2007.
354 Ziauddin Sardar, Young, bright Muslim, ignored, in: Guardian, 25.07.2005.

Eine ähnliche Umfrage des *Policy Exchange* think tank kam auf sechs Prozent Zustimmung.[355]

Antisemitismus unter MuslimInnen

Muslimische Reaktionen auf 9/11 und 7/7 und auch zur Installierung des HMD unterschieden sich im Prinzip wenig von jenen, die im linken und teilweise auch liberalen Spektrum zu finden sind und ebenfalls die Ursache in der britischen Außenpolitik und insbesondere in der US-amerikanischen Nahostpolitik und Israels Unterdrückung der PalästinenserInnen festmachen. Der frühere Londoner Bürgermeister Ken Livingstone oder die ehemalige Labour-Ministerin Clare Short sahen die Londoner Terroranschläge beispielsweise als Bestätigung für ihre Opposition gegen den Irak-Krieg und gegen Blairs Politik.[356] Der Labour-Politiker[357] John Denham forderte eine neue britische Außenpolitik, um MuslimInnen für den Kampf gegen den Terrorismus zu gewinnen. Auch er sah einen engen Zusammenhang zwischen der israelischen Politik in den besetzten Gebieten und der inneren Sicherheit in Großbritannien.[358] Wie schon ausführlich gezeigt, stellte die StWC schnell eine Verbindung zwischen dem Irak-Krieg und Israel her,[359] und viele ihrer AktivistInnen betrachteten die *Hamas* als Widerstandsorganisation und zeigten Verständnis für palästinensische Selbstmordanschläge in Israel. Wie noch am Beispiel der *Labour Party* thematisiert wird, setzten nicht nur MuslimInnen Israels Politik mit dem Nationalsozialismus gleich, sprachen von ethnischen Säuberungen und wollten den HMD in einen allgemeinen Genozid-Gedenktag umfunktioniert haben. Auch viele Linke betrachten Antizionismus als eine legitime Position und streben eine Einstaatenlösung an, wobei die jeweiligen Vorstellungen über dessen Ausrichtung stark auseinandergehen dürften.

Ein zentraler Unterschied ist unserer Meinung nach in den unterschiedlichen Motiven zu suchen. Während linker Antizionismus, wie die vielen Bezugnahmen zur *Balfour Declaration,* auf die Mandatszeit und den Krieg von 1948 zeigen, in einem engen Zusammenhang mit dem britischen Kolonialismus und im Kontext postkolonialer Debatten zu sehen ist, basiert eine muslimische Parteinahme für Palästina auf der in Folge der Reislamisierung entstandenen muslimischen Opfer-

---

355 Third of Muslims view UK Jews as "legitimate target", in: Jewish Chronicle, 10.02.2006; Vidino 2010, 127.
356 Roy Hattersley, Either right or wrong, in: Guardian, 14.08.2006; Polly Toynbee, We can't let god-blinded killers set our foreign policy, in: Times, 15.08.2006.
357 Labour chair of the Commons Home Affairs Select Committee.
358 Zitiert nach Rai 2006, 148.
359 Lindsey German verurteilte 7/7, fügte aber hinzu, dass die einzige Lösung ein Ende der Bombardierung von Afghanistan, dem Irak und von Palästina sei. Vgl. Vigil sees Londoner standing together against war and racism, in: Socialist Worker, 17.07.2006.

rolle. Durch die Identifikation mit sämtlichen muslimischen Opfern des Westens kommt es zu einer Überidentifikation mit den PalästinenserInnen, die wiederum wenig auf fundierten historischen Kenntnissen des Holocaust und dem komplizierten Konflikt zwischen Israel und Palästina basiert, sondern vorwiegend auf Emotionen. Dies führt unweigerlich zu einer Konkurrenz mit dem jüdischen Leiden, begleitet von Verschwörungstheorien und einer Relativierung des Holocaust.

Somit stellt sich die Frage, was einen spezifischen Antisemitismus unter MuslimInnen ausmacht und welches Ausmaß dieser angenommen hat. Wie mittlerweile einige Studien zeigen, ist Antisemitismus nicht nur ein Phänomen des radikalen Islamismus, sondern in den muslimischen Communities insgesamt verwurzelt. Laut dem 2016 publizierten Report der *Campaign Against Anti-Semitism* weisen MuslimInnen ein signifikant höheres Ausmaß an Antisemitismus auf: Über ein Drittel der insgesamt 3000 befragten MuslimInnen stimmte beispielsweise dem Item „Jews dont care about what happens to anyone but their own kind" und über ein Viertel dem Item „People hate Jews because of the way Jews behave" zu; in der Gesamtgesellschaft waren es jeweils elf Prozent. 31 Prozent vermuten die US-amerikanische Regierung hinter den Anschlägen von 9/11, sieben Prozent machen Juden dafür verantwortlich.[360] 2017 veröffentlichte das *Jewish Policy Research Institute* eine repräsentative Studie, wonach antisemitische Einstellungen unter MuslimInnen zwei bis vier Mal häufiger sind als in der Gesamtbevölkerung. Religiöse MuslimInnen (laut Selbstbeschreibung) weisen insgesamt einen etwas höheren Wert auf als weniger religiöse. Relativ wenige (acht Prozent religiöse und zehn Prozent weniger religiöse) der insgesamt Befragten betrachten den Holocaust als Mythos, 25 bzw. 29 Prozent finden, dass Juden den Holocaust für eigene Interessen ausnutzen, 27 bzw. 33 Prozent sind der Meinung, dass Juden auf Kosten anderer reich werden und 27 bzw. 32 Prozent schreiben Juden in Großbritannien zu viel Macht zu. Dem Item „A British Jew is just as British as any other British person" stimmten 61 bzw. 59 Prozent zu. Eine besondere Anfälligkeit für Antisemitismus zeigen jene, die sich dem politischen Islam zugehörig fühlen.[361] Da die destillierte, politisierte Form des Islamismus oft weit entfernt ist vom traditionellen „Volksislam" der ersten Generation und Religion höchst unterschiedlich interpretiert und gelebt wird, ist allerdings nach der Bedeutung und den jeweiligen Kenntnissen des Islam zu fragen.

Am Beispiel von Großbritannien zeigt sich auch, dass Bildung nicht unbedingt gegen Antisemitismus „immunisiert". Islamistische Organisationen wie die offen antisemitisch agierende *Hizb-ut-Tahrir (Islamic Liberation Party)*[362] nutzten seit

---

360 House of Commons, Home Affairs Committee, Antisemitism in the UK, 2016, 21; Report der Campaign Against Anti-Semitism: British Muslims and Anti-Semitism, 2016.
361 Staetzky 2017, 57–61.
362 Vgl. exemplarisch Husain 2007; Nawaz 2013.

den 1990er-Jahren vor allem Universitäten als Rekrutierungsfeld. Ursprünglich von Exilierten aus dem Nahen Osten gegründet, fühlten sich von dieser Organisation vor allem britische MuslimInnen der zweiten Generation angezogen.[363] Dazu sind Meinungsumfragen interessant, aus denen hervorgeht, dass in Großbritannien geborene MuslimInnen sich weniger zugehörig fühlen, eher dazu neigen, die USA für 9/11 verantwortlich zu machen und auch wesentlich häufiger mit politischer Gewalt und Terrorismus sympathisieren als außerhalb des Landes Geborene. In Großbritannen geborene MuslimInnen sind laut dieser Umfrage allerdings weniger religiös.[364] Wie Feldman und Gidley zu bedenken geben, kann eine zunehmende Entfremdung von der britischen Gesellschaft zu einer verstärkten Form eines politisierten Antisemitismus beitragen.[365] Aufgrund der Heterogenität der britischen MuslimInnen wären weitere Studien notwendig, die nach Herkunftsländern, Generationen und Geschlecht differenzieren und Konvertiten mit einbeziehen.

Nach wie vor werden zwei Drittel der antisemitischen Vorfälle und Verbrechen von Anhängern rechter Parteien oder Gruppierungen begangen. MuslimInnen sind insgesamt nur für einen kleinen Teil der gemeldeten antisemitischen Vorfälle verantwortlich, im Verhältnis zu ihrem Bevölkerungsanteil jedoch überrepräsentiert.[366] Britische Juden und Jüdinnen fühlen sich allerdings nicht vorwiegend von Rechten, sondern von radikalen Muslimen und Linken bedroht. Positiv wahrgenommen werden daher neuere muslimische Organisationen wie *Tell MAMA* oder die *Quilliam Foundation,* ein von Blair initiierter und von *Hizb-ut-Tahrir*-Aussteigern gegründeter antiislamistischer think tank. Beide Organisationen kritisieren sowohl die Überbetonung der britischen Außenpolitik bei einer gleichzeitigen Vernachlässigung der Probleme der muslimischen Communities im eigenen Land[367] als auch Antisemitismus unter MuslimInnen.[368] So wichtig diese Organisationen sind, repräsentativ für einen britischen Islam sind sie nicht.[369] Manche MuslimInnen bezeichnen sie verachtend als „Muslim industry" oder sehen darin ein Instrument der Zionisten.[370]

---

363 Khan 2016, 59–61; Gilliat-Ray 2010, 78.
364 Feldman/Gidley 2018, 66; Heath 2014.
365 Ebd., 67.
366 Ebd., 43.
367 Vgl. exemplarisch Mehdi Hasan, British Muslims must step outside this anti-war comfort zone, in: Guardian, 02.04.2012.
368 Mehdi Hasan, The sorry truth is that the virus of anti-Semitism has infected the British Muslim community, in: New Statesman, 21.03.2013.
369 Vgl. dazu auch den Konflikt um die Organisation *Mend,* zu dem die konservative Politikerin Baroness Warsi ein Naheverhältnis aufweist, vom *Board of Deputies of British Jews* jedoch als zu radikal und antisemitisch abgelehnt wird. Vgl. Courting Calamity, in: Jewish Chronicle, 27.07.2018.
370 Fiyaz Muhai, We Muslim need to talk about Muslim anti-Semitism, in: Haaretz, 30.04.2018; Warsi 2017, 259–261.

Die große Herausforderung für die muslimisch-jüdischen Beziehungen stellt nach wie vor der Israel-Palästina-Konflikt dar, da Israel bzw. Palästina einen wichtigen Identitätsbaustein für die jeweilige Minderheit ausmachen. Fiyaz Muhai, der Gründer von *Tel MAMA*, gibt diesbezüglich zu bedenken, dass im interreligiösen Dialog und in der Prävention zur Deradikalisierung dieses Thema viel zu lange ausgeklammert geblieben ist, obwohl es eine starke emotionale Wirkung auf die Radikalisierung von MuslimInnen hat.[371] Hoffnung geben allerdings kleinere Spontanaktionen wie die Hilfeleistungen der orthodox ausgerichteten Muswell-Holl-Synagoge für eine somalische Community, auf deren Gemeindezentrum ein Anschlag verübt wurde. Die Synagoge wurde von der *Islamic Society of Britain* dafür ausgezeichnet.[372] Erfreut zeigten sich jüdische Organisationen, als der 2016 gewählte Londoner Bürgermeister Sadiq Khan als ersten offiziellen Akt dem Yom-Ha-Shoah-Gedenken der jüdischen Community beiwohnte. Nach seiner Wahl wurde er vom Tel Aviver Bürgermeister eingeladen und für seine Stellungnahme gegen den Antisemitismus gelobt.[373]

3.6 „SOLIDARITY WITH ISRAEL": JÜDISCHE REAKTIONEN AUF DIE ZWEITE INTIFADA UND KONFLIKTE ZWISCHEN ISRAEL UND DEN PALÄSTINENSERINNEN

Unter dem Motto „Yes To Peace. No To Terror" folgten im Mai 2002 zwischen 30.000 und 50.000 britische Juden und Jüdinnen dem Aufruf des *Boards of Deputies of British Jews* (BoD). Dieser hatte bereits im September 2001 ins *Theatre Royal* zu einer Gedenkveranstaltung für die israelischen Opfer von palästinensischen Selbstmordanschlägen eingeladen, die als Folge von 9/11 zu einer Demonstration für „Israel and the US" umgewandelt wurde. Vor über 2500 Menschen verurteilte Oberrabbiner Jonathan Sacks die „konzertierten Versuche der Medien", die USA wegen ihrer Unterstützung von Israel für 9/11 verantwortlich zu machen.[374]

Während der *Zweiten Intifada*, die von 9/11 überlagert war, wurde einmal mehr deutlich, dass große Teile der jüdischen Community näher an Israel heranrücken, wenn der jüdische Staat als bedroht betrachtet wird und zudem Antisemitismus in ganz Europa zunimmt. Wie Ben Gidley und Keith Kahn-Harris gezeigt haben, fühlte sich die britische jüdische Community trotz ihrer Erfolgsgeschichte zunehmend

---

371 Fiyaz Mughai, Muslim-Jewish relations must confront the Palestinian issue, in: Haaretz, 26.08.2014.
372 Muslims say thank you to Muswell Hill, in: Jewish Chronicle, 13.11.2014.
373 Rosa Doherty, Sadiq Kahn invited to Israel by Tel Aviv, in: Jewish Chronicle, 09.05.2016; London Mayor Sadiq Khan calls for complete U.K. ban on Hezbollah, Haaretz, 07.07.2017.
374 Jewish Chronicle, 21.09.2001.

unsicherer und marginalisiert. Wesentlich dazu beigetragen hat der vor allem auf Pro-Palästina-Demonstrationen zur Schau gestellte Antizionismus, zumal viele britische Juden und Jüdinnen eine enge, emotionale Beziehung zu Israel aufweisen.[375] Das heißt aber nicht, dass viele nicht auch Kritik an der israelischen Regierung üben[376] oder eine ambivalente Haltung einnehmen können.

Die zentralen jüdischen Institutionen stehen allerdings der jeweiligen israelischen Regierung zumeist sehr nahe und übernehmen in Konflikten mit den PalästinenserInnen häufig die offizielle israelische Interpretation. Die Beurteilung der israelischen Politik trug allerdings auch zur Spaltung der jüdischen Community bei. Nicht alle zeigten sich beispielsweise damit einverstanden, dass Benjamin Netanyahu, der gerade sein Comeback als Likud-Politiker vorbereitete, auf der Solidaritätsdemonstration „Yes To Peace. No To Terror" als Redner geladen war und in seiner Ansprache alle Juden und Jüdinnen in der Diaspora als „Botschafter Israels" betrachtete sowie Jassir Arafat mit Hitler, Osama bin Laden und Saddam Hussein verglich.[377] Die 2003 erfolgte Gründung des britischen Zweigs von *Jews for Justice for Palestine* kann u.a. als Reaktion auf eine zu unkritisch empfundene Haltung des jüdischen Establishments gegenüber der israelischen Politik interpretiert werden. Trotz einer geringen Mitgliederzahl kommt *Jews for Justice for Palestine* durch provokante Aktionen immer wieder eine gewisse mediale Präsenz zu.

Zumindest vereinzelte Kritik gab es auch an Oberrabbiner Jonathan Sacks, der 2006 vom Antisemitismus als „Tzunami", der durch die Welt fegen würde, sprach.[378] In Reaktion darauf waren Stimmen zu vernehmen, die vor einer Panik warnten, wenig Neues im gegenwärtigen Antisemitismus sahen und betonten, dass andere Minderheiten wie MuslimInnen und Schwarze wesentlich gefährdeter seien als Juden und Jüdinnen.[379] Teilen der jüdischen Community ist auch Sacks Unterstützung des Irak-Krieges, wovon er sich eine Demokratisierung des Nahe Ostens erwartete, zu weit gegangen.[380]

Der Libanonkrieg von 2006 war eine weitere Herausforderung für die jüdische Community und löste erneut innerjüdische Debatten aus. Mit „Jew clashed with

---

375 Graham/Staetsky/Boyd 2014; Staetsky 2017.
376 Vgl. exemplarisch Simon Rocker, Minority support for Sharon among British Jews, in: Jewish Chronicle, 18.06.2004; 32–33.
377 Vgl. exemplarisch Johann Hari, Mandy clashes with Bibi in London square, in: New Statesman, 13.05.2002.
378 Kahn-Harris/Gidley 2010, 146–150; Kushner 2012, 439.
379 Vgl. exemplarisch Klug 2003; Lerman 2002; Anthony Julius, Don't panic, in: Guardian, 01.02.2002. Zum Verlauf der innerjüdischen Debatte siehe Kahn-Harris/Gidley 2010, 151–152.
380 Jewish Chronicle, 28.02.2003.

Jew" beschrieb die *Jewish Chronicle*[381] eine Diskussion in London, in der es nicht nur um Menschenrechtsverletzungen in Israel/Palästina, sondern auch um die Haltung des BoD zur israelischen Regierung ging. 2007 riefen 150 prominente Juden und Jüdinnen zur Gründung der *Independent Jewish Voice* (IJV) auf. Diese ging nicht nur zur israelischen Politik, sondern auch zum BoD auf Distanz und betonte, dass keineswegs alle britischen Juden und Jüdinnen hinter der Politik der israelischen Regierung stehen und mit einer Stimme sprechen würden.[382] Manche warfen der IJV vor, damit Antisemiten zuzuarbeiten,[383] die Journalistin Melanie Phillips sprach sogar von „Jews for Genocide".[384]

Antony Lerman, der Gründer des *Institute for Jewish Policy Research* und dessen langjähriger Leiter, zog 2007 heftige Kritik auf sich, nachdem er vertreten hatte, dass er sich einen gemeinsamen föderalistischen Staat für Israel und Palästina vorstellen könne.[385] Einmal mehr wurde deutlich, dass Kritik an Israels Politik nicht nur der Gefahr ausgesetzt ist, von der „falschen Seite" instrumentalisiert zu werden, sondern jüdische Kritik an Israel im innerjüdischen Diskurs[386] oft allzu schnell als „jüdischer Selbsthass" – ein an und für sich problematischer Begriff – verurteilt wird.[387] In der jüdischen Community wurde daher auch darüber diskutiert, inwieweit Juden und Jüdinnen sich öffentlich zum israelisch-palästinensischen Konflikt äußern sollen. Während Melanie Phillips von jeglicher Kritik abgeraten hat, um Antisemiten keine Waffen zu liefern, wollte der Journalist Jonathan Freedland durchaus Stellung beziehen. Er merkte allerdings selbstkritisch an, in jüdischen Medien gegenüber Israel kritischer zu schreiben als im *Guardian*.[388] Der auch vorgebrachte Vorwurf, wonach nur israelkritische Juden und Jüdinnen in „den" Medien Gehör finden würden und diese Haltung karrierefördernd sei, lässt sich in dieser Form nicht aufrecht halten.[389]

---

381 Leon Symons/Rachel Fletcher, Voices' launch forum reveals more divisions, in: Jewish Chronicle, 23.02.2007.
382 Martin Hodgson, British Jews break away from pro-Israel, in: Independent, 05.02.2007; Julian Borger, British Jews call for Israel debate, in: Guardian, 06.02.2007.
383 Robert S. Wistrich, A new „Jewish question"?, in: Jerusalem Report, 19.03.2007.
384 Vgl. dazu die Kontroverse zwischen Phillips und Jonathan Freedland sowie die Leserbriefe in der Jewish Chronicle, 13.04.2007.
385 Leon Symons, Pressure grows on Lerman, in: Jewish Chronicle, 26.02.2007.
386 Vgl. exemplarisch Antony Lerman, Jews attacking Jews, in: Haaretz, 12.09.2008; Bogdanor/Edward 2006; Andrew Gimson, Divisions about Israel among London Rabbis, in: Evening Standard, 25.10.2001.
387 Vgl. exemplarisch Emanuele Ottolenghi, Europe's „Good Jews", in: Commentary, Dezember 2005, 42–46; Gerstenfeld 2005.
388 Vgl. Baram 2004, 221.
389 Dieser Vorwurf findet sich beispielsweise bei Gerstenfeld 2005 oder Emanuele Ottolenghi, Europe's „Good Jews", in: Commentary, Dezember 2005, 46.

Nachdem mit Beginn des Gaza-Krieges von 2008/09 bereits mehrere Pro-Gaza-Demonstrationen stattgefunden hatten, organisierten jüdische Organisationen eine Solidaritätsdemonstration für die israelische Bevölkerung. Gefordert wurde das Ende der *Hamas*. Der 85-jährige Normandie-Veteran Myer Malin warf dieser vor, in Gaza ähnlich wie Hitler in Deutschland die Macht ergriffen zu haben.[390] Im Vergleich zur Solidaritätsdemonstration während der *Zweiten Intifada* war die Beteiligung mit etwa 15.000 TeilnehmerInnen wesentlich geringer und von einer Gegendemonstration der *Independent Jewish Voice* und *Jews for Justice in Palestine* begleitet.[391] Auf Grund der vielen zivilen Toten kritisierten zudem VertreterInnen des liberalen und reformierten Judentums sowie prominente britische Juden und Jüdinnen wie Jonathan Freedland, der Historiker David Cesarani oder Baroness Julia Neuberger, allesamt „profound and passionate supporter of Israel", Israels Kriegsführung in Gaza.[392] Der Krieg trug auch erneut zur Fragmentierung bei, die u.a. in der Gründung der liberalen, zionistisch ausgerichteten *YACHAD* ihren Ausdruck fand. Als eine Art Sprachrohr der israelischen Regierung entstand 2011 die *British Israel Coalition* (BIC), die dem BoD hinsichtlich der Verteidigung Israels ein zu geringes Engagement vorwarf.[393]

Wie im übrigen Europa war der Gaza-Krieg von 2014 für britische Juden und Jüdinnen eine besonders einschneidende Erfahrung und trug zu einer verstärkten Verunsicherung bei, zumal der Krieg von den Gräueltaten des „Islamischen Staates" (IS) überlagert war. Im Jänner 2015 löste das Ergebnis einer Umfrage, die ein dramatisches Bild vom britischen Antisemitismus zeichnete und der große mediale Aufmerksamkeit zukam, eine innerjüdische Debatte aus. Ein Teil der Umfrage wurde im Auftrag der *Campaign Against Antisemitism* (CAA) vom bekannten Meinungsforschungsinstitut *YouGov* zwischen dem 21. Dezember und 6. Jänner mit insgesamt 3411 Befragten durchgeführt.[394] Das CAA führte selbst den zweiten Teil durch, wozu 2200 britische Juden und Jüdinnen online befragt wurden und auf soziale Netzwerke und jüdische Organisationen zurückgegriffen wurde. Während viele Juden und Jüdinnen in der Studie eine Bestätigung ihrer Einschätzung oder persönlichen Erfahrung eines stark ausgeprägten Antisemitismus sahen, wurde auch Kritik daran laut.[395] Diese richtete sich vor allem gegen die Online-Umfrage des CAA. Insbesondere wur-

---

390 David Batt/Andrey Gillan, Pro-Israel protests in London und Manchester, in: Haaretz, 12.01.2009.
391 Kahn-Harris 2014, 32–34.
392 Gidley/Kahn-Harris 2010, 160–170.
393 Vgl. exemplarisch: You don't defend Israel properly. British community can't be trusted, in: Jewish Chronicle, 19.04.2012.
394 Campaign Against Antisemitism, Annual Antisemitism Barometer 2015 Full Report, London 2015.
395 Vgl. exemplarisch Michael Pinto-Duschinsky, The CAA poll debate: These figures are not to be trusted, in: Jewish Chronicle, 22.01.2015.

de hinterfragt, dass ein Viertel der britischen Juden und Jüdinnen bereits an eine Emigration gedacht habe, 54 Prozent der Meinung seien, dass Juden und Jüdinnen in Großbritannien trotz ihrer Erfolgsgeschichte keine Zukunft sehen würden, und 56 Prozent glaubten im gegenwärtigen Antisemitismus Ähnlichkeiten mit jenem der 1930er-Jahre erkennen zu können. Das *Institut of Jewish Policy Research* (IJPR) kritisierte die CAA-Umfrage vor allem in methodischer Hinsicht und sprach von „dubiosen" Ergebnissen.[396] Das IJPR ging 2015 auch in einer eigenen Umfrage[397] der Frage nach, warum in Großbritannien jüdische und nicht-jüdische Wahrnehmungen von Antisemitismus so weit auseinanderklaffen. Während mehrere Studien[398] der britischen Gesamtgesellschaft insgesamt ein sehr geringes Ausmaß an klassischem Antisemitismus bescheinigen, betrachten fast 50 Prozent der in dieser Studie befragten Juden und Jüdinnen Antisemitismus als großes Problem, 20 Prozent gaben an, Antisemitismus persönlich erfahren zu haben. Wie bereits im Kapitel *Antisemitismus im 21. Jahrhundert* erörtert, ist die in Großbritannien (und in einem ähnlichen Ausmaß in Schweden)[399] zu beobachtende Diskrepanz zwischen dem Antisemitismus in der Gesamtgesellschaft und jüdischen Einschätzungen eine Herausforderung für den Umgang mit Antisemitismus und erfordert eine äußerst detaillierte Interpretation von Studienergebnissen. Wichtig scheint uns u.a. die Einbeziehung von Umfragen zur Einstellung zu Israel. Laut der Staetsky-Studie von 2017 unterstützen zwar beispielsweise 62 Prozent der befragten Briten und Britinnen das Existenzrecht von Israel, allerdings sind 24 Prozent der Meinung, dass Israel an den Palästinensern einen Massenmord durchführen würde; ein auffallend hoher Prozentsatz hat keine Meinung, was unserem Eindruck nach auf ein fehlendes Wissen über Israel und Palästina hinweisen könnte.[400] Die überwiegende Mehrheit der britischen Juden und Jüdinnen wiederum betrachtet die Ablehnung eines jüdischen Staates als antisemitisch. Aufgrund ihrer großen emotionalen Nähe zu Israel[401] fühlen sich viele in ihrer eigenen Identität bedroht, wenn der Staat in Frage gestellt wird. Hinsichtlich der jüdischen Wahrnehmung von Antisemitismus dürfte auch sozialen Medien eine gewisse Rolle zukommen, indem einzelne Übergriffe immer wieder gepostet werden und dadurch wie eine Reihe von Vorfällen erscheinen.

Aufschlussreich ist es auch, der Frage nach den TäterInnen antisemitischer Handlungen detaillierter nachzugehen. Wie bereits mehrmals erwähnt, gehen diese in Großbritannien mehrheitlich auf das Konto von Rechten, Juden und Jüdinnen erle-

---

396 Zur Verteidigung der Studie vgl Gideon Falter, The CAA poll debate: No question about it – our survey was bulletproof, in: Jewish Chronicle, 22.01.2015.
397 Graham/Staetsky/Boyd 2014.
398 Vgl. ADL 2014; FRA 2013; Pew Research Centre 2017.
399 Dencik/Marosi 2017.
400 Staetsky 2017, 34.
401 Vgl. Graham/Staetsky/Boyd 2014.

ben allerdings Muslime und radikale Linke als größte Bedrohung. Nicht unwesentlich hat dazu beigetragen, dass viele befürchten, „französische Zustände" könnten nach Großbritannien überschwappen.[402] Im Mai 2014 hatte beispielsweise ein französischer Syrienrückkehrer im jüdischen Museum in Brüssel vier Juden, davon zwei Israeli, getötet. Großbritannien selbst verzeichnete einen hohen Anteil an britischen IS-Kämpfern, und die von einem Dschihadisten mit Londoner Akzent vor laufender Kamera erfolgte brutale Ermordung des amerikanischen Reporters James Foley[403] ließ die Befürchtung aufkommen, dass sich in Großbritannien ähnliche Vorfälle wie in Brüssel oder Toulouse wiederholen könnten.[404] Für vergleichende Studien zum europäischen Antisemitismus ist die Erkenntnis, dass das Unbehagen vieler britischer Juden und Jüdinnen u.a. nicht nur vom Antisemitismus im eigenen Land, sondern von einer allgemeinen Entwicklung in Europa abhängt, somit von besonderem Interesse.

Das Unsicherheitsgefühl vieler britischer Juden und Jüdinnen wurde mittlerweile durch den Brexit[405] und insbesondere durch die Wahl Jeremy Corbyns zum Vorsitzenden der *Labour Party* verstärkt. Ende 2018 haben sich 1700 britische Juden und Jüdinnen mit Wurzeln in Deutschland für einen deutschen Pass beworben, was allerdings nicht nur auf Ängste, sondern auch auf wirtschaftliche und andere Interessen verweisen kann.[406]

In der im Folgenden im Detail nachgezeichneten Debatte über Antisemitismus in der *Labour Party* wurden jüdische Communities allerdings keineswegs nur als Opfer, sondern als durchaus selbstbewusste Akteure und vor allem auch Akteurinnen wahrgenommen. Zentrale jüdische Organisationen *(Board of Deputies of British Jews, Jewish Leadership Council, Jewish Labour Movement)* sowie ansonsten einander konkurrierende Zeitungen *(Jewish Chronicle, Jewish News, Jewish Telegraph)* forderten eine öffentliche Debatte über das Verhältnis der Linken zum Antisemitismus und Antizionismus ein. Auch wenn innerhalb der jüdischen Community unterschiedliche Auffassungen über die von einer möglichen Corbyn-Regierung ausgehenden Gefahren für das britische Judentum sowie über eine „exakte" Antisemitismus-Definition bestehen, zeigte sich, in den Worten Brian Klugs, eine „kollektiv

---

402 Chalal Milmo, The new anti-Semitism: Majority of British Jews feel they have no future in UK, says new study, in: Independent, 14.01.2015. Vgl. auch Michael Pinto-Duschinsky, The CAA poll debate: These figures are not to be trusted, in: Jewish Chronicle, 22.01.2015.
403 Henry Tuck, Der Sommer der Jihadisten, in: Neue Züricher Zeitung, 09.09.2014.
404 U.K. Jews fear they may be targeted by returning jihadists, in: Haaretz, 28.06.2014.
405 Laut einer repräsentativen Umfrage der *Jewish Chronicle* fühlten sich 59 Prozent der befragten Juden und Jüdinnen nach dem Brexit-Referendum weniger sicher. Vgl. Marcus Dysch, Brexit vote triggers fears over security, in: Jewish Chronicle, 30.06.2016.
406 Germany sees dramatic rise in citizenship applications by British Jews, in: Jerusalem Post, 19.10.2018.

empfundene Sorge, die viele von uns als Juden über den Antisemitismus auf der Linken verspüren."[407]

3.7 LABOUR-ANTISEMITISMUS

Nach der 2015 erfolgten Wahlniederlage der *Labour Party* und dem Rücktritt des jüdischen Vorsitzenden Ed Miliband wurde der relativ unbekannte langjährige Hinterbänkler Jeremy Corbyn für viele völlig unerwartet zum Parteivorsitzenden gewählt und 2016 mit 61,8 Prozent erneut bestätigt. Innerhalb der Partei war Corbyn von Beginn an insbesondere von einem Großteil der Parlamentsabgeordneten[408] mit Misstrauen konfrontiert. Seine Wahl hat er vor allem einer erfolgreichen Mobilisierung und dem Masseneintritt von neuen Mitgliedern zu verdanken, die bei der Wahl des Vorsitzenden bereits stimmberechtigt waren. Die Zahl der Labour-Mitglieder stieg von 200.000 im Jahr 2015 auf etwa 540.000 (September 2018) an; zum Vergleich: die *Tories* kommen auf keine 130.000.

Corbyns politischer Werdegang weist viele Parallelen zur Biographie von Ken Livingstone auf. 1974 zum Gemeinderat für Haringey in North London gewählt und seit 1983 Abgeordneter für Islington North, kämpfte er gegen den Thatcherismus, solidarisierte sich mit der *Irish Republican Army* (IRA) und war gegen die nukleare Aufrüstung, den südafrikanischen Apartheidstaat und insbesondere gegen den Irak-Krieg und die Unterdrückung der PalästinenserInnen aktiv.[409] Corbyn ist Schutzherr der *Palestine Solidarity Campaign* (PSC) und war Gründungsmitglied sowie von 2011 bis 2015 Vorsitzender der *Stop the War Coalition* (StWC). Wie Dave Rich annimmt, fungierten diese Organisationen als wichtiges Netzwerk für seinen Parteiaufstieg.[410] Wesentliche (finanzielle) Unterstützung erfuhr Corbyn von UNITE, der größten britischen Gewerkschaft, die seit 2014 auch die BDS-Bewegung unterstützt.[411]

Corbyn begeisterte vor allem viele junge Menschen, die ihn als britischen Bernie Sanders betrachteten und die ihn nicht primär wegen seiner Parteinahme für die PalästinenserInnen unterstützten, sondern sich von ihm einen linken politischen Aufbruch erhofften: Ein Ende des wirtschaftsliberalen Kurses, mehr Investitionen in Bildung und Schulen, Abschaffung der stark erhöhten Studiengebühren, ein verbessertes Gesundheitssystem, gerechte Löhne sowie die Rückverstaatlichung von Post und Eisenbahn. Deren Mobilisierung hat Corbyn vor allem seinem langjäh-

---

407 Klug 2019, 351.
408 In einer Vertrauensabstimmung am 28. Juni stimmten 172 der Labour-Unterhausabgeordneten gegen Corbyn und 40 für ihn.
409 Hirsh 2018, 41.
410 Rich 2016, 189.
411 Geoffrey Alderman, When Unite pulls the strings, in: Jewish Chronicle, 24.07.2014.

rigen Freund Jon Lansman zu verdanken, der 2015 seine *leadership campaign* leitete. Lansman, der aus einer orthodoxen Familie in Nord London stammte, wusste die Begeisterung vieler junger Menschen für den auf sie authentisch wirkenden „Vintage-Sozialisten"[412] zu nutzen und gründete *Momentum*. Moderate Parteimitglieder werfen *Momentum*-AktivistInnen allerdings ein restriktives Vorgehen gegen Corbyn-GegnerInnen und eine teilweise rücksichtslose Unterwanderung der Partei vor. Corbyn-GegnerInnen zeigten sich auch beunruhigt darüber, dass dieser wichtige Posten mit AktivisteInnen der StWC besetzte. Der bekannte Gewerkschafter Hugh Lanning wurde im Jänner 2018 mit zwei weiteren Vertretern der Linken in das *National Executive Committee* (NEC) der *Labour Party* gewählt.[413] Andre Murray, jahrzehntelang Mitglied der Kommunistischen Partei und Gewerkschafter (chief of staff bei UNITE) sowie von 2001 bis 2011 StWC-Vorsitzender, machte Corbyn beispielsweise nach seinem Parteibeitritt 2016 zum *„part time consultant"*. Den bekannten *Guardian*-Journalisten und Antizionisten Seumas Milne ernannte er zu seinem Medienmanager *(Executive Director of Strategy and Communications)*, manche sprechen von ihm als Corbyns „Spindoktor".[414]

Ausgerechnet zu einem Zeitpunkt, als die Konservativen zunehmend in eine ernste Krise gerieten, musste sich die *Labour Party* dem Vorwurf des Antisemitismus stellen. Premierminister David Cameron trat im Juni 2016 zurück, nachdem die von ihm initiierte, aber falsch eingeschätzte „Brexit"-Abstimmung für einen EU-Ausstieg ausgegangen war. Seiner Nachfolgerin Theresa May hinterließ er eine angeschlagene Regierung und eine in sich gespaltene Partei. Corbyn selbst hat sich im Vorfeld der Brexit-Abstimmung recht zurückhaltend verhalten und steht der „kapitalistischen" EU insgesamt skeptisch gegenüber. Er schockierte viele in seiner Partei, als er nach der Abstimmung einen sofortigen Brexit verlangte.[415]

In der sich intensivierenden Antisemitismus-Debatte kam Corbyn eine ambivalente Rolle zu: Er musste als Parteivorsitzender nicht nur auf den Vorwurf des Antisemitismus innerhalb seiner Partei reagieren, sondern geriet selbst immer mehr unter Antisemitismus-Verdacht. Da die Vorwürfe vor allem von rechter Seite und innerhalb der *Labour Party* von Corbyns Gegnern kamen, sahen viele Corbyn-

---

412 Szyszkowitz 2018, 127.
413 Dabei handelt es sich um Yasmine Dar und Rachel Garnham. Offensichtlich mit ihren Stimmen wurde Ann Black im NEC durch Christine Shawcroft ersetzt. Vgl. Marcus Dysch, Election of *Momentum* aktivists to Labour NEC sparks concern, in: Jewish Chronicle, 18.01.2018. Geoffrey Wheatcroft, Bad company, in: New York Review of Books, 28.06.2018.
414 Als weitere Beispiele angeführt werden können Carmel Nolan von der StWC, die *press officer* wurde; Ben Soffa von der PSC leitete Corbyns Social Media Campagne. Vgl. Rich 2016, 189–193.
415 Matt Seaton, Behind the anti-Semitism crisis of Jeremy Corbyn's Labour Party, in: New York Review of Books, 17.08.2018; Anshel Pfeffer, A radical split: How anti-Semitism and Islamophobia are dividing British politics, in: Haaretz, 12.08.2018.

AnhängerInnen darin eine Schmierkampagne, manche zeigten sich anfällig für antisemitische Verschwörungstheorien.[416] Und viele stellten sich die Frage: Was ist passiert, dass eine an sich antirassistische Partei in den Fokus der Antisemitismuskritik geraten kann?

„Zio", NS-Vergleiche und Verschwörungstheorien: Antisemitische Vorfälle in der Labour Party

Ende April 2016 veröffentlichte der konservative Blogger Paul Delaire Staines, der unter dem Namen Guido Fawkes schreibt, einen Screenshot von Postings der Unterhausabgeordneten Naz Shah. Shah, ein *rising star* der *Labour Party*,[417] hatte diese bereits 2014 unter dem Einfluss des Gaza-Krieges geteilt. Der Inhalt der Postings: Israel sollte in die USA verpflanzt werden, was den Nahen Osten friedlich machen und den Ölpreis senken würde. Auch Vergleiche zwischen Israel und Hitler sowie zwischen dem Zionismus und *Al-Kaida* wurden angestellt. Ken Livingstone verteidigte Shah (die sich mittlerweile entschuldigt hatte) in einem Interview mit BBC Radio mit den Worten: „When Hitler won his election in 1932 his policy then was that Jews should be moved to Israel. He was supporting Zionism before he went mad and ending up killing six million Jews."[418] Der Vorwurf, dass Zionisten mit den Nationalsozialisten kollaboriert hätten, hat in Teilen des linken antizionistischen Spektrums (sowie bei Neonazis) eine lange Tradition[419] und basiert auf einer völlig verzerrten Darstellung der unter massivem Druck erfolgten Zusammenarbeit von zionistischen Organisationen mit dem NS-System. Livingstone spielte mit seiner Aussage auf das *Haavara*-Transfer-Abkommen von 1933 an, das deutschen Juden und Jüdinnen, die nach Palästina auswanderten, ermöglichen sollte, einen Teil ihres Vermögens in Fonds anzulegen. Damit konnten sie in Deutschland Güter kaufen, die sie wiederum ausschließlich nach Palästina transferieren durften.[420]

Livingstone ist mit dieser provokanten Aussage dieses Mal jedenfalls zu weit gegangen. Er wurde für zwei Jahre suspendiert, viele – darunter 100 Labour-Abgeordnete sowie Sadiq Khan, der sich gerade im Wahlkampf um das Amt des Londoner Bürgermeisters befand – forderten jedoch seinen Ausschluss. Diesem kam

---

416 Diane Abbott, Innenministerin im Labour Schattenkabinett, vertrat im Mai 2016, dass es eine Verleumdung sei, anzunehmen, dass einfache Parteimitglieder antisemitisch seien. Zitiert nach Lipstadt 2018, 84.
417 Naz Shah wurde 2015 populär, nachdem sie in Bradford West George Galloway besiegt hatte und zur parlamentarischen Privatsekretärin von John McDonnell, dem Vorsitzenden von UNIT, ernannt wurde. Vgl. Anshel Pfeffer, U.K. Labour Party's anti-Semitism problem just got a lot worse, in: Haaretz, 27.04.2016.
418 House of Commons, Home Affairs Committee, Antisemitism in the UK, 2016, 39.
419 Livingstones Aussagen basieren stark auf Brenner 1986.
420 Vgl. Bogdanor 2017; Nicosia 2008.

er im Mai 2018 mit einem Parteiaustritt zuvor. Naz Shah, deren Entschuldigung auf viele glaubwürdig wirkte, wurde nach einer kurzen Suspendierung Schattenministerin für *Equalities*.

Im Frühjahr 2016 wurde innerhalb kurzer Zeit eine Reihe weiterer FunktionärInnen (die Angaben bewegen sich zwischen 18 und 50)[421] suspendiert oder ausgeschlossen. Den Anlass dafür bildeten ebenfalls häufig antisemitische Postings während des Gaza-Krieges 2014, die sich zumeist auf Israel und den Holocaust bezogen. Der Bradforder Gemeinerat Khadim Hussain postete beispielsweise auf Facebook, dass das britische Schulsystem nur über Anne Frank und die „six million Zionists that were killed by Hitler" reden und über die Millionen Toten in Afrika schweigen würde. Shah Hussain, Gemeinderat in Burnley, wurde von der Partei suspendiert, nachdem er dem israelischen Fußballer Yossi Benayoun (den er mit Eyal Berkovic verwechselt hatte) den Tweet „You and your country are doing exactly the same Hitler did to you" geschickt hatte. Hussain stilisierte sich zum Opfer einer „Islamophobic witch hunt".[422] Musabir Ali tweetete einen Link zu einem Artikel, in dem davon die Rede war, dass Juden Großbritannien kontrollieren und an den Briten einen Genozid verüben würden.[423] Die Beispiele ließen sich fortsetzen.

Bereits im Februar 2016 hatte Corbyn Baroness Jan Royall, ein führendes Mitglied der *Labour Party*, mit einer Untersuchung über antisemitische Vorfälle im *Oxford University Labour Club* (OULC) beauftragt. Anlass dafür war der Rücktritt des stellvertretenden Vorsitzenden Alex Chalmers, als der Club beschlossen hatte, an der Israel-Apartheid-Week teilzunehmen. Chalmers schrieb zudem einen Teil der Mitglieder Probleme mit Juden zu und kritisierte, dass jüdische Mitglieder als „Zio" (einem Schimpfwort, das vor allem dem Ku-Klux-Klan zugeschrieben wird) verspottet werden würden.[424] Der Bericht[425] kam zum Ergebnis, dass nicht von einem institutionellen Antisemitismus gesprochen werden könne, jedoch eine intolerable Sprache toleriert werde und jüdische Mitglieder sich unwohl fühlen würden. Vor allem war damit die Verwendung des negativ konnotierten und als Synonym für Juden gebrauchten Begriffs „Zio" gemeint. Die *Labour Party* veröffentlichte vorerst nur einen Teil des Berichtes, was ihr den Vorwurf einer beschönigenden Sicht einbrachte. Royall stellte später den gesamten Bericht online.[426]

---

421 House of Commons, Home Affairs Committee, Antisemitism in the UK, 2016, 39.
422 Hirsh 2018, 69–74.
423 Josh Jackman, Labour suspend activist over „Jewish genocide of the British people" tweet, in: Jewish Chronicle, 12.05.2016.
424 David Hirsh, Jew hate and today's left, in: Jewish Chronicle, 17.03.2016.
425 Baroness Jan Royall, Allegations of anti-Semitism Oxford University Labour Club, June 2016.
426 Marcus Dysch, Baroness Royall report reveals Oxford Labour students engaged in antisemitism, in: Jewish Chronicle, 03.08.2016; House of Commons, Home Affairs Committee, Antisemitism in the UK, 2016, 33.

Vom Vorwurf des Antisemitismus waren auch *Momentum*-Mitglieder betroffen.[427] Die stellvertretende Vorsitzende Jacqueline Walker wurde aus der Partei ausgeschlossen, nachdem sie auf Facebook Juden als zentrale Financiers des Sklavenhandels bezeichnet hatte. Da ihrer Ansicht nach diesen afrikanischen Opfern keine Bedeutung zukommen würde, forderte sie einen Gedenktag für den „African holocaust", den *Holocaust Memorial Day* – für sie ein „Zionist-owned enterprise" – betrachtete sie als zu exklusiv.[428] In Sicherheitsmaßnahmen vor jüdischen Schulen in Großbritannien sah sie ebenfalls eine „Zionist campaign".[429] Walker verwies zu ihrer Verteidigung immer wieder auf ihren langjährigen Kampf gegen Rassismus sowie auf ihren jüdischen Lebensgefährten und ihre eigenen jüdischen Wurzeln: Ihre aus Jamaika stammende Mutter hat portugiesisch-jüdische Vorfahren, ihr Vater (sie war ein lediges Kind) war ein jüdischer Juwelier in London. Nach dem frühen Tod ihrer Mutter wuchs Walker in äußerst prekären Verhältnissen auf.[430] 1981 fand sie in der *Labour Party* eine Art Ersatzheimat, die ihr jetzt streitig gemacht wurde. Einige *Momentum*-Mitglieder vermuteten hinter Walkers Ausschluss eine zionistische Verschwörung.[431]

Zunehmend geriet Corbyn selbst unter Antisemitismus-Verdacht. Bereits vor seiner Wahl zum Parteivorsitzenden wollte die *Jewish Chronicle* von ihm eine Antwort auf folgende Fragen: 1) Warum er eine Beziehung zur *Deir Yassin Remembered*-Kampagne unterhalte, an deren Spitze Paul Eisen (ein bekannter jüdischer Publizist) steht, der öffentlich den Holocaust verneint. 2) Warum er Steven Sizer, einen ehemaligen Vikar der *Church of England,* der auf Facebook den konspirativen Artikel „9/11: Israel did it" geteilt hatte, verteidigt habe. 3) Warum er Sprecher von *Hamas* und *Hisbollah* bei einer parlamentarischen Veranstaltung als „Freunde" bezeichnet habe. 4) Warum er bei einem Treffen der *Palestine Solidarity Campaign* (PSC) im Unterhaus den anwesenden Sheikh Raed Salah, Führer des nördlichen Zweigs des *Islamic Movement* in Israel, als „ehrbaren Bürger" bezeichnet habe, obwohl dieser in Anlehnung an Ritualmordlegenden Juden beschuldigt hatte, Blut von nicht-jüdischen Kindern für die Herstellung ihres gesäuerten Brotes zu verwenden. Salah bezeichnete übrigens auch Homosexualität als ein schweres Verbrechen. 5) Warum er sich gegenüber antisemitischen Transparenten am alljährlich abgehaltenen und von der StWC gesponserten Al-Quds-Tag zurückhaltend gezeigt

---

427 Vici Kirby postete beispielsweise im Kontext des Gaza-Krieges: „We invented Israel, when saving them from Hitler, who now seems to be their teacher" und unterstellte Israel, für die Gründung des IS verantwortlich zu sein. Vgl. Hirsh 2018, 71.
428 Ashley Cowburn, Momentum vice-chair Jackie Walker says Holocaust Memorial Day is not inclusive enough, in: Independent, 28.09.2016.
429 Daniella Peled, „Traitors" and „enemies": The Corbyn left turns conspiracist on Syria and anti-Semititism, in: Haaretz, 02.05.2018.
430 Jacqueline Walker, Pilgrim State, London 2008.
431 Hirsh 2018, 71–82.

habe und 6) warum er eine Einladung zu einer Konferenz akzeptiert habe, wo auch der notorisch antisemitische Cartoonist Carlos Latuff aufgetreten ist.[432]

Corbyns Antwort war sehr vage gehalten. Mantraartig wiederholte er, dass er seit seiner Parteiübernahme Antisemitismus sowie Islamophobie und sämtliche Formen des Rassismus verurteilt habe und Antisemitismus auf eine sehr kleine Gruppe innerhalb der Partei und vor allem auf die politische Rechte beschränkt sei.[433] Jüdische Organisationen und viele jüdische Labour-WählerInnen gaben sich damit nicht zufrieden. Laut einer repräsentativen Studie mit 1008 befragten britischen Juden und Jüdinnen wählten 2017 lediglich sieben Prozent die *Labour Party*, 67 Prozent gaben ihre Stimme den *Tories*. Bei den Wahlen 2015 hatten noch 15 Prozent Labour und 64 Prozent die Konservativen gewählt.[434] Die Abkehr von Labour wurde vor allem auch bei den Bezirkswahlen im Mai 2018 deutlich, wo in Londoner Bezirken mit einem hohen jüdischen Anteil Verluste hingenommen werden mussten. Vor allem das *Jewish Labour Movement* zeigte sich von Anfang an gegenüber Corbyn skeptisch: 2016 gaben vor der Wahl zum Parteivorsitzenden 92 Prozent der Mitglieder in einer Umfrage an, für Corbyns Gegenkandidaten Owen Smith zu stimmen.[435] Das *Jewish Labour Movement* ist eine zwischen 1000 und 3000 Mitglieder zählende linkszionistische Organisation, die seit fast einem Jahrhundert mit der *Labour Party* sowie mit der israelischen Arbeiterpartei affiliiert ist und eine durchaus kritische Position zur israelischen Besatzungspolitik und gegenwärtigen israelischen Politik einnimmt. Die Corbyn-Kritikerin Margaret Hoge verurteilte beispielsweise unter starkem Applaus bei der Jahresversammlung des *Jewish Labour Movement* das von der israelischen Regierung im Juli 2018 verabschiedete „Nationalstaatsgesetz" als „despicable and abhorent".[436] Der Antizionismus der StWC, des PSC und Boykottforderung wirkten auf sie allerdings bedrohlich.

The Chakrabarti Inquiry: Ein gescheiterter Versuch zur Deeskalation

Zunehmend wurde auch innerhalb der Partei Kritik an den vermehrt zutage kommenden antisemitischen Vorfällen laut.[437] Am 29. April 2016 setzte Corbyn eine

---

432 Stephen Pollard, The key questions he must answer, in: Jewish Chronicle, 12.08.2015.
433 Hirsh 2018, 71; Dave Rich, What that interview revealed about the left, in: Jewish Chronicle, 23.03.2016; House of Commons, Home Affairs Committee, Antisemitism in the UK, 2016, 42.
434 Staetsky 2017, 14–15.
435 Dave Rich, Anti-Semitism and the British Left, in: The New York Times, 11.09.2016.
436 Jonathan Freedland, Jewish concern over Corbyn is not at all about Israel. It's about antisemitism, in: Guardian, 05.09.2018.
437 Dazu zählte beispielsweise John Man, der Vorsitzende der *All-Party Parliamentary Group on Anti-Semitism*. Lord Levy drohte Corbyn mit seinem Parteiaustritt, falls keine weiteren Schritte folgen würden. Vgl. Jewish Chronicle, 21.03.2016.

unabhängige Untersuchungskommission zu *Antisemitism and other racism* ein. Als Vorsitzende bestellte er Shami Chakrabarti, eine bekannte Menschenrechtsanwältin und ehemalige Direktorin der Menschenrechtsorganisation *Liberty*. David Feldman, Direktor des *Pears Institute for the Study of Antisemitism at Birkbeck*, University of London, und die Verfasserin des Oxford-Berichts Jan Royall fungierten als StellvertreterIn. Beiden kam allerdings eine untergeordnete Rolle zu, Chakrabarti verfasste den Bericht alleine. In diesem geht sie auch auf die Einwanderungsgeschichte ihrer Eltern ein, die in den 1950er-Jahren nach London gekommen sind und, wie sie schreibt, Juden zu ihren besten Freunden zählten. Hinsichtlich ihrer eigenen muslimischen Identität hält sie fest, dass sie insbesondere nach 9/11 häufig als „Muslim terrorist" beschimpft wurde. Und sie merkt an: „I never denied the Muslim label."[438] Damit sollte offensichtlich der Eindruck vermittelt werden, dass zwischen Muslimen sowie Juden durchaus positive Beziehungen möglich sind und Muslime seit 9/11 vermehrt Anfeindungen ausgesetzt sind, die deren Opferidentität verfestigten.

Das Ergebnis wurde am 30. Juni 2016 präsentiert: Die Partei sei nicht „overrun" von Antisemitismus oder anderen Formen von Rassismus. Wie in der Gesamtgesellschaft gäbe es seit einigen Jahren aber zu viele Anzeichen von hasserfüllten oder ignoranten Einstellungen und Verhaltensweisen, die sich manchmal in unzivilisierten Diskursen zusammenbrauten. Allzu viele jüdische Stimmen würden beklagen, dass Antisemitismus nicht ernst genommen werde.[439] Chakrabarti vermied allerdings eine Definition von Antisemitismus und führte nur sehr vage aus, was sie unter Zionismus verstünde. Allerdings betonte sie, dass es keine Hierarchie des Rassismus geben dürfe und Islamophobie, Antisemitismus sowie Afrophobia als gleichwertig zu betrachten seien. Sie warnt in diesem Zusammenhang auch vor einer Opferkonkurrenz. Der Bericht gibt auch 20 Empfehlungen ab, u.a. sollten Hitler-, Nazi- und Holocaustvergleiche in Debatten über den Israel-Palästina-Konflikt vermieden und Holocaustleugnung und Holocaustrelativierungen sowie der Begriff „Zio" in der *Labour Party* keinen Platz haben. Wird die Politik der israelischen Regierung kritisiert, so sollte mit dem Begriff des Zionismus sehr vorsichtig umgegangen werden.[440]

Teile des Berichts wurden recht positiv aufgenommen. Irritiert zeigten sich jüdische Organisationen bereits zu Beginn der Untersuchung darüber, dass, obwohl der Anlass dazu nur antisemitische Vorfälle waren, auch andere Ausprägungen des Rassismus mit einbezogen wurden. Manche sahen darin ein Signal an eine muslimische Wählerschaft, zumal auch muslimische Gemeinderäte vom Vorwurf des Antisemitismus betroffen waren.[441] Die zentrale Kritik am Bericht bezog sich auf

---

438 Chakrabarti 2016, 4.
439 Ebd.,1.
440 Ebd., 4, 9, 11–12.
441 Ruth Dech, Why the Labour Party won't confront British Muslim anti-Semitism, in: Haaretz, 04.05.2016.

die fehlende Antisemitismus-Definition und das Fehlen von Anleitungen zum Umgang mit dem gegenwärtigen linken Antisemitismus.[442] Geschadet hat dem Bericht, dass Chakrabarti nach Übernahme des Vorsitzes der *Labour Party* beigetreten ist und zur *Shadow Attorny General* ernannt wurde. Nach der Veröffentlichung des Berichts akzeptierte sie die von Corbyn vorgeschlagene Erhebung in den Adelsstand. Für viele hatte der Bericht damit jeglichen objektiven Charakter verloren und wurde als Weißwaschung gesehen.[443]

Corbyn selbst hatte bei der Präsentation zu einem weiteren bitteren Nachgeschmack beigetragen, indem er für diesen Anlass wenig sensibel ausführte: „Our Jewish friends are no more responsible for the actions of Israel or the Netanyahu government than our Muslim friends are for those of various self-styled Islamic states or oganisations".[444] Viele sahen darin einen Vergleich zwischen Israel und dem IS.[445] Zu einem weiteren Eklat kam es während der Präsentation, als Corbyn-AnhängerInnen, darunter der *Momentum*-Aktivist Marc Wadsworth[446] (er wurde mittlerweile aus der Partei ausgeschlossen), Flugblätter verteilten, die die jüdische Labour-Abgeordnete Ruth Smeeth beschuldigten, mit dem Tory-Blatt *Daily Telegraph* gegen die eigene Partei zu arbeiten. Smeeth, ein langjähriges Parteimitglied, verließ die Pressekonferenz aufgelöst und forderte den in Schweigen gehüllten Corbyn zum Rücktritt auf. Danach wurde sie mit Antisemitismus überhäuft und erhielt sogar eine Todesdrohung.[447]

Den Konservativen kam die der *Labour Party* aufgezwungene Antisemitismus-Debatte fraglos zugute und sie versuchten sie für eigene Interessen zu nutzen. Boris Johnson (2008 bis 2016 Londoner Bürgermeister, von 2016 bis 2018 britischer Außenminister und Brexit-Befürworter) warf beispielswiese Labour vor, mit dem

---

442 Hirsh 2018, 88–89; Dave Rich, Anti-Semitism and the British Left, in: The New York Times, 11.09.2016.
443 Marcus Dysch, Anger as Labour leader Jeremy Corbyn hands Shami Charkrabarti a peerage, in: Jewish Chronicle, 04.08.2018; House of Commons, Home Affairs Committee, Antisemitism in the UK, 2016, 6.
444 Matthew Reisz, Labour anti-Semitism inquiry academic on being caught in a storm, in: Guardian, 13.07.2016.
445 Tzipi Livni antwortete in einem Twitter: "Corbyn's words imply a serious lack of moral judgment. Just as all Muslims are not to blame for ISIS, not all Brits are to blame for Corbyn." Zitiert nach Stephen Castle, A remark on Israel by Jeremy Corbyn incites outrage in Britain and abroad, in: New York Times, 30.06.2016.
446 Marc Wadsworth war Gründungsmitglied der *Anti-Racist Alliance* und in der antirassistischen Kampagne nach der Ermordung des schwarzen Teenagers Stephen Lawrence aktiv.
447 House of Commons, Home Affairs Committee, Antisemitism in the UK, 2016, 41. Das *International Jewish Anti-Zionist Network* warf auf einer *Momentum*-Konferenz auf Flugblättern dem *Jewish Labour Movement* vor, als Repräsentantin der ausländischen Macht Israel zu fungieren. Vgl. House of Commons, Home Affairs Committee, Antisemitism in the UK, 2016, 43; Hirsh 2018, 86.

„Virus des Antisemitismus" infiziert zu sein, während er selbst gegenüber Rassismus wenig Sensibilität zeigte. Als beispielsweise Barack Obama sich für Großbritanniens Verbleib in der EU ausgesprochen hatte, bezeichnete ihn Johnson als „part-Kenyan president with an ancestral dislike oft the British Empire".[448]

Da die antisemitischen Vorfälle häufig (oft recht selbstgefällig) von rechter Seite und rechten Medien, wie der *Daily Mail,* dem *Daily Telegraph* und der *Sun,* publik gemacht wurden und innerhalb der *Labour Party* vor allem Corbyn-GegnerInnen eine kritische bzw. sensiblere Haltung gegenüber Antisemitismus einnahmen, vermuteten viele Corbyn-AnhängerInnen dahinter eine Schmierkampagne.[449] Nicht nur linke Randgruppen erwiesen sich anfällig für Verschwörungstheorien, auch der UNITE-Vorsitzende McCluskey sprach von einer Stimmungsmache, womit Corbyns Führungsrolle untergraben werden sollte. Er vermutete sogar hinter Großbritanniens Geheimdienst (MI5 *Intelligence Agency*) eine Anti-Corbyn-Kampagne.[450] Da jüdische Medien und Organisationen *(Jewish Chronicle,* der *Board of Deputies of British Jews* sowie das *Jewish Labour Movement)* zu den vehementesten Kritikern von Corbyns Umgang mit dem Antisemitismus zählten, verbreitete sich insbesondere in den sozialen Medien das Vorurteil von den einflussreichen „Zios". Im *Independent* sprach die Journalistin Alibhai-Brown beispielsweise von einer sehr deprimierenden Koalition von mächtigen Rechten und Zionisten, die jede Alternative gegen die neoliberale Ökonomie und die westliche Hegemonie zerstören würde.[451] Im Sommer 2018 wurde öffentlich, dass die langjährige Labour-Abgeordnete Dame Louise Ellman in bestimmten Parteikreisen als „the Honourable Member for Tel Aviv" gelten würde.[452]

---

448 Kenan Malik, The British left's „Jewish problem", in: The New York Times, 03.05.2016.
449 Vgl. exemplarisch Gregory Katz, Britain's Labour fights backlash of anti-Semitism claims amid fears of losing Jewish voters, in: Haaretz, 02.05.2016; Lee Harpin, The JC goes undercover at fiery Liverpool *Momentum* meeting, in: Jewish Chronicle, 01.08.2018; Michael Whine, assistant editor vom Guardian, tweetete nach den Aufdeckungen antisemitischer Vorfälle durch den Blogger Guido Fawkes: „Will someone point out to the idiots that latest anti Semitic row was launched by Tory blogger, Guido Fawkes & promoted by Mail on Sunday."
450 Daniella Peled, „Traitors" and „enemies": The Corbyn Left turns conspiracist on Syria and anti-Semitism, in: Haaretz, 02.05.2018. Auch Peter Willman, ein enger Corbyn-Vertrauter und Mitglied des NEC, warf jüdischen „Trump-Fanatikern" vor, Beweise für Antisemitismus zu fabrizieren. Die Journalistin Emma Barnett wurde mit Twitter-Nachrichten überhäuft, nachdem sie Corbyn für das BBC Radio 4 „Woman's Hour" interviewt hatte. Obwohl im Interview das Thema Zionismus nicht Thema war, wurde sie als „shilling for Zionism" oder „towing Israel's line" beschimpft. Vgl. Anshel Pfeffer, British Jewish voters choice: Anti-Semitism today, or tomorrow, in: Haaretz, 03.06.2017.
451 Yasmin Alibhai-Brown, Stop lying about Jeremy Corbyn, in: Independent, 12.11.2016.
452 Daniel Sugarman, Your guide to Labour's long weekend of antisemitism-related woe, in: Jewish Chronicle, 06.08.2018.

Trotz vermehrter antisemitischer Vorfälle konnte die *Labour Party* bei den vorgezogenen Parlamentswahlen im Juni 2017 einen Zuwachs von zehn Prozent verzeichnen, landete mit 40 Prozent allerdings nur auf dem zweiten Platz; die selbst massiv angeschlagenen Konservativen kamen auf 42 Prozent. Corbyn wurde von seinen AnhängerInnenn wie ein Rockstar gefeiert, die Debatte um den Antisemitismus kam allerdings zu keinem Ende und drohte u.a. die Partei zu spalten.

Im März 2018 schaukelte sich der Konflikt zwischen Corbyn und der jüdischen Community zunehmend auf. Begonnen hatte es damit, dass Mitglieder einer antisemitischen Facebook-Gruppe, der Corbyn vor seiner Wahl (passiv) angehört hatte, ausgeschlossen wurden.[453] Zur Eskalation kam es, als bekannt wurde, dass Corbyn 2012 auf Facebook die Kritik über den Abriss einer antisemitischen Wandmalerei des US-amerikanischen Graffiti-Künstlers Kalen Ockerman geteilt hatte. Das Bild mit dem Titel „Freedom for Humanity" zeigte sechs ältere weiße Männer, zum Teil mit einer stereotypen „jüdischen" Hakennase, die auf dem nackten Rücken von schwarzen Menschen Monopoly spielen und die neue Weltordnung diktieren. Corbyn bedauerte, das Bild nicht näher betrachtet zu haben und insistierte, nicht aus antisemitischen Motiven, sondern aus einem Klassenbewusstsein heraus gehandelt zu haben.[454] Für den *Board of Deputies of British Jews* (BoD) hatte dieser Vorfall, der sich nicht auf Israel, sondern auf ein klassisches antisemitisches Vorurteil bezog,

Abb. 2: Demonstration am 26.03.2018 in Manchester. Das Bild wurde uns mit freundlicher Genehmigung vom *Board of Deputies of British Jews* zur Verfügung gestellt.

---

453 U.K. Labour suspends members of secret „anti-Semitic" facebook group of which Corbyn also was member, in: Haaretz, 11.03.2018.
454 Anshel Pfeffer, The crisis between Jeremy Corbyn and British Jews has reached boiling point, in: Haaretz, 26.03.2018.

das Maß zum Überlaufen gebracht. Unter dem Motto „EnoughisEnough" wurden die britischen Juden und Jüdinnen am 26. März 2018 zu einer Kundgebung am *Parliament Square* aufgerufen. Unter den etwa 1500 TeilnehmerInnen waren auch prominente Labour-Abgeordnete.[455] Auch in Manchester wurde demonstriert.

(Unlösbare?) Debatten über einen neuen „Labour code"

Die *Labour Party* geriet zunehmend unter Druck, die im Chakrabarti-Bericht fehlende Antisemitismus-Definition nachzuholen, vor allem nachdem das britische Parlament im Dezember 2016 die Definition der *International Holocaust Remembrance Alliance* (IHRA) übernommen hatte. Wie bereits im Kapitel *Antisemitismus im 21. Jahrhundert* beschrieben, basierte diese im Wesentlichen auf der 2005 vom *European Monitoring Center against Racism and Xenophobia* vorgeschlagenen, allerdings auch von unterschiedlichen Seiten kritisierten Arbeitsdefinition. Die Kritik an der IHRA-Definition bezieht sich vor allem auf jene vier der insgesamt elf Beispiele, die der eigentlichen Definition zur Veranschaulichung beigefügt wurden und die Kritik am Zionismus und der israelischen Politik betreffen. Vor allem Pro-Palästina-AktivistInnen sehen darin ein Verbot jeglicher Kritik an Israels Politik und eine Gefahr für die Meinungsfreiheit. Dies wurde beispielsweise auch im Antisemitismus-Bericht des *House of Commons,* der im Oktober 2016 veröffentlicht wurde, thematisiert. Dieser übernahm zwar die IHRA-Definition, fügte zur Absicherung der Redefreiheit aber hinzu, dass es nicht antisemitisch sei, von der israelischen Regierung dieselben Standards wie von allen anderen liberalen Demokratien zu verlangen. Auch ein spezielles Interesse an der israelischen Politik sollte, wenn dafür kein Anzeichen einer antisemitischen Intention vorliege, nicht unter Antisemitismus-Verdacht stehen.[456]

Nach einer Reihe weiterer antisemitischer Vorfälle beschloss das *National Executive Committee* (NEC) am 17. Juli 2018 die lang erwartete Antisemitismus-Definition, fortan als *Labour code* bezeichnet. Diese basierte in weiten Teilen auf der IHRA-Definition, von den angefügten Beispielen wurden allerdings jene vier weggelassen bzw. abgeändert, die die Kritik an Israel betrafen. Fortan ging es vor allem um das Beispiel, wonach von Antisemitismus gesprochen werden könne, wenn die Gründung von Israel als „rassistisches Unternehmen" *(racist endeavour)* betrachtet werde. Wie das NEC argumentierte, sollte damit gewährleistet werden, dass PalästinenserInnen und ihre Unterstützer Diskriminierung und Ungerechtigkeit in einer Sprache beschreiben können, die diese als angemessen betrachten. Das NEC wollte mit der Auslassung offensichtlich extreme Linke bzw. Corbyn-UnterstützerInnen

---

455 Daniel Sugarman, Enough is enough: if over a thousand Jews make time to protest about this, it means something, in: Jewish Chronicle, 27.03.2018.
456 House of Commons, Home Affairs Committee, Antisemitism in the UK, 2016.

aus dem Umfeld der StWC und PSC zufrieden stellen, die – wie Corbyn selbst sehr lange[457] – nach wie vor Zionismus als Rassismus verurteilen. Jüdische Organisationen sahen in dieser Auslassung bzw. Umformulierung hingegen einen Angriff auf die Existenz des jüdischen Staates.[458]

Für weitere Kritik sorgte, dass es im *Labour code* auch hieß, eine Äußerung sei erst dann antisemitisch, wenn eine Intention dafür nachgewiesen werden könne. Dieser Punkt ist tatsächlich problematisch, bedenkt man beispielsweise, dass sämtliche unter Antisemitismus-Verdacht geratenen Labour-Mitglieder den Vorwurf des Antisemitismus vehement von sich gewiesen haben und sich aufgrund ihrer antirassistischen Einstellung als anti-antisemitisch verstehen. Kritiker am *Labour code* sehen im Nachweis einer Intention auch einen Widerspruch zum *Macpherson Prinzip*[459], wonach die betroffene Minderheit das Recht habe, den gegen sie gerichteten Rassismus selbst zu definieren.[460] Bereits 2006 hielt dazu der Bericht der All-Party-Parliamentary-Untersuchung fest, dass die jüdische Community selbst am besten qualifiziert sei, Antisemitismus einzuschätzen. Es wurden allerdings auch Stimmen laut, die diese Ableitung aus dem *Macpherson*-Bericht in Frage stellten. David Feldman rief beispielsweise in Erinnerung, dass laut Macpherson zwar jeder rassistische Vorfall als solcher zu gelten habe, wenn er vom Opfer so empfunden werde, allerdings dennoch eine weitere polizeiliche Ermittlung und Kategorisierung notwendig sei. Das heißt, dass ein Vorfall entgegen dem subjektiven Empfinden des Opfers nicht immer rassistisch sein muss. Daraus folgerte Feldman: „In short, a definition of antisemitism which takes Jews' feelings and perceptions as its starting point and which looks to the Macpherson report for authority is built on weak foundations."[461] Auch Antony Lerman wies darauf hin, dass Macpherson vor allem institutionellen Rassismus definiert habe und allein aus individuellen Erfahrungen keine allgemeine Definition zum Rassismus abgeleitet werden könne.[462]

---

457 Vgl. exemplarisch Jeremy Corbyn, I will root antisemitism out of Labour – they do not speak for me, in: Guardian, 03.08.2018.
458 Vgl. exemplarisch Lee Harpin, Sham: Labour's plan to back down on IHRA, in: Jewish Chronicle, 23.08.2018.
459 Der 1999 verfasste Macpherson-Bericht basiert auf der von Sir William Macpherson geleiteten Untersuchung der Ermordung des schwarzen Teenagers Stephen Lawrence.
460 Daniel Sugarman, What is the IHRA definition of antisemitism? And why has Labour outraged Jews by rejecting it?, in: Jewish Chronicle, 20.07.2018.
461 David Feldman, Sub Report Commissioned to Assist the Parliamentary Committee Inquiry into Antisemitism, published by the All Party Parliamentary Group Against Antisemitism, January 2015.
462 Antony Lerman, Why turning to Jewish exceptionalism to fight antisemitism is a failing project, in: openDemocracy, 16.07.2018.

Die Debatte um den *Labour code* begann zunehmend zu eskalieren. Margaret Hodge, Labour Abgeordnete und unter Blair Inhaberin mehrerer Ministerposten, beschimpfte Corbyn im Unterhaus als Antisemiten und Rassisten.[463] In einem offenen Brief im *Guardian* forderten 68 Rabbiner das NEC auf, den gesamten IHRA-Text zu übernehmen. Die *Jewish Chronicle, Jewish News* und der *Jewish Telegraph* erschienen am 27. Juli 2018 mit der Schlagzeile „United" und warnten, dass eine von Corbyn geführte Regierung für jüdisches Leben eine „existentielle Gefahr" bedeuten würde. Unterstützung kam den jüdischen Medien auch von *Daily Mail* und dem *Daily Telegraph* zu. Manche, die den Umgang der *Labour Party* mit Antisemitismus durchaus kritisch beurteilten, sprachen jedoch von einer überzogenen Haltung und riefen in Erinnerung, dass der *Daily Telegraph* wiederholt gegen George Soros gehetzt habe.[464] Erinnert wurde auch daran, dass *Daily Mail* Ralph Miliband, den vor den Nationalsozialisten geflohenen Vater des früheren Labour-Vorsitzenden Ed Miliband, mit antisemitischen Anspielungen beleidigt habe.[465]

Im Sommer 2018 war Corbyn mit neuen Vorwürfen konfrontiert.[466] Im Folgenden wird auf jene zwei näher eingegangen, die seinem Image den größten Schaden zugefügt haben: Im August 2018 veröffentlichte *Daily Mail* ein Foto, das Corbyn 2014 mit einem Kranz bei einer Gedenkfeier auf einem tunesischen Friedhof abbildet, wo auch Palästinenser begraben sind, die 1972 in den Terroranschlag auf israelische Sportler bei den Olympischen Spielen in München verstrickt waren.[467] Damit erweckte er den Eindruck, als würde er dieser Terroristen gedenken. Corbyn entgegnete, dass er an einer Gedenkfeier für die Opfer eines 1985 auf das PLO-Haupt-

---

463 Lee Harpin, Labour MP Dame Margaret Hodge calls Jeremy Corbyn "an anti-Semite" to his face, in: Jewish Chronicle, 17.07.2018.
464 Als beispielsweise im Scheidungsverfahren zwischen Prinz Charles und Lady Diana der britische Anwalt Anthony Julius (er vertrat auch Carola Lipstadt gegen den Holocaustleugner Irving) Diana vertrat, spielte der *Telegraph* sehr problematisch auf Julius' jüdische Herkunft an. Vgl. Lipstadt 2018, 90–93.
465 Vgl. exemplarisch Mehdi Hasan, There is vile and inexcusable anti-Semitism on the left, and efforts to deny this are shameful, in: Haaretz, 01.08.2018.
466 Im August veröffentlichte *Daily Mail* ein weiteres Video, in dem Corbyn 2010 bei einem Treffen der *Palestine Solidarity Campaign* (PSC) den britischen Abgeordneten vorwarf, während der Debatte um die *Mavi Marmara* aus ein und demselben Manuskript vorgelesen zu haben, dass der israelische Botschafter Prossor verfasst habe. Zudem veröffentlichte die *Sun* ein von der PSC publiziertes Pamphlet aus dem Jahr 2010, in dem Corbyns langjährige Sekretärin Nicolette Petersen Labour-Unterstützern empfahl, die *Jewish Chronicle* online zu lesen und Websites, die die richtigen Wahlempfehlungen abgeben würde, zu beachten, um nicht Kandidaten, die sich als Freunde Israels verstehen, zu wählen. Vgl. Jake Wallis Simons, Jeremy Corbyn claims Israel controls speeches made by British MPs in Parliament, in bizarre remarks slammed as an „anti-Semitic conspiracy theory" that „casts Jews as sinister manipulators", in: Daily Mail, 28.08.2018.
467 Emine Simnaz, Corbyn's wreath at Munich terrorists' graves, in: Daily Mail, 10.08.2018.

quartier in Tunis erfolgten und weltweit verurteilten israelischen Angriffes teilgenommen habe. Mit der Aussage: „Ich war bei der Kranzniederlegung präsent, aber ich glaube nicht, dass ich wirklich involviert war" hat er sich jedenfalls äußerst ungeschickt verteidigt.[468] Kurze Zeit später veröffentlichte *Daily Mail* einen Videoclip, der Corbyn auf einer 2013 vom *Palestinian Return Centre* organisierten Konferenz zeigt. Zum Verhängnis wurde ihm seine Kritik an „britischen Zionisten", denen er (ohne konkrete Namen oder Organisationen zu nennen) vorwarf, dass sie sich weigern würden, Geschichte zu lernen, und selbst wenn sie ihr gesamtes Leben hier gelebt hätten, die englische Ironie nicht verstehen würden.[469] Den Anlass für diese Kritik bildete die Rede von Manuel Hassassian, dem palästinensischen Gesandten in Großbritannien, anlässlich einer Veranstaltung zur *Balfour Declaration,* worauf die dort anwesenden Zionisten laut Corbyn geschwiegen hätten. In einem etwas später aufgetauchten weiteren Videosegment sprach Corbyn vom „progressiven jüdischen Element" in Großbritannien, das die *Balfour Declaration* abgelehnt und erkannt habe, dass diese Juden nur Schwierigkeiten bereiten würden. Mit Lob bedachte er auch die progressiven Juden und Jüdinnen im East End sowie jüdische Gewerkschafter. Der aufkommende Zionismus habe, so Corbyn, bei manchen Juden und Jüdinnen dann zu einer haarsträubenden Position geführt.[470] Corbyn führte zu seiner Verteidigung an, den Begriff Zionismus politisch exakt verwendet und damit nicht nur Juden gemeint zu haben. Nicht nur für viele Juden und Jüdinnen ist Corbyn mit dieser Aussage, in der er bewusst oder unbewusst das klassische antisemitische Vorurteil von Juden als die grundsätzlich Anderen strapaziert hat, zu weit gegangen.[471] Simon Kelner, der langjährige Herausgeber des *Independent,* der sich selbst als nicht-zionistischer, liberaler britischer Jude versteht und Corbyn in vielen politischen Ansichten zustimmt, forderte beispielsweise seinen Rücktritt aus allen öffentlichen Ämtern.[472] An dieser Stelle sei daran erinnert, dass Kelner als *Independent*-Herausgeber Dave Browns Cartoon „Sharon is eating a baby" als legitime Kritik an Israels Regierung verteidigt hatte.

---

468 Dan Sabbah, Jeremy Corbyn: I was present at wreath-laying but don't think I was involved, in: Guardian, 15.08.2018.
469 Wörtlich führte er aus: „Those clearly have two problems. One is they don't want to study history and secondly having lived in this country for a very long time, probably all their lives, they don't understand English irony either." Zitiert nach Daily Mail, 23.08.2008.
470 Zitiert nach Adam Wagner, Jeremy Corbyn's „good Jews" are mostly dead, in: Haaretz, 27.08.2018.
471 Vgl. exemplarisch Jonathan Freedland, Jewish concern over Corbyn is not at all about Israel. It's about antisemitism, in: Guardian, 05.09.2018; Simon Hattenstone, I still don't believe Corbyn is antisemitic – but his „irony" comments unquestionable were, in: Guardian, 24.08.2018.
472 Daniel Sugarman, Former Independent editor calls for Corbyn to be "removed from public life immediately", in: Jewish Chronicle, 30.08.2018.

Der Druck auf die Corbyn-Fraktion, den gesamten IHRA-Text zu übernehmen, wurde auch innerhalb der *Labour Party* zunehmend stärker.[473] Am 4. September 2018 beschloss das NCE schließlich die Übernahme der IHRA-Definition, allerdings mit dem Zusatz: „(It) will not in any way undermine freedom of expression on Israel or the rights of the Palestinians". Corbyn hatte ursprünglich einen längeren Text vorgeschlagen, worin es u.a. hieß:

> Nor should it be regarded as antisemitic to describe Israel, its policies or the circumstances around its foundation as racist because of their discriminatory impact, or to support another settlement of the Israel-Palestine conflict.[474]

Kommt darin einerseits Corbyns starre Haltung zum Zionismus zum Ausdruck, so ist andererseits auch anzunehmen, dass Corbyn seinen AnhängerInnen einen Kompromiss anbieten musste. Diese setzten nach wie vor ihren Kampf gegen die Definition fort. Während der Sitzung des NEC demonstrierte eine Gruppe von etwa 100 GegnerInnen der IHRA-Definition, unterstützt von der *Naturei Karta*, vor dem Labour-Hauptquartier mit Plakaten wie „IHRA NO. BDS YES".[475] Nach Bekanntwerden des Ergebnisses tauchten in einigen Londoner Stadtteilen vor Bushaltestellen Plakate mit „Israel is a racist endeavour" auf, die der Londoner Bürgermeister Sadiq Khan als Vandalismus verurteilte und sofort entfernen ließ.[476] Auch Layla Oran, die erste Labour-Abgeordnete mit palästinensischen Wurzeln, sprach von einem offenen Antisemitismus.[477]

Für viele Pro-Palästina-AktivistInnen, die insbesondere in der StWC, PSC und BDS-Bewegung vertreten sind, ist Antizionismus und somit die Ablehnung der IHRA-Definition offensichtlich zu einer Art Code geworden, womit die Zugehörigkeit zu einer bestimmten linken Bewegung zum Ausdruck gebracht wird, ohne

---

473 Der frühere Premierminister Gordon Brown sowie Tom Watson, *deputy leader* und Organisator eines „moderaten Blocks" innerhalb von Labour, forderten u.a. Corbyn zur Übernahme der IHRA-Definition auf. Selbst *Momentum*-Gründer John Lansman forcierte mittlerweile die IHRA-Definition. Sowohl Watson als auch Lansman wurden beschuldigt, im Interesse einer israelischen Lobby zu handeln bzw. vor dieser zu kapitulieren. Vgl. Former Labour U.K. PM Gordon Brown slams own party over anti-Semitism – vows to fix the problem, in: Haaretz, 03.09.2018; Daniel Sugarman, Your guide to Labour's long weekend of antisemitism-related woe, in: Jewish Chronicle, 06.08.2018; Is Labour's Jon Lansman capitulating to the Israel lobby?, in: Electronic Intifada, 09.08.2018.
474 Dan Sabbagh, Labour adopts IHRA antisemitism definition in full, in: Guardian, 04.09.2018.
475 Lee Harpin, Anti-Zionist expelled by Labour is at centre of pro-Jeremy Corbyn demonstration, in: Jewish Chronicle, 04.09.2018.
476 Rosa Doherty, Sadiq Khan condemns anti-Israel posters mocking IHRA antisemitism definition, in: Jewish Chronicle, 06.09.2018.
477 Daniel Sugarman, MP of Palestinian descent condemns „Israel is a racist endeavour" posters as „blatantly antisemitic", in: Jewish Chronicle, 06.09.2018.

Abb. 3: Plakat an einer Londoner Bushaltestelle nach der Abstimmung über die IHRA-Definition. Das Bild wurde uns mit freundlicher Genehmigung von *The Jewish Chronicle* zur Verfügung gestellt.

sich näher mit der Komplexität des Nahen Ostens beschäftigen zu müssen. Für jüdische Organisationen hingegen hatte die *Labour Party* durch den Zusatz den „Antisemitismus-Test" nicht wirklich bestanden. Margaret Hodge twitterte: „Two steps forward, and one step backwards". Manchen ging es allerdings schon lange nicht mehr nur um die „richtige" Definition, sondern, wie die *Campaign Against Antisemitism* auf ihrer Website[478] forderte, um Corbyns Rücktritt. Laut einer von der *Jewish Chronicle* veröffentlichten Umfrage würden 40 Prozent der britischen Juden und Jüdinnen das Land verlassen, falls Corbyn zum Premierminister gewählt werde.[479]

Hinsichtlich der *Labour Party* stellt sich die Frage, inwieweit Antisemitismus ein Randphänomen darstellt, das sich auf den äußersten linken Rand sowie mehrere muslimische FunktionärInnen beschränkt, oder ob Antisemitismus bereits in die Mitte der Partei Eingang gefunden hat. Eine repräsentative *YouGov*-Umfrage kam im Mai 2016 zum Ergebnis, dass Labour-WählerInnen nicht antisemitischer sind als Wähler anderer Parteien; UKIP-Wähler wiesen den höchsten antisemitischen Anteil auf.[480] Laut dieser Umfrage zeigt die Parteibasis allerdings wenig Sensibilität gegenüber Antisemitismus in den eigenen Reihen: 49 Prozent betrachteten den Antisemi-

---

478 Abgerufen am 10.08.2018.
479 Lee Harpin, Nearly 40 per cent of British Jews would „seriously consider" emigrate if Corbyn became PM, in: Jewish Chronicle, 05.09.2018.
480 Staetzky 2017, 44.

tismus als ein von Medien erzeugtes Problem, 39 Prozent attestierten der Partei ein Problem, warfen den Medien und Corbyn-GegnerInnen allerdings vor, dieses auszunutzen.[481]

Inwieweit die „Antisemitismus-Affäre" der *Labour Party* und Corbyn insgesamt geschadet hat, ist noch schwer abzuschätzen. An der Debatte wurde jedenfalls deutlich, dass im Unterschied zu Deutschland oder Österreich innerhalb der britischen Linken noch keine tiefgehende Reflexionsphase hinsichtlich eines linken Antisemitismus stattgefunden hat. Der Parteitag der *Labour Party* im September 2018 vermittelte den Eindruck, dass der viele Menschen stark verunsichernde Brexit (wozu Labour keine einheitliche Meinung vertritt) und die von Teilen der *Labour Party* geforderten Neuwahlen das Problem des Antisemitismus und Antizionismus (zumindest vorläufig) etwas in den Hintergrund gedrängt haben. Verschwunden ist es allerdings noch keineswegs. Um auf die Unterdrückung der Palästinenser – und damit wohl auch auf sich selbst – aufmerksam zu machen, schwenkten propalästinensische AktivistInnen palästinensische Fahnen und der Parteitag verabschiedete einen unverbindlichen Antrag für einen Boykott des Verkaufs von Waffen an Israel (eine Maßnahme, die Israel wenig Schaden zufügen würde) und eine Untersuchung über die an der Gaza-Grenze von der israelischen Armee ausgeübte Gewalt. Corbyn selbst versprach im Falle, dass er zum Premierminister gewählt werden würde, eine sofortige Anerkennung von Palästina, betonte allerdings, dass die *Labour Party* eine Zweistaatenlösung unterstützen würde.[482] Erneut virulent wurde das Problem des Antisemitismus mit dem am 18. Februar 2019 erfolgten Parteiaustritt von sieben Labour Abgeordneten, die für ein neuerliches Brexit-Referendum eintreten. Ihren Schritt begründeten sie nicht nur mit Corbyns unzureichender Handhabung der Brexit-Frage, sondern auch mit einem „institutionellen Antisemitismus" innerhalb der Partei.[483] Unter den Abtrünnigen befand sich Luciana Berger, die in der Debatte um einen „Labor-Antisemitismus" zu Corbyns vehementesten Kritikerinnen zählte und mit massivem Antisemitismus und sogar Todesdrohungen konfrontiert war. Die Zukunft dieser „Independent Group" ist allerdings mehr als ungewiss, auch wenn ihr mittlerweile von zwei weiteren Labour-Abtrünnigen und drei pro-europäisch eingestellten Tory-Abtrünnigen Unterstützung zukommt.

---

481 Vgl. Marcus Dysch, Only one in 10 Labour members believes party has an antisemitism problem, in: Jewish Chronicle, 17.05.2016.
482 U.K. will immediately recognize Palestine if Labour elected, says Corbyn, in: The Associated Press, 26.09.2018.
483 Vgl. dazu Johnson 2019.

3.8 ZWISCHENBILANZ

Verfolgt man den seit der *Zweiten Intifada* im linken Spektrum und in muslimischen Communities zutage getretenen Antisemitismus sowie die Abwehrstrategien gegen den Vorwurf des Antisemitismus, so ist man über die in der *Labour Party* geführte bzw. dieser mehr oder weniger aufgezwungenen Debatte wenig erstaunt. Diese offenbarte auch keinen „neuen Antisemitismus", vielmehr widerspiegelten sich darin Erscheinungen eines seit 2000 vermehrt zu beobachtenden Antisemitismus: Ein zum Antisemitismus mutierter Antizionismus, eine zu geringe Distanz zum radikalen Islam, Holocaustrelativierung durch Vergleiche mit Israels Politik gegenüber den PalästinenserInnen und auch mit dem Schicksal der Sklaven, aber auch traditioneller Antisemitismus durch Anspielungen auf eine jüdische Lobby oder auf „Zios" und die Kategorisierung von Juden in Zionisten (sprich: „böse Juden", die nicht zur britischen Gesellschaft gehören) und Antizionisten als positives Pendant zu Ersteren. Indem auch relativ viele muslimische Parteimitglieder vom Antisemitismus-Vorwurf betroffen waren, wurde auch die Problematik eines Antisemitismus in muslimischen Communities angesprochen. Einmal mehr wurden die Nachwirkungen des Kolonialismus deutlich, wenn etwa der *Holocaust Memorial Day* (u.a. von Jeremy Corbyn) als zu wenig „inklusiv" abgelehnt und dafür ein Gedenktag für den „afrikanischen Holocaust" gefordert wird oder muslimische Organisationen für die Anerkennung ihrer Leidensgeschichte einen allgemeinen Genozid-Gedenktag einfordern, wo insbesondere der Palästinenser gedacht werden soll. Vor allem im linken Spektrum werden, wie etwa auch Äußerungen von Ken Livingstone und Jeremy Corbyn untermauern, die Klischees von *den* der *Labour Party* verbundenen und tapfer gegen die faschistische Mosley-Partei kämpfenden Juden strapaziert. Daraus erklärt sich auch eine gewisse Enttäuschung über die nunmehr erfolgreichen und weniger links orientierten britischen Juden und Jüdinnen. Werden bestimmte jüdische Traditionen (oft auch zu wenig kritisch hinterfragt) als Ausdruck eines toleranten Multikulturalismus akzeptiert, so zeigt sich gleichzeitig ein fehlendes Wissen über jüdische Geschichte und Kultur. Ein Beispiel dafür ist die Anordnung von Corbyns Medienmanager Seumas Milne, der von einer für die jüdischen Community bestimmte Pessach-Grußkarte die hebräische Wunschform *Cjag Kasher Ve Sameach* (Fröhliche und koschere Feiertage) entfernen lassen wollte, da er befürchtete, mit den hebräischen Worten den Anschein einer Sympathie für den Zionismus zu erwecken.[484] Als prinzipielles Problem erweist sich somit, dass – gefangen in einer allzu vereinfachten linken, antirassistischen und gleichzeitig antizionisten Weltsicht – Antisemitismus oft nicht als solcher erkannt werden kann. Wie David Feldman und Brendan McGeever dazu

---

484 Geoffrey Wheatcroft, Bad company, in: New York Review of Books, 28.06.2018.

anmerken, kann das Problem des Antisemitismus der Linken allerdings nur gelöst werden, wenn Juden und Jüdinnen in den antirassistischen Diskurs einbezogen werden und, obwohl sie großteils weiß, erfolgreich und Tory-Wähler sind, als mögliche Opfer von Rassismus anerkannt werden.[485] Ob allein mit der „richtigen" Definition das Problem des Antisemitismus in und außerhalb der *Labour Party* zufriedenstellend gelöst werden kann, ist fraglich, zumal dafür Antisemitismus in seinen unterschiedlichen Ausformungen erkannt werden muss und zudem von Grauzonen auszugehen ist.[486] Der derzeit starke Fokus auf die *Labour Party* sowie die muslimische Community sollte allerdings auch nicht den Blick auf die Gesamtgesellschaft verstellen. Neueren Umfragen zufolge weisen radikale Rechte mit 14 Prozent den höchsten Prozentsatz an „hard-core" Antisemitismus auf, wohingegen sich die radikale Linke hinsichtlich antisemitischer Einstellungen wenig von der Gesamtgesellschaft unterscheidet.[487]

Die Debatte über einen „Labour-Antisemitismus" zeichnet sich nicht zuletzt durch eine aktive Partizipation zentraler britischer jüdischer Organisationen, jüdischer Medien und einzelner prominenter jüdischer Intellektueller aus, denen insbesondere von Seiten der Tories sowie von unterschiedlichen rechten Medien und Corbyn-Gegnern innerhalb von Labour Unterstützung zukam. Jüdischen Organisationen ging es dabei um eine Bekämpfung des Antisemitismus, manche strebten aber auch die Entmachtung von Corbyn an. Über das weitere Vorgehen gegenüber der Labour Party sowie über die von einer Corbyn-Regierung vielfach befürchteten Gefahren für das britische Judentum gibt es innerhalb der jüdischen Community allerdings unterschiedliche Auffassungen. Diese hängen u.a. von der jeweiligen politischen Zugehörigkeit und jüdischen Identität ab. Die *Labour Party* sollte allerdings bedenklich stimmen, dass selbst jüdische Intellektuelle, die vor einer Überreaktion warnen und nicht der Meinung sind, dass es mit Corbyn als Premierminister zu antijüdischen Ausschreitungen kommen könnte oder Juden und Jüdinnen ihre Arbeitsstellen verlieren würden, vor deren Rückzug ins Privatleben warnen. Inwieweit Juden und Jüdinnen in der *Labour Party* nach wie vor einen Platz finden können, hängt von (parteiinternen) Entwicklungen ab, die noch nicht vorauszusagen sind.[488]

---

485 David Feldman/Brendan McGeever, British left's anti-Semitism problem didn't start with Corbyn. It's being festering for a century, in: Haaretz, 09.04.2018.
486 Keith Kahn-Harris, After Labour's antisemitism U-turn, Jewish people should stick with the party, in: Guardian, 04.09.2018.
487 Vgl. Staetzky 2017, 34–35.
488 Vgl. exemplarisch Lee Hapin, UK Jews face „perfect storm" of left-wing and right-wing antisemitism, Anthony warns, in: Jewish Chronicle, 15.01.2019.

4. ÖSTERREICH[1]

4.1 EINLEITUNG

> Es gibt eine Viertelmilliarde Araber, die wollen uns lieber sehen unter der Erd' oder am Grund vom Mittelmeer. Das ist so und ich weiß das. Und von denen gibt es viele, die hier einwandern und das ist eine Gefahr […]. Wenn mich jemand auf der Straße umbringt, dann ist das ganz bestimmt nicht einer dieser Fechter, die da so ein Lied singen.[2]

Mit dieser Aussage meldete sich im März 2018 der Holocaustüberlebende und österreichische Künstler Arik Brauer in der ORF-Talkshow *Im Zentrum* zu Wort und löste damit teils sehr emotional geführte mediale Diskussionen über Antisemitismus unter Geflüchteten im Vergleich zu Antisemitismus unter Rechtsextremen aus. Auf Letztere nimmt Brauer mit dem Begriff „Fechter" Bezug und spielt damit auf die antisemitische „Liederbuch-Affäre" vom Jänner 2018 an.[3] Doch sind anhand dieser Gruppen tatsächlich „gefährliche" von „ungefährlichen" Anti-

---

1 Der Österreich-Teil wurde im Rahmen des Jubiläumsfondsprojekts Nr. 17117 der Österreichischen Nationalbank (Titel: „Diskurse zum Holocaustgedenken, Juden und Israel unter Muslimen im Kontext von Islamfeindlichkeit") realisiert.
2 Rapp, 15.03.2018.
3 Die Liederbuch-Affäre war ein Antisemitismus-Skandal innerhalb der rechtspopulistischen FPÖ bzw. der schlagenden Verbindung *Pennale Burschenschaft Germania zu Wiener Neustadt*. Im Januar 2018 deckte *Der Falter* auf, dass im Liederbuch dieser schlagenden Verbindung antisemitische, rassistische und vehement NS-verherrlichende Texte enthalten sind. So heißt es an einer Stelle: „Da trat in ihre Mitte der Jude Ben Gurion: ‚Gebt Gas, ihr alten Germanen, wir schaffen die siebte Million.'" Udo Landbauer, Mitglied dieser Burschenschaft und Spitzenkandidat der FPÖ-Niederösterreich, musste daraufhin seine Mitgliedschaft bei der Burschenschaft ruhend stellen und sämtliche politischen Funktionen zurücklegen. Bereits im September 2018 kehrte Landbauer aber als geschäftsführender FPÖ-Klubobmann im Landtag Niederösterreichs in die Politik zurück. Die Liederbuch-Affäre hatte somit weder für FPÖ-Funktionäre noch für Mitglieder anderer schlagender Burschenschaften – und letztlich auch nicht für Landbauer – weitreichende politische Konsequenzen. Vgl. dazu: Nina Horaczek, „Wir schaffen die siebte Million": Die Burschenschaft des FPÖ-Spitzenkandidaten Udo Landbauer treibt ihre „Späße" über die Shoah, in: Falter 4/2018, 23.01.2018; Nazi-Lieder bei Burschenschaft von FPÖ-Kandidat Landbauer, in: derStandard.at, 24.01.2018.

semiten zu unterscheiden? Entstand mit der Aufnahme von (muslimischen) Geflüchteten nachweislich ein unmittelbares Sicherheitsrisiko für österreichische Juden? Unterschätzt Brauer Antisemitismus am „rechten Rand" der österreichischen Bevölkerung? Die öffentliche Debatte um die Frage, was schwerwiegender sei – der Antisemitismus seitens MuslimInnen oder seitens Rechter –, brachte auch die *Israelitische Kultusgemeinde* (IKG) in eine schwierige Situation. Vor dem Hintergrund der antisemitischen Morde in Frankreich äußerten sich neben Brauer auch andere Juden und Jüdinnen in Österreich besorgt über die derzeitige Situation. Ihre Ängste sind selbstverständlich ernst zu nehmen.

Lebten 1938 noch ca. 200.000 Juden und Jüdinnen in Österreich,[4] sind Schätzungen der Israelitischen Kultusgemeinde zufolge gegenwärtig nur noch 12.000 bis 15.000 Juden und Jüdinnen in Österreich beheimatet, wobei der Großteil in Wien wohnt. Viele von ihnen haben Wurzeln in der ehemaligen Sowjetunion.[5] Angesichts der Gesamtpopulation Österreichs mit gegenwärtig etwa 8,8 Millionen Einwohnern und Einwohnerinnen, handelt es sich folglich um eine sehr kleine Minderheit, die nur ca. 0,16 Prozent der Gesamtbevölkerung entspricht.[6] Dennoch sind antisemitische Einstellungen und Weltbilder in Teilen der österreichischen Bevölkerung durchaus verbreitet. Diese sind aber keineswegs auf den „rechten Rand" oder Teile muslimischer oder arabischer Communities reduzierbar, sondern reichen bis weit in die „Mitte" der Gesellschaft hinein.[7]

---

4   Embacher 1995, 21.
5   Israelitische Kultusgemeinde 2017 sowie Marijana Miljković, „Von einer Blüte ist keine Rede", in: derStandard.at, 11.09.2008. Die letzte Volkszählung, in der das Religionsbekenntnis amtlich erhoben wurde, stammt aus dem Jahr 2001. Dieser zufolge lebten 8.140 Juden und Jüdinnen in Österreich, davon 6.988 in Wien. Vgl. Statistik Austria, 01.06.2007.
6   Vgl. hierzu etwa: Statistik Austria, 27.12.2017.
7   So kam beispielsweise im Mai 2017 an die Öffentlichkeit, dass Jus-Studierende und führende Vertreter der ÖVP-nahen Aktionsgemeinschaft (AG) und der Jungen ÖVP NS-verharmlosende und antisemitische Inhalte teilten: In Whatsapp-Chats und Facebookgruppen posteten Einzelne Fotos von Aschehaufen und versahen diese mit dem Kommentar „Leaked Anne Frank nudes" oder teilten NS-Propagandamaterial. Die Postings stießen in der Öffentlichkeit auf massive Ablehnung und Kritik und führten zum Ausschluss der Betroffenen aus der AG. Juristische oder weitere politische Konsequenzen folgten allerdings nicht. Eines der der damaligen Mitglieder arbeitet gegenwärtig (Stand: Jänner 2019) sogar als Referent in der Integrationssektion der türkis-blauen Regierung. Erwähnt sei außerdem die Debatte um ein Inserat des Alumniklubs der Johannes-Kepler-Universität in Linz. In diesem warb ebengenannter ausgerechnet mit einem Textauszug aus dem „Treuelied" der SS – „…So bleiben wir doch treu" – um neue Mitglieder. Im Jänner 2019 kam es daher zur Anzeige wegen Wiederbetätigung. Rektor Meinhard Lukas kündigte an, Schritte gegen die Verantwortlichen zu unternehmen. Nina Horaczek, „Das ist ein Super-GAU!", in: Falter 19/2017, 09.05.2017; Sebastian Fellner/Oona Kroisleitner, Antisemitische Postings in der Gruppe der Aktionsgemeinschaft, in: derStandard.at, 09.05.2017; „Riesige Dummheit": AG-Funktionäre verschicken Judenwitze, in: Die Pres-

Arik Brauer spielt in seiner eingangs zitierten Aussage auf Formen des Antisemitismus an, die im gegenwärtigen Österreich verbreitet sind: auf den israelbezogenen Antisemitismus (unter MuslimInnen) auf der einen Seite, den sekundären und traditionellen Antisemitismus auf der anderen Seite. Israelbezogener Antisemitismus wurde in Österreich – nachdem er in den 1970er und 1980er-Jahren unter Teilen der Linken stark war – vor allem im 21. Jahrhundert wieder sichtbarer. Formen des traditionellen und sekundären Antisemitismus hingegen reichen geschichtlich weiter zurück und sind eng verwoben mit Österreichs Umgang mit seiner NS-Vergangenheit und einer langen antisemitischen Tradition.

Mit ca. 700.000 Personen bzw. acht Prozent der Gesamtpopulation bildet die muslimische Bevölkerung eine weitaus größere Minderheit in Österreich als die jüdische. Weniger als die Hälfte der MuslimInnen besitzt die österreichische Staatsbürgerschaft.[8] Da diese in der Regel nach dem Grundsatz des *ius sanguinis* vergeben wird, ist sie für EinwanderInnen nach Österreich vergleichsweise schwierig zu bekommen[9] bzw. kann bei vorliegender türkisch-österreichischer Doppelstaatsbürgerschaft auch wieder aberkannt werden.[10] Zwar lebten bereits vor den 1960er-

---

se, 09.05.2017; Keine Anklage nach antisemitischen Postings in AG-, in: derStandard.at, 10.01.2019; Vanessa Gaigg/David Krutzler, Antisemitische AG-Chats: Mitglied arbeitet im Außenministerium, in: derStandard.at, 18.01.2019; Inserat mit SS-Liedtext in Heft des Linzer Burschenbundballs, in: derStandard.at, 13.01.2019.

8   2001 wurde in Österreich die letzte Volkszählung, in der auch die Religionszugehörigkeit erhoben wurde, durchgeführt. Auf Basis dieses Datenmaterials kann seither nur geschätzt werden, wie viele MuslimInnen in Österreich leben und aus welchen Herkunftsländern diese bzw. deren Eltern- und Großelterngenerationen stammen. 2001 gaben knapp 340.000 in Österreich lebende Personen an, sich zum islamischen Glauben zu bekennen. Mit 01.01.2018 hatten 120.000 in Österreich beheimatete Personen die türkische, 95.000 die bosnische Staatsbürgerschaft. Vgl. Statistik Austria, 23.05.2017.

9   Neben dem Abstammungsprinzip *(ius sanguinis)* ist es in Österreich auch möglich, die Staatsbürgerschaft durch Verleihung zu erwerben. Dafür müssen allerdings zahlreiche Vorgaben erfüllt sein. Mit der Staatsbürgerschaftsnovelle 2005 wurde die Möglichkeit einer Staatsbürgerschaft durch Verleihung deutlich erschwert. Vgl. Valchars 2006, darin insbesondere 10–19.

10 Die von der FPÖ geforderten Aberkennungsverfahren gegen Personen mit illegaler türkisch-österreichischer Doppelstaatsbürgerschaft begannen im Frühjahr 2018, wurden aber mittlerweile wieder eingestellt. Sie wurden nach dem Verfassungsreferendum in der Türkei vom April 2018 eingeleitet, als durch die Weitergabe von Wählerlisten der Verdacht aufkam, es könnte zehntausende Fälle illegaler Doppelstaatsbürgerschaften geben. Kurz darauf aber machte die FPÖ mit der Idee, Doppelstaatsbürgerschaften für SüdtirolerInnen *neu* einzuführen auf sich aufmerksam. Vgl. dazu etwa: Oberösterreichisches Gericht bestätigte Aberkennung von Doppelstaatsbürgerschaften, in: derStandard.at, 08.05.2018; Türkei-Referendum: Erst 70 Pässe aberkannt, in: Tiroler Tageszeitung, 08.08.2018 sowie Pass für Südtiroler. Regierung dementiert Gesetzesentwurf, in: derStandard.at, 23.07.2018.

Jahren vereinzelt MuslimInnen in Österreich[11], doch begann der umfassende Zuzug einer größeren Zahl an MuslimInnen – ähnlich wie in Deutschland – erst mit der „GastarbeiterInnen"-Anwerbung in der Türkei und im ehemaligen Jugoslawien in den 1960er-Jahren. Mit den Jugoslawienkriegen in den 1990er-Jahren, insbesondere während und nach dem Bosnienkrieg von 1992 bis 1995, flohen ca. 90.000 (bosnische) MuslimInnen nach Österreich. Diese stellen heute – gemeinsam mit MuslimInnen mit türkischer Migrationsgeschichte – die größte Gruppe unter der österreichisch-muslimischen Bevölkerung dar. Auch die Konflikte in und Kriege um Tschetschenien haben seit ihrem Anfang in den 1990er-Jahren Auswirkungen auf Österreich. Zehntausende (muslimische) TschetschenInnen sahen sich seither zur Ausreise gezwungen, davon ließen sich viele in Deutschland, einige Tausend aber auch in Österreich nieder.[12] Mit den 2015 einsetzenden großen Fluchtbewegungen aus Syrien, Afghanistan und weiteren muslimisch geprägten Ländern schließlich, von denen Deutschland und Österreich vergleichsweise stark betroffen waren, stellten über 100.000 Geflüchtete in Österreich einen Asylantrag.[13]

Im Folgenden werden antisemitische Erscheinungsformen und Debatten um Antisemitismus im Österreich des 21. Jahrhunderts beleuchtet, wobei der Fokus auf österreichischen Spezifika im Kontext globaler Entwicklungen liegt. Einige Besonderheiten ergeben sich bereits aus dem direkten geschichtlichen Vergleich mit der Bundesrepublik Deutschland: So bezog man sich im Nachkriegsösterreich auf die so genannte „Opferthese", eine Halbwahrheit, mit der sich Österreich als „erstes Opfer Hitlers" stilisierte[14] und Restitutionsforderungen zu minimieren wusste. Der Staat Israel, der die „Opferthese" anerkannte und auf Restitutionszahlungen durch Österreich verzichtete (allerdings Zahlungen an individuelle Opfer unterstützte), nahm schon 1950 konsularische Beziehungen zu Österreich auf. Ein größeres Bewusstsein für Israel entstand in der österreichischen Bevölkerung aber erst mit dem →„Sechstagekrieg": Blieben Feierlichkeiten anlässlich der Staatsgründung Israels noch relativ unbeachtet, löste Israels Sieg 1967 vor allem in rechten

---

11 Diesbezüglich sei auch erwähnt, dass die muslimisch geprägte Provinz Bosnien-Herzegowina 1878 von Österreich okkupiert und 1908 formell annektiert wurde. 1912 wurde daher in Österreich das Islamgesetz eingeführt, das als erster Versuch einer staatlichen Verankerung des Islam in Europa gilt und Muslimen hanefitischer Rechtsschule dasselbe Recht wie römisch-katholischen Christen zusprach. Bosnien-Herzegowina gehörte bis zum Ende des Ersten Weltkrieges zu Österreich. Nach 1945 war der Anteil an MuslimInnen in Österreich aber sehr gering. Vgl. Kreisky 2010, 11–15.
12 Vgl. etwa: Goujon/Jurasszovich/Potančoková, 2017, 11; Statistik Austria, 23.05.2017; Heine/Lohlker/Potz 2012, 19–20; Embacher 2005, 57–58; zur Integrationspolitik in Deutschland: Vogel 2010, 43–56 sowie detaillierter zur Immigration nach Österreich Perchinig 2010, 97–116.
13 Vgl. dazu: Statistik Austria, Asylstatistiken 2015–2018.
14 Vgl. etwa: Steininger 1997, 217.

Kreisen eine regelrechte Israeleuphorie aus.[15] Anders verlief die Entwicklung in der Bundesrepublik Deutschland, die sich für die NS-Verbrechen zu verantworten hatte: Obwohl die BRD 1952 relativ großzügigen Restitutionszahlungen zustimmte, weigerte sich Israel bis 1965, diplomatische Beziehungen mit der BRD aufzunehmen. Außerdem kam es in der BRD bereits kurz nach Ende des Zweiten Weltkrieges zu einem „von oben verordneten Philosemitismus" und normativen „Antisemitismus-Verbot",[16] das mit einer umfassenden Tabuisierung des Antisemitismus einherging.[17] Dies führte dazu, dass Antisemitismus auf politischer Ebene wenn, dann auf subtile bzw. latente Weise geäußert wurde – eine Form des sekundären Antisemitismus, die besonders in der BRD stark vorhanden war. In Österreich hingegen gab es keine vergleichbaren Bemühungen, philosemitische Einstellungen in der Innen- und Außenpolitik zu etablieren, und der Antisemitismus wurde in der Nachkriegszeit weniger stark tabuisiert.[18] Auf politischer Ebene hatte man daher auch weniger Scheu, sich mitunter klar antisemitisch zu äußern und griff seltener auf verklausulierte Formen zurück als in der BRD. Philosemitismus spielte in Österreich erst im Kontext der Waldheim-Affäre 1986, im Zuge derer eine „anti-antisemitische Zivilgesellschaft" erstarkte, eine Rolle. Auf der anderen Seite entstand mit der Übernahme der FPÖ-Parteiführung 1986 durch Jörg Haider in Österreich bereits früh eine rechtspopulistische Partei, die seither nicht nur auf Landesebene, sondern bereits zum zweiten Mal auch auf Bundesebene eine der Regierungsparteien stellt. In der BRD hingegen setzte in den 1980er-Jahren keine mit dem FPÖ-Aufstieg vergleichbare Entwicklung ein. Gleichzeitig finden sich aber einige Parallelen zwischen dem Werdegang der FPÖ in Österreich und dem Aufstieg Le Pens *Front National* in Frankreich.

In Bezug auf Antisemitismus seit dem beginnenden 21. Jahrhundert ist zu diskutieren, ob die →*Zweite Intifada* auch für Österreich eine Zäsur darstellt, warum antizionistisch-antiimperialistische linke Gruppierungen in Österreich nur eine marginale Rolle spielen und warum bzw. in welchem Kontext öffentlich propalästinensisches Engagement erst mit dem Jahr 2010 eine breitere Bevölkerung in Österreich erreichte. Ein besonderes Augenmerk gilt außerdem der Entwicklung der FPÖ im 21. Jahrhundert, die sich trotz zahlreicher antisemitischer Vorfälle in den eigenen Reihen als „Beschützerin der Juden" gerierte, ihren antiisraelischen Kurs 2010 überraschend schnell durch einen proisraelischen ersetzte und seit 2017 zum zweiten Mal gemeinsam mit der ÖVP die Bundesregierung bildet.

---

15 Zur Israeleuphorie stark beigetragen haben vor allem die Berichte in der *Kronen Zeitung*. Vgl. Embacher/Reiter 1998, 45; 57–58; 129–135.
16 Siehe Reiter 2014, 24.
17 Vgl. zum verordneten Philosemitismus in Deutschland insbesondere: Stern 1991.
18 Bergmann 2004, 122–123.

4.2 „OPFERTHESE": JÖRG HAIDER UND DIE SPALTUNG DER LINKEN – SCHLAGLICHTER DER GESCHICHTE DES ANTISEMITISMUS IN ÖSTERREICH

Die ersten Nachkriegsjahre

Die österreichische „Opferthese" geht auf die *Moskauer Deklaration* zurück, mit der 1943 die Alliierten den österreichischen Widerstand zu motivieren suchten. Im ersten Teil wird darin Österreich als Land, das „der typischen Angriffspolitik Hitlers zum Opfer fallen sollte",[19] bezeichnet, der zweite Teil aber attestiert Österreich eine Mitverantwortung an den NS-Verbrechen.[20] Sich ausschließlich auf den ersten Teil beziehend, stilisierte sich Österreich zum ersten Opfer der NS-Eroberungspolitik und verstand es, diese Halbwahrheit für Staatsvertrags- und Restitutionsverhandlungen einerseits, zur moralischen Entlastung andererseits geschickt zu nutzen. Obwohl dies den Westmächten durchaus bewusst war, fungierte Österreich im Kalten Krieg als deren anerkannter Partner. Wie bereits erwähnt erkannte Israel die „Opferthese" an, stellte als Staat keine Restitutionsforderungen und nahm bereits 1950 konsularische Beziehungen mit Österreich auf.[21] Seitens großer Teile der österreichischen Bevölkerung wurde dieser „staatstragende Gründungsmythos"[22] übernommen und verhinderte für Jahrzehnte eine ernsthafte Auseinandersetzung mit der NS-Ideologie.[23] Der „Opfermythos" hatte auch maßgebliche Auswirkungen auf das anfangs relativ ungehinderte Fortwirken des Antisemitismus.[24] Anders als in der BRD, die nach 1945 die Verantwortung für die NS-Verbrechen übernehmen musste und vor allem auf politischer Ebene keinen offenen Antisemitismus mehr tolerieren konnte, wurde dieser in Österreich nach Ende des Zweiten Weltkrieges anfangs noch weitaus offener tradiert.[25] Erst allmählich wurde Antisemitismus auch in der österreichischen Öffentlichkeit tabuisiert und als scheinbar ausschließlich rechtsradikales Phänomen marginalisiert.[26] Die Tabuisierung führte zu subtileren und latenteren Strategien für die Kommunikation antisemitischer Überzeu-

---

19 Siehe etwa Verosta 1947, 52; oder Möller 2015, 25.
20 In der Deklaration heißt es dazu: „Österreich wird aber auch daran erinnert, daß es für die Teilnahme am Kriege an der Seite Hitler-Deutschlands eine Verantwortung trägt, der es nicht entrinnen kann, und daß anläßlich der endgültigen Abrechnung Bedachtnahme darauf, wieviel es selbst zu seiner Befreiung beigetragen haben wird, unvermeidlich sein wird.". Siehe Verosta 1947, 52.
21 Embacher/Reiter 1998, 57.
22 Siehe Reiter 2014, 23.
23 Ebd. sowie Hödl/Lamprecht 2005, 142.
24 Ebd.
25 Reiter 2014, 24.
26 Holz 2001, 491; Wodak u.a. 1990, 13.

gungen auf offizieller Ebene, etwa in Form bestimmter Codes und Andeutungen (z.B.: „Ostküste" oder „Wallstreet"). Daneben traten weitere Formen eines „sekundären Antisemitismus" auf – insbesondere Täter-Opfer-Umkehrungen und vehemente Erinnerungsabwehr, was wiederum durch die „Opferthese" begünstigt wurde. „Rassentheoretische" Begründungen antisemitischer Überzeugungen hingegen nahmen nach 1945 weitgehend ab.[27] Eine Ausnahme stellt hier der korporierende Antisemitismus einiger deutschnationaler Burschenschaften dar, die sich selbst nach 1945 teilweise noch auf den „Arierparagraphen" bezogen.[28]

Österreich weigerte sich lange, Entschädigungszahlungen zu leisten, NS-Verbrecher zu verurteilen, die Entnazifizierung[29] – die (wie auch in Deutschland) nicht ohne Probleme verlief – voranzutreiben oder Vertriebene zur Rückkehr einzuladen.[30] Letzteren warf man vielmehr „Vaterlandsverrat" vor und unterstellte ihnen, die Kriegszeit im Ausland weitaus besser verbracht zu haben als die in Österreich Gebliebenen.[31] In diesem nachkriegszeitlichen Klima konnten antisemitische und stereotype Bilder über Juden und Jüdinnen in großen Teilen der österreichischen Bevölkerung überdauern.[32] Besonders im Kontext der schlechten Versorgungslage einerseits, der vorübergehenden Anwesenheit Hunderttausender (darunter zehntausender jüdischer) *Displaced Persons* (DPs) andererseits, konnten fremdenfeindliche und antisemitische Einstellungen rasch mobilisiert werden, wovon zahlreiche tätliche Auseinandersetzungen zwischen „Autochthonen" und DPs in den Nachkriegsjahren zeugen.[33] Jüdischen Überlebenden der Konzentrationslager wurde teilweise mit besonders heftigen Anfeindungen begegnet, waren die von manchen als „Hitlers Unvollendete"[34] Bezeichneten doch der lebende Beweis für die Mitschuld der ÖsterreicherInnen an NS-Verbrechen, welche wiederum vehement geleugnet wurde.[35] Obwohl mit der Gründung des Staates Israel 1948 die letzten jüdischen DPs Österreich verließen und fortan nur noch 12–15.000 Juden und Jüdinnen in Österreich lebten, blieben antisemitische Einstellungen

---

27 Bergmann 2004, 122–123.
28 Schiedel/Neugebauer 2002, 14; sowie detaillierter: Weidinger 2015.
29 Vgl. zur Entnazifizierung etwa: Huber 2016.
30 Bergmann 2004, 122–123.
31 Reiter 2014, 27.
32 Neugebauer 1995, 347; sowie Reiter 2014, 25. Die „Affäre Kuntschak" wird hier bewusst nicht als Beispiel angeführt, da mittlerweile Zweifel an der Richtigkeit des im Dezember 1945 veröffentlichten Berichts des Schweizer „Israelitischen Wochenblatts", nach dem der Politiker Leopold Kuntschak vor einer großen Menschenmenge seinen Antisemitismus offen bekundet haben soll, aufgekommen ist. So verwundert es etwa, dass keine einzige andere Quelle für dieses Ereignis zu finden ist. Vgl. Paul Mychalewicz, Wie „unbelehrbar" war Leopold Kunschak wirklich?, in: derStandard.at, 15.03.2013.
33 Albrich 2002, 78–80; Reiter 1995, 323–345.
34 Siehe etwa: ebd., 75.
35 Reiter 2014, 26.

bestehen, weshalb auch von einem „Antisemitismus ohne Juden" in Österreich gesprochen wird.[36]

1949 wurde der *Wahlverband der Unabhängigen*, später *Verband der Unabhängigen* (VdU) gegründet, der sowohl deutschnational als auch antiliberal ausgerichtet war und insbesondere in den ersten Jahren nach seiner Gründung gezielt auf ein antisemitisches Weltbild aufbaute, um „den germanischen Charakter des Landes zu bewahren."[37] Zahlreiche ehemalige NSDAP-Mitglieder engagierten sich in der Partei, die sich mit ihrem Programm auch ganz gezielt an die „Ehemaligen" richtete.[38] Nachdem der VdU 1955 zerbrach, wurde er durch die *Freiheitliche Partei Österreichs* (FPÖ) ersetzt. Erster Parteiobmann war der rechtsnationale ehemalige NSDAP-Minister Anton Rheintaller. Auch im Parlament trat der VdU bzw. die FPÖ klar für die Belange ehemaliger Nationalsozialisten, darunter auch schwer belasteter Täter, ein. So drängten insbesondere Mitglieder dieser Partei auf weitere Amnestiegesetze, ein Ende der Kriegsverbrecherprozesse und forderten einen „Schlussstrich" unter die Diskussionen um NS-Verbrechen – nie aber unter die Pflege eigener „Kriegstraditionen" wie etwa das Gedenken an Mitglieder der Waffen-SS.[39]

Besonders im Zuge der „Wiedergutmachungsdebatten" seit den 1940er- und 1950er-Jahren kam es wiederholt zu antisemitischen „Entgleisungen", die auch auf politischer Ebene – teilweise offen – verlautbart wurden und nicht auf latente Kommunikationsstrategien eines sekundären Antisemitismus zurückgriffen. Anders als in Deutschland, wo man bereits 1952 zu umfassenden „Wiedergutmachungszahlungen" bereit war, willigte Österreich – unter Druck der westlichen Alliierten – erst 1953 ein, erste Gespräche mit dem *Committee for Jewish Claims on Austria* zu führen. Die österreichische Regierung entschied sich dazu, die äußerst komplexen, viele Themen behandelnden Verhandlungen bewusst in die Länge zu ziehen und nur teilweise Zugeständnisse zu machen, um mit diesen wiederum die Verhandlungspartner zu schwächen. Österreich profitierte nicht nur von dieser Verhandlungstaktik – die allerdings in der Öffentlichkeit den Eindruck erweckte, „die Juden" würden immer wieder Geld verlangen –, sondern auch von der „Opferthese", auf Basis derer es die geforderten Zahlungen zu minimieren wusste. Die Verhandlungen wurden erst 2000 – und damit 47 Jahre nach ihrem Beginn – abgeschlossen.[40]

In den 1950er- und 1960er-Jahren kam es in Österreich wie in vielen anderen europäischen Ländern – auch als Folge des Eichmann-Prozesses – zu einer Reihe antisemitischer Tathandlungen, Drohungen und Provokationen. Kurz nachdem in

---

36 Der Begriff stammt von Bernd Marin. Vgl. dazu auch Albrich 2002, 82.
37 Siehe Bunzl 2009, 41.
38 Rauchensteiner 1997, 267; Adunka 2002, 15.
39 Vgl. dazu insbesondere: Reiter 2017, 143–159; Falter 2017, 160–174 und Erker 2017, 175–192. Daneben auch: Luther 1995, 138.
40 Bailer-Galanda 2015, 36; sowie umfassender: Bailer-Galanda 2003.

Köln die Synagoge geschändet worden war, folgten in Österreich ca. 90 antisemitische Schmieraktionen. In Innsbruck, Klagenfurt sowie gleich vier Mal in der kleinen niederösterreichischen Stadt Horn wurden Friedhöfe zerstört, in Mallnitz wurde gar ein „Judenschlitten" in einem Faschingszug vorgeführt. Während in Deutschland Kanzler Adenauer das Wort ergriff und antisemitische Schmieraktionen und Schändungen klar verurteilte, blieb eine vergleichbare Reaktion seitens der österreichischen Bundesregierung aus. In Deutschland formierte sich bereits in den 1960er-Jahren eine Zivilgesellschaft, die anlässlich der antisemitischen „Welle" gegen Antisemitismus auf die Straße ging. In Österreich hingegen entstanden keine vergleichbaren Solidaritätskundgebungen in der Bevölkerung.[41] Kam es zu Verhandlungen anlässlich antisemitischer Handlungen, so zeichneten sich diese üblicherweise durch große richterliche Nachsicht aus. Letztere hing nicht selten mit personellen Kontinuitäten zusammen, die sich nicht nur auf die Rechtsprechung erstreckten, sondern auch im Verwaltungs- und Schulbereich sowie an den Universitäten üblich waren und dem antisemitischen Denken im Nachkriegsösterreich zum Überdauern verhalfen.[42]

Ein herausragendes Beispiel für die Persistenz antisemitischer Einstellungen an Universitäten, die insbesondere in den ersten Nachkriegsjahrzehnten „Hochburgen des Antisemitismus"[43] waren, ist die so genannte Borodajkewycz-Affäre des Jahres 1965. Sie steht auch für die politische Verschleierung bzw. Duldung antisemitischer und antidemokratischer Haltungen in Österreich, gleichzeitig aber auch für die deutliche Zunahme kritischer Gegenstimmen. Im Zuge dieser Affäre forderten Wiener Studierende die Entlassung des offen antisemitischen und mit der NS-Ideologie weiterhin sympathisierenden Historikers Taras Borodajkewycz, der bereits 1934 als Illegaler der NSDAP beigetreten war. Bei Zusammenstößen zwischen GegnerInnen und AnhängerInnen Borodajkewycz' verletzte der vorbestrafte Rechtsradikale Günther Kümel den 67-jährigen Widerstandskämpfer und KZ-Überlebenden Ernst Kirchweger tödlich, welcher damit zum ersten politischen Todesopfer der Zweiten Republik wurde.[44] Die Betroffenheit um den Tod Kirchwegers führte in Teilen der österreichischen Bevölkerung dazu, demokratische Werte bewusster hochzuhalten und sich von „Ewiggestrigen" zu distanzieren; Borodajkewycz wurde 1966 frühzeitig in Pension geschickt.[45]

---

41 Adunka 2002, 24–25.
42 Hödl/Lamprecht 2005, 142. Als Beispiel für große richterliche Nachsicht sei Franz Murer erwähnt, der in den 1960er-Jahren freigesprochen wurde, obwohl hinreichende Beweise für eine Verurteilung vorlagen. Der österreichische Regisseur Christian Frosch veröffentlichte dazu 2018 den Film „Murer. Anatomie eines Prozesses".
43 Taschwer 2015.
44 Kasemir 1995, 486–497.
45 Ebd.; sowie ausführlich: Kropiunigg 2015; Fischer 2015.

Die österreichische Linke und ihr Verhältnis zu Israel

Der →„Sechstagekrieg" von 1967 markierte für linke Parteien in westeuropäischen Ländern wie Großbritannien, Frankreich oder der BRD einen Wendepunkt hin zu einem kritischeren Verhältnis zu Israel. Für Parteien und Gruppierungen der „traditionellen Linken" in Österreich hingegen – zu erwähnen sind hier insbesondere die SPÖ und KPÖ und deren Unterorganisationen – setzte zu diesem Zeitpunkt noch keine vergleichbare Zäsur ein.[46] Nur in Teilen der KPÖ fanden sich auch kritische Stimmen gegen Israel, die sich ihrerseits am Antizionismus der Sowjetunion orientierte. Mit der Kritik an Israel gingen in der Regel auch antiamerikanische Positionen, die wiederum mit dem zeitlich parallel stattfindenden Vietnamkrieg zusammenhingen, einher. In den 1960er-Jahren bildete sich aus Studentenbewegungen die *Neue Linke* heraus, die sich von der stark parteigebundenen traditionellen Linken klar abgrenzte.[47] Anders als in der BRD, wo sich relativ rasch nach dem „Sechstagekrieg" eine Spaltung innerhalb der Linken abzeichnete, blieb diese in Österreich 1967 noch überwiegend proisraelisch eingestellt.[48] Erst allmählich, im Kontext der 68er-Bewegung und einer verstärkten Ideologisierung und Theoretisierung innerhalb der *Neuen Linken* in Österreich, nahmen israelkritische Haltungen erstmals deutlicher zu. In den 1970er-Jahren zerfiel die *Neue Linke* schließlich in zahlreiche Kleingruppen marxistisch-leninistischer, trotzkistischer, reformkommunistischer, maoistischer oder stalinistischer Ausrichtung. Angesichts weltweit stattfindender Dekolonisierungsprozesse in den 1970er-Jahren übernahm auch die österreichische *Neue Linke* verstärkt antikoloniale und antiimperialistische Positionen, die sie zunehmend mit einem politischen Antizionismus verbanden. Im Kontext des →Yom-Kippur-Krieges 1973 wurde die antiisraelische und propalästinensische Haltung innerhalb der *Neuen Linken* zusätzlich gestärkt. Anders als in der KPÖ, die weiterhin gemäßigt antiisraelisch auftrat, setzte sich in einigen der linken Kleingruppen ein besonders heftiger Verbalradikalismus durch, der auch mit Schuldumkehr bzw. Schuldverschiebung einherging. Die radikale Ausdrucksweise wiederum führte zur Isolation und Marginalisierung der *Neuen Linken*.[49]

In der österreichischen Linken kam es erst mit dem Jahr 1982 zu intensiveren innerlinken Antisemitismus-Debatten.[50] Auslöser für die heftigen Diskussionen waren Ereignisse im Zuge des →Libanonkriegs im selben Jahr, insbesondere das Massaker in den palästinensischen Flüchtlingslagern Sabra und Shatila. Bei diesem

---

46 Reiter 2001, 107–108.
47 Ebd., 11–12.
48 Ebd., 110–145.
49 Ebd., 187–197.
50 Embacher/Reiter 1998, 199–228. Vgl. zur Situation in Deutschland etwa: Kloke 1994; sowie Ullrich 2013 und 2014.

wurden bis zu 3.500 unbewaffnete Männer, Frauen und Kinder durch christlich-falangistische Milizen, die mit Israel verbündet waren, getötet. Israelische Streitkräfte schritten gegen die Ermordung der Flüchtlinge nicht ein und machten sich dadurch mitverantwortlich für den Massenmord.[51] Der Libanonfeldzug wurde sowohl außerhalb als auch innerhalb Österreichs umfassend abgelehnt und führte selbst in konservativen und teilweise auch in jüdischen Kreisen zu einer massiven Verschlechterung des Israelbildes. Kennzeichnend für die Rezeption des Libanonkrieges in Österreich, wie auch in vielen europäischen Ländern, sind zahlreiche NS-Vergleiche. So war etwa in der bis zu diesem Zeitpunkt auffallend proisraelisch berichtenden *Kronen Zeitung* nun zu lesen: „Sie hatten in den palästinensischen Flüchtlingslagern gewütet wie einstens die Einsatzkommandos der SS in Osteuropa."[52] Die sich NS-Vergleichen, aber auch Vorurteilen und Stereotypen aus dem traditionell-antisemitischen Repertoire bedienende Kritik an Israel führte nicht nur innerhalb der Linken, sondern in ganz Österreich zu Debatten um das Verhältnis von Antizionismus und Antisemitismus. Diese verliefen auch vor dem Hintergrund der eigenen österreichischen NS-Vergangenheit, um deren Entlastung man sich bemühte.[53] Diskussionen kreisten insbesondere um Aussagen, die antisemitische Verschwörungstheorien oder NS-Gleichsetzungen beinhalteten. So war teilweise von einer „jüdischen Lobby" die Rede; wieder andere VertreterInnen der *Neuen Linken* beschuldigten Österreich und andere „imperialistische Staaten", Israel durch Rückendeckung bei der Errichtung „neuer Konzentrationslager und Gefängnisse" als Antwort auf den palästinensischen Aufstand 1987, der →*Ersten Intifada*, zu unterstützen oder „aus schlechtem Gewissen, daß der Holocaust auf unserem Gebiet stattgefunden hat […] [einen] Holocaust in Palästina [zu] tolerier[en]." Weiters war von einer „Interessensidentität von Nazis und Zionisten" bzw. der Behauptung, der israelische Staat würde wie der NS-Staat auf einer „krankhaften Herrenrasseideologie" fußen, zu lesen. Auf Basis dieser und ähnlicher Aussagen entbrannte eine breite innerlinke Diskussion um antizionistischen Antisemitismus, die auf ganz ähnliche Weise auch in Deutschland geführt wurde. Seither werden innerhalb der antizionistischen Linken in beiden Ländern zwar offene NS-Vergleiche weitgehend vermieden, dennoch kam es zu Spaltungen innerhalb der *Neuen Linken*.[54] Mit der Wiedervereinigung 1990 entstand in Deutschland die Gruppe der *Antideutschen*. Dabei handelt es sich – grob gesprochen – um eine pro-israelische Linke, die in einem geringeren Ausmaß auch in Österreich – vor allem mit dem *Café Critique* – Fuß fassen konnte. In Österreich setzte sich damit die Spaltung der *Neuen Linken* im Kontext der *Zweiten Intifada* weiter fort.

---

51 Jaeger/Tophoven 2011, 107; sowie Johannsen 2009, 31.
52 Siehe Reiter 2001, 287.
53 Embacher/Reiter 1998, 215–227.
54 Siehe und vgl. Edthofer 2017, 412–415.

Eine zentrale Rolle in den Antisemitismusdebatten seit den 1970er-Jahren kam Bruno Kreisky zu. Der Sozialdemokrat, Jude und zurückgekehrte Emigrant war von 1970 bis 1983 österreichischer Bundeskanzler, was der Historikerin Margit Reiter zufolge durchwegs als „politische Sensation" gelten kann, insbesondere vor dem Hintergrund der starken antisemitischen Tradition Österreichs.[55] Diese spielte auch beim Wahlkampf 1970 eine Rolle, als die ÖVP mit den Worten „Ein echter Österreicher" für ihren Bundeskanzlerkandidaten Josef Klaus warb und damit indirekt auf Kreiskys jüdische Abstammung anspielte.[56] Internationale Aufmerksamkeit erlangte Kreisky durch seine Initiativen im Israel-Palästina-Konflikt. Als erster westlicher Bundeskanzler lud er 1979 Jassir Arafat offiziell nach Wien ein, um eine internationale Anerkennung der PLO als legitime Interessensvertretung der PalästinenserInnen zu unterstützen und sie mit der *Sozialistischen Internationale* zu vernetzen.[57] Internationale Kritik brachte ihm auch seine Aussage: „Wenn die Juden ein Volk sind, so ist es ein mieses Volk." Damit bezog er sich auf die Politik von Menachem Begin, der 1977 mit seiner Likud-Partei erstmals die Arbeiterpartei ablöste und damit den ersten rechten israelischen Ministerpräsidenten stellte. Seine Politik gegenüber den PalästinenserInnen lehnte Kreisky als Sozialdemokrat ab. Trotz seiner kritischen Haltung zur israelischen Politik gegenüber den PalästinenserInnen stellte er Israel als Staat nie in Frage.

Insbesondere im Ausland wurde auch Kreiskys Nachsichtigkeit gegenüber „Ehemaligen" kritisiert.[58] Dies gipfelte in der Kreisky-Peter-Wiesenthal-Affäre: Wenige Tage vor der Nationalratswahl 1975 veröffentlichte der KZ-Überlebende Simon Wiesenthal Dokumente aus der NS-Zeit, die den FPÖ-Parteiobmann und potentiellen SPÖ-Koalitionspartner Friedrich Peter stark belasteten. Kreisky verteidigte Peter und kritisierte Wiesenthal vehement, etwa indem er ihm unterstellte, mit „Mafia-Methoden" gegen Österreich zu arbeiten und mit seinen Aufdeckungen an einem erstarkenden Antisemitismus schuld zu sein. In einem Klima, in dem der österreichischen Bevölkerung nur wenige Juden bekannt waren, verkörperte Kreisky für viele ÖsterreicherInnen den „guten Juden" im Sinne eines „Entlastungsjuden", während Wiesenthal als „Rächer" und vor allem als „Nazijäger" in die Geschichte einging.[59] Reiter stellt zusammenfassend fest:

---

55   Reiter 2014, 28.
56   Röhrlich 2002, 162; sowie Wirth/Röhrlich 2018.
57   Riegler 2011, 452–453; Embacher/Reiter 1998, 156–162.
58   Reiter 2001, 267–281.
59   Dazu sei auch angemerkt, dass Wiesenthal von der ÖVP unterstützt wurde. Den von Wiesenthal übergebenen Dokumenten zufolge war Peter einer der aus nur 150 Mann bestehenden 1. SS-Infanteriebrigade, die an der Ostfront für die systematische Ermordung von 10.000 Zivilpersonen, darunter 8000 Juden, verantwortlich war. Die Affäre fand ihr Ende nach etwa zwei Monaten, nachdem Kreisky Aussagen gegen Wiesenthal, der mit hunderten Morddrohungen konfrontiert wurde, dementierte. Daraufhin ließ Wiesenthal seine

Mithilfe des jüdischen Bundeskanzlers Kreisky wurden die latent vorhandenen, fallweise an die Oberfläche kommenden antisemitischen Ressentiments kanalisiert und dank seiner jüdischen Herkunft und seines Amtes letztendlich legitimiert. Die Problematik um Bruno Kreisky ist ein komplexes Geflecht von jüdischer Identität, Ambivalenzen auf beiden Seiten und von Antisemitismus und Entlastungsbedürfnissen, die auch noch Jahrzehnte nach der Shoah wirksam waren.[60]

Waldheim-Affäre, Rechtspopulismus und Erstarkung einer kritischen Zivilgesellschaft

Nachdem sich der ehemalige UNO-Generalsekretär Kurt Waldheim als ÖVP-Kandidat um das Amt des Bundespräsidenten beworben hatte, kam Kritik an seinem bisherigen Schweigen über seine Tätigkeiten während der NS-Zeit auf. Kurz nach seiner Nominierung wurden Dokumente rund um seine Kriegsvergangenheit veröffentlicht. Aus ihnen ging hervor, dass Waldheim Mitglied der SA-Reiterstandarte und im *Nationalsozialistischen Deutschen Studentenbund* war sowie Stabsoffizier in einer Heeresgruppe der Wehrmacht in Griechenland, die auch an Deportationen griechischer Jüdinnen und Juden beteiligt war und brutal gegen jugoslawische PartisanInnen vorging.[61] Diese Enthüllungen stießen nicht nur im In-, sondern auch im Ausland auf scharfe, teils undifferenzierte Kritik. Besonders heftige Reaktionen kamen aus den USA, insbesondere seitens des *World Jewish Congress* (WJC), der Waldheim als „mutmaßlichen Kriegsverbrecher" beschuldigte. Die *New York Post* bezeichnete Waldheim gar als „SS-Schlächter". Waldheim entgegnete, er sei in keine Verbrechen verwickelt gewesen und habe als Wehrmachtssoldat lediglich seine „Pflicht erfüllt", womit er insbesondere bei ehemaligen Wehrmachtssoldaten großen Zuspruch erntete. Mit dieser Aussage löste er aber auch heftige Debatten um die NS-Vergangenheit und Mitverantwortung Österreichs aus. Außerdem kam es im Kontext dieser Debatten zu zahlreichen antisemitischen Manifestationen, die durch die von vielen als „Einmischung" erlebte Kritik des WJC und amerikanischer Medien (mit)ausgelöst wurden. So machte man für die Kritik an Waldheim vielfach eine „internationale Kampagne" oder eine „jüdische Weltverschwörung" verantwortlich. Auch von einer „jüdischen Presse und Macht" war die Rede oder man beließ es mit Begriffen wie „amerikanische Ostküste" bei antisemitischen Code-

---

    Klage, die er gegen Kreisky aufgrund seiner personenschädigenden Aussagen erhoben hatte, fallen. Siehe und vgl. Wodak u.a. 1990, 282–288; Reiter 2002, 102–103; sowie Böhler 1995.
60 Reiter 2014, 28.
61 Holz 2001, 493.

wörtern.[62] Vor diesem Hintergrund ist auch das Wahlplakat der ÖVP mit dem Slogan „Wir Österreicher wählen, wen *wir* wollen. Jetzt erst recht Waldheim" zu interpretieren.[63] Der ÖVP-Generalsekretär Michael Graff meinte in Reaktion auf die Vorwürfe gegen Waldheim gar: „Solange nicht bewiesen ist, daß Waldheim eigenhändig sechs Juden erwürgt hat, gibt es kein Problem."[64]

Die „Causa Waldheim"[65] wirkte sich auch auf die österreichisch-israelischen Beziehungen aus. Zwar reagierte das offizielle Israel, das selbst die „Opferthese" anerkannt und bisher wenig hinterfragt hatte, vorerst eher zurückhaltend, doch wurde der israelische Botschafter Michael Elizur zu Konsultationen nach Israel zurückberufen, was seitens österreichischer Medien teilweise scharf kritisiert wurde. In der israelischen Presse wiederum erschienen einige kritische Artikel über Waldheim, die auch international diskutiert wurden.[66] In Österreich begann mit Waldheim – „Symbol für die österreichische Lebenslüge"[67] – die „Opferthese" zu zerfallen. Eine Zivilgesellschaft formte sich und forderte eine neue Art der Auseinandersetzung mit der NS-Vergangenheit ein. Mit ihrer anti-antisemitischen Grundhaltung gingen teilweise auch philosemitische Einstellungen einher, was sich etwa in der inhaltlichen Fokussierung auf das oft recht einseitig dargestellte orthodoxe Judentum und jüdische SchriftstellerInnen und KünstlerInnen zeigte. In Deutschland hingegen waren philosemitische Bilder dieser Art bereits seit den 1950er-Jahren vorhanden. 1991 und damit 46 Jahre nach Kriegsende kam es das erste Mal zu einem offiziellen Eingeständnis einer Mitschuld von ÖsterreicherInnen an NS-Verbrechen durch Bundeskanzler Franz Vranitzky.[68] Hödl und Lamprecht stellen zusammenfassend fest:

> Die Waldheim-Affäre war der letzte Anstoß und gleichzeitig das wichtigste Movens für die Aktivierung eines Teiles der Bevölkerung zu einem Sprachrohr eines ‚anderen, aufgeklärten Österreich[s]', das in der klaren Verurteilung des Nationalsozialismus an internationale Standards in der Beurteilung der Vergangenheit, und damit auch der Shoah anschloß.[69]

Außerdem setzte mit der Waldheim-Affäre bzw. anlässlich des „Bedenkjahres 1988" eine intensive Erforschung der NS-Zeit in Österreich und der ersten Jahrzehnte

---

62 Reiter 2014, 28–29.
63 Wodak 1990, 59–120; Gehler 1995, 614–665; insbes. 662.
64 Hödl/Lamprecht 2005, 44.
65 Siehe dazu den Dokumentarfilm von Ruth Beckermann, „Waldheims Walzer", der im Herbst 2018 in die Kinos kam.
66 Embacher/Reiter 1998, 256–261.
67 Siehe Embacher 2018b, 259.
68 Pollak 2003, 338; Reiter 2014, 28–29; Stern 1991; sowie Embacher 2003.
69 Siehe Hödl/Lamprecht 2005, 144.

der Zweiten Republik ein, die sich anfangs mit der inhaltlichen Fokussierung auf Vertreibung, „Arisierung" und NS-Verbrechen vor allem auf Aspekte der „verdrängten Schuld" bezog. Wenig Aufmerksamkeit kam hingegen der Täterforschung zu.[70]

Zeitlich fiel Vranitzkys Eingeständnis mit Beitrittsverhandlungen zur Europäischen Union zusammen, die 1995 in der Aufnahme Österreichs mündeten. Die Große Koalition war seither nicht nur bemüht, (latenten) Antisemitismus aus ihren Reihen zu verbannen, sondern begann auch eine intensivere Zusammenarbeit mit der IKG Österreichs, die neben einer Vielzahl politischer und kultureller Aktivitäten auch den Ausbau des Jüdischen Museums in Wien und die Errichtung weiterer Institutionen mit sich brachte.[71] Seit den frühen 1990er-Jahren sind das Bekenntnis zur Mitverantwortung Österreichs sowie eine Absage an den Antisemitismus fixe Bestandteile offizieller Gedenkveranstaltungen.[72]

Einerseits stellt die Formierung der anti-antisemitischen Zivilgesellschaft und der (partielle) Zerfall[73] der „Opferthese" durchaus eine wichtige Zäsur in Österreich dar. Andererseits erfolgte zur gleichen Zeit der Aufstieg Jörg Haiders und damit des Rechtspopulismus in Österreich: Die FPÖ ging 1956 aus dem 1949 gegründeten *Verband der Unabhängigen* hervor, der bei den Wahlen im Jahr seiner Entstehung mit knapp 11,7 Prozent der Wählerstimmen einen großen Erfolg erzielte. Mit der Gründung der FPÖ aber – die sich grob gesprochen in einen völkisch-deutschnationalen sowie einen liberalen Flügel teilte – schrumpften die Wählerstimmen auf fünf bis sieben Prozent. 1986 übernahm der nationale Flügel, der besonders durch antisemitische Sprachhandlungen auffällig geworden war,[74] zu Lasten des bislang dominierenden liberalen Flügels die Parteiführung: Auf dem Innsbrucker Parteitag wurde der deutschnational Korporierte Jörg Haider zum neuen Parteiführer ernannt, womit eine grundlegende Richtungsänderung der FPÖ eingeläutet wurde.[75] Die Dominanz des nationalen Flügels nach dem Machtwechsel führte dazu, dass zahlreiche Rechtsextreme in die FPÖ eintraten, womit auch eine Zunahme antisemitischer, rassistischer und xenophober Anschauungen innerhalb der FPÖ einherging.[76] Unter Jörg Haider wurden antisemitische Aussagen von FPÖ-Funktionären wieder stärker toleriert. So blieb etwa die antisemitische, gegen

---

70 Weiss 2004, 59.
71 Bunzl 2009, 41
72 Reiter 2014, 29.
73 Obwohl die „Opferthese" stark an Bedeutung verloren hat, wird sie unter Teilen der österreichischen Bevölkerung nach wie vor vertreten. Für die jüngeren Generationen aber kommt ihr eine deutlich abnehmende Bedeutung zu. Vgl. dazu etwa für die Stadt Salzburg: Kühberger/Neureiter 2017.
74 Neugebauer 1995, 357.
75 Schiedel/Neugebauer 2002, 17.
76 Neugebauer 1995, 356. Die NPD erwies sich bald als überflüssig und wurde 1988 aufgelöst. Vgl. Schiedel/Neugebauer 2002, 17.

den bereits erwähnten KZ-Überlebenden Simon Wiesenthal gerichtete Aussage des FPÖ-Funktionärs Peter Müller „Wir bauen schon wieder Öfen, aber nicht für Sie, Herr Wiesenthal – Sie haben in Jörgl seiner Pfeife Platz" vorerst ohne Konsequenzen. Ein Parteiausschluss erfolgte erst nach gerichtlicher Verurteilung; zu einer öffentlichen Distanzierung seitens Jörg Haiders kam es nie.[77] Auch Haider selbst fiel durch etliche traditionelle und sekundär antisemitische, insbesondere NS-Verbrechen relativierende Aussagen auf. So behauptete er 1991 im Kärntner Landtag, als Möglichkeiten zur Eindämmung von Arbeitslosigkeit diskutiert wurden, „im Dritten Reich haben sie ordentliche Beschäftigungspolitik gemacht". Haider musste daraufhin als Landeshauptmann zurücktreten. 1995 bezeichnete er Konzentrations- und Vernichtungslager als Straflager und ehemalige Mitglieder der Waffen-SS als „anständige Menschen". Vier Jahre später wurde er wiedergewählt.[78]

Dass sich der nationale Flügel der FPÖ gegenüber dem bislang dominanten liberalen Flügel durchsetzen konnte, ist unter anderem im Kontext eines generell zu beobachtenden Erstarkens des Rechtspopulismus in Europa – insbesondere in Frankreich *(Front National)* und Belgien *(Vlaams Belang)* – zu sehen. Bereits in den Nationalratswahlen, die zwei Monate nach Haiders Parteiübernahme stattfanden, konnte die FPÖ ihre Wählerschaft auf knapp zehn Prozent verdoppeln.[79] Der offiziellen Infragestellung der „Opferthese" und der Hinwendung der Großen Koalition zur Europäischen Union begegnete die FPÖ unter Jörg Haider mit Skepsis.[80] In Reaktion auf die EU-Beitrittsverhandlungen, im Zuge derer die FPÖ in abwertender Weise von einer „Europäisierung von ÖVP und SPÖ" sprach, wandten sich die Freiheitlichen verstärkt dem Österreichpatriotismus zu. Diese Kursänderung bedeutete gleichzeitig eine vorübergehende Absage an den Deutschnationalismus, der ohnehin bereits an Mobilisierungskraft verloren hatte und dem Ziel, die FPÖ-Wählerschaft zu vergrößern, hinderlich geworden war.[81]

4.3 ANTISEMITISMUS IN ÖSTERREICH WÄHREND DER ZWEITEN INTIFADA

Im Kontext der →*Zweiten Intifada* wurde in einigen europäischen Ländern ein sprunghafter Anstieg antisemitischer Tathandlungen registriert. In einem ersten

---

77 Die Aussage wurde im Jahr 1990 getätigt. Siehe Neugebauer 1995, 357.
78 Hödl/Lamprecht 2005, 143; Hans Werner Scheidl, Eine schockierende Replik stoppte Jörg Haider, in: Die Presse, 17.06.2016; Die braunen Rülpser der FPÖ, in: kurier.at, 19.07.2017.
79 Gehler 1995, 630.
80 Bunzl 2009, 41.
81 Peham 2010, 472–473; sowie Schiedel/Neugebauer 2002.

von der EUMC[82] in Auftrag gegebenen und am *Zentrum für Antisemitismusforschung an der TU Berlin* verfassten Bericht[83] werden diesbezüglich teilweise große länderspezifische Unterschiede aufgezeigt. So traf die starke Zunahme antisemitischer Manifestationen insbesondere auf Frankreich, Belgien, die Niederlande und Großbritannien zu. Mit ihr ging auch die Sichtbarwerdung einer neuen Tätergruppe – junger muslimischer Männer – einher. Demgegenüber blieb es in Irland, Luxemburg, Finnland und Portugal – und damit in EU-Mitgliedstaaten mit nur sehr kleinen jüdischen Gemeinden – eher ruhig.[84] Auch in Österreich konnte – ähnlich wie auch in Deutschland – vorerst kein rasanter Anstieg antisemitischer Handlugen durch junge Muslime festgestellt werden. Dieser erfolgte im Unterschied zu Großbritannien und Frankreich erst später.

Antisemitismus im rechtsextremen und rechtspopulistischen Lager

Antisemitismus offenbarte sich in Österreich um 2002 – anders als etwa in Frankreich oder Großbritannien – vor allem in Form verbal artikulierter, diffuser traditioneller Stereotype, weniger aber durch Gewalttaten.[85] Der Hauptteil antisemitischer Meldungen entfiel auf Beleidigungen, antisemitische Flyer und Drohbriefe an die *Israelitische Kultusgemeinde*.[86] Grundsätzlich lässt sich feststellen, dass während der *Zweiten Intifada* traditioneller Antisemitismus in Österreich wieder sichtbarer wurde. Dies hängt auch mit der FPÖ- bzw. BZÖ-Regierungsbeteiligung zusammen, die zeitlich mit den Konflikten im Nahen Osten – u.a. auch mit dem →Libanonkrieg von 2006 – überlappte. Besonders rechtsextreme und -populistische Gruppierungen fielen in diesem Zeitraum durch ein höheres Maß an antisemitischen (Sprach-)Handlungen auf. Es ist davon auszugehen, dass der Erfolg der FPÖ bei den Nationalratswahlen 1999 und ihr Regierungseintritt dazu beigetragen haben, dass antisemitische Einstellungen zunehmend offener kommuniziert und wieder „salonfähiger" wurden, ein Klima der „‚neuen Toleranz' gegenüber traditionellem Antisemitismus" entstand und sich auch der Umgang mit der NS-Vergangenheit Österreichs seither von offizieller Seite her nachlässiger gestaltete.[87] Ebenfalls in dieser Zeitspanne kam es unter der im Jahr 2000 installierten blau-schwarzen Regierung zu hitzigen Debatten rund um die zweite Wehrmachtsausstellung, die im April 2002 eröffnet wurde und umfassend den Vernichtungskrieg der Deutschen Wehr-

---

82 EUMC = *European Monitoring Centre on Racism and Xenophobia;* seit 2007: FRA *(European Union Agency for Fundamental Rights).*
83 Bergmann/Wetzel 2003, 16.
84 Ebd., 6.
85 Ebd., 85.
86 EUMC 2004, 155–161.
87 Siehe und vgl. Hödl/Lamprecht 2005, 144–145.

macht und deren Beteiligung am Holocaust dokumentierte.[88] In den genannten Zeitraum fallen außerdem Kontroversen um die Errichtung des Mahnmals für die österreichischen jüdischen Opfer der Shoah am Judenplatz in Wien sowie um die Entschädigungszahlungen an ehemalige Zwangsarbeiter („Versöhnungsfonds") und die im Washingtoner Abkommen formulierten Restitutionsvereinbarungen.[89] Die Vorbereitungen für die Entschädigungszahlungen waren allerdings bereits unter der Regierung von Franz Vranitzky (SPÖ) erfolgt; 1998 wurde die österreichische Historikerkommission eingesetzt. Die FPÖ stimmte als Koalitionspartnerin den Entschädigungszahlungen zu, verband diese allerdings mit Entschädigungsforderungen für vertriebene „Sudetendeutsche".

Haider, der zur Beruhigung der internationalen Kritik an der FPÖ-Regierungsbeteiligung mit keinen Regierungsfunktionen betraut wurde und Landeshauptmann von Kärnten blieb, polemisierte immer wieder gegen die Entschädigungszahlungen, womit vor allem auch Stimmen für die Wiener Landtagswahlen im März 2001 gewonnen werden sollten. Allem Anschein nach hatten die Debatten um Entschädigungszahlungen auch Einfluss auf sekundär-antisemitische Einstellungen in Österreich. So konnte im Zuge einer Gallup-Umfrage für das *Amerian Jewish Comittee* (AJC) ermittelt werden, dass 2001 45 Prozent der in Österreich Befragten der Aussage „Die Juden nutzen die Erinnerung an den Holocaust für ihre eigenen Absichten aus" zustimmten. Zehn Jahre zuvor, 1991, lag die Zustimmungsrate zu dieser Aussage mit 32 Prozent noch deutlich darunter.[90] Beim Neujahrstreffen der FPÖ am 21. Jänner 2001 forderte Haider einen Schlussstrich und warf dem Präsidenten der *Israelitischen Kultusgemeinde* (IKG) Ariel Muzicant vor, er würde erst dann zufrieden sein, wenn der Staat auch die von ihm verursachten 600 Millionen Schilling Schulden der IKG übernommen habe. In seiner „Aschenmittwoch-Rede" vom 28. Februar beschuldigte er den „Herrn Muzicant von der Kultusgemeinde", mit Hilfe des *Jüdischen Weltkongresses* in den USA gegen die Koalitionsbildung interveniert zu haben. Wörtlich hieß es: „Ich verstehe überhaupt nicht, wie

---

88 Neben zahlreichen Protesten gegen die Ausstellung und Störversuchen organisierten Skinheads eine Kundgebung am Wiener Heldenplatz, im Zuge derer „Sieg Heil"-Rufe registriert wurden. Als Reaktion bereits auf die erste Wehrmachtsausstellung wurde im Salzburger Rathaus unter Schutz des ÖVP-Bürgermeisters eine „Gegenausstellung" über deutsche Kriegsgefangene in der Sowjetunion mit den Bildern des Waffen-SSlers Walther Gross organisiert. Vgl. ebd., 146.
89 Bergmann/Wetzel 2003, 85; Kriebaum/Sucharipa 2005.
90 Im Zuge der Umfrage wurde auch erhoben, ob die Befragten das im Jänner 2001 ausverhandelte Restitutionspaket mit der US-Regierung unterstützten oder nicht. 38 Prozent der Befragten sprachen sich positiv aus, 45 Prozent hingegen lehnten es ab. Vgl. „Problematische" Ansichten in Sachen Holocaust und Antisemitismus, derStandard.at, 05.06.2001. Inwieweit die Ergebnisse dieser Studie auf die österreichische Bevölkerung übertragen werden können, ist nicht gesichert.

wenn einer Ariel heißt, so viel Dreck am Stecken haben kann"[91] – eine Aussage, die in einer Format-Umfrage von 2001 von 25 Prozent der Befragten als nicht antisemitisch eingestuft wurde.[92] Mit dieser Aussage strapazierte er auch das antisemitische Stereotyp vom geschäftstüchtigen Juden, der aufgrund bedeutender internationaler Kontakte als „Vaterlandsverräter" fungiere. In seiner Rede zum Wahlkampfauftakt für die Wiener Gemeinderatswahlen verknüpfte Haider das Vorurteil einer jüdischen Weltverschwörung mit der Ablehnung von Entschädigungszahlungen, als er meinte: „Wir brauchen keinen Zuruf von der Ostküste. Jetzt ist es einmal genug. Jetzt geht es um den anderen Teil der Geschichte, die Wiedergutmachung für die Heimatvertriebenen".[93] Die Wiener Landtagswahlen brachten der FPÖ eine schwere Niederlage. Bereits damals – insbesondere mit der Knittelfelder FPÖ-Versammlung 2002 – zeichneten sich große Unstimmigkeiten innerhalb der FPÖ ab, die 2005 letztlich zur Abspaltung des Bündnis Zukunft Österreich (BZÖ) führten.

Auch das Verhältnis der FPÖ zu Israel war durch Spannungen gekennzeichnet, die sich durch die freiheitliche Regierungsbeteiligung weiter intensivierten. Nicht nur die EU-Staaten sanktionierten die FPÖ-ÖVP-Regierung, auch Israel übte scharfe Kritik.[94] Israel ging sogar so weit, seinen Botschafter Nathan Meron als Reaktion auf die FPÖ-ÖVP-Koalition abzuberufen. Die Tatsache, dass die FPÖ nun begann, einige Juden – wie die IKG-Mitglieder Peter Sichrowsky[95] und David Lasar[96] – mit politischen Positionen zu betrauen, konnte daran nur wenig ändern.[97] In Reaktion auf die Abberufung des israelischen Botschafters stellten sich Jörg Haider und weitere FPÖ-Funktionäre selbst als Opfer dar, warfen Israel „hysterische Akte" vor, beschuldigten den Präsidenten der IKG Ariel Muzicant, „an der Schraube des Hasses" zu drehen oder sich eines „übelsten NS-Jargon[s]" zu bedienen. Auf Antisemitismusvorwürfe – insbesondere, wenn sie seitens Israel geäußert wurden

---

91 Vgl. Rauscher 2004, Wodak/Pelinka 2002; Bergmann/Wetzel 2003, 85; Schiedel/Neugebauer 2002, 22.
92 Für 24 Prozent hingegen – und damit in etwa gleich viele – galt die Aussage als antisemitisch. 39 % der Befragten empfanden Haiders Aussage als „beleidigend und geschmacklos". Vgl. Rauscher 2004. Inwieweit die Ergebnisse auf die österreichische Bevölkerung übertragbar sind, ist nicht gesichert.
93 Zitiert nach Rauscher 2004, 166.
94 Reiter 2011, 161.
95 Peter Sichrovsky war 1988 bis 1991 Leiter der Ressorts Kultur und Außenpolitik der damals neu gegründeten liberalen Tageszeitung *Der Standard*. 1996 bis 2004 fungierte er für die FPÖ als Abgeordneter im Europäischen Parlament, von 2002 bis 2004 war er zudem als Generalsekretär der FPÖ tätig. 2003 trat er aus der FPÖ aus und zog sich nach Ablauf seines Mandates aus der Politik zurück.
96 David Lasar wurde 2005 Bezirksrat in Wien Floridsdorf und später FPÖ-Abgeordneter im Wiener Landtag und Gemeinderat.
97 Karl Pfeifer, Jüdischer Persilschein: Peter Sichrovsky und David Lasar, in: Hagalil.com, 19.05.2005.

– reagierte man innerhalb der FPÖ ganz ähnlich wie bereits zu Zeiten der Waldheim-Affäre: man warf einer „weltweiten jüdischen Verschwörung" vor, der österreichischen Bevölkerung *political correctness* vorzuschreiben.[98]

Gleichzeitig waren Repräsentanten der FPÖ um die Jahrtausendwende betont araberfreundlich – eine Haltung, die mit dem Versuch, sich international zu profilieren, mit Antiamerikanismus und der Kritik seitens Israels zusammenhängt. Haider selbst pflegte enge, freundschaftliche Kontakte zu Saddam Hussein, Muammar al-Gaddafi und dessen Sohn Saif al-Islam.[99]

Auch im Rechtsextremismus finden sich pro-arabische – und damit einhergehend auch israelkritische – Stimmen. Bereits in den 1980er- und 1990er-Jahren zeigten einige österreichische Rechtsextreme – wie etwa der „Nationalrevolutionär" Helmut Müller oder der in der Zeitschrift *Sieg* publizierende Walter Ochsenberger – große Sympathien für islamische und arabische Kräfte, insbesondere mit jenen, die sich die Vernichtung des Staates Israels auf ihre Fahnen schrieben und Terroranschläge auf jüdische Einrichtungen in Europa verübten. So war 1981 im *Österreichischen Beobachter,* einem illegalen „Kampfblatt" einer Neonazigruppe, zu lesen: „Palästina und Deutschland, ein Wille – ein Ruf: Juda verrecke".[100] Kritik an Israel und die Solidarisierung mit PalästinenserInnen im rechtextremen Milieu folgen somit einem antisemitischen Weltbild, teilweise kombiniert mit Vernichtungsphantasien, die unmittelbar an die NS-Zeit anknüpfen. Außerdem lässt sich eine proarabische Einstellung in eine ethnozentrische, antipluralistische Grundhaltung, wie sie im rechtsextremen Milieu konstitutiv ist, einordnen und findet in Aussagen wie „Palästina den Palästinensern" – die die Zuwanderung „anderer" ausschließt – seinen Niederschlag.[101] In Verbindung mit der Diffamierung Israels seitens Rechtsextremer kam es bereits vor dem Jahr 2000 immer wieder zum Aufgreifen der antisemitischen Ritualmordlegende, etwa wenn von einer bewussten Schächtung palästinensischer Kinder durch Israeli die Rede war.[102] Neben dem Kindermord-Motiv lebten im rechtsextremen Milieu auch klassische antisemitische Stereotype weiter, insbesondere das des „Weltjudentums" und damit verbunden das der „Juden als

---

98 Bergmann/Wetzel 2003, 85; Schiedel/Neugebauer 2002, 22.
99 Gudrun Harrer, Viele Araber hielten Haider für den „Löwen", in: derStandard.at, 12.10.2008; Thomas Seifert, Gaddafi, Saddam & Jörg Haider, in: Die Presse, 03.08.2010. 2003 veröffentlichte Haider ein Buch über seinen im Vorfeld des Irakkrieges erfolgten Besuch bei Saddam Hussein, in dem er wenig Distanz zum Antisemitismus und zur „Palästinapolitik" seines arabischen Gesprächspartners zeigte. Vgl. Jörg Haider, Zu Gast bei Saddam. Im „Reich des Bösen", Wien 2003.
100 Der genaue Titel der Zeitschrift lautet „Österreichischer Beobachter. Kampfblatt der NSDAP (Hitler-Bewegung) in Österreich". Siehe bzw. vgl. Neugebauer 1995, 354.
101 Siehe etwa: Dokumentationsarchiv, Rechtsextreme Palästina-Solidarität, 2001.
102 Ebd.

Wucherer" und der „jüdischen Weltverschwörung" sowie auch Klischees, die sich aus der Vorstellung einer „besonderen jüdischen Physiognomie" speisen. Ferner konnte in einschlägigen Kreisen auch das Bild des „Talmudjuden", nach dem Juden durch den Talmud dazu verpflichtet seien, gegen Christen vorzugehen und diesen zu schaden bzw. sie sogar zu vernichten, überdauern.[103]

Einen deutlichen Anstieg an antiamerikanischen und antisemitischen Agitationen unter österreichischen (wie auch unter deutschen) Rechtsextremen und FPÖ-SympathisantInnen markierten Diskussionen um den geplanten →Irak-Krieg, und besonders sein Ausbruch 2003. Das Bundesministerium für Inneres stellte für den Untersuchungszeitraum 2003 fest, rechtsextreme Gruppierungen würden versuchen, „aktuelle weltpolitische und gesellschaftliche Problemphasen zu nutzen, um daraus Erneuerungskraft zu schöpfen, sich verstärkt öffentlich zu präsentieren und politisch zu positionieren."[104]

Antisemitische Inhalte im rechtsextremen Spektrum enthielten teilweise auch klar antiisraelische Stellungnahmen und fanden etwa über das Internet, via Pamphlete sowie über rechtspopulistische oder -extremistische Zeitschriften wie *Die Aula* – von der sich die FPÖ im Mai 2018 offiziell distanzierte[105] – oder *Zur Zeit* Verbreitung.[106] In einer Postwurfsendung in Niederösterreich, die durch FPÖ-LokalpolitikerInnen verteilt wurde, hieß es etwa, die „Herren über Kredite und Zinsen" würden an den „Kriegen zwischen den Weltmächten" profitieren und man müsse Organisationen wie die Hizbollah und Hamas anerkennen, da diese gegen „die zionistischen Besatzer" vorgingen. Mit der Errichtung Palästinas sei endlich „kein Raum mehr für ein Volk, das sich aufgrund seiner selbst proklamierten Auserwähltheit besondere Vorrechte anmaßt".[107]

Es kann also festgehalten werden, dass die stets auf Rekrutierung ausgerichteten rechtsextremen Splittergruppen traditionelle antisemitische Stereotype wie jenes des Wucherers, Weltverschwörers, Kindermörders und sogar des „Talmudjuden" weiter tradierten. Gleichzeitig fanden sie im Antiamerikanismus einerseits und einer propalästinensischen Haltung andererseits neue Möglichkeiten, ihrem Antisemitismus Ausdruck zu verleihen.

Zeitlich parallel zur *Zweiten Intifada*[108] kam es folglich zu einer erhöhten Sichtbarkeit israelbezogener, traditionell und sekundär antisemitischer Äußerungen im rechtsextremen und -populistischen Kontext. Ebenfalls in diese Zeitspanne, insbesondere als Reaktion auf die Terroranschläge vom 11. September 2001, fiel eine

---

103 Neugebauer 1995, 347–353.
104 Verfassungsschutzbericht 2004, 28.
105 Vgl. etwa: Strache: „Die Aula war nie ein Organ der FPÖ", in: kurier.at, 09.05.2018.
106 Bergmann/Wetzel 2003, 86; sowie EUMC 2004, 161–162.
107 Dokumentationsarchiv, Neonazis über Störversuch, 2002.
108 Zur Rezeption der *Zweiten Intifada* in Österreich allgemein vgl. Reiter 2011.

deutliche Zunahme muslimfeindlicher Agitationen. Im Zuge des EU-Wahlkampfes 2004 erlebten diese einen ersten Höhepunkt, als die FPÖ die Beitrittsverhandlungen mit der Türkei – und damit mit einem Land, in dem sich der Großteil der Bevölkerung zum Islam bekennt – zu einem Hauptthema machte. Von diesem ausgehend entwickelten sich offen muslimfeindliche Diskussionen.[109]

Teile der österreichischen Linken unter „Antisemitismus-Verdacht"

Debatten um die *Zweite Intifada,* die Terroranschläge vom 11. September 2001 sowie die darauffolgenden Militäroperationen einer von den USA geführten Koalition hatten auch Auswirkungen auf die *Neue Linke* – eine Entwicklung, die in vergleichbarer Form in Deutschland zu beobachten war. Die unterschiedlichen Standpunkte in der *Neuen Linken,* insbesondere zur Politik Israels, den USA, zur erstarkenden Muslimfeindlichkeit[110] sowie dem politischen Islam, führten zu einer Spaltung in zwei Flügel, die sich bereits vor der Jahrtausendwende abzeichnete – einen anti-antizionistischen und einen antiimperialistisch-antizionistischen. Die aus zahlreichen Splittergruppen bestehende *Neue Linke* ist für die politische Landschaft Österreichs marginal und der österreichischen Bevölkerung großteils unbekannt. Auch ihre pro- oder antiisraelischen Kundgebungen werden in der Öffentlichkeit nicht bzw. kaum wahrgenommen. Zum anti-antizionistischen Flügel zählt insbesondere die Gruppe *Café Critique,* deren Positionen gemeinhin als „antideutsch" bezeichnet werden. Zu nennen sind insbesondere die Solidarität mit Israel sowie die scharfe Kritik am antizionistischen Antisemitismus. Sie tritt oftmals gemeinsam mit der gegen die iranische Regierung gerichteten Initiative *Stop the Bomb* in Erscheinung.[111] Anti-antizionistische Positionen wurden etwa auch von der universitären Studienrichtungsvertretung *Grüne und Alternative Student_innen* sowie von der außeruniversitären *Ökologischen Linken* aufgegriffen. Zu den antiimperialistischen Gruppierungen des anderen Flügels zählen die Bewegungen *ArbeiterInnenstandpunkt, Linkswende* und *Antiimperialistische Koordination*.

Breite Debatten innerhalb der Linken um (den Vorwurf eines) antizionistischen Antisemitismus erfolgten zumeist im Internet.[112] Die Soziologin Julia Edthofer stellt im Zuge ihrer Diskursanalysen linker Medienauftritte fest, dass AntizionistInnen bis in die ersten Jahre nach der Jahrtausendwende den gegen sie erhobenen

---

109 Bunzl 2009, 46.
110 Zur Muslimfeindlichkeit vor und im Speziellen nach 9/11: Bunzl/Hafez 2009.
111 Die Initiative *Stop the Bomb* wurde 2007 gegründet und richtet sich angesichts des iranischen Atomprogramms und der damit verbundenen Bedrohung für Israel gegen jegliche (politische, wirtschaftliche etc.) Unterstützung der iranischen Regierung. Der Politikwissenschaftler Stephan Grigat, prominentes Mitglied der Initiative und Gründungsmitglied, ist auch im *Café Critique* aktiv. Vgl. zu den Antideutschen auch: Kurz 2003.
112 Edthofer 2017, 415–418.

Antisemitismusvorwurf vor allem auf israelisch-zionistische Einflüsse zurückführten. Mit den beginnenden Diskussionen um einen Antisemitismus unter MusliminInnen aber, die mit dem erwähnten EUMC-Bericht aus dem Jahr 2003 ihren Anfang nahmen, dominierte fortan ein neues Element die bisherigen Diskussionen:

> Anstatt den Einfluss des Mossad oder die ‚Antisemitismuskeule' der ‚zionistischen Lobby' zu beklagen, wird nun der ‚kolonialrassistische' Habitus kritisiert, mit dem der ‚Antisemitismusvorwurf' gegen Araber_innen bzw. Muslim_innen in Anschlag gebracht würde, um Kritik zu unterdrücken. Dabei werden Unterdrücker_innen und Unterdrückte ethnisiert bzw. letztere als ‚Muslim_innen' kulturalisiert und ‚der Zionismus' bzw. Israel auf Seiten der westlichen, ‚weißen' Unterdrücker_innen verortet.[113]

Edthofer kommt folglich zum Schluss, dass AntizionistInnen hinter Antisemitismusvorwürfen gegen MuslimInnen bzw. AraberInnen *kolonialrassistische* Motive vermuten und diese daher scharf kritisieren. Als UrheberInnen dieser Vorwürfe identifizieren sie „den zionistischen Westen" als ehemalige Kolonialmacht und orten damit eine Wiederholung der kolonialen Unterdrückung. Mit der Bezugnahme auf die Kolonialgeschichte bzw. die Frage eines Kolonialrassismus wird überdies augenscheinlich, dass Diskurselemente linker, transnational agierender Gruppierungen aus den USA und Großbritannien nun auch in Österreich übernommen wurden. Bislang waren Argumentationsmuster dieser Art eher untypisch für Österreich. Besonders die diskursive Verschränkung von Antizionismus zum einen und der Kritik an Muslimenfeindlichkeit zum anderen ist der Autorin zufolge seither kennzeichnend für die Positionierung antiimperialistisch-antizionistischer Gruppierungen. Diese geht auch einher mit der Zusammenarbeit muslimischer und politisch linker Gruppierungen, die sich etwa in der gemeinsamen Organisation einer propalästinensischen Demonstration in Wien im April 2002 zeigte. Dem Aufruf islamischer und palästinensischer Gruppierungen sowie sozialistischer Verbände, für die Rechte der PalästinenserInnen zu demonstrieren, folgten Schätzungen der Polizei zufolge 1200 Personen.[114] Im Vergleich dazu gingen in London 80.000 Personen für Palästina auf die Straße.[115] Unter den antizionistisch-antiimperialistischen Gruppierungen in Österreich finden sich auch solche, die für eine „Zerschlagung des zionistischen Staates Israel" und damit für eine gewaltsame Auslöschung Israels eintreten – eine Meinung, die etwa der *ArbeiterInnenstandpunkt*

---

113 Ebd., 417.
114 Zu den sozialistischen Verbänden zählen insbesondere die *Sozialistische Jugend Österreichs* und der *Verband der sozialistischen Studentinnen und Studenten*. Vgl. 1.200 Menschen demonstrieren in Wien für Palästinenser, in: derStandard.at, 05.04.2002.
115 Vgl. dazu insbesondere das Kapitel zu Großbritannien in diesem Buch.

vertritt.[116] Wie bereits erwähnt, sind die Standpunkte linker Splittergruppen wie dieser aber als marginal zu bezeichnen und werden in der Öffentlichkeit in der Regel nicht wahrgenommen.

Antisemitismus unter MuslimInnen in Österreich?

Um 2002 verübten in Österreich und Deutschland vor allem Personen aus dem rechtsextremen Milieu antisemitische Sprach- und Tathandlungen. Muslimische bzw. arabische TäterInnen hingegen scheinen in staatlichen Statistiken Österreichs nicht auf.[117] Einzig seitens der NGO *Forum gegen Antisemitismus* wurden zwei einschlägige Handlungen für die Jahre 2002 und 2003 gemeldet.[118] Damit ergibt sich beispielsweise ein Unterschied zu Großbritannien, wo es häufiger zu Tathandlungen seitens MuslimInnen kam (obgleich auch hier den Großteil antisemitischer Manifestationen Rechtsextreme verübten), und dem rasanten Anstieg antisemitischer Handlungen durch MuslimInnen in Frankreich. Wie kann der Unterschied erklärt werden? Ein plausibler Erklärungsansatz hierfür lässt sich mit Blick auf die Herkunftsländer des muslimischen Bevölkerungsanteils der jeweiligen Länder finden: Ein Großteil der französischen und ein Teil der britischen MuslimInnen haben familiäre Wurzeln in arabischen Ländern, die teilweise zu den ehemaligen Kolonien zählten. Mit der Ausrufung des Staates Israel 1948 begannen das angespannte Verhältnis arabischer Staaten zu Israel, kriegerische Auseinandersetzungen und die Vertreibung von PalästinenserInnen aus Israel und Juden und Jüdinnen aus vielen muslimisch geprägten arabischen Ländern. Diese Ereignisse prägten auch Familiengeschichten vieler MuslimInnen und Juden und Jüdinnen, die nach 1945 aus arabischen Ländern nach Europa – und hier vorwiegend in ehemalige Kolonialländer – migrierten.[119] In Frankreich lebten (und leben teilweise auch heute noch) muslimische und jüdische EmigrantInnen Tür an Tür. Die Kolonialgeschichte einerseits, das schwierige Verhältnis zu Israel andererseits erklären partiell, warum in Europa um die Jahrtausendwende insbesondere MuslimInnen mit *arabischer* Migrationsgeschichte durch antisemitisch-israelbezogene Tathandlungen auffielen, wobei dieses Phänomen in Frankreich früher als in Großbritannien beobachtbar wurde.

Österreich hingegen war keine mit Frankreich und Großbritannien vergleichbare Kolonialmacht[120] und hatte nur wenige Zuwanderer bzw. Flüchtlinge aus ara-

---

116 Haury 2005, 88.
117 Vgl. dazu insbesondere den Verfassungsschutzbericht 2004.
118 EUMC 2004, 156, 159.
119 Rotter/Fathi 2001, 268–269; Schmidinger 2008, 125.
120 Zwar versuchte auch Österreich insbesondere in der zweiten Hälfte des 18. Jahrhunderts unter Maria Theresia Kolonien zu erwerben, doch wurden diese Bemühungen relativ erfolglos nach wenigen Jahren eingestellt.

bischen bzw. muslimisch geprägten Ländern, die als ehemalige Kolonien fungierten, womit sich ein klarer Unterschied zu den beiden Vergleichsländern ergibt. Die meisten der in Österreich und Deutschland beheimateten MuslimInnen haben, wie bereits einleitend erwähnt wurde, familiäre Wurzeln in der Türkei und in Ländern Ex-Jugoslawiens und kamen im Zuge der GastarbeiterInnenanwerbung bzw. als Kriegsflüchtlinge nach Österreich. Das heutige türkische Staatsgebiet wurde – im Gegensatz zu zahlreichen Herkunftsländern französischer und britischer MuslimInnen – selbst nie kolonisiert, sondern kann stattdessen auf eine lange und einflussreiche Geschichte des Osmanischen Reichs zurückblicken. Aufgrund der fehlenden Kolonialvergangenheit ist folglich auch das Verhältnis von MuslimInnen mit türkischer Migrationsgeschichte zu Österreich ein anderes.[121] 2001 gaben knapp 340.000 in Österreich lebende Personen an, sich zum islamischen Glauben zu bekennen.[122] Für die Jahre der *Zweiten Intifada* kann festgestellt werden, dass der Großteil der MuslimInnen in Österreich aus der Türkei stammte. Nur knapp darunter lag der Anteil an MuslimInnen mit bosnischer Migrationsgeschichte. Weit abgeschlagen dahinter sind TschetschenInnen sowie in sehr geringer Anzahl MigrantInnen aus Ägypten, Syrien, dem Iran und dem Irak sowie aus anderen arabischen bzw. Nahost-Staaten zu nennen.[123] Somit stammte der Großteil der MuslimInnen aus Ländern, die zur damaligen Zeit in keinem offenen Konflikt mit Israel standen. Offenbar wurde damit kein breitenwirksames Interesse geweckt, öffentlich Partei im Israel-Palästina-Konflikt zu ergreifen.[124] Vermutlich spielte hier aber auch die Tatsache eine Rolle, dass die österreichische Staatsbürgerschaft vergleichsweise schwierig zu erwerben ist. Ohne diese wiederum ist es laut §8 VersG rechtlich nicht erlaubt, eine öffentliche Kundgebung zu leiten oder als Ordner aufzutreten.[125] Die Beteiligung kleiner muslimischer (insbesondere arabischer) Bewegun-

---

121 Die Annexion Bosnien-Herzegowinas durch Österreich wird teilweise mit dem Begriff „Kolonie" („Balkan Kolonie") in Verbindung gebracht. Allerdings weist sie einige Unterschiede zur Kolonialpolitik führender Kolonialmächte auf, womit sich hier ein weiterer österreichspezifischer Kontext ergibt. Vgl. dazu etwa Ruthner/Scheer 2018.
122 Statistik Austria, 23.05.2017.
123 Statistik Austria erfasste im Jahr 2002 127.147 Personen als türkische sowie 107.248 als bosnische StaatsbürgerInnen. Auf Basis der Erhebung 2001 nimmt man an, dass sich die überwiegende Mehrheit zum islamischen Glauben bekennt. Zu diesen Zahlen dazuzuzählen sind Personen mit türkischem bzw. bosnischem Hintergrund, die bereits die österreichische Staatsbürgerschaft angenommen haben. Vgl. Heine/Lohlker/Potz 2012, 19; sowie Statistik Austria, 23.05.2017.
124 Dies bedeutet allerdings nicht, dass es im ehemaligen Jugoslawien und in der Türkei keinen Antisemitismus gegeben hätte. Überdies sprach sich Tito, ehemaliger Präsident der *Sozialistischen Föderativen Republik Jugoslawien,* in Bezug auf den Israel-Palästina-Konflikt klar propalästinensisch aus.
125 Im Versammlungsgesetz VersG 1953 heißt es unter § 8: „Ausländer dürfen weder als Veranstalter noch als Ordner oder Leiter einer Versammlung zur Verhandlung öffentlicher Angelegenheiten auftreten." Siehe BGBl Nr. 98/1953, Versammlungsgesetz 1953.

gen an der Organisation der propalästinensischen Demonstration in Wien 2002 vermochte es noch nicht, eine größere Anzahl an muslimischen TeilnehmerInnen zu mobilisieren. Daher war Antisemitismus unter MuslimInnen um die Jahrtausendwende in Österreich noch kein breiteres Thema in der Öffentlichkeit. Dies sollte sich, wie später ausführlich erläutert wird, mit dem Jahr 2010 ändern.

4.4 ANTISEMITISMUS, MUSLIMFEINDLICHKEIT UND DAS VERHÄLTNIS ZU ISRAEL IM RECHTSEXTREMEN UND RECHTSPOPULISTISCHEN SPEKTRUM VON 2004 BIS 2018

Mit dem Erstarken der Muslimfeindlichkeit seit 2004 änderte sich die inhaltliche Argumentation im rechtsextremen und rechtspopulistischen Milieu Österreichs. Gleichzeitig blieben auch antisemitische Überzeugungen bestehen. Gingen diese innerhalb der FPÖ bis 2009 noch mit antiisraelischen Positionen einher, folgte 2010 ein Bruch in ihrem Verhältnis zu Israel: Vor dem Hintergrund, sich als regierungsfähige Partei zu positionieren, stellte sich die FPÖ fortan hinter die israelische Politik und gerierte sich als „Beschützerin der Juden" – eine Strategie, die innerhalb der IKG zu Debatten bezüglich ihrer Haltung zur FPÖ führte. Mit den Flüchtlingsbewegungen seit 2015 konnten nicht nur die FPÖ, sondern auch Gruppierungen der *Neuen Rechten* einen regen Zulauf verzeichnen. Dabei ist kennzeichnend, dass sich muslimfeindliche und xenophobe Überzeugungen oftmals mit antisemitischen Stereotypen verbinden ließen, was sich nicht zuletzt in den Vorwürfen an George Soros manifestierte.

Kontinuität des Antisemitismus im rechtsextremen Milieu

Agitierten Rechtsextreme in den 1990er-Jahren noch kaum gegen Islamisten, so änderte sich dies in Österreich und in weiteren europäischen Ländern vor allem mit dem Jahr 2004. Ausgelöst wurde diese Entwicklung mit der Ermordung des holländischen Filmregisseurs und *enfant terrible* Theo van Gogh und den Madrider Zuganschlägen – zwei islamistisch motivierten Angriffen, die sich beide 2004 ereigneten.[126] In weiterer Folge setzten auch die islamistischen Selbstmordattentate in London 2005 Debatten um den beginnenden islamistischen Terrorismus in Europa sowie damit zusammenhängend um sicherheitspolitische Fragen in Gang. In Österreich bekamen diese im Jahr 2007 angesichts der Verhaftung des österreichischen Islamisten Mohamed Mahmoud, der den gewaltsamen Jihad befürwortete und mit hoher Wahrscheinlichkeit auch Anschläge plante, eine zusätzliche

---

126 Peham 2012, 358.

Dynamik.[127] Anders als in Frankreich oder Großbritannien kam es in Österreich bislang[128] zu keinem islamistischen Attentat, dennoch prägten die Terroranschläge in Europa die österreichische Bevölkerung bzw. Debatten um Sicherheit, Einwanderung und Islamismus maßgeblich.

Als die größten und aktivsten Sammelbecken der österreichischen Szene Rechtsextremer sind die *Arbeitsgemeinschaft für demokratische Politik* (AFP) bzw. *Aktionsgemeinschaft für Politik* (AfP) sowie der *Bund freie Jugend* (BfJ) zu nennen. Die stark auf Rekrutierung ausgerichteten Bewegungen verfügen zwar nur über einen kleinen aktiven Kern, unterhalten aber zahlreiche Verbindungen zur internationalen Rechtsextremenszene.[129] Die Neuausrichtung gegen eine angeblich drohende „Islamisierung" löste deren antisemitisches Weltbild nicht ab, sondern amalgamierte mit diesem. So warnen Rechtsextreme seither typischerweise vordergründig vor einer „Islamisierung", sehen jedoch im Hintergrund „das Weltjudentum" agieren, das – in den Worten des deutschen NSP-Politikers Jürgen Gansel – mittels „fremdrassige[r] Flüchtlingsmassen" versuche, christlich-abendländische „Nationalstaaten und intakte Völker" zu zersetzen.[130] Wie noch näher erläutert wird, reichte diese verschwörungstheoretische Argumentationsstruktur mit der „Affäre Susanne Winter" 2015 sowie Angriffen gegen George Soros 2018 auch in die FPÖ hinein.

Personen aus rechtsextremen Kreisen bedienen sich im 21. Jahrhundert weiterhin eines antisemitischen Antiamerikanismus. Insbesondere im Kontext der 2008 beginnenden Finanzkrise griffen Rechtsextreme, aber auch RechtspopulistInnen, verstärkt auf codierte antiamerikanisch-antisemitische Stereotype zurück. An die Stelle des „Juden" trat vielfach der „Multikulturalist", „Globalisierer" oder „Spekulant".[131] Nicht nur über Printmedien wie *Die Aula*, auch über die vom Holocaustleugner Gottfried Küssel betriebene Website *alpen-donau.info* forderten Rechtsextreme „Nationale[n] Sozialismus statt Kapitalismus", die „Brechung der Zinssklaverei" und hetzten gegen das „weltweit agierende Finanzjudentum".[132]

Grundsätzlich lässt sich für die Ideologie rechtsextremer Gruppierungen im 21. Jahrhundert festhalten, dass Antisemitismus oftmals mit anderen Ausprägun-

---

127 Perchinig 2010, 107.
128 Stand: Jänner 2019.
129 Verfassungsschutzbericht 2007, 49–51; Dokumentationsarchiv, Arbeitsgemeinschaft für demokratische Politik.
130 Peham 2012, 358.
131 Auch der FPÖ-Politiker Andreas Mölzer „spielte" mit diesen Begriffen. So sprach er im genannten Zeitraum immer wieder von einem „US-amerikanische[n] Spekulantentum" bzw. einer „internationale[n] Hochfinanz" und verbreitete die These, dass Europa die „Zeche für die Profitgier der Spekulanten an der New Yorker Wall Street" bezahlen müsse. Siehe bzw. vgl: ebd., 361 bzw. 359–362.
132 Rassismus-Report 2010, 19–20.

gen gruppenbezogener Menschenfeindlichkeit einhergeht und weiterhin konstitutiver Bestandteil ihrer Ideologie blieb.[133] Der österreichische Verfassungsschutz meldete einen sukzessiven Anstieg rechtsextremer und antisemitischer Sprach- und Tathandlungen seit 2009.[134]

Bis heute kam es immer wieder zu besonders schockierenden rechtsextremen Tathandlungen, die teilweise auch medial große Aufmerksamkeit erfuhren. Im Februar 2009 wurde die nationale KZ-Gedenkstätte in Mauthausen geschändet, als Unbekannte einen Spruch mit roter Farbe an die Außenmauer sprühten, der – gemeinsam mit der Ortswahl – die Verknüpfung antisemitischer und muslimfeindlicher Überzeugungen Rechtsextremer auf eine besonders bedrohliche Art sichtbar machte: „Was unseren Vätern der Jud, ist für uns die Moslembrut. Seid auf der Hut. 3. Weltkrieg – 8. Kreuzzug".[135] Im Mai darauf führten einheimische Jugendliche an der KZ-Gedenkstätte Ebensee eine Störaktion durch, indem sie „Sieg Heil" und andere NS-Parolen rufend mit einer Softgun auf BesucherInnen schossen.[136] Anfang des Jahres 2018 wurden ebenfalls in Ebensee ein Rabbiner und sein Sohn ihren Angaben zufolge mit dem Hitlergruß und Parolen wie „Mein Volk, mein Reich, mein Führer" oder „Der Judas ist der Verräter von Christus" belästigt.[137] Die Vorfälle lösten auch innerhalb der Gemeinde Ebensee, wo diese auf heftige Kritik stießen, Debatten zur Frage aus, was einzelne Vorfälle Jugendlicher insgesamt über Ebensee als Ort aussagen könnten.[138]

Zu ähnlichen Debatten kam es 2013 in der Stadt Salzburg vor dem Hintergrund einer Reihe von Sachbeschädigungen, die erst 2015 endete und seitens Medien und Politik ebenfalls umfassend verurteilt wurde. In beiden Städten formierten sich Gegeninitiativen als Reaktion auf die antisemitischen Vorfälle.[139] Die Tathandlun-

---

133 Wodak 2015, 99; sowie Stögner 2012.
134 Vgl. dazu: Verfassungsschutzbericht 2013, 17; Verfassungsschutzbericht 2014, 21; Verfassungsschutzbericht für das Jahr 2014, 17–20; Verfassungsschutzbericht 2015, 12–13; Verfassungsschutzbericht 2016, 12–13; sowie Zivilcourage und Anti-Rassismus-Arbeit, Rassismus-Report 2013, 13, Rassismus-Report 2014, 11, Rassismus-Report 2015, 12, Rassismus-Report 2016, 12 sowie Rassismus-Report 2017, 12. Vgl. dazu außerdem: Reger Zulauf zu rechtsextremer Szene, in: derStandard.at, 13.05.2009.
135 Kerstin Scheller, KZ-Gedenkstätte geschändet, in: derStandard.at, 13.02.2009.
136 Peham/Rajal, 2010, 38; Erich Kocina, Ebensee: Nazi-Parolen gegen Rabbiner, in: Die Presse, 25.01.2018; sowie Neonazi-Aktion in Ebensee: Vier Verdächtige gefasst, in: Oberösterreichische Nachrichten, 11.05.2009.
137 Erich Kocina, Ebensee: Nazi-Parolen gegen Rabbiner, in: Die Presse, 25.01.2018.
138 Georgia Meinhart/Erich Kocina, Schüsse und Hitlergruß im KZ Ebensee, in: Die Presse, 11.05.2009.
139 Außerdem wurde die *Plattform gegen Rechts* ins Leben gerufen, die mit ihrer Gründung „ein klares Signal aus der Bevölkerung setzen [will], dass rechtsextreme Übergriffe nicht einfach so hingenommen werden." Siehe und vgl. „Plattform gegen Rechts" nach Nazi-Schmierereien, in: Salzburger Nachrichten, 27.11.2013.

Abb. 1 und 2: Angriff auf die Erinnerungskultur: Rechtsextreme beschädigten im Jahr 2013 Stolpersteine in der Stadt Salzburg. Beide Bilder wurden uns mit freundlicher Genehmigung des Personenkomitees Stolpersteine zur Verfügung gestellt.

gen in Salzburg richteten sich vorwiegend gegen Denkmäler, die an NS-Opfer erinnern, sowie gegen die sehr kleine jüdische Gemeinde und politisch linke Organisationen: Zwei Jugendliche mit rechtsextremer Gesinnung beschädigten knapp 60 der über 200 in Salzburg verlegten „Stolpersteine",[140] indem sie diese bis zur Unkenntlichkeit mit Lack beschmierten [siehe: Abb. 1 und 2]. Die beschädigten Stolpersteine waren großteils für jüdische Verfolgte verlegt worden. Die beiden Täter und weitere Personen ihres Umfeldes zeigten sich auch verantwortlich für die Verbreitung des Spruchs „NS statt US" und einige weitere Beschädigungen, u.a. der Salzburger Synagoge und des Euthanasie-Denkmals.[141] Dem stellvertretenden Leiter des Landesamtes für Verfassungsschutz Karl Wochermayr zufolge bezeichnete sich der damals 20-jährige Hauptangeklagte selbst als „Person mit einer sehr ausgeprägten antisemitischen Einstellung", die eine starke Aversion gegen die Erinnerung an jüdische NS-Opfer hätte und daher gezielt zu deren Andenken verlegte

---

140 Bei den Stolpersteinen handelt es sich um ein europaweites Projekt des Künstlers Gunter Demnig, das u.a. auch in Salzburg verortet ist. Ziel dieses größten dezentralen Denkmales der Welt ist es, mit der Verlegung kleiner quadratischer Messing-Gedenktafeln vor dem letzten bekannten selbstgewählten Wohnort auf Opfer des Nationalsozialismus aufmerksam zu machen. Vgl. allgemein: Andreas Nefzger, Stolpersteine: Der Spurenleger, in: Frankfurter Allgemeine, 07.02.2014; sowie speziell zu den in Salzburg verlegten Stolpersteinen: Dachverband Salzburger Kulturstätten, Stolpersteine.

141 Die Täter verklebten Türschlösser von Organisationen, die sich für Migration aussprechen, und begingen weitere Schmieraktionen. Vgl. Stefanie Ruep/Thomas Neuhold, Stolpersteine in Salzburg mit Teer beschmiert: Täter noch nicht ausgeforscht, in: derStandard.at, 18.10.2013.

Denkmäler beschädigte.[142] Diese Argumentation, nach der die Tat primär als Angriff gegen die Erinnerung an den Holocaust zu sehen ist, ist durchaus typisch für rechtsextreme Jugendliche. Äußern sich muslimische Jugendliche hingegen antisemitisch, so sind deren Handlungen in der Regel nicht gegen die Erinnerungskultur, sondern gegen Israel (bzw. gegen wen/was sie mit Israel verbinden) gerichtet.

Antisemitismus im Kontext beginnender Muslimfeindlichkeit in der FPÖ

Nicht nur in der rechtsextremen Szene, auch innerhalb der FPÖ zeichnete sich mit dem Jahr 2004 eine inhaltliche Neuausrichtung hin zu einer Alarmierung vor „Islamisierung" ab. Im selben Jahr begann Heinz-Christian Strache an Einfluss zu gewinnen.[143] In den 1990er-Jahren warnte die FPÖ noch vor allem vor Kriminalität und Drogenhandel[144] und initiierte unter dem Titel „Österreich zuerst" ein „Anti-*Ausländer*-Volksbegehren", auf das die kritische Zivilgesellschaft (die bereits nach der Waldheim-Affäre in Erscheinung trat) mit der Gründung der Menschenrechtsorganisation *SOS-Mitmensch* und dem „Lichtermeer" – der mit bis zu 300.000 TeilnehmerInnen bis dahin größten Demonstration der Republik – reagierte. Obwohl vor allem muslimische BosnierInnen vom Volksbegehren betroffen waren, sprach man von „Ausländern", und noch nicht von „Muslimen".[145] Erst seit 2004 bedient die FPÖ mit angstschürenden Begriffen wie „Islamisierungs-Tsunami" oder „Zuwanderungs-Islam" unmissverständlich das Feindbild MuslimInnen bzw. Islam. Besonders deutlich sichtbar wurde die Neuausrichtung durch Wahlkampfslogans wie „Wien darf nicht Istanbul werden" (2004, EU-Wahl), „Pummerin statt Muezzin" (2005, Wien-Wahl), „Daham statt Islam" (2006, NR-Wahl) oder „Abendland in Christenhand" (2009, EU-Wahl). Damit wurde eine allgemeine Fremdenfeindlichkeit mehr und mehr von einer spezifischeren Muslimfeindlichkeit – die in Österreich und Deutschland in der Regel mit einer ausgeprägten Türkeifeindlichkeit einhergeht – abgelöst.[146] Insbesondere das Beispiel „Abendland in Christenhand" verdeutlicht außerdem, dass die FPÖ „dem Islam" seither verstärkt die „eigene Religion" entgegensetzt. Bekannte sich Strache in den 1990er-Jahren noch klar zum völkischen Antiklerikalismus,[147] trat er 2009 mit einem Kreuz in der Hand als Red-

---

142 Nach dem Geständnis und der Verhaftung des 20-Jährigen führten sein 21-jähriger Komplize, ein 39-jähriger Neonazi sowie weitere Rechtsextreme die Serie an Beschädigungen bis ins Jahr 2015 fort. Vgl. Stefanie Ruep, Salzburg: Stolperstein-Schmierer von Polizei gefasst, in: derStandard.at, 25.10.2013; sowie Erneut Stolpersteine in der Stadt Salzburg beschmiert, in: Salzburger Nachrichten, 14.12.2014.
143 Peham 2010, 473.
144 Perchinig 2010, 107.
145 Wagner 2007.
146 Siehe und vgl. Hafez 2009, 106–107.
147 Peham 2010, 473.

ner auf,[148] um die Präsenz des Christentums zu demonstrieren.[149] Mit der Bezugnahme auf das Christentum ging die FPÖ keineswegs einen politischen Sonderweg; auch in anderen EU-Ländern betonten rechtspopulistische, aber auch christliche Parteien wie etwa die CDU/CSU eine „christlich-jüdische" Tradition.[150] Im selben Jahr integrierte Strache das 1997 vorübergehend gestrichene Bekenntnis zur „deutschen Volksgemeinschaft" wieder in das „Handbuch freiheitlicher Politik", womit dieses erneut offizieller Bestandteil des Parteiprogramms wurde.[151] Strache sorgte aufgrund seiner Kontakte zu Rechtsextremisten immer wieder für Schlagzeilen, etwa als 2007 und 2008 Fotos veröffentlicht wurden, die ihn gemeinsam mit Rechtsextremen bei Wehrsportübungen zeigten oder eine Aufnahme, auf der Strache die Hand zum Kühnengruß erhoben hatte.[152]

Wie bereits erwähnt, waren die diplomatischen Beziehungen zwischen Israel und Österreich zu Beginn der FPÖ-Regierungsbeteiligung 2000 stark angeschlagen. Fortan bemühten sich FPÖ-Funktionäre, allen voran Peter Sichrovsky und später auch David Lasar, die beide auch Mitglieder der *Israelitischen Kultusgemeinde* (IKG) sind, die Beziehungen zu Israel zu normalisieren.[153] Aufgrund ihres Engagements für die FPÖ wurden sie durch den Journalisten Karl Pfeifer als „jüdische Persilscheingeber" kritisiert.[154] Angesichts der innerparteilichen Umbrüche 2005 anlässlich der Gründung des *Bündnis Zukunft Österreich* (BZÖ) durch Jörg Haider rückte der proisraelische Kurs der FPÖ allerdings rasch in den Hintergrund, ehe sich die FPÖ mit Andreas Mölzer seit 2006 wieder verstärkt zum Israel-Palästina-Konflikt äußerte – allerdings wieder klar antiisraelisch.[155] 2006 kam es zu einer zeitlichen Überschneidung des Wahlkampfes für die österreichischen Nationalratswahlen und kriegerischen Auseinandersetzungen zwischen Israel und dem Libanon. Heinz-Christian Strache – der nach der Abspaltung des BZÖ die FPÖ mit ihrer seither wieder deutlicher deutschnationalen Ausrichtung übernahm – zeigte sich „fassungslos" nach einem israelischen Luftangriff auf den Beobachterposten

---

148 Auch Kardinal Schönborn übte scharfe Kritik an dieser Aktion. Vgl. Nina Weißensteiner, Kardinal: Kreuz nicht missbrauchen, in: derStandard.at, 21.05.2009; sowie Karl Ettinger, Kardinal Schönborn liest Strache die Leviten, in: Die Presse, 21.05.2009.
149 Peham 2010, 473.
150 Siehe und vgl. Bunzl 2007, 37–43; sowie Claudius Seidl, Jüdisch, ehrenhalber?, in: faz.net, 02.04.2018; sowie Çoruh Bruckstein/Almut Shulamit, Die jüdisch-christliche Tradition ist eine Erfindung, in: Der Tagesspiegel, 12.10.2010.
151 Ebd.
152 Leila Al-Serori/Oliver Das Gupta, Die Akte Strache, in: Süddeutsche Zeitung, 10.10.2017.
153 Edtmaier/Trautwein 2015, 239–240.
154 Karl Pfeifer, Jüdischer Persilschein: Peter Sichrovsky und David Lasar, in: haGalil, 15.09.2005.
155 Edtmaier/Trautwein 2015, 240.

der UNO, bei dem ein österreichischer Soldat getötet wurde.[156] Norbert Hofer rief die österreichische Bundesregierung dazu auf, „mit der entsprechenden Schärfe auf diesen feigen und hinterhältigen Angriff zu reagieren" und – an den Abzug des israelischen Botschafters im Jahr 2000 anlässlich der blauen Regierungsbeteiligung erinnernd – „die diplomatischen Beziehungen mit Israel aus[zu]setzen."[157]

Auch im Kontext des →Gaza-Krieges 2008/2009 positionierte sich die FPÖ gegen Israel. In ihrer Kritik am israelischen Vorgehen bedienten sich FPÖ-nahe Personen verschiedener NS-Vergleiche, etwa als Heinz Thomann in der deutschnationalen, vom FPÖ-Funktionär Andreas Mölzer mitherausgegebenen Zeitschrift Zur Zeit Gaza als „Konzentrationslager" bezeichnete und die kriegerischen Auseinandersetzungen auf einen „Vernichtungswahn im talmudischen Geist" zurückführte. Der damalige FPÖ-Abgeordnete Harald Vilimsky sprach von einem „Vernichtungsfeldzug der Israelis gegen die Palestinenser [sic!]." Der Nahostexperte John Bunzl schlussfolgerte, dass die Parteinahme für die PalästinenserInnen nichts mit einer ernstzunehmenden Solidarität zu tun hätte. Vielmehr ginge es der FPÖ um eine Instrumentalisierung von deren Leidensgeschichte, um antisemitische Tiraden gegen Israel loslassen zu können.[158] In diesem Kontext sind die NS-Vergleiche sowie das bewusste Aufgreifen des in rechtsextremen Kreisen überdauerten Bildes des „zerstörerischen Talmudjuden" auch als Formen des sekundären und traditionellen Antisemitismus zu begreifen.

Kurz nach den im Januar 2009 beendeten militärischen Auseinandersetzungen zwischen der Hamas und der israelischen Regierung begann der Wahlkampf anlässlich der Europaparlamentswahlen, zu dem Andreas Mölzer als Spitzenkandidat der FPÖ antrat. Obwohl es nie gewichtige Diskussionen über einen möglichen Beitritt Israels zur EU gegeben hatte, warb die FPÖ mit einem „FPÖ-Veto gegen EU-Beitritt von Türkei & Israel". Damit stellte sie sich als „einzige Partei" dar, die gegen ein solches Vorhaben wäre – und damit auch gegen eine angeblich bevorstehende „Verwicklung Österreichs in den blutigen Nahostkonflikt".[159] Während die muslimInnen- und türkeifeindliche Rhetorik im FPÖ-Wahlkampf nur auf geringes mediales Echo stieß, löste die Positionierung der FPÖ zu Israel eine breitere Debatte aus. Diese wurde zusätzlich aufgeladen, als der Vorarlberger FP-Landesobmann Dieter Egger den Direktor des jüdischen Museums in Hohenems Hanno Loewy einen „Exiljuden aus Amerika" nannte, nachdem dieser den FPÖ-Slogan „Elterngeld für

---

156 FPÖ – Büro HC Strache, in: APA-OTS, 26.07.2006(a).
157 Ebd., 26.07.2006(b).
158 John Bunzl, Andreas Mölzer entdeckt die Palästinenser, in: derStandard.at, 23.04.2009; sowie FPÖ Wien, in: APA-OTS, 02.01.2009.
159 Siehe und vgl. FPÖ wirbt weiter mit Nein zu Israels EU-Beitritt, in: derStandard.at, 21.05.2009.

heimische Familien" kritisierte.[160] Ein proisraelischer Kurs schien damit 2009 noch in weiter Ferne, sollte aber bereits ein Jahr später zum neuen offiziellen Grundsatz der FPÖ werden.

„Wendejahr 2010" – Der Beginn einer proisraelischen Haltung der FPÖ

Das Jahr 2010 markiert für die FPÖ einen Wendepunkt in ihrem Verhältnis zu Israel. Wie im Folgenden näher erläutert wird, ereignete sich 2010 der →*Ship-to-Gaza-Zwischenfall*, der erstmalig zu großen propalästinensischen Kundgebungen in Österreich führte (siehe auch das Kapitel *Antisemitismus im 21. Jahrhundert*). Diese wiederum lösten breitere mediale Debatten um Antisemitismus unter MuslimInnen aus, die die FPÖ unmittelbar für ihre Wahlkämpfe nutzte: Im Oktober desselben Jahres fanden die Wiener Landtags- und Gemeinderatswahlen statt, bei denen die FPÖ das Ziel verfolgte, die Absolute der SPÖ zu brechen. Neben xenophoben Slogans wie „Mehr Mut für unser Wiener Blut – Zu viel Fremdes tut niemandem gut" richtete sie sich in ihrem Wahlkampf gezielt gegen die „Islamistenpartei" SPÖ und dabei vor allem gegen Omar Al-Rawi, der sich im Zuge des *Ship-to-Gaza-Zwischenfalls* eindeutig auf Seiten der PalästinenserInnen positionierte.[161] Al-Rawi ist SPÖ-Politiker und Integrationsbeauftragter der *Islamischen Glaubensgemeinschaft in Österreich* (IGGÖ).[162] Zahlreiche Presseaussendungen der FPÖ, die seit dem *Ship-to-Gaza-Zwischenfall* veröffentlicht wurden, zeugen von dieser Strategie, mit der die FPÖ – ungeachtet antisemitischer Vorfälle in den eigenen Reihen und in der Mehrheitsgesellschaft – MuslimInnen Antisemitismus vorwirft. Diese Vorwürfe wiederum lassen sich ideal mit ihrer antiislamischen Ausrichtung verbinden. Der SPÖ (und teilweise auch der ÖVP) vorwerfend, aufgrund ihrer Migrationspolitik für gegenwärtigen Antisemitismus verantwortlich zu sein, stilisierte sich die FPÖ zur „wahren" anti-antisemitischen Partei. Diese Strategie wurde auch nach dem Wiener Wahlkampf weiter verfolgt. In Aussendungen vom September 2010 etwa sprach Hans-Jörg Jenewein von einem „offenen Antisemitismus und den Terrorsympathien der Wiener Rathaussozialisten",[163] an anderer Stelle warf Strache der SPÖ vor, „Lobbyismus für den Islamismus" zu betreiben[164] und in einer weiteren Aussendung hieß es, rote Abgeordnete machten Antisemitismus wieder salonfä-

---

160 Staatsanwalt prüft Eggers „Exiljuden"-Sager, in: Die Presse, 25.08.2009; Vorarlbergs FP-Obmann Egger denkt nicht an Entschuldigung, in: derStandard.at, 24.08.2009.
161 Hafez 2011, 87–91.
162 Die IGGÖ ist zwar die offizielle Vertretung der MuslimInnen in Österreich, allerdings zeigen zahlreiche MuslimInnen nur wenig Interesse an ihr und fühlen sich nicht von ihr vertreten. Vgl. Edtmaier/Trautwein 2015, 202.
163 FPÖ Wien, in: APA-OTS, 23.09.2010.
164 Freiheitlicher Parlamentsklub – FPÖ, in: APA-OTS, 29.09.2010.

hig.[165] David Lasar wiederum forderte Al-Rawi auf, „sich von Antisemitismus und Judenhatz [zu] distanzieren."[166] In einer weiteren Presseaussendung vom Dezember 2010 gerierte sich die FPÖ erstmals öffentlich als Verteidigerin der jüdischen Gemeinde – eine weitere Strategie, die sie bis heute verfolgt. Außerdem reist seit 2010 regelmäßig eine FPÖ-Delegation nach Israel, um dort rechtsgerichtete PolitikerInnen zu treffen, zu dem Zweck, über die „neue Bedrohung des fundamentalistischen Islamismus" zu beratschlagen und sich gleichzeitig von „totalitäre[n] Systeme[n] wie Faschismus, Nationalsozialismus und Kommunismus" offiziell zu distanzieren.[167]

Im Vergleich zu weiteren europäischen RechtspopulistInnen und RechtsextremistInnen, schwenkte die FPÖ erst relativ spät auf eine proisraelische Haltung um. Philip Dewinter *(Vlaams Belang)* oder Geert Wilders *(Parij voor de Freijheid)* begannen bereits einige Jahre zuvor regelmäßig nach Israel zu reisen und sich proisraelisch zu positionieren. Die Israelbesuche der rechtspopulistischen Parteien sind zum Zwecke der Bildung und Stärkung einer „internationalen Anti-Islam-Front" zu verstehen. Mit den Annäherungen der FPÖ an Israel versuchte diese auch, Salonfähigkeit zu demonstrieren, um sich als regierungsfähige Partei zu inszenieren.[168] Die offizielle Distanzierung von Antisemitismus und Hinwendung zu Israel könnte zudem mit der Gründung des Bündnisses „Europäische Allianz für Freiheit" auf EU-Ebene zusammenhängen, die ebenfalls im Jahr 2010 erfolgte: Das Bündnis bestand aus rechtskonservativen bzw. rechtspopulistischen Parteien mit *pro-israelischer* Ausrichtung.[169] Es ist denkbar, dass sich die FPÖ als Teil dieses Bündnisses dieser vorherrschenden Ausrichtung aus strategischen Gründen anschloss.

Für besondere mediale Aufmerksamkeit sorgte, dass Strache bei seinem 2010 erfolgten Besuch der Holocaustgedenkstätte *Yad Vashem* – bei der das Tragen einer Kopfbedeckung geboten ist – ausgerechnet seine Burschenschafterkappe trug und damit angeblich Gemeinsamkeiten zwischen seiner Zugehörigkeit zur deutschnationalen schlagenden Burschenschaft *Wiener pennale Burschenschaft Vandalia* und der Tatsache, dass auch Theodor Herzl im 19. Jahrhundert Burschenschafter war, betonen wollte. Der damalige Präsident der IKG, Ariel Muzicant, reagierte empört auf das Tragen der Burschenschafterkappe. Er verstand diese Aktion als bewusstes „Signal an die Nazis aus den eigenen Reihen: Ich fahre zwar nach Israel – aber mit Bier-

---

165 FPÖ Wien, in: APA-OTS, 21.09.2010.
166 Ebd., 21.09.2010.
167 Siehe und vgl. Günter Traxler, Strache und Herzl, in: derStandard.at, 06.12.2010; sowie FPÖ Wien, in: APA-OTS, 13.10.2010.
168 Edtmaier/Trautwein 2015, 242; sowie Saskia Jungnikl/Harald Fidler/Julia Herrnböck, Strache, Biertonnen und das Heilige Land, in: derStandard.at, 22.12.2010.
169 Die politische Partei existierte nur bis 2017, da der Großteil ihrer Mitglieder zur *Bewegung für ein Europa der Nationen und der Freiheit* übergetreten war.

tönnchen auf dem Kopf". Tatsächlich ist anzunehmen, dass die abrupte Änderung von einem antiisraelischen hin zu einem offiziell proisraelischen Kurs für einige deutschnationale FPÖ-SympathisantInnen nur sehr schwer nachvollziehbar war.[170] Der FPÖ-Funktionär David Lasar spielte die Aufregung rund um das Tragen der Burschenschafterkappe herunter, indem er sie als „lächerlich" bezeichnete und wiederum die angebliche Verbindung zu Theodor Herzl betonte. Dass Herzl bereits nach zwei Jahren aufgrund des erstarkenden Antisemitismus aus der *Wiener akademische Burschenschaft Albia* wieder austrat, erwähnten Strache und Lasar jedoch nicht.[171]

Es kann folglich festgehalten werden, dass die FPÖ im Jahr 2010 im Kontext des Wiener Wahlkampfes und *Ship-to-Gaza-Zwischenfalls* einen klar proisraelischen Kurs einläutete, den sie bis heute verfolgt und der sich über den Antisemitismusvorwurf an MuslimInnen (und Teile der Linken) auf ideale Weise mit der bereits etablierten antimuslimischen Wahlkampfrhetorik[172] in Verbindung bringen ließ. Das Auftreten der FPÖ als „Beschützerin der Juden" und die betonte „Israelfreundlichkeit" aber wurde – und wird bis heute – seitens der IKG mit Hinweisen auf die antisemitische und NS-relativierende Vergangenheit und Gegenwart zahlreicher FPÖ-ParteifunktionärInnen und -mitglieder entschieden abgelehnt.[173]

Der 2010 eingeschlagene proisraelische Kurs der FPÖ führte keineswegs zu einer Abkehr von antisemitischen und revisionistischen Provokationen. So wurde etwa im Jahr 2012 der Wiener Korporationsball am Internationalen Holocaustgedenktag ausgetragen.[174] Diese Veranstaltung schlagender deutschnationaler Burschenschaften, zu der sich regelmäßig hochrangige RechtspopulistInnen und Rechtsextreme verschiedener europäischer Parteien einfinden, findet jährlich in der repräsentativen Wiener Hofburg statt. Ein breites antifaschistisches Bündnis demonstriert daher

---

170 Ebd. sowie Schiedel 2011.
171 „Lächerliche" Aufregung um Burschenschafter-Kappe, in: Die Presse, 23.12.2010.
172 Im Jahr 2010, in dem insgesamt vier Wahlkämpfe stattfanden, zog die FPÖ mit ihren muslimfeindlichen Argumentationen besonders viel Aufmerksamkeit auf sich. So vertrieb die FPÖ Steiermark das Computerspiel „Moschee baba", in dem das Ziel darin bestand, möglichst viele Muezzine, Moscheen und Minarette zu stoppen. In Anspielung auf die Zweite Wiener Türkenbelagerung 1683 stellte die FPÖ Wien einen Comic her, in dem der „neue Prinz Eugen" H.C. Strache Wien vor einer angeblichen neuen Invasion von „Muselmännern" zu schützen trachtet. Vgl. etwa: Hafez 2011, 86–94.
173 Vilimsky: Strache in „Tradition der Politik Kreiskys", in: Oberösterreichische Nachrichten, 07.12.2010. Vgl. allgemeiner zur „Israeleuphorie" europäischer RechtspopulistInnen bei gleichzeitiger NS-Verharmlosung: Gans 2017, 504–509; Bunzl 2007, 37–43.
174 Ob dies eine bewusste Provokation darstellt, muss offenbleiben, da – im Unterschied zu Großbritannien – in Österreich primär am 5. Mai, dem Tag der Befreiung Mauthausens, der NS-Opfer gedacht wird. Der 27. Jänner als Internationaler Holocaustgedenktag hingegen erlangte offenbar erst in den letzten Jahren eine größere Bekanntheit in der österreichischen Bevölkerung.

regelmäßig gegen diese Veranstaltung und kritisiert diese sowohl aufgrund ihrer ideologischen Ausrichtungen als auch wegen des Austragungsortes in Wiener Prunkräumen scharf. Mehrere Tausend TeilnehmerInnen beteiligten sich an den Demonstrationen am 27. Jänner 2012. Teilweise versuchten sie, anreisende Ballgäste an ihrem Weiterkommen zu hindern. Strache nahm dies zum Anlass, die Ballgäste als „die neuen Juden" zu bezeichnen und die Situation mit den Novemberpogromen gleichzusetzen, als er meinte, „das war wie die Reichskristallnacht". Auch der Geschäftsführer des freiheitlichen Bildungsinstituts Klaus Nittmann zog Gleichsetzungen mit der NS-Judenverfolgung, als er hinzufügte: „Wer für diesen Ball arbeitet, der bekommt gleich den Judenstern aufgedrückt." Diese die NS-Verbrechen trivialisierenden, relativierenden und enthistorisierenden Aussagen hatten keine politischen oder juristischen Konsequenzen für die beteiligten Personen zur Folge.[175]

Ebenfalls ohne tiefergehende Konsequenzen blieb die Veröffentlichung einer antisemitischen Karikatur auf Straches Facebook-Seite im August desselben Jahres [siehe Abb. 3]. Auf ihr ist ein übergewichtiger, das Bankensystem personifizierender Mann mit Hakennase und Davidsternen auf Manschettenknöpfen zu sehen. Dieser wird, an einem Tisch sitzend, von einem weiteren, die Regierung verkörpernden Mann mit übermäßig viel Nahrung versorgt. Ihm gegenüber sitzt die abgemagerte Personifikation „des Volkes", die lediglich einen Knochen auf ihrem Teller vorfindet. Bei der von Strache veröffentlichten Karikatur handelt es sich um die Nachahmung einer 1962 veröffentlichten antikapitalistischen Zeichnung aus den USA, die in ihrer ursprünglichen Fassung noch keinerlei Bezüge zu Juden aufwies. Hakennase und Davidsterne wurden erst in der deutschsprachigen Version in die Karikatur eingearbeitet und somit bewusst mit klar antisemitischen Konnotationen aufgeladen. Strache reagierte mit Empörung auf die gegen ihn gerichteten Antisemitismusvorwürfe und entfernte die Karikatur, die auf seiner Facebook-Seite auf viel Zustimmung stieß, erst, nachdem sich Bundespräsident Heinz Fischer zu Wort meldete. Damit wird auch deutlich, dass eine proisraelische Haltung keineswegs gegen Antisemitismus „immunisiert". Trotz ihres eindeutig antisemitischen Gehalts interpretierte die damalige Justizministerin Beatrix Karl (ÖVP) die Karikatur als „(zulässige) Kritik an der Finanzpolitik der österreichischen Regierung" und „nicht antisemitisch", woraufhin laufende Ermittlungen wegen des Verdachts auf Verhetzung gegen Strache eingestellt wurden. Ein breiter Protest seitens der österreichischen Bevölkerung blieb aus, was die Linguistin Ruth Wodak auf einen „Gewöhnungs- oder Übersättigungseffekt" zurückführte, folgen doch Antisemitismusvorwürfe gegen die FPÖ und deren Strategie der Empörung und Zurückweisung immer demselben Muster.[176]

---

175 Siehe und vgl. Tobias Müller, Der letzte Tanz der „neuen Juden" in der Hofburg, in: derStandard.at, 29.01.2012; sowie Wodak 2015, 145.
176 Siehe und vgl. ebd., 13–19; sowie Reiter 2014, 38–39.

Antisemitismus, Muslimfeindlichkeit und das Verhältnis zu Israel 255

Abb. 3: Auf der von Heinz-Christian Strache geposteten Karikatur wurde die Nase des „Bankiers" nachträglich zur Hakennase, seine Manschettenknöpfe bekamen Davidsterne. Das Bild wurde uns mit freundlicher Genehmigung der Plattform *Stoppt die Rechten* zur Verfügung gestellt, URL: https://www.stopptdierechten.at/2012/08/19/strache-die-nase-eines-bankers/ [zuletzt abgerufen am: 03.12.2018].

Trotz der Ereignisse in Österreich rund um den *Ship-to-Gaza-Zwischenfall,* auf die nachfolgend detaillierter eingegangen wird, war auch im Jahr 2010 der Großteil gemeldeter antisemitischer Handlungen dem rechten Milieu zuzurechnen. Insgesamt wurden vom Verfassungsschutz ca. 27 antisemitische Fälle registriert.[177] Auch die FPÖ wurde weiterhin durch eine Vielzahl NS-relativierender, antisemitischer und rassistischer „Einzelfälle" auffällig, etwa als der deutschnationale FPÖ-Funktionär Andreas Mölzer 2014 die EU als Diktatur bezeichnete und ergänzte, „das Dritte Reich [ist dagegen] wahrscheinlich formlos und liberal" gewesen.[178] Eine fremden- oder judenfeindliche Intention wird in der Regel abgestritten und Reaktionen der Parteispitze erfolgen wenn, dann erst auf großen medialen Druck. Sind Antisemitismusvorwürfe aber gegen MuslimInnen und Linke gerichtet, verurteilt die FPÖ-Parteispitze diese mit besonderer Vehemenz. Dies zeigte sich insbeson-

---
177 Verfassungsschutzbericht 2011, 19, 35, 55–56.
178 Aufgrund der Vielzahl antisemitischer und rechtsextremer Aussagen seitens FPÖ-FunktionärInnen verfasste das Mauthausen Komitee Österreich eine eigene Publikation über einige dieser Fälle. Vgl. Mauthausen Komitee Österreich 2017. Siehe und vgl. Mölzer gibt Sager über „Negerkonglomerat" zu und entschuldigt sich, in: derStandard.at, 24.03.2014; Andreas Mölzer stolpert über „Negerkonglomerat", in: Salzburger Nachrichten, 08.04.2014; sowie weiters: Schiedel 2014, 138–139; Karin Leitner/Philipp Hacker-Walton, Attacke auf Alaba kickt Mölzer ins blaue Out, in: kurier.at, 08.04.2014; Oliver Pink, FPÖ-Logik: Alaba kickt Mölzer raus, in: Die Presse, 05.04.2014; Das „Dritte Reich" und die EU. Mölzer im Wortlaut, in: Die Presse, 07.04.2014.

dere im Jahr 2014, als es im Kontext des Gaza-Krieges zu zahlreichen israelbezogen-antisemitischen Vorfällen in Österreich kam und Heinz-Christian Strache u.a. die „gescheiterte[…] Integrationspolitik von Rot, Grün und Schwarz"[179] dafür verantwortlich machte. Wie bereits in früheren Wahlkämpfen betonte er gegenüber der Wiener SPÖ, dass diese „radikale[m] Antisemitismus und Israel-Hass" zu wenig entschieden entgegentrete und dies, obwohl doch gerade Österreich eine „besondere Verantwortung" habe.[180] Dieses ambivalente Verhalten der FPÖ – gerade auch vor dem Hintergrund der Vielzahl holocaustrelativierender und antisemitischer Aussagen innerhalb der eigenen Partei[181] – kann als „Spagat zwischen den nationalkonservativen Traditionalisten und den Pragmatikern, die eines Tages wieder mitregieren möchten" verstanden werden, deren „gemeinsame Klammer der Antiislamismus" bildet.[182] Gleichzeitig dient die Fokussierung auf Antisemitismus unter MigrantInnen der eigenen Entlastung von Antisemitismus-Vorwürfen.

Die FPÖ behielt auch 2014 ihren eingeschlagenen proisraelischen Kurs bei und bekundete diesen Ende Juli des Jahres, als eine freiheitliche Delegation, darunter David Lasar und Norbert Hofer, Israel einen „Solidaritätsbesuch" abstattete. Fiel die FPÖ 2009 noch durch eine klar propalästinensische Haltung auf – etwa als Vilimsky Israel vorwarf, einen „Vernichtungsfeldzug" gegen die Palästinenser durchzuführen –, sprach sie sich während des →Gaza-Krieges 2014 demonstrativ für das Selbstverteidigungsrecht Israels aus und forderte auch die österreichische Bundesregierung dazu auf, sich „klar und unmissverständlich" zu diesem zu bekennen.[183]

Antisemitismus im Kontext der „Flüchtlingskrise", die *Neue Rechte* und ein neues Image der FPÖ

Mit der Stilllegung der rechtsextremen Website *alpen-donau.info* 2011 und der zwei Jahre später erfolgten Verhaftung Gottfried Küssels und weiterer Neonazis zeichneten sich organisatorische Veränderungen in der Rechtsextremen-Szene Österreichs ab: Um dem Repressionsdruck und den ständigen Konflikten mit dem NS-

---

179 Freiheitlicher Parlamentsklub, in: APA-OTS, 24.07.2014.
180 Strache übt nach Wiener Demos gegen Gaza-Offensive Kritik an Häupl, in: vienna.at, 22.07.2014.
181 Um noch weitere Beispiele zu nennen: Im November 2014 wurde in den Bezirksblättern Niederösterreich ein Foto veröffentlicht, das Andreas Bors, FPÖ-Bezirksobmann von Tulln, mit zum Hitlergruß erhobener Hand zeigte. Zwei Monate später wurde bekannt, dass Hans Wunner, FPÖ-Ortsparteiobmann von Bad Aussee, für die vom Holocaust-Leugner Bernhard Schaub betriebene neonazistische *Europäische Aktion* aktiv ist. Vgl. etwa: Mauthausen Komitee Österreich, 2017, 4.
182 Siehe und vgl. Pink, Oliver, FPÖ: Strache verordnet Pro-Israel-Linie, in: Die Presse, 17.12.2014.
183 FPÖ Wien, in: APA-OTS, 02.08.2014.

Verbotsgesetz zu entgehen, grenzen sich Rechtsextreme nach außen hin nun klarer vom Nationalsozialismus ab, ohne aber im Kern von alten Ideologien abzurücken. Dies gilt insbesondere für die 2012 gegründete *Identitäre Bewegung*, deren Wurzeln im französischen *Bloc identitaire* zu finden sind. Sie verstand es, „gesellschaftlich anschlussfähige Konzepte eines modernisierten völkischen Nationalismus" zu entwickeln und via sozialer Medien und Straßenaktivismus zu propagieren.[184] Seither inszeniert sich die *Identitäre Bewegung Österreich* (IBÖ) als Gruppe harmloser Heimatschützer[185] und vermeidet typisch rechtsextreme Begriffe, die sie versteht, durch historisch unbelastete Termini zu ersetzen. So wurde aus der „Überfremdung" ein „großer Austausch" und die „Massenabschiebung" zur „Remigration".[186] Gleichzeitig entstammt das (Führungs-)Personal der *Identitären* aber großteils dem deutschvölkischen Korporationsmilieu sowie der Neonaziszene.[187] Mit ihren muslimfeindlichen und xenophoben Kampagnen kam der IBÖ große mediale Aufmerksamkeit zu, wodurch sie – anders als andere rechtsextreme Gruppierungen wie die bereits erwähnten AFP, AfP und BfJ – in der österreichischen Bevölkerung breite Bekanntheit erlangte. Die IBÖ galt 2018 als „eine der wesentlichen Trägerinnen des modernisierten Rechtsextremismus".[188]

Vor allem im Jahr 2015 erlebten Organisationen der *Neuen Rechten*[189] allgemein, bzw. der dieser zuzurechnenden *Identitären Bewegung* im Speziellen, regen Zulauf. Ausgelöst wurde dieser vor allem durch zwei Ereignisse: den islamistischen Anschlag auf *Charlie Hebdo* am 7. Jänner 2015 einerseits und die beginnenden großen Fluchtbewegungen nach Europa, die vielerorts als „Flüchtlingskrise" vermittelt bzw. erlebt wurden, andererseits. Zeitlich parallel dazu feierten etwa auch in Deutschland Gruppierungen der *Neuen Rechten* Rekrutierungserfolge, die seither bis weit in die „Mitte" der Gesellschaft reichen – insbesondere die 2013 gegründete rechtspopulistisch-rechtsextreme Partei *Alternative für Deutschland* (AfD) sowie die 2014 in Dresden ins Leben gerufene völkisch-rassistische, islam- und fremdenfeindliche Organisation *Patriotische Europäer gegen die Islamisierung des Abendlandes* (PEGIDA). Außerhalb Deutschlands konnte PEGIDA allerdings nur kurz Fuß fassen; auch in Österreich gelang es der Bewegung nicht, größere Teile der Bevölkerung längerfristig zu mobilisieren: Ihren Aufmärschen, die letztlich im April 2015 verboten wurden, schlossen sich in Österreich jeweils zwischen 100 und 350 Personen an, während Gegenkundgebungen mit einigen Tausend TeilnehmerInnen immer

---

184 Siehe und vgl. Goetz/Winkler 2017, 63–65.
185 http://www.identitaere-bewegung.at/
186 Dokumentationsarchiv, Identitäre Bewegung.
187 Goetz/Winkler 2017, 67.
188 Siehe und vgl. Verfassungsschutzbericht 2017, 52–54.
189 Unter der *Neuen Rechten* versteht man eine modernisierte, an gesellschaftliche Veränderungen angepasste „Neuauflage" der *Alten Rechten*. In ihrem ideologischen Kern unterscheiden sich die beiden Strömungen kaum voneinander. Vgl. ebd., 68.

um ein Vielfaches größer waren.[190] Die *Identitäre Bewegung* hingegen hat sich bis heute in Österreich fest etabliert. In ihren Warnungen vor einem angeblich bevorstehenden „großen Austausch" mischen sich xenophobe Argumentationsstrategien immer wieder mit Antiamerikanismus und (strukturellem) Antisemitismus. So vermuten Identitäre, eine von den USA ausgehende Weltverschwörung stecke hinter dem „großen Austausch", dessen Ziel darin bestünde, durch massive Zuwanderung die Bräuche und Traditionen der „ansässigen Bevölkerung" zu zerstören und diese dadurch zu entfremden bzw. zu „entwurzeln" sowie die europäische Wirtschaft zu schwächen. Damit soll Europa letztendlich widerstandslos gegen die Globalisierung bzw. amerikanische Wirtschaft werden. Identitäre vermeiden es in der Regel, explizit Juden als Weltverschwörer zu nennen. Stattdessen codieren sie Antisemitismus als virulenten Antiamerikanismus und bedienen sich damit einer Strategie des sekundären Antisemitismus, die die FPÖ bereits Jahrzehnte zuvor mit der Einführung von Begriffen wie „Ostküste" erfolgreich etablierte.[191] Außerdem ist zu beobachten, dass mitunter Einzelpersonen für eine Verschwörung hinter den Fluchtbewegungen verantwortlich gemacht werden. Zu nennen ist hier insbesondere George Soros. In seiner Person kulminieren antisemitische, antiamerikanische und globalisierungskritische Projektionen, handelt es sich bei ihm doch um einen besonders erfolgreichen amerikanischen Investor jüdisch-ungarischer Herkunft. Auch aufgrund seiner Unterstützung regierungskritischer NGOs und Demokratiebewegungen wurde Soros für den ungarischen Ministerpräsidenten Viktor Orbán, aber auch für die Regierungschefs Serbiens und Mazedoniens, weiterer (ost-)europäischer Staaten und nicht zuletzt auch Israels Zielscheibe zahlreicher Angriffe und Beschuldigungen.[192]

Dass eine *direkte* Anspielung auf die antisemitische Weltverschwörungstheorie politische Konsequenzen nach sich ziehen kann, zeigte die „Affäre Susanne Winter" im November 2015: Die FPÖ-Abgeordnete teilte einen Artikel, in dem Viktor Orbán die „Finanzindustrie" allgemein bzw. George Soros explizit für die großen Flüchtlingsbewegungen verantwortlich machte. Ein unbekannter User kommentierte den Beitrag mit den Worten:

> Die Zionistischen Geld-Juden Weltweit sind das Problem. Europa und Deutschland im speziellen bekommt nun von den Zionistischen Juden und speziell von den Rei-

---

190 Vgl. Berntzen/Weisskircher, 2016, 559–560.
191 Goetz/Winkler 2017, 72–73.
192 Vgl. etwa: Keno Verseck, Osteuropa gegen Soros. Der Milliardär und die Hetzer, in: spiegel.de, 29.01.2017; Andreas Ernst, Die flexiblen Sorositen und ihre Feinde, in: Neue Zürcher Zeitung, 12.05.2017; Orbán: „Der Mund gehört Clinton, die Stimme gehört Soros", in: Die Presse, 20.05.2016; sowie Thomas Roser, Südosteuropa. Gefährlicher Machtkampf in Mazedonien, in: Die Presse, 28.04.2017.

Antisemitismus, Muslimfeindlichkeit und das Verhältnis zu Israel   259

chen Zionistischen Juden in den USA die Quittung für Jahrhundertelange Judenverfolgung in Europa. Europa und im Besonderen Deutschland sollen nach dem Willen der zionistischen Juden als wirtschaftliche Konkurrenz gegenüber den USA ein für alle mal ausgeschaltet werden.[193]

Susanne Winter antwortete auf das antisemitische Posting:

> …..schön, dass Sie mir die Worte aus dem Mund nehmen ;-). Vieles darf ich nicht schreiben, daher freue ich mich um so mehr über mutige, unabhängige Menschen![194]

Die FPÖ-Politikerin sorgte bereits 2008 mit verhetzenden antiislamischen Aussagen für öffentliche Diskussionen, als sie im Zuge des Grazer Gemeinderatswahlkampfes den Propheten Mohammed als „Kinderschänder" bezeichnete. Aufgrund dieser und weiterer Aussagen wurde sie wegen Herabwürdigung religiöser Lehren und Verhetzung vom Grazer Landesgericht verurteilt. Zu einem Parteiausschluss oder anderweitigen politischen Folgen führten ihre offen islamfeindlichen Äußerungen nicht.[195] Im Jahr 2015 aber, als Winter sich positiv gegenüber dem antisemitischen Posting äußerte, waren die Konsequenzen folgenreicher: Kritisiert wurde Winter nicht nur seitens PolitikerInnen der SPÖ, ÖVP und der Grünen, sondern auch innerhalb der eigenen Partei. So bezeichnete der damalige FPÖ-Generalsekretär Herbert Kickl Winters Antwort als „inakzeptabel" und beteuerte: „In der FPÖ ist kein Platz für Antisemitismus". Kickl drückte zudem sein Bedauern „im Namen der FPÖ" aus, dass die Einträge Susanne Winters dazu führten, dass sich Juden verletzt und beleidigt fühlten. Winter selbst entschuldigte sich für das Posting und versuchte mit den Worten „Ich bin nicht antisemitisch, ich habe selbst jüdische Freunde" den Vorwurf antisemitisch zu sein zu entkräften.[196] Nachdem sich der öffentliche Druck auf den FPÖ-Obmann Strache weiter verstärkte, wurde Winter aus der FPÖ ausgeschlossen.[197] Vor dem Hintergrund, dass innerhalb der FPÖ bislang antisemitische „Entgleisungen" einzelner FPÖ-SpitzenpolitikerInnen als „Einzelfälle" abgetan wurden und meist ohne politische Konsequenzen blieben, kann der Parteiausschluss Susanne Winters durchwegs als öffentliche Demonstration einer als solchen propagierten Richtungsänderung der FPÖ-Parteispitze interpretiert werden. Die betont anti-antisemitische und proisraelische Haltung der

---

193   FPÖ: Susanne Winter muss die Partei verlassen, in: Die Presse, 02.11.2015.
194   Siehe und vgl. ebd.
195   Vgl. etwa Susanne Winter: Urteil wegen Verhetzung bestätigt, in: Die Presse, 18.06.2009.
196   FPÖ-Abgeordnete Winter stellt Rückzug in den Raum, in: derStandard.at, 02.11.2015.
197   Siehe und vgl. Anti-Juden-Postings: FPÖ-Winter fühlt sich falsch verstanden, in: Salzburger Nachrichten, 01.11.2015. Lob für antisemitisches Posting: FPÖ droht Winter mit Ausschluss, in: Die Presse, 01.11.2015.

FPÖ in der Öffentlichkeit sollte aber vor dem Hintergrund der Regierungsambitionen der FPÖ allgemein bzw. im Kontext der Bundespräsidentschaftswahlen[198] im Besonderen interpretiert werden. Auch im Jahr 2016 setzte die FPÖ diesen Kurs fort. So bereiste wiederum eine FPÖ-Delegation Israel, um sich dort vermutlich mit rechten Siedlern über eine angeblich drohende Islamisierung auszutauschen. Eine offizielle Einladung seitens des israelischen Außenministeriums blieb auch in diesem Jahr aus; dieses pflegte weiterhin keinerlei Kontakte zur FPÖ. Es wird angenommen, dass der Likud-Abgeordnete Michael Kleiner die FPÖ nach Israel einlud.[199]

Unter dem Titel „Haben wir aus der Geschichte gelernt? Neuer Antisemitismus in Europa" veranstaltete das FPÖ-Bildungsinstitut im November 2016 anlässlich der Novemberpogrome 1938 erstmalig ein Symposion, mit dem die FPÖ erneut ihre Richtungsänderung hin zu einer anti-antisemitischen, sich erinnerungspolitisch für die Opfer der NS-Zeit engagierenden, regierungsfähigen Partei zu beweisen suchte. Geladen wurden Heinz-Christian Strache und Norbert Hofer sowie die beiden ehemaligen Knesset-Abgeordneten Rafael Eitan, der in Österreich bereits im Vorfeld durch muslimfeindliche Aussagen auffiel und als „Eichmann-Jäger" große Bekanntheit erlangte, und Michael Kleiner, Präsident des Likud-Parteigerichts.[200] Norbert Hofer äußerte sich klar antimuslimisch, als er betonte, der Islam sei kein Teil Österreichs und behauptete, 2050 würden 50 Prozent aller ÖsterreicherInnen muslimisch sein, sollte sich an der Sozialpolitik Österreich nichts ändern. Auch Heinz-Christian Strache warnte vor „islamischem Import" und „schrankenloser Zuwanderung", die von linken Parteien gefördert werden würden. Strache unterstrich zwar das Problem des gegenwärtigen Antisemitismus, reduzierte dieses aber auf linke und muslimische Personen, indem er forderte, „wir dürfen die Augen vor linke[m] und islamistische[m] Antisemitismus nicht verschließen!" Außerdem betonte Strache die Verantwortung Österreichs, dass es „nie wieder" zu einer Judenverfolgung kommen dürfe.[201] Seitens der IKG wurde die Veranstaltung scharf kri-

---

198 Im Zuge der Bundespräsidentschaftswahlen kam es nach einem ersten Durchgang zu einer Stichwahl zwischen Norbert Hofer und Alexander van der Bellen. Nachdem van der Bellen knapp gewann, wurde das Wahlergebnis seitens der FPÖ angefochten. Die Wiederholung der Stichwahl endete mit einem erneuten, noch deutlicheren Sieg van der Bellens. Aufgrund der drei Wahlgänge, und damit auch drei Wahlkampfphasen, stand beinahe das gesamte Jahr 2016 im Kontext des Bundespräsidentschaftswahlkampfes.
199 „Wir haben Strache nicht eingeladen", in: kurier.at, 12.04.2016; Hans Rauscher, Warum die FPÖ sich so um Israel bemüht, in: derStandard.at, 20.05.2016.
200 FPÖ Bildungsinstitut, in: APA-OTS, 06.11.2016. Der *Kronen Zeitung* zufolge warnte Eitan: „Wenn die Moslems in jedem europäischen Land sind, müssen wir dort mit Gewalt und Terror rechnen." Siehe Nina Weißensteiner, Gedenken à la FPÖ, in: derStandard.at, 07.11.2016.
201 Siehe und vgl. ebd.

tisiert. Mit Slogans wie „In Yad Vashem mit Burschideckerl – kosher wie ein Schinkenfleckerl" oder „Wir kaschern euch nicht" protestierten einige Wiener Juden und Jüdinnen vor dem Tagungsort gegen die Vereinnahmung durch die FPÖ.[202]

Dieses neue Image der FPÖ-Parteispitze vermochte es nicht, antisemitische und pronationalsozialistische Aussagen innerhalb der eigenen Partei zu verhindern. So beschimpften erst im Juni 2016 FPÖ-Gemeinderat Dietrich Kops und FPÖ-Bezirksrat Werner Grebner das NS-Opfer Friedrich Zawrel als „Verbrecher", im August schrieb der FPÖ-Gemeinderat Wolfgang Zistler, es sei ihm „eine Ehre, auch Nazi genannt zu werden", und im November ehrte Manfred Haimbuchner, freiheitlicher Landeshauptmannstellvertreter von Oberösterreich, den verstorbenen NSDAP-Politiker Anton Reinthaller.[203]

Außerdem sei angemerkt, dass nicht alle FunktionärInnen, die der FPÖ nahestehen, konsequent ihren pro-israelischen Kurs teilen. So lud die von der FPÖ nominierte, parteilose Außenministerin Karin Kneissl ausgerechnet Hanan Aschrawi zum Neujahrskonzert 2019 ein, die für ihre scharfe Kritik an Israel bekannt ist, etwa wenn sie Israel eine Besatzungsmacht nennt, die PalästinenserInnen versklave. Wenige Wochen zuvor zeigte sich Kneissl noch enttäuscht darüber, wie die EU-Politik Israel behandle und warf ihr vor, „besonders strenge Maßstäbe an Israel" anzulegen.[204]

Die Anti-Soros-Kampagne Viktor Orbáns fand in Österreich nicht nur mit Susanne Winter ihren Widerhall, sondern wurde auch explizit von FPÖ-Klubobmann Johann Gudenus mitgetragen, der im April 2018 von „stichhaltigen Gerüchten" sprach, wonach Soros „mit viel Kapitalmacht versucht habe, alle möglichen Umwälzungstendenzen in Osteuropa zu finanzieren."[205] Weiters führte er in einem Interview aus, die „Massenmigration" sei nicht zufällig passiert, sondern NGOs, die von

---

202 Embacher 2018a, 112; Alexia Weiss, Vereinnahmung, in: Wiener Zeitung, 07.11.2016.
203 Mauthausen Komitee Österreich 2017, 7–8.
204 Vgl etwa Kritik an Einladung von Hanan Aschrawi zum Neujahrskonzert, Jüdische Allgemeine, 02.01.2019; Kneissl kritisiert EU-Politik gegenüber Israel, Die Presse, 19.11.2018.
205 Siehe und vgl. Anna Thalhammer, Gudenus und die Soros-Verschwörungen, in: Die Presse, 22.04.2018; Iris Bonavida/Thomas Prior, FPÖ-Klubchef Gudenus: Migration gesteuert? „Soros möglicher Akteur", in: Die Presse, 20.04.2018; sowie Gudenus springt auf Orbáns Anti-Soros-Kampagne auf, in: derStandard.at, 21.04.2018. Anti-Soros-Argumentationen spielten auch in der „Silberstein-Affäre" eine Rolle. Vgl. zu dieser: Günther Oswald u.a., Silbersteins Dirty Campaigning. Was wir bisher wissen und was nicht, in: derStandard.at, 02.10.2017; Lisa Kogelnik, Schmutzig ist der Wahlkampf vor allem im Netz, in: derStandard.at, 01.09.2017; Kurz-Fanseite. Türkise Fans oder rote Tarnkappe, in: kurier.at, 22.07.2017; Barbara Tóth u.a., Die Affäre Silberstein, in: Falter 40/2017, 03.10.2017; sowie Nina Weißensteiner, Causa Silberstein: Wodak warnt vor „Spiel mit jüdischen Namen", in: derStandard.at, 10.10.2017.

Soros unterstützt wurden, seien dafür mitverantwortlich.[206] Seine verschwörungstheoretischen Aussagen wurden u.a. von Bundespräsident Alexander van der Bellen entschieden abgelehnt. Bundeskanzler Sebastian Kurz distanzierte sich nach anfänglichem Schweigen. Anders als Winter musste Gudenus nach diesen Aussagen allerdings nicht zurücktreten.[207] Strache selbst verteidigte Gudenus sogar, indem er meinte, dass sich die FPÖ mit dieser Position mit dem israelischen Premierminister auf einer Ebene befinden würde. Auch im Kontext der Debatten um die Schließung und Standortverlegung der von George Soros gegründeten *Central European University* (CEU) nahm die FPÖ eine ablehnende Haltung ein. So sprach sich die FPÖ im Wiener Gemeinderat gegen die diskutierte Verlegung der CEU – die Strache zudem als „Wanderuni" bezeichnete – von Budapest nach Wien aus. In der Debatte warfen einzelne FPÖ-Abgeordnete Soros überdies vor, eine Weltregierung anzustreben und Raubtierkapitalismus zu betreiben.[208]

Exkurs: Die zweite FPÖ-Regierungsbeteiligung und Debatten unter österreichischen Juden und Jüdinnen seit 2017/18

Bei den Nationalratswahlen 2017 ging die ÖVP mit 31,5 Prozent als Wahlsiegerin hervor. Die SPÖ wurde mit 26,9 Prozent zweitstärkste, die FPÖ mit 26 Prozent knapp dahinter drittstärkste Partei. *Die Grünen* scheiterten erstmals seit 31 Jahren am Wiedereinzug in den Nationalrat, während dies den *Neos* mit 5,3 und der *Liste Pilz* mit 4,4 Prozent knapp gelang.[209] Mit der Regierungsbildung beauftragt, entschied sich Sebastian Kurz für eine Koalition mit der FPÖ. Damit wurde nicht nur ein Ende der seit 2007 bestehenden Großen Koalition eingeläutet; Heinz-Christian Strache wurde Vizekanzler und Bundesminister für öffentlichen Dienst und Sport und 20 der 51 FPÖ-Parlamentssitze gingen an völkisch Korporierte.[210] Dass bereits zum zweiten Mal eine rechtspopulistische Partei Koalitionspartnerin in der Bundesregierung ist, kann durchwegs als Österreichspezifikum bezeichnet werden. Die Führung der IKG sprach sich bereits im Vorfeld gegen diese Koalition aus und

---

206 Hans Rauscher/András Szigetvari, Spekulant, Wohltäter und Hassfigur: Wer ist George Soros?, in: derStandard.at, 24.04.2018.
207 Van der Bellen: Gudenus-Aussagen zu Soros „einfach lächerlich", in: kurier.at, 29.04.2018; Stürmischer Applaus für FPÖ-Kritik Michael Köhlmeiers, in: Die Presse, 04.05.2018; Gudenus attackiert Stiftung von US-Milliardär Soros, in: derStandard.at, 25.04.2018.
208 Katharina Mittelstaedt, Strache: „Wir Österreicher sprechen ja nicht zufällig Deutsch", in: derStandard.at, 06.12.2018; FPÖ-Argumente gegen Soros, in: Der Standard, 23.11.2018
209 Vgl. dazu die offiziellen Daten des Bundesministeriums für Inneres: https://wahl17.bmi.gv.at/ [zuletzt abgerufen am 30.11.2018].
210 Peter Draxler, So national wird der neue Nationalrat, in: kurier.at, 25.10.2017; Laurenz Ennser-Jedenastik, Burschenschafter in der FPÖ: Vom harten Kern zur bestimmenden Kraft, in: derStandard.at, 06.02.2018.

behielt auch nach tatsächlich erfolgter Regierungsbildung ihre Linie bei. Auch die betont proisraelische Rhetorik der neuen Regierung und ihre Bemühungen einer Annäherung an Israel änderten nichts an dieser Einstellung. Die türkis-blaue Koalition ließ mit ihrer Regierungserklärung, mit der sich Österreich erstmalig zu Israel als „jüdischem Staat" bekannte und für eine Friedenslösung „mit besonderer Berücksichtigung der Sicherheitsinteressen Israels" eintritt (bei gleichzeitiger politischer Annäherung an Benjamin Netanyahu)[211], der Zusage von einer Million Euro für den geplanten Bau eines neuen *Shoah Heritage Collection Centers* in *Yad Vashem*[212] und der Planung einer Gedenkstätte mit den Namen aller 66.000 jüdischen Shoah-Opfer Österreichs aufhorchen.[213] Zudem sei erwähnt, dass im November 2018 Bundeskanzler Sebastian Kurz als EU-Ratsvorsitzender gemeinsam mit dem *European Jewish Congress* und der *Israelitischen Kultusgemeinde Wien* eine EU-Konferenz zu Antisemitismus und Antizionismus veranstaltete. Während Vertreter jüdischer Organisationen ein dramatisches Bild zum gegenwärtigen Antisemitismus zeichneten, versicherte Kurz, sämtliche EU-Staaten auf eine gemeinsame Antisemitismus-Definition verpflichten zu wollen.[214] (Vgl. dazu auch das Kapitel *Antisemitismus im 21. Jahrhundert*).

Am 6. Mai 2018, anlässlich der Internationalen Befreiungsfeier in Mauthausen, zu der üblicherweise die österreichische Regierung geschlossen erscheint, lud das Mauthausen Komitee die FPÖ aus und berief sich dabei auf einen Beschluss aus den 1960er-Jahren, nach dem auf Wunsch der Überlebenden „keine Funktionäre oder Mandatsträger der FPÖ" an den Gedenkakten partizipieren dürften.[215] Der Präsident der IKG, Oskar Deutsch, begrüßte diese Entscheidung und unterstrich die antisemitische Tradition der deutschnationalen Burschenschaften sowie die Nähe der FPÖ zur rechtsextremen Zeitschrift *Die Aula*[216] und beteuerte, dass die „Neonazis der FPÖ" auch mit ihren Israelbesuchen „ihren Hass auf Juden nicht tarnen" könnten. Damit setzte die IKG-Führung in Wien ihren Boykott der FPÖ auch

---

211 Rainer Nowak, Besuch in Jerusalem. Kurz, der neue „wahre" Freund Israels, in: Die Presse, 11.06.2018; ders., Ein Kalt-warm-heiß-Besuch in Israel, in: Die Presse, 10.06.2018.
212 Eine Million für den Ausbau der Holocaust-Gedenkstätte Yad Vashem, in: derStandard.at, 10.06.2018.
213 Embacher 2018a, 120; Regierung plant Gedenkstätte mit Namen von 66.000 ermordeten Juden, in: Salzburger Nachrichten, 11.03.2018; Kurz und Strache nahmen teil: Holocaust-Gedenken: Den Opfern ein Gesicht geben, in: Kleine Zeitung, 26.01.2018.
214 Peter Münch, Antisemitismus-Konferenz in Wien. „Es wird schlimmer und schlimmer", in: Süddeutsche Zeitung, 21.11.2018; EU-Konferenz zu Antisemitismus und Antizionismus in Wien, Salzburger Nachrichten, 30.10.2018.
215 IKG-Präsident Deutsch: „Der rassistische Ungeist lebt weiter", in: Die Presse, 06.05.2018.
216 Dass die FPÖ über die rechtsextreme Zeitschrift „Die Aula" Antisemitismus propagierte, konnte bereits im Rahmen zweier Studien nachgewiesen werden: SOS Mitmensch, Unterstützung von Antisemitismus durch die FPÖ. Erhebung für die Jahre 2008 bis 2017, Wien 2018; sowie Wetzel, Bedient die Aula antisemitische Stereotype?, 2018.

weiterhin fort und meidet Gedenkveranstaltungen, an denen MinisterInnen der FPÖ teilnehmen.[217] Auf Deutschs FPÖ-Kritik reagierten Einzelne mit antisemitischen Beschimpfungen, etwa als ein Facebook-User „den Juden" vorwarf, den „Zweiten Weltkrieg finanziert und heraufbeschworen" zu haben und sie schon immer „im Hetzen gut waren".[218]

Oskar Deutsch repräsentierte mit seiner kritischen Haltung gegenüber der FPÖ nicht die Meinung aller österreichischen Juden und Jüdinnen, sondern erntete vereinzelt heftigen Widerspruch. So sprach sich etwa der eingangs zitierte Künstler Arik Brauer gegen den Boykott der FPÖ bei der Internationalen Befreiungsfeier in Mauthausen aus und nannte diesen einen „großen Fehler".[219] Auch Marco Feingold, Präsident der IKG Salzburg und ältester Holocaustüberlebender Österreichs, stand – anders als Oskar Deutsch – einer türkis-blauen Regierung bereits im Vorfeld positiv gegenüber und feierte seinen 105. Geburtstag sogar gemeinsam mit Sebastian Kurz und Heinz-Christian Strache.[220] In den Medien kam Brauer und Feingold viel Aufmerksamkeit zu, wobei teilweise auch aus dem Blick geraten ist, dass sie keineswegs für die Mehrheit der österreichischen Juden und Jüdinnen sprechen.

Die unterschiedlichen Haltungen innerhalb der jüdischen Community in Österreich zur FPÖ, und damit auch zur türkis-blauen Koalition, wurden zum Teil auch über die israelische Tageszeitung *Haaretz* ausgetragen, wie etwa der Schlagabtausch zwischen dem ÖVP-Nationalrat Martin Engelberg und Oskar Deutsch im Dezember 2017 belegt[221]: Engelberg bekundete darin seine Unterstützung einer türkis-blauen Regierung und ortete – ähnlich wie auch Arik Brauer – Antisemitismus als Problem unter MuslimInnen, während er Antisemitismus unter Rechtsextremen marginalisierte.[222] In seiner Replik führte Oskar Deutsch an, dass sich die FPÖ bislang noch nie klar von ihrer NS-Vergangenheit distanzierte:

---

217 Stand: Juni 2018. Vgl. IKG-Chef Deutsch reitet schwere Angriffe gegen die FPÖ, in: Die Presse, 21.12.2017; sowie IKG-Präsident Deutsch: „Der rassistische Ungeist lebt weiter", in: Die Presse, 06.05.2018.
218 Markus Sulzenbacher, Regierungsbildung: Warnung vor FPÖ löst antisemitischen Sturm aus, in: derStandard.at, 23.10.2017.
219 Ida Metzger, Arik Brauer: „Großer Fehler, FPÖ-Minister nicht nach Mauthausen einzuladen"; in: kurier.at, 05.05.2018.
220 Bundeskanzler Kurz lud, 29.05.2018.
221 Vgl. dazu auch: Embacher 2018a, 121–122.
222 In der betreffenden Aussendung hieß es: „As the first active Jewish post-war Austrian MP, I support Sebastian Kurz's coalition with the Freedom Party which, despite its Nazi roots, has long become an anti-immigration, populist movement. These days, the protestors shouting anti-Jewish slogans in Vienna are Muslims, not the far right. […] Don't fixate on the Freedom Party. In Austria today, the real anti-Semitic threat is from Muslims, not Nazis". Siehe Martin Engelberg, Don't Fixate on the Freedom Party: In Austria Today, the Real anti-Semitic Threat Is From Muslims, Not Nazis, in: Haaretz, 19.12.2017.

> The reason for the boycott of the ministers of the FPÖ is not the Nazi past of the German nationalist camp. The party has never distanced itself from it. What the FPÖ is today and what the party really stands for – that is the problem.

An den „innerjüdischen Debatten" beteiligte sich auch Benjamin Guttmann, Präsident der *Jüdischen Österreichischen HochschülerInnenschaft*, der sich ebenfalls gegen die FPÖ aussprach und deren „Hass auf andere Minderheiten und Flüchtlinge" als Grund anführte.[223]

Dass Oskar Deutsch zwar der Regierungsbeteiligung der FPÖ ablehnend gegenübersteht, sich gleichzeitig aber durchaus hinter die ÖVP stellt, wenn diese auf ihre Koalitionspartnerin kritisch angesprochen wird, belegt ein Vorfall im Juni 2018: Deborah Hartmann von der *International School of Holocaust Studies* führte Sebastian Kurz und seine Delegation durch die Holocaustgedenkstätte *Yad Vashem* in Jerusalem. Dabei ergriff sie die Gelegenheit, den Bundeskanzler persönlich auf die FPÖ anzusprechen und kritisierte, dass es immer noch FPÖ-Politiker gebe, „denen man erklären muss, was die Shoah war, von welcher Katastrophe wir eigentlich sprechen", und dass Antisemitismus in den Reihen der FPÖ weiterhin eine Kontinuität erfahre. Daraufhin verteidigte Oskar Deutsch Sebastian Kurz, indem er antwortete, der Bundeskanzler würde „gegen alles, was mit Antisemitismus zu tun habe" arbeiten.[224] *Yad Vashem* entschuldigte sich offiziell bei Sebastian Kurz für Hartmanns Äußerungen und distanzierte sich davon mit dem Hinweis, dass sie diese als Privatperson getätigt habe und das Museum davon Abstand nehme, Politik und die Erinnerung an den Holocaust zu vermischen.[225] Der Vorfall verdeutlicht auch den Unterschied zur schwarz-blauen Koalition unter Wolfgang Schüssel. Anders als Sebastian Kurz und Oskar Deutsch, die sehr gut miteinander auszukommen scheinen, hatten Wolfgang Schüssel und Ariel Muzicant, der damalige Vorsitzende der IKG, ein weitaus schwierigeres Verhältnis zueinander. Es kann vermutet werden, dass hierbei auch eine unterschiedliche parteipolitische Ausrichtung des IKG-Vorstandes eine Rolle spielte: Während Muzicant der SPÖ nahesteht, scheint Deutsch mit Bundeskanzler Kurz ein gutes Verhältnis zu haben.[226] Es sollte auch nicht übersehen werden, dass Muzicant von Haider trotz Regierungsbeteiligung der FPÖ massiv angegriffen wurde, während die Strache-FPÖ sich intensiv um eine Annäherung an Israel und die IKG bemüht. Zudem erweist sich die SPÖ derzeit

---

223 Embacher 2018a, 122.
224 Matti Friedman, What happens when a Holocaust Memorial plays host to Autocrats, in: New York Times, 8.12.2018; Kurz in Yad Vashem: Österreicher wissen um Verantwortung, in: Tiroler Tageszeitung, 10.06.2018.
225 Yad Vashem entschuldigt sich für Äußerungen bei Kurz-Besuch, in: Tiroler Tageszeitung, 23.06.2018.
226 Schüssel, Muzicant und der Mossad, derStandard.at, 15.03.2003.

(Stand: Februar 2019) in der Opposition wesentlich schwächer als während der schwarz-blauen Koalition.

Hinsichtlich der Haltung des offiziellen Israels gegenüber der türkis-blauen Regierung fällt auf, dass es – im Vergleich zur Bundespräsidentschaftswahl von Kurt Waldheim 1986 und der Angelobung der ersten schwarz-blauen Regierung 2000 – vergleichsweise zurückhaltender auf die FPÖ-Regierungsbeteiligung reagierte. Es kam zu keinem Abzug des israelischen Botschafters, sondern lediglich zu einer Fortsetzung der bereits bestehenden FPÖ-Vermeidungspolitik. Bemühungen seitens Bundespräsident Alexander van der Bellen, Bundeskanzler Sebastian Kurz oder der Außenministerin Karin Kneissl, Netanyahu zu einer Kursänderung zu bewegen, schlugen bislang (Stand. Februar 2019) fehl. Ob Israel die distanzierende Haltung auch in Zukunft beibehalten wird, wird beispielsweise auch vom *Haaretz*-Journalisten Anshel Pfeffer in Frage gestellt; er vermutet eine ähnliche Entwicklung wie in Ungarn, wo Israel auf Kritik rechtsextremer und antisemitischer Vorfälle, insbesondere im Kontext der Anti-Soros-Kampagne, verzichtete, und sich stattdessen Viktor Orbán politisch annäherte.[227]

Zusammenfassend kann festgehalten werden, dass die FPÖ ihr Ziel, zum zweiten Mal Teil der Bundesregierung zu sein, erreichte, was Diskussionen innerhalb der jüdischen Community zur Folge hatte. Damit in Verbindung ist auch das „Wendejahr 2010" zu sehen, in dem die FPÖ einige Jahre nach anderen rechtspopulistischen Parteien in Europa auf einen proisraelischen Kurs umschwenkte. Dies führte jedoch nicht zu einem Ende „antisemitischer Entgleisungen" und eine pro-israelische Haltung ließ sich offensichtlich nach wie vor mit Antisemitismus in den eigenen Reihen vereinbaren. Die „Affäre Susanne Winter" zeigte, dass – im Gegensatz zu muslimfeindlichen Äußerungen – offen antisemitische Äußerungen nun auch in der FPÖ zu Parteiausschlüssen führen können. Allerdings erscheint es willkürlich, nach welchen Kriterien Ausschlüsse erfolgen oder – wie im Falle Johann Gudenus – nicht erfolgen.

Für das rechtsextreme Milieu, in dem nach wie vor der Großteil antisemitischer Tathandlungen verübt wird, konnte der Verfassungsschutz insbesondere im Kontext der „Flüchtlingskrise" einen regen Zulauf verzeichnen. Sowohl für rechtsextreme als auch für rechtspopulistische Kreise ist feststellbar, dass traditioneller Antisemitismus mit der seit 2004 verstärkt aufkommenden Muslimfeindlichkeit amalgamierte, was sich etwa in Bildern über George Soros manifestierte.

---

227 Embacher 2018a, 122; Michael Völker, Die FPÖ und ihr Antisemitismus, in: derStandard.at, 25.02.2019.

4.5 PROPALÄSTINENSISCHES ENGAGEMENT UNTER MUSLIMINNEN UND IN DER ANTIZIONISTISCH-ANTIIMPERIALISTISCHEN LINKEN SEIT 2010

Infolge der →„Operation Gegossenes Blei" 2008/2009 organisierte das *Österreichisch-Arabische Kulturzentrum* propalästinensische Kundgebungen, an denen nur 750 bis 1000 Personen partizipierten. Am 3. Jänner 2009 aber konnten ca. 5000 TeilnehmerInnen mobilisiert werden. Als Organisatorin trat die *Initiative muslimischer Österreicherinnen und Österreicher* in Erscheinung, der Omar Al-Rawi vorsitzt.[228] Der SPÖ-Politiker (seit 2002 Abgeordneter zum Wiener Landtag und Gemeinderat) steht auch in Verdacht, mit der Muslimbruderschaft zusammenzuarbeiten.[229] Auch Anas Schakfeh, der damalige Präsident der IGGÖ, lobte, dass besonders Menschen mit türkischer Migrationsgeschichte aktiv für Gaza demonstriert hätten und sämtliche führenden türkisch-österreichischen Vereine die Plattform „Stopp das Massaker in Gaza" unterstützten.[230] Als Schakfeh in einem *Standard*-Interview beteuerte, es gäbe keinen Antisemitismus im Nahen Osten und das erklärte Ziel der Hamas, „Israel von der Landkarte zu tilgen", als „reine Utopie" abtat,[231] wurden Unstimmigkeiten zwischen der IGGÖ und IKG, die sich bereits 2006 im Kontext des Libanonkrieges abzeichneten, wieder lauter. Die IGGÖ solidarisierte sich 2009 offen mit den PalästinenserInnen, die IKG demgegenüber mit Israel – eine Grundhaltung, die auch in den weiteren Jahren des Israel-Palästina-Konflikts beibehalten wurde. Zu einem medialen Schlagabtausch zwischen der IGGÖ und IKG kam es, nachdem bekannt wurde, dass der im Gazastreifen aufgewachsene Imam Adnan Ibrahim in der Wiener Schura-Moschee die Handlungen der *Hamas* als „wahren Dschihad" lobte, ihr zuschrieb, sie würde „in Wahrheit für uns alle Widerstand" leisten und Israel die „eigentliche Bestie" nannte. Die IKG forderte seine Suspendierung, worauf die IGGÖ mit dem Vorwurf einer ungerechtfertigten Einmischung konterte.[232]

Anlässlich des →*Ship-to-Gaza-Zwischenfalls* im Jahr darauf konnten erstmals zwischen 10.000 und 15.000 TeilnehmerInnen mobilisiert werden.[233] Mit dieser

---

228 „Tag des Zorns" machte Wiener Polizei nervös. Weltweit Demonstrationen gegen israelische Angriffe, in: Der Standard, 03.01.2009, 3.
229 Vidino 2017, 30.
230 Leserbrief von Anas Schakfeh, in: Der Standard, 14.01.2009, 31.
231 Nina Weißensteiner, Anas Schakfeh rügt Israel für Gewalteinsätze, in: derStandard.at, 01.01.2009.
232 Adnan Ibrahim wuchs selbst in einem palästinensischen Flüchtlingslager im Gazastreifen auf und war – wie auch seine Frau und einige seiner Verwandten – persönlich vom Israel-Palästina-Konflikt betroffen. Gerald John, „Manchmal eine radikale Sprache", in: derStandard.at, 13.01.2009; Prominenter hetzt in Wiener Moschee gegen Israel, in: Die Gemeinde Nr. 637, Jänner 2009, 10; Hafez, 2012, 146–147.
233 Wien: Demo gegen Angriffe im Gazastreifen, in: Die Presse, 30.12.2008; sowie Demo in Wien gegen israelische Operation, in: derStandard.at, 08.01.2009.

ersten großen propalästinensischen Demonstration – und damit zehn Jahre nach Frankreich und Großbritannien – entflammten nun auch in Österreich erstmals breitere mediale Debatten um Antisemitismus unter MuslimInnen, die allerdings rasch wieder abflauten.

Unmittelbar nach Veröffentlichung erster Informationen rund um den *Ship-to-Gaza-Zwischenfall* wurden in Österreich und weiteren europäischen Ländern Kundgebungen gegen das Vorgehen Israels bzw. die →Gaza-Blockade generell abgehalten.[234] Insgesamt fanden zwei propalästinensische Kundgebungen in Österreich Widerhall in regionalen und nationalen Zeitungsberichten: die erste, von nur wenigen Hundert TeilnehmerInnen besuchte, fand am 1. Juni und damit bereits einen Tag nach dem *Ship-to-Gaza-Zwischenfall* statt und erfuhr insbesondere durch ein auf dem Demonstrationszug mitgeführtes Plakat mit der Aufschrift „Wach auf Hitler" sowie die zahlreichen mitgetragenen türkischen Fahnen mediale Aufmerksamkeit. Die zweite, besonders stark besuchte Demonstration wurde drei Tage später abgehalten und fiel u.a. durch israelkritische Slogans, die Diskussionen um israelbezogenen Antisemitismus auslösten, und ein nie zuvor dagewesenes „Meer" an türkischen Fahnen auf. Neben diesen wurden vereinzelt auch Fahnen der *Hamas* und *Hisbollah* sowie einige palästinensische Fahnen mitgeführt. Neben dem Slogan „Wach auf Hitler" sorgten vor allem Parolen wie „Israel Terrorist", „Neue Nazi Israel", „Kindermörder Israel" für Debatten um Antisemitismus. Die Anschuldigung, Israel würde Kinder ermorden, war auf den Demonstrationen sehr häufig zu vernehmen und wurde durch die Mitführung von Puppen und realen Kindern in weißer „blutbefleckter" Kleidung besonders eindringlich verkörpert. Auffallend waren überdies zahlreiche und variationsreiche Darbringungen der Auffassung, NS-Deutschland sei mit Israel gleichzusetzen. So wurde Israel als „neuer Nazi" beschimpft und auf einigen Plakaten tauchten Gleichsetzungen des Davidsterns und des Hakenkreuzes auf. Teilweise wurde der Davidstern in der israelischen Flagge durch ein Hakenkreuz ersetzt.[235]

Beide Vorwürfe – Israel sei ein Kindermörder und mit NS-Deutschland gleichzusetzen – sind nicht neu. Wie bereits erwähnt, bedienten sich Teile der Linken in Österreich schon in den 1980er-Jahren derartiger NS-Vergleiche. Auch Personen der rechtsextremen Szene Österreichs, aber auch hochrangige Mitglieder der türkischen AKP, warfen Israel bereits im Kontext der *Ersten* und *Zweiten Intifada* vor, einen Genozid an den PalästinenserInnen durchzuführen, Kinder zu ermorden und setzten Ariel Sharon mit Adolf Hitler gleich. Im Zuge der „Operation Gegossenes Blei" 2008/2009 beschuldigte auch Erdoğan Israel, Kinder zu töten.[236]

---

234 Tausende protestieren gegen Angriff auf Gaza-Flotte, in: Euronews, 01.06.2010.
235 Edtmaier/Trautwein 2015, 222–236; Katharina Schmidt, „Lasst Gaza leben, lasst Gaza frei", in: Wiener Zeitung, 04.06.2010; sowie Tausende demonstrierten in Wien für Gaza, in: Die Presse, 04.06.2010.
236 Tür 2012, 53, 56.

Als Organisatorin der Demonstrationen trat die *pro-palästinensische Solidaritätsplattform* in Erscheinung, der zum damaligen Zeitpunkt 127 vorwiegend sehr kleine Organisationen angehörten. Unter diesen Organisationen befanden sich sowohl Gruppierungen der antiimperialistisch-antizionistischen Linken als auch des politischen Islam sowie des türkischen Rechtsextremismus. Zu Ersteren zählen insbesondere die politisch marginalen, nur wenige Mitglieder umfassenden Splittergruppen *Antiimperialistische Koordination* (AIK), die *Revolutionär-Kommunistische Organisation zur Befreiung* (RKOB), die *Linkswende* und der *ArbeiterInnenstandpunkt*. Besonders sichtbar vertreten waren die IGGÖ, die dieser angehörenden *Initiative muslimischer ÖsterreicherInnen* (IMÖ) sowie verschiedene Organisationen mit Türkeibezug. Zu Letzteren zählten die *Türkisch-islamische Union für kulturelle und soziale Zusammenarbeit in Österreich* (ATIB), die türkisch-rechtsextreme *Partei der Nationalistischen Bewegung* (MHP) und die *Partei der Großen Einheit* (BBP) sowie der „Österreichableger" der türkisch-islamistischen *Millî-Görüş*-Bewegung *Islamische Föderation* (IF) und der ihr nahestehenden *IHH Austria*.[237] Aufgrund ihres breiten Netzwerks an (Moscheen-)Vereinen und Mitgliedern sind ATIB und IF die beiden größten muslimischen Organisationen Österreichs und verfügen über eine entsprechende Reichweite. Dazu sei aber relativierend angemerkt, dass der Organisierungsgrad österreichischer MuslimInnen unterschiedlichster Herkunft Schätzungen zufolge nur bei ca. 10–15 Prozent liegt. Somit vermag kein Verein, *die* MuslimInnen in Österreich zu repräsentieren.[238] Ob die IF nach wie vor als islamistisch (und damit antidemokratisch und antisemitisch) oder mittlerweile als postislamistisch einzustufen ist, wird gegenwärtig kontrovers diskutiert.[239]

Der hohe Anteil türkischer Vereine und Parteien (bzw. Personen, die diesen nahestehen) an den Demonstrationen lässt sich u.a. damit erklären, dass der *Ship-to-Gaza-Zwischenfall* aufgrund der türkischen Todesopfer als türkisch-israelische Angelegenheit wahrgenommen wurde. Dazu sei angemerkt, dass die türkisch-israelischen Beziehungen bereits seit der *Zweiten Intifada* bzw. dem 2003 einsetzenden Machtzuwachs der von Recep Tayyip Erdoğan geführten *Partei für Gerechtigkeit und Aufschwung* (AKP) immer wieder angespannt waren.[240] Besonders nachdem die neuerlichen Vermittlungsversuche zwischen Israel und den PalästinenserInnen[241] im Dezember 2008, an denen die Türkei maßgeblich beteiligt war, endgültig scheiterten, waren die israelisch-türkischen Beziehungen an einem neuen Tief-

---

237 Schmidinger 3/2010, 27; Schmidinger 25/2010, 20; Edtmaier/Trautwein 2015, 209–210.
238 Schmidinger/Larise 2008, 18–19.
239 Vgl. dazu insbesondere: Schiffauer 2010 und Schmidinger 25/2010, 20; sowie Heine/Lohlker/Potz 2012, 72–74; Schmidinger/Larise 2008, 157–161.
240 Tür 2012, 49–56.
241 Zu den gescheiterten Friedensverhandlungen Ehud Olmerts siehe im Besonderen: Timm 2018, 632–633.

punkt angelangt. Zu dieser Zeit wurde mit der Serie *Ayrılık* auch antiisraelische Propaganda im öffentlich-rechtlichen türkischen Fernsehen ausgestrahlt. Als sich im Juni 2010 der *Ship-to-Gaza-Zwischenfall* ereignete, waren folglich die bilateralen Beziehungen der beiden Länder bereits auf einem kritischen Niveau.[242]

Vor allem für die IF und ATIB können enge Verbindungen zu Erdoğan bzw. zur türkischen Regierung nachgewiesen werden: So haben sowohl die IF als auch Erdoğans AKP ihre Wurzeln in der Millî-Görüş-Bewegung. Diese spaltete sich 2001 in einen fundamentalistischen und reformistischen Flügel. Aus Letzterem ging Erdoğans AKP hervor. Der Verein ATIB untersteht direkt dem türkischen Ministerium für Religionsangelegenheiten, genannt *Diyanet,* und ist an seine – und damit auch Erdoğans – Weisungen gebunden.[243] Die Gründung des *Diyanet* erfolgte unter Mustafa Kemal Atatürk bereits 1924 und sollte durch Kontrolle religiöser Organisationen die säkular-westliche Ausrichtung der Türkei sicherstellen und, der laizistischen Idee folgend, die Unterordnung der Religion unter den Staat gewährleisten. Mit der Machtübernahme Erdoğans hingegen, und der damit einhergehenden Reislamisierung, änderte sich die Bedeutung und Aufgabe des *Diyanet* grundlegend.

Angesichts der Tatsache, dass in der Türkei *Millî-Görüş* und die Regierung zu propalästinensischen Demonstrationen aufrufen, verwundert es wenig, dass auch in Österreich entsprechende AkteurInnen stark vertreten waren. Weiters legen Umfragen nahe, dass Erdoğans harsche Kritik an Israel in breiten Teilen der türkischen Bevölkerung auf große Zustimmung stieß.[244] In einem *Standard*-Interview wies einer der Demonstranten in Wien auf die starke Fokussierung auf den *Ship-to-Gaza-Zwischenfall* in türkischen Vereinen und Medien hin, als er meinte: „Seit drei Tagen laufen im türkischen Fernsehen nur Berichte über Gaza. In allen Moscheen haben sie zu der Demo heute aufgerufen."[245]

Bei der Abschlusskundgebung der großen propalästinensischen Demonstration vom 4. Juni ergriff neben der Pressesprecherin der IGGÖ und IMÖ-Gründungsmitglied Carla Amina Baghajati auch der SPÖ-Gemeinderat und ebenfalls IMÖ-Gründungsmitglied Omar Al-Rawi das Wort. Er versicherte, die Opfer des *Ship-to-Gaza-Zwischenfalls* seien „nicht umsonst gestorben", und forderte, ihr Kampf solle weitergeführt werden. Den Gazastreifen nannte er ein „Freiluftgefängnis". Al-Rawi war es auch, der noch am 31. Mai im Wiener Gemeinderat eine Resolution einbrachte, mit der das Vorgehen Israels verurteilt wurde. Die Resolution wurde einstimmig angenommen, obwohl es zum damaligen Zeitpunkt nur erste Informationen zum Vorfall gab, die sich später teilweise als unwahr herausstellten.[246]

---

242 Tür 2012, 49–56.
243 Vidino 2010, 151–152; Schmidinger/Larise 2008, 155.
244 Umfrage: Türken wollen Beziehungen zu Israel einfrieren, in: Die Presse, 10.01.2011.
245 Wiener Türken demonstrieren gegen Militäraktion Israels, in: derStandard.at, 04.06.2010.
246 Schmidinger 3/2010, 27.

Der ebenfalls am 4. Juni in Wien stattfindenden Gegendemonstration schlossen sich nur ca. 50 bis 200 Personen an. Organisiert wurde diese von der Initiative „Free Gaza from Hamas". Einzelne TeilnehmerInnen übten scharfe Kritik an den parallel dazu stattfindenden propalästinensischen Demonstrationen, etwa indem sie, wie in einem dokumentierten Fall, sämtliche TeilnehmerInnen pauschal als AntisemitInnen bezeichneten.[247] Für mediale Aufmerksamkeit sorgte aber vor allem die Kritik seitens der IKG, die auch Anzeige wegen Verstoßes gegen das Verbotsgesetz und Verhetzung erstattete. Sie forderte den Rücktritt Al-Rawis aufgrund seiner als hetzerisch bezeichneten Aussagen und der Einbringung einer antiisraelischen Resolution. Als Reaktion auf die Rücktrittsforderung holten der IGGÖ-Präsident Anas Schakfeh sowie der Sprecher der IMÖ, Tarafa Baghajati, zu einem öffentlichen schriftlichen Schlagabtausch aus. Tatsächlich führte Al-Rawis Verhalten zum Austritt einiger jüdischer Mitglieder aus der SPÖ.[248]

Aus den offiziellen Verfassungsschutzberichten sowie den ZARA-Rassismus-Reporten geht hervor, dass es in den Tagen nach dem *Ship-to-Gaza-Zwischenfall* zu einer Zunahme an antisemitischen Handlungen – insbesondere in Wien – kam. So wird im Rassismus-Report anhand mehrerer Beispiele aufgezeigt, dass sich manche Taxifahrer weigerten, jüdische Fahrgäste mitzunehmen. Mehrere Juden meldeten, auf offener Straße bespuckt und sogar tätlich angegriffen worden zu sein. Außerdem wird im genannten Report ein Fall geschildert, in dem ein Rabbiner nahe einer jüdischen Schule von einem Jugendlichen mit türkischem Hintergrund bedroht und u.a. als „Scheiß Jude" beschimpft wurde.[249] Trotz der Ereignisse in Österreich rund um den *Ship-to-Gaza-Zwischenfall* war aber auch im Jahr 2010 der Großteil gemeldeter antisemitischer Handlungen dem rechten Milieu zuzurechnen.[250]

Ein halbes Jahr nach dem *Ship-to-Gaza-Zwischenfall,* ausgerechnet am 27. Jänner 2011, dem Internationalen Holocaustgedenktag, kam der türkische Actionfilm *Tal der Wölfe – Palästina* in österreichische Kinos. Der als nationalistisch, gewalttätig, antiisraelisch und teilweise auch als antisemitisch bezeichnete Film ist ein Ableger der 2003 laufenden Serie *Tal der Wölfe,* die mit ihrer Verknüpfung fiktionaler, realer und propagandistischer Elemente in der türkischen Bevölkerung große Popularität genießt. Diesem Prinzip folgend, greift *Tal der Wölfe – Palästina* die Ermordung der neun türkischen Aktivisten auf der *Mavi Marmara* auf und beglei-

---

247 Katharina Schmidt, „Lasst Gaza leben, lasst Gaza frei", in: Wiener Zeitung, 04.06.2010; sowie Wiener Türken demonstrieren gegen Militäraktion Israels, in: derStandard.at, 04.06.2010.
248 Schmidinger 3 (2010), 27.
249 Rassismus-Report 2010, 20.
250 Insgesamt wurden vom Verfassungsschutz ca. 27 antisemitische Fälle registriert. Vgl. Verfassungsschutzbericht 2011, 19, 35, 55–56.

tet türkische „Actionhelden" in ihrem fiktionalen Kampf gegen das israelische Militär, das als Mörder wehrloser Frauen und Kinder dargestellt wird. Ziel der fiktiven türkischen Spezialeinheit, die sich als Verteidigerin der PalästinenserInnen geriert, ist es, die realen Todesfälle auf der *Mavi Marmara* zu rächen. Scharfe Kritik an der Ausstrahlung des Films in österreichischen Kinos kam vom *Bundesverband der Israelitischen Kultusgemeinden*, PolitikerInnen der *Grünen* und der SPÖ sowie Michael Bünkers, evangelisch-lutherischer Bischof. Den KritikerInnen zufolge stelle der Film Israels Existenzrecht in Frage und schüre das Vorurteil einer jüdischen Weltverschwörung, womit es sich klar um antisemitische Botschaften handle.[251] Der Spielfilm, der am Flughafen in Istanbul in einer Endlosschleife gezeigt wurde und den Erdoğan nach einer Privatvorführung weiterempfahl,[252] ist bis heute frei via Youtube zugänglich.[253]

Mit dem *Ship-to-Gaza-Zwischenfall* waren die türkisch-israelischen Beziehungen mehrere Jahre lang stark angeschlagen. Erst 2016 kam es vorübergehend zu einer offiziellen Versöhnung: Nachdem Israel der Türkei eine Millionenentschädigung für die *Mavi-Marmara*-Opfer bezahlte, wurden stillgelegte Handelsbeziehungen wieder aufgenommen und Botschafter entsandt, ehe sich die Beziehung mit der Verlegung der US-Botschaft nach Jerusalem wieder verschlechterte.[254]

Fehlende Mobilisierungskraft linker Splittergruppen am Beispiel propalästinensischer Demonstrationen 2012

Anders als im Jahr 2010, als in Österreich mehrere Tausend Personen für propalästinensische Demonstrationen mobilisiert werden konnten, fanden sich anlässlich des Gaza-Krieges 2012 nur wenige Hundert TeilnehmerInnen auf Kundgebungen ein, die kaum mediales Interesse auf sich ziehen konnten.[255] Dies lag vor allem an der fehlenden Mobilisierungskraft und politischen Marginalität der Organisato-

---

251 Ulrike Macenka, „Was Arges, mit Türken und Israelis und so", in: derStandard.at, 28.01.2011; Maximilian Probst, Film „Tal der Wölfe – Palästina": Die neue Niedertracht, in: ZeitOnline, 10.02.2011; Anne-Catherine Simon, „Tal der Wölfe": Antiisraelisch und nationalistisch, in: Die Presse, 27.01.2011; sowie Richard Herzinger, „Tal der Wölfe" ist antisemitisches Popcorn-Kino, in: Die Welt, 31.01.2011.
252 Anne-Catherine Simon, „Tal der Wölfe": Antiisraelisch und nationalistisch, in: Die Presse, 27.01.2011.
253 Der gesamte Film findet sich in türkischer Sprache, teilweise auch versehen mit englischen Untertiteln, auf Youtube. Siehe etwa: Kurtlar Vadisi Kaos, *Kurtlar Vadisi*, 20.07.2018; better future for humanity, *islamic commando*, 21.12.2017.
254 Israel zahlt Türkei Millionenentschädigung, in: ZeitOnline, 27.06.2016; Thomas Seibert, Türkei, Iran und Katar führen die Front gegen Israel an, in: Die Presse, 15.05.2018.
255 Einzig die APA bzw. *vienna online* veröffentlichten einen Bericht. Vgl. Wien: Demonstration gegen Israels Militäroffensive in Gaza hat begonnen, in: vienna online, 20.07.2014.

rInnen, bei denen es sich vorwiegend um linke antizionistisch-antiimperialistische Splittergruppen[256] und kleinere Organisationen arabischer bzw. muslimischer MigrantInnen handelte. Außerdem endete die *Operation Wolkensäule,* mit der Israel auf beständigen Raketenbeschuss der Hamas reagierte, bereits nach wenigen Tagen mit einem Waffenstillstandsabkommen und dem Erlass einer vom palästinensischen Ministerium für religiöse Angelegenheiten verabschiedeten *Fatwa.*[257] Offensichtlich war eine Großkundgebung geplant, doch aufgrund der kurzen Dauer der Auseinandersetzungen verzichteten viele der involvierten Organisationen kurzfristig auf eine Mobilisierung.[258]

Auf den Demonstrationen wurden Parolen wie „Down, down Israel" oder „Palestine will be free – from the river to the sea" skandiert.[259] Sprüche wie diese finden auch außerhalb Österreichs Verwendung und sind – ähnlich wie die Übernahme antikolonialrassistischer Argumentationsmuster – Zeichen einer transnationalen propalästinensischen Bewegung. Sie sind wohl bewusst so formuliert, dass sie einen gewissen Interpretationsspielraum offenlassen. So bleibt es vage, ob mit solchen Anspielungen tatsächlich die Verneinung eines Existenzrechts Israels einhergeht. Hier ergibt sich strukturell durchaus eine Parallele zu Strategien Rechter, die in ihrer Kritik – ebenfalls um weniger angreifbar zu sein – auf Anspielungen und Codewörter wie „Ostküste" zurückgreifen. Gleichzeitig gab es auch Fälle, in denen die Vernichtung Israels klar gefordert wird, etwa als der RKOB-Sprecher Johannes Wiener in seiner Rede klarmachte: „Wir sind für ein Palästina, das frei von der Westbank bis zum Mittelmeer reicht und Israel ausgelöscht wird, zerschlagen wird!"[260] Wiener wurde aufgrund dieser antisemitischen Äußerung seitens der IKG wegen Verdacht auf Verhetzung angezeigt.[261]

„Wir kämpfen für Gaza, weil Gaza ein *Symbol* [Herv. d. Verf.] ist." Mit diesen Worten ließ RKOB-Aktivist Michael Pröbsting aufhorchen. Er erklärte in weiterer

---

256 Zu erwähnen sind hier etwa: RKOB, *Red*Revolution,* die *Linkswende* oder die AIK.
257 Mit dieser *Fatwa* wurde der Bruch des Friedensabkommens mit Israel unter Strafe gestellt. Vgl. Clemens Verenkotte, Fatwa stärkt Waffenruhe, in: tagesschau.de, 25.11.2012.
258 Die Hauptorganisatorin RKOB beschreibt die Situation aus ihrer Sicht wie folgt: „Die Demonstration hatte den Mangel, dass ein Gutteil der Vereine und Organisationen der muslimischen Migranten-Gemeinden in letzter Minute auf eine Mobilisierung und Teilnahme bei der Demonstration mit Hinweis auf den Waffenstillstand verzichteten. Die Führungen vieler Vereine – die einer kleinbürgerlich- oder bürgerlichen Politik folgen – hatten sich lange Zeit gelassen, überhaupt einer Demonstration zuzustimmen. Als sie endlich eine Demonstration organisierten, war der Krieg schon wieder vorbei." Siehe Revolutionär-Kommunistische Organisation zur Befreiung, Bericht, 25.12.2012.
259 Revolutionär-Kommunistische Organisation zur Befreiung, Erfolgreiche Demonstration, 19.11.2012.
260 RevolutionCommunism, Free Palestine, 17.11.2012; Timecode: 2:15.
261 Revolutionär-Kommunistische Organisation zur Befreiung, Pro-Israelische, 13.12.2012; sowie Arbeiter*innenstandpunkt, Solidarität, 30.12.2012.

Folge, dass die Parteinahme für PalästinenserInnen letztlich auch den Grund hat, sich damit gegen die *selbst* erlebte Unterdrückung in einer imperialistisch-kapitalistischen Gesellschaft zur Wehr zu setzen, als er betonte:

> Gaza ist ein Symbol für den Widerstand gegen Unterdrückung. Gegen Unterdrückung überall. Wir müssen kämpfen für unsere Brüder und Schwestern in Gaza. Gegen Unterdrückung überall. In Gaza, in Palästina, in Afghanistan, aber auch dort wo wir – wir – unterdrückt werden. Als Menschen, die arbeiten, Menschen, die Migranten sind. Die Palästinenser zeigen uns, was Widerstand bedeutet. Intifada. Und diesem Beispiel werden wir folgen.[262]

Damit wird offenkundig, dass propalästinensische Kundgebungen nicht nur dazu genutzt werden, um für die Rechte der PalästinenserInnen einzutreten, sondern auch als Plattform zur Werbung für eigene ideologische Standpunkte Verwendung finden – in diesem Fall, indem ausgehend von der *Intifada* zum ArbeiterInnenwiderstand aufgerufen wird.

Die Demonstrationen anlässlich der *Operation Wolkensäule* zeigen, dass linke Splittergruppen auf die Kooperation mit muslimischen bzw. türkischen Großverbänden angewiesen sind, um eine größere Anzahl an DemonstrantInnen zu mobilisieren und sich mediale Aufmerksamkeit zusichern zu können. Anlässlich des Gaza-Krieges 2014 sollten diese Kooperationen 15.000 bis 30.000 DemonstrantInnen auf die Straße bringen.

Warnungen vor antisemitischen Demonstrationen 2014 und die Rolle der UETD

Im Frühjahr 2014 spitzte sich die Lage zwischen Israel und dem Gazastreifen erneut zu und führte zu einem Krieg (→Gaza-Krieg 2014), der von Anfang Juli bis zum Waffenstillstandsabkommen im August dauerte. Die kriegerischen Auseinandersetzungen brachten weltweit propalästinensische Solidaritätsbekundungen mit sich, im Zuge dieser es teilweise zu antisemitischen Vorfällen kam. Auch in Österreich konnte mit dem Beginn der Unruhen ein sprunghafter Anstieg antizionistischer und antisemitischer Vorfälle in Zusammenhang mit propalästinensischem Engagement verzeichnet werden. Anders als in Frankreich, wo es bereits zu antisemitischen Ausschreitungen gekommen war und Synagogen angegriffen wurden, oder auch in Deutschland, wo Anschläge gegen Synagogen geplant, aber zumeist rechtzeitig vereitelt werden konnten,[263] verliefen Kundgebungen in Österreich ruhiger und formierten sich erst später. Für besondere mediale Aufmerksamkeit sorg-

---

262 RevolutionCommunism, Wir sind, 25.11.2012.
263 Edthofer 2016, 3–5; sowie Danny Leder u.a., Gaza-Krieg löst antisemitische Welle aus, in: kurier.at, 21.07.2014.

te die Großkundgebung in Wien, die – Polizei- und Veranstalterschätzungen zufolge – zwischen 11.000 und 30.000 TeilnehmerInnen mobilisieren konnte und die damit die bislang größte propalästinensische Demonstration in Österreich war.[264] Angesichts der bereits erfolgten antisemitischen Ausschreitungen in Frankreich und anderen europäischen Städten sorgte die Kundgebung schon im Vorfeld für große mediale Aufmerksamkeit und Warnungen vor antisemitischer Gewalt seitens vieler Parteien: Ungeachtet antisemitischer Vorfälle innerhalb der eigenen Partei befürchtete der Wiener FPÖ-Stadtrat David Lasar „massive antisemitische Ausschreitungen" auf der Kundgebung. Die damalige Innenministerin Johanna Mikl-Leitner und Justizminister Wolfgang Brandstetter, beide ÖVP, betonten: „Hetze und Extremismus haben in unserem Land nichts verloren."[265] Georg Prack von den *Wiener Grünen* wollte keine antisemitischen Demos in der Stadt haben.[266] Auch die Wiener SPÖ-Stadträtin Sandra Frauenberger machte klar: „Wir müssen gegen Antisemitismus auftreten, egal von welcher Seite er geschürt wird."[267]

Die OrganisatorInnen der Wiener Kundgebung – allen voran die Hauptorganisatorin *Union Europäisch-Türkischer Demokraten* (UETD) – waren somit hohem Druck ausgesetzt, für eine friedliche Demonstration ohne antisemitische Vorfälle zu sorgen. Ein eigens berufener Ordnungsdienst sollte antisemitische Plakate bereits im Vorfeld entfernen. Außerdem distanzierte sich die UETD von potentiellen Ausreißern, als sie via Facebook die Warnung veröffentlichte, Provokateure könnten die friedliche Kundgebung bewusst stören und mit antisemitischen Äußerungen in ein falsches Licht rücken.[268] Auch während der Demonstration wehrten sich die Veranstalter gegen Antisemitismusvorwürfe und betonten, „nichts gegen Juden" zu haben.[269]

Spätestens mit diesen Debatten nahmen sich österreichische Medien verstärkt dem israelbezogenen Antisemitismus an. Damit ging auch eine Fokussierung auf andere AkteurInnengruppen einher: Mit Juli 2014 standen nicht mehr RechtspopulistInnen und Rechtsextreme im Mittelpunkt, sondern Gruppen, die sich bereits 2010 besonders sichtbar für Palästina engagierten: Personen, die muslimischen und türkischen Organisationen nahestehen bzw. von diesen mobilisiert wurden, sowie VertreterInnen der antiimperialistisch-antizionistischen Linken.

Vor allem die Hauptorganisatorin UETD spielte im Kontext propalästinensischer Solidaritätsaktionen eine wesentliche Rolle. Der Österreichableger der europaweit

---

264 Vgl. etwa: Embacher 2016, 32; Edtmaier/Trautwein 2015, 213.
265 Anti-Israel-Demonstration in mehreren Städten Europas, in: Die Presse, 20.07.2014.
266 Danny Leder u.a., Gaza-Krieg löst antisemitische Welle aus, in: kurier.at, 21.07.2014.
267 Siehe ebd.
268 Edtmaier/Trautwein 2015, 221.
269 Teresa Eder/Jutta Berger, Tausende in Wien und Bregenz bei Demo gegen Israels Militäreinsatz, in: derStandard.at, 20.07.2014.

agierenden Union wurde 2006 gegründet und steht der türkischen AKP, und damit Erdoğan, nahe, obwohl sie dieses selbst bestreitet.[270] Dieses Naheverhältnis zeigte sich in Österreich bereits 2013, als sich die UETD anlässlich der Istanbuler Gezi-Park-Proteste mit der Organisierung einer Pro-Erdoğan-Kundgebung eindeutig auf seiner Seite positionierte. Im Juni 2014 lud sie Erdoğan im Zuge seines Präsidentschaftswahlkampfes nach Wien ein, was u.a. seitens der österreichischen Regierung scharf kritisiert wurde und Debatten um ein Austragungsverbot des türkischen Wahlkampfes in Österreich auslöste. Kritisiert wurde der Auftritt auch deshalb, weil Erdoğan im Zuge seines Wien-Auftritts – wie auch schon zuvor in Köln – Menschen mit türkischer Migrationsgeschichte vor Assimilation warnte. Für beide Veranstaltungen konnte die UETD ca. 7000 bis 10.000 Interessierte mobilisieren – ein Netzwerk, auf das sie auch im Kontext der propalästinensischen Demonstrationen 2014 zurückgreifen konnte. Als Antwort formierten sich aber auch Gegenveranstaltungen, an denen weniger Personen teilnahmen.[271] Die (inhaltliche) Nähe der UETD zu Erdoğan zeigte sich mitunter anhand der folgenden beiden Beispiele: So warnte zum einen auch die UETD – die sich um wirtschaftlichen Aufschwung und eine höhere AkademikerInnenquote unter ÖsterreicherInnen mit türkischer Migrationsgeschichte bemüht, gleichzeitig aber auch deren türkische Herkunft bewusst betont – vor einer „erzwungenen Assimilation". Zum anderen löste der Präsident der UETD, Abdurrahman Karayazili, einen Eklat aus, als er sich während eines „ZIB 24"-Interviews weigerte, sich öffentlich von einer holocaustrelativierenden Aussage Erdoğans zu distanzieren. Dieser verlautbarte im Juli 2014: „Sie [die Israelis] haben kein Gewissen, keine Ehre, keinen Stolz. Jene, die Hitler Tag und Nacht verurteilen, haben Hitler in Sachen Barbarei übertroffen".[272] Wenige Monate nach diesem Vorfall trat Karayazili zurück.[273]

---

270 Vgl. zur UETD allgemein bzw. zum Naheverhältnis zu Erdoğan im Speziellen: Özkan 2018, 33–52.
271 Embacher 2016, 32; Rusen Timur Aksak/Berthold Eder/Michael Simoner, Erdogans polarisierender Wiener Wahlkampf, in: derStandard.at, 19.06.2014; Wilhelm Theuretsbacher/Bernhard Ichner, Sicherheitsalarm um Erdogan-Besuch, in: kurier.at, 13.06.2014; Erdogan kommt zwei Tage nach Wien, in: Die Presse, 05.06.2014.
272 Siehe und vgl. „Israel übertrifft mit Gaza-Offensive Barbarei Hitlers", in: derStandard.at, 20.07.2014. In der Türkei fanden zahlreiche propalästinensische Aktionen statt. Vgl. etwa: Danny Leder u.a., Gaza-Krieg löst antisemitische Welle aus, in: kurier.at, 21.07.2014.
273 Konfrontiert mit der Aufforderung, sich von Erdogans NS-relativierendem Vergleich zu distanzieren, verließ Karayazili vorzeitig und sichtlich wütend das Studio und postete später gegen die „israelische Lobby" und die Moderatorin Lisa Gadenstätter. Diese wurde daraufhin mit einer Welle an Hasspostings und Morddrohungen seitens sich mit Karayazili Solidarisierenden konfrontiert. Als Reaktion darauf wurde ein virtueller Blumenregen für Lisa Gadenstätter initiiert. Ausgehend von Karayazilis unverhältnismäßiger Reaktion wurde der Umgang der UETD mit österreichischen Medien kritisch diskutiert. Im November 2014 trat Karayazili zurück und gab an, sein Rücktritt erfolgte aus rein per-

Als Präsident der UETD trat Karayazili auch als einer der Redner auf der propalästinensischen Großdemonstration 2014 in Wien auf. In seiner Ansprache betonte er die friedlich verlaufende Demonstration, kritisierte die österreichische Regierung sowie die Berichterstattung der Medien der letzten Tage und lobte die TeilnehmerInnen, „gegen diese ganzen einseitigen Berichterstattungen, gegen jedes radikalislamfeindliche Bild in den Medien" auf die Straße gegangen zu sein. Weiters kritisierte er die UNO für ihre Haltung im Israel-Palästina-Konflikt. Auffallend waren die vielen religiösen Bezugnahmen in Karayazilis Rede. So betonte er, gegen die Unterdrückung der *muslimischen* Bevölkerung zu demonstrieren. Außerdem rief er in Erinnerung, dass die Demonstrationen während des muslimischen Fastenmonats Ramadan stattfanden, dessen Sinn darin liege, durch das Fasten zu verstehen, „wie es ist, arm zu sein". Mit der Behauptung, „jeder einzelne auf dem [Kundgebungs-]Platz ist ein Partner des Islams" und „Gott ist groß"-Rufen, die seitens der KundgebungsteilnehmerInnen in verschiedenen Sprachen wiederholt wurden, endete seine Ansprache. Karayazili argumentierte in dieser Rede ausschließlich mit der gemeinsamen muslimischen Religion für die Solidarisierung mit den PalästinenserInnen. Das Kriegsgeschehen im Nahen Osten thematisierte er nur am Rande. Stattdessen nutzte er die Demonstration, um vor großem Publikum gegen Muslimenfeindlichkeit aufzutreten und den Islam als Religion des Friedens darzustellen.[274] Somit hat der Israel-Palästina-Konflikt für die UETD – und wahrscheinlich auch für weitere muslimische Organisationen und Personen, die diesen nahestehen – auch einen symbolischen, über den Konflikt hinausrichenden Wert: Anders als die antizionistische RKOB, die Gaza 2012 als Symbol für die weltweite Unterdrückung der ArbeiterInnen durch ein kapitalistisches Wertesystem bezeichnete, scheint die UETD Gaza als Symbol für die weltweite Unterdrückung der MuslimInnen zu sehen, gegen die es gemeinsam vorzugehen gilt. Israel scheint hierbei den Kapitalismus und Imperialismus zum einen, den „antimuslimischen Westen" zum anderen zu symbolisieren und dient daher als ideale Projektionsfläche.

Neben der UETD riefen auch ATIB und die *Islamische Föderation* und damit weitere muslimisch-türkische, der AKP nahestehende Organisationen zur Teilnahme an der Demonstration auf. Eine nicht unwesentliche Rolle spielte 2014 aber die Plattform *Gaza muss leben*, die bereits 2010 in Erscheinung trat und der über 100

---

sönlichen Gründen. Tatsächlich dürfte aber der ORF-Skandal sowie die geringe Wahlbeteiligung von „Austro-Türken" an den türkischen Präsidentschaftswahlen 2014 und die Erfolgslosigkeit hinsichtlich der angestrebten Ausbreitung der UETD in österreichische Bundesländer zu seinem Rücktritt geführt haben. Vgl. dazu: Karayazili nicht mehr Präsident der UETD, in: Die Presse, 10.11.2014; Nach Shitstorm: Blumenregen für Lisa Gadenstätter, in: Die Presse, 30.07.2014; Karayazili als UETD-Chef zurückgetreten, in: derStandard.at, 10.11.2014; Hans Rauscher, Schon wieder die UETD, in: derStandard.at, 30.07.2014.
274 Translators, Gaza Protest, 25.07.2014; Timecode: 26:44.

muslimische und linke antizionistische Gruppierungen angehören.[275] Einerseits hat dieses breite Bündnis einen gemeinsamen Nenner im Engagement für die palästinensische Bevölkerung gefunden, dieser soll aber gleichzeitig nicht über ideologische Unterschiede und verschiedene Zielsetzungen hinwegtäuschen. So distanzierte sich etwa die RKOB klar von der UETD und Erdoğans Politik, organisierte die Demonstration aber trotzdem mit. Sie argumentierte diese Entscheidung mit der starken Mobilisierungskraft der muslimisch-türkischen Verbände, auf die sie wegen ihrer eigenen mangelnden Reichweite – die sich anlässlich der Demonstrationen 2012 klar zeigte – angewiesen ist:

> Als Revolutionärinnen und Revolutionäre wissen wir, dass solange die kommunistischen Kräfte klein und schwach sind, die Massen in der Regel von bürgerlichen oder kleinbürgerlichen Kräften mobilisiert werden. Wollen Kommunistinnen und Kommunisten diesen Zustand überwinden, müssen sie an den Kämpfen der Massen teilnehmen und dort ihre politischen Standpunkte vertreten.[276]

Charakteristika der propalästinensischen Demonstrationen 2014 in Österreich

Auf Basis der an der Kundgebung beteiligten Organisationen, der mitgeführten Fahnen, der zahlreichen kopftuchtragenden Frauen sowie der Einschätzung verschiedener TeilnehmerInnen lässt sich konstatieren, dass der Großteil der PartizipantInnen MuslimInnen waren. Auffallend war, dass sich viele der TeilnehmerInnen weiß kleideten und rote Rosen trugen. Beide (Farb-)Symbole stehen im Allgemeinen bzw. auch im Islam im Speziellen für unterschiedliche Dinge. Die Farbe Weiß kann für Unschuld oder Tod stehen, rote Rosen symbolisieren im Islam den Propheten Mohammed selbst und sind damit ein zentrales Symbol des muslimischen Glaubens.[277]

Neben Fahnen linker antizionistischer Organisationen waren gelegentlich auch bosnische, ägyptische, afghanische, aserbaidschanische, irakische oder österreichische Fahnen zu sehen. Veröffentlichtes Videomaterial der Demonstration zeigt auch, dass vereinzelt Hamas- und Dschihadismus-Flaggen mitgeführt wurden. Mit Abstand am zahlreichsten getragen wurden palästinensische und türkische Flaggen. Neben der offiziellen türkischen Fahne mit Mondstern vor rotem Hintergrund waren auch solche mit drei Halbmonden auf grünem Hintergrund zu sehen, die heute als eines der zentralsten Symbole des türkischen Nationalismus Verwendung

---

275 Edtmaier/Trautwein 2015, 213.
276 Revolutionär-Kommunistische Organisation zur Befreiung, zehntausende demonstrieren.
277 Islamische Gemeinschaft Millî Görüş, Rosen, 05.03.2010.

finden. Vor allem AnhängerInnen der als nationalistisch-rechtsextrem-islamistisch eingestuften Büyük Birlik Partisi (BBP) tragen dieses Symbol turanistischer Phantasien.[278]

Mitgeführt wurden außerdem viele Plakate, die die Solidarität mit PalästinserInnen, insbesondere mit Kindern, zum Ausdruck bringen sollten oder sich explizit gegen Israel wandten, etwa indem sie Israel als alleinigen Aggressor verunglimpften. Trotz des Ordnungsdienstes, der antisemitische Aussagen im Vorfeld verbannen sollte, wurden Plakate gesichtet, die Debatten um Antisemitismus auslösten. Hierbei handelt es sich um einzelne Fälle, die aber nicht die heterogene ideologisch-inhaltliche Ausrichtung der gesamten Demonstration repräsentieren. Da sie aber beispielhaft für (Debatten über) aktuelle Erscheinungsformen antisemitischer Überzeugungen sind, werden sie im Folgenden beschrieben:

Zu diesen Fällen zählten – ähnlich wie bereits 2010 – Gleichsetzungen des NS-Regimes mit Israel bzw. dem Judentum, die meist über die Gleichsetzung des Hakenkreuzsymbols mit dem Davidstern oder Aussagen wie „Neo Nazi Israel" oder „Stop doing what Hitler did to you" erfolgten. Letztgenannte Aufforderung impliziert nicht nur eine Gleichsetzung des Holocaust mit der israelischen Palästinenserpolitik, sondern spricht darüber hinaus Juden und Jüdinnen direkt an, womit eine antisemitische Intention hinter dieser Botschaft durchaus wahrscheinlich ist.[279] Weiters wurde Israel und den USA eine enge Verbindung oder sogar Terrorismus vorgeworfen, wobei in Einzelfällen direkt auf die jüdische Weltverschwörungstheorie angespielt wurde.[280] In besonders vielen Varianten wurde auf die zahlreichen Todesopfer unter palästinensischen Kindern hingewiesen. So wurde der Slogan „Kindermörder Israel" mündlich skandiert und schriftlich auf Plakaten mitgeführt. Von manchen PartizipantInnen wurden auch (deren) kleine Kinder in weißen, rot befleckten Bandagen mitgenommen, die offensichtlich die getöteten palästinensischen Kinder symbolisieren sollten.[281] Bildliche „Kindermörder"-Darstellungen auf Plakaten reichten von Gegenüberstellungen israelischer Panzer und Kinderwägen mittels Piktogrammen bis hin zu Fotomontagen aggressiven Inhaltes, auf denen Netanyahu als Vampir gerade in den Hals eines palästinensischen Kin-

---

278 Die drei Halbmonde symbolisieren die drei Kontinente Afrika, Asien und Europa, über die sich das Osmanische Reich erstreckte bzw. der turanistischen Idee nach auch wieder erstrecken soll. Der grüne Hintergrund steht für den Islam. Vgl. Bozay u.a. 2012, 73.
279 Edtmaier/Trautwein 2015, 226–229.
280 Dies äußerte sich etwa, indem Israel – dargestellt als wolfsähnliche Kreatur, die mit NS-Deutschland gleichgesetzt wird – vorgeworfen wird, die USA – verkörpert als leidender, die Kreatur tragender Esel – zu steuern, die Medien weltweit zu kontrollieren und Meinungsfreiheit zu behindern. Vgl. ebd., 233–234. Das Bild ist unter folgendem Link einsehbar: http://twitpic.com/1tuyb8 [zuletzt abgerufen am 30.11.2018].
281 Teresa Eder/Jutta Berger, Tausende in Wien und Bregenz bei Demo gegen Israels Militäreinsatz, in: derStandard.at, 20.07.2014.

des beißt.²⁸² Während die Piktogramme keinen antisemitischen Gehalt erkennen lassen, verhält sich dies bei der Fotomontage Netanyahus anders: Diese Darstellung, die ein bewusstes und vorsätzliches Töten eines Kindes zum Zwecke der Konsumation seines Blutes zum Inhalt hat, legt eine antisemitische Deutung nahe, da genau jene bildsprachlichen Codes verwendet wurden, die für die antisemitischen Legenden des „Ritualmords" und der Juden als „blutsaugende Vampire" stehen. Es ist fraglich, ob sich die DemonstrantInnen dieser Codes bewusst bedienten und die antisemitischen Legenden als solche kannten, und wenn nicht, welche Formen von Israel- oder Judenfeindschaft ansonsten dahinterstanden.²⁸³

Trotz der Zensur vor Demonstrationsbeginn wurden Plakate gesichtet, die – etwa mit Aussagen wie „Dein Ende wird kommen Israel" [siehe: Abb. 4], „Erase Israel! Palestine back" – offenbar das Ende Israels forderten, Israel „ethnische Säuberung" oder „Völkermord" vorwarfen oder als „Cancer" diffamierten.²⁸⁴ Diese waren offenbar entweder übersehen oder aber als nicht antisemitisch interpretiert worden. Die im Zuge der Demonstration entstandenen Debatten um unterschiedliche „Grenzziehungen" zwischen antisemitischer und nicht antisemitischer Israelkritik reflektieren die grundsätzliche Uneinigkeit darüber, wann Israelkritik antisemitisch ist und wann nicht. Es stellt sich aber auch die Frage, warum es vielen schwer fällt, in eindeutigen Fällen Antisemitismus als solchen zu erkennen.

Zu den häufigsten Parolen zählten: „Lasst Gaza leben, lasst Gaza frei", „Kindermörder Israel" und „Israel Terrorist"²⁸⁵, „Intifada"²⁸⁶.

Neben der Großdemonstration in Wien fanden um den 20. Juli, sowie vereinzelt bis in den August hinein, weitere Kundgebungen in Wien und in mehreren Landeshauptstädten wie Graz, Linz, Bregenz, Salzburg und Innsbruck statt, denen sich jeweils bis zu 1600 TeilnehmerInnen anschlossen.²⁸⁷ Außerdem fiel der antiisraelische Al-Quds-Tag²⁸⁸ 2014 auf den 25. Juli, anlässlich dessen in Wien eine weitere

---

282 Das Bild ist einsehbar unter: Tageszeitung Heute, Gaza-Demo, 20.07.2014.
283 Edtmaier/Trautwein 2015, 229–233.
284 Ebd., 234–235.
285 Teresa Eder/Jutta Berger, Tausende in Wien und Bregenz bei Demo gegen Israels Militäreinsatz, in: derStandard.at, 20.07.2014.
286 Danny Leder u.a., Gaza-Krieg löst antisemitische Welle aus, in: kurier.at, 21.07.2014.
287 Edtmaier/Trautwein 2015, 213–214.
288 Der antiisraelische Al-Quds-Tag wurde 1979 vom iranischen Revolutionsführer Ayatollah Ruhollah Khomeini eingeführt. In Form weltweit stattfindender Demonstrationen werden seither jährlich die „Befreiung" Jerusalems von der „zionistischen Besatzung" sowie die Vernichtung Israels gefordert. Der Al-Quds-Tag ist ein gesetzlicher Feiertag im Iran und markiert einen grundlegenden Wandel in den iranisch-israelischen Beziehungen, die seit der Ausrufung der Islamischen Republik 1979 nicht mehr als freundschaftlich, sondern als spannungsreich zu charakterisieren sind. Erst jüngst, im Mai 2018, erreichten die Spannungen zwischen Israel und dem Iran einen neuen Höhepunkt. Vgl. Pro- und anti-israelische Demos. Schreiduelle in Wiener City, in: Die Presse, 26.07.2014; sowie zu

Abb. 4: Propalästinensische Demonstrationen 2014: Slogans reichten von Aufrufen wie „Peace is Possible" über „Free Palestine" bis hin zur Drohung, Israels Ende werden kommen. Das Bild wurde uns mit freundlicher Genehmigung von Pressefotograf Martin Juen zur Verfügung gestellt.

Demonstration mit mehreren Hundert TeilnehmerInnen gegen Israel stattfand. Als OrganisatorInnen der propalästinensischen bzw. antiisraelischen Demonstrationen traten unterschiedliche Bewegungen und Einzelpersonen in Erscheinung, die teilweise der UETD nahestanden.[289] Israelsolidarische Gegendemonstrationen, die weitaus weniger TeilnehmerInnen mobilisieren konnten, wurden u.a. von der IKG – die sich mit der israelischen Regierung solidarisierte – und dem *Stop-the-Bomb*-Bündnis organisiert.[290] Die Demonstrationen verliefen großteils friedlich, allerdings kam es in Einzelfällen zu Ausschreitungen gegen Personen, die sich auf die Seite Israels stellten: In Innsbruck verletzten Pro-Palästina-DemonstrantInnen eine Frau, die in unmittelbarer Nähe zur Kundgebung eine israelische und österreichische Flagge trug. In Bregenz warfen sich mit PalästinenserInnen Solidarisierende Steine „gegen die Juden", wie sie angeblich jene kleine Gruppe GegendemonstrantInnen

---

den jüngsten Spannungen: Alexandra Föderl-Schmid, Eskalation im Nahen Osten. Iran und Israel greifen sich gegenseitig an, in: Süddeutsche Zeitung, 10.05.2018.
289 Thomas Matt, Muslime mobilisieren im Web, in: Vorarlberger Nachrichten, 24.07.2014; Jutta Berger, Verfassungsschutz ermittelt in Tirol und Vorarlberg nach „Free Gaza"-Demo, in: derStandard.at, 22.07.2014.
290 Pro- und anti-israelische Demos. Schreiduelle in Wiener City, in: Die Presse, 26.07.2014.

nannten, die sie attackierten.[291] Grundsätzlich konnte u.a. durch den Verfassungsschutz ein starker Anstieg antisemitischer Tat- und Sprachhandlungen im Kontext des Gaza-Krieges festgestellt werden.[292] Besonders viele antiisraelische und antisemitische Kommentare wurden über die Facebook-Seite der UETD gepostet, die teilweise auch klar antisemitische Inhalte aufwiesen. So wurde etwa die bereits erwähnte Collage veröffentlicht, die Benjamin Netanyahu als Vampir zeigt, der gerade einem palästinensischen Kind das Blut aus dem Hals saugt. In einem anderen Fall wurde ein Bild Adolf Hitlers mit dem Spruch „Ich hätte alle Juden töten können, einige habe ich am Leben gelassen, um euch zu zeigen, warum ich sie getötet habe" publiziert.[293] Neben diesen beiden Einzelfällen kam es zu zahlreichen (direkten oder strukturell identischen) Anspielungen auf die antisemitische Weltverschwörungstheorie, etwa wenn von „Killuminati" die Rede war oder die amerikanische Regierung als Marionette der israelischen bezeichnet wurde.[294]

Für internationale Aufmerksamkeit sorgte insbesondere ein antisemitisch motivierter Übergriff, der sich am 24. Juli – und damit zeitlich in der „Hochphase" propalästinensischer Solidarisierungsaktionen des Jahres 2014 in Österreich – in der Salzburger Kleinstadt Bischofshofen ereignete: Ein Test-Fußballspiel, ausgetragen zwischen Maccabi Haifa (Israel) und OSC Lille (Frankreich), musste kurz vor Spielende abgebrochen werden, nachdem vier Zuschauer mit palästinensischen Flaggen, begleitet von „Fuck Israel"- und „Free Falestin"-Rufen das Feld stürmten und die israelischen Fußballspieler attackierten. Einige weitere blieben mit palästinensischen und beschmierten israelischen Flaggen im Zuschauerbereich sitzen. Die männlichen Angreifer, teilweise türkische Staatsbürger, trugen schwarze Hoodies mit überkreuzten Säbeln am Rückenteil und der Aufschrift „Ich bleib Ghetto" auf der Vorderseite – eine Anspielung auf das gleichnamige Lied des deutschen Rappers mit kurdisch-irakischer Migrationsgeschichte *Kurdo*, mit der sie sich offensichtlich als *underdogs* inszenierten.[295] Sicherheitsbeamte konnten die Auseinan-

---

291 Jutta Berger, Verfassungsschutz ermittelt in Tirol und Vorarlberg nach „Free Gaza"-Demo, in: derStandard.at, 22.07.2014.
292 Vgl. dazu insbesondere: Verfassungsschutz für das Jahr 2014, 17–20. In diesem Jahr wies der Verfassungsschutz erstmalig auch auf antisemitische Handlungen in Zusammenhang mit propalästinensischem Engagement hin, die nicht dem rechtsextremen Milieu zugerechnet werden konnten. Insgesamt 42 solcher Handlungen wurden zusätzlich registriert. Vgl. dazu auch: Rassismus-Report 2014, 11.
293 Der 30-jährige Salzburger mit bosnischer Migrationsgeschichte, der dies veröffentlichte, wurde zu einem Jahr Haft auf Bewährung verurteilt. Vgl. Hitlerbild gepostet. Haft auf Bewährung, in: salzburg.orf.at, 02.04.2015.
294 Edthofer 2016, 7–8.
295 Das Lied hat mitunter Diskriminierungserfahrungen (muslimischer) MigrantInnen zum Inhalt, wenn es im Refrain etwa heißt: „Polizei, Hände hoch, in Deckung / Scheiß drauf ich bleib Ghetto, sch-sch-scheiß' drauf ich bleib Ghetto / In Handschellen, wegen dem Aussehen und den Tattoos / Scheiß drauf ich bleib Ghetto, sch-sch-scheiß' drauf ich bleib

dersetzung beenden, noch ehe es zu ernsthaften Verletzungen kam. Der Vorfall wurde u.a. von der Stadt Bischofshofen, ihrem Sportklub, von Bundeskanzler Werner Faymann, Innenministerin Johanna Mikl-Leitner, Außenminister Sebastian Kurz sowie *Grünen*-Chefin Eva Glawischnig und FPÖ-Chef Heinz-Christian Strache scharf verurteilt.[296] Auch der türkische Verein ATIB im Pongau distanzierte sich von den Angreifern, die der Vorsitzende Askin Karadeniz als „schwarze Schafe" bezeichnete.[297] Begrüßt wurde der Vorfall allerdings von Rapper *Kurdo* via Facebook-Statement, dem mit über 2000 Kommentaren zugestimmt wurde und der innerhalb weniger Stunden 29.000 *likes* erhielt. In den Kommentaren wurden vielfach eigene Diskriminierungserfahrungen (als MuslimInnen) erwähnt und der Angriff als gerechtfertigt beschrieben.[298] Tatsächlich war zeitlich parallel zu den Debatten um den Gaza-Krieg eine Zunahme an muslimfeindlichen Sprach- und Tathandlungen feststellbar, die wiederum mit den terroristischen Anschlägen des *Islamischen Staats* (IS) bzw. der politischen und medialen Berichterstattung über den IS zusammenhingen.[299] Edthofer beschreibt den Vorfall in Bischofshofen sowie die Reaktionen in den sozialen Medien als paradigmatisch für viele antiisraelische Vorfälle und Sprachhandlungen des Sommers 2014:

> Both point to the high level of identification of the Middle East conflict for immigrant communities, above all the second and third generations who were born and raised in Europe but still feel excluded. Furthermore, they reflect the (post-)colonial framing of the conflict as a war of 'suppressed and colonized Palestinian underdogs' against powerful 'Israeli oppressors'.[300]

Die Störaktion, so Edthofer weiter, sei somit nicht nur Ausdruck propalästinensischer Solidarität, sondern auch eine symbolische Revolte gegen die erlebte Exklusion (muslimischer) MigrantInnen in Österreich.[301] Dass der Vorfall nicht nur antiisraelisch, sondern auch antisemitisch motiviert war, geht auch aus in sozialen Medien veröffentlichten Äußerungen zweier Angreifer hervor: der eine mit türkischer Migrationsgeschichte postete auf Facebook „Scheiß Juden", der andere mit österreichischen Vorfahren schrieb: „Des passiert wenn die scheiss juden kinder umbringen!! Wir haben Sie platt gemacht." Beide wurden wegen Verhetzung ver-

---

Ghetto. Siehe Beefhaus28, 27.12.2013 und vgl. Edthofer 2016, 2.
296 Verfassungsschutz ermittelt nach Angriff auf israelische Fußballer, in: derStandard.at, 24.07.2014; Bischofshofen: Attacke auf israelische Fußballer, in: Die Presse, 24.07.2014.
297 Monika Payreder/Bernhard Ichner, Nach Platzsturm: Türken fordern „schärfste Strafe", in: kurier.at, 24.07.2014.
298 Edthofer 2016, 2.
299 Vgl. Rassismus-Report 2014, 64–65.
300 Siehe Edthofer 2016, 2–3.
301 Ebd.

urteilt und vergleichsweise milde bestraft.[302] Nach diesen Vorfällen sagte die Gemeinde Kirchbichl in Tirol ein geplantes Fußballspiel zwischen Maccabi Haifa und dem SC Paderborn wegen Sicherheitsbedenken ab; daraufhin erklärte sich Josef Gießer, ÖVP-Bürgermeister der Gemeinde Leogang, dazu bereit, seine Gemeinde als Austragungsort zur Verfügung zu stellen, wo die Partie als „Hochsicherheitsspiel" ohne Zwischenfälle ausgetragen werden konnte.[303] Dies nahm Hans Peter Hasenöhrl in der *Kronen Zeitung* zum Anlass, Gießer als einen „Gerechten unter den Völkern" zu bezeichnen. Hierbei handelt es sich um einen israelischen Ehrentitel, mit dem Personen, die während der NS-Zeit Juden und Jüdinnen unter großer Lebensgefahr retteten, geehrt werden. Den Leoganger Bürgermeister für diese Auszeichnung vorzuschlagen, impliziert einen relativierenden Vergleich der NS-Verbrechen mit dem Zwischenfall in Bischofshofen, der seitens aller Medien und PolitikerInnen klar verurteilt wurde.[304] Eine mediale Reaktion auf diese unangemessene Gleichsetzung blieb aber aus.

Mit Dezember 2017 flammte der Israel-Palästina-Konflikt erneut auf. Ausgelöst wurden die Unruhen mit der Entscheidung des US-Präsidenten Donald Trump, Jerusalem als offizielle Hauptstadt Israels anzuerkennen und im Zuge dessen die →US-amerikanische Botschaft von Tel Aviv nach Jerusalem zu verlegen. Zahlreiche Sprach- und Tathandlungen, die im Zuge der weltweit stattfindenden Protestaktionen registriert wurden, richteten sich nicht gegen Trump, sondern gegen Israel bzw. Juden und Jüdinnen im Allgemeinen.[305] Auch in Österreich kam es zu Protesten vor der US-Botschaft in Wien, denen sich etwa 700 Personen anschlossen. Dabei wurde „Kindermörder Israel", „Israel Terrorist" und sogar „Vernichtung an Israel" skandiert. Ähnlich den antiisraelischen Demonstrationen 2010 und 2014, tauchten auch 2017 anlässlich dieser Kundgebung zahlreiche türkische und palästinensische Fahnen sowie mindestens ein Schild, auf dem der Davidstern mit dem Hakenkreuz gleichgesetzt wurde, auf.[306]

Vizekanzler Strache forderte sogleich die Verlegung der österreichischen Botschaft nach Jerusalem, die ÖVP hingegen hielt sich an den EU-Konsens und dis-

---

302 Neben einer geringen Geldsumme von 100 € mussten die beiden 60 bzw. 80 Stunden Sozialarbeit leisten. Vgl. Antisemitischer Platzsturm. Mildes Urteil, in: salzburg.orf.at, 02.03.2015. Drei der Angreifer sind Mitglied der *La-Familia*-Bande, die aus über 30 Jugendlichen, großteils mit Migrationsgeschichte, besteht, die erwähnten „Wir bleiben Ghetto"-Hoodies als Markenzeichen tragen und zaheiche Straftaten im Pongau begingen. Vgl. Prozess gegen „La Familia"-Bande gestartet, in: salzburg.orf.at, 02.03.2015.
303 Nach Platzsturm: Maccabi Haifa spielt in Leogang, in: Salzburger Nachrichten, 25.07.2014; Keine Zwischenfälle bei Maccabi-Haifa-Spiel in Leogang, in: orf.at, 26.07.2014.
304 Hans Peter Hasenöhrl, In der Allee der Gerechten, in: Kronen Zeitung, 28.07.2014, 11.
305 Weltweite Proteste nach Jerusalem-Entscheidung, in: ZeitOnline, 10.12.2017.
306 Antisemitische Sprüche und Symbole bei Jerusalem-Demo in Wien, in: derStandard.at, 09.12.2017.

tanzierte sich von seiner Forderung.³⁰⁷ Allerdings nahm Martin Weiss, österreichischer Botschafter in Israel, die Einladung zu einem Empfang an, mit dem die Verlegung der US-Botschaft von Tel Aviv nach Jerusalem gefeiert wurde – „aus Höflichkeit", wie er betonte, nachdem die Entscheidung vor allem seitens der Opposition kritisiert wurde.³⁰⁸ Neben dem österreichischen Diplomaten folgten nur noch drei weitere EU-Botschafter der Einladung. Alle übrigen blieben der umstrittenen Veranstaltung fern.³⁰⁹ Der Nahostexperte John Bunzl konkludiert in Bezug auf die Haltung der FPÖ zu Israel:

> FPÖ-Obmann Heinz-Christian Strache verlangte die Verlegung der österreichischen Botschaft von Tel Aviv nach Jerusalem und pflegt einen freundschaftlichen Umgang mit Siedlern, welche an der Stelle der al-Aqsa-Moschee den sogenannten Dritten Tempel errichten wollen. Dabei geht es nicht um Vergangenheitsbewältigung, sondern um einen neuen Kreuzzug.³¹⁰

4.6 ZWISCHENBILANZ

Wie ist das Ausmaß des gegenwärtigen Antisemitismus in Österreich nun einzuschätzen? Wurde Antisemitismus mit der Aufnahme Geflüchteter nach Österreich „importiert"? Und sind MuslimInnen bzw. Geflüchtete tatsächlich eher dazu bereit, antisemitische Tathandlungen zu begehen als Rechtsextreme, wie es der eingangs zitierte Künstler Arik Brauer befürchtete?

Im Unterschied zu Frankreich und Großbritannien liegen zu Österreich nur vereinzelt quantitative Studien vor, bei denen oft unklar ist, inwieweit die Ergebnisse auf die österreichische Bevölkerung verallgemeinerbar ist. Zum anderen fehlt es auch an tiefergehenden qualitativen Studien, um offene Fragen wie diese wissenschaftlich fundiert zu beantworten. Zwar wurden in den letzten Jahren Untersuchungen zum gegenwärtigen Antisemitismus durchgeführt, doch fokussieren diese in der Regel nur auf bestimmte (Alters-)Gruppen oder Regionen innerhalb Österreichs. Repräsentative Studien wiederum, die wissenschaftliche Kriterien erfüllen, berücksichtigen Antisemitismus oftmals nur am Rande und erheben diesbezügliche Einstellungen nur mit einem Item. Dadurch ist die Aussagekraft dieser

---

307 Strache für Verlegung der österreichischen Botschaft nach Jerusalem, in: Die Presse, 22.06.2018; Jerusalem: Strache will Verlegung, die ÖVP winkt ab, in: kurier.at, 12.12.2017.
308 Kneissl verteidigt Teilnahme Österreichs an Feiern in Israel, in: derStandard.at, 15.05.2018.
309 Auch die Regierungen Rumäniens, Ungarns und Tschechiens schickten Repräsentanten nach Jerusalem. Daraufhin zog die palästinensische Autonomiebehörde ihre Botschafter aus den vier EU-Ländern ab. Vgl. Aus Protest: Palästina zieht Botschafter aus Österreich ab, in: Die Presse, 16.05.2018.
310 Bunzl, in: Falter 16/2018, 33.

Studien in Bezug auf Antisemitismus sehr gering.[311] Zu Antisemitismus unter Geflüchteten liegen europaweit nur vereinzelt Studien vor, die Österreich allerdings nicht mitberücksichtigen. In Deutschland etwa konnte man bislang einerseits keine signifikante zahlenmäßige Zunahme an antisemitischen Tathandlungen durch den Zuzug Geflüchteter feststellen, andererseits scheinen israelbezogene antisemitische Einstellungen unter Teilen dieser heterogenen Gruppe durchaus verbreitet zu sein.[312] Sowohl das *Bundesamt für Verfassungsschutz und Terrorismusbekämpfung* (BVT) als auch die NGOs *Zivilcourage und Anti-Rassismus-Arbeit* (ZARA) und das *Forum gegen Antisemitismus* (FgA) verzeichneten auf Basis gemeldeter Einzelfälle einen kontinuierlichen Anstieg antisemitischer Handlungen, die sie insbesondere dem rechtsextremen Milieu zuordnen, seit 2014 aber auch häufiger MuslimInnen.[313] Allerdings ist unklar, was die Zahlen tatsächlich zum Ausdruck bringen und nach welchen Kriterien eine Handlung als antisemitisch eingestuft wurde: Spiegeln sie lediglich eine sich wandelnde Sensibilität gegenüber antisemitischen Ereignissen wider oder können sie tatsächlich Auskunft über Zu- und Abnahme antisemitischer Ereignisse geben? In den jüngsten ländervergleichenden Studien wie dem jährlich erscheinenden Antisemitismus-Bericht des *Kantor-Centers* oder der *European Union Agency for Fundamental Rights* (FRA) wird mangels regelmäßig erscheinender repräsentativer Studien in der Regel auf die Einzelfall-Daten dieser Institutionen zurückgegriffen.[314] Eine der wenigen Ausnahmen bildet die *Anti Defamation League* (ADL), die im Zuge ihrer Studie *global 100* 2014 eigenständig Daten für Österreich erhob. Diesen zufolge haben 28 Prozent aller ÖsterreicherInnen antisemitische Einstellungen, womit Österreich – etwa gleichauf mit Deutschland – etwas über dem westeuropäischen Durchschnitt von 24 Prozent liegt. Zieht

---

311 Vgl. etwa: Lauß/Schmid-Heher 2017, 95–124; Stadlbauer 2017; Güngör/Nik Nafs 2016; Kühberger/Neureiter 2017; Wodak 2015; Edtmaier/Trautwein 2015.
312 Feldman 2018; sowie Arnold, König 2017.
313 2012 zählte das BVT 519 antisemitische, rechtsextreme, islamophobe oder fremdenfeindlich-rassistische Delikte, davon waren zehn Fälle antisemitisch. 2013 wurden 574 Delikte registriert, davon waren bereits 37 antisemitisch. 2014 erhöhte sich die Zahl auf 750, wobei davon 58 antisemitisch motiviert waren. 2015 und 2016 wurden jeweils 41 der insgesamt 1156 bzw. 1867 rechtsextremen Delikte als antisemitisch klassifiziert – damit ging die Zahl leicht zurück. ZARA verzeichnete einen kontinuierlichen Anstieg rassistisch (darunter auch antisemitisch) motivierter Handlungen über die letzten Jahre: 2013 wurden 731 rassistische Vorfälle registriert, 2014 794, im Jahr 2015 bereits 927, 2016 1107 und 2017 1162. Vgl. Verfassungsschutzbericht 2013, 17; Verfassungsschutzbericht 2014, 21; Verfassungsschutzbericht für das Jahr 2014, 17–20; Verfassungsschutzbericht 2015, 12–13; Verfassungsschutzbericht 2016, 12–13; sowie Zivilcourage und Anti-Rassismus-Arbeit, Rassismus-Report 2013, 13, Rassismus-Report 2014, 11, Rassismus-Report 2015, 12, Rassismus-Report 2016, 12 sowie Rassismus-Report 2017, 12; Antisemitismus-Bericht 2017, 16 und 15.
314 Vgl. dazu etwa: Kantor-Center, Antisemitism Worldwide 2017; sowie European Union Agency for Fundamental Rights, Antisemitism.

man zum Vergleich ADL-Umfragen der Jahre 2002 (19 Prozent) und 2004 (17 Prozent) heran, so lässt sich daraus eine gestiegene Zahl von ÖsterreicherInnen „that are considered to harbour anti-Semitic attitudes" ablesen. Wie aussagekräftig die Studienergebnisse sind, ist aufgrund einiger Unklarheiten im Studiendesign allerdings nicht gesichert.[315]

Im November 2018 veröffentlichten die FRA und CNN Studien, in der auch zu Österreich Daten erhoben wurden. Inwieweit diese verallgemeinerbare Rückschlüsse auf *die* österreichische Bevölkerung zulassen, ist allerdings ebenfalls nicht gesichert. So wurden in der FRA-Studie einige hundert österreichische Juden und Jüdinnen zu deren Einschätzungen zum gegenwärtigen Antisemitismus befragt. Knapp drei Viertel der Befragten gaben an, Antisemitismus als (relativ großes oder großes) Problem der österreichischen Gesellschaft wahrzunehmen – dicht gefolgt von Muslimfeindlichkeit mit 69 Prozent. Darüber hinaus ging der Großteil der Befragten (wiederum etwa drei Viertel) davon aus, dass antisemitische Vorfälle in ihrer Anzahl steigen würden. (Nach Muslimfeindlichkeit gefragt waren gar 84 Prozent von einer deutlichen Zunahme an Vorfällen überzeugt.) Gebeten, die Täter jüngster selbst erlebter antisemitischer Tathandlungen zu klassifizieren, gaben 35 Prozent der in Österreich befragten Juden und Jüdinnen an, es handelte sich um eine Person „with a Muslim extremist view". Ein Viertel der TäterInnen wurden dem rechtsradikalen Milieu zugeordnet.[316]

CNN wiederum führte eine Befragung unter ca. 1.000 nicht-jüdischen ÖsterreicherInnen durch. Offen antisemitische Aussagen – wie etwa Juden nicht zu mögen – stimmten nur zehn Prozent der Befragten zu.[317] Vergleicht man diesen Wert mit Umfragen um die Jahrtausendwende, so ergibt sich ein annähernd konstanter Wert: Im Jahr 2001 sank das Ausmaß eines „harten" Antisemitismus von 24 Prozent im Jahr 1991 (im Kontext der Waldheim-Affäre) auf 13 Prozent, wobei es im rechtsextremen und rechtspopulistischen Milieu signifikant häufiger zu antisemitischen Äußerungen dieser Art kam[318]. Während die in der CNN-Studie Befragten offen antisemitische Aussagen nur in Ausnahmefällen bejahten, stimmten sie traditionellen Stereotypen – vor allem, dass Juden zu großen Einfluss in der

---

315 Als antisemitisch gilt nach dieser Studie jemand, wenn er oder sie sechs von elf Items mit „probably true" beantwortete. Daneben gab es nur eine weitere Antwortmöglichkeit – „probably false". Dieses Vorgehen, um Antisemitismus zu messen, ist in wissenschaftlich fundierten Studien unüblich. Auch ist nicht ersichtlich, wie sich das Sample an BefragungsteilnehmerInnen zusammensetzte und ob dieses tatsächlich als repräsentativ für Österreich gelten kann. Vgl. http://global100.adl.org/#country/austria/2014 [zuletzt abgerufen am 30.11.2018].
316 European Union Agency for Fundamental Rights, Experiences and perceptions.
317 Greene, CNN poll.
318 Antisemitismus im Zeitvergleich. „Vergangenheitsbewältigung" aus der Sicht von Schülern, APA, 25,05.2001.

Finanzwelt hätten – weitaus häufiger zu (ein Drittel der UmfrageteilnehmerInnen).[319] Vergleicht man diesen Wert mit älteren Studienergebnissen, so erhält man auch hier relativ hohe Zahlen. So stimmte in der ADL-Umfrage aus dem Jahr 2004 ein Viertel der in Österreich (sowie annähernd gleich viele der in Deutschland) Befragten diesem Item zu.[320]

Erwähnt sei außerdem eine im Auftrag der österreichischen Parlamentsdirektion unter 2.731 Personen durchgeführte Studie. Ersten Ergebnissen zufolge, die im März 2019 veröffentlicht wurden, sind ca. 10% der österreichischen Bevölkerung manifest und ca. 30% latent antisemitisch. Ein sehr starker Zusammenhang konnte zwischen antisemitischen und rechtsautoritären Einstellungen festgestellt werden. Jüngere, vor allem aber Gebildetere hingegen stimmten seltener antisemitischen Items zu. Nicht-repräsentativ befragte Arabisch oder Türkisch sprechende Personen stimmten „antisemitischen Aussagen fast durchwegs wesentlich stärker zu als die österreichische Gesamtbevölkerung." Besonders deutlich wurde dies etwa bei israelbezogenem Antisemitismus.[321]

Auf Basis der vorliegenden Untersuchungen, des zur Verfügung stehenden Zahlenmaterials und in Bezugnahme auf die Geschichte des Antisemitismus in Österreich lässt sich eine Kontinuität traditionell-antisemitischer Einstellungen in der österreichischen Bevölkerung – insbesondere im rechten Milieu – feststellen, wobei diese unter Rechtsextremen in der Regel direkter und unverhohlener geäußert werden (wie etwa in Form der Stolpersteinbeschmierungen) als unter RechtspopulistInnen. Studien, die sich mit der Frage des Antisemitismus unter (jugendlichen) MuslimInnen auseinandersetzten, kamen zum Schluss, im Vergleich zur Kontrollgruppe einen stärkeren oder vehementer zum Ausdruck gebrachten, in der Regel gegen Israel gerichteten Antisemitismus festgestellt zu haben. Somit sind in Österreich mehrere Gruppen zentrale Träger antisemitischer Einstellungen, wobei nach wie vor der Großteil antisemitischer Tathandlungen durch Rechtsextreme verübt wird.

Im Vergleich zu Großbritannien und Frankreich ergeben sich zwei wesentliche österreichische Spezifika: (1) In Österreich stellt die rechtspopulistische FPÖ seit 2017 bereits zum zweiten Mal eine Regierungspartei. Die Kritik Israels fiel 2017 – auch im Kontext eines allgemein zu beobachtenden Rechtsrucks – weitaus schwächer aus als noch im Jahr 2000 oder im Kontext der Waldheim-Affäre 1986. Veränderungen innerhalb der FPÖ und Unsicherheiten, wie Antisemitismus unter MuslimInnen und RechtspupulistInnen einzuschätzen ist, führten letztlich zu Debatten innerhalb der IKG und zu Diskussionen, wen die IKG repräsentiert.[322]

---

319 Greene, CNN poll.
320 ADL 2004, 8.
321 Siehe und vgl. www.antisemitismus2018.at
322 Ähnlich wie in der IKG stellt sich auch für die IGGÖ die Frage, wen sie letztlich reprä-

(2) Der Österreichableger der Kampagne *Boycott, Divestment, Sanctions* (BDS) wurde erst 2014, und damit vergleichsweise spät, gegründet und spielt in Österreich – ähnlich wie auch in Deutschland – kaum eine Rolle. BDS Austria vermochte es auch nicht, im universitären Milieu Fuß zu fassen, und war von Beginn an heftigem Gegenwind ausgesetzt: Insbesondere die Anti-BDS-Plattform „Boycott Anti-Semitism" organisiert regelmäßig Gegenveranstaltungen zu BDS-Aktionen.[323] Nach Protesten sagte das Wiener Kulturzentrum Spittelberg (Amerlinghaus) BDS-Veranstaltungen ab und die *Erste Bank* sperrte das Spendenkonto von *BDS Austria*. Anders als etwa in Frankreich und Großbritannien fand man in Österreich und Deutschland in den Boykottforderungen von BDS rasch Parallelen zum von den Nationalsozialisten organisierten Boykott „Kauft nicht bei Juden".[324]

Damit in Verbindung stehen grundsätzliche Debatten um eine allgemeingültige Definition von Antisemitismus, die mittlerweile auch Österreich erreicht haben. 2017 übernahm der damalige Außenminister Sebastian Kurz die *Working Definition der International Holocaust Remembrance*, um „ein innerstaatliches und internationales Signal" zu setzen – eine Handlung, die insbesondere seitens der IKG begrüßt wurde.[325] Nur ein Jahr später allerdings sorgte der niederösterreichische FPÖ-Landesrat Gottfried Waldhäusl für internationales Aufsehen und erneute Debatten um die Frage, was antisemitisch sei: Um die Anzahl an Schächtungen einzudämmen, diskutierte er die Möglichkeit, eine Quasi-Registrierungspflicht für all jene einzuführen, die koscheres bzw. Halal-Fleisch konsumieren. Die öffentliche Debatte fokussierte schnell auf Juden und Jüdinnen – weniger aber auf MuslimInnen, die von der Regierungspflicht genauso betroffen gewesen wären. Während Waldhäusl mit dem Tierschutzgesetz argumentierte, fühlten sich hingegen einige Juden und Jüdinnen an die NS-Zeit erinnert und werteten den Vorstoß als antisemitisch. Dieser Vorfall zeigt, dass Juden/Jüdinnen und MuslimInnen – auch wenn sie die Politik Israels oftmals trennt – gemeinsam Opfer von Diskriminierung sein können.

---

sentiert. Denn einerseits gilt die 1979 gegründete, sich auf das Islamgesetz von 1912 berufende Organisation als offizielle Vertretung der in Österreich beheimateten MuslimInnen, andererseits ist unklar, wieviele MuslimInnen sich tatsächlich durch sie vertreten fühlen.

323 Die Kampagne hält jährlich in Wien die „Israeli Apartheid Week" ab, protestierte 2018 gegen eine Rede der derzeitigen israelischen Botschafterin Talya Lador-Fresher an der Universität Graz und gegen die Feier „70 Jahre Israel", die von der Erzdiözese Wien ausgetragen wurde.

324 Alexia Weiss, BDS oder: Antisemitismus in neuen Kleidern, in: Wiener Zeitung, 03.06.2016; Erste Bank: Kein Konto für Israel-Boykott, in: Die Presse, 03.05.2016; Michael Wurmitzer, Antiisraelische Protestbewegung BDS gegen Künstlerauftritte, in: derStandard.at, 31.08.2018; sowie Boycott Anti-Semitism, in: https://de-de.facebook.com/boycottantisemitism/ [zuletzt abgerufen am 30.11.2018]; Weber, in: neuwal.at, 05.03.2015.

325 Ministerrat beschloss „Antisemitismus-Definition", in: derStandard.at, 25.04.2017.

5. SCHLUSSBEMERKUNG UND AUSBLICK – ANTISEMITISMUS IN EUROPA

Anfang Dezember 2018 nahmen die Innenminister der Europäischen Union – unter der damaligen österreichischen Ratspräsidentschaft – einstimmig eine Erklärung zur Bekämpfung von Antisemitismus an, die u.a. die Entwicklung eines gemeinsamen Sicherheitskonzepts für einen besseren Schutz jüdischer Gemeinschaften und Einrichtungen enthält.[1] Diese Erklärung, ist sie auch nur als ein Schritt im Zuge eines umfassenden und vielfach noch ausstehenden Prozesses zu betrachten, zeugt einmal mehr davon, dass die Problematik antisemitischer Einstellungen und Vorfälle auf EU-Ebene ernsthaft diskutiert und gemeinsam nach Gegenmaßnahmen gesucht wird. Nicht nur ist Antisemitismus unvereinbar mit der 2009 proklamierten Charta der Grundrechte der Europäischen Union, auch handelt es sich um ein gesellschaftliches Phänomen, das sich keineswegs auf einzelne EU-Staaten beschränkt, sondern die EU und Europa im Gesamten betrifft. Die jeweiligen lokalen Erscheinungsformen, Ausprägungen von und Debatten zu Antisemitismus unterscheiden sich jedoch mitunter beträchtlich.

Die hier vorgestellten und analysierten Fallbeispiele Frankreich, Großbritannien und Österreich weisen – bei allen nationalen Unterschieden und Besonderheiten – einige verbindende Komponenten auf, die auch kennzeichnend sind für die globale Dimension des Phänomens: Dies betrifft im Besonderen die Haltungen zu Israel bzw. pro-palästinensische Manifestationen, die „Instrumentalisierbarkeit" von pro-palästinensischen und pro-israelischen Deklarationen (zur jeweiligen politischen Selbstpositionierung und -darstellung), die verschiedenen neuen politischen und gesellschaftlichen Trägergruppen von Antisemitismus sowie den Einfluss der Erinnerungskultur und damit verbunden der „Globalisierung" des Holocaustgedenkens. Ist dieses Gedenken wiederum zentral und prägend für die gesamte Europäische Union und fußt bereits deren Gründung auf dem kollektiven Imperativ des „Nie wieder", so genügt ein Blick in die jüngeren Mitgliedsstaaten in Ost- und Südosteuropa um sich einer deutlichen Verschiebung der Perspektive gewahr zu werden. Im Vergleich zu West- und Zentraleuropa, für welches Frankreich, Großbritannien und Österreich hier exemplarisch herangezogen wurden, sind in diesen Ländern zum einen die gesellschaftspolitischen Voraussetzungen dezidiert

---

1 Vgl. etwa „EU-Erklärung gegen Antisemitismus verabschiedet", in: Salzburger Nachrichten vom 06.12.2018.

andere, insbesondere bedingt durch die erst ab 1989 eingesetzten Demokratisierungsprozesse. Dies betrifft im Weiteren das Gedenken an den Holocaust, dessen Bedeutung teilweise hinter die Aufarbeitung von und Erinnerung an im Zuge des Kommunismus begangene Verbrechen zurücktritt. Zum anderen sind hinsichtlich des aktuellen israelbezogenen Antisemitismus wesentliche Unterschiede bzw. ein sicherlich marginalerer Stellenwert der Solidarisierung mit Palästina und von islamistischen Einflüssen anzunehmen (allein bedingt durch andere Einwanderungsgeschichten). Vielmehr wäre in diesem Kontext jedoch verstärkt nach der aktuellen Verbreitung von mitunter auch religiös begründeten, „klassisch" antisemitischen Weltbildern, Verschwörungstheorien und Holocaustrelativierung zu fragen. Notwendig wäre zudem eine vergleichende Auseinandersetzung mit den verschiedenen rechtsextremen Gruppierungen in West- und Osteuropa sowie den von Rechtsextremen begangenen antisemitischen Straftaten und dem jeweils vorherrschenden gesellschaftlichen und politischen Umgang mit letzteren. Zwar hätte ein derartiges Unterfangen den Rahmen des vorliegenden Buches mehr als gesprengt, für die künftige Forschung zur Problematik des Antisemitismus im 21. Jahrhundert in Europa ist die Erweiterung auf eine solch gesamteuropäische Vergleichsperspektive allerdings als zentral und wegweisend zu betrachten.

Im Besonderen gilt dies auch für die Frage nach der Sagbarkeit im betreffenden gesellschaftlichen Diskurs: Hierbei ist davon auszugehen, dass gerade in Bezug auf „Juden", „Israel" und „Holocaust" die Elastizität und Grenzen des Sagbaren innerhalb der Europäischen Union bzw. in ganz Europa deutlich divergieren und von Land zu Land anders verhandelt werden. Augenscheinlich wird dies auch an den drei für die vorliegende Studie gewählten Fallbeispielen. Die unterschiedlichen historischen Hintergründe und Entwicklungen sowie der unterschiedliche Umgang mit der eigenen Vergangenheit, mit der Frage nach Verantwortung und (Mit-)Schuld – sowohl in Bezug auf den Nationalsozialismus und Holocaust als auch auf den Kolonialismus – bedingen die in den einzelnen Kapiteln dargelegten, nationalen Debatten und Positionierungen wesentlich mit. Essentiell scheint zudem zu sein, welche Erwartungshaltungen, Selbstbehauptungen und -darstellungen einzelner DiskursteilnehmerInnen hiermit einhergehen und welche diskursiven „Codes" Zugehörigkeit verschaffen: Inwiefern wird etwa in Großbritannien im Kontext eines (politisch linksorientieren) antirassistischen Engagements eine pro-palästinensische oder mitunter antizionistische Haltung oder die Partizipation an der Boykott-Bewegung *erwartet*, um als glaubwürdig zu gelten? Ähnlich weist auch Frankreich, wie ausgeführt, eine lange antirassistische und propalästinensische Tradition auf (war für letztere im Unterschied zu Großbritannien auch weniger das Jahr der Staatsgründung Israels 1948 ausschlaggebend, sondern der „Sechstagekrieg" von 1967). Allerdings werden Antirassismus und die Parteinahme für Palästina im französischen Diskurs heute oftmals vom proklamierten Kampf gegen den „neuen Antisemitismus" und insbesondere gegen die antisemitische Komponente des Islamismus, die zu mittlerweile elf Morden an französischen Juden und Jüdinnen geführt hat, überlagert. In weiterer Folge ergibt sich hieraus, gleichermaßen mit Blick auf Österreich, die Frage: Inwiefern ist eine dezidierte Distanzierung und Verurteilung von Antisemitismus in Frankreich und Österreich nicht nur gesellschaftspolitischer Konsens geworden, sondern mittlerweile auch für rechtspopulistische PolitikerInnen von zentralem Interesse bzw. erforderlich – aus Gründen der „Imageverbesserung" und als Taktik, um MuslimInnen als die „neuen" und „wahren Antisemiten" zu brandmarken? Inwiefern „verkaufen sich" gerade in der österreichischen Öffentlichkeit eine derartige, „projüdische" Haltung und Antisemitismus-Vorwürfe an andere (vor allem an MuslimInnen, denen in der Gesellschaft ohnehin ein geringer Stellenwert zukommt) heute besser und sind der Selbstdarstellung nützlicher, als propalästinensische oder promuslimische Positionierungen?

Wie anhand der einzelnen Kapitel zudem deutlich wird, geht in allen drei Ländern mit diesen impliziten Dynamiken von Sagbarkeit und Selbstpositionierung einher, dass u.a. auch MuslimInnen zusehends am öffentlichen Diskurs partizipieren, eine Anerkennung ihrer eigenen Leidensgeschichte einfordern und kritisieren, gegen „den Islam" und die muslimische Bevölkerung sei wesentlich mehr sagbar, als gegenüber der jüdischen. „Opferkonkurrenz" und in weiterer Folge Solidarität mit den PalästinenserInnen als (muslimische) Opfer Israels sind somit wesentliche Triebfedern, die wiederum Selbstbehauptung sowie Zugehörigkeitsgefühl und Zusammenhalt im Inneren muslimischer Communities ermöglichen und entsprechend identitätsstiftend wirken. Zugleich eignet sich dies für manche Akteurinnen nicht nur zur Gewinnung von AnhängerInnen oder WählerInnen oder zur Mobilisierung für Protestaktionen, sondern auch zur Untermauerung eigener antiwestlicher und antisemitischer Weltbilder, was gerade in islamistischen Milieus mitunter fatale Konsequenzen nach sich zieht.

In jedem Fall jedoch führen derartige Prozesse unweigerlich zu mehr gegenseitiger Abgrenzung und weniger gesamtgesellschaftlicher Kohäsion. Erweitert man die Perspektive erneut auf ganz Europa, so ist davon auszugehen, dass konkurrierenden Erinnerungen und Leidensgeschichten, dem Gegeneinander-Abwägen von Diskriminierungserfahrungen und Minderheiten-Status generell eine große soziale Sprengkraft zugrunde liegt. Dies betrifft umso mehr auch die Frage nach einem supranationalen, auf Multiethnizität und Multikulturalität basierenden Zusammenhalt innerhalb der Europäischen Union, für welchen der Umgang mit und Debatten zu Antisemitismus zu einem wesentlichen Gradmesser werden könnte.

GLOSSAR

Sechstagekrieg (arab. Naksa) 1967: In den 1960er-Jahren führte der Streit um das Jordanwasser, das dringend zur Wasserversorgung benötigt wurde, wiederholt zu Zusammenstößen zwischen Israel, Syrien und Jordanien. 1963 wurde die *Arabische Föderation* und 1964 die PLO gegründet; beide lehnten die Anerkennung Israels ab. 1967 ging Ägypten unter Präsident Nasser, der den Abzug der Truppen der *Vereinten Nationen* aus dem Sinai forderte, die Straße von Tirana für israelische Schiffe sperrte und immer wieder verbale Vernichtungsdrohungen gegenüber Israel aussprach, mit Jordanien ein Verteidigungsbündnis ein. Das eingekreiste Israel griff am 5. Juni 1967 Ägypten an, zerstörte innerhalb weniger Stunden die ägyptische Luftwaffe und eroberte den Gaza-Streifen, die Sinai-Halbinsel, die Golanhöhen, die Westbank und Ostjerusalem. Die UN und Frankreich riefen zur Mäßigung auf, die USA und Großbritannien unterstützten Israel, die UdSSR Ägypten. Zwischen 250.000 und 300.000 PalästinenserInnen wurden vertrieben. Der Sinai wurde 1979 an Ägypten (Friedensvertag von Camp David) zurückgegeben, die restlichen eroberten Gebiete blieben besetzt. Die UN Sicherheitsresolution 242 fordert den Rückzug aus den besetzen Gebieten, die Palästinenserfrage wurde allerdings nur als Flüchtlingsproblem benannt.

Yom-Kippur-Krieg, Oktoberkrieg bzw. Ramadan-Krieg 1973: Mit dem Sechstagekrieg waren die Spannungen keineswegs abgebaut, sondern verschärft worden. Trotz internationaler Bemühungen begann an der ägyptisch-israelischen Grenze ein „Abnützungskrieg", der bis Sommer 1970 dauerte. 1973 wurde Israel am *Yom Kippur,* dem höchsten jüdischen Feiertag, der zugleich in den Fastenmonat Ramadan fiel, von Ägypten und Syrien völlig überraschend angegriffen. Nach deren Erfolgen, die auch territoriale Einbußen für Israel zur Folge hatten, konnte das israelische Militär schließlich die Angreifer zurückdrängen. Der Kriegseintritt Jordaniens an der Seite Syriens konnte an der militärischen Überlegenheit Israels, die sich auch in der Eroberung neuer Gebiete zeigte, nichts mehr ändern. Doch mit den anfänglichen militärischen Erfolgen auf arabischer Seite war der „Mythos", die israelische Armee wäre unbesiegbar, zerstört. Letztendlich führte der Krieg zu einer gefährlichen Eskalation im Nahen Osten, weshalb die Großmächte und die Vereinten Nationen bemüht waren, eine weitere Eskalation zu vermeiden. Der Beschluss des UN-Sicherheitsrates 338 forderte alle Kriegsparteien zur sofortigen Waffenruhe sowie zu Verhandlungen zur Durchsetzung der Resolution 242 von 1967 auf.

Libanonfeldzug 1982: Nach ihrer Vertreibung aus Jordanien (*Schwarzer September* 1970) errichtete die PLO ihre militärische Basis im Libanon. An der Nordgrenze zu Israel kam es wiederholt zu Auseinandersetzungen mit palästinensischen Militärkommandos. Im Libanon herrschte seit 1975 ein Bürgerkrieg, in den Israel und Syrien involviert waren. Unter dem Vorwand, den Anschlag auf den israelischen Botschafter in London durch ein palästinensisches Terrorkommando zu rächen, marschierte Israel am 6. Juni 1982 im Libanon ein und drang bis Beirut vor. In Zusammenarbeit mit den libanesischen Falangisten wurde die Stadt wochenlang belagert. Am 16. September 1982 verübte die libanesische Miliz unter israelischer Rückendeckung in den palästinensischen Flüchtlingslagern Sabra und Shatila ein blutiges Massaker. In Tel Aviv gingen 400.000 Israelis aus Protest auf die Straße. Als politische Konsequenz mussten Verteidigungsminister Ariel Sharon und Ministerpräsident Menachem Begin zurücktreten.

Erste Intifada 1987: Am 8. Dezember 1987 stieß ein israelischer Lastwagen im Gazastreifen mit zwei palästinensischen Fahrzeugen zusammen. Vier Palästinenser starben dabei. Damit wurde die *Erste Intifada* (=arabisch für Erhebung, Abschüttelung) ausgelöst. Die Ursachen dafür sind in der Besatzung zu suchen. Junge PalästinenserInnen, teilweise noch Kinder, warfen mit Steinen und Molotow-Cocktails auf israelische SoldatInnen, die auf diese Art der Kriegsführung nicht vorbereitet waren. Eines ihrer zentralen Mittel war der wirtschaftliche Boykott israelischer Produkte. Viele AktivistInnen, OrganisatorInnen und UnterstützerInnen der Intifada landeten in israelischen Gefängnissen. Arafats Schulterschluss mit Saddam Hussein, als dieser 1990 Kuwait überfiel, führte zur Ausweisung der etwa 300.000 PalästinenserInnen aus den Golfstaaten, die auch die Zahlungen an Palästinenserorganisationen einstellten. Während der *Ersten Intifada* starben über 600 PalästinenserInnen sowie 18 Israelis.

Friedensvertrag Rabin-Arafat 1993: Im September 1993 unterzeichneten Jitzchak Rabin und Yassir Arafat in Washington die *Oslo-Verträge* über eine palästinensische Selbstverwaltung. Die Frage der palästinensischen Flüchtlinge sowie der Grenzverlauf zwischen den beiden Staaten und der Status Jerusalems blieben ausgeklammert. Terroranschläge der PLO und anderer Gruppierungen, die Ermordung von 29 Moscheebesuchern in Hebron durch Baruch Goldstein und letztendlich die 1995 erfolgte Ermordung von Rabin (er wurde vom ultra-rechten Israeli Jigal Amir auf einer Friedenskundgebung in Tel Aviv getötet) trugen zum Scheitern der Friedensverhandlungen bei. Im Jahr 2000 scheiterten die Gespräche in Camp David, in denen es um Endstatusfragen ging.

Zweite Intifada (2000–2005): Die gescheiterten Friedensverhandlungen und wenig spürbare Verbesserungen für die Mehrheit der PalästinenserInnen gelten als Ursache für die *Zweite Intifada*, die der sich im Wahlkampf befindliche Ariel Sharon durch seinen provokativen Besuch am Tempelberg auslöste. In Israel mehrten sich die palästinensischen Selbstmordanschläge, worauf Israel mit Militäroperationen im Westjordanland reagierte. Einen Höhepunkt erreichte die Intifada im Frühjahr 2002 mit den Kämpfen in Dschenin. 2004 starb Arafat, Mahmud Abbas wurde zum Nachfolger gewählt. Im Zuge der Auseinandersetzungen starben knapp 3.600 PalästinenserInnen und über 1.000 Israelis.

Irakkrieg 2003: Die USA nutzten die Terroranschläge von 9/11 für den seit langem geplanten Einmarsch in den Irak. Den Vorwand dafür bildeten Massenvernichtungswaffen. Obwohl die Beweise dafür ausblieben, begannen die USA – ohne UN-Mandat, aber unterstützt von Großbritannien und einer „Koalition der Willigen" (= Polen, Italien, Spanien) – am 20. März 2003 mit der Bombardierung ausgewählter Ziele in Bagdad. Deutschland, Frankreich sowie Österreich lehnten den Krieg ab. Der Diktator Saddam Hussein wurde von einem Militärgericht zum Tode verurteilt und am 30. Dezember 2006 gehängt. Im Irak kam es nach der Besetzung (2003–2011) zu bürgerkriegsähnlichen Zuständen, die auch die Expansion des sogenannten Islamischen Staates (=IS) ermöglichten.

„Abkoppelungsplan" 2005, Bürgerkrieg und Blockade von Gaza: Ariel Sharon räumte 2005 ohne Verhandlungen die israelischen Siedlungen in Gaza, wo die *Hamas* 2006 nach knapp gewonnenen Parlamentswahlen die Macht übernahm. Unter Verweis auf den terroristischen Charakter der *Hamas* lehnten Israel, die USA und Europa die Anerkennung des Wahlergebnisses ab. Es folgten massive Zusammenstöße zwischen *Hamas* und Mahmud Abbas' *Fatah,* was zur politischen Abtrennung des Gazastreifens vom Westjordanland führte. 2007 verhängten Israel und Ägypten eine Blockade über Gaza, die das Leben der dort lebenden 1,8 Millionen Menschen unerträglich machte und die *Hamas* politisch schwächen sollte.

Libanonkrieg 2006: Nachdem Mitglieder der libanesischen *Hisbollah* zwei israelische Soldaten entführten, reagierte Israel mit einer Militäraktion, unterschätzte dabei allerdings die militärische Stärke der *Hisbollah* unter der Führung von Hassan Nasrallah. Aus der Aktion wurde ein Krieg, der Israel insbesondere aufgrund seines gewaltigen Militäreinsatzes im Süden des Libanons heftige internationale Kritik einbrachte. Die *Hisbollah* wiederum wurde aufgrund ihrer Strategie, ZivilistInnen als Schutzschild zu benutzen, kritisiert. Bis zur Vereinbarung eines Waffenstillstandabkommens im August 2016 starben ca. 1.400 Menschen, Großteils libanesische ZivilistInnen.

Gaza-Krieg 2008/09: Nachdem der zwischen Ehud Olmert (israelischer Ministerpräsident) und Mahmud Abbas (Präsident der Palästinensischen Autonomiebehörde) ausverhandelte Beschluss, Friedensverhandlungen wieder aufzunehmen, ins Stocken geriet, spitzte sich die Lage im Gazastreifen bzw. im Süden Israels zu: Ende 2008 begann die *Hamas* nach mehrmonatiger Waffenruhe erneut mit massivem Raketenbeschuss auf Israel, nachdem Israel den Tausch des 2006 entführten israelischen Soldaten Gilad Schalit gegen 1.000 palästinensische Häftlinge abgelehnt hatte. Den Angriff der *Hamas* erwiderte das israelische Militär mit einem harten Gegenschlag, der Israel scharfe internationale Kritik einbrachte. Ca. 1.500 Menschen starben während des Krieges.

Ship-to-Gaza-Zwischenfall 2010: Im Mai 2010 versuchte ein Schiffkonvoi des internationalen *Free Gaza Movements* die von Israel verhängte Seeblockade zu durchbrechen, um den Gazastreifen mit ca. 10.000 Tonnen Hilfsgütern zu beliefern. Das türkische Schiff *Mavi Marmara* mit internationaler Besatzung, darunter auch die türkisch-islamistische IHH, führte den Konvoi Richtung Gaza-Streifen an. Nachdem die AktivistInnen Israels Vorschläge, die Hilfsgüter über den Landweg in den Gazastreifen zu transferieren, sowie Israels zahlreiche Warnungen weiterzufahren ignorierten, überfiel das israelische Militär noch in internationalem Gewässer den Konvoi und hinderte ihn so an der Durchbrechung der Seeblockade. Insbesondere auf der *Mavi Marmara* leisteten die AktivistInnen Widerstand. Neun türkische Aktivisten wurden durch die gewaltsamen Auseinandersetzungen getötet, ca. 50 weitere verletzt. Auch neun israelische Soldaten wurden mit teils improvisierten Waffen verletzt. Von Seiten des UN-Menschenrechtsrates wurden Israel schwere Verstöße gegen die Menschenrechte vorgeworfen. Die Türkei reagierte auf den Vorfall mit heftigen Vorwürfen und dem vorübergehenden Einfrieren ihrer Beziehungen zu Israel, das den Abzug des türkischen Botschafters aus Israel zur Folge hatte.

Gaza-Krieg 2014: 2013 bemühte sich damaligen US-Außenminister John Kerry in einer Pendeldiplomatie um einen Friedensvertrag auf Grundlage der Zweistaatenlösung. Die Bemühungen scheiterten 2014. Im Juli 2014 begann die *Hamas* mit intensiven Raketenbeschüssen auf israelische Städte, ein Tunnelsystem reichte teilweise bis in israelische Siedlungen. Israel reagierte mit einer massiven Militäraktion („Operation Protective Edge"). Dank Abwehrraketen *(Iron Dome)* konnten die meisten Raketen abgefangen werden. Vorangegangen waren dem Krieg die Entführung und Tötung von drei israelischen Jugendlichen im Westjordanland. Die Täter standen der *Hamas* nahe, diese bestritt allerdings, für die Morde verantwortlich zu sein. Die israelische Armee marschierte in weite Teile des Westjordanlandes ein und verhaftete einen wesentlichen Teil der dortigen *Hamas*-Führungsriege. Als Racheakt auf die Ermordung der israelischen Jugendlichen entführten und töteten drei junge Israeli Anfang Juli einen palästinensischen Jugendlichen aus einem Jerusalemer Vorort. Die Ursachen für den Gaza-Krieg sind komplex und müssen im Kontext des seit Jahren ungelösten Konfliktes zwischen Israel, der Palästinensischen Autonomiebehörde und der *Hamas* gesehen werden. Am 26. August 2014 kam es zu einem von der ägyptischen Militärregierung vermittelten Waffenstillstand. Laut UN-Angaben kamen 2.000 PalästinenserInnen, darunter mehr als 500 Kinder, ums Leben. Auch sieben israelische Zivilisten, darunter ein Kind, sowie 66 Soldaten zählten zu den Opfern.

Verlegung der US-Botschaft 2017: Sich auf ein 1995 verabschiedetes US-Gesetz berufend, verkündete US-Präsident Donald Trump im Dezember 2017, Jerusalem als Hauptstadt Israels anzuerkennen und die US-Botschaft von Tel Aviv nach Jerusalem zu verlegen. Dieser Schritt wurde nicht nur seitens der PalästinenserInnen – die dadurch den Friedensprozess und ihr Ziel, einen eigenen Staat mit Ost-Jerusalem als Hauptstadt zu errichten, gefährdet sahen – sondern auch seitens zahlreicher arabischer Staaten, der Vereinten Nationen und der Europäischen Union klar verurteilt. Dem ungeachtet verlegte die USA im Mai 2018 einen Teil der US-Botschaft nach Jerusalem. Aus realpolitischen Gründen folgten noch im selben Monat Guatemala und (bis zur Rückverlegung nach Tel Aviv im August 2018) Paraguay. Auch einige weitere Länder, darunter Australien und Brasilien, stellen gegenwärtig Überlegungen an, ihre Botschaft ebenfalls nach Jerusalem zu verlegen (Stand: Jänner 2019).

LITERATUR

MONOGRAPHIEN, BEITRÄGE IN SAMMELBÄNDEN UND ZEITSCHRIFTEN, FORSCHUNGSBERICHTE

Abdelghani, Merah, Mon frère, ce terroriste. Un homme dénonce l'islamisme, Paris 2012.

Abitbol, Michel, La France et l'expansion de la culture française au sein du judaïsme méditerranéen à l'époque colonial, in: Hélène Harter/Antoine Marès/Pierre Melandri/Catherine Nicault (Hg.), Terres promises. Mélanges offertes à André Kaspi, Paris 2008, 443–460.

Achcar, Gilbert, Die Araber und der Holocaust. Der arabisch-israelische Krieg der Geschichtsschreibungen, Hamburg 2012.

Adunka, Evelyn, Antisemitismus in der Zweiten Republik. Ein Überblick anhand einiger ausgewählter Beispiele, in: Heinz P. Wassermann (Hg.), Antisemitismus in Österreich nach 1945. Ergebnisse, Positionen und Perspektiven der Forschung, Innsbruck 2002, 12–65.

Ajar, Emile, Du hast das Leben noch vor dir. Aus dem Französischen von Eugen Helmlé, Berlin 1980.

Alaoui, Mérième, Solidarité: associations et ONG sur le pont pour Ramadan, in: Salamnews 53 (2015), 10–11.

Albrich, Thomas, Fremd und jüdisch. Die osteuropäischen Überlebenden des Holocaust – erste Projektionsziele des Nachkriegsantisemitismus, in: Heinz P. Wassermann (Hg.), Antisemitismus in Österreich nach 1945. Ergebnisse, Positionen und Perspektiven der Forschung, Innsbruck 2002, 66–95.

Alexander, Edward/Bogdanor, Paul (Hg.), The Jewish devide over Israel: Accusers and defenders, New Brunswick, NJ 2006.

Ali, Tariq/Barsamian, David (Hg.), Speaking of Empire and Resistance. Conversations with Tariq Ali, New York-London 2005.

Allali, Jean-Pierre, Les Habits neufs de l'antisémitisme: anatomie d'une angoisse, Paris 2002.

Allen, Christopher, Islamophobia, London 2010.

Allouche, Jean-Luc, Les Juifs d'Algérie, Brüssel 1987.

Allouche-Benayoun, Joëlle/Bensimon, Doris, Les Juifs d'Algérie. Mémoires et identités plurielles, Paris 1998.

American Historical Review (AMR), Vol. 123, Issue 4, October 2018.

Améry, Jean, Der ehrbare Antisemitismus. Die Barrikade vereint mit dem Spießer-Stammtisch gegen den Staat der Juden, in: Die Zeit, 25.07.1969.

Amson, Daniel, De Gaulle et Israël, Paris 1991.
Ansari, Humayun, „The Infidel Within". Muslims in Britain since 1800, London 2004.
Anthony, Andrew, The fallout. How a guilty liberal lost his innocence, London 2007.
Arnold, Sina/König, Jana, Antisemitismus im Kontext von Willkommens- und Ablehnungskultur. Einstellungen Geflüchteter zu Juden, Israel und dem Holocaust, in: Jahrbuch für Antisemitismusforschung 26, Berlin 2017, 303–327.
Arnold, Sina, Das unsichtbare Vorurteil. Antisemitismusdiskurse in der US-amerikanischen Linken nach 9/11, Hamburg 2016.
Arnold, Sina, Die Wahrnehmung des Nahostkonflikts bei Jugendlichen mit palästinensischem bzw. libanesischem Hintergrund und ihr Zusammenhang mit Identitätskonstruktionen, verfasst im Auftrag von amira – Antisemitismus im Kontext von Migration und Rassismus, Berlin 2007.
Aron, Raymond, Zeit des Argwohns. De Gaulle, Israel und die Juden, Frankfurt am Main 1968 (frz. Originalausgabe: De Gaulle, Israël et les Juifs, Paris 1968).
Ash, Timothy Garton, Freie Welt. Europa, Amerika und die Chance der Krise, München/Wien 2004.
Attal, Sylvain, Aux racines du nouvel antisémitisme, in: Revue internationale et stratégique 58, 2 (2005), 57–66.
Attali, Jacques/Houziaux, Alain (Hg.), Israël, les Juifs, l'antisémitisme, Paris 2005.
Aumüller, Jutta, Assimilation. Kontroversen um ein migrationspolitisches Konzept, Bielefeld 2009.
Aviv, Efrat, Antisemitism and anti-Zionism in Turkey from Ottoman Rule to AKP, Oxford 2017.
Badiou, Alain/Hazan, Eric, L'antisémitisme partout. Aujourd'hui en France, Paris 2011.
Bailer-Galanda, Brigitte u.a., Schlussbericht der Historikerkommission der Republik Österreich. Vermögensentzug während der NS-Zeit sowie Rückstellungen und Entschädigungen seit 1945 in Österreich. Zusammenfassungen und Einschätzungen, Wien u.a. 2003.
Bailer-Galanda, Brigitte, Rückstellung, Entschädigung und andere Maßnahmen für Opfer des Nationalsozialismus von 1945 bis zum Washingtoner Abkommen 2001, in: Stefan Karner/Walter M. Iber (Hg.), Schweres Erbe und „Wiedergutmachung". Restitution und Entschädigung in Österreich. Die Bilanz der Regierung Schüssel, Innsbruck 2015, 23–44.
Bailey, Rayna, Immigration and migration, New York 2008.
Bali, Rifat N., Die Wahrnehmung des Holocaust in der Türkei, in: Günther Jikeli/Kim Robin Stoller/Joëlle Allouche-Benayoun (Hg.), Umstrittene Geschichte. Ansichten zum Holocaust unter Muslimen im internationalen Vergleich, Frankfurt am Main 2013, 123–134.
Balibar, Etienne (Hg.), Antisémitisme: l'intolérable chantage. Israël-Palestine, une affaire française?, Paris 2003.
Baram, Daphna, Disenchantment. The Guardian and Israel, Guardian Books 2008.
Barnavi, Elie/Rosenzweig, Luc, La France et Israël. Une affaire passionnelle, Paris 2002.
Becker, Jean-Jacques, Crises et alternances 1974–1995, Paris 1998.

Becker, Matthias J., Analogien der „Vergangenheitsbewältigung". Antiisraelische Projektionen in Leserkommentaren der Die Zeit und des Guardian, Baden-Baden 2018.
Begag, Azouz/Delorme, Christian, Quartiers sensibles, Paris 1994.
Beinhart, Peter, Die amerikanischen Juden und Israel. Was falsch läuft, München 2012.
Beller, Steven, Antisemitismus, Stuttgart 2009.
Benbassa, Esther, Frankreich, in: Elke-Vera Kotowski/Julius H. Schoeps/Hiltrud Wallenborn (Hg.), Handbuch zur Geschichte der Juden in Europa. Band 1. Länder und Regionen, Darmstadt: 2001, 387–418.
Benbassa, Esther, Jude sein nach Gaza. Übersetzt aus dem Französischen von Susanne Buchner-Sabathy, Hamburg 2010 (frz. Originalausgabe: Être Juif après Gaza, Paris 2009).
Benbassa, Esther, Juifs et Musulmans: le modèle républicain renégocié, in: Mouvements 38 (2005), 60–67.
Benbassa, Esther, La souffrance comme identité, Paris 2007.
Benbassa, Esther, Geschichte der Juden in Frankreich, Berlin-Wien 2000.
Benedek, Eran, Britain's Respect Party, The Leftist-Islamist alliance and its attitude towards Israel, in: Jewish Political Studies Review 19 (3–4), 2007, 153–163.
Bensoussan-Bursztein, Daniel, Etude 2011. Le dialogue judéo-musulman en France d'hier à aujourd'hui, in: Regards, Revue du Centre Communautaire Laïc Juif de Bruxelles. Etude annuelle de Regards (01.12.2011), 1–23.
Benz, Wolfgang (Hg.), Islamfeindschaft und ihr Kontext. Dokumentation der Konferenz Feindbild Muslim – Feindbild Jude, Berlin 2009.
Benz, Wolfgang, Erscheinungsformen alltäglicher Judenfeindschaft, in: Monika Schwarz-Friesel/Evyatar Friesel/Jehuda Reinharz (Hg.), Aktueller Antisemitismus – Ein Phänomen der Mitte, Berlin 2010, 15–26.
Benz, Wolfgang/Wetzel, Juliane (Hg.), Antisemitismus und radikaler Islamismus, Essen 2007.
Berek, Mathias, Importierter Antisemitismus? Zum Zusammenhang von Migration, Islam und Antisemitismus in Deutschland, in: Jahrbuch für Antisemitismusforschung 26, Berlin 2017, 327–360.
Bergmann, Werner, Auschwitz zum Trotz. Formen und Funktionen des Antisemitismus in Europa nach 1945, in: Christina von Braun/Eva-Maria Ziege (Hg.), „Das ‚bewegliche' Vorurteil". Aspekte des internationalen Antisemitismus, Würzburg 2004, 117–142.
Bergmann, Werner/Wetzel, Juliane, Manifestations of anti-Semitism in the European Union. First Semester 2002. Synthesis Report, Wien 2003. URL: http://www.hagalil.com/antisemitismus/europa/eu-studie.htm [zuletzt abgerufen am 30.11.2018].
Berman, Judith, Holocaust Commemoration in London and Anglo-Jewish (dis)-unity, in: Journal of Modern Jewish Studies, vol. 3, no. 1 (2004), 51–72.
Berntzen, Lars Erik/Weisskircher, Manès, Anti-Islamic PEGIDA Beyond Germany. Explaning Differences in Mobilisation, in: Journal of Intercultural Studies 37 (2016) 6, 556–573.
Blanchard, Pascal/Veyrat-Masson, Isabelle (Hg.), Les Guerres de mémoires. La France et

son histoire. Enjeux politiques, controverses historiques, stratégies médiatiques, Paris 2008.

Bogdanor, Paul, Ken Livingstone and the myth of Zionist 'collaboration' with the Nazis, in: Fathom, Spring/2017

Bogdanor, Paul, Manifestations of antisemitism in British intellectual and cultural life, in: Alvin H. Rosenfeld (Hg.), Resurgent Antisemitism. Global Perspectives, Bloomington and Indianapolis 2013, 42–64.

Böhler, Ingrid, „Wenn die Juden ein Volk sind, so ist es ein mieses Volk." Die Kreisky-Peter-Wiesenthal-Affäre 1975, in: Michael Gehler/Hubert Sickinger (Hg.), Politische Affären und Skandale in Österreich. Von Mayerling bis Waldheim, Wien 1995, 502–531.

Boniface, Pascal, Est-il permis de critiquer Israël?, Paris 2003.

Boniface, Pascal, La France malade du conflit israélo-palestinien, Paris 2014.

Boubekeur, Amel, L'islam est-il soluble dans le Mecca Cola ? Marché de la culture islamique et nouveaux supports de religiosité en Occident, in: Maghreb Machrek 183 (2005), 45–65.

Boyer, Alain, L'Islam en France, Paris 1998.

Bozay, Kemal u.a., Grauer Wolf im Schafspelz. Rechtsextremismus in der Einwanderungsgesellschaft, hg. v. Volkshilfe Flüchtlings- und MigrantInnenbetreuung Oberösterreich, Grünbach 2012.

Brauman, Rony/Finkielkraut, Alain, La discorde. Israël-Palestine, les Juifs, la France. Conversations avec Élisabeth Lévy, Paris 2008.

Brearley, Margaret, The Anglican Church, Jews and British Multiculturalism, in: Posen Papers in Contemporay Antisemitism, No. 6, hg. v. The Vidal Sassoon International Center for the Study of Antisemitism, Jerusalem 2005.

Brenner, Emmanuel (Hg.), Les Territoires perdus de la République. Antisémitisme, racisme et sexisme en milieu scolaire, Paris 2004.

Brenner, Lenni, Zionism in the Age of the Dictators, Lawrence Hill & Co 1986.

Briganti, Michel/Déchot, André/Gautier, Jean-Paul, La Galaxie Dieudonné. Pour en finir avec les impostures, Paris 2011.

Brunn, Christine, Religion im Fokus der Integrationspolitik. Ein Vergleich zwischen Deutschland, Frankreich und dem Vereinigten Königreich, Wiesbaden 2012.

Bunt, Gary, Rewriting the House of Islam, London 2009.

Bunzl, John/Hafez, Farid, Islamophobie in Österreich, Innsbruck 2009.

Bunzl, Matti, Anti-Semitism and Islamophobia: Hatreds old and new in Europe, Chicago 2007.

Bunzl, Matti, Zwischen Antisemitismus und Islamophobie, in: John Bunzl/Alexandra Senfft (Hg.), Zwischen Antisemitismus und Islamophobie. Vorurteile und Projektionen in Europa und Nahost, Hamburg 2008, 53–74.

Bunzl, Matti, Zwischen Antisemitismus und Islamophobie. Überlegungen zum neuen Europa, in: John Bunzl/Farid Hafez (Hg.), Islamophobie in Österreich, Innsbruck 2009, 34–49.

Camus, Jean-Yves, Holocaust-denial – New Trends of a Pseudo-Scientific Smokescreen of

Anti-Semitism; in: Uwe Backes/Patrick Moreau (Hg.), The Extreme Right in Europe. Current Trends and Perspectives, Göttingen 2011, 243–263.
Camus, Jean-Yves, Jenseits des republikanischen Modells. Antisemitismus in Frankreich, in: Lars Rensmann/Julius H. Schoeps (Hg.), Feindbild Judentum. Antisemitismus in Europa, Berlin 2008, 43–68.
Camus, Jean-Yves, La France, Israël et les juifs français, in: Revue internationale et stratégique 1 (2010), 151–155.
Camus, Jean-Yves, The French Extreme-Right, Anti-Semitism, and Anti-Zionism (1945–2009), in: Holocaust, Study and Research (Holocaust, Studii şi cercetări) 5 (2012), 175–189.
Camus, Jean-Yves, Un conflit instrumentalisé par les communautaristes, in: Revue internationale et stratégique 58, 2 (2005), 78–85.
Cesarani, David, Anti-Zionism in Britain, 1922–2002: Continuities and Discontinuities, in: Jeffrey Herf (Hg.), Anti-Semitism and Anti-Zionism in Historical Perspective. Convergence and Divergence, London/New York 2006, 131–160.
Cherchari, Mohamed Sahia, Indigènes et citoyens ou l'impossible universalisation du suffrage, in: Revue française de droit constitutionnel 4, 60 (2004), 741–770.
Chesler, Phyllis, The New Anti-Semitism. The Current Crisis and What We Must Do About It, San Francisco 2003.
Chevalier, Yves, Les Juifs d'Afrique du Nord. Émigration et intégration. A propos de deux ouvrages de Doris Bensimon-Donath, in: Revue française de sociologie 14, 2 (1973), 271–276.
Chichizola, Jean/Deguine, Hervé, L'affaire Copernic. Les secrets d'un attentat antisémite, Paris 2009.
Chin, Rita, The crises of Multiculturalism in Europe, Princeton 2017.
Cohen, Martine, Les Juifs de France. Modernité et identité, in: Vingtième Siècle. Revue d'histoire 68 (2000), 91–106.
Cohen, Nick, What's left? How liberals lost their way, London 2007.
Cohen, Samy, De Gaulle, les gaullistes et Israël, Paris 1974.
Commission nationale consultative des droits de l'homme, La lutte contre le racisme, l'antisémitisme et la xenophobie. Année 2002–Année 2016, Paris 2003–2017.
Commission nationale consultative des droits de l'homme, Rapport sur la lutte contre le racisme, l'antisémitisme et la xenophobie. Les essentiels. Année 2017, Paris 2018.
Coutau-Bégarie, Hervé, Rezension zu Henry Rousso, Le syndrome de Vichy (1944–1987), in: Politique étrangère 53, 3 (1988).
Dantschke, Claudia, Islamischer Antisemitismus, in: „Vor Antisemitismus ist man nur noch auf dem Monde sicher". Antisemitismus und Antiamerikanismus in Deutschland (= Bulletin. Schriftenreihe des Zentrums Demokratische Kultur 5), Stuttgart 2004.
Dencik, Lars/Marosi, Karl, Different Antisemitism: Perceptions and experiences of antisemitism among Jews in Sweden and across Europe, hg. v. Institute für Jewish Policy Research, London 2017.

Derschowitz, Alan, The Case for Israel, Hoboken, New Jersey 2003.

Dhoquois, Régine, Les thèses négationnistes et la liberté d'expression en France, in: Ethnologie française XXXVI, 1 (2006), 27–33.

Draï, Raphaël, Sous le signe de Sion. L'antisémitisme nouveau est arrivé, Paris 2001.

Dreyfus, Jean-Marc, Eine nie verheilende narzisstische Wunde? Die Kollaboration im französischen Gedächtnis, in: Fritz-Bauer-Institut (Hg.), Grenzenlose Vorurteile. Antisemitismus, Nationalismus und ethnische Konflikte in verschiedenen Kulturen, Frankfurt am Main 2002, 167–188.

Dreyfus, Michel, L'antisémitisme à gauche. Histoire d'un paradoxe de 1830 à nos jours, Paris 2009.

Due Enstad, Johannes, Antisemitic violence in Europe, 2005–2015: Exposure and perpetrators in France, UK, Germany, Sweden, Denmark and Russia, University of Oslo Center for Research on Extremism, Oslo 2017. URL: www.researchgate.net/profile/Johannes_Enstad [zuletzt abgerufen am 30.11.2018].

Druez, Elodie/Mayer, Nonna, Antisemitism and Immigration in Western Europe Today. Is there a connection. The case of France, Berlin 2018.

Ebert, Alice, Frankreichs Umgang mit belasteter Vergangenheit – Die Debatten und Kontroversen um das ‚Kolonialismusgesetz' von 2005, in: Dietmar Hüser (Hg.), Frankreichs Empire schlägt zurück. Gesellschaftswandel, Kolonialdebatten und Migrationskulturen im frühen 21. Jahrhundert, Kassel 2010, 189–216.

Edmiston, William F./Duméniel, Annie, La France contemporaine, Boston 2009.

Edthofer, Julia, Debates on islamized antisemitism in Austria in the wake of the Israel-Gaza conflict 2014, Kantor Center Position Papers 2016. URL: http://kantorcenter.tau.ac.il/sites/default/files/PP%20Austria%20160912.pdf. [zuletzt abgerufen am 30.11.2018]

Edthofer, Julia, Vom antiimperialistischen Antizionismus zur aktuellen Boykottbewegung. Veränderungen und Kontinuitäten des israelbezogenen Antisemitismus in der Wiener autonomen Linken, in: Österreichische Zeitschrift für Soziologie 42 (2017), 407–424.

Eltchaninoff, Michel, À la recherche du nouvel ennemi: Dossier: Existe-t-il une pensée fasciste?, in: Philosophie Magazine 79 (2014), 1–46.

Embacher, Helga, Neubeginn ohne Illusion, Juden in Österreich nach 1945, Wien 1995.

Embacher, Helga, Neuer Antisemitismus in Europa. Historisch vergleichende Überlegungen, in: Moshe Zuckermann (Hg.), Tel Aviver Jahrbuch für deutsche Geschichte XXXIII. Antisemitismus, Antizionismus, Israelkritik, Göttingen 2005, 50–69.

Embacher, Helga/Reiter, Margit, Israelkritik und (neuer) Antisemitismus seit der Zweiten Intifada in Deutschland und Großbritannien im Vergleich, in: Monika Schwarz-Friesel/Evyatar Friesel/Jehuda Reinharz: Aktueller Antisemitismus – ein Phänomen der Mitte, 2010, 187–212.

Embacher, Helga, „A Special Relationship". Der 11. September und seine Folgen in Großbritannien, in: Margit Reiter/Helga Embacher (Hg.), Europa und der 11. September 2001, Wien 2011, 95–102.

Embacher, Helga, Holocaustgedenken und muslimische Identitätspolitik, in: Melanie Dejnega u.a. (Hg.), Politische Gewalt und Machtausübung im 20. Jahrhundert. Zeitgeschichte, Zeitgeschehen und Kontroversen, Wien 2011a, 619–630.

Embacher, Helga, „Free, Free Palestine" – „Boycott Apartheid Israel. Stop the Massacre". Pro-Gaza-Demonstrationen in Großbritannien im Kontext des Gaza-Krieges vom Sommer 2014, in: Chilufim. Zeitschrift für Jüdische Kulturgeschichte 18 (2015), 103–105.

Embacher, Helga, Antisemitismus und Islamfeindlichkeit im 21. Jahrhundert. Österreich und Großbritannien, in: Horst Schreiber u.a. (Hg.), Gaismair-Jahrbuch, Innsbruck 2016, 28–36.

Embacher, Helga, Antisemitismus unter Muslimen und jüdische Perspektiven auf Antisemitismus. Themenfelder im zweiten Bericht des Unabhängigen Expertenkreises Antisemitismus, in: Jahrbuch für Antisemitismusforschung 26, Berlin 2017, 361–394.

Embacher, Helga, Die FPÖ – Israel und Juden, in: Alexandra Weiss/Karin Liebhart (Hg.), Spuren des Widerständigen. Forschung für Emanzipation und Demokratie. Festschrift für Erika Thurner, Innsbruck 2018a, 111–126.

Embacher, Helga, Literatur der Gefühle. Die Widerspiegelung der Waldheim-Affäre in der österreichischen Literatur, in: Moshe Zuckermann (Hg.), Deutsche Geschichte des 20. Jahrhunderts im Spiegel der deutschsprachigen Literatur, Göttingen 2003, 148–166.

Embacher, Helga, „Wiedergutmachungs"-Verhandlungen als Störfaktor des österreichischen Opfermythos, in: Heinz Fischer (Hg.), 100 Jahre Republik: Meilensteine und Wendepunkte in Österreich 1918–2018, Wien 2018b, 249–262.

Emrich, Christin, Interkulturelles Marketing-Management. Erfolgsstrategien – Konzepte – Analysen. Dritte, vollständig überarbeitete und erweiterte Auflage, Wiesbaden 2014.

Endelman, Todd M., The Jews of Britain 1656 to 2000, Berkley/Los Angeles/London 2002.

Ensel, Remco, Conspiracism. Islamic redemptive anti-Semitism and the murder of Theo van Gogh, in: Remco Ensel/Evelien Gans (Hg.), The Holocaust, Israel and 'the Jew'. Histories of Antisemitism in Postwar Dutch Society, Amsterdam 2017, 415–444.

Ensel, Remco/Gans, Evelien (Hg.), The Holocaust, Israel and 'the Jew'. Histories of Antisemitism in Postwar Dutch Society, Amsterdam 2017.

Epstein, Simcha, Anti-Jewish violence in Western countries since 2002: An initial assessment, in: Anti-Semitism International, An Annual Research Journal of the Vidal Sassoon International Center for the Study of Anti-Semitism, Jerusalem 2003, 54–58.

Erker, Linda, Die Rückkehr der „Ehemaligen". Berufliche Reintegration von früheren Nationalsozialisten im akademischen Milieu in Wien nach 1945 und 1955, in: Zeitgeschichte, 44 (2017) 3, 175–192.

Eytan, Freddy, Sarkozy, Le Monde juif et Israël, Paris 2009.

Falter, Matthias, Zwischen Kooperation und Konkurrenz. Die „Ehemaligen" und die Österreichische Volkspartei, in: Zeitgeschichte, 44 (2017) 3, 160–174.

Feldman, David, Antizionismus und Antisemitismus in Großbritannien, in: Jahrbuch für Antisemitismusforschung 23 (2014), 42–49.

Feldman, David, Antisemitismus und Immigration im heutigen Westeuropa. Gibt es einen Zusammenhang? Ergebnisse und Empfehlungen einer Studie aus fünf Ländern, published by Foundation 'Remembrance, Responsibility and Future' (EVZ), Berlin and the Pears Institute, Berlin/London 2018.

Feldman, David/Gidley, Ben, Antisemitism and Immigration in Western Europe Today. Is there a connection? The case of the United Kingdom, published by Foundation 'Remembrance, Responsibility and Future' (EVZ), Berlin and the Pears Institute, Berlin/London 2018.

Ferguson, James, Al-Britannia, My Country: A journey through Muslim Britain, London 2017.

Fine, Robert, Fighting with phantoms: a contribution to the debate on antisemitism in Europe, in: Patterns of Prejudice 43/5 (2009), 238–252.

Fine, Robert/Spencer, Philip, Antisemitism and the Left: On the Return of the Jewish Question, Manchester 2017.

Finkielkraut, Alain, Au nom de l'Autre. Réflexions sur l'antisémitisme qui vient, Paris 2003.

Finkielkraut, Alain, Le Juif imaginaire, Paris 1980.

Fischer, Heinz, Einer im Vordergrund. Taras Borodajkewycz. Dokumente, Berichte, Analysen, Wien 2015.

Foxman, Abraham, History: Never Again? The Threat of the New Anti-Semitism, San Francisco 2003.

François, Etienne, Frankreich und das Vichy-Syndrom, in: Harald Schmid/Justyna Krzymianowska (Hg.), Politische Erinnerung. Geschichte und kollektive Identität, Würzburg 2007, 185–195.

Fraser, Ronnie, Understanding the trade union hostility towards Israel and the consequences for Anglo-Jewry, in: Paul Iganski/Barry Kosmin, A New Antisemitism? Debating Judeophobia in 21st Century Britain, London 2003, 258–266.

Fraser, Ronnie, The academic boycott of Israel is back in the UK, in: The Academic Friends of Israel 7, 6 (2008).

Freedland, Jonathan, Is Anti-Zionism Antisemitism?, in: Paul Iganski/Barry Kosmin, A New Antisemitism? Debating Judeophobia in 21st Century Britain, London 2003, 113–129.

Freitag, Ulrike/Gershoni, Israel (Hg.), Arab Encounters with Fascist Propaganda, Göttingen 2011.

Fresco, Nadine, Fabrication d'un antisémite, Paris 1999.

Gans, Evelien, „Hamas, Hamas, alle Juden ins Gas". Die Geschichte und Bedeutung einer antisemitischen Parole in den Niederlanden von 1945 bis 2010, in: Günther Jikeli/Kim Robin Stoller/Joëlle Allouche-Benayoun (Hg.), Umstrittene Geschichte. Ansichten zum Holocaust unter Muslimen im internationalen Vergleich, Frankfurt am Main 2013, 85–103.

Gans, Evelien, Anti-antisemitischer Enthusiasmus und selektiver Philosemitismus. Gert Wilders, die PVV und die Juden, in: Jahrbuch für Antisemitismusforschung 23 (2014), 93–104.

Gans, Evelien, Epilogue, Instrumentalising and blaming „the Jew", 2011–2016, in: Ensel, Remco/Evelien Gans (Hg.), The Holocaust, Israel and 'the Jew'. Histories of Antisemitism in Postwar Dutch Society, Amsterdam 2017, 499–544.

Gastaut, Yvan, L'immigration et l'opinion en France sous la Vème République, Paris 2000.

Graham, David/Staetsky, L. D./Boyd, Jonathan, Jews in the United Kingdom in 2013: Preliminary findings from the National Jewish Community Survey, edited by Institute for Jewish Policy Research, London 2014.

Gebhart, Richard u.a. (Hg.), Antisemitismus in der Einwanderungsgesellschaft. Beiträge zur kritischen Bildungsarbeit, Weinheim und Basel 2012.

Gehler, Michael, „… eine grotesk überzogene Dämonisierung eines Mannes …". Die Waldheim-Affäre 1986–1992, in: Michael Gehler/Hubert Sickinger (Hg.), Politische Affären und Skandale in Österreich. Von Mayerling bis Waldheim, Wien 1995, 614–665.

Geisser, Vincent/Zemouri, Aziz, Marianne et Allah. Les politiques français face à la „question musulmane", Paris 2007.

Geisser, Vincent, La nouvelle islamophobie, Paris 2003.

Gerstenfeld, Manfred/Trigano, Shmuel (Hg.), Les Habits neufs de l'antisémitisme en Europe, Paris 2004.

Gerstenfeld, Manfred, Jews against Israel, in: Post-Holocaust and Anti-Semitism 30 (2005).

Ghiles-Meilhac, Samuel, Les Juifs de France et la guerre des Six Jours: solidarité avec Israël et affirmation d'une identité politique collective, in: Matériaux pour l'histoire de notre temps 96, 4 (2009), 12–15.

Gidley, Ben, 50 days in the summer: Gaza, political protest and antisemitism in the UK. A sub report commissioned to assist for the All-Party Parliamentary Inquiry Into Antisemitism, December 2014.

Gidley, Ben/Renton, James, Antisemitism and Islamophobia in Europe: A Shared Story? London 2017.

Gilliat-Ray, Sophie, Muslims in Britain. An Introduction, New York 2010.

Gilroy, Paul, After Empire. Melancholia or convivial culture, London 2004.

Gilzmer, Mechthild, „Monuments et mémoire". Frankreich und die Erinnerung an den Zweiten Weltkrieg im Medium Denkmal, in: Eva Dewes/Sandra Duhem (Hg.), Kulturelles Gedächtnis und interkulturelle Rezeption im europäischen Kontext, Berlin 2008, 171–193.

Giniewski, Paul, Antisionisme: le nouvel antisémitisme, Paris 2005.

Glucksmann, André, Hass. Die Rückkehr einer elementaren Gewalt, München 2005.

Goetz, Judith/Winkler, Alexander, „Identitäre Grenzziehungen". Bedeutung und Funktion von Identitätsangeboten im modernisierten Rechtsextremismus (am Beispiel der Identitären), in: Psychologie & Gesellschaftskritik 41, H3 (2017), 63–86.

Goldberg, Amos/Hazan, Haim, Marking Evil. Holocaust Memory in the Global Age, New York-Oxford 2015.

Literatur

Goldnadel, Gilles-William, Le Nouveau Bréviaire de la haine: antisémitisme et antisionisme, Paris 2001.

Goldnadel, Gilles-William, Les Martyrocrates, Paris 2004.

Gordon, Daniel, Juifs et musulmans à Belleville (Paris 20e) entre tolérance et conflit, in: Cahiers de la Méditerranée 67 (2003), 287–298.

Goujon, Anne/Jurasszovich, Sandra/Potančoková, Michaela, ÖIF Forschungsbericht Demographie und Religion in Österreich. Szenarien 2016 bis 2046, Wien 2017. URL: https://www.integrationsfonds.at/fileadmin/content/AT/Fotos/Publikationen/Forschungsbericht/Forschungsbericht__Demographie_und_Religion.pdf [zuletzt abgerufen am 30.11.2018]

Gove, Michael, Celsius 7/7, London 2006.

Grandjean, Geoffrey/Jamin, Jérôme, La concurrence mémorielle, Paris 2011.

Grigat, Stefan (Hg.), AfD & FPÖ. Antisemitismus, völkischer Nationalismus und Geschlechterbilder, Baden-Baden 2017, 103–120.

Grimm, Marc /Bodo Kahmann (Hg.) Antisemitismus im 21. Jahrhundert: Virulenz einer alten Feindschaft in Zeiten von Islamismus und Terror, Berlin 2018.

Güngör, Kenan/Nik Nafs, Caroline, Jugendliche in der offenen Jugendarbeit. Identitäten, Lebenslagen und abwertende Einstellungen, Wien 2016. URL: https://www.wien.gv.at/freizeit/bildungjugend/pdf/studie-1.pdf [zuletzt abgerufen am 30.11.2018].

Gurfinkiel, Michel, L'Islam contemporain et les juifs, Paris 1987.

Güven, Dielek, Der neue Antisemitismus – Kritik an Israel oder Antisemitismus?, in: Jahrbuch für Antisemitismusforschung 23 (2014), 50–56.

Hafez, Farid, Anas Schakfeh. Das österreichische Gesicht des Islams, Wien 2012.

Hafez, Farid, Islamophobie und Antisemitismus – tatsächlich ein umstrittener Vergleich, in: Jahrbuch für Islamophobieforschung 2013, 175–179.

Hafez, Farid, Von der „Verjudung" zur „Islamistenpartei". Neue islamophobe Diskursstrategien der FPÖ im Rahmen des Wiener Wahlkampfs, in: ders. (Hg.), Jahrbuch für Islamophobieforschung 2011. Deutschland, Österreich, Schweiz, Innsbruck 2011, 83–98.

Hafez, Farid, Zwischen Islamophobie und Islamophilie. Die FPÖ und der Islam, in: John Bunzl/ders. (Hg.), Islamophobie in Österreich, Innsbruck 2009, 106–126.

Hajjat, Abdellali, Les comités Palestine (1970–1972). Aux origines du soutien de la cause palestinienne en France, in: Revue d'études palestiniennes (2005), 9–27.

Hanloser, Gerhard, Bundesrepublikanischer Linksradikalismus und Israel – Antifaschismus und Revolutionismus als Tragödie und als Farce, in: Moshe Zuckermann (Hg.), Antisemitismus. Antizionismus. Israelkritik, Tel Aviver Jahrbuch für deutsche Geschichte XXXIII, Göttingen 2005, 181–213.

Harrison, Bernard, The Resurgence of Anti-Semitism: Jews, Israel, and liberal opinion, Lanham, Maryland 2006.

Harrison, Olivia C., Performing Palestine in Contemporary France: Mohamed Rouabhi's Trancolonial Banlieue, in: Modern & Contemporary France 22, 1 (2014), 43–57.

Hasan, Rumy, Dangerous liaisons: The clash between Islamism and Zionism, New Generation Publishing 2013.

Haury, Thomas, „…ziehen die Fäden im Hintergrund". No-Globals, Antisemitismus und Antiamerikanismus, in: Hanno Loewy (Hg.), Gerüchte über die Juden. Antisemitismus, Philosemitismus und aktuelle Verschwörungstheorien, Essen 2005, 69–100.

Haut Conseil à l'intégration, Rapport au premier ministre pour l'année 2010. Les défis de l'intégration à l'école et recommandations du Haut Conseil à l'intégration au premier ministre relatives à l'expression religieuse dans les espaces publics de la République, Paris 2010.

Haziza, Frédéric, Vol au-dessus d'un nid de fachos. Dieudonné, Soral, Ayoub et les autres, Paris 2014.

Hecker, Marc, Intifada française. De l'importation du conflit israélo-palestinien, Paris 2012.

Hecker, Marc, Les groupes pro-israéliens en France: une typologie, in: Politique étrangère 2 (2005), 401–410.

Heine, Susanne/Lohlker, Rüdiger/Potz, Richard, Muslime in Österreich. Geschichte, Lebenswelt, Religion. Grundlagen für den Dialog, Innsbruck 2012.

Heilbronn, Christian / Rabinovici, Doron / Sznaider, Natan (Hg.), Neuer Antisemitismus? Fortsetzung einer globalen Debatte, Frankfurt am Main 2019.

Heinisch, Heiko, Verteidigung der Meinungsfreiheit gegen islamstische Angriffe, in: Gaismair-Jahrbuch 2017, Innsbruck 2016, 37–43.

Herf, Jeffrey, Nazi Propaganda for the Arab World, Yale University Press 2009.

Herf, Jeffrey, The Jewish Enemy: Nazi Propaganda During World War II and the Holocaust, Cambridge, Massachusetts 2006.

Hirsh, David, Contemporary Left Antisemitism, London/New York 2018.

Hirsh, David, Anti-Zionism and Antisemitism: Cosmopolitan Reflections, The Yale Initiative for the Interdisciplinary Study of Antisemitism (YIISA) Working Paper Series #1, New Haven CT (2007).

Hödl, Klaus/Lamprecht, Gerald, Zwischen Kontinuität und Transformation – Antisemitismus im gegenwärtigen medialen Diskurs Österreichs, in: Moshe Zuckermann (Hg.), Antisemitismus Antizionismus Israelkritik. Tel Aviver Jahrbuch für deutsche Geschichte 33, Göttingen 2005, 140–159.

Hoekmann, Gerrit, Zwischen Ölzweig und Kalaschnikow. Geschichte und Politik der palästinensischen Linken, Münster 1999.

Hohenberg, Floriane/Eissens, Ronald/Bronkhorst, Suzette, Antisemitic Incidents in Europe before, during and after the Israel-Gaza conflict. A Report by The International Network Against Cyber Hate (INACH) and the Ligue Internationale contre le Racisme et l' Antisémitisme (LICRA), Amsterdam/Paris 2014.

Holz, Klaus, Nationaler Antisemitismus, Wissenssoziologie einer Weltanschauung, Hamburg 2001.

Holz, Klaus, Neuer Antisemitismus? Wandel und Kontinuität der Judenfeinschaft, in: Dirk Ansorge (Hg.), Antisemitismus in Europa und in der arabischen Welt, Paderborn 2006.

Huber, Barbara, Narrative des Vermeidens – NSDAP-Amtstragende vor Gericht, in: Alexander Pinwinkler/Thomas Weidenholzer (Hg.), Schweigen und Erinnern. Das Problem des Nationalsozialismus, Salzburg 2016, 66–101.

Husain Ed, The Islamist, London 2007.

Hüser, Dietmar (Hg.), Frankreichs Empire schlägt zurück. Gesellschaftswandel, Kolonialdebatten und Migrationskulturen im frühen 21. Jahrhundert, Kassel 2010.

Hüser, Dietmar, Plurales Frankreich in der unteilbaren Republik. Einwürfe und Auswüchse zwischen Vorstadt-Krawallen und Kolonial-Debatten, in: Deutsch-Französisches Institut (Hg.), Frankreich Jahrbuch 2006. Politik und Kommunikation, Wiesbaden 2007, 9–28.

Iganski, Paul/Kosmin, Barry, A New Antisemitism? Debating Judeophobia in 21st Century Britain, London 2003.

Igounet, Valérie, Robert Faurisson. Portrait d'un Négationniste, Paris 2012.

Israeli, Raphael, Muslim Anti-Semitism in Christian Europe. Elemental and Residual Anti-Semitism, New Brunswick 2009.

Jaeger, Kinan/Tophoven, Rolf, Der Nahost-Konflikt. Dokumente, Kommentare, Meinungen, Bonn 2011.

Jandi, Lisa, Vom „roten Gürtel" zum „braunen Gürtel"? Rechtsextremismus in den Pariser Vorstädten, Berlin 2006.

Jikeli, Günther, Antisemitic Attitudes Among Muslims in Europe: A Survey Review, in: Charles Asher Small (Hg.), ISGAP Ocasional Paper Series 1 (2015).

Jikeli, Günther, Antisemitismus und Diskriminierungserfahrungen junger Muslime in Europa. Ergebnisse einer Studie unter jungen muslimischen Männern (= Antisemitismus: Geschichte und Strukturen, Band 7), Essen 2012.

Jikeli, Günther, Einstellungen von Geflüchteten aus Syrien und dem Irak zu Integration, Identität, Juden und Shoah. Forschungsbericht Jewish Committee Berlin, Lawrence & Lee Ramer Institute for German-Jewish Relation, Dezember 2017.

Jikeli, Günther/Stoller, Kim Robin/Allouche-Benayoun, Joëlle (Hg.), Umstrittene Geschichte. Ansichten zum Holocaust unter Muslimen im internationalen Vergleich, Frankfurt am Main 2013.

Johannsen, Margret, Der Nahost-Konflikt, Wiesbaden 2009.

Johannsen, Margret, Im Teufelskreis der Radikalisierung. Die gescheiterte Transformation der Hamas, in: Blätter für deutsche und internationale Politik, September 2014.

Johnson, Alan, Institutionally Antisemitic: Contemporary Left Antisemitism and the British Labour Party, Fathom-Report, März 2019. http://fathomjournal.org/fathom-report-institutionally-antisemitic-contemporary-left-antisemitism-and-the-crisis-in-the-british-labour-party/

Judaken, Jonathan, Holocaust in France, in: Christopher John Murray (Hg.), Encyclopedia of Modern French Thought, New York 2004, 321–324.

Judaken, Jonathan, Rethinking Anti-Semitism. Introduction to the AHR-Roundtable, in: American Historical Review (AMR) 123, 4 (2018), 1122–1138.

Julius, Antony, Trials of the Diaspora. A History of Antisemitism in England, Oxford–New York 2010.

Kahn-Harris, Keith/Gidley, Ben, Turbulent Times: The British Jewish Community Today, New York 2010.

Kahn-Harris, Keith, Uncivil War. The Israel Conflict in the Jewish Community, London 2014.

Kalter, Christoph/Rempe, Martin, La République décolonisée. Wie die Dekolonisierung Frankreich verändert hat, in: Geschichte und Gesellschaft 37, 2 (2011), 157–197.

Kasemir, Gerard, Spätes Ende für „wissenschaftlich" vorgetragenen Antisemitismus. Die Borodajkewycz-Affäre 1965, in: Michael Gehler/Hubert Sickinger (Hg.), Politische Affären und Skandale in Österreich. Von Mayerling bis Waldheim, Wien 1995, 486–501.

Kateb, Kamel, Européens, „indigènes" et juifs en Algérie (1830–1962). Représentations et réalités des populations, Paris 2001.

Katz, Ethan B., Dans l'ombre de la République française: un siècle de coexistence et de conflit, in: Abdelwahab Meddeb/Benjamin Stora (Hg.), Histoire des relations entre juifs et musulmans des origines à nos jours, Paris 2013, 501–514.

Kepel, Gilles, Banlieue de la République. Résumé intégral. Avec la collaboration de Leyla Arslan, Sarah Zouheir, Paris 2011.

Kepel, Gilles, Quatre-vingt-treize. Essai, Paris 2012.

Kepel, Gilles: Die neuen Kreuzzüge. Die arabische Welt und die Zukunft des Westens, München/Zürich 2005.

Keslassy, Eric, Présentation. „Sociologiser" le Proche-Orient pour renforcer la République, in: Frédéric Encel/Keslassy, Eric, Comprendre le Proche-Orient. Une nécessité pour la République, Paris 2005, 17–36.

Khan, Sara, The battle for British Islam. Reclaiming Muslim identity form extremism, Saqi Books 2016.

Khellil, Mohand, Maghrébins de France. De 1960 à nos jours: la naissance d'une communauté, Toulouse 2004.

Kiefer, Michael, Was wissen wir über antisemitische Einstellungen bei muslimischen Jugendlichen, in: Amadeu Antonio Stiftung (Hg.), „Die Juden sind schuld". Antisemitismus in der Einwanderungsgesellschaft am Beispiel muslimisch sozialisierter Milieus, Berlin 2009, 20–23.

Kiefer, Michael, Islamistischer oder islamisierter Antisemitismus?, in: Wolfgang Benz/Juliane Wetzel (Hg.), Antisemitismus und radikaler Islamismus, Essen 2007, 71–84.

Klausen, Jytte, The Islamic Challenge. Politics and Religion in Western Europe, New York 2005.

Klein, Laurent, Les Juifs de France entre fidélité et inquiétude. Qui êtes-vous, Monsieur Sarfati?, in: Études 404, 6 (2006), 752–762.

Kloke, Martin, Israel und die deutsche Linke. Zur Geschichte eines schwierigen Verhältnisses, Frankfurt am Main 1994.

Kloke, Martin, Linker Antisemitismus, in: Wolfgang Benz (Hg.), Handbuch des Antisemitismus. Judenfeindschaft in Geschichte und Gegenwart. Band 3. Begriffe, Theorien, Ideologien, Berlin/New York 2010, 192–195.

Klug, Brian, The Collective Jew: Israel and the New Antisemitism, in: Patterns of Prejudice 37/2 (2003), 117–138.

Klug, Brian, Die Linke und die Juden: Labours Sommer der Bitterkeit, in: Heilbronn, Christian / Rabinovici, Doron / Sznaider, Natan (Hg.), Neuer Antisemitismus? Fortsetzung einer globalen Debatte, Frankfurt am Main 2019, 341–348.

Knobel, Marc, Haine et violences antisémites. Une rétrospective: 2000–2013, Paris 2013.

Knobel, Marc, L'Internet de la haine, Paris 2012.

Knobel, Marc, Le racisme sur l'Internet. Lorsque les prêcheurs de haine se mulitplient sur le Net, in: CNCDH, La lutte contre le racisme, l'antisémitisme et la xénophobie. Année 2011, Paris 2012, 123–137.

Knobel, Marc, Le racisme sur l'Internet. Racisme et antisémitisme sur l'Internet francophone en 2010: la contagion, in: CNCDH, La lutte contre le racisme, l'antisémitisme et la xénophobie. Année 2010, Paris 2011, 141–159.

Kohlstruck, Michael/Ullrich, Peter, Antisemitismus als Problem und Symbol: Phänomene und Interventionen in Berlin (= Berliner Forum Gewaltprävention, Nr. 52), 2. Auflage, Berlin 2015.

Korzilius, Sven, Erinnerungsforderungen von descendants d'esclaves – Berechtigtes Anliegen oder Missbrauch der Geschichte?, in: Dietmar Hüser (Hg.), Frankreichs Empire schlägt zurück. Gesellschaftswandel, Kolonialdebatten und Migrationskulturen im frühen 21. Jahrhundert, Kassel 2010, 217–252.

Krämer, Gudrun, Demokratie im Islam. Der Kampf für Toleranz und Freiheit in der arabischen Welt, München 2011.

Kreisky, Jan, Historische Aspekte des Islam in Österreich. Kontinuitäten und Brüche, in: Alexander Janda/Mathias Vogl (Hg.), Islam in Österreich, Wien 2010, 10–18. URL: https://www.integrationsfonds.at/fileadmin/content/AT/Downloads/Publikationen/Islam_in_OEsterreich.pdf. [zuletzt abgerufen am 30.11.2018]

Kriebaum, Ursula/Sucharipa, Ernst, Das Washingtoner Abkommen. Die österreichische Restitutionsvereinbarung vom 17. Jänner 2001, in: Verena Pawlowsky/Harald Wendelin (Hg.), Die Republik und das NS-Erbe. Raub und Rückgabe. Österreich von 1938 bis heute, Wien 2005, 164–185.

Kropiunigg, Rafael, Eine österreichische Affäre. Der Fall Borodajkewycz, Wien 2015.

Kühberger, Christoph/Neureiter, Herbert, Zum Umgang mit Nationalsozialismus, Holocaust und Erinnerungskultur. Eine quantitative Untersuchung bei Lernenden und Lehrenden an Salzburger Schulen aus geschichtsdidaktischer Perspektive, Schwalbach am Taunus 2017.

Küntzel, Matthias, Djihad und Judenhass. Über den neuen antijüdischen Krieg, Freiburg im Breisgau 2002.

Küntzel, Matthias, Heimliches Einverständnis? Islamischer Antisemitismus und deutsche Politik, Berlin 2008.

Kurz, Robert, Die antideutsche Ideologie. Vom Antifaschismus zum Krisenimperialismus.

Kritik des neuesten linksdeutschen Sektenwesens in seinen theoretischen Propheten, Münster 2003.

Kushner, Tony, Anti-Semitism in Britain: continuity and the absence of a resurgence?, in: Ethnic and Racial Studies 36, 3 (2013), 434–449.

Lacroix, Alexis, Le Socialisme des imbéciles: quand l'antisémitisme redevient de gauche, Paris 2005.

Lagrou, Pieter, Mémoires patriotiques et Occupation nazie. Résistants, requis et déportés en Europe occidentale, 1945–1965, Paris 2003.

Lalieu, Olivier, L'invention du ‚devoir de mémoire', in: Vingtième siècle. Revue d'histoire 69 (2001), 83–94.

Lanzmann, Claude, Der patagonische Hase. Erinnerungen, Deutsch von Barbara Heber-Schärer/Erich Wolfgang Skwara/Claudia Steinitz, Reinbek bei Hamburg 2010.

Lapeyronnie, Didier, Ghetto urbain. Ségrégation, violence, pauvreté en France aujourd'hui, Paris 2008.

Lapeyronnie, Didier, La demande d'antisémitisme. Antisémitisme, racisme et exclusion sociale, in: Les Études du Crif 9 (2005), 1–46.

Laqueur, Walter, Die letzten Tage von Europa. Ein Kontinent verändert sein Gesicht, Berlin 2008.

Laurence, Jonathan, The Emancipation of Europe's Muslims. The state's role in minority integration, Princeton 2012.

Laurence, Jonathan/Vaïsse, Justin, Intégrer l'Islam: la France et ses musulmans, enjeux et réussites, Paris 2007.

Lauß, Georg/Schmid-Heher, Stefan, Politische Bildung an Wiener Berufsschulen. Demokratische und autoritäre Potentiale von Lehrlingen, in: Empirische Einsichten in der Politische Bildung (2017), 95–124.

Leder, Danny, Die Gefahr aus der Vorstadt. Bei Frankreichs Migrantenjugend greift altneuer Judenhass, in: Das Jüdische Echo 55 (2006), 135–145.

Leder, Danny, Die unheimliche Quadratur. Juden, Moslems, Resonanz des Nahostkonflikts und Jugendgewalt in Frankreich, in: Das Jüdische Echo 50 (2001), 195–201.

Leiken, Robert S., Europe's Angry Muslims, Oxford–New York, 2012.

Lerman, Antony, Der neue Antisemitismus, in: Blätter für deutsche und internationale Politik 10 (2002), 1245–1253.

Lerman, Antony, Sense of anti-Semitism, in: Paul Iganski/Barry Kosmin, A New Antisemitism? Debating Judeophobia in 21st Century Britain, London 2003, 54–67.

Lerman, Antony, Antisemitismus in Europa, in: Doron Rabinovici u.a. (Hg.), Neuer Antisemitismus? Eine globale Debatte, Frankfurt am Main 2004, 101–119.

Letzmann, Doerte, Antisemitismus und multikulturelle Gesellschaft. Das Verständnis von Judenfeindschaft in Großbritannien, in: Richard Gebhart u.a. (Hg.), Antisemitismus in der Einwanderungsgesellschaft. Beiträge zur kritischen Bildungsarbeit, Weinheim/Basel 2012, 162–173.

Levy, Daniel/Sznaider, Natan, Memory Unbound: The Holocaust and the Formation of Cosmopolitan Memory, in: Journal of Social Theory 5, 1 (2002), 87–106.

Lévy, Elisabeth/Ménard, Robert, Les Français sont-ils antisémites?, Paris 2009.

Levy, John D. A., The academic boycott and anti-Semitism, in: Paul Iganski/Barry Kosmin (Hg.), A New Antisemitism? Debating Judeophobia in 21st Century Britain, London 2003, 249–257.

Lewis, Philip Young, British and Muslim, London/New York 2007.

Liehr, Günter, Frankreich. Eine Nachbarschaftskunde, Berlin 2007.

Lim, Audrea (Hg.), The Case For Sanctions Against Israel, London 2012.

Lipstadt, Deborah, Der neue Antisemitisus, Berlin 2019.

Loewe, Siegfried, Judaïsme français, in: Bernhard Schmidt/Jürgen Doll/Walther Fekl/Siegfried Loewe/Fritz Taubert (Hg.), Frankreich-Lexikon. Schlüsselbegriffe zu Wirtschaft, Gesellschaft, Politik, Geschichte, Kultur, Presse- und Bildungswesen, Berlin 2006, 540–547.

Lozowick, Yaacov, Right to Exist. A moral defense of Israel's war, New York 2003.

Luther, Kurt Richard, Zwischen unkritischer Selbstdarstellung und bedingungsloser externer Verurteilung. Nazivergangenheit, Antisemitismus und Holocaust im Schrifttum der Freiheitlichen Partei Österreichs, in: Werner Bergmann/Rainer Erb/Albert Lichtblau (Hg.), Schwieriges Erbe. Der Umgang mit Nationalsozialismus und Antisemitismus in Österreich, der DDR und der Bundesrepublik Deutschland, Frankfurt/New York 1995, 138–167.

Malik, Kenan, Fear, indifference and engagement: Rethinking the challenge of anti-Muslim bigotry, in: Farah Elahi/Omar Khan (Hg.), Islamophobia. Still a challenge for us all. 20th-anniversary report, hg. vom Runnymede Trust 2017, 73–77.

Malik, Kenan, From Fatwa to Jihad. The Rushdie Affair and its Legacy, London 2009.

Mandel, Maud S., Muslims and Jews in France. History of a conflict, Princeton 2014.

Margalit, Avishai, The Middle East: Snakes & Ladders, in: New York Review of Books, May 17, 2001, 20–23.

Martiniello, Marco/Sacco, Muriel, Antisemitism and Immigration in Western Europe Today. Is there a connection? The case of Belgium, published by Foundation 'Remembrance, Responsibility and Future' (EVZ), Berlin and the Pears Institute, Berlin-London 2018.

Mauthausen Komitee Österreich, Die FPÖ und der Rechtsextremismus. Lauter Einzelfälle?, Wien 2017.

Mayer, Nonna/Druez, Elodie, Antisemitism and Immigration in Western Europe Today. Is there a connection? The case of France, published by Foundation 'Remembrance, Responsibility and Future' (EVZ), Berlin and the Pears Institute, Berlin/London 2018.

Melzer, Abraham, Die Antisemitenmacher. Wie die Rechte Kritik an der Politik Israels verhindert, Frankfurt am Main 2017.

Miller, Rory,The Jewish Journal of Sociology 45, 1 u. 2 (2003), 51–63.

Ministère de l'éducation nationale, de l'enscignement supérieur et de la recherche. Inspec-

tion générale de l'éducation nationale. Groupe Etablissements et vie scolaire, Les signes et manifestations d'appartenance religieuse dans les ablissements scolaires. Rapport présenté par Jean-Pierre Obin, Paris 2004.

Mişcoiu, Sergiu, De l'antisémitisme foncier à la normalisation stratégique. Le Front National à l'époque de Marine Le Pen, in: Holocaust, Study and Research (Holocaust, Studii şi cercetări) 5 (2012), 190–200.

Tony Mitchell (Hg.), Global Noise, Rap and Hip-hop Outside America, Middletown 2011.

Mitte-Studie: Decker, Oliver/Kiess, Johannes/Brähler, Elmar, Die enthemmte Mitte. Autoritäre und rechtsextreme Einstellung in Deutschland, Leipzig 2016.

Modood, Tariq, Islamophobia and the Muslim struggle for recognition, in: Farah Elahi/Omar Khan (Hg.), Islamophobia. Still a challenge for us all. 20th-anniversary report, herausgegeben vom Runnymede Trust 2017, 66–68.

Möller, Horst, Die Moskauer Außenministerkonferenz 1943. Einleitende Bemerkungen, in: Stefan Karner/Alexander Tschubarjan (Hg.), Die Moskauer Deklaration 1943. „Österreich wieder herstellen", Wien/Köln/Weimar 2015, 25–27.

Muckenhumer, Christian, Von der Allianz zur Dissonanz. Der 11. September 2001, in: Margit Reiter/Helga Embacher (Hg.), Europa und der 11. September 2001, Wien u.a. 2011, 107–135.

Murray, Andrew/German, Lindsey, Stop the War. The story of Britain's biggest mass movement, London 2005.

Nawaz, Maajid, Radical, London 2012.

Nelson, Cary/Noah B. Gabriel, The Case against academic boycotts of Israel, Chicago–New York 2015.

Neugebauer, Wolfgang, Antisemitismus und Rechtsextremismus nach 1945: alte Stereotype – neue Propagandamuster, in: Die Macht der Bilder. Antisemitische Vorurteile und Mythen, hg. v. Jüdischen Museum der Stadt Wien, Wien 1995, 346–359.

Nicosia, Francis R., Zionism and Anti-Semitism in Nazi Germany, Cambridge 2008.

Nielsen, Jørgen S., Muslim Political Participation in Europe, Edinburgh 2013.

Noiriel, Gérard, Immigration, antisémitisme et racisme en France, Paris 2007.

O'Neill, Sean/McGrory, Daniel, The Suicide Factory. Abu Hamza and the Finsbury Park Mosque, London/New York/Toronto/Sydney 2006.

Özkan, Duygu, Erdoğans langer Arm. Sein Einfluss in Österreich und die Folgen, Wien/Graz 2018.

Ozyurek, Esra, Export-import theory and the racialization of antisemitism: Turkish and Arab only prevention programs in Germany, in: Comparative Studies in Society and History, 58 (1), 2018, 40–65.

Pargeter, Alison, Muslim Brotherhood. The Burden of Tradition, London 2010.

Pankowski, Rafal, Die Renaissance des antisemitischen Diskurses in Polen, in: Heilbronn, Christian / Rabinovici, Doron / Sznaider, Natan (Hg.), Neuer Antisemitismus? Fortsetzung einer globalen Debatte, Frankfurt am Main 2019, 310-340.

Peace, Timothy, Muslims and electoral politics in Britain: The case of the Respect Party, in: Jørgen S. Nielsen (Hg.), Muslim Political Participation in Europe, Edinburgh 2014, 321–299.

Pearce, Andy, Holocaust Consciousness in Contemporary Britain, New York 2014.

Peham, Andreas, Die zwei Seiten des Gemeinschaftsdünkels. Zum antisemitischen Gehalt freiheitlicher Identitätspolitik im Wandel, in: Österreichische Zeitschrift für Politikwissenschaft, 39 (2010), 467–481.

Peham, Andreas, Feindbild und Welterklärung. Zur aktuellen Relevanz des Antisemitismus, in: Forschungen zum Nationalsozialismus und dessen Nachwirkungen in Österreich. Festschrift für Brigitte Bailer, hg. v. Dokumentationsarchiv des österreichischen Widerstandes, Wien 2012, 353–367.

Peham, Andreas/Rajal, Elke, Erziehung wozu? Holocaust und Rechtsextremismus in der Schule, in: Jahrbuch 2010, hg. v. Dokumentationsarchiv des österreichischen Widerstandes, Wien 2010, 38–65.

Perchinig, Bernhard, Immigration nach Österreich. Geschichte, Demographie und Politik, in: Frank Baasner (Hg.), Migration und Integration in Europa, Baden-Baden 2010, 97–116.

Peter, Frank, Die Union des Organisations Islamiques de France und die Tradition der Muslimbrüder im Zeitalter der Integrationspolitik, in: Dietrich Reetz (Hg.), Islam in Europa. Religiöses Leben heute. Ein Portrait ausgewählter islamischer Gruppen und Institutionen, Münster 2010, 145–169.

Phillips, Melanie, London: A Leftist Axis of Anti-Semitism, in: Hadassah Magazine, September 4, 2003.

Philipps, Melanie, Londonistan, How Britain is creating a terror state within, London 2006.

Phillips, Melanie, Reflections on Londonistan, in: Melanie Phillips, Robert Wistrich, Isi Leibler (Hg.), Islam, British Society and the Terrorist Threat, Posen Papers in Contemporary Antisemitism, No. 7, The Vidal Sassoon International Center for the Study of Antisemitism, The Hebrew University Jerusalem, 2007, 1–6.

Phillips, Richard, Standing Together: The Muslim Association of Britain and the Anti-war Movement, in: Race & Class 50, 2 (2008), 100–113.

Pickett, Winston, Nasty or Nazi? The Use of Antisemitism, in: Paul Iganski/Barry Kosmin, A New Antisemitism? Debating Judeophobia in 21st century Britain, London 2003, 148–168.

Pinto, Diana, Europa – ein neuer „jüdischer Ort", in: Menorah 10 (1999), 15–34.

Poliakov, Léon, Vom Antizionismus zum Antisemitismus. Mit einem Vorwort von Detlev Claussen und einem Beitrag von Thomas Haury. Aus dem Französischen von Franziska Sick, Elfriede Müller und Michael T. Koltan, Freiburg im Breisgau 1992 (frz. Originalausgabe: De l'antisionisme à l'antisémitisme, Paris 1969).

Pollak, Alexander, Vergangenheit und Reflexion. Konsens- und Streitlinien im Umgang mit der NS-Vergangenheit in Österreich, in: Martin Sabrow/Ralph Jessen/Klaus Große Kracht (Hg.), Zeitgeschichte als Streitgeschichte. Große Kontroversen nach 1945, München 2003, 326–346.

Porat, Dina, Definitionen des Antisemitismus. Kontroversen über den Gegenstandsbereich eines streitbaren Begriffs, in: Marc Grimm/Bodo Kahmann (Hg.) Antisemitismus im 21. Jahrhundert: Virulenz einer alten Feindschaft in Zeiten von Islamismus und Terror, Berlin 2018.

Pras, Bernard/Vaudour-Lagrâce, Catherine, Marketing et Islam. Des principes forts et un environnement complexe, in: Revue française de gestion 171, 2 (2007), 195–223.

Preitschopf, Alexandra, „Nous sommes tous des Palestiniens". Palästina-Solidarität, Antizionismus und Antisemitismus im Zuge der Pro-Gaza-Proteste 2014 in Frankreich, in: Chilufim, Zeitschrift für Jüdische Kulturgeschichte 18 (2015), 39–104.

Preitschopf, Alexandra, „Umkämpfter Raum"? Palästina-Solidarität, Antizionismus und Antisemitismus unter MuslimInnen im zeitgenössischen Frankreich, phil. Diss. Salzburg 2016.

Pulzer, Peter, The new antisemitism, of when is a taboo not a taboo, in: Paul Iganski/Barry Kosmin (Hg.), A New Antisemitism? Debating Judeophobia in 21st century Britain, London 2003, 79–101.

Rabinovici, Doron u.a. (Hg.): Neuer Antisemitismus? Eine globale Debatte, Frankfurt am Main 2004.

Rai, Milan, 7/7. The London Bombings, Islam and the Iraq War, London/Ann Arbor 2006.

Ranan, David, Muslimischer Antisemitismus. Eine Gefahr für den gesellschaftlichen Frieden in Deutschland, Bonn 2018.

Rauchensteiner, Manfried, „Die Zwei". Die Große Koalition 1945–1966 mit einem Ausblick, in: Rolf Steininger/Michael Gehler (Hg.), Österreich im 20. Jahrhundert. Vom Zweiten Weltkrieg bis zur Gegenwart, Wien/Köln/Weimar 1997, 259–304.

Rauscher, Hans, Israel, Europa und der neue Antisemitismus, Wien 2004.

Reiter, Margit, „In unser aller Herzen brennt dieses Urteil". Der Bad Ischler „Milch-Prozeß" von 1947 vor dem amerikanischen Militärgericht, in: Michael Gehler/Hubert Sickinger (Hg.), Politische Affären und Skandale in Österreich. Von Mayerling bis Waldheim, Wien 1995, 323–345.

Reiter, Margit, Antisemitismus in Österreich heute. Kontinuitäten, Transformationen und Verlagerungen, in: Stefanie Schüler-Springorum (Hg.), Jahrbuch für Antisemitismusforschung 23, Berlin 2014, 22–41.

Reiter, Margit, Signaturen des 11. September 2001 in Österreich, in: Margit Reiter/Helga Embacher (Hg.), Europa und der 11. September 2001, Wien/Köln/Weimar 2011, 161–192.

Reiter, Margit, Unter Antisemitismus-Verdacht. Die österreichische Linke und Israel nach der Shoah, Innsbruck 2001.

Reiter, Margit/Embacher, Helga (Hg.), Europa und der 11. September 2001, Wien 2011.

Reynié, Dominique, L'antisémitisme dans l'opinion publique française. Nouveaux éclairages, Paris 2014.

Rich, David, The left's Jewish problem. Jeremy Corbyn, Israel and anti-Semitism, London 2016.

Riddell, Peter, Hug them close. Blair, Clinton, Bush and the „special relationship", London 2004.
Riegler, Thomas, Im Fadenkreuz. Österreich und der Nahostterrorismus 1973 bis 1985, Göttingen 2011.
Röhrlich, Elisabeth, A Century in a Lifetime/Biographical Approaches to Bruno Kreisky (1911–1990), in: Günter Bischof/Fritz Plasser/Eva Maltschnig (Hg.), Austrian Lives, New Orleans 2012, 147–163.
Rondot, Philippe, La France et la Palestine: de Charles de Gaulle à François Mitterrand, in: L'Afrique et l'Asie modernes 161 (1989), 77–94.
Rosenbaum, Alexis, L'antisémitisme, Levallois-Perret 2014.
Rotter, Gernot/Fathi, Schirin, Nahostlexikon. Der israelisch-palästinensische Konflikt von A–Z, Heidelberg 2001.
Rousso, Henry, Le syndrome de Vichy (1944–1987), Paris 1987.
Roy, Oliver, Der islamische Weg nach Westen. Globalisierung, Entwurzelung, Radikalisierung, München 2006.
Roy, Olivier, The Challenges of Euro-Islam, in: Adam Garfinkle (Hg.), A Practical Guide to Winning the War on Terrorism, Hoover Institution, Stanford 2004, 77–88.
Rufin, Jean-Christophe, Chantier sur la lutte contre le racisme et l'antisémitisme, Paris 2004.
Rushdie, Salman, Joseph Anton. A Memoir, New York 2012.
Ruthner, Clemens/Scheer, Tamara (Hg.), Bosnien-Herzegowina und Österreich-Ungarn, 1878–1918. Annäherungen an eine Kolonie, Tübingen 2018.
Ruthven, Malise, Satanic Affair: Salman Rushdie and the rage of Islam, London 1991.
Rybak, Jan, „Unheilige Allianzen". Antisemitismus und Projektionsbedürfnisse im Kontext der Gaza-Protestbewegung in Deutschland, in: Chilufim. Zeitschrift für Jüdische Kulturgeschichte 18 (2015), 151–200.
Salzborn, Samuel, Globaler Antisemitismus. Eine Spurensuche in den Abgründen der Moderne, Weinheim/Basel 2018.
Salzborn, Samuel/Voigt, Sebastian, Die Linkspartei zwischen antizionistischen Antisemitismus und dem Streben nach Regierungsfähigkeit, in: Zeitschrift für Politik 58, 3 (2011), 241–366.
Schäfer, Isabel/Schmid, Dorothée, L'Allemagne, la France et le conflit israélo-palestinien, in: Politique étrangère 2 (2005), 411–422.
Schiedel, Heribert, Rechtsextreme auf Pilgerreise, in: Zwischenwelten 4 (2011), 7–10.
Schiedel, Heribert, „National und liberal verträgt sich nicht". Zum rechtsextremen Charakter der FPÖ, in: Rechtsextremismus. Entwicklungen und Analysen, hg. von der Forschungsgruppe Ideologien und Politiken der Ungleichheit, Wien 2014, 113–145.
Schiedel, Heribert/Neugebauer, Wolfgang, Jörg Haider, die FPÖ und der Antisemitismus, in: Anton Pelinka/Ruth Wodak (Hg.), „Dreck am Stecken". Politik der Ausgrenzung, Wien 2002, 11–32.
Schiedel, Heribert, Antisemitismus und völkische Ideologie. Ist die FPÖ eine rechtsextreme

Partei?, in: Stefan Grigat (Hg.), AfD & FPÖ. Antisemitismus, völkischer Nationalismus und Geschlechterbilder, Baden-Baden 2017, 103–120.

Schiffauer, Werner, Nach dem Islamismus. Die Islamische Gemeinschaft Milli Görüş. Eine Ethnographie, Frankfurt am Main 2010.

Schlachter, Birgit, „Schreibweisen der Abwesenheit": jüdisch-französische Literatur nach der Shoah, Köln 2006.

Schmid, Harald, Europäisierung des Auschwitzgedenkens? Zum Aufstieg des 27. Jänner 1945 als „Holocaustgedenktag" in Europa, in: Jan Eckel/Claudia Moisel, Universalisierung des Holocaust. Erinnerungskultur und Geschichtspolitik in internationaler Perspektiv, Göttingen 2008.

Schmidinger, Thomas, Wie sicher ist Wien für Juden?, in: LIGA – Das Magazin der Österreichischen Liga für Menschenrechte 3/2010, 27.

Schmidinger, Thomas, Zur Islamisierung des Antisemitismus, in: Jahrbuch 2008, hg. v. Dokumentationsarchiv des österreichischen Widerstandes, Wien u.a. 2008, 103–139.

Schmidinger, Thomas/Larise, Dunja, Zwischen Gottesstaat und Demokratie. Handbuch des politischen Islam, Wien 2008.

Schmoller, Andreas, Vergangenheit, die nicht vergeht. Das Gedächtnis der Shoah in Frankreich seit 1945 im Medium Film, Innsbruck/Wien 2010.

Schnapp, Alain/Vidal-Naquet, Pierre, Journal de la commune étudiante: textes et documents, novembre 1967 – juin 1968, Paris 1969.

Schnapper, Dominique, La communauté des citoyens, Paris 1994.

Schnapper, Dominique/Bordes-Benayoun, Chantal/Raphaël, Freddy, La condition juive en France. La tentation de l'entre-soi, Paris 2009.

Schroeter, Daniel J., „Islamic Anti-Semitism" in historical discourse, in: American Historical Review (AMR) 123, 4 (2018), 1172-1189.

Schwarz-Friesel, Monika/Friesel, Evyatar/Reinharz, Jehuda (Hg.), Aktueller Antisemitismus – Ein Phänomen der Mitte, Berlin 2010.

Segev, Tom, One Palestine, complete. Jews and Arabs under the British Mandate, New York 2000.

Segré, Ivan, La Réaction philosémite, Paris 2009.

Shavit, Uriya, The new imagined community: Advanced media technologies and the construction of national and Muslim identities of migrants, Brighton 2009.

Shindler, Colin, A History of Modern Israel, New York 2013.

Silverman, Maxim, Deconstructing the Nation. Immigration, racism and citizenship in modern France, New York 2003.

Silverstein, Paul A., Der Zusammenhang von Antisemitismus und Islamophobie in Frankreich, in: John Bunzl/Alexandra Senfft (Hg.), Zwischen Antisemitismus und Islamophobie. Vorurteile und Projektionen in Europa und Nahost, Hamburg 2009, 88–119.

Simon, Patrick, La société partagée. Relations interethniques et interclasses dans un quartier en rénovation. Belleville, Paris XXe, in: Cahiers internationaux de sociologie XCVIII (1995), 161–190.

Simon, Patrick/Tapia, Claude, Le Belleville des juifs tunisiens, Paris 1998.

Skovgaard-Petersen, Jakob/Gräf, Bettina (Hg.), Global Mufti. The Phenomenon of Yusuf al-Qaradawi, London 2009.

SOS Mitmensch, Unterstützung von Antisemitismus durch die FPÖ. Erhebung für die Jahre 2008 bis 2017, Wien 2018. URL: https://www2.sosmitmensch.at/dl/KNkMJKJKmlKJqx-4KJK/SOS_Mitmensch_Studie_FPOE_Antisemitismus_Februar2018.pdf [zuletzt abgerufen am 30.11.2018].

SPCJ, Service de Protection de la Communauté Juive, Rapport sur l'antisémitisme en France 2014, Paris 2015.

Spencer, Philip/di Palma, Sara Valentina, Antisemitismus und der politische Umgang mit dem Holocaust-Gedenktag in Großbritannien und Italien, in: Günther Jikeli/Kim Robin Stoller/Joëlle Allouche-Benayoun (Hg.), Umstrittene Geschichte. Ansichten zum Holocaust unter Muslimen im internationalen Vergleich, Frankfurt am Main 2013, 135–154.

Stadlbauer, Johanna, Jugend, Migration und Antisemitismus. Präventive Arbeit zu menschenfeindlichen Haltungen, hg. v. Verein Jukus, Graz 2017. URL: https://www.jukus.at/sites/default/files/uploads/broschuere_web.pdf [zuletzt abgerufen am 30.11.2018].

Staetsky, Daniel, Antisemitism in contemporary Great Britain: A study of attitudes towards Jews and Israel. Institute for Jewish Policy Research, September 2017.

Stein, Timo, Mal links, mal rechts, mal islamistisch gefärbt: Israelkritik als Türöffner für das antisemitische Stereotyp, in: Ralf Altenhof/Sarah Bunk/Melanie Piepenschneider (Hg.), Politischer Extremismus im Vergleich. Beiträge zur Politischen Bildung, Berlin 2017, 343–357.

Steininger, Rolf, 15. Mai 1955. Der Staatsvertrag, in: ders./Michael Gehler (Hg.), Österreich im 20. Jahrhundert. Vom Zweiten Weltkrieg bis zur Gegenwart, Wien/Köln/Weimar 1997, 217–258.

Stender, Wolfram, Konstellationen des Antisemitismus, in: Wolfram Stender/Guido Follert/Mihri Özdogan (Hg.), Konstellationen des Antisemitismus. Antisemitismusforschung und sozialpädagogische Praxis, Wiesbaden 2010, 7–38.

Stern, Frank, Im Anfang war Auschwitz. Antisemitismus und Philosemitismus im deutschen Nachkrieg, Gerlingen 1991.

Stremmelaar, Annemarike/Lucassen, Leo, Antisemitism and Immigration in Western Europe Today. Is there a connection? The case of the Netherlands, published by Foundation 'Remembrance, Responsibility and Future' (EVZ), Berlin and the Pears Institute, Berlin/London 2018.

Stögner, Karin, Economic Crisis and Blaming You Know Who. Antisemitism and Nationalism in Austria, in: Study of Antisemitism 3, 2 (2012), 711–729.

Stone, Dan, Day of Remembrance or Day of Forgetting? Or, Why Britain Does Not Need a Holocaust Memorial Day, in: Patterns of Prejudice 34, 4 (2000), 53–59.

Stora, Benjamin, Le décret Crémieux, in: Abdelwahab Meddeb/Benjamin Stora (Hg.), Histoire des relations entre juifs et musulmans des origines à nos jours, Paris 2013, 288–293.

Stora, Benjamin, Les Trois Exils – Juifs d'Algérie, Paris 2006.
Sturm-Martin, Imke, Zuwanderungspolitik in Großbritannien und Frankreich. Ein historischer Vergleich (1945–1962), Frankfurt am Main 2001.
Szyszkowitz, Tessa, Echte Engländer. Britannien und der Brexit, Wien 2018.
Taguieff, Pierre-André, Court traité de complotologie, Paris 2013.
Taguieff, Pierre-André, La Judéophobie des Modernes. Des Lumières au Jihad mondial, Paris 2008.
Taguieff, Pierre-André, La Nouvelle Judéophobie, Paris 2002.
Taguieff, Pierre-André, La nouvelle propagande anti-juive. Du symbole al-Dura aux rumeurs de Gaza, Paris 2010.
Tapia, Claude, North African Jews in Belleville, in: The Jewish journal of sociology 16 (1974), 5–23.
Taschwer, Klaus, Hochburg des Antisemitismus. Der Niedergang der Universität Wien im 20. Jahrhundert, Wien 2015.
Tel Aviver Jahrbuch für deutsche Geschichte, Antisemitismus-Antizionismus-Israelkritik, 39 (2009).
Timm, Angelika, 100 Dokumente aus 100 Jahren. Teilungspläne, Regelungsoptionen und Friedensinitiativen im israelisch-palästinensischen Konflikt (1917–2017), Berlin 2017.
Tony Judt, Israel, Die Alternative, in: Blätter für deutsche und internationale Politik 12 (2003), 1472–1479.
Trigano, Shmuel, La Démission de la République. Juifs et Musulmans en France, Paris 2003.
Tür, Özlem, Turkey and Israel in the 2000s. From Cooperation to Conflict, in: Israel Studies, 17, 3 (2012), 45–66.
UEB, Bericht des Unabhängigen Expertenkreises Antisemitismus, 07.04.2017, Deutscher Bundestag, Drucksache 18/11970.
Ullrich, Peter, Antisemitismus, Antizionismus und Kritik an Israel in Deutschland. Dynamiken eines diskursiven Feldes, in: Stefanie Schüler-Springorum (Hg.), Jahrbuch für Antisemitismusforschung 23, Berlin 2014, 105–120.
Ullrich, Peter, Deutsche, Linke und der Nahostkonflikt. Politik im Antisemitismus- und Erinnerungsdiskurs, Göttingen 2013.
Ullrich, Peter, Die Linke, Israel und Palästina. Nahostdiskurse in Großbritannien und Deutschland (Texte/Rosa-Luxemburg-Stiftung 48), Berlin 2008.
Ullrich, Peter, Deutsche, Linke und der Nahostkonflikt. Politik im Antisemitismus- und Erinnerungsdiskurs, Göttingen 2013.
Ullrich, Peter/Alban, Werner, Ist „DIE LINKE" antisemitisch? Über Grauzonen der „Israelkritik" und ihre Kritiker, in: Zeitschrift für Politik 58, 3 (2011), 424–441.
Valchars, Gerd, Defizitäre Demokratie. Staatsbürgerschaft und Wahlrecht im Einwanderungsland Österreich, Wien 2006.
Verosta, Stephan, Die internationale Stellung Österreichs. Eine Sammlung von Erklärungen und Verträgen aus den Jahren 1938 bis 1947, Wien 1947.

Vettenburg, Nicole u.a. (Hg.), Being Young in Brussels. Findings from the Brussels JOP-Monitor, Leuven 2011.

Vidino, Lorenzo, The Muslim Brotherhood in Austria, Wien 2017. URL: https://extremism.gwu.edu/sites/g/files/zaxdzs2191/f/MB%20in%20Austria-%20Print.pdf. [zuletzt abgerufen am 30.11.2018].

Vidino, Lorenzo, The New Muslim Brotherhood in the West, New York 2010.

Vogel, Wolfram, Die Migration im Hintergrund. Strukturen und Interaktionspolitik in Deutschland, in: Frank Baasner (Hg.), Migration und Integration in Europa, Baden-Baden 2010, 43–56.

Volkov, Shulamit, Antisemitismus als kultureller Code. Zehn Essays, München 2000.

Volkov, Shulamit, Readjusting Cultural Codes: Reflections on Anti-Semitism and Anti-Zionism, in: The Journal of Israeli History 25, 1 (2006), 51–62.

Wagner, Michaela, „Österreich zuerst!" Berichterstattung über Flüchtlinge aus dem ehemaligen Jugoslawien und über das Ausländervolksbegehren, in: Anna Olshevska (Hg.), Migrationen und Migranten Bochum 2007, 85–102.

Wassermann, Heinz P., Antisemitismus in Österreich nach 1945: Ergebnisse, Positionen und Perspektiven der Forschung, Innsbruck 2002.

Weidinger, Bernhard, „Im nationalen Abwehrkampf der Grenzlanddeutschen". Akademische Burschenschaften und Politik in Österreich nach 1945, Wien/Köln/Weimar 2015.

Weil, Patrick, Histoire et mémoire des discriminations en matière de nationalité française, in: Vingtième Siècle. Revue d'histoire 4, 84 (2004), 5–22.

Weil, Patrick, La France et ses étrangers. L'aventure d'une politique de l'immigration de 1938 à nos jours, Paris 2005.

Weill, Nicolas, La République et les antisémites, Paris 2004.

Weill-Raynal, Guillaume, Une haine imaginaire? Contre-enquête sur le „nouvel antisémitisme", Paris 2005.

Weiss, Hilde, Nation und Toleranz? Empirische Studien zu nationalen Identitäten in Österreich, Wien 2004.

Weiss, Yfaat/Gorlik, Lena, Die russisch-jüdische Zuwanderung, in: Michael Brenner(Hg.), Geschichte der Juden in Deutschland von 1945 bis zur Gegenwart. Politik, Kultur und Gesellschaft, München 2012, 379–418.

Wetzel, Juliane, Bedient Die Aula antisemitische Stereotype?, 2018. URL: https://www2.sosmitmensch.at/dl/OqKoJKJKmkOJqx4kJK/Juliane_Wetzerl_Aula-Gutachten_Antisemitismus_Februar2018_.pdf. [zuletzt abgerufen am 30.11.2018].

Wetzel, Juliane, Politische Reaktionen gegen Antisemitismus, in: Wolfgang Benz/Juliane Wetzel (Hg.), Antisemitismus und radikaler Islamismus, Essen 2007, 173–184.

Wetzel, Juliane, „Informierter Verdacht". Antisemitismus unter Muslimen in Deutschland als empirisches Problem und mediale Zuschreibung, in: Richard Gebhart u.a. (Hg.), Antisemitismus in der Einwanderungsgesellschaft. Beiträge zur kritischen Bildungsarbeit, Weinheim/Basel 2012, 29–43.

Whine, Michael, Antisemitism in the Streets, in: Barry Kosmin/Paul Iganski (Hg.), A New

Antisemitism? Debating Judeophobia in 21st Century in Britain, London 2003, 23–37.
Wien, Peter, Arabs and Fascism: Empirical and Theoretical Perspectives, in: Die Welt des Islams 52 (1), 2012, 331–350.
Wieviorka, Michel, La tentation antisémite. Haine des Juifs dans la France d'aujourd'hui, Paris 2005.
Wieviorka, Michel, L'antisémitisme est-il de retour?, Paris 2008.
Winock, Michel, Das Jahrhundert der Intellektuellen. Aus dem Französischen von Judith Klein, Konstanz 2003.
Winock, Michel, La France et les Juifs. De 1789 à nos jours, Paris 2004.
Winter, Bronwyn, Walking the Middle of the Peace Road? The Emergence of JCall in France, in: Modern & Contemporary France 22, 1 (2014), 7–27.
Wirth, Maria/Röhrlich, Elisabeth, „Für ein modernes Österreich". Die Ära Kreisky (1970–1983), in: Heinz Fischer (Hg.), 100 Jahre Republik: Meilensteine und Wendepunkte in Österreich 1918–2018, Wien 2018, 190–202.
Wistrich, Robert S., Antisemitism embedded in British culture, in: JCPA Post Holocaust-Antisemitism 70, 28 (2008).
Wistrich, Robert S., Anti-Zionist Connections: Communism, Radical Islam, and the Left, in: Alvin H. Rosenfeld (Hg.), Resurgent antisemitism. Global perspectives, Bloomington/Indianapolis 2013, 402–423.
Wistrich, Robert, A Lethal Obsession. Anti-Semitism from Antiquity to the Global Jihad, New York 2010.
Wistrich, Robert, S., Muslims, Jews and September 11: "The British Case", in: Barry Kosmin/Paul Iganski (Hg.), A New Antisemitism? Debating Judeophobia in 21st Century in Britain, London 2003, 169–191.
Wodak, Ruth u.a., „Wir sind alle unschuldige Täter!" Diskurshistorische Studien zum Nachkriegsantisemitismus, Frankfurt am Main 1990.
Wolffsohn, Michael, Israel. Geschichte, Politik, Gesellschaft, Wirtschaft, Wiesbaden 2007.
Yaqoob, Salma, British Islamic Political Radicalism, in: Abbas Tahir (Hg.), Islamic Political Radicalism. A European Perspective, Edinburgh 2007, 279–294.
Ye'or, Bat, Eurabia, The Euro-Arab Axis, New Jersey 2005.
Zalfen, Sarah, „Sera un opéra moderne et populaire". Der Bau der Opéra de la Bastille als Prozess der Neuverhandlung des kulturellen Selbstverständnisses von Staat und Nation, in: Deutsch-Französisches Institut Ludwigsburg (Hg.), Kulturnation Frankreich? Die kulturelle Dimension des gesellschaftlichen Wandels (= Frankreich Jahrbuch 2011), Wiesbaden 2012, 99–116.
Zammit, Nasser, Palestine-Israël et les violations du droit international, Paris 2014.
Zimmermann, Moshe, Im Arsenal des Antisemitismus, in: Doron Rabinovici u.a. (Hg.), Neuer Antisemitismus? Eine globale Debatte, Frankfurt am Main 2004, 294–310.

WEITERE QUELLEN (MEINUNGSUMFRAGEN, BERICHTE ETC.)

ADL, The ADL GLOBAL 100: An index of Anti-Semitism,URL: www.adl.org/adl-global-100 [zuletzt abgerufen am 30.11.2018].

ADL, Attitudes Toward Jews, Israel and the Palestinian-Israeli Conflict in Ten European Countries, 2004,URL: http://www.observatorioreligion.es/upload/25/27/Attitudes_Toward_ Jews_Israel_and_the_Palestinian-Israeli_Conflict_in_Ten_European_Countries_2004. pdf [zuletzt abgerufen am 10.01.2019].

Allocution de M. Jacques CHIRAC Président de la République prononcée lors des cérémonies commémorant la grande rafle des 16 et 17 juillet 1942 (Paris), Paris 16.07.1995, URL: http://www.jacqueschirac-asso.fr/archives-elysee.fr/elysee/elysee.fr/francais/interventions/discours_et_declarations/1995/juillet/fi003812.html [zuletzt abgerufen am 29.12.2018].

American Jewish Joint Distribution Committee (Hg.), Fourth Survey of European Community Leaders, November 2018.

Annual Antisemitism Barometer 2015, Full Report, hg. v. Campaign Against Antisemitism, London 2015, URL: antisemitism.uk/wp-content/uploads/2016/07/Annual-Antisemitism-Barometer-2015.pdf [zuletzt abgerufen am 30.11.2018].

Boycott Anti-Semitism, URL: https://de-de.facebook.com/boycottantisemitism/ [zuletzt abgerufen am 30.11.2018].

Chakrabarti, Shami, Report: the Shami Chakrabarti Inquiry, June 2018.

EUMC, Manifestations of Antisemitism in the EU 2002–2003. Based on information by the National Focal Points of the RAXEN Information Network, Wien 2004, URL: fra.europa. eu/sites/default/files/fra_uploads/184-AS-Main-report.pdf. [zuletzt abgerufen am 30.11.2018].

FRA 2013, Discrimination and hate crimes against Jews in EU-Member States: experiences and perceptions of antisemitism, URL: http://fra.eu/en/publication/2013/discrimination-and-hate-crime-against-jews-eu-member-states-experiences-and. [zuletzt abgerufen am 30.11.2018].

FRA, European Union Agency for Fundamental Rights, Antisemitism. Overview of data available in the European Union 2006–2016, 2017, URL: http://fra.europa.eu/sites/default/files/fra_uploads/fra-2017-antisemitism-update-2006-2016_en.pdf [zuletzt abgerufen am 30.11.2018].

FRA, European Union Agency for Fundamental Rights, Experiences and perceptions of antisemitism. Second survey on discrimination and hate crimes against Jews in the EU, 2018, URL: https://fra.europa.eu/en/publication/2018/2nd-survey-discrimination-hate-crime-against-jews [zuletzt abgerufen am 05.01.2019].

Fourth Survey of European Jewish Community Leaders and Professionals (2018), herausgegeben vom International Centre for Community Development of the American Jewish Joint Distribution Committee, or JDC, URL: www.jdc-iccd.org/publications/fourth-european-jewish-leaders-survey-2018 [zuletzt abgerufen am 13.01.2019].

Forum gegen Antisemitismus, Antisemitismusbericht 2015, URL: https://www.fga-wien.at/statistiken-berichte/ [zuletzt abgerufen am 30.11.2018].

Forum gegen Antisemitismus, Antisemitismusbericht 2016, URL: https://www.fga-wien.at/statistiken-berichte/ [zuletzt abgerufen am 30.11.2018].

Forum gegen Antisemitismus, Antisemitismusbericht 2017, URL: https://www.fga-wien.at/statistiken-berichte/ [zuletzt abgerufen am 30.11.2018].

Greene, Richard Allen, CNN poll: Anti-Semitism in Europe, URL: http://edition.cnn.com/interactive/2018/11/europe/antisemitism-poll-2018-intl/ [zuletzt abgerufen am 30.11.2018].

GlobeScan, A GlobeScan Poll for the BBC 2013, URL: http://www.globescan.com/images/images/pressreleases/bbc2013_country_ratings/2013_country_rating_poll_bbc_globescan.pdf [zuletzt abgerufen am 24.03.2018].

House of Commons, Home Affairs Committee, Antisemitism in the UK, Tenth Report of Session 2016–17, Report, together with formal minutes relating to the report. Ordered by the House of Commons to be printed 13 October 20.

Kantor Center for the Study of Contemporary European Jewry, Antisemitism Worldwide 2017, URL: http://kantorcenter.tau.ac.il/event/antisemitism-worldwide-general-analysis-2017-published. [zuletzt abgerufen am 30.11.2018].

Pew Research Center 2015 Global Attitudes and Trends (2011, 2014, 2015, 2016), URL: www.pewglobal.org. [zuletzt abgerufen am 30.11.2018].

Présentation du CRIF, in: Crif.org, URL: http://www.crif.org/crif/pr%C3%A9sentation-du-crif/27328 [zuletzt abgerufen am 07.04.2015].

Verfassungsschutzbericht 2004, hg. v. Bundesamt für Verfassungsschutz und Terrorismusbekämpfung, Bundesministerium für Inneres, Wien 2004, URL: http://bvt.bmi.gv.at/401/files/Verfassungsschutzbericht2004Berichtszeitraum2003.pdf [zuletzt abgerufen am 30.11.2018].

Verfassungsschutzbericht 2013, hg. vom Bundesamt für Verfassungsschutz und Terrorismusbekämpfung, Bundesministerium für Inneres, Wien 2013, URL: http://bvt.bmi.gv.at/401/files/Verfassungsschutzbericht2013Berichtszeitraum2012.pdf [zuletzt abgerufen am 30.11.2018].

Verfassungsschutzbericht 2014, hg. vom Bundesamt für Verfassungsschutz und Terrorismusbekämpfung, Bundesministerium für Inneres, Wien 2014, URL: http://bvt.bmi.gv.at/401/files/Verfassungsschutzbericht2014Berichtszeitraum2013.pdf [zuletzt abgerufen am 30.11.2018].

Verfassungsschutzbericht 2015, hg. vom Bundesamt für Verfassungsschutz und Terrorismusbekämpfung, Bundesministerium für Inneres, Wien 2016, URL: http://bvt.bmi.gv.at/401/files/Verfassungsschutzbericht2015.pdf [zuletzt abgerufen am 30.11.2018].

Verfassungsschutzbericht 2016, hg. vom Bundesamt für Verfassungsschutz und Terrorismusbekämpfung, Bundesministerium für Inneres, Wien 2017, URL: http://bvt.bmi.gv.at/401/files/Verfassungsschutzbericht2016.pdf [zuletzt abgerufen am 30.11.2018].

Verfassungsschutzbericht 2016, hg. vom Bundesamt für Verfassungsschutz und Terrorismusbekämpfung, Bundesministerium für Inneres, Wien 2018, URL: http://bvt.bmi.gv.at/401/files/Verfassungsschutzbericht2017.pdf [zuletzt abgerufen am 30.11.2018].

Zivilcourage und Anti-Rassismus-Arbeit, Rassismus-Report 2010. Einzelfall-Bericht über rassistische Übergriffe und Strukturen in Österreich, Wien 2011, URL: https://www.zara.or.at/_doc/2011/Zara_RassismusReport_2010.pdf [zuletzt abgerufen am 30.11.2018].

Zivilcourage und Anti-Rassismus-Arbeit, Rassismus-Report 2013. Einzelfall-Bericht über rassistische Übergriffe und Strukturen in Österreich, Wien 2014, URL: https://www.zara.or.at/_wp/wp-content/uploads/2014/03/ZARA_RR_2013_webversion_fin2.pdf [zuletzt abgerufen am 30.11.2018].

Zivilcourage und Anti-Rassismus-Arbeit, Rassismus-Report 2014. Einzelfall-Bericht über rassistische Übergriffe und Strukturen in Österreich, Wien 2015, URL: https://www.zara.or.at/_wp/wp-content/uploads/2015/03/Zara_RR14_web_fin.pdf [zuletzt abgerufen am 30.11.2018].

Zivilcourage und Anti-Rassismus-Arbeit, Rassismus-Report 2015. Einzelfall-Bericht über rassistische Übergriffe und Strukturen in Österreich, Wien 2016, URL: https://www.zara.or.at/_wp/wp-content/uploads/2016/03/ZARA_Rassismus_Report_2015_web_fin.pdf [zuletzt abgerufen am 30.11.2018].

Zivilcourage und Anti-Rassismus-Arbeit, Rassismus-Report 2016. Einzelfall-Bericht über rassistische Übergriffe und Strukturen in Österreich, Wien 2017, URL: https://www.zara.or.at/_wp/wp-content/uploads/2017/03/ZARA_Rassismus_Report_2016_web_fin.pdf [zuletzt abgerufen am 30.11.2018].

Zivilcourage und Anti-Rassismus-Arbeit, Rassismus-Report 2017. Einzelfall-Bericht über rassistische Übergriffe und Strukturen in Österreich, Wien 2018, URL: https://www.zara.or.at/_wp/wp-content/uploads/2018/03/ZARA_Rassismus_Report2017_web_fin.pdf [zuletzt abgerufen am 30.11.2018].

SONSTIGE INTERNETBEITRÄGE

Bundeskanzler Kurz lud zu Geburtstagsempfang für Marko Feingold, 29.05.2018, URL: https://www.bundeskanzleramt.gv.at/-/bundeskanzler-kurz-lud-zu-geburtstagsempfang-fur-marko-feingold [zuletzt abgerufen am 30.11.2018].

Bundesministerium für Inneres, Nationalratswahl 2017, URL: https://wahl17.bmi.gv.at/ [zuletzt abgerufen am 30.11.2018].

Code pénal – Article 225–2, in: Legifrance. Le service public de la diffusion du droit (veröffentlicht am 06.08.2012), URL: http://legifrance.gouv.fr/affichCodeArticle.do?idArticle=LEGIARTI000026268210&cidTexte=LEGITEXT000006070719 [zuletzt abgerufen am 30.04.2015].

Dokumentationsarchiv des österreichischen Widerstandes, Arbeitsgemeinschaft für demokratische Politik (AFP), URL: http://www.doew.at/erkennen/rechtsextremismus/rechtsextreme-organisationen/arbeitsgemeinschaft-fuer-demokratische-politik-afp [zuletzt abgerufen am 30.11.2018].

Dokumentationsarchiv des österreichischen Widerstandes, Identitäre Bewegung Österreichs (IBÖ), URL: https://www.doew.at/erkennen/rechtsextremismus/rechtsextreme-organisationen/identitaere-bewegung-oesterreich-iboe [zuletzt abgerufen am 30.11.2018].

Dokumentationsarchiv des österreichischen Widerstandes, Neonazis über Störversuch bei Gedenkkundgebung (Wien, Zirkusgasse). Neues von ganz rechts – November 2003, Wien 2003, URL: https://www.doew.at/erkennen/rechtsextremismus/neues-von-ganz-rechts/archiv/november-2003/neonazis-ueber-stoerversuch-bei-gedenkkundgebung-wien-zirkusgasse [zuletzt abgerufen am 30.11.2018].

Dokumentationsarchiv des österreichischen Widerstandes, Rechtsextreme Palästina-Solidarität. Neues von ganz rechts – Dezember 2001, Wien 2001, URL: http://www.doew.at/erkennen/rechtsextremismus/neues-von-ganz-rechts/archiv/dezember-2001/rechtsextreme-palaestina-solidaritaet [zuletzt abgerufen am 30.11.2018].

European Jewish Call for Reason, URL: http://en.jcall.eu/ [zuletzt abgerufen am 23.05.2015].

Israelitische Kultusgemeinde, Antisemitismus. Kultusgemeinde beklagt „alarmierendes" Niveau, 20.04.2017, URL: https://www.ikg-wien.at/antisemitismus-kultusgemeinde-beklagt-alarmierendes-niveau/ [zuletzt abgerufen am 30.11.2018].

Le Bureau national de l'Union Juive Française pour la Paix, JCall appelle à la raison: quelle raison? (veröffentlicht am 26.04.2010), URL: http://www.ujfp.org/spip.php?article302 [zuletzt abgerufen am 21.06.2015].

LOI n° 2003–88 du 3 février 2003 visant à aggraver les peines punissant les infractions à caractère raciste, antisémite ou xénophobe, in: Legifrance. Le service public de la diffusion du droit (veröffentlicht am 04.02.2003), URL: http://legifrance.gouv.fr/affichTexte.do?cidTexte=JORFTEXT000000781920 [zuletzt abgerufen am 30.04.2015].

Mathlouthi, Tawfik, The founer and you, URL: http://www.mecca-cola.com/founer/ [zuletzt abgerufen am 26.06.2015].

Mitterrand, François, Discours de M. François Mitterrand, Président de la République, à la Knesset, Jérusalem, jeudi 4 mars 1982, URL: http://discours.vie-publique.fr/notices/827006800.html [zuletzt abgerufen am 02.02.2015].

Morice, Olivier, Brief an Innenminister Manuel Valls vom 29.01.2013, URL: http://www.scribd.com/fullscreen/122965638?access_key=key-116z5gjx68jr4dz6tqyh [zuletzt abgerufen am 22.12.2014].

Sondage Ifop: Ce que les français pensent d'Israël, in: Cool Israël (veröffentlicht am 11.01.2013), URL: coolisrael.fr/8561/sondage-ifop-ce-que-les-francais-pensent-disrael [zuletzt abgerufen am 29.12.2018].

Statistik Austria, Asylstatistiken 2015–2018, URL: https://www.bmi.gv.at/301/Statistiken/ [zuletzt abgerufen am 30.11.2018].

Statistik Austria, Bevölkerung nach dem Religionsbekenntnis und Bundesländern 1951 bis 2001, 01.06.2007, URL: https://www.statistik.at/web_de/statistiken/menschen_und_gesellschaft/bevoelkerung/volkszaehlungen_registerzaehlungen_abgestimmte_erwerbsstatistik/bevoelkerung_nach_demographischen_merkmalen/022885.html [zuletzt abgerufen am 30.11.2018].

Statistik Austria, Bevölkerung zu Jahresbeginn 2002–2017 nach zusammengefasster Staatsangehörigkeit – Österreich, 23.05.2017, URL: https://www.statistik.at/web_de/statistiken/menschen_und_gesellschaft/bevoelkerung/bevoelkerungsstruktur/bevoelkerung_nach_staatsangehoerigkeit_geburtsland/022498.html [zuletzt abgerufen am 30.11.2018].

Statistik Austria, Bevölkerung, 27.12.2017, URL: https://www.statistik.at/web_de/statistiken/menschen_und_gesellschaft/bevoelkerung/index.html [zuletzt abgerufen am 30.11.2018].

The 1990 Trust (Hg.), Survey Muslim views: Foreign Policy and it's effect, October 2006.

Weber, Daniel, Boycott Anti-Semitism: Protest gegen die „Israeli Apartheid Week" in #Wien, in: neuwal.at vom 05.03.2015, URL: https://neuwal.com/2015/03/05/boycott-anti-semitism-protest-gegen-die-israeli-apartheid-week-in-wien/ [zuletzt abgerufen am 30.11.2018].

SCHRIFTLICHE, BILDLICHE UND (AUDIO-)VISUELLE (INTERNET-) QUELLEN

Arbeiter*innenstandpunkt, Solidarität mit Johannes Wiener!, 30.12.2012, URL: http://arbeiterinnenstandpunkt.net/?p=506 [zuletzt abgerufen am 30.11.2018].

Beefhaus28, Kurdo -Ghetto // official Video, 27.12.2013, URL: https://www.youtube.com/watch?v=OxYFIq50U3M [zuletzt abgerufen am 30.11.2018].

better future for humanity, islamic commando movie operation at palestine with english subtitles, 21.12.2017, URL: https://www.youtube.com/watch?v=gAq_ag_d2kM [zuletzt abgerufen am 30.11.2018].

BGBl Nr. 98/1953, Versammlungsgesetz 1953. URL: https://www.ris.bka.gv.at/NormDokument.wxe?Abfrage=Bundesnormen&Gesetzesnummer=10000249&FassungVom=2014-01-26&Artikel=&Paragraf=8&Anlage=&Uebergangsrecht= [zuletzt abgerufen am 30.11.2018].

Dachverband Salzburger Kulturstätten, Stolpersteine Salzburg, Ein Kunstprojekt für Europa von Gunter Demnig, URL: http://www.stolpersteine-salzburg.at/de/das_projekt [zuletzt abgerufen am 30.11.2018].

FPÖ – Büro HC Strache, FPÖ fordert Aussetzen der diplomatischen Beziehungen mit Israel, in: APA-OTS vom 26.07.2006(b), URL: https://www.ots.at/presseaussendung/OTS_20060726_OTS0108/fpoe-fordert-aussetzen-der-diplomatischen-beziehungen-mit-israel [zuletzt abgerufen am 30.11.2018].

FPÖ – Büro HC Strache, FPÖ: Keine österreichischen Soldaten im Libanon, in: APA-OTS vom 26.07.2006(a), URL: https://www.ots.at/presseaussendung/OTS_20060726_OTS0044/fpoe-keine-oesterreichischen-soldaten-im-libanon [zuletzt abgerufen am 30.11.2018].

FPÖ-Bildungsinstitut, FPÖ. Erinnerung: Morgen Symposion „Haben wir aus der Geschichte gelernt? Neuer Antisemitismus in Europa" in Wien, in: APA-OTS vom 06.11.2016. URL: https://www.ots.at/presseaussendung/OTS_20161106_OTS0019/fpoe-erinnerung-morgen-symposion-haben-wir-aus-der-geschichte-gelernt-neuer-antisemitismus-in-europa-in-wien [zuletzt abgerufen am 30.11.2018].

FPÖ Wien, FPÖ-Schock. Rote Abgeordnete machen Antisemitismus wieder salonfähig, in: APA-OTS vom 21.09.2010. URL: https://www.ots.at/presseaussendung/OTS_20100921_OTS0116/fpoe-schock-rote-abgeordnete-machen-antisemitismus-wieder-salonfaehig [zuletzt abgerufen am 30.11.2018].

FPÖ Wien, Gaza-Streifen. Vilimsky verurteilt blamables Schweigen Österreichs zu israelischer Aggression, in: APA-OTS vom 02.01.2009, URL: https://www.ots.at/presseaussendung/OTS_20090102_OTS0039/gaza-streifen-vilimsky-verurteilt-blamables-schweigen-oesterreichs-zu-israelischer-aggression [zuletzt abgerufen am 30.11.2018].

FPÖ Wien, Jenewein: SPÖ-Auftragsarbeit in NEWS kann vom offenen Antisemitismus und den Terrorsympathien der Wiener Rathaussozialisten ablenken!, in: APA-OTS vom 23.09.2010, URL: https://www.ots.at/presseaussendung/OTS_20100923_OTS0107/jenewein-spoe-auftragsarbeit-in-news-kann-vom-offenen-antisemitismus-und-den-terrorsympathien-der-wiener-rathaussozialisten-ablenken [zuletzt abgerufen am 30.11.2018].

FPÖ Wien, Lasar: Al-Rawi soll sich von Antisemitismus und Judenhatz distanzieren!, in: APA-OTS vom 01.09.2010, URL: https://www.ots.at/presseaussendung/OTS_20100901_OTS0085/lasar-al-rawi-soll-sich-von-antisemitismus-und-judenhatz-distanzieren [zuletzt abgerufen am 30.11.2018].

FPÖ Wien, Lasar: Freiheitlicher Solidaritätsbesuch in Israel, in: APA-OTS vom 02.08.2014, URL: https://www.ots.at/presseaussendung/OTS_20140802_OTS0014/lasar-freiheitlicher-solidaritaetsbesuch-in-israel [zuletzt abgerufen am 30.11.2018].

FPÖ Wien, Vilimsky: Hetze von Wiener SPÖ-Mandataren gegen Judentum nun auch gerichtsanhängig!, in: APA-OTS vom 13.10.2010, URL: https://www.ots.at/presseaussendung/OTS_20101013_OTS0047/vilimsky-hetze-von-wiener-spoe-mandataren-gegen-judentum-nun-auch-gerichtsanhaengig [zuletzt abgerufen am 30.11.2018].

Freiheitlicher Parlamentsklub – FPÖ, HC Strache: Vorfälle in Bischofshofen müssen genau untersucht werden, in: APA-OTS vom 24.07.2014, URL: https://www.ots.at/presseaussendung/OTS_20140724_OTS0044/hc-strache-vorfaelle-in-bischofshofen-muessen-genau-untersucht-werden [zuletzt abgerufen am 30.11.2018].

Freiheitlicher Parlamentsklub – FPÖ, Strache: Israel handelt in Notwehr, in: APA-OTS vom 16.11.2012, URL: https://www.ots.at/presseaussendung/OTS_20121116_OTS0213/fpoe-strache-israel-handelt-in-notwehr [zuletzt abgerufen am 30.11.2018].

Freiheitlicher Parlamentsklub – FPÖ, Strache: SPÖ-Verstrickungen zum Islamismus, in: APA-OTS vom 29.09.2010, URL: https://www.ots.at/presseaussendung/OTS_20100929_OTS0202/strache-spoe-verstrickungen-zum-islamismus [zuletzt abgerufen am 30.11.2018].

Identitäre Bewegung Österreich, URL: http://www.identitaere-bewegung.at/ [zuletzt abgerufen am 30.11.2018].

Islamische Gemeinschaft Millî Görüş, Rosen zum Geburtstag des Propheten Mohammed,

05.03.2010, URL: https://www.igmg.org/rosen-zum-geburtstag-des-propheten-mohammed/ [zuletzt abgerufen am 30.11.2018].

Kurtlar Vadisi Kaos, Kurtlar Vadisi Filistin Full HDTV 1080p, 20.07.2018, URL: https://www.youtube.com/watch?v=AyhU8lTmvkE [zuletzt abgerufen am 30.11.2018].

Rapp, Otto, Die Einwanderung ist das Problem – Arik Brauer, 15.03.2018, URL: https://www.youtube.com/watch?v=D81w4GAD79U [zuletzt abgerufen am 30.11.2018].

Revolutionär-Kommunistische Organisation zur Befreiung (RKOB), Bericht von der Gaza-Solidaritätsdemonstration am 23.11., 25.12.2012, URL: https://www.rkob.net/international/nordafrika-und-arabischer-raum/bericht-gaza-demo-23-11/ [zuletzt abgerufen am 30.11.2018].

Revolutionär-Kommunistische Organisation zur Befreiung (RKOB), Erfolgreiche Demonstration in Solidarität mit Gaza!, 19.11.2012, URL: https://www.rkob.net/international/nordafrika-und-arabischer-raum/bericht-gaza-demo-19-11/ [zuletzt abgerufen am 30.11.2018].

Revolutionär-Kommunistische Organisation zur Befreiung (RKOB), Pro-Israelische Kriegstreiber versuchen 20-jährigen Palästina-Solidaritätsaktivisten ins Gefängnis zu bringen!. RKOB-Sprecher Johannes Wiener wurde aufgrund einer Pro-Palästina-Rede wegen „Verhetzung" angezeigt, 13.12.2012, URL: https://www.rkob.net/international/nordafrika-und-arabischer-raum/keine-kriminalisierung-von-johannes-wiener/ [zuletzt abgerufen am 30.11.2018].

Revolutionär-Kommunistische Organisation zur Befreiung (RKOB), Zehntausende demonstrieren in Solidarität mit Gaza, URL: https://www.rkob.net/wer-wir-sind-1/rkob-aktivbei/bericht-gaza-demo-20-07-2014/ [zuletzt abgerufen am 30.11.2018].

RevolutionCommunism, Free Palestine Demo 16.11.2012, 17.11.2012, URL: https://www.youtube.com/watch?feature=player_embedded&v=YaX9-20JOBg [zuletzt abgerufen am 30.11.2018].

RevolutionCommunism, Free Palestine Demonstration Vienna, 19.11.2012, URL: https://www.youtube.com/watch?feature=player_embedded&v=PjnIpnHACGc#t=7 [zuletzt abgerufen am 30.11.2018].

RevolutionCommunism, Wir sind alle Palästina! Rede von Michael Pröbsting, 25.22.2012, URL: https://www.youtube.com/watch?feature=player_embedded&v=wa--vWRLmzo [zuletzt abgerufen am 30.11.2018].

Tageszeitung Heute, Gaza-Demo in Wien, 20.07.2014, URL: https://www.youtube.com/watch?v=E2PMHCvr_ZQ&feature=youtu.be&t=88 [zuletzt abgerufen am 30.11.2018].

translators, Gaza Protest Demonstration Wien 20.07.2014, Demo Free Palestine Vienna, 25.07.2014, URL: https://www.youtube.com/watch?v=MzM09S9mHm4#t=960 [zuletzt abgerufen am 30.11.2018].

NAMENSREGISTER

A

Adenauer, Konrad 227
Ahmadinedschad, Mahmud 146
Al-Gaddafi, Muammar 238
Ali, Musabir 203
Ali, Tariq 18, 188
Alibhai-Brown, Yasmin 145, 147, 208
Al-Islam, Saif 238
Allen, Woody 137
Alliot-Marie, Michèle 111
Al-Quaradawi, Yusuf 150
Al-Rawi, Omar 251, 252, 267, 270, 271
Améry, Jean 23, 122
Amiel, Barbara 132
Arafat, Jassir 107, 108, 146, 195, 230, 296, 297
Aron, Raymond 106
Aschrawi, Hanan 261
Atatürk, Mustafa Kemal 270
Aznavour, Charles 55

B

Baghajati, Carla Amina 270
Baghajati, Tarafa 271
Baker, Mona 166
Bakri, Omar 179, 180
Bang, Farid 18
Barak, Ehud 147
Bardèche, Maurice 74
Bari, Abdul 182
Bartolotti, Pippa 140
Barzilai, Netta 40
Beghal, Djamel 82
Begin, Menachem 135, 136, 148, 230, 296
Belkacem, Smaïn Aït Ali 82
Benayoun, Yossi 203
Benbassa, Esther 64, 114, 119
Benz, Wolfgang 40
Berkovic, Eyal 203

Berlusconi, Silvio 51
Bernard, Daniel 132
Bin Laden, Osama 178, 195
Blackwell, Sue 166
Blair, Tony 127, 138, 148, 152, 168, 186, 187
Bodi, Faisal 133, 134, 146, 180
Borodajkewycz, Taras 227
Bouattia, Malia 169
Braham, Philippe 82
Brandstetter, Wolfgang 275
Brauer, Arik 219, 220, 221, 264, 285
Brauman, Rony 114
Brown, Dave 142, 144
Bunglawala, Inayat 183
Bünkers, Michael 272
Bunzl, John 250, 285
Bunzl, Matti 33
Bush, George W. 35
Butler, Judith 176

C

Cameron, David 160, 163, 201
Camus, Jean-Yves 60, 116
Carp, Stefanie 176
Carrimbacus, Alex 76
Cave, Nick 173
Cesarani, David 197
Chakrabarti, Shami 206
Chalmers, Alex 203
Chemla, David 118
Chirac, Jacques 58, 108
Chomsky, Noam 20
Clegg, Nick 163
Cohen, Yohan 82
Cohn-Bendit, Daniel 118
Cookson, Matthew 135
Corbyn, Jeremy 43, 127, 142, 149, 153, 154, 158, 176, 187, 199, 200, 201, 203, 204, 205,

207, 208, 209, 210, 211, 212, 213, 214, 215, 216, 217, 218
Coudary, Anjem 179, 180
Coulibaly, Amedy 6, 17, 48, 79, 82, 83

D
Dalyell, Tam 139
Davitt, Shuhada 173
De Gaulle, Charles 105, 106, 107, 111
Del Valle, Alexandre 117
Denham, John 191
Depardieu, Gérard 55
Dershowitz, Alan 167
Deutsch, Oskar 263, 264, 265
Dewinter, Philip 252
Diab, Hassan 96
Draï, Raphaël 118
Dreyfus, Michel 114
Duterte, Rodrigo 54

E
Edthofer, Julia 240, 241, 283
Egger, Dieter 250
Eisen, Paul 204
Eitan, Rafael 260
Elizur, Michael 232
Ellman, Dame Louise 208
Engelberg, Martin 264
Eno, Brian 158, 160, 176
Ensel, Remco 28
Erdoğan, Recep Tayyip 28, 29, 268, 269, 270, 272, 276, 278

F
Farage, Nigel 128
Faurisson, Robert 43, 74, 75, 76
Fawkes, Guido 202
Faymann, Werner 283
Feingold, Marco 264
Feldman, David 206, 211, 217
Finegold, Oliver 149
Finkielkraut, Alain 114, 118
Fischer, Heinz 254
Fisk, Robert 140, 143

Flynn, Paul 140
Fofana, Youssouf 77, 78, 79
Foot, Paul 139
Foxman, Abraham 51
Frank, Anne 203
Frauenberger, Sandra 275
Freedland, Jonathan 51, 137, 196, 197

G
Gansel, Jürgen 245
Garaudy, Roger 75, 76
Gebuhrer, Olivier 113
General Musharaf 179
German, Lindsay 135, 153, 160, 162
Gidley, Ben 175, 194
Gießer, Josef 284
Gilad, Shalit 15, 298
Gillespie, Bobby 160
Giscard d'Estaing, Valéry 107
Glawischnig, Eva 283
Goldnadel, Gilles-William 117
Goldsmith, Sir James 141
Gove, Michael 132
Gould, Matthew 140
Graff, Michael 232
Grebner, Werner 261
Greenstein, Tony 148
Griffin, Nick 128
Gudenus, Johann 261, 262, 266
Guéant, Claude 80
Gurfinkiel, Michel 98, 117

H
Haider, Jörg 7, 223, 224, 225, 227, 229, 231, 233, 234, 236, 237, 238, 249, 265
Haimbuchner, Manfred 261
Halimi, Gisèle 113, 114
Halimi, Ilan 6, 76, 77, 78, 79
Halimi, Sarah 6, 76, 77
Hamza, Abbu 179, 180
Hanitzsch, Dieter 40
Hartmann, Deborah 265
Hasenöhrl, Hans Peter 284
Hass, Amira 21

Hassan, Nasrallah 297
Hassassian, Manuel 213
Hattab, Yoav 82
Hecker, Marc 112, 113, 121
Herzl, Theodor 252, 253
Hirsh, David 147, 167, 168, 171
Hitler, Adolf 54, 70, 75, 84, 106, 161, 187, 195, 197, 202, 203, 206, 222, 224, 225, 268, 276, 279, 282
Hofer, Norbert 250, 256, 260
Hoge, Margaret 205
Hollande, François 84, 85, 109
Horthy, Miklós 52
Hussain, Khadim 203
Hussain, Navy Amjad 189
Hussain, Shah 203
Hussein, Saddam 155, 187, 195, 238, 296, 297

I

Ibrahim, Adnan 267
Ingram, Richard 139

J

Jagger, Bianca 159
Jenewein, Hans-Jörg 251
Jikeli, Günther 31
Johansson, Scarlett 173
Johnson, Boris 148, 150, 207
Jourde, Pierre 71
Judt, Tony 42
Julius, Anthony 168

K

Kahn-Harris, Keith 194
Kantor, Moshe 54
Karadeniz, Askin 283
Karayazili, Abdurrahman 276, 277
Karl, Beatrix 254
Karmi, Ghada 171
Kaufman, Gerald 143
Kelly, Ruth 185
Kelner, Simon 143, 213
Khan, Imran 141
Khan, Jemima 141

Khan, Sadiq 194, 202, 204
Khan, Sidique Mohammad 182
Khomeini, Ayatollah Ruhollah 130
Kickl, Herbert 259
Kirchweger, Ernst 227
Klarsfeld, Beate 58
Klarsfeld, Serge 58
Klaus, Josef 230
Kleiner, Michael 260
Klug, Brian 171, 199
Klugman, Patrick 118
Kneissl, Karin 261, 266
Knight, India 189
Knoll, Mireille 6, 76, 77
Kollegah 18
Kops, Dietrich 261
Kouachi, Chérif 82
Kouachi, Saïd 55, 82
Kreisky, Bruno 230, 231
Kümel, Günther 227
Kurz, Sebastian 54, 262, 263, 264, 265, 266, 283, 289
Küssel, Gottfried 245, 256

L

Lagerfeld, Karl 31
Lagrou, Pieter 57
Lang, Jack 118
Lanning, Hugh 160, 176, 201
Lansman, Jon 201
Lapeyronnie, Didier 64
Lasar, David 237, 249, 252, 253, 256, 275
Laschet, Armin 177
Latuff, Carlos 205
Le Corbeau, Joe 70
Lederer, Pascal 113
Leigh, Mike 172
Lenox, Annie 158
Le Pen, Jean-Marie 59, 72
Le Pen, Marine 49, 68, 71
Lerman, Antony 42, 142, 171, 196, 211
Levi, Primo 146
Lévy, Bernard-Henri 118
Levy, Michael 138

Lieberberg, Marek 177
Lieberman, Avicdor 51
Lipstadt, Deborah 21
Littlejohn, Richard 132
Livingstone, Ken 6, 147, 148-154, 191, 200, 202, 217
Livni, Tzipi 149
Loach, Ken 160, 172, 176
Loewy, Hanno 250
Lorleach, Audrey 78
Lowkey 159

M

M'Bala M'Bala, Dieudonné 70, 85
Macpherson 211
Macron, Emmanuel 73, 110
Madonna 173
Mahmood, Shabana 165
Malik, Ahmed 190
Malik, Kenan 185
Malik, Shadid 184
Malin, Myer 197
Mandelsohn, Peter 139
Mathlouthi, Tawfik 103, 104
May, Theresa 201
McCartney, Sir Paul 173
McDonnell, John 187
McGeever, Brendan 217
Mearsheimers, John 137
Merah, Abdelghani 81
Merah, Abdelkader 81
Merah, Mohamed 6, 79, 81, 82, 83
Merah, Souad 81
Meron, Nathan 237
Mihoub, Yacine 76
Mikl-Leitner, Johanna 275, 283
Miliband, Ed 200, 212
Milne, Seumas 142, 201, 217
Mirvis, Ephraim 41
Mohammed, al-Durah 14, 143
Mölzer, Andreas 249, 250, 255
Mosley, Oswald 149
Monsonego, Myriam 79
Morawiecki, Mateusz 53

Morrissey 173
Muhai, Fiyaz 194
Müller, Helmut 238
Müller, Peter 234
Murray Andre 135, 158, 201
Mussolini, Benito 51, 44
Muzicant, Ariel 177, 236, 237, 252, 265

N

Netanyahu, Benjamin 40, 51, 52, 53, 54, 110, 116, 119, 263, 282
Neuberger, Julia 197
Nittmann, Klaus 254
Noël, Gérard 70
Nora, Pierre 118
Nordmann, Frédéric 117
Nørgaard, Finn 17

O

O'Connor, Sinead 173
Ockerman, Kalen 209
Omar Abdel Hamid, El-Hussein 17
Oran, Layla 214
Orbán, Viktor 52, 53, 258, 261, 266
Orr, Deborah 145

P

Paulin, Tom 143
Peter, Friedrich 230
Pfeffer, Anshel 266
Phillips, Melanie 132, 196
Phillips, Trevor 185
Pike, Jon 167
Pilger, John 136, 137, 138, 160
Pompidou, Georges 107
Pröbsting, Michael 273
Pulzer, Peter 171

R

Raine, Barnaby 162
Rammell, Bill 168
Randall, Dave 173
Rassinier, Paul 74
Reeves, Philip 141, 143

Reiter, Margit 230
Rheintaller, Anton 226
Rihanna 173
Robinson, Geoffrey 136
Rose, Steve P. 165
Rose, Hilary 165
Rousso, Henry 57, 118
Roy, Olivier 83
Royall, Jan 203, 206
Rubashingham, Indhu 174
Rusbridger, Alan 134
Rushdie, Salman 34, 130, 156

S

Saada, François-Michel 82
Sacks, Jonathan 194, 195
Sacranie, Iqbal 181, 188
Salzborn, Samuel 40
Sanders, Bernie 200
Sandler, Jonathan 79
Salvini, Matteo 54
Sardar, Ziauddin 190
Sarkozy, Nicolas 55, 62, 108, 109, 120
Sauvagnargues, Jean 107
Sayle, Alexei 158
Semoun, Elie 72
Sewell, Dennis 137
Shah, Naz 202, 203
Sharansky, Natan 38
Sharon, Ariel 13, 51, 108, 143, 149, 268, 296, 297
Sheik Ahmed, Yassin 181
Sheik Read Salah 204
Shlesinger, Miriam 166
Short, Clare 156, 191
Sichrovsky, Peter 249
Siddiqui, Asim 190
Sidique Khan, Mohammad 182
Sizer, Steven 204
Smeeth, Ruth 207
Smith, Owen 205
Smith, Patti 176
Soral, Alain 5, 69, 70, 71, 72, 74, 123

Soros, George 52, 212, 244, 245, 258, 262, 266
Staetzky, Daniel 46
Staines, Paul Delaire 202
Stora, Benjamin 91
Strache, Heinz-Christian 249, 255, 256, 260, 262, 264, 283, 285
Straw, Jack 139, 189
Schakfeh, Anas 267, 271
Schnapper, Dominique 118
Schüssel, Wolfgang 265
Schuster, Josef 30
Schwartzenberg, Léon 113

T

Taguieff, Pierre-André 23, 65, 114, 118
Tamimi, Azzam 154, 181
Tarnero, Jacques 117
Thomann, Heinz 250
Tonge, Jenny 161
Toury, Gideon 166
Traoré, Kobili 77
Triesman, David 137
Trigano, Shmuel 118
Trump, Donald 284, 299

U

Ullrich, Peter 162, 164
Uzan, Dan 17

V

Val, Philippe 55
Valls, Manuel 84
Van der Bellen, Alexander 262, 266
Van Gogh, Theo 34, 244
Vidal-Naquet, Pierre 113, 114
Vilimsky, Harald 250
Volkov, Shulamit 122
Vranitzky, Franz 232, 236

W

Wadsworth, Marc 207
Waldhäusl, Gottfried 289

Waldheim, Kurt 231, 266
Walker, Jacqueline 204
Walts, Steven 137
Warsi, Sayeeda 163
Waters, Roger 173, 176, 177
Weill-Raynal, Clément 117
Weiss, Martin 285
Westwood, Vivienne 176
Wiener, Johannes 273
Wiesenthal, Simon 177, 230, 234
Wilby, Peter 137
Wilders, Geert 49, 252
Winter, Susanne 245, 258, 259, 261, 266
Wodak, Ruth 254

Y
Yaqoob, Salma 152, 181, 188
Young, Neil 173

Z
Zawrel, Friedrich 261
Zistler, Wolfgang 261